भारत का भूमंडलीकरण

भारत का भूमंडलीकरण

सम्पादक

अभय कुमार दुबे

श्रृंखला सम्पादक

विजय बहादुर सिंह, योगेन्द्र यादव

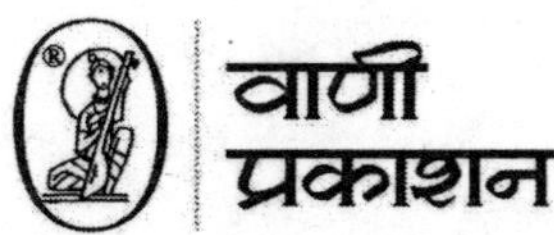

प्रकाशन के उत्कृष्टतम 62 वर्ष

CSDS
विकासशील
समाज अध्ययन
पीठ

पेपरबैक पहला संस्करण : 2003
पेपरबैक दूसरा संस्करण : 2017
पेपरबैक तीसरा संस्करण : 2025

vaniprakashan.com

वाणी प्रकाशन
4695, 21-ए, दरियागंज, नयी दिल्ली-110 002
फ़ोन : + 91 11 23273167, 23275710
शाखाएँ
अशोक राजपथ, पटना-800 004, बिहार
कॉफ़ी हाउस कैम्पस, महात्मा गांधी मार्ग, प्रयागराज-211 001, उत्तर प्रदेश
महात्मा गांधी अन्तरराष्ट्रीय हिन्दी विश्वविद्यालय, वर्धा-442 001, महाराष्ट्र
sales@vaniprakashan.in
vaniprakashan@gmail.com

Bharat Ka Bhoomandalikaran
Edited by Abhay Kumar Dubey

ISBN : 978-93-5229-115-1
Sociology

आवरण : प्रदीप साहा

मूल्य : ₹ 425

जी.एस. ऑफ़सेट, दिल्ली-110 095 में मुद्रित

वाणी प्रकाशन का लोगो मक़बूल फ़िदा हुसैन की कूची से

गिरिधर दत्तात्रेय देशिंगकर की स्मृति में

अनुक्रम

लोक-चिंतन ग्रंथमाला

भारतीय समाजशास्त्र की खोज

लोक-चिंतन ग्रंथमाला देश और दुनिया को भारतीय भाषाओं में समझने-समझाने की एक शुरुआत है। इस ग्रंथमाला के तहत समकालीन भारत और दुनिया के कुछ सामयिक और मूलभूत मुद्दों पर ग्रंथ प्रकाशित किये जाएँगे। ये ग्रंथ विकासशील समाज अध्ययन पीठ (सेंटर फॉर द स्टडी ऑव डेवलपिंग सोसायटीज, या सी.एस.डी.एस.) की १९६३ से आज तक की विचार-यात्रा को प्रतिबिंबित करेंगे और साथ ही इस विचार-परंपरा को एक नया आयाम देने की कोशिश भी करेंगे।

समकालीन भारत का बौद्धिक जगत दूर-दूर तक एक द्विभाजन का शिकार नजर आता है। पहली नजर में यह खाई एक भाषायी फाँक जैसी दिखाई देती है—एक ओर अंग्रेजी और दूसरी ओर समस्त भारतीय भाषाएँ। समाजशास्त्र, यानी समाज के बारे में गंभीर, दीर्घकालिक, शास्त्रीय मनन-चिंतन सिर्फ अंग्रेजी में होता है। भारतीय भाषाओं में मौलिक समाजशास्त्रीय लेखन के प्रयास बिरले ही होते हैं। न तो उसके अनुकूल माहौल है, न ही संस्थागत सुविधाएँ। बीच-बीच में एकाध अंग्रेजी की समाजशास्त्रीय रचना अनुवाद के रूप में भारतीय भाषाओं में सामने आ जाती है। लेकिन एकाध अपवाद को छोड़ कर समाज-चिंतन के नाम पर हिंदी में या तो सतही अखबारी लेखन मिलता है या फिर कुछ सस्ती पाठ्य-पुस्तकें। हिंदी में गंभीर और परिष्कृत लेखन या तो साहित्यिक रचनाओं की शक्ल ले लेता है, या फिर साहित्य-

मीमांसा की। बौद्धिक श्रम का यह विचित्र विभाजन इतना गहरा और व्यापक है कि एकदम सहज और सामान्य दिखने लगा है। इसलिए जब-जब समाज, राजनीति और अर्थव्यवस्था जैसे विषयों पर भारतीय भाषाओं में सोच विकसित करने की बात चलती है, तब-तब वह अक्सर अंग्रेजी के समाजशास्त्र का अनुवाद उपलब्ध कराने तक सीमित हो कर रह जाती है। हर कोई मान कर चलता है कि असली चुनौती अंग्रेजी में लिखे समाजशास्त्रीय ज्ञान को हिंदी के सरल-बुद्धि पाठक तक संप्रेषित करने की है।

दरअसल अंग्रेजी और भारतीय भाषाओं का अंतर केवल एक भाषायी फाँक नहीं है। यह अनुभूति, अभिव्यक्ति और ज्ञान के दो संसारों का अंतर है। अंग्रेजी और भारतीय भाषाओं के चिंतन की विषयवस्तु, विधा, प्रेरणा-स्रोत और अवधारणात्मक सूत्र एक-दूसरे से बुनियादी तौर पर भिन्न हैं। इनके सामाजिक दायरे एक-दूसरे से जुदा हैं। इसलिए इस फाँक की वजह से सिर्फ हिंदी का जगत ही नहीं, अंग्रेजी की दुनिया भी गरीब हो गयी है। अगर हिंदी का पाठक नये और ताजा समाजशास्त्रीय सोच से वंचित हुआ है तो दूसरी तरफ सिर्फ अंग्रेजी तक सीमित समाजशास्त्र खुद समाज की जड़ों से कट गया है। भारत में और भारत के बारे में छपनेवाले समाजशास्त्रीय विश्लेषण अमूमन देसी ज्ञान-परंपराओं और अवधारणाओं से अनभिज्ञ रहते हैं। ये अध्ययन अक्सर एक महानगरीय और अभिजात वर्ग के सामाजिक अनुभव के तंग दायरे में कैद रहने के साथ ही जमीन पर हो रहे सामाजिक परिवर्तन और जनांदोलनों से अनछुए भी रहते हैं। भारतीय समाज और चिंतन को बाँटनेवाली इस खाई के चलते सही मायने में एक भारतीय समाजशास्त्र का जन्म ही नहीं हो पाया है।

पिछले दो दशकों में इस खाई को पाटने की जरूरत और संभावना दोनों एक साथ बढ़े हैं। हिंदी और अन्य भारतीय भाषाओं में पाठकों का एक नया तबका तैयार हुआ है। तमाम दिशाओं और व्यवसायों से आए लोगों को मिला कर बना यह तबका आज जमीन पर विचारों का मुख्य उपभोक्ता और उत्पादक है। इसमें अध्यापक, पत्रकार, स्वतंत्र लेखक और सामाजिक, सांस्कृतिक और राजनीतिक कार्यकर्त्ता शामिल हैं। यह अंग्रेजी से अनभिज्ञ नहीं है, लेकिन मूलतः हिंदी या अन्य भारतीय भाषाओं में सोचता और स्वयं को व्यक्त करता है। कभी-कभार अंग्रेजी सामग्री का उपभोग कर सकने के बावजूद अपनी वैचारिक खुराक के लिए यह तबका भारतीय भाषाओं पर निर्भर करता है। पिछले दो दशकों में इसका आकार बढ़ा है और हाशिये पर पड़ी जातियों और समुदायों ने भी इसमें दाखिला पाया है। भारतीय समाज और लोकतंत्र के रंग-रूप में हुई तब्दीलियों ने इस मानस को झकझोरा है, इसके स्थापित मानकों और वैचारिक आलस्य को चुनौती दी है और बने-बनाये वैचारिक खाँचों को

तोड़ा है। पाठकों के इस तबके को खबरों और उनके विश्लेषण, दोनों की भूख है। पिछले दशक में भारतीय भाषाओं के अखबारों में अभूतपूर्व विस्तार ने इस वर्ग की खबरों की भूख को तो किसी तरह पूरा किया है, लेकिन विश्लेषण की जरूरत को पूरा करने लायक सामग्री आज भी उपलब्ध नहीं है।

विकासशील समाज अध्ययन पीठ १९६३ में अपनी स्थापना के बाद से ही समाजशास्त्र की देसी व्याख्या के प्रयास में लगा रहा है। यहाँ कार्यरत विद्वानों ने एक तरफ तो पश्चिम से उधार ली गयी औपनिवेशिक विचार-पद्धतियों का खंडन-मंडन किया और दूसरी ओर समाजशास्त्र को विशेषज्ञों की बपौती बनाने की कोशिशों को भी चुनौती दी। ज्ञान और राजनीति के अटूट रिश्ते की शिनाख्त करते हुए इन विद्वानों ने जनांदोलनों के अनुभवों और शास्त्रीय ज्ञान-परंपराओं के बीच सेतु की भूमिका निभाने की कोशिश की। अंग्रेजी समाजशास्त्र की स्थापित अवधारणाओं को बुनियादी चुनौती देनेवाला यह अधिकांश लेखन अंग्रेजी में ही हुआ। इस लिहाज से इस विचार-परंपरा को भारतीय भाषाओं तक ले जाने का यह प्रयास अध्ययन पीठ की जीवनधारा की एक स्वाभाविक कड़ी समझी जानी चाहिए। कुछ वर्ष पहले भी इस अध्ययन पीठ की तरफ से एक ऐसा ही प्रयास हुआ था। साधनों और संस्थागत सुविधाओं की कमी की वजह से वह प्रयास केवल एक पुस्तक तक सीमित हो कर रह गया। लेकिन उस पुस्तक के परिचय में लिखी संपादक की यह पंक्तियाँ आज भी इस नयी ग्रंथमाला के उद्देश्य को स्पष्ट करती हैं :

> ग्रंथमाला का यह पहला प्रकाशन ज्ञान, कर्म और शब्द की त्रिवेणी के पुनराविष्कार की कोशिश है, एक ऐसे समय में, जब यह तीनों धाराएँ परस्पर विमुख दिशाओं में बढ़ती हुई दिखायी पड़ रही हैं, और जिसके फलस्वरूप तीनों ही निरर्थक होती जा रही हैं : शास्त्रीय ज्ञान किताबों और गोष्ठियों में कैद दिखता है, कर्म निराधार, मूल्यहीन, सिद्धांतहीन और दृष्टिहीन है : और शब्द की जड़ें न ज्ञान में, न कर्म में, न अंतर्मन में।

वाणी प्रकाशन के सहयोग से पाठकों तक पहुँच रही इस ग्रंथमाला में विकासशील समाज अध्ययन पीठ में लिखे गए श्रेष्ठ समाजशास्त्रीय शोध को अनुवाद की बजाय पुनर्लेखन की रचनात्मक प्रक्रिया के माध्यम से हिंदी में लाया जाएगा। साथ ही इस ग्रंथमाला के माध्यम से हिंदी में मौलिक अनुसंधान को बढ़ावा देने का प्रयास भी किया जायेगा। आशा है कि हमारा यह प्रयास केवल हिंदी तक सीमित नहीं रहेगा और देर-सबेर हम इसमें अन्य भारतीय भाषाओं को भी शामिल कर सकेंगे।

—विजय बहादुर सिंह, योगेंद्र यादव
श्रृंखला संपादक

स्मृति–शेष

गिरिधर दत्तात्रेय देशिंगकर : धारा के विरुद्ध

रजनी कोठारी

भूमंडलीकरण की प्रक्रिया और उसके भारतीय संदर्भ पर प्रकाशित होने वाली यह पुस्तक मेरे दोस्त और सहयोगी गिरिधर दत्तात्रेय देशिंगकर (दोस्तों के लिए गिरि) को समर्पित की गयी है। अगर ३ नवंबर २००० को मृत्यु ने सिर्फ ६८ वर्ष की आयु में अचानक उन्हें हमसे छीन न लिया होता तो मुझे पूरा यकीन है कि आज अपनी समस्त विद्वत्ता और अनूठी सांस्थानिक क्षमताओं के साथ वे मेरी बगल में खड़े हो कर भूमंडलीकरण पर अमेरिकी वर्चस्व का विरोध कर रहे होते। गिरि खुद भी ग्लोबल किस्म की शख्सियत के मालिक थे और उसूलन मानते थे कि दुनिया को ढंग से चलाने के लिए एक भूमंडलीकृत नजरिया जरूरी है, पर उनकी तेज निगाह से यह छिपना नामुमकिन था कि अमेरिका विश्व की एक–ध्रुवीय हालत का फायदा उठा कर कैसे भूमंडलीकरण की आड़ में विश्व–प्रभुत्व और कारपोरेट–वर्चस्व स्थापित करने की कोशिश कर रहा है। वैसे भी महावृत्तांतों की वैचारिक चमक–दमक के पीछे छिप जाने वाले यथार्थों को देख लेने में उनकी निगाह माहिर थी। यह गिरि देशिंकर ही थे जिन्होंने कहा था कि उपनिवेशवाद और उसकी मुखालफत के महावृत्तांत ने कई सरलीकृत दावेदारियों को जन्म दिया है जिसके कारण कई दीर्घकालीन

ऐतिहासिक प्रक्रियायें और सभ्यतामूलक रुझानों की भूमिका गौण हो गयी है। कई लोगों को उनकी बातें पेचीदा लगीं, पर गिरि के आग्रहों से एक नयी बहस की गुंजाइश खुली। चूँकि वे दुनिया को उपनिवेशवाद विरोध और समर्थन के काले-सफेद खानों में बाँटने के पक्षधर नहीं थे, इसलिए मुझे लगता है कि वे अमेरिकी चौधराहट वाले भूमंडलीकरण का प्रतिकार करने के लिए भी कोई दीर्घकालीन स्वभाव वाली रणनीति की पेशकश करते। हो सकता है कि यह रणनीति प्रतिपक्ष में काम कर रहे वामपंथी और दक्षिणपंथी हलकों को रास न आती पर जिसके कारण एक लाभदायक और विचारोत्तेजक बहस अवश्य शुरू हो जाती।

बुद्धिजीवी दायरों में गिरि देशिंकर को आमतौर पर चीनी भाषा का आचार्य, चीन और जापान के इतिहास का अधिकारी विद्वान और सामरिक रणनीतिज्ञ माना जाता है। निर्विवाद रूप से गिरि अपने इस क्षेत्र में अन्यतम हैसियत रखते थे। भारत में चीन संबंधी अध्ययन को प्रोत्साहित करने में उनकी भूमिका प्रमुख थी।५ जनवरी १९३२ को कोल्हापुर, महाराष्ट्र के एक साधारण ब्राह्मण परिवार में पैदा हुए गिरि ने १९६२ में लंदन के स्कूल ऑव ऑरियंटल एंड अफ्रीकन स्टजीज़ से चीनी भाषा में बी.ए. (ऑनर्स) किया और कुछ समय तक दिल्ली विश्वविद्यालय में चीनी भाषा और प्राचीन चीनी इतिहास पढ़ाया। फिर वे चीन संबंधी अध्ययनों में विशेषज्ञता हासिल करने येल विश्वविद्यालय चले गये। १९६८ में भारत लौटने के बाद एक बार फिर दिल्ली विश्वविद्यालय के छात्रों और सहयोगी अध्यापकों को करीब दस वर्ष तक चीनी इतिहास के इस उद्‌भट विद्वान के संसर्ग का लाभ मिला। गिरि चीन और जापान संबंधी अध्ययन विभाग में भाषा पढ़ाते और इतिहास विभाग में पारंपरिक चीन के ऊपर कक्षाएँ लेते। १९६९ में उन्होंने सी.आर.एम. राव के साथ अध्ययन पीठ में चाइना स्टडी ग्रुप की स्थापना की। वे **चाइना रिपोर्ट** नामक विख्यात चीन-विषयक पत्रिका के मूल संस्थापकों में थे। यह पत्रिका आज भी उसी प्रतिष्ठा के साथ प्रकाशित हो रही है। १९७८ में वे विकासशील समाज अध्ययन पीठ में वरिष्ठ फैलो बने। चंद्रा सोयसा के सहयोग से गिरि ने चीन के संबंध में एक विशिष्ट दक्षिण एशियायी परिप्रेक्ष्य विकसित करने का आग्रह किया और उसकी आवश्यकता को रेखांकित करने में कामयाब रहे।

लेकिन, गिरि के व्यक्तित्व और कृतित्व के कुछ पहलू ऐसे भी थे जो उनके बारे में किये गये इस वर्णन से स्पष्ट नहीं होते। मसलन, चीन-विद्याविद होने के बावजूद विचारों की दुनिया से लापरवाह रहने वाले एरिया स्टडीज़ के अन्य महारथियों के विपरीत वे एक स्वविकसित राजनीतिक परिप्रेक्ष्य के साथ

अपना काम करने में यकीन रखते थे। आमतौर पर ज्ञान और विद्वत्ता के क्षेत्र सतत और कठोर परिश्रम की माँग करते हैं। गिरि हमेशा इस कसौटी पर खरे उतरे, पर इसके कारण उन्होंने सांस्थानिक विकास संबंधी अपनी रुचियों को कभी स्थगित नहीं किया। उनके जीवन का यही आयाम उन्हें अध्ययन पीठ में काम शुरू करने के नौ-दस साल के भीतर ही भीतर पीठ के सर्वोच्च पद तक ले गया। वे १९८७ से १९९२ तक विकासशील समाज अध्ययन पीठ के निदेशक रहे। इस संस्था में गिरि ने प्रमुख रूप से दो कार्यक्रमों को चलाने का गुरुतर कार्य किया। जहाँ एक ओर वे इंस्टीट्यूट ऑव चाइनीज़ स्टीज़ के माध्यम से तरह-तरह की प्रतिभाओं और विद्वानों को एक सांस्थानिक धुरी पर लाते रहे, वहीं उन्होंने मेरे साथ मिल कर संयुक्त राष्ट्र विश्वविद्यालय के दो महत्त्वपूर्ण कार्यक्रमों का संचालन भी किया। अगर सह-निदेशक के रूप में कई वर्ष तक गिरि का आत्यंतिक और कौशलपूर्ण सहयोग न मिला होता तो पीस एंड ग्लोबल ट्रांसफार्मेशन प्रोग्राम चलाना और फिर निशस्त्रीकरण पर अंतर्राष्ट्रीय सम्मेलन इतनी कामयाबी से करना मेरे लिए संभव न हो पाता। इस संबंध में मैं हमेशा खुद को गिरि का ऋणी महसूस करता हूँ। इस कार्यक्रम के तहत गिरि ने दुनिया के विभिन्न हिस्सों के विद्वानों को जोड़ा और सारी दुनिया में बैठकें आयोजित कीं जिससे अध्ययन पीठ की अंतर्राष्ट्रीय प्रतिष्ठा में भी काफी वृद्धि हुई। गिरि की विद्वत्ता तो बेमिसाल थी ही, साथ ही वे विद्वानों की सर्वराष्ट्रीय टीम को साथ ले कर चलने में भी माहिर थे। संस्था की नींव को पुष्ट करते-करते वे निरंतर सहयोग और समर्थन मुहैया करने के जरिये अपने साथियों को अपने और अपनी संस्था के साथ अभिन्न रूप से जोड़ते चलते थे। खास बात यह है कि उनका यह जुड़ाव निजी होने के साथ-साथ एक तरह की बौद्धिक अंतरंगता का रूप भी ले लेता था।

गिरि की दूसरी खूबी यह थी कि वे निरंतर धारा के विरुद्ध तैरना पसंद करते थे। मेरी मान्यता रही है कि राजनीति का बुनियादी कार्य असहमति के स्वरों को बुलंद करने की क्षमता विकसित करना होना चाहिए। गिरि की बौद्धिकता और स्वभाव, दोनों ही मेरी इस कसौटी पर बहुत अच्छी तरह खरे उतरते थे। उन्हें सामरिक मामलों की गहरी और विशद जानकारी थी। लेकिन वे बाजार में उपलब्ध राष्ट्रवादी और युद्धप्रेमी सामरिक विशेषज्ञों की तरह नहीं थे। गिरि ने अपनी क्षमताएँ भारत और चीन की सामरिक ताकत के तुलनात्मक अध्ययन के जरिये हासिल की थीं। विज्ञान के दर्शन और प्रौद्योगिकी की सामाजिक भूमिका में गहरी रुचि होने के कारण वे केवल हथियारों की गिनती करने वाले विशेषज्ञ बनने के लिए तैयार नहीं हुए। सामरिक अध्ययन के क्षेत्र में

विशेष योगदान देते हुए और युवा विद्वानों को प्रोत्साहित करते हुए वे अपनी ज़ानकारियों का इस्तेमाल शांति के पक्ष में और युद्धप्रेमी राष्ट्रवाद की दावेदारियों का खंडन करने के लिए करते थे। अस्सी के दशक में एटम बम बनाने के सवाल पर चली जोरदार बहस में वे अपनी बम विरोधी दलीलों के लिए जाने गये। उनकी उपस्थिति ने साबित किया कि सारा देश बम बनाने के पक्ष में नहीं है। उनके तर्क इतने मजबूत थे कि उन्हें दरकिनार करना मुमकिन नहीं था। गिरि लंबे अरसे तक निशस्त्रीकरण, विकास और न्यायपूर्ण विश्व-व्यवस्था बनाने की मुहिम से जुड़े रहे। इस सिलसिले में उन्होंने एक महत्त्वपूर्ण प्रबंध भी तैयार किया जो इस क्षेत्र में उनके विश्लेषणात्मक और नीतिपरक योगदान का श्रेष्ठ नमूना था।

व्यक्ति के रूप में गिरि निरे समाजवैज्ञानिक ही नहीं थे। उनकी गर्मजोशी शाम की अड्डेबाजियों में मुखर होती थी। खास बात यह थी कि इसका बौद्धिक स्रोत वामपंथी किस्म की समतामूलकता में निहित न हो कर उनकी नैसर्गिक मानवीयता में था। वे समाज और समुदाय का निर्माण करने में अभिजनों की भूमिका को पूरी मान्यता देते थे। ब्राह्मण जीवन के प्राचीन आदर्श में उनके विश्वास से लगता था कि वे हिंदू समाज में ब्राह्मणों की भूमिका को न केवल सकारात्मक नजरिये से देखते हैं, बल्कि उसके नैरंतर्य पर भी उनका यकीन है। हालाँकि उनके दोस्तों की समझ में यह गिरि का अंतर्विरोध था, लेकिन गिरि एक ऐसे विद्वान थे जिसने आधुनिक समाजविज्ञान के दायरे में खासी विशेषज्ञता तो हासिल कर ली थी, पर जो कभी आधुनिकतावादी नहीं हो पाया था। उन्होंने अपनी हिंदू और ब्राह्मण परंपरा से अपना नाता कभी नहीं तोड़ा। एटम बम का विरोध हो, युयुत्स राष्ट्रवाद का विरोध हो, वैकल्पिक विज्ञान और प्रौद्योगिकी के आंदोलनों से जुड़ाव हो या इन सभी ध्येयों को संस्थानिक जीवन और जीवन-शैली से अनुप्राणित करने की मनोकामना हो या इस समस्त उद्योग में स्वयं को खपा देने की मनोवृत्ति हो, उनका नजरिया हमेशा परंपरा के सातत्य और परिवर्तनशीलता के साथ उनके गहरे लगाव की देन ही होता था। इसी के कारण वे न केवल आत्मकेंद्रित प्रवृत्तियों से बचने में कामयाब रहे, बल्कि समाज-रचना के कामों में उनकी दिलचस्पी बनी रही। इसी कारण संस्थाओं के निर्माण और विकास के साथ-साथ संस्थागत नजरिये से तय किये गए जीवन के उद्देश्यों के प्रति समर्पण गिरि का एक खास गुण बन कर उभरा। इसका वैयक्तिक पहलू यह था कि गिरि ने ब्राह्मण जीवन-शैली को अपने निजी जीवन में भी लागू किया। उनके जैसा किफ़ायती और सहज रहन-सहन, ज्ञान की सतत आराधना और असहमति का स्वर आज की भूमंडलीकृत दुनिया में दुर्लभ हो चुका है।

संपादन और अनुवाद के बारे में

लोक-चिंतन ग्रंथमाला और पाठकों का अंतर्संबंध वैसा नहीं होगा जैसा हिंदी में सामान्य तौर पर प्रकाशित होती रहने वाली पुस्तकों और उनके पाठकों के बीच हुआ करता है। यह पुस्तक श्रृंखला उस पाठक वर्ग को संबोधित है जो राजनीतिक रूप से सचेत, ज्ञानार्जन की दृष्टि से उत्सुक और गंभीर चिंतन-मनन के प्रति रुझान रखने वाला है। इसके प्रकाशन के पीछे अध्ययन पीठ और वाणी प्रकाशन का यह विश्वास काम कर रहा है कि हिंदी-क्षेत्र में ऐसे पाठक वर्ग की रचना आपात-काल के खिलाफ सत्तर के दशक के मध्य में हुए संघर्ष से शुरू हुई थी जो उसके बाद भारतीय समाज के बेहद तेज रफ्तार से हुए सघन राजनीतिकरण के कारण नये चरण में पहुँच गयी है। एक ऐसे चरण में जब आम लोग न सिर्फ राजनीति और समाज-परिवर्तन की प्रक्रिया में सीधी भागीदारी करते हैं, बल्कि उसकी बारीकियों के बारे में जानना भी चाहते हैं। ज्ञान-पिपासा रखने वाले मुट्ठी-भर लोग विश्वविद्यालयों और शोध-संस्थानों में हमेशा मौजूद रहते हैं पर जब उन जैसे व्यक्ति समाज के अन्य सोपानों पर भी मिलने लगें तो समझ लीजिए कि एक पाठक वर्ग तैयार हो रहा है और उसकी बौद्धिक भूख को तृप्त करने की जिम्मेदारी किसी न किसी को निभानी ही पड़ेगी।

इस ग्रंथमाला की सामग्री संकलन, अनुवाद, सार-संक्षेप और फिर संपादन की बहुस्तरीय प्रक्रियाओं के बाद पाठकों के पास पहुँची है। अधिकतर अनुवाद और सार-संक्षेप अंग्रेजी से ही किये गये हैं, लेकिन अन्य भारतीय भाषाओं (जैसे, मराठी और गुजराती) से भी सीधे हिंदी में भाषांतर किया गया है। मूलत: हिंदी में तैयार किये गये विमर्श की भी इस सामग्री में उल्लेखनीय हिस्सेदारी है। ग्रंथमाला की तैयारी के लिहाज से विकासशील समाज अध्ययन पीठ और उसके सहयोगी संस्थानों में काम करने वाले या काम कर चुके समाज-विज्ञानियों को दो श्रेणियों में रखा जा सकता है। पहली और संख्यात्मक लिहाज से बड़ी श्रेणी उन विद्वानों की है जिनका बुनियादी अकादमीय प्रशिक्षण और सारा काम अंग्रेजी में है। उन्हें अपनी मातृभाषाओं में लेखन करने का मौका कतई नहीं मिला। अभ्यास और इच्छा की कमी के कारण उन्होंने भारतीय भाषाओं में समाज-विज्ञान रचने की तरफ कदम भी नहीं बढ़ाया। ये लोग हिंदी या दूसरी भारतीय भाषाएँ पढ़ कर समझ सकते हैं और कम से कम अपनी रचना के अनुवाद या सार-संक्षेप की प्रामाणिकता सुनिश्चित करने में सक्षम हैं। दूसरी श्रेणी में वे अध्येतागण आते हैं जो बाकायदा द्विभाषी हैं। वे ज्यादातर लेखन अंग्रेजी में करते हैं, लेकिन बीच-बीच में भारतीय भाषाओं में अभिव्यक्ति के मौके का भी सदुपयोग करते रहते हैं। यह श्रेणी छोटी, लेकिन इस ग्रंथमाला की दृष्टि से अत्यंत महत्त्वपूर्ण है। दोनों ही श्रेणियों में एक बात सकारात्मक रूप से समान है कि वे समाज-विज्ञान को हिंदी और भारतीय भाषाओं में लाने की दीर्घकालीन और श्रमसाध्य परियोजना को आगे बढ़ाने के लिए प्रतिबद्ध हैं। दूसरी श्रेणी के विद्वानों के आलेख या तो मूलत: हिंदी में लिखे गये हैं या उन्होंने अपनी अंग्रेजी रचनाओं के आधार पर उन्हें खुद नये सिरे से हिंदी में लिखा है। जाहिर है कि ऐसे लेख हिंदी के सुविज्ञ पाठकों को एकदम अलग स्वाद देंगे। इसी से मिलता-जुलता एहसास पाठकों को उन लेखों को पढ़ कर होना चाहिए जिनका सार-संक्षेप किया गया है। यह संक्षेपण तो है पर आमतौर पर मूल रचना को आधे से ज्यादा छोटा नहीं किया गया है। संक्षेपण प्रामाणिक है, क्योंकि लेखक ने स्वयं पढ़ कर उस पर अपनी मुहर लगायी है। ग्रंथमाला में कुछ ऐसे लेख भी शामिल किये गये हैं जिन्हें एक ही विषय-वस्तु से संबंधित लेखों के छोटे-छोटे अंशों को मिला कर तैयार किया गया है। पाठकों को यदा-कदा साक्षात्कार की विधा का इस्तेमाल भी दिखेगा। मुझे उम्मीद है कि संपादन की इन कई शैलियों के इस्तेमाल से बौद्धिक आस्वादन में विविधता आयेगी और कम कलेवर में अधिक सामग्री उपलब्ध हो सकेगी। पाठक अधिक संतुष्ट होंगे।

मुश्किल तब आती है जब हम संपादन और अनुवाद के मैदान में उतरते

हैं और जब हमें दिखायी पड़ता है कि भाषा और ज्ञान-परंपरा के लिहाज से हम उतने वैभवशाली नहीं हैं। बहुत कम ऐसा है जो बना-बनाया उपलब्ध है और न जाने कितना नये सिरे से बनाना है। मसलन, समाज-विज्ञान में प्रयुक्त होने वाली सैद्धांतिक और मानकीय शब्दावली हमारे पास है ही नहीं। पारिभाषिक शब्दकोशों की कमी नहीं है पर उसकी टकसाल में ढाले गये सिक्के पाठकों के बाजार में नहीं चल पा रहे हैं, क्योंकि उनसे ज्यादा लोकप्रिय और ग्राह्य तो अंग्रेजी की शब्दावली हो चुकी है। 'ऑन्टॉलजी' एक ऐसे ही शब्द का उदाहरण है, जिसे अंग्रेजी में समझना ज्यादा आसान लगता है। जैसे ही इसका शब्दकोशीय अनुवाद 'सत्तामीमांसा' के रूप में किया जाता है वैसे ही यह अनूदित पाठ को समृद्ध करने के बजाय संप्रेषणगत व्यवधान बन जाता है। दूसरी बाधा समाज-विज्ञान की रचनाएँ पढ़ने के पाठकीय अभ्यास की कमी से उभरती है। अखबारी लेखन पढ़ते रहने के कारण पाठक सीधे-सरल और छोटे वाक्य पढ़ने का इस कदर अभ्यस्त हो चुका है कि लंबे और जटिल वाक्य सामने आते ही उसकी शिकायत होती है कि यह तो भारी लेखन है। विचित्र बात यह है कि अंग्रेजी पढ़ते समय पाठकगण यह शिकायत नहीं करते। दरअसल, यह दिमागी समस्या हिंदी पत्रकारिता के कुछ पुरोधाओं के इस गलत आग्रह के कारण पैदा हुई है कि हिंदी सहज घोषणात्मक वाक्यों की भाषा है। सरलीकृत हिंदी की माँग करने वाला यह पाठक अनुवादक से अपेक्षा करता है कि वह जटिल वैचारिक लेखन को भी छोटे-छोटे वाक्यों में तोड़ कर पेश करेगा। बेचारा अनुवादक यह माँग पूरी करने के चक्कर में पाता है कि उसने वाक्य तो तोड़ दिये और काफी-कुछ तात्पर्य भी स्पष्ट कर दिया, लेकिन मूल लेखन की बारीकियाँ और उसकी अंतर्निहित एकात्मक अर्थवत्ता हाथ से निकल गयी। पश्चिमी बौद्धिक प्रभावों के कारण यही पाठक महत्त्वपूर्ण अवधारणात्मक शब्दों को कुछ खास रूढ़ हो चुके अर्थों में ही समझता है, जबकि हमारे यहाँ समाज-वैज्ञानिक विश्लेषण में उनका प्रयोग भिन्न और कहीं व्यापक तात्पर्य के लिए करना पड़ता है। इसका सबसे सटीक उदाहरण 'सेकुलर' शब्द की जगह प्रचलित हो चुका शब्द 'धर्मनिरपेक्ष' है जिसका लोकप्रिय अर्थ धर्मों या पंथों के आपसी और राज्य से संबंधों का निकलता है। लेकिन भारतीय समाज-विज्ञान को सेकुलर शब्द का इस्तेमाल जाति-धर्मनिरपेक्ष अर्थों में करना पड़ता है यानी सेकुलर होने की प्रक्रिया न केवल दो धर्मों के आपसी संबंधों का निर्धारक तत्त्व हो सकती है, बल्कि वह एक धर्म के भीतर विभिन्न समुदायों के आपसी संबंधों को भी परिभाषित कर सकती है। सेकुलराइजेशन और भी आगे जा कर जातीयता संबंधी आग्रहों में हुई आधुनिकतावादी तब्दीलियों को व्यक्त करने का माध्यम

बन सकता है।

तीसरी तरह की दिक्कत हिंदी के भीतर व्याप्त कई तरह की सुविधाजनक बन चुकी गलतफहमियों के कारण उभरती है। आमतौर पर 'जातिवादी' गोलबंदी और 'जातीय' गोलबंदी के बीच के भारी अंतर का बहुत से अखबारी लेखकों और पाठकों के लिए कोई महत्त्व नहीं है। असमिया, बंगाली या तमिल जातीयताओं के नाम हैं और ब्राह्मण, ठाकुर या वैश्य जातियों के नाम हैं। इसी तरह 'सवर्ण' शब्द को लेकर भी काफी समस्या है। हिंदी के कई लेखक अपनी रचनाओं में और आम लोग आपसी बातचीत में 'सवर्ण' शब्द का इस्तेमाल सिर्फ पहले तीन वर्णों के लिए करते हैं जैसे कि शूद्र वर्ण उस दायरे में आता ही न हो। होना यह चाहिए कि उपनयन का अधिकार रखने वाले वर्णों के लिए 'द्विज' शब्द का प्रयोग किया जाय और शूद्र जातियों के लिए 'गैर-द्विज' का इस्तेमाल हो। जाहिर है कि अंत्यज या अछूत या दलित जातियाँ इस व्यापक दायरे में आते हुए भी समय-समय पर अपने लिए अलग अभिव्यक्ति की माँग करेंगी।

इसी बिंदु पर सवाल उठता है कि क्या इन तमाम मुश्किलों का तोड़ निकाल लेने से समाज-विज्ञान का हिंदी में प्रस्तुतीकरण आसान हो जायेगा? इसका जवाब यह है कि इन तकनीकी सतर्कताओं के बाद भी ऐसा तब तक नहीं हो सकता जब तक अंग्रेजी का लेखक अपने अनुवादक को पूरी छूट या स्वायत्तता नहीं देगा। स्वायत्तता की सीमा मूल लेखक की निगाह में अनुवाद-कर्म की हैसियत पर निर्भर करती है। इसी संदर्भ में वाल्टर बेंजामिन के कथन की उपयोगिता सामने आती है। वे अनुवादक के लिए मूल पाठ से परे जाने की सिफारिश करते हैं। वे अनुवादक को लगभग भड़काते हुए प्रोत्साहित करते हैं कि वह ऐसा जरूर करे और मूल लेखक पर जिम्मेदारी डालते हुए लगते हैं कि उसे मूल पाठ की दूसरी भाषा में सांस्कृतिक पुनर्रचना देखने के लिए दिमागी रूप से तैयार हो जाना चाहिए। इसके लिए लेखक को मूल पाठ की वाक्य-रचना का मोह छोड़ना पड़ेगा। दरअसल, यह स्वायत्तता मिलते ही अनुवादक के व्यक्तित्व में गुणात्मक परिवर्तन हो जाता है और वह मूल पाठ का गुलाम न रह कर एक अनुशासित सह-रचयिता का रूप ले लेता है। यह सह-रचयिता मूल कृति के उत्तर-जीवन का निर्माता होता है। मूल कृति के जीवन का यह दूसरा चरण पहले चरण से नैसर्गिक रूप से जुड़ कर उसका विस्तार बन जाता है। ऐसा हर अनुवाद संपादक का काम सहज कर देता है। कृति नये पाठकों के हाथों में जाती है। उसका प्रभामंडल और सामाजिक उपयोगिता कई गुना बढ़ जाती है।

अनुवाद मूल कृति का पुनरुत्पादन नहीं, पुनर्रचना है। चित्र जैसी कलाकृति का तो पुनरुत्पादन ही संभव है पर अनुवादक एक समूचे पाठ को

एक दूसरी भाषा में, दूसरी लिपि में, दूसरी वाक्य-रचना में और दूसरी संस्कृति के जगत में रचता है। परकाया-प्रवेश जैसी कार्रवाई के नतीजे में जो काया बनती है, उसके प्रामाणीकरण के लिए मूल काया कहीं और मौजूद रहती है। इस तरह दो पाठ बन जाते हैं। अनुवाद अगर स्वायत्तता के साथ किया गया है तो फिर पाठक के लिए मूल का अस्तित्व नहीं रहना चाहिए। एक बहुभाषी देश में अगर एक भारतीय भाषा, जैसे हिंदी, में स्वायत्त अनुवाद संपन्न हो जाय तो फिर दूसरी भारतीय भाषाओं में उसके अनुवाद की मुश्किलें बहुत कम हो जानी चाहिए। वैसे भी भारतीय भाषा परिवार की भाषाओं को अंग्रेजी के मुकाबले किसी घरेलू भाषा से अर्थग्रहण करने में ज्यादा सुविधा होगी। हिंदी से मराठी या कन्नड़ में या गुजराती में अनुवादपरकता बहुत बढ़ जानी चाहिए।

मैं अपने अनुभव से कह सकता हूँ कि विकासशील समाज अध्ययन पीठ से जुड़े जिन दो श्रेणियों के विद्वानों का ऊपर जिक्र किया गया है, वे काफी-कुछ वाल्टर बेंजामिन की अनुवाद संबंधी अनुशंसाओं क हामी लगते हैं। अध्ययन पीठ के भारतीय भाषा कार्यक्रम के कई सकारात्मक पहलुओं में यह सर्वाधिक महत्त्वपूर्ण है। इन विद्वानों के सहयोग और अनुवाद के अन्य अनुभवों का निचोड़ निकाल कर इस ग्रंथमाला के पाठकों की सुविधा के लिए यहाँ एक छोटी-सी शब्दावली दी जा रही है जिसका मकसद समाज-विज्ञान में अक्सर इस्तेमाल किये जाने वाले शब्दों से जुड़ी उन धारणाओं को स्पष्ट करना है जिनके तहत हमने उन्हें इस्तेमाल किया है। हालाँकि मानकीकरण होना बहुत जरूरी है, लेकिन फिलहाल हमारा आग्रह किसी एक शब्द को ही इस्तेमाल करने का नहीं है, क्योंकि हिंदी में यह समाजशास्त्र की पहली संगठित और नियोजित शुरुआत है। इसी वजह से शब्द और उसके विकल्प को भी दिया गया है। कहीं-कहीं जरूरत के मुताबिक कुछ शब्दों या धारणाओं के आसपास बन चुके विचार-जगत का भी संक्षेप में परिचय देने का प्रयास किया गया है। हो सकता है कि ऐसे परिचय में विज्ञ-पाठकों को कुछ पहलू छूटे हुए लगें। दरअसल, इस शब्दावली को पुस्तक-माला की सामग्री के अनुपूरक के रूप में देखा जाना चाहिए, न कि समाजशास्त्र के स्वतंत्र कोश की तरह। जैसे-जैसे इस शृंखला में पुस्तकें जुड़ेंगी, यह शब्दावली बढ़ती चली जायेगी। हमें उम्मीद ही नहीं, पक्का यकीन है कि जल्दी ही हिंदी-जगत समाजशास्त्रीय अध्ययन में रच-बस जायेगा और उसे इस तरह की छोटी-पूरी मदद की आवश्यकता भी नहीं रह जायेगी।

—अभय कुमार दुबे

परिचय

साकार राष्ट्र : निराकार यात्रा

अभय कुमार दुबे

I

पंद्रह अगस्त बनाम चौबीस जुलाई

आजाद भारत के इतिहास में १५ अगस्त १९४७ की तारीख का मतलब सभी को मालूम है, पर २४ जुलाई १९९१ के महत्त्व का एहसास अभी बहुत कम लोगों को हो पाया है। १५ अगस्त एक आधुनिक राष्ट्र के साकार होने की शुरुआत थी। इस सिलसिले के केंद्र में थी लोकतांत्रिक राजनीति। लेकिन, उस साकार राष्ट्र को निराकार करने की तरफ पहला कदम २४ जुलाई को उठाया गया था। आजादी रात के १२ बजे मिली थी, लेकिन उसके तकरीबन ४४ साल बाद जो सुबह आयी उसने एक नयी उद्योग नीति की घोषणा की और बने-बनाये ढाँचे को एक ही झटके में कुछ अवशेषों में बदल दिया। इसी दिन दोपहर के बाद संसद में नया केंद्रीय बजट पेश किया गया, जिसमें एक ऐसे अर्थतंत्र का आकार-प्रकार बनना शुरू हुआ जो राजनीति से नियंत्रित होने के बजाय उसे नियंत्रित करने की इच्छा से लैस था। चार दशक से ज्यादा की अवधि में जिस राष्ट्रीय राजनीतिक-सामाजिक संस्कृति की रचना हुई थी, एक पल में उसकी बागडोर ऐसे हाथों में चली गयी जो शुद्ध रूप से भारतीय हाथ नहीं थे। यह भारत के ग्लोबलाइज़ेशन यानी भूमंडलीकरण की शुरुआत थी।

इस परिघटना को कई तरीके से अभिव्यक्त किया गया। किसी ने इसे जगतीकरण की संज्ञा दी, तो किसी ने इसी वैश्वीकरण या ग्लोबीकरण कहा।

बांग्ला में इसे विश्वायन कहा गया। मार्क्सवादियों ने इसे पूँजीवादी सर्वव्यापकीकरण के रूप में पेश करते हुए साम्राज्यवाद विरोधी संघर्ष के दायरे में इसके खिलाफ व्यूह रचना का एलान किया। गाँधीवादियों का नाखुश होना स्वाभाविक था, क्योंकि भूमंडलीकरण गाँव की जगह शहर और नागरिक की जगह उपभोक्ता की सत्ता को अंतिम तौर पर स्थापित करने के आग्रह के साथ सामने आया था। भूमंडलीकरण से सबसे ज्यादा चिंतित राष्ट्रवादी हुए। उनमें से ज्यादातर को लगा कि यह परिघटना तो राष्ट्र की आधारभूत संरचना को ही सत्ता और प्राधिकार से वंचित कर देगी, इसलिए उन्होंने मार्क्सवादियों के साथ सुर में सुर मिला कर अपना भूमंडलीकरण विरोधी घोषणापत्र तैयार किया। वैसे, कुल मिला कर राष्ट्रवादियों का रवैया दोहरा साबित हुआ। विरोध करने के साथ-साथ उन्होंने होशियारी यह दिखायी कि भूमंडलीकरण के साथ सौदेबाजी भी शुरू कर दी। सूचना क्रांति की प्रौद्योगिकी का सहारा ले कर वे जनता को नये तरीकों से नियंत्रित करने के प्रयोजन में लग गये। राष्ट्रवादियों के इस हिस्से का खयाल था कि वे अपनी संप्रभुता का एक हिस्सा त्याग कर उसके बदले भूमंडलीकरण से कहीं ज्यादा हासिल कर सकते हैं। दूसरी तरफ राष्ट्रवाद को तिरछी निगाह से देखने वालों और आधुनिकता के आलोचकों ने कुछ खुशी और कुछ संदेह के स्वर में इसका स्वागत किया। वे खुश इसलिए थे, क्योंकि राष्ट्रीय सरहदों की अलंघनीयता से बेपरवाह भूमंडलीकरण के जरिये उन्हें 'राष्ट्रवाद के कारागार' के खिलाफ बगावत की उम्मीद थी। सूचना क्रांति के आयामों, सूचना समाज की रचना और साइबर स्पेस की निराकार दुनिया में उन्हें एक नयी नागरिकता की पदचाप सुनायी दे रही थी। साथ ही उन्हें परेशानी यह थी कि कहीं भूमंडलीकरण अपनी पश्चिम केंद्रीयता और चरम बाजारवाद के कारण किसी भी तरह के विकल्पों की संभावना को ही नष्ट न कर दे। आधुनिकता के विचार को जोखिमग्रस्त मानने वाले और कमोबेश उत्तर-आधुनिक संवेदनाओं पर भरोसा करने वाले इन चिंतकों से आधुनिकतावादी सहमत नहीं हुए। उन्होंने भूमंडलीकरण के प्रति इस रवैये का उपहास किया, क्योंकि वे निस्संकोच रूप से इसे पश्चिमी आधुनिकता के अश्वमेध यज्ञ के रूप में ही देख रहे थे।

बहरहाल, यह परिघटना इतनी व्यापक थी कि जीवन का कोई भी क्षेत्र इससे अछूता नहीं रह सका। भारत के पुराने राष्ट्रवादी पूँजीपतियों से लेकर सूचना प्रौद्योगिकी के व्यवसाय से बने नये उद्योगपतियों तक; पब्लिक सेक्टर की चौधराहट के तले पनपे नौकरशाहों और सत्तारूढ़ रहने की आदत डाल चुके राजनेताओं से लेकर विपक्ष और असहमति की राजनीति में रचे-बसे

राजनीतिक दलों और जनपक्षीय आंदोलनकारियों तक; पिछड़ी जातियों, महिलाओं, शहरी गरीबों और दलितों के हितों में सोचने वालों से लेकर मार्क्सवादियों, नक्सलवादियों, आधुनिकता के आलोचकों, नागरिक अधिकारवादियों, गाँधीवादियों और पर्यावरणवादियों तक को इस परिघटना के पक्ष-विपक्ष में राय बनानी पड़ी।

पहली नजर में लगता है कि भूमंडलीकरण का यह पल अचानक कहीं से आया और हम पर हावी हो गया। लेकिन, असल में इस लम्हे के लिए धीरे-धीरे कई साल से राष्ट्रातीत और अंतर्राष्ट्रीय स्तर पर एक जमीन पक रही थी। यह पल तब आया जब साकार राष्ट्र की वैकासिक आधुनिकता अपने वायदों को पूरा करने में पूरी तरह नाकाम हो गयी। यानी भारतीय रिजर्व बैंक के पास केवल दो हफ्ते के आयात का बिल चुकाने लायक विदेशी मुद्रा ही रह गयी। अर्थात् आयात प्रतिस्थापन के उसूल पर निर्भर मिश्रित अर्थव्यवस्था उस निवेश अंतराल को खत्म करने में विफल हो गयी जो आजादी के वक्त केवल सात फीसदी था और जिसे भरने के लिए विदेशी पूँजी की तलाश में हमारे राष्ट्रवादी पूँजीपतियों ने प्रतिनिधिमंडल बना कर सारी दुनिया का भ्रमण किया था। यह पल तब आया जब जनता का विशाल बहुमत पाने वाली सरकारें कई बार पाँच साल तक जन-वैधता के साथ शासन चलाने में नाकाम हो गयीं, और केंद्र में अल्पमत की गठजोड़ सरकारें बनने लगीं। यानी जनादेश स्पष्ट नहीं रह गया, जिसके कारण लोकतंत्र में संस्थागत उत्तरदायित्व के सिद्धांत का क्षय शुरू हुआ। यह पल तब आया जब मतदाताओं ने कांग्रेस ही नहीं, हर किस्म की राजनीतिक ताकत को सरकार में आजमा कर देख लिया और उन्हें यकीन हो गया कि आजादी के बाद बने निजाम में उनकी जिंदगी को बेहतर बनाने की कुव्वत नहीं रह गयी है। अर्थात चालीस साल पुरानी व्यवस्था के साथ जनता के रागात्मक संबंध खत्म हो गये। यह पल तब आया जब अस्सी के दशक में ही अनिवासी भारतीय (एनआरआई) नामक शै की राष्ट्रीय विकास और गौरव में हिस्सेदारी वैध मान ली गयी। इस देश को छोड़ कर जो कभी वापस न आने के लिए चले गये थे, वे बिना वापसी किये इस देश में रहने वालों से सिर्फ इसलिए ज्यादा महत्त्वपूर्ण हो गये कि उनके पास पूँजी, आधुनिक प्रौद्योगिकी और प्रबंधन था। अर्थात भौगोलिक सरहदों वाले राष्ट्रवाद की सीमाएँ उसूली तौर पर अपने रुतबे से वंचित हो गयीं। यह पल तब आया जब गरीबों को संगठित करके क्रांति करने का दावा करने वाले कम्युनिस्ट अपनी नाकामियों से सबक सीखने के लिए तैयार नहीं हुए और उन्होंने दलितों, असंगठित क्षेत्र के मजदूरों और पिछड़ी जातियों को मजदूर वर्ग की अपनी परिभाषा में शामिल करने से

इंकार कर दिया। यह पल तब आया जब गाँधीवादी और कुजात गाँधीवादी, दोनों मिल कर भी कांग्रेस सरकारों का अधिक जनोन्मुख विकल्प नहीं दे पाये। अर्थात उनकी सरकारें कांग्रेस की भी और भद्दी कार्बन कॉपी ही निकलीं। यह पल तब आया जब भारतीय अभिजनों ने स्वीकार कर लिया कि उनकी आधुनिकता उन्नीसवीं सदी की ब्रिटिश वर्चस्व वाली आधुनिकता में सीमित न रह कर अमेरिकी ठप्पे वाली उत्तेजक और इंस्टेंट आधुनिकता में बदलने के लिए तैयार बैठी है। अर्थात भारतीय अभिजन अपने पश्चिमीकरण को अमेरिकीकरण के रूप में देखने के लिए तैयार हो गये।

यह पल तब आया जब दुनिया के पैमाने पर गैर-पूँजीवादी वर्चस्व बनाने की कोशिशें करने वाला सोवियत संघ और पूर्वी यूरोप का समाजवादी शीराजा बिखर गया। अर्थात इससे पहले कि पूँजीवाद अपने अंतर्विरोधों से ध्वस्त होता; नया परिवार, नया समाज, नयी संस्कृति और नयी दुनिया बनाने की विचारधारात्मक कोशिशें ही अपने अंतर्विरोधों से भरभरा कर ढह गयीं। यह पल तब आया जब मुल्क में ही नहीं, बल्कि लगभग सारी दुनिया में राजनीतिक और सांस्कृतिक बयार केंद्र से बाईं तरफ नहीं, बल्कि दाईं तरफ बहने लगी।

जो लोग मिश्रित अर्थव्यवस्था की लगातार वायदाखिलाफी से आजिज़ आ चुके थे, उन्होंने इस अर्थनीति के पुराने विरोधियों के साथ मिल कर एलान किया कि अगर १५ अगस्त राजनीतिक आजादी का दिन माना जायेगा तो २४ जुलाई को आर्थिक आजादी का प्रतीक समझा जाना चाहिए। इन लोगों ने यह दावा भी किया कि २४ जुलाई १५ अगस्त को कमजोर नहीं, बल्कि और मजबूत कर रही है। यहीं से विवाद की शुरुआत हुई, क्योंकि यह आर्थिक आजादी परमिट-कोटा राज खत्म करके एक ऐसा निजाम बनाने की कोशिश-भर नहीं थी, जिसमें राष्ट्र और उसके नागरिकों के लाभ का आग्रह सर्वोपरि होता। इस आर्थिक आजादी का मतलब यह था कि न केवल भारतीय अर्थव्यवस्था को विश्व बाजार के साथ जुड़ते चले जाना है, वरन् भारतीय वित्तमंत्री को अंतर्राष्ट्रीय मुद्रा कोष और विश्व व्यापार संगठन के दफ्तर में जा कर अपने कामों का हिसाब भी देना है। उसे अंतर्राष्ट्रीय रेटिंग एजेंसियों द्वारा दी गयी सनद का मोहताज रहना है। इसका मतलब यह भी था कि भारतीय अर्थव्यवस्था को धीरे-धीरे अंतर्राष्ट्रीय वित्तीय पूँजी के रहमो-करम पर निर्भर होते चले जाना है। इसका मतलब यह भी था कि भारतीय विदेशमंत्री को अमेरिकी विदेश मंत्रालय और यूरोपीय संघ के कारकुनों से अच्छे चालचलन का प्रमाणपत्र हासिल करते रहना है।

इसका मतलब यह भी था कि हमें अपने सामाजिक-आर्थिक जीवन के

गठन के लिए एंग्लो-अमेरिकी कारपोरेट मॉडल को आदर्श मान लेना है। इसका मतलब यह भी था कि विविधताओं और बहुलताओं की प्रतीक भारतीय संस्कृति को उस भूमंडलीय संस्कृति के बुलडोजर के नीचे से गुजरना है जिसे हेनरी किसिंजर ने बड़े दर्प से अमेरिकीकरण का नाम दे रखा है। इसका मतलब यह भी था कि 'भूमंडलीकरण के प्रवाह में बहने के अलावा कोई चारा नहीं है'—जैसे खयाल को आखिरी तौर से मान लेना और साथ में यह भी मान लेना कि दुनिया का भविष्य राष्ट्र आधारित लोकतंत्रों में निहित न हो कर किसी 'ग्लोबल गवर्नेंस' और 'ग्लोबल डेमोक्रेसी' की शीर्ष-संरचना में निहित है। इन सब बातों को बिना किसी विरोध या वैकल्पिक पेशकश के मान लेने का अर्थ यह था कि पिछले दशकों में जिस साकार राष्ट्र की रचना भारतीयों के सामूहिक उद्यम से हुई थी, उसे एक बेरोकटोक निराकार यात्रा पर रवाना कर देना। यह यात्रा निराकार इस अर्थ में थी कि इसकी मंजिल न केवल भारतीय राष्ट्र की सीमाओं से बाहर थी, बल्कि यह भारतीय इतिहास के किसी मुकाम के तर्कसंगत विकास से भी जुड़ी नहीं थी। इस यात्रा का मतलब था भारत को उसे एक ऐसे राष्ट्रातीत निजाम का अंग बना देना जो न भारतीय संसद के प्रति जवाबदेह है, न भारतीय नागरिकों के प्रति। मसलन, अगर अंतर्राष्ट्रीय वित्तीय पूँजी के चंचल चरित्र के कारण भारतीय मुद्रा बाजार में उथल-पुथल मचती, भारतीय मुद्रा ध्वस्त हो जाती और उसके कारण वर्षों से सँजोये जा रहे राष्ट्रीय लाभों का विनाश हो जाता तो हमारा राष्ट्र इस अपराधी वित्तीय पूँजी के ऊपर किस अदालत में मुकद्दमा चलाता? दूसरे, भूमंडलीकरण की दुनिया में 'यूनिवर्सल' का मतलब है यूएस और अगर इसी तर्ज पर अमेरिकी हित एक दिन घोषणा कर देते कि पाकिस्तान का फौज-नियंत्रित लोकतंत्र भारत के संसदीय लोकतंत्र से बेहतर और मदद करने योग्य है, तो राष्ट्रों की बिरादरी में सच्चे लोकतंत्र होने का प्रमाणपत्र हम किससे माँगते? अमेरिका अगर ऐसा करता तो पहली बार नहीं करता। दुनिया पर चौधराहट जमाने के अपने खेल को चलाने के लिए लोकतंत्रों के मुकाबले फौजी तानाशाहियों को तरजीह देने का उसका इतिहास बहुत पुराना है।

इन तमाम अंदेशों से निकली बहस से ही **लोकचिंतन ग्रंथमाला** की इस तीसरी कड़ी **भारत का भूमंडलीकरण** की सामग्री तैयार हुई है। इस किताब का शीर्षक अपने-आप में विरोधाभासी लग सकता है, क्योंकि यह एक राष्ट्रातीत परिघटना के संदर्भ में भारत को देखने की बजाय भारत के राष्ट्रीय और एशिया के महाद्वीपीय संदर्भ में उस परिघटना को परखने का प्रयास है। यह पुस्तक अपनी पक्षधरता के मामले में कतई साफ है। उसकी ठोस

दिलचस्पी भारत के भूमंडलीकरण, उसके वर्तमान परिणामों और आगे होने वाले हश्र में है। इसमें भूमंडलीकरण के उन पहलुओं पर जोर कम नजर आ सकता है जिनका भारतीय या एशियायी परिस्थितियों से सीधा ताल्लुक नहीं है।

यह संकलन राष्ट्र-राज्य, उदारतावादी लोकतंत्र, पश्चिमी विचार-दृष्टि, आधुनिकता, सूचना क्रांति, ज्ञान की संरचना, लैंगिक परिप्रेक्ष्य, दलित, मजदूर वर्ग, धर्म, शहरी गरीब, मतदाता मंडल, प्रतिपक्ष की राजनीति, एशियायी विकल्प और उत्तर-भूमंडलीकरण विश्व के संदर्भ में इस परिघटना का जायजा लेता है। संकलित आलेख अपनी संरचना में बहुअनुशासनीय हैं। उनमें इतिहास और अवधारणाएँ तो हैं ही, विवरण और समकालीन घटनाक्रम पर विचार के साथ-साथ भविष्य को लेकर सरोकार भी हैं।

मोटे तौर से भारत के भूमंडलीकरण पर होने वाली बहस दो खानों में बँटी रहती है। एक ओर भूमंडलीकरण के समर्थक हैं और दूसरी ओर विरोधी। दोनों का अखाड़ा बुनियादी तौर पर अर्थतंत्र है। लेकिन, इन दोनों के बीच एक ऐसी जगह भी है जहाँ दोनों खेमों के असंतुष्ट आपस में मिलते हैं। इस बीच के इलाके में संस्कृति और राजनीति के प्रश्न उठते हैं, पर उनके ऊपर पर्याप्त गहराई से ध्यान नहीं दिया जाता। **भारत का भूमंडलीकरण** इसी गुंजाइश की देन और इसी कमी को पूरा करने का एक यत्न है।

II

आधुनिकता का सफर : भूमंडलीकरण का संक्षिप्त इतिहास

भूमंडलीकरण को समझना बहुत मुश्किल साबित हुआ है। मोटी-मोटी किताबों और लंबे-लंबे लेखों के बीच उसकी हकीकत दिनों-दिन पेचीदा होती जा रही है। वह यथार्थ होते हुए भी आभासी है, जिसे समझने के लिए अनगिनत शब्द खर्च किये जा चुके हैं, लेकिन नतीजे में सिर्फ ऐसी साइबर यात्रा हासिल हुई है जिसकी दुनिया इंटरनेट में कैद होने के बाद भी निराकार हो कर पकड़ से बाहर चली जाती है। वह ऐसे सपने की तरह है जिसका कोई तयशुदा मतलब नहीं होता, इसलिए उसमें बसी हुई कल की हकीकतें वे नहीं निकलतीं जिनकी खुशफहमियों में कभी-कभी एक से ज्यादा पीढ़ियाँ अपना वक्त गुजार देती हैं। भूमंडलीकरण को समझने की परियोजना में एक खतरा यह भी है कि जब तक हम उसे पूरी तरह समझने का कोई ठोस दावा कर पायेंगे, तब तक वह हमें पूरी तरह बदल चुका होगा। हमारी आर्थिक परिस्थितियाँ वे नहीं रह गयीं होंगी जिनमें हमने जन्म लिया था, हमारे सांस्कृतिक परिवेश की शक्ल वह नहीं रह गयी होगी, जिसमें हमारे जीवन-मूल्यों की बुनियाद पड़ी थी और हमारी

राजनीतिक व्यवस्था का मर्म वह रूप ले चुका होगा जिसके खिलाफ हमने कभी उसे गढ़ा था।

भूमंडलीकरण एक बेहद ताकतवर परिघटना है जो सब कुछ बदले दे रही है। वह दोनों तरफ से बदलती है यानी वह हालात को अपने सार्वभौम साँचे में तो ढालती ही है, उसके प्रति उसके विरोधियों की प्रतिक्रिया भी एक खास तरह के परिवर्तन को जन्म देती है जो शुरू में भूमंडलीकरण के खिलाफ लगता है, पर अंतिम विश्लेषण में उसकी संरचनाओं की मदद करता पाया जाता है। भूमंडलीकरण के कारण न सिर्फ सत्ता की राजनीति बदल गयी है, वरन विपक्ष की राजनीति के पुराने तौर-तरीके भी बेकार हो गये हैं। भारत ही नहीं, दुनिया-भर में जो लोग उसके इतिहास से वाकिफ नहीं हैं, उन्हें लगता है कि पिछली सदी के आखिरी दस सालों में यह शै न जाने कहाँ से यह टपक पड़ी है। हमारे मिथकों में अगर भूमंडलीकरण से प्रभावित आज के हालात की कोई मिसाल मिल सकती है तो वह सिर्फ समुद्र मंथन की पुराणगाथा ही है, जिसमें सभी पक्ष जुटे हुए थे और किसी को ठीक-ठीक नहीं पता था कि सुमेरु पर्वत से बनी उस विराट मथानी से क्या-क्या निकलेगा। लेकिन, मंथन में शामिल होने के कारण वे सभी उन परिणामों का फल भोगने के लिए अभिशप्त थे।

दरअसल, भूमंडलीकरण उस सफर का नाम है जो उन्नीसवीं सदी के सातवें दशक में आधुनिकता ने शुरू किया था। आधुनिकता को इंसान के सोच-विचार में तरह-तरह की क्रांतियाँ करने का श्रेय दिया जाता है, लेकिन उसकी व्याख्याओं में यह पहलू सबसे कम उभर कर आ पाता है कि वह भूमंडलीकरण की वाहक भी है। जब तक भूमंडलीकरण का यथार्थ अपने पूरे विस्फोट के साथ प्रगट नहीं हुआ था, विविधता और बहुलता को आधारभूत सिद्धांत मानने वाले चिंतक किस्म-किस्म की आधुनिकताओं का विमर्श चलाने में लगे हुए थे। इस विमर्श में आधुनिकता की वह प्रवृत्ति छिप गयी थी जो सभी सभ्यताओं और संस्कृतियों को समरूपीकरण की तरफ धकेलती है। लेकिन, नब्बे के दशक में जैसे ही भूमंडलीकरण मुख्यधारा के ऊपर हावी हुआ वैसे ही यह असलियत एक बार फिर निकल कर सामने आ गयी कि यूरोपीय ज्ञानोदय की कोख से जन्मे आधुनिकता के सार्वभौम विचार में 'एक-विश्ववाद' का पहलू एक शक्तिशाली अंतर्धारा के रूप में मौजूद है। चाहे किसी भी रंग के रहे हों, आधुनिकतावादी हमेशा एक 'ग्लोबल' प्रणाली, 'ग्लोबल' नागरिक और 'ग्लोबल' राजनीति रचने की कल्पनाओं से प्रेरित होते रहे हैं। राष्ट्रीय, क्षेत्रीय और सांस्कृतिक सीमाएँ आधुनिकता के इस आयाम के ऊपर कभी हावी नहीं हो पायीं। सवा सौ साल से ज्यादा लंबे इस सफर में

आधुनिकता ने इस मंजिल को कभी आँखों से ओझल नहीं होने दिया। वह लगातार कोशिश करती रही कि सत्ता की 'ग्लोबल' संरचनाएँ अन्य सरहदों की नियामक बनें, न कि उन्हें सरहदों की जरूरतों के मुताबिक काम करने पर मजबूर होना पड़े। इसकी सबसे प्रभावशाली और ठोस मिसाल उसने पूँजी और उसकी गतिशीलता के रूप में प्रस्तुत की।

भूमंडलीकरण को अगर आधुनिकता की आर्थिक अभिव्यक्ति के रूप में देखा जाय तो अपने सफर के पहले पचास साल में वह काफी तेज रफ्तार से दौड़ता नजर आता है। १८७० से १९१४ के बीच के इस जमाने को उन्मुक्त बाजार या 'अबाध वाणिज्य' के युग की तरह परिभाषित किया जा सकता है। इस दौरान पूँजी और श्रम के आवागमन पर कोई खास रोक नहीं थी। कोई कहीं भी बस सकता था और नागरिकता कमोबेश आसानी से मिल जाती थी। बाजार के कारोबार में सरकारी दखलंदाजी न के बराबर थी। टेलीग्राफ, रेलवे और भाप की ताकत से चलने वाले जहाज उसके वाहक थे। वह ब्रिटिश साम्राज्य के कभी न अस्त होने वाले सूरज की बेरहम रोशनी में नहाई हुई थी। उसके मर्मस्थल में पाउंड-स्टर्लिंग विराजमान था। अर्थात आज के भूमंडलीकरण की तरह ही उन्नीसवीं सदी में शुरू हुई इस परिघटना में भी एक महाशक्ति के रूप में ब्रिटेन मौजूद था, एक महा-मुद्रा के रूप में पाउंड था और रेलवे, बेतार के तार और पानी के जहाज के रूप में उस जमाने की संचार और परिवहन क्रांति पूरे भूमंडल के फासलों को कम करने में लगी थी।

मानवता इस भूमंडलीकरण से लाभान्वित जरूर हो रही थी, पर बड़े असमतल रूप से। यूरोप को फायदा हो रहा था, लेकिन उसका ज्यादा बड़ा हिस्सा उपनिवेशवादी देश हड़प जाते थे। यही देश मुख्य तौर पर पूँजी के निर्यातक और जिंसों के आयातक थे। दक्षिणी और पूर्वी यूरोप समृद्धि की दौड़ में पीछे घिसटते जा रहे थे। एशिया, अफ्रीका और लातीनी अमेरिका के उपनिवेशों की हालत खराब थी। यही वह वक्त था जब भारत, चीन और इंडोनेशिया जैसे देशों का अ-उद्योगीकरण हुआ और वे अविकसित की श्रेणी में आते चले गये, हालाँकि इनके अर्थतंत्र मुक्त व्यापार की अवधारणा के हिसाब से चल रहे थे और उन्हें उस जमाने के विदेशी निवेश का बड़ा हिस्सा मिल रहा था। इसके विपरीत भूमंडलीकरण की इस आदिम प्रक्रिया के कारण संयुक्त राज्य अमेरिका और कनाडा जैसे देशों में श्वेत आबादी को लाभ पहुँचाने के लिए उद्योगीकरण के हालात बनाये गये, कारखाना आधारित उत्पादन में सीधा पूँजी निवेश हुआ, प्रौद्योगिकीय और प्रबंधकीय क्षमताओं का विकास हुआ। खास बात यह है कि इस जमाने में भारत, चीन और इंडोनेशिया जैसे देश सबसे

ज्यादा विदेशी निवेश पाने वाले देशों में से एक थे, लेकिन इन देशों का विकास नहीं हुआ और अमेरिका विकसित होता चला गया। लगभग आधी सदी के इस दौर में गरीब और अमीर देशों के बीच आमदनी का अंतराल ७:१ से बढ़ कर ११:१ हो गया। वह भूमंडलीकरण अपने सारतत्त्व में विषमता का अर्थशास्त्र निकला। सैन्यवाद, साम्राज्यवाद, नस्लवाद और इजारेदारियों ने पूँजी की बेतहाशा खुदगर्जी के साथ मिल कर एक विशाल अजगर पैदा किया, जिसने गरीब देशों और कमजोर समुदायों को तो सताया ही, समृद्ध देशों के भीतर भी मंदी के हालात पैदा किये। जान मेनार्ड कींस ने १९१९ में माना कि अगस्त १९१४ में खत्म हुआ मनुष्य की आर्थिक प्रगति का वह दौर बेमिसाल तौर पर असाधारण था, पर उसमें यह सच्चाई भी शामिल थी कि उस दौरान आबादी के ज्यादा बड़े हिस्से को कठोर परिश्रम करने के बाद भी निचले स्तर की जीवन-सुविधाओं में गुजर-बसर करनी पड़ती थी।

प्रथम विश्व युद्ध ने भूमंडलीकरण के इस सिलसिले को बदला। मार्क्सवादी और राष्ट्रीय क्रांतियों के युग ने साम्राज्य को पीछे धकेल दिया। भूमंडलीकरण की जगह राष्ट्रों की सरहदें पूँजी और श्रम की नियामक हो गयीं। उन्होंने पूँजी और श्रम के बेरोकटोक आवागमन को मुश्किल बना दिया। द्वितीय विश्व युद्ध से दुनिया दो हिस्सों में बँट गयी। भूमंडलीकरण एक घोड़े की दौड़ नहीं रह गया। दोनों ही हिस्से आधुनिकता के पैरोकार थे और दोनों ही का सपना अपने-अपने तरह के भूमंडलीकरण से जुड़ा हुआ था। आधुनिकता की दो परिभाषाएँ एक-दूसरे से होड़ करते हुए सामने आयीं। इस प्रतियोगिता को हम वामपंथी बनाम दक्षिणपंथी या समाजवाद बनाम पूँजीवाद की प्रचलित श्रेणियों के नाम से जानते हैं। आधुनिकता के गैर-पूँजीवादी वारिसों का दावा था कि वे पूँजीवाद के मुकाबले बेहतर किस्म का लोकतंत्र, अधिक समतामूलक अर्थव्यवस्था और राष्ट्रों के बीच अपेक्षाकृत कम ऊँच-नीच के रिश्ते कायम कर सकते हैं। यानी वे जिस संकेंद्रित विश्व का सपना दिखा रहे थे, वह परस्पर शोषण पर आधारित नहीं होने वाला था और उसमें हर राष्ट्र को अपने स्वतंत्र विकास का मौका मिलने का दावा किया जा रहा था। इस दूसरे भूमंडलीकरण को अंतर्राष्ट्रवाद कहा गया। एक ऐसा अंतर्राष्ट्रवाद जिसके केंद्र में बाजार न हो कर एक मानवीय समझौता दिखायी पड़ता था जो साझा मानवता की तलाश में नस्ल, धर्म, राष्ट्र आदि के परे जाती एकता के तंत्र के रूप में परिभाषित किया जाता था। जाहिर है कि आधुनिकता का यह रूप अपना समरूपीकरण वित्तीय ताकत के दम पर नहीं, बल्कि विचारधारात्मक प्राथमिकताओं के दम पर थोपता था। इसके केंद्र में सोवियत संघ एक 'गैर-पूँजीवादी महाशक्ति' के रूप में

मौजूद था। यूरोप के कम विकसित हिस्से के साथ-साथ उसने एशिया और लातीनी अमेरिका के नवस्वतंत्र देशों के साथ आर्थिक-राजनीतिक-सामरिक संधियाँ करके सत्तर के दशक तक पूँजीवादी भूमंडलीकरण के साथ प्रतियोगिता करने का भगीरथ प्रयास किया।

इस दौरान पूँजीवादी भूमंडलीकरण के पुराने और नये नियोजक ब्रेटन वुड्स समझौते के जरिये अपने सपने को विकसित करने की कोशिश करते रहे। १९४४ में न्यू हैमशायर की पहाड़ी सैरगाह ब्रेटन वुड्स में बैठ कर ब्रिटेन और अमेरिका ने एक नयी अंतर्राष्ट्रीय अर्थव्यवस्था का तानाबाना तैयार किया जिसे मुक्त बाजार प्रणाली की जगह काम करना था। इसके अनुसार राष्ट्रीय मुद्राओं को अमेरिकी डालर से निर्धारित विनिमय दर के आधार पर जोड़ दिया गया और जरूरत पड़ने पर डालरों को सोने में भुनाने का अधिकार दिया गया। अंतर्राष्ट्रीय मुद्रा कोष और विश्व बैंक की स्थापना की गयी। पूँजीवादी भूमंडलीकरण के केंद्र में औपचारिक रूप से ब्रिटेन की जगह अमेरिका आ चुका था और पाउंड की जगह डालर ने ले ली।

ब्रेटन वुड्स समझौते के पाँच साल बाद भूमंडलीकरणों के इस शीतयुद्ध ने एक नया गुल खिलाया। १९४९ में सत्तारूढ़ होने के फौरन बाद चीन की कम्युनिस्ट सरकार ने अपनी डालर आमदनी को अमेरिकी सरकार की लंबी पहुँच से बचाने के लिए पेरिस में *बैंके कमर्शियाले पौर ल'यूरोप डु नॉर्ड* नामक बैंक में जमा करना शुरू कर दिया। खास बात यह थी कि इस बैंक की मिल्कियत सोवियत संघ के हाथ में थी और इसका बेतार के तार का पता था 'यूरोबैंक'। चीनियों की देखा-देखी रूसियों ने भी अपनी डालर आमदनी या तो पेरिस के बैंक में या फिर लंदन के *मास्को नरोदनी बैंक* में जमा करनी शुरू कर दी। यूरोप के बैंकरों ने देखा कि उनके बैंकों में एक ऐसी विपुल डालर धनराशि जमा है जो न तो जमा करने वाले देश के नियम-कानूनों से नियंत्रित होती है और न ही वह ब्रेटन वुड्स प्रणाली के दायरे में आती है। वे इन उन्मुक्त डॉलरों का व्यापार कर सकते हैं। यही डालर पेरिस के बैंक के पते की तर्ज पर 'यूरोडालर' कहलाये। यूरोडॉलर मार्केट का जन्म हुआ जिसकी कभी खुफिया तो कभी खुली गतिविधियाँ ब्रेटन वुड्स प्रणाली के नियामक अमेरिका को चिंतित करती रहीं। यह बाजार अमेरिका से भी डालरों को अपनी ओर खींच रहा था। अमेरिका ने इस प्रक्रिया को रोकने के लिए कानून तक बनाया पर उससे काम नहीं चला। साठ के दशक में जब अमेरिका में मुद्रास्फीति बढ़ी और डॉलर कमजोर होना शुरू हो गया तो सारी दुनिया में डालरों को सोने में भुनाने की होड़ मच गयी। अपना सोने का भंडार खाली हो जाने के डर से

अगस्त १९७० में राष्ट्रपति निक्सन ने एकतरफा कार्रवाई करके डालरधारियों से यह अधिकार छीन लिया और इस तरह ब्रेटन वुड्स प्रणाली ध्वस्त हो गयी। निर्धारित विनिमय-दर के बजाय चलायमान विनिमय-दर का प्रचलन हुआ। अर्थशास्त्र की भाषा में यह मुक्त बाजार के बिना वित्तीय पूँजी के भूमंडलीकरण की शुरुआत थी। १९१४ में भूमंडलीकरण के पहले दौर की समाप्ति के बाद यह दूसरा मौका था जब पूँजी किसी निश्चित नियम-कानून के अधीन नहीं थी।

भूमंडलीकरण का सिलसिला पूरे वेग से शुरू होने में केवल दो बातों की कमी थी। पहली, १८७० से १९१४ के बीच के दौर की तरह दुनिया एक-ध्रुवीय नहीं थी और दुनिया में एक नहीं, दो महाशक्तियाँ थीं। गैर-पूँजीवादी भूमंडलीकरण के पैंतरों के कारण पूँजीवाद अपनी विश्व-व्यवस्था को ठीक से नहीं चला पाया था। संतोष की बात केवल यह थी कि कम्युनिस्ट देशों के डालरों के कारण जिस उन्मुक्त पूँजी की संरचना हुई थी वह वित्तीय पूँजी के राष्ट्रातीत चरित्र के अधिक अनुकूल थी, न कि सोवियत संघ और चीन के 'राजकीय पूँजीवाद' के। यह पूँजी बहुराष्ट्रीय निगमों के उभार के साथ मिल कर विश्व बाजार के निर्माण में निर्णायक भूमिका निभा सकती थी। दूसरी बात यह थी कि विज्ञान इस बीच में ऐसी कोई नयी क्रांति नहीं कर पाया था जो इस भूमंडल में फासलों को और कम कर पाती। नये जमाने के भूमंडलीकरण को विमान और टेलीफोन के अलावा एक नये माध्यम की दरकार थी जिससे वास्तव में दुनिया मुट्ठी में कैद नजर आने लगे। चूँकि राष्ट्रों की सीमाओं के कारण पहले की तरह श्रम और पूँजी का बेरोकटोक आवागमन संभव नहीं था, इसलिए दुनिया-भर में धीरे-धीरे आर्थिक-राजनीतिक दबाव डलवा कर इस प्रवाह के रास्ते की बाधाएँ हटाना जरूरी था। राष्ट्रातीत पूँजी की संरचनाओं के रूप में बहुराष्ट्रीय निगमों का बोलबाला स्थापित किया जाना अनिवार्य था।

जाहिर है कि इन्हीं सीमाओं के कारण सत्तर के दशक को भूमंडलीकरण की शुरुआत के दशक के रूप में चिह्नित करना थोड़ा मुश्किल लगता है। लेकिन, सच्चाई यह है कि यही वह समय था जब वित्तीय पूँजी स्थिर विनिमय-दरों की कैद से आजाद हुई। यही वह समय था जब पूँजीवादी भूमंडलीकरण के पैरोकारों ने अपने गैर-पूँजीवादी प्रतिद्वंद्वियों में एक कम्युनिस्ट चीन को अपने पाले में खींच लिया। यही वह समय था जब अमेरिका के रैंड कारपोरेशन ने शीत युद्ध से उपजे परमाणु युद्ध के खतरे को ध्यान में रखते हुए एक ऐसी संचार प्रणाली की रचना शुरू की जो एटमी विध्वंस के बाद भी काम करती रह सकती थी। यही वह समय था जब दुनिया के बड़े-बड़े बुद्धिजीवियों का एक समूह उदारतावादी लोकतंत्रों में राजनीतिक भागीदारी सीमित करने में ही विश्व

मानवता का भविष्य देख रहा था। बीसवीं सदी के आखिरी दशक में जो भूमंडलीकरण हमें पूरे वेग से होता दिखायी देता है, वह सत्तर के दशक की इन परियोजनाओं के बिना संभव नहीं था। अपनी शर्तों पर ही सही, पर सोवियत विरोधी अमेरिकी खेमे की सदस्यता स्वीकार करना नयी सहस्राब्दी में चीन द्वारा विश्व व्यापार संगठन की सदस्यता ग्रहण करने की पूर्वपीठिका ही थी। इसी तरह दुनिया-भर में मुद्रा बाजारों का विकास और चलायमान पूँजी की उत्पाती हरकतों की पूर्व संभावनाएँ हम यूरोडालर के उस खुफिया बाजार में देख सकते हैं जो साठ के दशक में अर्थशास्त्रियों की निगाह से भी ओझल था। रैंड कारपोरेशन ने जो अराजक, लेकिन अतिनियमित संचार प्रणाली शुरू की थी उसमें आज के सूचना महापथ यानी इंटरनेट के बीज निहित थे। इसी दशक में अंतरिक्ष प्रौद्योगिकी की शीतयुद्धीन होड़ अपने चरम पर थी जिसने दस साल के भीतर-भीतर उपग्रहीय चैनलों के जरिये मनोरंजन की एक भूमंडलीय दुनिया बना डाली। राजनीति के ऊपर प्रबंधकीय और प्रौद्योगिकीय प्रतिमान के हावी होने या इतिहास और विचारधारा का अंत हो जाने के दावे का रिश्ता उस त्रिपक्षीय रपट से जोड़ा जा सकता है जो सत्तर के दशक के मध्य में मिशेल जे. क्रोजियर (फ्रांस), सेमुअल पी. हटिंग्टन (अमेरिका) और जोजी वातानुकी (जापान) ने मिल कर सरकार चलाने के संकट को हल करने के लिए तैयार की थी। इसी रपट में पेशकश की गयी थी कि लोकतंत्रों को 'जनता के दबाव' को बेअसर करने की योजनाओं पर काम करना चाहिए।

जाहिर है कि आज के भूमंडलीकरण की जमीन सत्तर के दशक में पक रही थी। ऊपर के वर्णन से स्पष्ट है कि उसे बनाने में न केवल पूँजीवाद के समर्थक जुटे हुए थे, बल्कि उसकी प्रतिक्रिया में कार्यरत पूँजीवाद के घोषित विरोधी भी जाने-अनजाने हालात को उसी तरफ ले जा रहे थे। हथियारों की होड़ और अन्य बहुतेरे कारणों से जैसे ही तत्कालीन समाजवादी राज्य का ढाँचा संकटग्रस्त हुआ और दुनिया एकध्रुवीय होने की तरफ बढ़ी, वैसे ही भूमंडलीकरण का रास्ता साफ होने लगा। पहले अस्सी के दशक में उत्पादन का भूमंडलीकरण हुआ जिसकी अगुआई बहुराष्ट्रीय निगमों के हाथ में थी। इन निगमों ने अपना उत्पादन-आधार उन विकासशील देशों में स्थानांतरित कर दिया जहाँ माल और सेवाओं का घरेलू बाजार चढ़ रहा था और सस्ते श्रम के कारण उत्पादन की लागत कम थी। नब्बे के दशक को वित्तीय पूँजी के भूमंडलीकरण के लिए जाना जाता है। इसी दशक में भूमंडलीकरण की परिघटना अपने सर्वाधिक चरम रूप में प्रगट हुई। उन्नीसवीं सदी में हुए मुक्त बाजार वाले भूमंडलीकरण की भाँति ही इस बार भी इसके केंद्र में एक

महाशक्ति (संयुक्त राज्य अमेरिका), एक महा-मुद्रा (अमेरिकी डालर) और इंटरनेट और उपग्रहीय चैनलों के रूप में हुई संचार क्रांति थी। पूँजी का उन्मुक्त प्रवाह सुनिश्चित करना इस भूमंडलीकरण का मकसद था जिसकी पूर्ति के लिए उसने गैट और फिर विश्व व्यापार संगठन के अधीन एक नयी विश्व अर्थव्यवस्था की रचना कर डाली। यह अर्थव्यवस्था मुक्त बाज़ार की थीसिस पर निर्भर न होते हुए भी बाजार के प्रभुत्व की पैरोकार थी, इसलिए इसे नियोक्लासिकल या नव-उदारतावाद का सैद्धांतिक नाम दिया गया। संचार के सैकड़ों गुना बेहतर साधन होने के कारण पहले वाले भूमंडलीकरण के मुकाबले यह अधिक ऊँचाई से शुरू हो कर अधिक गहरायी तक जाने की इच्छा रखता था। उस अवधि और इस अवधि में विचार के लिहाज से सबसे बड़ा अंतर तो यह था कि अपने शुरुआती आवेग में आधुनिकता ने जिन पूँजीवाद विरोधी धारणाओं और संरचनाओं को जन्म दिया था, नब्बे के दशक तक वे या तो थक कर बैठ चुकी थीं या फिर उनकी संस्थागत अभिव्यक्तियाँ ध्वस्त हो चुकी थीं। जिन आंदोलनों में ऊर्जा बाकी थी (जैसे, नारी मुक्ति आंदोलन, पर्यावरण के प्रति चिंतित आंदोलन, मानवाधिकार आंदोलन और गैर-सरकारी स्वयंसेवी संस्थाओं की नये सामाजिक आंदोलनों में भागीदारी), उनकी शब्दावली को हड़प कर और माँगों के साथ ऊपरी तालमेल बैठा कर भूमंडलीकरण ने फिर से एक घोड़े की दौड़ का रूप ग्रहण कर लिया था।

कींस के लेखन से पता लगता है कि जब भूमंडलीकरण के पहले दौर का प्रथम विश्व युद्ध की शुरुआत के साथ पटाक्षेप हुआ तो वे लोग हैरत में रह गये जो मानते थे कि अधिकांश आबादी के कठोर परिश्रम की कीमत पर उनकी ऐशो-इशरत हमेशा के लिए जारी रहेगी। वे यह देखने के लिए तैयार नहीं थे कि मुक्त बाजार की निर्ममता ने अपने ही तर्क का उल्लंघन करते हुए ऐसा दीर्घकालीन संकट पैदा कर दिया है जिसके कारण आर्थिक जीवन में 'राज्य का लोकहितकारी हस्तक्षेप' अनिवार्य हो गया है। नब्बे के दशक में ठीक ऐसी ही हालत उन लोगों की हुई जो मानते थे कि बीसवीं सदी की विचार-निर्मितियों के आधार पर ही पश्चिमीकरण, शहरीकरण, उद्योगवाद, और विकासवाद से उपजा संकट हल होगा। इन लोगों में वे मार्क्सवादी थे जिन्हें तीसरी दुनिया की गरीबी में से क्रांति का जीर्णोद्धार निकालने की उम्मीद थी। इन लोगों में वे गाँधीवादी थे जो शहर को विफल करार दे कर गाँव को विकास का केंद्र बनाने का पुराना सपना साकार करना चाहते थे। इन लोगों में वे उदारतावादी थे जो समझते थे कि समाज का राजनीतिकरण यूँ ही काफी समय तक चलता रहेगा और यह प्रक्रिया समतामूलक विचार के साथ जुड़ कर एक आदर्श नागरिक

समाज को जन्म देगी। इन लोगों में वे सांस्कृतिक राष्ट्रवादी थे जो धर्म पर आधारित गोलबंदी के जरिये की गयी राजनीति के दम पर अल्पसंख्यकों का दमन करते हुए समाज के नियंता बनना चाहते थे। इन लोगों में पुराने किस्म के वे पूँजीपति भी थे जिन्हें सरकारी संरक्षण में मुनाफा कमाने की आदत पड़ चुकी थी। ये सब उस समय भौंचक्के रह गये जब भूमंडलीकरण के शक्तिशाली आवेग ने पूरे हठ के साथ दावा किया कि भविष्य की दुनिया शहरों में बसेगी, समस्याओं का इलाज होने के बजाय राजनीति की अति खुद में एक समस्या है, विचारधारा के आधार पर की जाने वाली क्रांतियों का जमाना चला गया और समाज को प्रबंधन और प्रौद्योगिकी के दम पर विकसित किया जा सकता है। भूमंडलीकरण ने यह दावा भी किया कि राज्यों और राष्ट्रों की सरहदें अब महत्त्वपूर्ण नहीं रह गयी हैं। उसने राष्ट्रीय अर्थव्यवस्थाओं को उत्पादन के केंद्र से ज्यादा महत्त्व देने से इंकार किया। भूमंडलीकरण बिना किसी लाग-लपेट के एक ऐसी सभ्यतामूलक एकता का नाम बन कर उभरा जिसके मर्म में पश्चिमी सभ्यता से उपजे प्रतिमान थे, रहन-सहन और खान-पान की कसौटी भी पश्चिमी थी और पहनावे का मानक भी पश्चिमी था। भूमंडलीकरण ने लैंगिक परिप्रेक्ष्य को धता बताते हुए नारीमुक्ति आंदोलन के कमजोर आर्थिक विमर्श का फायदा उठाया और दावा किया कि वह बाजार के जरिये एक 'पावर वूमेन' का सृजन कर सकता है। उसने तीसरी दुनिया की राष्ट्रीय अर्थव्यवस्थाओं पर ऐसा दबाव पैदा किया कि वे विदेशी मुद्रा कमाने की खातिर अपनी महिला नागरिकों के निर्यात के लिए भी तैयार हो गये। विविधता, बहुलता और बहुसांस्कृतिकता के बारे में भूमंडलीकरण का आग्रह था कि विविधता तभी सुरक्षित की जा सकती है जब सभी जातीयताएँ, राष्ट्रीयताएँ और संस्कृतियाँ कुछ समान मूल्यों को अपनायें। ये मूल्य आधुनिकता के मूल्य थे, उस आधुनिकता के जिसका अमेरिकीकरण हो चुका था। भूमंडलीकरण ने धमकी भी दी कि अगर जो इन मूल्यों का पालन नहीं करेगा उसे पहले समझाने का प्रयास किया जायेगा और अगर वह नहीं माना तो उससे ताकत के दम पर निबटा जायेगा। इसके लिए उसने इराक और अफगानिस्तान पर कहर ढाकर मिसालें भी पेश कीं।

भूमंडलीकरण के इतिहास पर एक सरसरी नजर डालने के बाद जरूरी है कि उसके प्रमुख आयामों की शिनाख्त भी की जाय। ये तीन आयाम हैं आर्थिक, राजनीति और सामाजिक-सांस्कृतिक; और तीनों आपस में जुड़े हुए हैं। इनमें सर्वप्रमुख है आर्थिक आयाम जिसे वाणिज्य, निवेश, उत्पादन और पूँजी प्रवाह के संदर्भ में देखना होगा। बीसवीं सदी के दूसरे पचास साल में विश्व निर्यात करीब साठ गुना बढ़ा, जबकि दुनिया के कुल घरेलू उत्पाद में

केवल छः गुना इजाफा ही हुआ। यानी उत्पादन की एक इकाई के मुकाबले विश्व वाणिज्य का हिस्सा कहीं ज्यादा रहा। यह स्थिति बताती है कि भूमंडलीकरण के विस्फोट के पहले भी विश्व की अर्थव्यवस्था की गति इसी तरफ थी। सदी के आखिरी बीस वर्षों में खास बात यह हुई कि निर्यातोन्मुख विकास अपने आप में एक वैचारिक मानक बन गया, क्योंकि आयात प्रतिस्थापन की नीतियाँ न तो विकासशील देशों में समाजवाद की रचना कर पायीं, और न ही वे उन्हें ठीक से आत्मनिर्भर बना पायीं। न वे राष्ट्रीय तौर पर प्रबल हो पाये और न ही गैर-पूँजीवादी भूमंडलीकरण आगे बढ़ पाया। *विकास का जो रास्ता चुना गया था, वह पूँजी की सघनता वाला था। लगभग हर विकासशील देश के पास निवेश के लिए पूँजी की कमी थी। इस निवेश अंतराल को पूरा करने के लिए विदेशी पूँजी की चाह बढ़ती जा रही थी। गैर-पूँजीवादी भूमंडलीकरण की विफलता और निवेश अंतराल की समस्या का फायदा उठा कर पूँजीवादी भूमंडलीकरण ने विश्व व्यापार के दायरे में लगभग सारी दुनिया को घसीट लिया।* निर्यात के लिए दबाव डालने वाले हितों और बाजार को संरक्षित रखने की इच्छा रखने वाले तत्त्वों में होड़ होने लगी। इस सिलसिले में राज्य ने खुद को तीसरे कोण के रूप में पाया। जब व्यापार की वैश्विक आकांक्षाएँ राष्ट्रों की सामाजिक और वैकासिक जरूरतों से टकरायीं तो भूमंडलीकरण की राष्ट्रातीत ताकतों ने विश्व व्यापार का पक्ष लिया। राष्ट्रों के लिए विश्व व्यापार का पक्ष लेने वाली राष्ट्रातीत रेटिंग एजेंसियों की सनद जरूरी हो गयी। आर्थिक सत्ता की इस नयी संरचना के खिलाफ बगावत करने वाले देशों को अनुशासित करने के लिए अमेरिका ने सुपर ३०१ जैसे कानूनों का इस्तेमाल किया। भारत और थाईलैंड जैसे देशों पर अपने पेटेंट कानूनों को बदलने के लिए दबाव डाला गया ताकि उनकी प्राकृतिक संपदा भूमंडलीकरण के दायरे में आ सके। हालत यह हो गयी कि अगर कोई बहुपक्षीय समझौता करना है तो किसी देश को विश्व व्यापार संगठन द्वारा तय कसौटियों पर खरा उतरना जरूरी हो गया न कि अपने राष्ट्रीय हितों की कसौटियों पर। उत्पादन प्रणाली इस हद तक राष्ट्रातीत हो गयी कि जिंसें पूरी तरह उत्पादित होने से पहले ही अधबनी हालत में ही राष्ट्रों की सीमाओं के आरपार जाने लगीं। एक उत्पाद एक जगह बनने के बजाय कई देशों में मिल कर बनने लगा, लेकिन उस पर नियंत्रण एक ही बहुराष्ट्रीय कंपनी का रहा। विश्व व्यापार में फर्मों के बीच होने वाले विनिमय का हिस्सा पाँचवें से बढ़ कर तीसरा हो गया। पचास और साठ के दशक में कम्युनिस्टों के डॉलरों की मदद से जन्मे यूरो मार्केट की तर्ज पर सारी दुनिया में मुद्रा बाजार सक्रिय हो गये और शेयर बाजारों के साथ

मिल कर इन्होंने वित्तीय पूँजी के नियमहीन खुले खेल का समा बना दिया। तीसरी दुनिया और नवविकसित देशों की अर्थव्यवस्थाएँ चंचल और सट्टेबाज पूँजी की कृपा की मोहताज हो गयीं। मलेशिया जैसे देश के चालीस साल के आर्थिक लाभ इस पूँजी ने अपनी अनियंत्रित कार्रवाइयों से सिर्फ एक मुद्रा संकट में साफ कर दिये।

यह मानना सरलीकरण होगा कि भूमंडलीकरण ने केवल तीसरी दुनिया की सरकारों को ही साँसत में डाला। उसने उन देशों पर भी अपना खास तरह का अनुशासन लागू किया जो उसके प्रमुख पैरोकार थे। मसलन, १९८४ में मितराँ सरकार ने फ्रांस में एक महत्त्वाकांक्षी कार्यक्रम लागू करना चाहा जिसे बाजार की ताकतों ने नहीं होने दिया। इन ताकतों ने देश से पूँजी वापस ले जाने की धमकी दी। इससे यह तय हो गया कि खर्चा बढ़ा कर आर्थिक जीवन में हस्तक्षेप करने वाले लोकहितकारी राज्य का जमाना चला गया है। ब्रिटेन में चुनाव जीतते ही लेबर पार्टी को सबसे पहले बाजार की ताकतों को आश्वस्त करना पड़ा कि वह अब पहले जैसी लेबर पार्टी नहीं रह गयी है, बल्कि वह 'जिम्मेदाराना' तौर-तरीके अपनायेगी।

मलेशिया, ब्रिटेन और फ्रांस के ये उदाहरण बताते हैं कि भूमंडलीकरण के तहत सरकारों को यह तय करने का हक नहीं रह गया कि उनके देशों की जनता के लिए क्या अच्छा है। इस परिस्थिति ने राष्ट्रों के भीतर एक विचित्र किस्म की राजनीति को जन्म दिया, जिसमें मौजूदा सरकार की छवि बाहर से थोपी जा रही आर्थिक नीतियों की वाहक दिखायी देती है और विपक्ष ही नहीं, सत्तारूढ़ पार्टी के कुछ हिस्से तक इसकी आलोचना करते हैं। पर खुद सत्ता में आते ही ये तत्त्व वही सब करते हुए पाये जाते हैं जो पिछली सरकार कर रही थी। उनके पास भूमंडलीकरण की ताकतों से टकराने का कोई कार्यक्रम नहीं होता, उसके विकल्प का तो सवाल ही नहीं उठता। चूँकि यह राजनीति किसी किस्म के परिवर्तन को जन्म न दे कर परिवर्तन के नाम पर केवल सत्ता परिवर्तन को जन्म देती है, इसलिए अंततः निराशा पैदा करते हुए अराजनीतिकरण की प्रक्रिया को प्रोत्साहन देती है। नतीजतन प्रबंधन और प्रौद्योगिकी के दम पर समाज को चलाने और निजी पूँजी को केंद्र में रखने वाले कारपोरेशन को मॉडल मानने का तर्क मजबूत होता है।

ऐसी बात नहीं कि भूमंडलीकरण के तहत होने वाले निजीकरण और बाजारीकरण का प्रतिरोध न होता हो। पूर्व सोवियत संघ के देशों में बाजारीकरण के खिलाफ हुए दंगों, बोलीविया में पानी के निजीकरण के खिलाफ हुए संघर्ष, भारत में केंटकी फ्राइड चिकन और कारगिल के खिलाफ चलाये गये आंदोलन,

लंदन, सिएटल, क्वेटा, दावोस और स्विटजरलैंड में हुए अनूठे भूमंडलीकरण विरोधी प्रदर्शन और ब्राजील के पोर्टो एलेग्रे में हुआ वर्ल्ड सोशल फोरम इस तथ्य का प्रमाण है कि भूमंडलीकरण को चुनौती दी जा रही है और राज्य की संस्था को उसके खेमे से बाहर निकालने के लिए दबाव पड़ रहा है। बुद्धिजीवियों का एक तबका विश्व बैंक, अंतर्राष्ट्रीय मुद्रा कोष और विश्व व्यापार संगठन को भंग करने जैसी माँग ले कर सामने आया है। ये लोग *एशियायी मुद्रा कोष* जैसे संगठन बनाने के पक्षधर हैं। लेकिन, यह भी एक सच्चाई है कि फिलहाल विकासशील देशों की सरकारों के सामने विश्व अर्थव्यवस्था और उस पर आधारित सत्ता की संरचनाओं की हिदायतों का पालन करने के अलावा कोई चारा नहीं है।

भूमंडलीकरण के एक अध्येता शिव विश्वनाथन ने उसके सार को परिभाषित करने का प्रयास इस प्रकार किया है :

> ... फ्रेडरिक जेमसन के दो-टूक कथन की रोशनी में देखें तो क्या भूमंडलीकरण एक ऐसी पश्चिम-केंद्रीयता का नाम नहीं लगता जो यू.एस. को यूनीवर्सल या सार्वभौम का पर्याय मान कर चलती है? ... इसके कारण केवल लोकतंत्र ही दोबारा परिभाषित नहीं हो रहा है, संस्कृति और यहाँ तक कि नागरिकता का विचार भी दोबारा गढ़ा जा रहा है। जो बहस हो रही है वह दो खानों में बँटी हुई है। एक तरफ अमेरिकीकरण का खाँटी डर है, और दूसरी तरफ भूमंडलीकरण को एक मुलायम सिद्धांत के रूप में पेश करने वाला रवैया है जो विकास और उसके टिकाऊपन जैसे परस्पर विरोधी विचारों को जोड़ने वाला सूत्र बन जाता है, विज्ञापन और कामनाओं का सौंदर्यमूलक संसार रच कर चेतना के ऊपर हावी हो जाता है और बाजार के जरिये हर चीज की कीमत तय करके उसे मुनाफे का स्रोत बना देता है। इस तरीके से *संस्कृति और अर्थतंत्र के बीच भूमंडलीकरण एक अभंग जाल की तरह काम करता है। सबसे बुरी बात तो यह है कि भूमंडलीकृत होते ही असहमति भी खुद में एक सांस्कृतिक जिंस बनने के खतरे से ग्रस्त हो जाती है। एक व्यक्ति की असहमति दूसरे की पीएचडी बन जाती है।* आज संस्कृति का फैलाव केवल नृत्य और या संगीत के ज़रिये नहीं, बल्कि गैट, यूएनडीपी और डब्ल्यूटीओ जैसी एजेंसियों के नीरस नेटवर्क के जरिये हो रहा है। ... ... प्रौद्योगिकी के बाद आश्चर्य का दूसरा स्रोत है वित्तीय पूँजी। वित्तीय पूँजी और उसका शहर के साथ संबंध भूमंडलीय नजारे की फिर से रचना किये डाल रहा है। वित्तीय पूँजी की गतिशीलता के सामने हुकूमतें असहाय हैं। दूसरी ओर, इसी वित्तीय पूँजी की आधारहीनता में से उत्तरदायित्व के प्रश्न निकलते हैं। सवाल उठता है कि क्या एशियायी मुद्रा बाजार में तबाही के जुर्म में वित्तीय एजेंसियों के ऊपर न्यूरेमबर्ग जैसे मुकद्दमा चलाया जा सकता है? साथ में यह सवाल भी उठता है कि स्थानीय समुदायों के क्षरण का जिम्मेदार कौन है ...

विश्वनाथन की इन पंक्तियों को पढ़ते हुए एक जरूरी सवाल यह उठता है कि

राष्ट्र और राज्य की संस्था भूमंडलीकरण के सामने बेबस क्यों होती चली जा रही है और दुनिया के भविष्य के लिए इस नये परिवर्तन के क्या मायने हैं। भूमंडलीकरण से पहले यही संस्था हर विध्वंस और निर्माण के केंद्र में थी पर आज वह अपनी प्रमुखता खो कर ज्यादा से ज्यादा भूमंडलीकरण के एजेंट की तरह काम करती हुई नजर आ रही है। क्या आधुनिकता के अभी तक के सबसे प्रभावी उपादान समझे गये राष्ट्र-राज्य को अंतिम विश्लेषण में आधुनिकता ने ही दोयम दर्जे पर नहीं रख दिया है? अपनी रचना *कांसीक्वेंसिज़ ऑव मॉडर्निटी* में एंथनी गिड्डिंस भूमंडलीकरण को परिभाषित करते हुए इसी नतीजे पर पहुँचते हैं :

> इस प्रकार भूमंडलीकरण को सामाजिक संबंधों के विश्वव्यापी सघनीकरण के रूप में परिभाषित किया जा सकता है जो दूर-दूर स्थित स्थानीयताओं को आपस में जोड़ देता है। यह सूत्र कुछ इस तरह से काम करता है कि स्थानीयताओं के दायरे में होने वाली घटनाओं की शक्ल-सूरत उनसे बहुत दूर चल रहे घटनाक्रम के आधार पर बनती है और ऐसा ही असर स्थानीयताओं का घटनाक्रम स्वयं को प्रभावित कर रही सुदूर घटनाओं पर डालता है।

गिड्डिंस की इस आकर्षक और साफ-सुथरी परिभाषा की सबसे बड़ी समस्या यह है कि इसके जरिये सत्ता की उस नयी संरचना का सुराग नहीं मिलता जो राष्ट्र-राज्य के केंद्र से हटते जाने के कारण उभरी है और जिसके कारण न अर्थव्यवस्थाएँ पहले जैसी रह गयी हैं, न ही संस्कृतियाँ आधुनिकता के साथ पूर्व की भाँति मंथर गति से अन्योन्यक्रिया कर रही हैं और न ही उदारतावादी लोकतंत्र सरीखी राजनीतिक प्रणालियों का आश्वासन पहले जैसा रह गया है।

III

भूमंडलीकरण के तहत भविष्य का राज्य

ग्लोबल आर्थिक ताकतों ने राष्ट्र और राज्य को जिस तरह पीछे हटने पर मजबूर कर दिया है, उससे लगता है कि राष्ट्रातीत सत्ता का एक नया प्रोटोकोल तैयार हो चुका है और वह सत्ता की मौजूदा संरचनाओं के साथ टकरा रहा है। इस नये प्रोटोकोल के शीर्ष पर अमेरिका के नेतृत्व में पश्चिमी यूरोप और जापान बैठा हुआ है। चीन इस नयी सत्ता संरचना में अपनी जगह बनाने की कोशिश में लगा हुआ है। वाणिज्य, विदेशी निवेश और वित्तीय प्रवाहों के आँकड़े इसे साबित करने के लिए पर्याप्त हैं। अगर इस सत्ता-संरचना का कोई सदस्य इसे भंग करके पुराने प्रोटोकोल पर अमल करना चाहे तो उसका हाल मितराँ जैसा होने का अंदेशा है।

जाहिर है कि भूमंडलीकरण के तहत भविष्य का राज्य वैसा नहीं होगा जो बीसवीं सदी के आखिरी पचास-साठ साल में विकसित हुआ था। इस सवाल

पर अध्येताओं में खासी बहस है, जिसका एक जायजा लेने पर अंदाजा लगाया जा सकता है कि भूमंडलीकृत दुनिया में भारतीय राज्य पर क्या गुजरेगी। दूर-दूर तक फैली हुई इस बहस के विभिन्न आयामों को संक्षेप में इस प्रकार सूत्रबद्ध किया जा सकता है :

□ अध्येताओं के एक हिस्से की मान्यता है कि राज्य की संस्था में आने वाला परिवर्तन विश्व अर्थव्यवस्था के भूमंडलीकरण के बजाय कई राज्यों के भीतर हो रहे घटनाक्रम का परिणाम होगा। ये राज्य नागरिक कलह, सामाजिक टकराव, व्यापक भ्रष्टाचार के साथ-साथ विकास के लिए नाकाफी बुनियादी सुविधाओं के शिकार हैं। ये विद्वान मानते हैं कि भूमंडलीकरण के मुख्य रुझान न तो गरीबों की समस्याओं से प्रभावित होते हैं और न ही गरीबों की रोजमर्रा की जिंदगी को प्रभावित करते हैं। खास बात यह है कि इस तरह का चिंतन यह जरूर मानता है कि गरीबों के आंदोलन राज्य की संस्था को अपने पक्ष में काम करने के लिए दबाव डालते रहेंगे जिसके नतीजे के तौर पर राज्य को भूमंडलीकरण के खिलाफ संघर्ष करना पड़ेगा और इसी टकराव से भविष्य का राज्य निकलेगा।

□ अध्येताओं का दूसरा हिस्सा मानता है कि भूमंडलीकरण एक विचारधारात्मक परियोजना है और उसी के मुताबिक ऐतिहासिक रूप से विकसित हो रहा है। राज्य की संस्था का उससे टकराव नहीं है, बल्कि वह इस प्रक्रिया का ही एक हिस्सा है। भूमंडलीकरण राज्य की क्षमता में कटौती करते हुए लग सकता है पर वह राज्य को पूरी तरह से शक्तिहीन नहीं करना चाहता। भूमंडलीकरण ने जो भी परिवर्तन किये हैं, वे राज्य की संस्था द्वारा उठाये गये कदमों या उसकी निष्क्रियता का परिणाम भी हैं।

□ तीसरा विचार यह है कि राज्य की संस्था के कुछ हिस्सों का पहले से ही काफी ज्यादा 'अंतर्राष्ट्रीयकरण' हो चुका था, इसलिए वे भूमंडलीकरण से ज्यादा प्रभावित हो रहे हैं। आर्थिक गतिविधियों में राज्य के हस्तक्षेप पर भूमंडलीय ताकतें इसीलिए निगरानी रख पा रही हैं, क्योंकि वित्तीय पूँजी का चरित्र शुरू से ही अंतर्राष्ट्रीय था और उसे आसानी से ढाँचागत समायोजन कार्यक्रम और डब्ल्यूटीओ-गैट समझौते जैसी व्यवस्थाओं के अधीन लाया जा सकता था। संभवतः यह विचार मानता है कि राज्य अन्य क्षेत्रों में अपने भूमंडलीकरण को नियंत्रित और संयमित कर सकता है।

□ चौथा विचार यह है कि भूमंडलीकरण के तहत भविष्य के राज्य की कल्पना करते समय हमें सिर्फ शोषक-शोषित और गरीब-अमीर देशों के संदर्भ में ही नहीं सोचना चाहिए, बल्कि लोकतांत्रिक, विविधतामूलक, लैंगिक,

नस्ली और पर्यावरण-पारिस्थितिकीय परिप्रेक्ष्य पर भी ध्यान रखना चाहिए। भूमंडलीकरण को विश्लेषित करते समय उसके आलोचकों की एक प्रमुख समस्या यह होती है कि वे साम्राज्यवाद बनाम अन्य की मोर्चेबंदी का कार्यक्रम देते हैं और इन आयामों की उपेक्षा करते हैं।

□ पाँचवाँ विचार यह है कि भूमंडलीकरण का कोई विकल्प नहीं है। हर राज्य को उसके सामने घुटने टेकने ही पड़ेंगे। भविष्य का राज्य और भविष्य का लोकतंत्र नियोक्लासिकल आर्थिक सिद्धांत के तहत ही गठित होगा। मौजूदा राज्यों के सामने जो नीतिगत कार्यक्रम रखा जा रहा है वह इसी किस्म का है। उन्हें सबसिडी खत्म करने, विदेश व्यापार पर किसी भी किस्म की बंदिश हटाने, निजीकरण को हर कीमत पर तेज रफ्तार से चलाने, विदेशी पूँजी के लिए दरवाजे पूरी तरह से खोलने और राष्ट्रीय महत्त्व के कई प्रश्नों को ऐसे अंतर्राष्ट्रीय मंचों पर हल करने के लिए लाने का दबाव बढ़ रहा है जिनमें गरीब देशों की नुमाइंदगी पर्याप्त नहीं है। यह प्रक्रिया राज्य के प्राधिकार को भूमंडलीकरण के नीतिगत ढाँचे के तहत लाती जा रही है। इसे राज्य का कमजोर रूप न समझ कर आज के जमाने के राज्य के रूप में ग्रहण करना चाहिए।

□ छठा विचार यह है कि लोकहितकारी राज्य की विफलता के कारण भूमंडलीकरण की प्रक्रिया को भारी समर्थन मिला है। प्रबंधकीय और प्रौद्योगिकीय प्रतिमान राज्य और समाज पर हावी हो गया है जिससे 'अराजनीतिक राजनीति' मजबूत हुई है। यह प्रतिमान बहुलता और विविधता के प्रति असहिष्णु है, इसलिए वह जातीय राजनीति, बहुसंख्यकवाद और कुछ देशों में सांप्रदायिकता के उभार के रूप में खुद को अभिव्यक्त करता है। यह प्रतिमान उदारतावादी लोकतंत्र की संस्था पर दबाव डालता है कि वह अपनी लोकहितकारी प्रवृत्तियों को त्याग कर बाजार के एजेंट की भूमिका निभाने पर सहमत हो जाय। इस प्रतिमान ने राजनीति के लोकलुभावन पक्षों को बेअसर कर दिया है। अब सड़कों पर जुलूस निकालने और 'संघर्ष करने' का लाभ विधायिकाओं के चुनाव जीतने में नहीं निकलता। पुराने किस्म के मजदूर आंदोलन और किसान आंदोलन या छात्र राजनीति का जमाना लद गया है।

□ सातवाँ विचार यह है कि भूमंडलीकरण के तहत एक नये किस्म की राजनीति के जन्म लेने की संभावनाएँ पैदा हो गयी हैं। इस राजनीति के केंद्र में वे तबके होंगे जो राष्ट्र-राज्य के नेतृत्व में चले लोकहितकारी राज्य द्वारा उपेक्षित कर दिये गये थे। यानी उनमें असंगठित क्षेत्र के श्रमिकों, असमान विकास से उत्पीड़ित देशज समूहों, पर्यावरण के विध्वंस से तबाह लोगों,

बहुराष्ट्रीय पूँजी के प्रकोप से रोजी-रोटी खोने वाले किसानों और कारीगरों, राष्ट्रों से बहिष्कृत शरणार्थियों, जनांदोलनों और क्रांतियों में लैंगिक परिप्रेक्ष्य के लिए जगह तलाशतीं महिलाओं का बोलबाला होगा। इनकी मिली-जुली लड़ाई भूमंडलीकृत व्यवस्था द्वारा प्रदत्त इंटरनेट जैसी प्रौद्योगिकी की मदद से भूमंडलीय शैली और स्पेस में ही लड़ी जायेगी। अर्थात राष्ट्र-राज्य भूमंडलीकरण के खिलाफ होने वाली लड़ाई का स्थान रह ही नहीं गया है। इस विचार को आधुनिकता और राष्ट्र-राज्य के आलोचकों द्वारा काफी महत्त्व दिया जा रहा है।

राज्य और भूमंडलीकरण के अंतर्संबंधों पर चल रही बहस जिस जगह थमती है, वहीं से सभ्यता, संस्कृति और केंद्र का सवाल उभर कर आ जाता है। भूमंडलीकरण के शुरुआती दौर में 'ग्लोबलाइज़ेशन' को 'अमेरिकीकरण' का पर्याय बताने में कोई संकोच नहीं किया गया था। अमेरिका के वर्चस्व को मान्यता देते हुए 'ग्लोबलाइज़ेशन' की स्पेलिंग में से *एस* की जगह *ज़ेड* का इस्तेमाल आज भी आम है। पर कुछ विश्लेषकों को लगने लगा है कि केंद्र होते हुए भी अमेरिका आज भूमंडलीकरण का वैसा निर्विवाद केंद्र नहीं है जैसा कभी उन्नीसवीं सदी में ब्रिटेन हुआ करता था।

इन चिंतकों के अनुसार अमेरिका सर्वोच्च फौजी ताकत तो है, पर उसकी आर्थिक हैसियत चुनौतियों में घिरी है। भूमंडलीकरण के समर्थक अर्थशास्त्री जेफ्री साक्स और उनके ही जैसे कई सिद्धांतकारों के अनुसार नब्बे के दशक में सूचना प्रौद्योगिकी आधारित उद्योगों की सफलता ने जिस अमेरिकी वित्तीय बुलबुले का निर्माण किया था, वह १९९७ के बाद से क्रमशः पिचकता जा रहा है। अमेरिका का संघीय बजट मुनाफे में होने के बजाय इस कदर भारी घाटे में चल रहा है कि अगले कई वर्षों तक उसकी भरपायी के आसार नहीं हैं। ये सिद्धांतकार इक्कीसवीं सदी में अमेरिका की फौजी कार्रवाइयों को उसके आर्थिक संकट की रोशनी में देख रहे हैं। उनकी मान्यता है कि अफगान युद्ध लड़ने के बाद इसीलिए राष्ट्रपति बुश ने किसी न किसी बहाने इराक पर हमले की योजना बनायी। उन्हें और उनके सलाहकारों को उम्मीद थी कि वे बेतहाशा रफ्तार और कौशल से यह युद्ध जीत लेंगे जिससे उनका इराक के तेल पर कब्जा हो जायेगा। इराकी तेल के जरिये वे दुनिया-भर में तेल की कीमतें तो गिरा ही देंगे, युद्ध से नष्ट हुए इराक का पुनर्निर्माण भी उसी की आमदनी से हो जायेगा। अमेरिका चाहता था कि इराक पर हमले के सवाल पर संयुक्त राष्ट्र पूरी तरह उसके साथ आ जाय ताकि वह अपनी सामरिक ताकत का इस्तेमाल करके विश्व राजनीति और अर्थव्यवस्था की चालक शक्ति बना रह सके। इस अमेरिकी योजना के आलोचकों का दावा है कि यह विफल होने के लिए

अभिशप्त है। इराक पर हमले के सवाल पर संयुक्त राष्ट्र और अपने यूरोपीय सहयोगियों को साथ लेने में नाकामी के कारण भूमंडलीकरण के पीछे काम कर रही राजनीतिक-आर्थिक एकता में पहली बार दरार पड़ गयी है। राष्ट्रपति क्लिंटन के सलाहकार रह चुके नोबेल पुरस्कार विजेता अर्थशास्त्री जोसेफ स्टिग्लिट्ज ने तो चेतावनी दी है कि इराक युद्ध के बाद भी अमेरिकी अर्थव्यवस्था की मंदी खत्म नहीं होगी। यानी जो देश, खासकर चीन और जापान, अपनी मंदी से निकलने के लिए अमेरिकी बाजार से उम्मीद लगाये बैठे हैं, उन्हें निराशा ही होगी। अमेरिका की सतत मंदी से माल, सेवाओं और पूँजी का अंतर्राष्ट्रीय प्रवाह रुक सकता है जिससे भूमंडलीकरण की प्रक्रिया साँसत में पड़ सकती है। भूमंडलीकरण के तहत बनी नयी विश्व अर्थव्यवस्था का जटिल तानाबाना जिन ग्लोबल आर्थिक सूत्रों से मिल कर बना है, वे कमजोर हो सकते हैं।

साक्स और स्टिग्लिट्ज के इन कथनों को अगर अंतर्राष्ट्रीय वित्तीय पूँजी के एक और मशहूर कारकुन जार्ज सोरोस के विश्लेषण की रोशनी में देखा जाय तो साफ हो जाता है कि भूमंडलीकरण संकट में फँस चुका है और उसके संकट की बुनियाद अमेरिका की आर्थिक अक्षमता में है। सोरोस के मुताबिक अभी तक भूमंडलीकरण के नाम पर जो कुछ हुआ वह आर्थिक उछाल के माहौल में हुआ था, पर अब उसे मंदी का सामना करना पड़ रहा है। सोरोस के अनुसार भूमंडलीकरण के पैरोकारों को जल्दी ही विश्व अर्थव्यवस्था की चालक शक्ति के रूप में अमेरिकी दावे की वैधता पर गौर करते हुए एक नये केंद्र के बारे में सोचना शुरू करना होगा।

सवाल यह है कि क्या यूरोप अमेरिका को भूमंडलीकरण के केंद्र के रूप में प्रतिस्थापित कर सकता है? लेकिन, यूरोप तो पहले से ही आर्थिक मंदी के अँधेरे में भटक रहा है। तो क्या यह चुनौती जापान और चीन की तरफ से उभर सकती है। जापान ने पिछले दस साल से आर्थिक उछाल का मुँह नहीं देखा है, इसलिए सबसे ज्यादा संभावना चीन में दिखायी देती है, जिसने एसियान देशों के साथ मिल कर यूरोपीय संघ के बाद दुनिया का दूसरा सबसे बड़ा वाणिज्य क्षेत्र बना लिया है।

इसका मतलब यह नहीं है कि अमेरिका को मिल सकने वाली ये चुनौतियाँ भूमंडलीकरण के लिए बनी साँझा सहमति का उल्लंघन करने की दिशा में भी जा सकती हैं। इसकी संभावना है, लेकिन न के बराबर। चाहे यूरोप हो या जापान और चीन, एंग्लो-अमेरिकी आर्थिक संस्कृति के मॉडल पर आधारित विश्व व्यापार के ढाँचे को अपनाने के सवाल पर कोई मतभेद नहीं है। मतभेद अगर कोई है तो इस ढाँचे की जरूरतें पूरी करने के मामले में

अमेरिका की क्षमता के ऊपर है। इराक युद्ध से पहले ये मतभेद सांस्कृतिक रूपों के मामले में अमेरिका के खिलाफ भूमंडलीकरण में भागीदार ताकतों के असंतोष के रूप में सामने आते थे। दूसरे खाड़ी युद्ध ने इन सांस्कृतिक मतभेदों में राजनीतिक आयाम के समावेश किया है। इनकी आर्थिक अभिव्यक्ति अमेरिकी डालर और यूरो डालर के बीच की प्रतियोगिता के रूप में सामने आयी है। जाहिर है कि अगर अमेरिकी अर्थव्यवस्था ने जल्दी ही अपनी मौजूदा मंदी से निजात नहीं पायी, तो केवल फौजी ताकत के दम पर वह यूरोपीय संघ और जापान-चीन-आसियान की बनती हुई धुरी को अपना वर्चस्व मानने के लिए मजबूर नहीं कर पायेगी। अगर कोई देश महाशक्ति बने रहना चाहता है तो उसे सामरिक रूप से ही नहीं, वित्तीय रूप से भी ताकतवर देशों के बीच खुद को स्थापित करते रहना होगा। भूमंडलीकरण के केंद्र के रूप में अमेरिका की दावेदारी द्वितीय विश्व युद्ध के बाद उसके इतिहास के कारण तो स्वीकार की ही गयी थी, पर उसमें क्लिंटन के शासनकाल में आयी असाधारण रूप से लंबी आर्थिक उछाल की भी प्रमुख भूमिका थी। जानकारों का मानना है कि अमेरिकी मंदी का दौर खासा लंबा हो सकता है। हाल ही में अमेरिका के बड़े-बड़े कारपोरेशनों के दिवालिया होने, निवेशकों को ठगने और पूरे समाज को धोखा देने की एक के बाद एक हुई घटनाओं से एंग्लो-अमेरिकी कारपोरेट मॉडल की साख को खासा बट्टा लगा है। इससे कारपोरेट मॉडल की समाज के प्रति जवाबदेही का सवाल पैदा हुआ है। यह सवाल पहले भी था पर जबसे अंतर्राष्ट्रीय वित्तीय पूँजी ने राज्य को अर्थव्यवस्था में हस्तक्षेप करने से रोक दिया है तब से इसे काफी प्रमुखता मिल गयी है। *जनरल इलेक्ट्रिक* के मुख्य कार्यकारी अधिकारी जेफ इमेट के शब्दों में कहें तो इस निष्कर्ष पर पहुँचा जा सकता है कि व्यापार ने समाज और जनता का विश्वास खो दिया है जिसे वापस पाने के लिए उसे बहुत मेहनत करनी पड़ेगी। भूमंडलीकरण को शैतानी परिघटना मानने वाली ताकतें इस विकास-क्रम को पूँजीवाद के ताजे संकट के रूप में परिभाषित करना चाहती हैं। लेकिन, अभी यह कहना जल्दबाजी ही होगी, क्योंकि पूँजीवाद अपने संकटों से पार पाने की ऐतिहासिक क्षमताओं का बार-बार प्रदर्शन कर चुका है। साथ ही उसमें आर्थिक संकट को सामाजिक जीवन के अन्य क्षेत्रों में फैलने से रोकने या संकट की व्याप्ति को घटा कर दिखाने की कुव्वत भी है। वस्तुतः पूँजीवाद को भूमंडलीकरण के मौजूदा रास्ते से हटाने के लिए ऐसे संकट की दरकार है जो उसके व्यवस्थागत कौशल की सीमाओं से परे चला जाय और विकसित देशों की समग्र सामाजिक संरचना को अपनी गिरफ्त में ले ले।

IV

भारत का भूमंडलीकरण

भूमंडलीकरण के इस दौर में भारत ने अपनी भागीदारी घोषणापूर्वक १९९१ में दर्ज की जब विदेशी मुद्रा संकट के कारण कांग्रेस की नरसिंह राव सरकार ने अंतर्राष्ट्रीय मुद्रा कोष से कर्ज लिया। अंतर्राष्ट्रीय वित्तीय पूँजी द्वारा निर्देशित ढाँचागत समायोजन कार्यक्रम अपनाने का निर्णय किया गया, जिसका मतलब था लोकहितकारी राज्य की संरचना को बदल कर आयात प्रतिस्थापन की जगह निर्यातोन्मुख विकासनीति पर आधारित बाजारोन्मुख नीतियाँ अपनाना, बड़े पैमाने पर निजीकरण का कार्यक्रम चलाना, विदेशी पूँजी को प्रोत्साहन देने वाली नीतियाँ बनाना, लाइसेंस–परमिट राज खत्म करके वाणिज्य और उद्योग नीति में भारी बदलाव करना। राव सरकार के इस रवैये की अभिव्यक्ति नयी उद्योग नीति में हुई जिस पर अमल २४ जुलाई की सुबह की गयी इसकी घोषणा और इसी दिन दोपहर के बाद संसद में पेश किये गये सालाना बजट से शुरू हुआ। इन नीतियों का वाम और दक्षिण खेमे ने तो विरोध किया ही पर कांग्रेस के भीतर भी इनके ऊपर स्पष्ट मतैक्य नहीं था। गुरुचरण दास ने अपनी पुस्तक *इंडिया अनबाउंड* में भूमंडलीकरण की शुरुआत की यह कहानी बड़े दिलचस्प अंदाज में बयान की है।

दास के अनुसार २१ जून १९९१ को नरसिंह राव सरकार ने शपथ ली और अगले दिन राष्ट्र को बताया कि आर्थिक संकट की तलवार सिर पर झूल रही है। उनके वित्तमंत्री मनमोहन सिंह ने पहला कदम यह उठाया कि रिजर्व बैंक के गवर्नर एस. वेंकिटरामन से विदेशी मुद्रा कोष के बारे में रपट माँगी जिससे पता चला कि भारत के पास केवल दो हफ्ते के आयात का बिल चुकाने लायक क्षमता रह गयी है। यानी देश दिवालिया होने के कगार पर खड़ा है। राव ने प्रमुख विपक्षी नेताओं की एक कमरा बंद बैठक बुलायी और उन्हें बताया कि मुद्रा कोष से कर्ज लेने के अलावा अब कोई चारा नहीं है। पिछली सरकार यानी मार्क्सवादी कम्युनिस्ट पार्टी और भारतीय जनता पार्टी के संयुक्त समर्थन से चलने वाली विश्वनाथ प्रताप सिंह की सरकार पहले से ही मुद्रा कोष से इस तरह की बातचीत चला रही थी। राव ने विपक्ष से समर्थन माँगा कि वे अर्थव्यवस्था को पटरी पर लाने के लिए कुछ कड़े कदम उठाना चाहते हैं, हालाँकि उन्होंने यह नहीं बताया कि इन कड़े कदमों में रुपये का अवमूल्यन भी शामिल है।

बहरहाल, जुलाई के पहले तीन दिनों में रुपये का दो चरणों में बीस फीसदी अवमूल्यन किया गया। नये वाणिज्यमंत्री पी. चिदंबरम की

हिचकिचाहट के बाद भी निर्यात सबसिडी खत्म करने का निर्णय लिया गया। उन दिनों मनमोहन सिंह और चिंदबरम रात-रात-भर काम करते थे। मोंटेक सिंह और डी.आर. मेहता की मदद से चिंदबरम ने सुबह सात बजे तक काम करके नयी वाणिज्य नीति बना डाली। मनमोहन सिंह इसे देख कर बहुत खुश हुए और सुबह नौ बजे ये दोनों मंत्री प्रधानमंत्री के बँगले पहुँचे। नरसिंह राव स्नान करने के बाद लुंगी पहने हुए थे। उसी हालत में उन्होंने चिदंबरम के मुँह से पूरा ब्योरा सुना और मनमोहन से पूछा कि क्या वे इससे सहमत हैं। जैसे ही वित्तमंत्री ने हाँ में जवाब दिया, राव ने उनसे प्रस्ताव पर दस्तखत करने को कहा। उसके नीचे प्रधानमंत्री ने हस्ताक्षर कर दिये। वाणिज्य नीति का मोर्चा मार लेने के बाद राव को नयी उद्योग नीति पेश करने से पहले राजनीतिक असंतोष के अंदेशे का सामना करना पड़ा। नयी नीति पर राव ने अपनी मंत्रिपरिषद से सहमति माँगी पर उन्होंने देखा कि कांग्रेस के पुराने नेता इस प्रस्ताव को लेकर शंकित हैं। इस पर उन्होंने चिदंबरम से कहा कि वे नीति-प्रस्ताव की भाषा में कुछ तब्दीली लाएँ ताकि पुराने लोगों को उसे मानने का तर्क मिल सके। चिदंबरम ने जरूरत के मुताबिक उस मसविदे में नेहरू का लिखा हुआ एक पैरा, इंदिरा गाँधी के कुछ वाक्य और राजीव गाँधी के कुछ कथन जोड़ दिये। ऐसा दिखाया गया कि मानो यह नीति नेहरू के समाजवाद का ही अगला कदम है।

भारत के भूमंडलीकरण की यह कहानी अधूरी ही रह जायेगी अगर इसमें यह न जोड़ा जाय कि इसकी अघोषित भूमिका अस्सी के दशक से ही बनने लगी थी। यही वह दशक था जब अनिवासी भारतीय (एन.आर.आई.) नामक एक समुदाय का जिक्र शुरू हुआ और उनके भारतीय अर्थतंत्र में योगदान से उम्मीदें की जाने लगीं। यह राष्ट्रवाद की पारंपरिक धारणा में तब्दीली का संकेत था। इसके अनुसार भारतीय राष्ट्रवाद के हित भौगोलिक सीमाओं से परे भी स्थित हो सकते थे। इसी दशक में भारत ने निकनेट के जरिये इंटरनेट की दुनिया में कदम रखा। उपग्रहीय चैनलों ने भी इसी दशक में शहरी मध्यवर्ग के ड्राइंग रूम में प्रवेश किया था। नेहरू युग में अपनायी गयी विकास नीति आयात प्रतिस्थापन पर आधारित जरूर थी पर अस्सी के दशक में राजीव गाँधी के नेतृत्व में अर्थतंत्र ने निर्यातोन्मुख विकास के रास्ते पर कदम बढ़ा दिये थे। निर्यात योग्य जिंसों के उत्पादन के लिए आयात बढ़ाना जरूरी हो गया था। इन्हीं नीतियों के संचित नतीजों के तौर पर विदेशी मुद्रा संकट सामने आया था।

इससे भी दस साल पहले सत्तर के दशक में आधुनिकीकरण की भारतीय प्रक्रिया ने यूरोपीय या ब्रिटिश की जगह आधुनिकता के अमेरिकी संस्करण को वैचारिक रूप से स्वीकार करना शुरू कर दिया था। भूमंडलीकरण के प्रमुख

भारतीय अध्येता और हमदर्द व्याख्याकार अर्जुन अप्पादुरै की आत्मस्वीकारोक्ति से पता लगता है कि किस तरह भारतीय अभिजात वर्ग सत्तर के दशक में अठारहवीं और उन्नीसवीं सदी में परवान चढ़ी ब्रिटिश वर्चस्व वाली आधुनिकता के रास्ते पर चलता हुआ आधुनिकता के अमेरिकी संस्करण के नजदीक पहुँचा :

> मुझे नहीं पता था कि मैं चेतना और ज्ञान के स्तर पर उत्तर-औपनिवेशिकता की एक किस्म (आंग्ल शब्द-योजना, ऑक्सफोर्ड यूनियन में वाद-विवाद की कल्पनाओं, *एनकाउंटर* जैसी पत्रिका उधार ले कर पढ़ने और मानवविज्ञानों में एक अभिजात किस्म की दिलचस्पी) से एक दूसरी किस्म की आधुनिकता तरफ खिसक रहा हूँ जो अपनी स्पष्टता में कहीं निर्मम, लुभावनी और दिलो-दिमाग पर छा जाने वाली थी। इस नयी दुनिया में हम्फ्री बोगार्ट की पुर्नप्रदर्शित पुरानी फिल्में थीं, हैरल्ड राबिंसन के उपन्यास थे, *टाइम* पत्रिका थी, और अमेरिकी शैली का समाजविज्ञान था। ... ... अमेरिकी कीड़ा मुझे काट चुका था।

२४ जुलाई १९९१ को पेश किया गया बजट पिछले बीस साल से पक रही जमीन का संचित फलितार्थ था। नयी अर्थनीति की प्रशंसा में पुस्तक लिखने वाले गुरुचरण दास के अनुसार आर्थिक सुधारों से देश में एक नयी क्रांति आयी। इस क्रांति के शीर्ष पर प्रधानमंत्री नरसिंह राव, वित्तमंत्री मनमोहन सिंह और उनके वित्तीय नौकरशाह मोंटेक सिंह अहलूवालिया थे, पर जिसे दास के अनुसार अनिल अंबानी से लेकर दिल्ली के कनाट प्लेस के चौराहे पर फूल बेचने वाली लड़की और ढाबे में चाय पिलाने वाले लड़के तक ने हाथों हाथ लिया:

> उसने बताया कि हाल ही में वह निरूला की ट्रैफिक लाइट के पास गजरा लेने के लिए रुकी। जास्मीन का गजरा चुनते हुए उसने बेचने वाली लड़की से पूछा कि उसके गजरे इतने ठंडे और ताजे कैसे हैं? उनकी खुशबू शाम की हवा में फैली हुई थी। लड़की ने एक छोटे-से रेफ्रीजरेटर की तरफ इशारा किया जो किराने की दूकान के कोने में केवल दिख-भर रहा था। वही फूल बेचने वाली लड़की की कामयाबी का रहस्य था। नलिनी ने ताज्जुब से पूछा, ''क्या तुम अपने फूल फ्रिज में रखती हो?'' इस तरह के शब्दों में तो नहीं पर लड़की ने यह जरूर बताया कि इस फ्रिज की मदद से वह जनपथ के चौराहे पर फूल बेचने वाली लड़की के साथ इस धंधे की होड़ में बाजी मार लेती है।

लेकिन क्या भूमंडलीकरण की यह तस्वीर वास्तव में जमीनी हकीकत का प्रतिनिधित्व करती थी? मिशेल चोसुदोव्स्की जैसे प्रेक्षकों के लिए २४ जुलाई की तारीख के मायने कुछ और ही थे। उन्होंने दिखाया कि किस तरह इस तारीख के बाद गाँव और शहर के गरीबों की जिंदगी और तकलीफदेह हो गयी। उन्होंने राष्ट्रीय स्वायत्तता और प्रभुसत्ता से जुड़े सवालों को भी उठाया। उन्होंने आरोप लगाया कि इस तारीख के बाद भारत का वित्तमंत्री संसद और

लोकतांत्रिक प्रक्रिया को धता बता कर सीधे विश्व बैंक और अंतर्राष्ट्रीय मुद्रा कोष के वाशिंगटन डीसी स्थित दफ्तर की हिदायतों का पालन करने लगा :

> राधाकृष्णमूर्ति और उनकी पत्नी एक महीने में तीन से चार पाचम तक बुन लेते थे, जिससे उन्हें छः लोगों का घर चलाने के लिए तीन-चार सौ रुपये महीने की आमदनी हो जाती थी। तभी २४ जुलाई १९९१ को नया केंद्रीय बजट आया जिससे सूत का भाव उछल गया जिसका बोझ बुनकरों को उठाना पड़ा। राधाकृष्णमूर्ति की पारिवारिक आमदनी घट कर हर महीने २४० और ३२० रुपए के बीच रह गयी। ... ... ४ सितंबर १९९१ को गुंटूर जिले के गोलापल्ली गाँव में राधाकृष्णमूर्ति ने भूख के मारे दम तोड़ दिया।

चोसुदोव्स्की का यह वर्णन स्थानीय स्तर पर भूमंडलीकरण के लाभ कमजोरों को न मिल पाने और उनके हिस्से में केवल नुकसान आने की प्रवृत्ति की तरफ इशारा करता है। उल्लेखनीय यह है कि भारत के संदर्भ में विश्व अर्थव्यवस्था का विश्लेषण करते हुए कुमार मंगलम बिड़ला जैसे उद्योगपति भी तकरीबन इसी निष्कर्ष पर पहुँचते हैं :

> ... दरअसल, धंधे के लिए यह एक मुश्किल वक्त है। और अगर कोई देश भूमंडलीकरण के शुरुआती दौर में है तो उसके लिए माहौल की यह चुनौती और भी बढ़ जाती है। हमारे जैसे देश के लिए तो यह बात और भी ज्यादा सच है ... हमें स्वीकार करना चाहिए कि सभी देशों को उदारीकरण के लाभ समान रूप से नहीं मिलते हैं। फायदे उन्हें मिलते हैं जो पहले से साधनसंपन्न हैं और जिनके पास प्रस्तुत अवसरों का लाभ उठाने के लिए समुचित शिक्षा और प्रशिक्षण होता है। अतः कम से कम शुरू में आमतौर पर भूमंडलीकरण रोजगार के अवसरों और आमदनी के लिहाज से अंतराल बहुत बढ़ा देता है, जिसका नतीजा सामाजिक और राजनीतिक टकराव में निकलता है जिससे अक्सर होने वाली देर-दार के कारण आर्थिक प्रगति की गाड़ी पटरी से उतर जाती है।

बिड़ला अपने विश्लेषण में दिखाते हैं कि किस तरह भारत भूमंडलीकरण की दौड़ में पिछड़ा हुआ है। वह एकदम शुरुआती चरण में है। कभी आंतरिक परिस्थितियों के कारण और कभी अंतर्राष्ट्रीय घटनाक्रम के कारण इस प्रक्रिया को भारत में धक्का लगता रहता है। भारत के भूमंडलीकरण के ये चार चित्र कई विवादों को हवा देने के लिए काफी हैं पर इनसे एक बात तो साफ तौर पर उभर कर आती ही है कि नेहरू युग की मिश्रित अर्थव्यवस्था राष्ट्रीय विकास को नयी मंजिलों की तरफ ले जाने में नाकाम हो चुकी थी जिसके कारण अपने शुरुआती आवेग में नयी अर्थनीतियों को बड़े पैमाने पर लोकप्रिय समर्थन मिला।

सांस्कृतिक तौर पर भारतीय अभिजनों ने अमेरिकी ठप्पे वाली आधुनिकता को स्वीकार करने में कोई हिचक नहीं दिखायी। लेकिन,

भूमंडलीकरण के फायदे अधिकांशत: अमीरों और साधनसंपन्नों को ही नसीब हुए। अभी भूमंडलीकरण यह वायदा पूरा करने से बहुत दूर है कि उसके जरिये मानवता को अपना आर्थिक, राजनीतिक और सांस्कृतिक मोक्ष मिल जायेगा। अभी तो वह बाजारों को एक करने वाले और मनुष्यों को बाँटने वाले तंत्र के रूप में उभरा है। वह अतार्किकता के ऐसे विधान को स्थापित करने वाले विचार के रूप में सामने आया है, जिसमें बाजार की ताकत को अंतिम सत्य मान लिया गया है, जबकि जार्ज सोरोस जैसे भूमंडलीकरण के पैरोकार खुद मानते हैं कि एक यह संतुलित भूमंडलीय वित्तीय प्रणाली स्थापित करने और संचालित करने में विफल हो चुकी है।

उदारतावादी लोकतंत्र और राष्ट्र-राज्य

भूमंडलीकरण की यह प्रक्रिया अगर कोई नयी दुनिया बना रही है, अगर वह किसी क्रांति का नाम है और अगर वह राष्ट्र-राज्य की सीमा को लाँघ कर किसी सार्वभौम साँचे में दुनिया को ढालना चाहती है तो भारत पर उसका क्या असर पड़ेगा? **भारत का भूमंडलीकरण** का पहला हिस्सा **रजनी कोठारी** के लेख के रूप में इस सवाल का स्पष्ट जवाब देता है। **जनता से डरते अभिजन और कमजोर होता हुआ राष्ट्र-राज्य** में कोठारी अंतर्राष्ट्रीय परिप्रेक्ष्य में मौजूदा भूमंडलीकरण का ताजा वैचारिक इतिहास उकेरते हुए उसे शीत युद्ध के बाद उभरे एक नये किस्म के साम्राज्यवाद के रूप में चिह्नित करते हैं। उनकी निगाह में यह राज्य प्रणाली के दायरों में सक्रिय रहने वाला पुराने किस्म का भूमंडलीय साम्राज्यवाद नहीं है। यह अराजनीतिक, प्रौद्योगिकी आधारित और राष्ट्र-राज्य को कमजोर करने वाला नवपूँजीवादी सम्राज्यवाद है। इस नये भूमंडलीकरण के कारण राष्ट्र-राज्य अपनी सर्वोच्च हैसियत से वंचित होता जा रहा है। जैसे ही वह अपने देश की जनता के बीच साख खोता है वैसे ही दुनिया के पैमाने पर सकारात्मक हस्तक्षेप करने की उसकी क्षमता भी चुक जाती है। कोठारी आरोप लगाते हैं कि तीसरी दुनिया के अभिजनों ने अपनी ही जनता से डर कर भूमंडलीकरण की ताकतों के सामने घुटने टेक दिये हैं। ये ताकतें किसी किस्म के विकल्प को सहन करने के लिए तैयार नहीं हैं। वे असहमति के सभी स्वरों को या तो कुचल देना चाहती हैं या फिर प्रलोभन देकर अपनी ओर मिला लेना चाहती हैं। इस हथकंडे को नागरिक समाज की संस्थाओं से लेकर प्रतिरोध के सभी रूपों पर आजमाया जा रहा है। विकल्प के मॉडलों पर चर्चा करने के लिए कोई तैयार नहीं है। चर्चा तो सिर्फ 'इतिहास के अंत' की हो रही है या फिर 'सभ्यताओं के टकराव' की। भूमंडलीकरण के दायरे में न आने वाले

क्षेत्रों, लोगों और राज्यों को अलग-थलग करके हाशिये पर डाल दिया गया है। भूमंडलीकरण और हाशियाकरण एक ही परिघटना की प्रति-छवियाँ हैं। हाशियाकरण भूमंडलीकरण का अनिवार्य परिणाम है। भूमंडलीकरण ऐसी परिस्थितियाँ तैयार करता है जिसके कारण लाखों-करोड़ों लोग खुद को हाशिये पर पा कर अवांछित और त्याज्य समझने लगते हैं। कोठारी टॉयनबी का वह विख्यात उद्धरण याद करते हैं, जिसमें उन्होंने कहा था, "भूमंडलीकरण एक बहुस्तरीय प्रक्रिया न हो कर एक प्रभुत्वशाली केंद्र का घटक बन जाने का नाम है।" भले ही आज किसी को यह बात अच्छी न लगे, लेकिन भूमंडलीकरण अंततः असुरक्षा की भावना का भी भूमंडलीकरण कर देगा और जाने-अनजाने हम सभी फौजी और खुफिया नेटवर्कों की भूमंडलीय 'अंतर्निर्भरता' के शिकार हो जाएँगे।

एक राजनीतिशास्त्री के रूप में कोठारी की हमेशा बड़ी कुशलता से विश्व पटल पर हो रही घटनाओं को भारतीय संदर्भ से जोड़ते रहे हैं। अपने इस महत्त्वपूर्ण आलेख में भी उन्होंने यही किया है। वे दिखाते हैं कि हमारा शासक वर्ग और हमारे अभिजन किस तरह राष्ट्र-राज्य की एक भारतीय किस्म विकसित करने का प्रयोग बीच रास्ते में छोड़ते जा रहे हैं। वे जनता पर आरोप लगाते हैं कि उसकी माँगों और दावेदारियों के कारण राजकाज चलाना कठिन होता जा रहा है, पर उन्हें विश्व बैंक और विश्व व्यापार संगठन जैसी राष्ट्रातीत संरचनाओं के वर्चस्व के कारण हो रहे भारतीय राष्ट्र-राज्य के प्राधिकार और प्रताप में हो रहे क्षय की चिंता नहीं है। वे यह भी देखने के लिए तैयार नहीं हैं कि घरेलू मोर्चे पर कदम खींचने के कारण भारत की अंतर्राष्ट्रीय हैसियत भी गिर गयी है।

जाहिर है कि कोठारी का विमर्श भूमंडलीकरण की डरावनी तस्वीर पेश करता है। **धीरूभाई शेठ** का स्वर कुछ अधिक संयत है पर वे भी भूमंडलीकरण को वैश्विक सत्ता की एक नयी संरचना की तरह देखते हैं। उनकी रचना **लोकतंत्र और भागीदारी का सवाल** उदारतावादी लोकतंत्र के स्थापित सिद्धांतों की रोशनी में भारतीय अनुभव पर भूमंडलीकरण के असर की पड़ताल करती है। वे कहते हैं कि पहले तो पश्चिमी विमर्श ने लोकतंत्र को सिर्फ उदारतावादी लोकतंत्र तक ही सीमित किया और फिर शीत युद्ध के बाद भूमंडलीकरण के पैरोकारों ने उसे भी बाजार आधारित व्यवस्था और राष्ट्रीय सुरक्षा तक सीमित रहने वाले राज्य के रूप में देखना शुरू कर दिया। तीसरी दुनिया के बहुसांस्कृतिक और बहुजातीय समाजों के महानगरीय अभिजनों की मदद से भूमंडलीकरण के पैरोकारों ने नागरिक को उपभोक्ता में बदलने की

संस्थागत-वैधानिक युक्तियाँ करनी शुरू कर दीं। धीरूभाई के अनुसार भूमंडलीय समरूपीकरण के इस अभियान ने उदारतावादी लोकतंत्र के बुनियादी आश्वासन को उलट कर बहुसंख्यक जातीयतावादी शासन के लिए रास्ता साफ करने का काम किया जिसकी प्रतिक्रिया में ये समाज जातीयताओं के हिंसक टकराव का केंद्र बन गए। धीरूभाई मानते हैं कि लोकतंत्र के भूमंडलीकरण से उपजी इस विकृति का मुकाबला नये सामाजिक आंदोलनों ने किया है। इन आंदोलनों ने सहभागी लोकतंत्र की उन संभावनाओं का संधान किया है जिसे कभी गाँधी और जयप्रकाश नारायण ने सूत्रबद्ध किया था।

इस मामले में शेठ और कोठारी के विचारों में परिप्रेक्ष्य की विविधता के बाद भी समानता देखी जा सकती है। इन दोनों वरिष्ठ विद्वानों के अनुसार भूमंडलीकरण और अराजनीतिकरण के खिलाफ विद्रोह की आवाज स्थानीय और राजनीतिक गुंजाइशों में कार्यरत उन समूहों, समुदायों, जातियों और वर्गों की तरफ से उठ सकती है जो समाज में भले ही निचले पायदानों पर पड़ी हों पर जो राजनीतिक रूप से जागरूक हो चुकी हैं और जिनकी राजनीतिक भागीदारी काफी बढ़ चुकी है। उभरती हुई राष्ट्रीयताएँ भी इस आवाज में अपनी आवाज मिला सकती हैं। अपनी प्रकट सीमाओं से परे स्थानीय, राष्ट्रीय और क्षेत्रीय दायरों को प्रभावित करने वाले लघु आंदोलन भी यह भूमिका निभा सकते हैं। नागरिक समाज के इन आलोड़नों में ही हमें नये विकल्पों के मॉडल मिल सकते हैं।

सूचना समाज, आधुनिकता और ज्ञान की संरचना

भूमंडलीकरण पर चिंतन करने वालों में इस बात पर खासा विवाद है कि उसने जिस पूँजीवाद का प्रवर्तन किया है वह पुराने पूँजीवाद से किस मायने में भिन्न है। लेकिन शायद ही कोई अध्येता भूमंडलीकरण द्वारा लायी गयी सूचना क्रांति के नयेपन पर शक करता हो। इस बात को इस तरह कहना ज्यादा सही होगा कि भूमंडलीकरण का मौजूदा रूप सूचना क्रांति के कारण ही संभव हो पाया है। **भारत का भूमंडलीकरण** का दूसरा हिस्सा सूचना क्रांति द्वारा निभायी गयी विचारधारात्मक और संस्थागत भूमिका का जायजा लेता है। **रवि सुंदरम** का लेख इस दिशा में किया गया एक बेहतरीन प्रयास है। **राष्ट्रवाद का कारागार और साइबर स्पेस की बगावत** में सुंदरम का विमर्श हमें भारतीय आधुनिकता के ताजे इतिहास से गुजारते हुए निर्माणशील भविष्य की रोमांचक दुनिया में ले जाता है। वे बताते हैं कि बड़े बाँधों और विराट इस्पात परियोजनाओं के आधार पर नेहरूयुगीन उच्चवर्णीय अभिजनों ने काफी धैर्य और परिश्रम के साथ जिस

सीमाबद्ध भू-क्षेत्रीय राष्ट्रवाद की रचना की थी उसे भूमंडलीकरण के साथ आये निराकार साइबर स्पेस ने कड़ी चुनौती दी है। इस साइबर स्पेस में भूमंडलीय उपभोक्तावाद है, बहुराष्ट्रीय पूँजी की चौधराहट है, अराजनीतिकरण के आयाम हैं और इसके साथ-साथ दक्षिणपंथ ने इसे अपना औजार भी बना रखा है। लेकिन, इन नकारात्मक लगने वाले पहलुओं के अलावा इस निराकार स्पेस ने राष्ट्रवाद की विकासवादी आधुनिकता के खिलाफ बगावत करके अनंत संभावनाओं के द्वार भी खोल दिये हैं। यूरोप से तीसरी दुनिया तक आते-आते साइबर स्पेस के मायने बदल जाते हैं। तीसरी दुनिया के नागरिक को पहली बार लग रहा है कि दुनिया उसकी मुट्ठी में कैद हो गयी है। साइबर आकाश में उसकी यात्राएँ उसके मनोजगत और उसकी इयत्ता में गुणात्मक परिवर्तन कर देती हैं। हालाँकि भारत में साइबर स्पेस तक आम जनता की पहुँच अभी बहुत सीमित है पर तरह-तरह के साइबर-समुदाय उभर रहे हैं। नेटवर्कों के संजाल में एक नयी नागरिकता का बीज पनप रहा है। जाहिर है कि सुंदरम ने तीसरी दुनिया के संदर्भ में सरहदों के महत्त्व को नकारा नहीं है पर भूमंडलीकरण का यह आयाम उन्हें भारत को एक नये युग में ले जाने वाले वाहक के रूप में दिखायी पड़ता है।

नये उभरते हुए सूचना समाज यानी नेटवर्क सोसाइटी के ज्ञान की निर्मितियों से संबंधों का लेखाजोखा लेते हुए **शिव विश्वनाथन** भूमंडलीकरण पर लिखे हुए मैनुअल कासल्स के महाग्रंथ की विवेचना **नेटवर्क सोसाइटी में ज्ञान के बिना सूचना** में करते हैं। वे मानते हैं कि भूमंडलीकरण अगर दुनिया को बदल रहा है तो इस उद्यम में उसका सबसे प्रभावी औजार है सूचना। पिछले बीस वर्षों में नेटवर्क सोसाइटी की रचना के माध्यम से एक नयी दुनिया का आविष्कार किया जा रहा है, जिसमें सब कुछ है पर किसी भी चीज की दैहिक उपस्थिति नहीं है। नेटवर्क एक अमीबा की तरह अपना भोजन खुद जमा करते हुए अपना विकास करता चलता है। लगता है कि जैसे नेटवर्क पर किसी का वर्चस्व नहीं है और उसे एक सामुदायिक संपत्ति समझा जा सकता है। इसी जगह शिव सवाल उठाते हैं कि इस नेटवर्क सोसाइटी में दुनिया के उन सबसे गरीब समाजों की हैसियत क्या होगी जो वित्तीय पूँजी की कृपा, टीवी और कंप्यूटर से वंचित हैं? लोकतांत्रिक कल्पनाशीलता के साथ यह देहविहीन समाज क्या सुलूक करेगा? क्या यह ज्ञान की पश्चिम केंद्रीयता से मुक्त होगा? इसमें विकल्पों, बहुलताओं और असहमति की कितनी गुंजाइश होगी? नेटवर्क सोसाइटी किस जगह बोलती है और कहाँ मौन रहती है? वे मानते हैं कि नेट की दुनिया का आकर्षण अगाध है, लेकिन इस नयी दुनिया के प्रति अनुक्रिया

करते हुए भी नर्मदा, ओडीशा और दिल्ली की स्थानिकता अपनी जमीनी हकीकत के साथ बार-बार उभरती रहती है।

भारत के संदर्भ में सूचना समाज के विकास का अध्ययन तब तक पूरा नहीं हो सकता जब तक भारतीय भाषाओं में इसकी व्याप्ति की थाह न ली जाय। **रविकांत** हिंदी वेब जगत की जानकारी देने के माध्यम से **भविष्य का इतिहास** पेश करते हैं। उनकी मान्यता है कि कंप्यूटर और नेट पर अंग्रेजी का एकमेव वर्चस्व धीरे-धीरे टूट रहा है। फॉण्ट की समस्या के बाद भी भारतीय भाषाओं की दुनिया नेट पर धीरे-धीरे अपना आकार ग्रहण कर रही है। हिंदी वेब का बहुत बड़ा हिस्सा साहित्य को समर्पित है। हिंदी वेब का इस्तेमाल करने वालों की संख्या बढ़ती जा रही है। शौकिया साइट चलाने वाले लोग कुछ आभासी लघु पत्रिकाएँ चला रहे हैं। शुरू में नेट पर हिंदी लिखने के लिए रोमन का इस्तेमाल ही करना पड़ता था पर नेट ने ही सीधे हिंदी में काम करने के पैकेज उपलब्ध करा दिये हैं। इस तरह नेट पर हिंदी का नया वैकल्पिक समुदाय विकसित हो रहा है, जिसमें लोग अपनी जरूरतों के लिए सहयोग माँगते हैं जो उन्हें मिल भी जाता है। सभ्य विचार-विमर्श होता है और आमतौर पर लोग अपने ज्ञान की गैर-जरूरी नुमाइश नहीं करते। सामने वाले को महज आपकी और अपनी जरूरतों में दिलचस्पी होती है। कभी-कभार तीखी झड़पें होती हैं, घृणा का प्रोपेगंडा भी है, लेकिन अगर बहस नाकाबिले बर्दाश्त हो जाय तो 'लागआउट' करने की आजादी भी है। जैसे-जैसे हिंदी और भारतीय भाषाएँ स्थापित होंगी वैस-वैसे ही नेट वास्तव में बहते नीर में बदलता चला जायेगा। इन तमाम संभावनाओं के बाद भी रविकांत के मुताबिक नेट के सूचना महामार्ग पर हिंदी अभी उँगली पकड़ कर चलना ही सीख रही है। मानकीकृत लेखन शैली का अभी ठीक से प्रचलन नहीं हुआ है। कुल मिला कर हिंदी वेब भविष्य के इतिहास की तरह इस मायने में उभरता है कि भूमंडलीकरण की विचारधारा में निहित समरूपीकरण की प्रवृत्तियों का एंटीडोट भी उसी माध्यम में निहित है जिसके जरिये भूमंडलीकरण का मौजूदा स्वरूप संभव हुआ है।

रेडिकल राजनीति, लैंगिक परिप्रेक्ष्य, दलित समस्या, धर्म, आर्थिक आजादी और मतदाता मंडल

जैसा कि हम देख चुके हैं भूमंडलीकरण का मौजूदा दौर तभी संभव हो पाया जब गैर-पूँजीवादी भूमंडलीकरण होड़ में परास्त हो गया। इस वैकल्पिक भूमंडलीकरण के केंद्र में रेडिकल राजनीति की अवधारणा थी जो किसी न किसी रूप में अपने गढ़ों के ध्वस्त हो जाने और 'इतिहास और विचारधारा के

अंत' की घोषणाओं के बाद भी अंतर्राष्ट्रीय वित्तीय पूँजी के प्रभुत्व से टक्कर लेने की कोशिश कर रही है। लेकिन सदिच्छाओं के साथ-साथ इस वामपंथी सियासत में साम्राज्यवाद विरोधी राजनीति के नाम पर बनाई गयी पुरानी धारणाओं से चिपके रहने की कोशिश भी है। **भारत का भूमंडलीकरण** के तीसरे हिस्से की शुरुआत मजदूर वर्ग की राजनीति के प्रेक्षक **आदित्य निगम** अपने आलेख **रेडिकल सियासत की समस्याएँ** में भूमंडलीकरण के बरक्स वामपंथ की उलझनों के खुलासे से करते हैं। वामपंथियों के बीच चल रही बहस का जायजा लेते हुए वे नतीजा निकालते हैं कि भूमंडलीकरण के दौर में रेडिकल सियासत की अवधारणा को किसी एक खास वैचारिक रवैये में बाँध कर रखना मुश्किल है। कथित साम्राज्यवाद विरोध उसकी एकमात्र कसौटी नहीं हो सकती। साथ ही केवल राष्ट्र-राज्य की जमीन के आसपास गोलबंद रखने से भूमंडलीकरण का विरोध न केवल नाकामियों के खतरे से ग्रस्त होगा, बल्कि उसके खराब नतीजे भी निकल सकते हैं। अपने इसी लेख की आनुषंगिक सामग्री के तौर पर आदित्य निगम पाठकों को बताते हैं कि नयी सहस्राब्दी के मुहाने पर **ग्लोबल दुनिया और हमारे जमाने** में क्या रिश्ता बन रहा है। अफगानिस्तान पर अमेरिकी हमले की रोशनी में वे सवाल उठाते हैं कि अगर अफगानिस्तान मध्ययुगीन काल का प्रतिनिधित्व करता है और अमेरिका ग्लोबल वक्त का तो इन दोनों सिरों के बीच भारत की जगह कहाँ है। लेकिन, क्या समय के विकास के इस सिलसिले को किसी लकीर की तरह देखा जाना उचित होगा, हालाँकि यूरोपीय ज्ञानोदय से निकली विचारधाराओं ने हमें इस तरह देखने की आदत डाल दी है। निगम भूमंडलीकरण द्वारा एक हमवार दुनिया बनाने के खिलाफ छोटी-छोटी बगावतों द्वारा मचाई जाने वाली हलचल की तरफ ध्यान खींचते हैं जो विविधता, बहुसांस्कृतिकता और तरह-तरह की बहुलताओं को एक लक्ष्य के लिए गोलबंद करने की संभावना रखती हैं।

भूमंडलीकरण का आधी दुनिया की आवाज यानी नारी आंदोलन के साथ रिश्ता अपने आप में एक विचारोत्तेजक विषय है। नारी मुक्ति आंदोलन ने वैचारिक रूप से न तो उन्नीसवीं सदी के भूमंडलीकरण के सुर में सुर मिलाया था और न ही गैर-पूँजीवादी भूमंडलीकरण द्वारा रचे गये वैचारिक एकरूपीकरण के सामने घुटने टेके। आधुनिकता की देन होने के बाद भी यह आंदोलन अपने भीतर हमवार आधुनिकता के मुकाबले विविध आधुनिकताओं की वकालत के बीज पनपाता रहा है। उसकी कोशिश हर विचारधारा का भीतर से तख्ता पलटने की रही है। **अभय कुमार दुबे** ने अपने विषद आलेख **पितृसत्ता के नये रूप** में दिखाया है कि दुनिया-भर की और भारत की

महिलाओं के लिए भूमंडलीकरण नकारात्मक रूप से एक प्रति-भूगोल की तरह ही काम कर रहा है। उनके अनुसार जिन-जिन देशों की अर्थव्यवस्था पर पूँजी के चंचल चरित्र के कारण भूमंडलीकरण के दुष्प्रभाव पड़े, वे देश पर्यटन और मनोरंजन उद्योग के नाम पर स्त्रियों के निर्यात के लिए प्रोत्साहित हुए। अमीर देशों में घरेलू काम के लिए और यूरोप के चकलाघरों के लिए करोड़ों स्त्रियों को अपराधी गिरोहों के जरिये सीमा पार भेजा गया। इस व्यापार में भूमंडलीकृत राष्ट्रों की छिपी और खुली सहमति शमिल थी। अजनबी धरती पर अपना श्रम और देह बेच कर इन औरतों ने बड़े पैमाने पर विदेशी मुद्रा भेजी जिससे अर्थतंत्रों ने विदेशी कर्जा चुकाया और भूमंडलीकरण की होड़ जारी रखी। भूमंडलीकरण ने औरत की देह, उसके श्रम, उसकी छवि, उसके सौंदर्य और कमनीयता का अतीत के किसी भी काल के मुकाबले सर्वाधिक दोहन किया। भूमंडलीकरण ने पितृसत्ता के कुछ नये रूप रचे। उसने परंपरा और धर्म के अलावा आर्थिक आधुनिकीकरण और वैकासिक आग्रहों को भी नयी पितृसत्ता का जनक बना दिया, जबकि कभी इन दोनों को औरत की आजादी का संभावित जरिया माना जाता था। इस तरह भूमंडलीकरण के तहत पितृसत्ता और मजबूत हो गयी। भूमंडलीकृत राज्य ने कानून के पितृसत्तात्मक स्वरूप को बदलने की कोशिश नहीं की। कहीं भी कानून यह स्वीकार नहीं करता कि पति भी बलात्कार कर सकता है। न्यायपालिका आमतौर पर औरत के खिलाफ फैसले देती है। नारीवादी कानून बनाने की माँग पर अभी तक किसी राज्य ने काम नहीं किया है। भूमंडलीकरण ने राज्य और आधुनिकीकरण को महिला-मुक्ति की परियोजना से पृथक करने की कोशिश भी की। इस रूप में उसने नयी पितृसत्ताओं का सृजन किया है जो पहले से स्थापित पितृसत्ताओं को और सुदृढ़ करती हैं। उसने एक तरफ लैंगिक तटस्थता का दावा किया और दूसरी तरफ विकास के नाम पर महिला-संगठनों की भाषा को भी अपनाया, ताकि इन प्रच्छन्न पितृसत्ताओं का सूत्रीकरण होने में बाधा न पड़े।

दलित प्रश्न की प्रासंगिकता भारतीय परिस्थितियों से बँधी हुई है। भूमंडलीकरण ने दलित नेतृत्व में बेचैनी पैदा कर दी है। उसके बीच चल रही बहस के वैचारिक सारतत्त्व पर अपनी छोटी-सी टिप्पणी **सार्वभौम की तरफ छलाँग** में दलित प्रश्न के प्रमुख अध्येता **गोपाल गुरु** आलोचना के स्वर में कहते हैं कि कुछ दलित बुद्धिजीवी पूँजी के खिलाफ आंदोलन चलाने के बजाय दलितों को पूँजीपति बनाने का आंदोलन चला कर भूमंडलीकरण को दलितों की मुक्तिकामी परियोजना में बदलने का दावा कर रहे हैं। आर्थिक

चिंतन से दूर भागने वाले दलित नेता वैचारिक और सैद्धांतिक सिंहावलोकन किये बिना चुनावी राजनीति की वेदी पर अतीत के दलित संघर्षों की पूरी विरासत की बलि चढ़ाए दे रहे हैं। यह सही है कि दलितों में अपने परिवेश की सीमा तोड़ कर सार्वभौम की ओर न जा पाने की हताशा है, लेकिन क्या सतत संघर्ष और गहन चिंतन के जरिये उपलब्ध होने वाला सार्वभौम वही है जो भूमंडलीकरण उपलब्ध कराने का आश्वासन दे रहा है? गोपाल गुरु का सवाल है कि क्या इस सार्वभौम तक छलाँग लगाने के चक्कर में भूमंडलीकरण के दलित पैरोकारों ने फुले-आंबेडकर विचारधारा से नाता पूरी तरह ही नहीं तोड़ लिया है?

धर्म अपने आप में स्थानिक और पारिवेशिक संरचना होने के साथ-साथ राष्ट्रातीत संरचना भी रही है। आधुनिक भारत में भी धर्म के भूमंडलीकरण के रूप नब्बे के दशक से काफी पहले देखे जा सकते हैं। **शैल मायाराम** ने **तबलीगी जमात और विश्व हिंदू परिषद** में धर्म के भूमंडलीकरण के दो भारतीय उदाहरणों पर गौर किया है। वे कहती हैं कि भूमंडलीकरण केवल सीमाबद्ध राष्ट्रीयता के आर-पार पूँजी के प्रवाह का ही नाम नहीं है, बल्कि उसे विचारों के इसी तरह के प्रवाह के रूप में भी समझना आवश्यक है। इस रूप का एक अनिवार्य और बेहद महत्त्वपूर्ण आयाम है धर्म का भूमंडलीकरण। तबलीगी जमात और विश्व हिंदू परिषद की गतिविधियों का अध्ययन बताता है कि किस तरह ये दोनों संगठन विराट बहुराष्ट्रीय धार्मिक नेटवर्कों का रूप ले चुके हैं। इनकी गतिविधियों से राष्ट्रीयता, बहुराष्ट्रीयता (जिसे राष्ट्रातीत भूमंडलीयता भी कहा जा सकता है) और धर्म की अन्योन्यक्रिया का समीकरण निकलता है। ये हिंदुओं और मुसलमानों के बीच की आंतरिक विविधता पर छा जाने वाली एक नयी अस्मिता की रचना में लगे हुए हैं जिस पर कभी तो राष्ट्रीयता हावी होगी और कभी वह राष्ट्रीयता की सीमा से परे चले जायेगी।

इसी सिलसिले में मधु किश्वर, राजेंद्र रवि और संजय कुमार के अध्ययन भूमंडलीकरण के आर्थिक पहलुओं के आम जनता के जीवन पर पड़ने वाले असर का सुराग देते हैं। **आर्थिक आजादी का सवाल** में **मधु किश्वर** दावा करती हैं कि इस देश की गरीबी आर्थिक सुधारों का परिणाम न हो कर जनता की आर्थिक गतिविधियों पर सरकारी नियंत्रणों का नतीजा है। दिक्कत यह है कि भूमंडलीकरण की विचारधारा के तहत हुए उदारीकरण का ध्यान केवल कारपोरेट क्षेत्र, बहुराष्ट्रीय कंपनियों और सरकारी उद्यमों के दायरे पर ही केंद्रित है। सरकारी एजेंट आज भी नौकरशाहाना पाबंदियों का लाभ उठा

कर शहरी गरीबों, असंगठित और अनौपचारिक क्षेत्र में रोजी-रोटी कमा रहे लोगों और किसानों से रिश्वतें खींच रहे हैं। जनता की पहलकदमी और उद्यमशीलता को रोकने वाले कानूनों के नतीजे में भ्रष्टाचार, हिंसा और अपराधीकरण को बढ़ावा मिला है जिसकी सबसे ज्यादा शिकार महिलाएँ हैं। जरूरत आर्थिक सुधारों के विकृत विरोध की नहीं, बल्कि उनके दायरे को गरीबों तक विस्तृत करने की है। यह केवल तभी हो सकता है जब सुधारों की एक स्त्री समर्थक और जनोन्मुख कार्यसूची पर अमल किया जाय।

दिल्ली की गरीब जनता के जीवन पर भूमंडलीकरण के असर की **राजेंद्र रवि** द्वारा की गयी एक विस्तृत पड़ताल की एक झलक **हाशिये से बेदखली** में मिलती है। राजेंद्र रवि का अध्ययन इस लिहाज से महत्त्वपूर्ण है कि शहर को भूमंडलीकरण की प्रक्रिया का केंद्र माना गया है। वे देखते हैं कि जैसे-जैसे भूमंडलीकरण के दबाव में राज्य की संस्था लोकहित के काम से अपने हाथ खींच रही है वैसे-वैसे शहरी गरीबों का जीवन और मुश्किल होता चला जा रहा है। यह शहरी गरीब चाहे गाँव से आया हो या किसी छोटे शहर से, भूमंडलीकरण उसे दोबारा वहीं धकेलना चाहता है जहाँ से रोजगार के मौके खत्म होने के कारण वह शहर की तरफ चला था। बाजार के वर्चस्व में वह खुद को पूरी तरह ठगा-सा महसूस करता है। उसे लगता है कि सरकार ने उसे धोखा दिया है और वह पूरी तरह उसके खिलाफ हो गयी है।

चुनावी मुद्दा नहीं है अर्थनीति मतदाता के रूप में आम भारतीय पर पड़ने वाले आर्थिक सुधारों के प्रभाव का लेखाजोखा है। **संजय कुमार** के मुताबिक १९९६, १९९८ और १९९९ के चुनाव नतीजों से नतीजा यह निकाला जा सकता है कि लोकप्रिय स्तर पर अभी तक उदारीकरण लोगों के राजनीतिक मानस का हिस्सा नहीं बन पाया है। आर्थिक सुधारों के सवाल पर जागरूकता बढ़ जरूर रही है पर उसकी रफ्तार काफी धीमी है। लोगों ने अभी आर्थिक प्रश्नों को मुद्दा बना कर अपने वोट का फैसला करना शुरू नहीं किया है। अर्थनीतियों के समर्थकों और विरोधियों के मिले-जुले वोट पक्ष-विपक्ष में पड़ते देखे ज़ा सकते हैं। लेकिन, संजय के अध्ययन से दूसरी तरफ एक तथ्य यह भी उभरता है कि आर्थिक सुधारों की धमाकेदार शुरुआत करने वाली कांग्रेस पार्टी को १९९६ में इन नीतियों के कारण कोई चुनावी लाभ नहीं मिला। अगर हुआ तो उसे नुकसान ही हुआ। कुल मिला कर अर्थनीति चुनावी प्रक्रिया से कटी हुई है।

एक नकारात्मक परिघटना और एशियायी विकल्प

इन आलेखों से एक निष्कर्ष तो यह निकलता ही है कि सूचना समाज की

निष्पत्ति को छोड़ कर भूमंडलीकरण की ऐसी कोई देन नहीं है जिसे निर्विवाद रूप से सकारात्मक माना जा सके। खासतौर से एक आर्थिक फारमूले के रूप में भूमंडलीकरण जिस तरह के बाजार आधारित तंत्र की वकालत करता है, उससे कमजोर और उत्पीड़ित तबकों को बेहद नुकसान उठाना पड़ रहा है। लेकिन साथ में यह ऐसी परिघटना भी है जिससे लड़ने के लिए पुराने तौर-तरीके कारगर साबित नहीं हो पा रहे हैं। पुस्तक के अंतिम हिस्से में संकलित **डी.आर. नागराज** का आलेख **कट्टर हिंदू और हताश किसान** गाँधीवाद के संदर्भ में इसी समस्या की ओर ध्यान खींचता है। नागराज कहते हैं कि पूँजीवादी आधुनिकता और उपभोक्तावाद का वैचारिक और व्यावहारिक उत्तर दे कर गाँधी आज के भूमंडलीकरण विरोधी अभियानों के लिए प्रेरणा के स्रोत बन गये हैं। हिंदुत्ववादियों से लेकर गाँधीवादी समाजवादियों तक ने उनकी इस विरासत के इस्तेमाल की कोशिश की है। लेकिन, संघ परिवार द्वारा चलायी जा रही स्वदेशी जागरण मंच की मुहिम और कर्नाटक में नादुंजास्वामी के नेतृत्व में केंटकी फ्राइड चिकन पर किये गये किसानों के हमले में निहित सांस्कृतिक राजनीति पर एक निगाह डालने से लगता है कि ये प्रयास ज्यादा से ज्यादा गाँधी के मॉडल की भौंडी अनुकृतियाँ ही हैं। संघ-स्वदेशी के कट्टर हिंदू अगर भूमंडलीकृत उपभोक्ताओं की दुनिया में सिर्फ एक स्थानीय दावा पेश करके रक्त की तत्त्वमीमांसा को आगे बढ़ाना चाहते हैं तो अपनी आर्थिक तबाही के अंदेशे का सामना कर रहे किसान दैनंदिन जीवन को बदेल देने पर आमादा भूमंडलीकरण की ताकत को न पहचान पाने के कारण राजनीतिक और सामाजिक प्रक्रिया में अकेलेपन के शिकार हो गये हैं। भूमंडलीकरण की ताकतें अंततः संघ-स्वदेशी का विरोध पचा जाएँगी और हताश किसान धीरे-धीरे अपना वजूद मिटते हुए देखेंगे। नागराज नतीजा निकालते हैं कि भूमंडलीकरण ने असहमति की राजनीति के सड़कों पर उमड़ते हुए स्वरूप की चमक को फीका कर दिया है। अब गिरफ्तारियाँ देना, जेल जाना और प्रदर्शन करने का नतीजा विधायिकाओं के चुनाव जीतने में नहीं निकलता।

भूमंडलीकरण के खिलाफ संघर्ष के इस विमर्श को **शुद्धव्रत सेनगुप्ता** एंटोनियो नेगरी की पुस्तक *एम्पायर* की समीक्षा करते हुए एक नया आयाम देते हैं। **चाहिए प्रतिरोध का भूमंडलीकरण** में वे कहते हैं कि जिस तरह सभी साम्राज्यों का पतन हुआ है वैसे ही इस *एम्पायर* का भी पतन होना तय है। अगर पूँजी दुनिया के पैमाने पर अपने प्रसार और गतिशीलता से फायदा उठा सकती है तो मजदूर वर्ग यह माँग क्यों नहीं कर सकता? अगर पूँजी का चरित्र और सक्रियता का दायरा भूमंडलीय है तो मेहनतकश जनसाधारण को इसी

दायरे में अपने प्रतिरोध को गोलबंद क्यों नहीं करना चाहिए? आखिर वे राष्ट्र-राज्य की सरहदी कैद में क्यों फँसे रहें? आख़िर क्यों वे अस्मिताओं की राजनीति के आधार पर होने वाली हिंसा और उसकी प्रतिक्रिया में होने वाले राज्य के दमन के बीच इधर से उधर झूलते रहें? क्या अस्मिताओं की राजनीति और उससे पहले चली राष्ट्रीय मुक्ति की मुहिमों ने पूँजी के लिए मानवीय श्रम के दोहन को और सुविधाजनक ही नहीं बनाया है? क्या मार्क्स और एंगेल्स ने उन्नीसवीं सदी के ठोस यथार्थ से जो नतीजे निकाले थे और पूँजी के वर्चस्व का मुकाबला करने के लिए जो सिफारिशें की थीं, वे इक्कीसवीं सदी के यथार्थ पर लागू नहीं की जा सकतीं?

प्रतिपक्ष में किये गये इस चिंतन को **विजय प्रताप** भूमंडलीकरण के लोकतंत्रीकरण की राजनीतिक पहल के रूप में आगे बढ़ाते हैं। अंतर्राष्ट्रीय गोलबंदी में अपने तजरुबे के आधार पर लिखी गयी रचना **वसुधैव कुटुंबकम** में वे लोकतंत्र को एक खूबसूरत सपने और भूमंडलीकरण को एक शैतानी शै के रूप में चित्रित करते हुए प्रस्ताव रखते हैं कि नियोक्लासिकल पूँजीवाद की आलोचना करने वाले सभी संवादों, संस्थाओं और नेटवर्कों का एक विश्वव्यापी मोर्चा बनना चाहिए जो लोकतंत्र के विस्तार, गहरायी और रक्षा के लिए काम करे। यह मोर्चा बौद्धिक सक्रियता और संगठन निर्माण के आधार पर खड़ा हो सकता है। इसे गाँधीजी के सिविल नाफरमानी के हथियार का प्रयोग करना चाहिए और उसी आधार पर अपना वैचारिक ढाँचा और नेटवर्क खड़ा करना चाहिए।

आदित्य निगम भूमंडलीकरण के खिलाफ किये जाने वाले संघर्ष पर विभिन्न हलकों में चल रही बहस का पटाक्षेप करते हुए उम्मीद से भरा निष्कर्ष निकालते हैं कि भूमंडलीकरण के अलावा भी एक जहाँ मुमकिन है जो पूँजी के चंगुल और सरहदों की कैद से आजाद होगा। यह संदेश उन्हें सन् २००२ में ब्राजील के शहर पोर्टो एलेग्रे में हुए वर्ल्ड सोशल फोरम के समागम से मिलता है। आदित्य इसी के साथ १८ जून १९९९ को लंदन से शुरू हुए उस पूँजीवाद विरोधी प्रतिरोध के जश्न को जोड़ देते हैं जिसका जुलूस सिएटल, मेलबर्न, प्राग, जेनोआ आदि शहरों से गुजरता चला जा रहा है। इस पूँजीवाद विरोध और पुराने वामपंथ के पूँजीवाद विरोध में फर्क यह है कि भूमंडलीकरण विरोधी इन आंदोलनों का कोई केंद्र नहीं है और न ही ये किसी एक खास जगह से बँधे हैं। संघर्षों के ये नेटवर्क प्रतिरोध के साझा रंगों से रँगे हुए हैं। न ही इनका कोई हरावल दस्ता है और न ही कोई महावृत्तांत है। ये कारपोरेट दुनिया के शिकंजे से सार्वजनिक जगहों को आजाद करने की तमन्नाओं से लैस हैं।

भारत का भूमंडलीकरण के अंतिम हिस्से में विख्यात समाजमनोविद और आधुनिकता के आलोचक **आशीष नंदी** का एक अत्यंत रोचक साक्षात्कार **सभ्यताओं में संवाद** भी शामिल है जो विचारों की जमीन पर इस परिघटना का संधान करता है। जापान और दक्षिण-पूर्व एशिया के देश आर्थिक चमत्कारों के जरिये यूरोप और अमेरिका को उसी के खेल में मात देने की नाकाम कोशिश कर चुके हैं। लेकिन, इसका मतलब यह नहीं है कि एशिया की संभावनाएँ तिरोहित हो चुकी हैं। भूमंडलीकरण की यूरोकेंद्रित विश्व-दृष्टि का वैचारिक प्रतिकार विविधता, आध्यात्मिकता और सृजनशीलता की एशियायी परंपराओं के जरिये मुमकिन है। साथ ही यूरोप की अपनी विविधता और वह प्राक्-आधुनिक विश्व-दृष्टि भी है जो एशियायी चिंतन के साथ सहयोजित हो कर एक नयी विश्व-दृष्टि की रचना कर सकती है। नंदी की मान्यता है कि यूरोप को अगर अपना निकट अतीत याद आ जाय और एशिया अपने सभ्यतामूलक आत्मविश्वास को दोबारा हासिल कर ले तो एशिया वैकल्पिक राजनीतिक संस्कृति का केंद्र बन सकता है।

V
भूमंडलीकरण बनाम लोकतंत्रीकरण

इस तरह कुल मिला कर खयाल यह उभरता है कि भूमंडलीकरण के नकारात्मक पहलुओं के खिलाफ संघर्ष आज भूमंडलीकृत शैली में ही मुमकिन है। लेकिन क्या जिस तरह जी-७ के देश, जापान और चीन भूमंडलीकरण के केंद्र बने हुए हैं, उसी तर्ज पर उसका विरोध करने वालों का भी कोई केंद्र होना चाहिए? क्या भूमंडलीकरण के तहत जिस 'ग्लोबल गवर्नेंस' की बात की जा रही है उसका लोकतंत्रीकरण करने की कोई मुहिम चलायी जा सकती है? क्या कोई ऐसी विश्व संसद बन सकती है, जिसमें नुमाइंदगी का सवाल वास्तव में लोकतंत्र के उसूलों के मुताबिक ही हल किया गया हो? क्या ऐसा कोई ग्लोबल राजतंत्र बन सकता है जो भूमंडलीकरण से जुड़े हुए अनिवार्य सांस्कृतिक-राजनीतिक समरूपीकरण के खिलाफ विविधताओं और बहुलताओं की दावेदारी के पक्ष में खड़ा हो सके? धीरूभाई शेठ की मान्यता है कि ये मुद्दे बहुत जटिल हैं, जिसमें कई अवधारणात्मक और पद्धति के सवाल शामिल हैं।

धीरूभाई के अनुसार ग्लोबल गवर्नेंस का मतलब आमतौर पर संयुक्त राष्ट्र, विश्व व्यापार संगठन, नाटो, यूरोपीय संघ और ब्रेटन वुड्स संस्थाओं (आईएमएफ और विश्व बैंक) जैसे राष्ट्रातीत संगठनों को घटक बना कर एक

ऐसी शासन प्रणाली चलाना समझा जाता है जिस पर किसी एक राष्ट्र-राज्य का नियंत्रण नहीं है। माना जाता है कि इस शासन के पास अभूतपूर्व वित्तीय और राजनीतिक शक्ति है। उसके पीछे अमेरिका की सामरिक ताकत है और उसे यूरोपीय देशों तथा जापान-चीन जैसे देशों का समर्थन हासिल है। लेकिन इस शासन प्रणाली के पास न तो कोई वैधता है, और न ही इसका चरित्र लोकतांत्रिक है। यह तो ताकत के दम पर अपेक्षाकृत कमजोर और पूरी तरह से शक्तिहीन राष्ट्र-राज्यों पर अपनी चौधराहट थोप रही है। क्या ऐसी ग्लोबल गवर्नेंस के साथ कोई 'ग्लोबल डेमौक्रेसी' और 'ग्लोबल सिविल सोसाइटी' की रचना संभव है?

इस सवाल के साथ जूझते हुए उन्होंने प्रश्न उठाया है कि क्या इस ग्लोबल संरचना पर भी उदारतावादी-प्रतिनिधित्वमूलक लोकतंत्र के सिद्धांत लागू किये जा सकते हैं और इस तरीके से इसका लोकतंत्रीकरण हो सकता है? इस सदिच्छा को पूरा करने में कई उलझनें है। पहली और सबसे बड़ी उलझन तो यह है कि बात राष्ट्रातीत गवर्नेंस की हो रही है पर लोकतंत्र का जो मॉडल लागू किया रहा है, वह राष्ट्र-राज्य को केंद्र बना कर विकसित किया गया था। उदारतावादी लोकतंत्र राष्ट्रीय पैमाने पर जनता की इच्छा से संयुक्त हो कर ही चलते हैं, जन-भागीदारी से उन्हें वैधता मिलती है और राष्ट्रत्व के विचार के आसपास बनी पहचान से संपन्न नागरिकता उसका आधार बनती है। राष्ट्र की सरहदों से वंचित ग्लोबल डेमौक्रेसी की संरचना में भागीदारी का उसूल कैसे लागू किया जायेगा और उसे वैधता कहाँ से मिलेगी, क्योंकि बिना व्यापकतम सहभागिता के लोकतंत्र का कोई मतलब नहीं होता। यह दिक्कत हल करने के लिए एक सुझाव यह उभरा है कि ग्लोबल गवर्नेंस का कोई एक केंद्र न हो, बल्कि यह बहुकेंद्रीय हो और सभी केंद्र दाएँ से बाएँ यानी क्षैतिज रूप से एक-दूसरे से जुड़े रहें। स्थानीय से लेकर भूमंडलीय स्तर तक लोकतंत्रीकरण की प्रक्रिया को लगातार चलाया जाय। एक ऐसी ग्लोबल सिविल सोसाइटी कल्पित की जाय जो स्थानीय समुदायों की जरूरतों को भूमंडलीय स्तर पर व्यक्त करने की क्षमता रखती हो। इस सोसाइटी में आम सहमति के आधार पर विभिन्न राज्यों की सीमाओं में काम करने वाले नागरिक समाज के संगठनों, बाजार के प्रतिनिधियों और राष्ट्रातीत संगठनों के नुमाइंदों की मौजूदगी हो। ये सब मिल कर 'लोकतंत्रीकरण की राजनीति' के वाहक बनें। लोकतंत्रीकरण की यह राजनीति मानवाधिकारों, लैंगिक प्रश्न, पारिस्थितिकी और ग्लोबल सत्ता के प्रोटोकोल की जवाबदेही के आसपास गोलबंद हो। यह ग्लोबल सोसाइटी राज्य और समाज के संबंधों को अपनी मर्जी से गढ़ने के आदेश न जारी करे। इसके

लिए अगर जरूरत पड़े तो विश्व श्रम संगठन, यूनीसेफ, यूएनडीपी जैसे संयुक्त राष्ट्र के संगठनों को अंतर-सरकारी प्रणाली से भी बाहर लाया जाय। राष्ट्रातीत संगठनों के समर्थन आधार को भू-क्षेत्रीय कसौटियों के हिसाब से परिभाषित करने के बजाय राष्ट्रातीत क्षेत्रीयता के हिसाब से रखा जाय। मसलन, महिला संगठनों का एक अलग सेक्टर हो और इसी तरह बच्चों, विकलांगों, मानवाधिकार कार्यकर्ताओं आदि के अलग-अलग सेक्टर हों और उन्हीं के हिसाब से ग्लोबल सिविल सोसाइटी में प्रतिनिधित्व मिले। उत्तर के विकसित देश इस सोसाइटी के ऊपर हावी न हो जाएँ, इसलिए ग्लोबल गवर्नेंस में अनुपात और महत्त्व का समीकरण तैयार करते समय इस पहलू का विशेष ध्यान रखा जाय। इस सिविल सोसाइटी की अपनी विधि संहिता हो जो स्वतंत्र संगठनों को मान्यता और प्रोत्साहन दे। इन्हीं संगठनों और विधि संहिता के जरिये ग्लोबल गवर्नेंस को जवाबदेह बनाया जा सकता है। ग्लोबल नागरिकता को नाना प्रकार की नागरिकताओं, जैसे-भूमंडलीय, राष्ट्रीय और स्थानीय, के रूप में कल्पित किया जाय। केवल ऐसी ही ग्लोबल सिविल सोसाइटी के जरिये ग्लोबल गवर्नेंस को उसकी वैधता मिले।

धीरूभाई शेठ ने विजय प्रताप और ऋतु प्रिया के साथ मिल कर भूमंडलीकरण के लोकतंत्रीकरण के लिए कुछ ठोस प्रस्तावों की पेशकश की है :

☐ लोकतंत्रीकरण की इस प्रक्रिया का लक्ष्य होना चाहिए कि बाजार को लोकतंत्र का और नागरिकता को उपभोग की स्वतंत्रता का पर्याय समझने के पूँजीवादी आग्रहों से बचा जाय। ब्रेटन वुड्स संस्थाओं को सुधारने और दुनिया के स्तर पर नीति निर्माण में उनकी भूमिका में कटौती की मुहिम चलायी जानी चाहिए। ब्रेटन वुड्स संस्थाएँ अपने आलोचक आंदोलनों और संगठनों की भाषा अपना कर अपनी संरचना में दिखावे के परिवर्तन करती रही हैं, जिससे उनके बुनियादी अलोकतांत्रिक चरित्र में कोई अंतर नहीं आया है। जब तक राजनीतिक आंदोलनों, राष्ट्र-राज्यों के नेताओं की राजनीतिक इच्छा शक्ति और संबंधित विशेषज्ञों के मिले-जुले प्रयास नहीं होंगे तब तक ब्रेटन वुड्स संस्थाओं की भूमिका में परिवर्तन नहीं किया जा सकता। इसके लिए जरूरी है कि ग्लोबल डेमोक्रेसी की अवधारणा को विश्व स्तर के ग्रामीण बैंक जैसे रूप में समझा जाय। उसे एक ऐसी सहकारी संस्था के रूप में कल्पित किया जाय जिसकी आर्थिक मदद लेने वाले हर सदस्य को उसकी निर्णय प्रक्रिया में भागीदारी का मौका मिलता है।

☐ नवउदारातावादी नीतियों के शिकंजे से निकलने के लिए जरूरी है कि ग्लोबल कर-प्रणाली जैसी पेशकशों को और समृद्ध किया जाय। प्रोफेसर जेम्स

टोबिन द्वारा १९७२ में की गयी कींस के आर्थिक सिद्धांतों से प्रेरित **टोबिन टैक्स** की पेशकश चालीस साल बाद फ्रांस, ब्रिटेन, अमेरिका और कनाडा जैसे धनी देशों के कार्यकर्ताओं के बीच अपने विकसित रूप में काफी समर्थन प्राप्त कर रही है। प्रोफेसर टोबिन चाहते थे कि विदेशी मुद्रा के अल्पावधि सौदों में सट्टेबाजी को हतोत्साहित करने के लिए इस टैक्स को एक उपकरण के रूप में इस्तेमाल किया जाय। उनकी मान्यता थी कि अगर अंतर्राष्ट्रीय मुद्रा बाजार की अस्थिरता पर काबू पाना है और राष्ट्रीय मुद्रा नीति की स्वायत्तता कुछ सुरक्षित रखनी है तो विनिमय पर चौथाई फीसदी टैक्स लगाना होगा। हर बार जब विदेशी मुद्रा अल्पावधि सौदों के तहत एक देश की सीमा पार करे तो उसे टैक्स देना पड़ेगा। सत्तर और अस्सी के दशक में किसी अर्थशास्त्री ने इस प्रस्ताव पर गौर नहीं किया पर नब्बे के दशक में इसका महत्त्व समझ में आना शुरू हुआ जब ग्लोबल वित्तीय बाजारों नें मचे उत्पात के कारण राष्ट्रीय अर्थव्यवस्थाओं का दिवाला निकलना शुरू हुआ। कई गैर-सरकारी संगठनों और आंदोलनकारी समूहों ने टोबिन टैक्स के पक्ष में मुहिम चलानी शुरू की। राष्ट्रीय अर्थव्यवस्थाओं के लिए यह टैक्स इसलिए भी आकर्षक है, क्योंकि भूमंडलीकरण के कारण विदेशी मुद्रा विनिमय में हुई बेतहाशा बढ़ोतरी की बिना पर इससे करीब ३५० अरब डॉलर का राजस्व जमा किया जा सकता है। राष्ट्रीय सरकारें इस कोष से सामाजिक क्षेत्र के खर्चे उठा सकती हैं, अगर पूँजी देश छोड़ कर जाय तो उससे पैदा हुए हानिकारक अंतराल की भरपायी की जा सकती है और जरूरत पड़ने पर संयुक्त राष्ट्र जैसी अंतर्राष्ट्रीय संस्थाओं की मदद भी की जा सकती है। इस टैक्स के जरिये अंतर्राष्ट्रीय वित्तीय पूँजी के प्रवाह की निगरानी की जा सकेगी। टोबिन टैक्स को अव्यावहारिक बताने वालों की कमी नहीं है। लेकिन, यह एक तथ्य है कि १९६७ से १९७४ के बीच अमेरिका, जर्मनी और ब्रिटेन में वित्तीय विनिमय पर इससे मिलते-जुलते टैक्स लगाये जाते रहे हैं। अगर केवल अमेरिका, जर्मनी, ब्रिटेन, स्विटजरलैंड, जापान, हांगकांग और सिंगापुर जैसे मुद्रा व्यापार के प्रमुख केंद्र ही यह टैक्स लगाना स्वीकार कर लें तो करीब अस्सी फीसदी विनिमय पर टैक्स वसूला जा सकता है।

टोबिन टैक्स के अलावा **प्रतिभूति विनिमय कर** लगाने का सुझाव भी दिया गया है। शेयरों और प्रतिभूतियों की खरीद-बिक्री पर टैक्स लगाने से विभिन्न देशों के शेयर बाजारों को स्थिर करने में मदद मिलेगी जो अंतर्राष्ट्रीय वित्तीय पूँजी के चंचल और मुनाफाखोर चरित्र के कारण लगातार तरह-तरह के अंदेशों के शिकार रहते हैं। तीसरा सुझाव **कार्बन डाईऑक्साइड शुल्क** के

बारे में आया है। इसमें एक खतरा है कि इस टैक्स के जरिये जमा किये गये कोष की मदद से धनी देश गरीब देशों को तथाकथित पर्यावरण-मित्र प्रौद्योगिकी खरीदने के लिए प्रोत्साहित न करने लगें। जब तक गरीब देश विकसित पूँजीवादी देशों की जीवन-शैली की नकल करना नहीं छोड़ेंगे, इस तरह की प्रौद्योगिकी से उन्हें कोई लाभ नहीं होने वाला है। अगर यह टैक्स 'विकास' और 'प्रगति' की अवधारणाओं को पुनर्परिभाषित करने में योगदान नहीं देता तो उसका कोई मतलब नहीं हो सकता।

□ संयुक्त राष्ट्र संघ भूमंडलीकरण के मौजूदा दौर से पहले की ग्लोबल संरचना है और उसके लोकतंत्रीकरण के ठोस प्रयासों के बिना ग्लोबल गवर्नेंस को जनोन्मुख बनाने का कोई भी प्रयास अधूरा ही माना जायेगा। अमेरिका और उसके सहयोगियों के दबाव के कारण संयुक्त राष्ट्र अपने एजेंडे को लागू करने में असमर्थ है। चीन और रूस के मौजूदा रवैये के कारण भी उसके प्राधिकार में क्षय हुआ है। इराक युद्ध ने तो संयुक्त राष्ट्र के प्राधिकार और वैधता पर एक बड़ा सवालिया निशान ही लगा दिया है। निर्णय प्रक्रिया के लिहाज से संयुक्त राष्ट्र में एक देश-एक वोट का, ब्रेटन वुड्स संस्थाओं में एक डॉलर-एक वोट और विश्व व्यापार संगठन में 'आम सहमति' (जो हमेशा जी-सात देशों या जापान जैसे देशों के हितार्थ बन जाती है) का उसूल चलता है। इन तीनों में संयुक्त राष्ट्र का तरीका सबसे ज्यादा लोकतांत्रिक है। पर वहाँ भी जनसंख्यामूलक पहलुओं का ध्यान नहीं रखा गया है। इन सभी संगठनों में सत्ता संबंधों को अधिक लोकतांत्रिक बनाने के लिए जनसंख्यामूलक सिद्धांत के हिसाब से पुनर्संरचना की मुहिम चलानी पड़ेगी। इस सिलसिले में संयुक्त राष्ट्र सुरक्षा परिषद के घोर अलोकतांत्रिक और अन्यायपूर्ण ढाँचे को बदलने या इस संगठन को पूरी तरह भंग करके इसकी जगह एक बेहतर प्रतिनिधित्वमूलक संगठन की स्थापना करना जरूरी है जो संयुक्त राष्ट्र के चार्टर के अधिक अनुकूल होगा।

□ लोकतंत्रीकरण के लिए एक महत्त्वपूर्ण सुझाव **उत्तर-दक्षिण सत्यता आयोग** की अवधारणा और कामकाज को बेहतर बनाने का है। अभी यह आयोग भ्रूण रूप में ही है। अतीत के घावों को कुरेदने और उनके नाम पर मुआवजे की दावेदारी करने के बजाय अगर यह आयोग दुनिया के वर्तमान को बेहतर करने और भविष्य को बनाने के लिए काम कर पाया तो इसका गठन सार्थक हो जायेगा। आयोग को अतीत के विश्लेषण का यही नजरिया अपनाना होगा। बदले और मुआवजे की जगह न्याय और करुणा के आधार पर यह आयोग उत्तर और दक्षिण को जोड़ सकता है।

☐ लोकतंत्रीकरण की मुहिम में **वर्ल्ड सोशल फोरम** की प्रक्रिया मजबूत करना एक बेहद जरूरी कार्यभार के रूप में लिया जाना चाहिए। इस फोरम ने भूमंडलीकरण की धारा बदलने के संदर्भ में अभूतपूर्व उम्मीदों और राजनीतिक ऊर्जा को पैदा किया है। एक ऐसे समय में जब ज्यादातर लोगों पर पूँजीवादी भूमंडलीकरण का कोई विकल्प न होने का खयाल छाया हुआ है, इस फोरम ने दावा किया है कि ऐसी दुनिया बनायी जा सकती है जो वित्तीय पूँजी के शिकंजे में जकड़ी हुई नहीं होगी, जिसमें अमेरिका का सांस्कृतिक बुलडोजर नहीं चल रहा होगा, जिसमें विविधताओं और बहुलताओं को खुल कर विकसित होने का मौका मिलेगा और जिसका केंद्रीय विचार लोकतंत्र के लिए सतत कोशिश होगी। इस फोरम के कारण भूमंडलीकरण के विकल्प के बारे में सोच रहे और कार्यरत लोगों को दुनिया के पैमाने पर एक-दूसरे से जुड़ने का मौका मिला है। फोरम के राष्ट्रीय अध्यायों का गठन भी शुरू हो गया है जिससे यह सिलसिला और मजबूत होगा। ग्लोबल डेमौक्रेसी के सवाल पर गरीब देशों के बीच अन्योन्यक्रिया को यह फोरम काफी प्रोत्साहित कर सकता है। फोरम के जरिये नागरिक समाज और जनोन्मुख आंदोलनों के स्तर पर धनी देशों और गरीब देशों के बीच एक ऐसा संबंध कायम होने की संभावना है जो भूमंडलीकरण की चौधराहट के मुकाबले एक समांतर राजनीति को जन्म दे सकता है। अगर अतिआशावाद से बचा जा सका तो वर्ल्ड सोशल फोरम एक प्रक्रिया के रूप में भूमंडलीकरण के विकल्पों के लिए रास्ता खोल सकता है।

संदर्भ

१. अर्जुन अप्पादुरै, *माडर्निटी एट लार्ज : कल्चरल डाइमेंशंस ऑव ग्लोबलाइज़ेशन*, यूनिवर्सिटी ऑव मिनेसोटा प्रेस, चौथा मुद्रण, १९९८

२. गुरुचरण दास, *इंडिया अनबाउंड*, वाइकिंग, नयी दिल्ली, २०००

३. फिडेल कास्ट्रो, *ऑन इंपीरियलिस्ट ग्लोबलाइज़ेशन*, लेफ्टवर्ड बुक्स, नयी दिल्ली, १९९९

४. समीर अमीन, *केपिटलिज्म इन दि एज ऑव ग्लोबलाइज़ेशन : दि मेनेजमेंट ऑव कंटेम्परेरी सोसाइटी*, ज़ेड बुक्स, लंदन-न्यू जर्सी, १९९७

५. मिशेस चोसुदोव्स्की, *ग्लोबलाइज़ेशन ऑव पावर्टी : इंपेक्ट्स ऑव आईएमएफ एंड वर्ल्ड बैंक रिफार्म्स*, द अदर इंडिया प्रेस और माध्यम बुक्स, १९९७

५. कंवलजीत सिंह, *अंतर्राष्ट्रीय वित्तीय पूँजी से कैसे लड़ें!*, माध्यम बुक्स, दिल्ली, २०००

६. कंवलजीत सिंह, *टेमिंग ग्लोबल फाइनेंशियल फ्लोज़ : ए सिटीज़ंस गाइड*, माध्यम

बुक्स, दिल्ली, २०००
७. दीपक नैयर, 'ग्लोबलाइज़ेशन वंस मोर', *बिबलियो*, विशेषांक, मार्च-अप्रैल २००२
८. ब्रूस स्टर्लिंग, 'इंटरनेट का संक्षिप्त इतिहास', *दीवाने-सराय*, सराय और वाणी प्रकाशन, नयी दिल्ली, २००२
९. शिव विश्वनाथन, 'दि प्रॉब्लम', *सेमिनार* : ग्लोबलाइज़ेशन पर विशेषांक, सं. शिव विश्वनाथन, नयी दिल्ली, ५०३, जुलाई २००१
१० सत्य पेम्माराजू, 'व्हाट इज 'ग्लोबल' एबाउट ग्लोबल फाइनेंस', *सेमिनार* : ग्लोबलाइज़ेशन पर विशेषांक,-सं. शिव विश्वनाथन, नयी दिल्ली, ५०३, जुलाई २००१
११. सास्किया सासेन, 'हूज़ सिटीज़ इज इट : ग्लोबलाइज़ेशन एंड दि फार्मेशन ऑव न्यू क्लेम्स', *पब्लिक कल्चर : सिटीज़ एंड सिटीज़शिप*, यूनिवर्सिटी ऑव शिकागो प्रेस, १९/१९९६
१२. डी.एल. शेठ, 'पॉलिटिक्स ऑव कनविक्शन', मीमियो, सीएसडीएस।
१३. डी.एल. शेठ, विजय प्रताप और ऋतु प्रिया, 'मेकिंग इंस्टीट्यूशन कंपेटिबिल विद सदर्न मूवमेंट एस्पिरेशंस फॉर ए डेमौक्रेटिक ऑर्डर : ए मिनिमलिस्ट पर्सपेक्टिव', *फ्राम ए ग्लोबल मार्केट प्लेस टु पॉलिटिकल स्पेसिज़ : दि नार्थ-साउथ डायलाग कंटीन्यूज़*, एनआईजीडी वर्किंग पेपर १/२००२, नयी दिल्ली, मार्च-अप्रैल २००२
१४. निर्मल कुमार चंद्रा, 'इंडिया इन दि १९९०ज़ : दि इंपेक्ट ऑव ग्लोबलाइज़ेशन', *चाइना रिपोर्ट* : ३८ : १(२००२), सेज, नयी दिल्ली
१५. जेरेमी सीब्रुक, 'दि सोल ऑव मेन अंडर ग्लोबलिज्म', *रेस एंड क्लास* : इंस्टीट्यूट ऑव रेस रिलेशंस, खंड ४३(४), २००१
१६. कुमार मंगलम बिड़ला, 'नोव्हियर क्लोज टु रियल ग्लोबलाइज़ेशन', *इकॉनॉमिक टाइम्स*, नयी दिल्ली, संपादकीय पृष्ठ, ४ नवंबर २००२
१७. जार्ज सोरोस, 'बोल्ड स्ट्रोक्स फॉर ए न्यू ऑर्डर', *इकॉनॉमिक टाइम्स*, नयी दिल्ली, संपादकीय पृष्ठ, ४ अक्टूबर २००२
१८. जेफ्री साक्स, 'व्हाई वी कांट एफोर्ड एनअदर वार', *इकॉनॉमिक टाइम्स*, नयी दिल्ली, संपादकीय पृष्ठ, ९ अक्टूबर २००२
१९. एजाज़ अहमद, 'संस्कृति और भूमंडलीकरण', *आलोचना*, दिल्ली, जुलाई-सितंबर, २००१

भूमंडलीकरण की राजनीति

भूमंडलीकरण बनाम राष्ट्र-राज्य

भारत के अभिजन राष्ट्र-राज्य की भारतीय किस्म विकसित करने का प्रयोग बीच रास्ते में छोड़ते जा रहे हैं। वे चिंतित हैं कि जनता की माँगों और दावेदारियों के कारण राजकाज चलाना कठिन होता जा रहा है पर उन्हें विश्व बैंक और विश्व व्यापार संगठन जैसी राष्ट्रातीत संरचनाओं के वर्चस्व के कारण हो रहे राष्ट्र-राज्य और अपने प्राधिकार और प्रताप में हो रहे क्षय की चिंता नहीं है। वे यह भी देखने के लिए तैयार नहीं हैं कि घरेलू मोर्चे पर कदम खींचने के कारण भारत की अंतर्राष्ट्रीय हैसियत गिर गयी है। दरअसल, शीतयुद्ध खत्म हो जाने के बाद एक नये किस्म के साम्राज्यवाद ने दुनिया को अपनी गिरफ्त में लेने की मुहिम छेड़ दी है। यह राज्य प्रणाली के दायरों में सक्रिय रहने वाला पुराने किस्म का भूमंडलीय साम्राज्यवाद नहीं है। यह अराजनीतिक, प्रौद्योगिकी आधारित और राष्ट्र-राज्य को कमजोर करने वाला नवपूँजीवादी सम्राज्यवाद है। ये ताकतें किसी किस्म के विकल्प को सहन करने के लिए तैयार नहीं हैं। वे असहमति के सभी स्वरों को या तो कुचल देना चाहती हैं या फिर प्रलोभन देकर अपनी ओर मिला लेना चाहती हैं। इस हथकंडे को नागरिक समाज की संस्थाओं से लेकर प्रतिरोध के सभी रूपों पर आजमाया जा रहा है।

जनता से डरते अभिजन और कमजोर होता राष्ट्र-राज्य

रजनी कोठारी

पिछले पच्चीस साल में तरह-तरह के समाज दुनिया-भर में पहले के मुकाबले अधिक लोकतांत्रिक हुए हैं। जन-चेतना में तेज रफ्तार से प्रगति हुई है। घरेलू शासकों और अंतर्राष्ट्रीय शासक वर्ग ने इस परिघटना को दो अलग-अलग नजरियों से देखा है। एक तरफ उन्हें संतोष है कि उन्होंने साम्यवाद और वामपंथी रेडिकल राजनीति के खिलाफ लड़ाई जीत ली है। इस विचार की अभिव्यक्ति 'इतिहास का अंत' जैसी थीसिस के रूप में देखी जा सकती है।[1] दूसरी तरफ वे जनता की ओर से मिल रही चुनौती को ले कर काफी बेचैन हैं। जो उत्पीड़ित और पिछड़ी जनता आज तक अपनी बदहाली का कारण तक

जानने के लिए तैयार नहीं थी, वह आज खड़ी हो गयी है। जिन सामाजिक वर्गों को छोटी-मोटी रियायतें दे कर और लोकतंत्र के अभिजनपरक सिद्धांत के जरिये भरमाया जा रहा था, वे एक जन-उभार के दौर से गुजर रहे हैं। बहुलतासंपन्न समाज नाना प्रकार के अल्पसंख्यकों और महिलाओं समेत अपने हकों की माँग कर रहे हैं। जनता के इस रवैये ने शासकों को मजबूर कर दिया है कि वे शासन की समस्याओं से जुड़े मुद्दों को प्राथमिकता दें। जमीन से उठने वाली माँगों के दबाव से निबटने के लिए कानून और व्यवस्था कायम करना, राज्य को सुरक्षित रखना और बहुराष्ट्रीय पूँजी की हिफाजत करना अब शासकों की पहली प्राथमिकता बन गया है।

सत्तर के दशक के मध्य में अमेरिका, यूरोप और जापान के तीन प्रमुख बुद्धिजीवियों ने एक दस्तावेज प्रकाशित किया था। इसमें बदलते हुए घरेलू और अंतर्राष्ट्रीय माहौल के हवाले से पश्चिमी और जापानी उदार लोकतंत्रों के तहत राजनीतिक भागीदारी सीमित करने की आवश्यकता पर जोर था। एक त्रिपक्षीय सम्मेलन में एक रपट की तरह पेश किये गये इस दस्तावेज का शीर्षक था : 'क्राइसिस ऑव डेमौक्रेसी : रिपोर्ट ऑन द गवर्नेबिलिटी ऑव डेमौक्रेसी टु द ट्राईलेटरल कमीशन'। इसके लेखक थे मिशेल जे. क्रोजियर (फ्रांस), सेमुअल पी. हटिंग्टन (अमेरिका), जोजी वातानुकी (जापान)। पिछले कुछ वर्षों से विकासशील देशों के अकादमीशियन और अन्य बुद्धिजीवी इसी किस्म की चिंताओं से ग्रस्त लग रहे हैं, जबकि इन देशों की अपेक्षा पश्चिम इस तरह की चिंताओं में कुछ कम दिलचस्पी दिखा रहा है। प्रवासी हो चुके एक प्रमुख राजनीतिशास्त्री अतुल कोहली ने १९९० में एक किताब लिखी जिसे हाथोंहाथ लिया गया। इसका शीर्षक था : 'डेमौक्रेसी एंड डिस्कंटेंट : इंडियाज़ ग्रोइंग क्राइसिस ऑव गवर्नेबिलिटी'। इसे केम्ब्रिज यूनिवर्सिटी प्रेस, न्यूयार्क ने छापा था। देश के भीतर भी प्रमुख पत्रकार और बुद्धिजीवी भी कोहली से मिलती-जुलती चिंताएँ व्यक्त करते देखे गये हैं कि अगर भारतीय राज्य को तरह-तरह के गुटों और क्षेत्रों की तरफ से उठने वाली सभी तरह की माँगों को मानना पड़ा तो वह कैसे टिक पायेगा।[२]

जब से मंडल आयोग की रपट पर राष्ट्रीय मोर्चा सरकार ने अपनी मुहर लगायी है और सभी पार्टियों ने भी उन्हें मान लिया है, तब से तो ऐसी चिंताएँ और भी बढ़ गयीं हैं। मंडल परिघटना को आज तक हाशिये पर पड़े रहे तबकों की बढ़ती हुई राजनीतिक चेतना से जोड़ा जा सकता है जिसके कारण उन्होंने चुनावों, विधायिकाओं और राजनीतिक दलों के मंचों पर अपनी दावेदारी पेश करनी शुरू कर दी है। नतीजतन, अभिजन हलके परेशान हो गये हैं और उनकी

इस परेशानी को राष्ट्रीय, क्षेत्रीय और स्थानीय समाचार माध्यमों में अभिव्यक्त होते देखा जा सकता है। १९९० में मंडल आयोग की रपट के खिलाफ हुए आत्मदाहों और विश्वविद्यालयों के परिसरों में भड़की हुई उत्तेजना के साथ-साथ सामाजिक रूप से उत्पीड़ित तबकों को विशेष सुविधाएँ देने के उसूल के प्रति रवैये को इसी प्रवृत्ति की रोशनी में देखा जाना चाहिए। आरक्षण के खिलाफ इस प्रतिक्रिया को प्रतिष्ठित प्रोफेसरों, प्रमुख पत्रकारों और लेखकों ने भी अप्रत्यक्ष समर्थन दिया था। आरक्षण के कारण जनता दल जैसी पार्टियों में मतभेद पैदा हो गये थे। वामपंथी पार्टियों और कांग्रेस के भीतर भी बेचैनी फैल गयी थी।

अजीब बात यह है कि जो अभिजन जनता की माँगों के कारण राज्य के कमजोर होने का रोना रो रहे हैं, उन्हें उदारीकरण और भूमंडलीकरण की नीतियों के कारण हो रहे राज्य की ताकत के क्षय की कोई चिंता नहीं है। उन्हें अपनी ही जनता की माँगों और दबावों से तो ज्यादा खतरा लगता है, लेकिन विदेशी कारपोरेशनों, विश्व बैंक और अंतर्राष्ट्रीय मुद्रा कोष जैसी संस्थाओं, विश्व व्यापार संगठन, दुनिया-भर के आर्थिक और प्रौद्योगिकीय भविष्य को अपने शिकंजे में जकड़ने वाले अमेरिका और पश्चिमी यूरोप के व्यापारिक गठजोड़ों और तंत्रों की तरफ से भारतीय राज्य पर पड़ने वाले दबावों में उन्हें कोई जोखिम नहीं दिखायी देता। इस तथ्य के प्रमाण देखना मुश्किल नहीं है कि भूमंडलीकरण के विविध दबावों के सामने राज्य और राष्ट्रीय अभिजन कमजोर पड़ते जा रहे हैं। अब वे पहले की तरह न तो राष्ट्रीय प्राथमिकताएँ निर्धारित करने काबिल रह गये हैं और न ही उनकी सत्ता अपने मातहतों पर पहले की तरह चलती है। नौकरशाही अब बाहरी एजेंसियों की तरफ से आने वाले इशारों का ज्यादा से ज्यादा ध्यान रखती है और प्रदेश सरकारें विदेशी कारपोरेशनों तक सीधी पहुँच बनाने की कोशिश में एक-दूसरे से होड़ करती रहती हैं। अभिजनों, नौकरशाही और राज्य सरकारों को इस बात की भी फिक्र नहीं रह गयी है कि ये बहुराष्ट्रीय कारपोरेशन उन्हीं देशों से आते हैं जो शीत युद्ध खत्म हो जाने के बाद भी हथियार बनाने और उनकी तिजारत करने वाले प्रमुख देश हैं। हथियारों के इन्हीं सौदागरों के कारण भारत जैसे देश अपनी सीमाओं पर खतरा महसूस करते रहे हैं। इन देशों का हाथ हमारी आंतरिक उथल-पुथल में भी समझा जाता है। विद्रोही राष्ट्रीयताओं और क्षेत्रों के साथ-साथ निचले तबकों और अल्पसंख्यकों के असंतोष का जिम्मा भी इन्हीं देशों की कारसाजियों पर डाला जाता रहा है।

अब यह तकरीबन साफ हो गया है कि बेहतर वेतन और बेहतर रोजगार

अवसरों जैसी लोकतांत्रिक माँगों के प्रति कुछ बुद्धिजीविया, पत्रकारों और राजनेताओं के रवैये और इस मुद्दे पर विदेशी निवेशकों के सरोकारों के बीच कोई खास फर्क नहीं रह गया है।[३] दोनों के बीच इस बात पर भी लगभग सहमति ही बन गयी है कि राज्य की भूमिका को कम करके देश का कामकाज बाजार के हाथों में सौंपते हुए 'विश्व बाजार' के साथ ज्यादा से ज्यादा एकजुट होते चले जाना चाहिए। देश में इस तरह से सोचने वालों की संख्या बढ़ती चली जा रही है कि उदारीकरण और भूमंडलीकरण न केवल हमारी आर्थिक दिक्कतों से छुटकारा दिला देगा वरन् उसके जरिये उदीयमान सामाजिक वर्गों की माँगों के कारण पैदा हुई राजनीतिक बीमारी का इलाज भी मिल जायेगा। लगता है कि ये लोग शासन की एक ऐसी प्रणाली चाहते हैं जिसे अपनी ताकत बाह्य हस्तक्षेप से प्राप्त करनी होगी। प्रस्तावित 'नयी विश्व-व्यवस्था' का असली मतलब यही हो सकता है। यह नयी विश्व-व्यवस्था ऐसी एकीकृत और प्रबंधित दुनिया बनाना चाहती है, जिसमें वह अपने ढंग से अपने किस्म की अंतर्राष्ट्रीय सुरक्षा और 'शांति' की गारंटी कर सके। शीत युद्ध खत्म होने के बाद राष्ट्रों और वर्गों के बीच जो भी विवाद और टकराव पैदा हुए हैं, उन्हें भी मानवीय हित के ये नये संरक्षक अपनी प्राथमिकताओं के हिसाब से निपटाना चाहते हैं।

'नयी विश्व-व्यवस्था' और उसके तहत हो रहे भूमंडलीकरण का परिणाम राज्य की ताकत के क्षय में निकला है। राष्ट्रों की कार्यसूची में अब राज्य की हैसियत पहले जैसी नहीं रह गयी है। उधर राज्य को अपनी जनता की नाराजगी अलग से झेलनी पड़ रही है। आखिरकार, जनता अपने सबलीकरण के लिए राज्य पर निर्भर थी। आज लोगों में यह एहसास बढ़ता जा रहा है कि राज्य को उनकी खुशहाली में कोई दिलचस्पी नहीं रह गयी है, इसलिए अपनी तत्कालीन और दूरगामी समस्याओं का सामना करने के लिए उन्हें अपनी व्यूह रचना खुद ही करनी पड़ेगी, अपनी संस्थाएँ खुद बनानी पड़ेंगी, नागरिक समाज पर उत्तरोत्तर निर्भर होते हुए अपने ही सामुदायिक संसाधनों को खँगोलना पड़ेगा। हालात का दूसरा पहलू यह है कि जनता के चिंतन में राज्य के प्रति उम्मीदें कम जरूर हो गयीं हैं पर उसने मध्यवर्गीय अभिजनों की भाँति उसे पूरी तरह त्यागा भी नहीं है। जनता आज भी नागरिक समाज के स्तर पर उत्पीड़न और शोषण की संरचनाओं के खिलाफ संघर्ष में उपलब्धियाँ प्राप्त करते हुए उस प्रक्रिया में राज्य की संस्था को रूपांतरित करना चाहती है। सच्चाई तो यह है कि गरीबों का काम एक संस्था के रूप में राज्य या चुनाव और पार्टियों के जरिये चलने वाली लोकतांत्रिक राजनीतिक प्रक्रिया के बिना चल ही नहीं

सकता।

मेरे विचार से राज्य संकट में जरूर है, पर मैं ऐसा नहीं मानता कि वह अंदरूनी और बाहरी दबावों के सामने नहीं टिक पायेगा। राज्य को एक बदलती हुई दुनिया का सामना करना पड़ रहा है जिसके कारण उसके ऊपर तरह-तरह के दबाव पड़ रहे हैं। इनमें मानवीय मसलों में अपनी पारंपरिक भूमिका को कम करने का दबाव भी शामिल है। यह संकट पहले से ज्यादा बेचैन होती जा रही जनता के कारण और गंभीर हो सकता है, क्योंकि यह जनता अब राज्य का प्राधिकार बदले में कुछ लिये बिना मानने के लिए तैयार नहीं है। किसी जमाने में होने वाली हित आधारित राजनीति से अब जनता बहलने वाली नहीं है। वह प्राथमिकताओं और संरचनाओं के पुनर्निर्माण की माँग कर रही है। उसके इसी रवैये को व्यवस्था बदलने की माँग के रूप में देखा जा सकता है।[४]

ऐतिहासिक परिप्रेक्ष्य

आजादी से पहले भारत में राज्य को राष्ट्र-राज्य के रूप में रचने का खयाल हावी था। यानी राष्ट्र नामक एक अस्मिता में कई अस्मिताओं और कई तरह के जुड़ावों को समेटा जाना था। यह तभी हो सकता था कि पहले से मौजूद अस्मिताएँ खुद को राष्ट्र के साथ एक तरह के लोकोत्तर संबंध में बँधी समझें, लेकिन साथ ही यह भी जरूरी था कि राष्ट्र उन सब को समेटता हुआ सामासिक ढंग से उनका 'प्रतिनिधित्व' करता हुआ लगे। नाना प्रकार की सामाजिक, आर्थिक, भाषायी और आर्थिक पहचानों को मिला-जुला कर एक पहचान दे कर एक सामासिक राष्ट्र बनाने की परियोजना में राज्य की भूमिका महत्त्वपूर्ण थी। दरअसल, यह राज्य ही था जिसके कारण इस सांस्कृतिक क्षेत्र को एक नयी अस्मिता मिली, एक ऐसी अस्मिता जो एक साथ सब को समेटने वाली, सभी को प्रतिनिधित्व देने वाली और लोकोत्तर किस्म के गुणों से संपन्न थी। उस जमाने के अंतर्राष्ट्रीय चिंतन और सिद्धांत की दृष्टि से भी राज्य की संस्था को उत्तर-औपनिवेशिक समाजों में प्राधिकार के प्रतीक और समाज परिवर्तन के मुख्य माध्यम की तरह देखा जाता था। इस राज्य की बुनियादी विचारधारा संघटनवादी थी पर इसमें सामाजिक बदलाव और रूपांतरण की धारणाएँ भी शामिल थीं। शुरू में यह कमोबेश राज्य के हेगेलवादी विचार जैंसा लगता था पर जैसे-जैसे भारत सरीखे देशों में बहुलताओं ने अपनी दावेदारी शुरू की और उसके कारण प्रतिनिधित्व का संकट पैदा हुआ, वैसे ही इस संघटनवादी विचारधारा के सर्वसत्तावादी रुझान स्पष्ट होते चले गये।[५]

राष्ट्र-निर्माण की परियोजना के बारे में काफी समय तक समझ यह रही

कि इससे न केवल राष्ट्र की एकता मजबूत होगी, बल्कि राज्य की संस्था में नागरिकों की भागीदारी और बढ़ेगी। 'खुले समाज' की अवधारणा के पीछे यही विचार था। समझा जाता था कि राष्ट्रीय संघटन हासिल करने का सबसे अच्छा तरीका लोकतांत्रिक सहभागिता ही हो सकती है। राज्य के संस्थागत ढाँचों और संरचना के जरिये अभिजनों ने लोकतंत्र को प्रोत्साहित करने की जिम्मेदारी सँभाली। संसद, प्रांतों की विधानसभाओं और विभिन्न स्तरों पर मंत्रिपरिषद (कैबिनेट) आधारित सरकार के जरिये विभिन्न क्षेत्रों और हितों को नुमाइंदगी दी गयी ताकि आमसहमति हासिल की जा सके। एक जवाबदेह प्रशासनिक ढाँचा बनाया गया। इस पूरे सरअंजाम को एक संघीय सिलसिले के माध्यम से काम करना था। एक न्यायिक प्रणाली बनी जिसे यह देखना था कि सभी संस्थाएँ जिम्मेदार और विधिसम्मत ढंग से काम करें। एक खास तरह की दलीय प्रणाली विकसित हुई जिसने सरकार और सामाजिक ढाँचे के रिश्ते को ऊपर से नीचे और दाएँ से बाएँ नहीं टूटने दिया। कई तरह की मध्यवर्ती संस्थाओं और अभिजनों ने इस रिश्ते में मध्यस्थ की भूमिका निभायी। दलीय प्रणाली द्वारा विकसित राजनीतिक प्रक्रियाओं और राजनीतिक कारकुनों ने औपनिवेशिक राज्य द्वारा मिले अधिकारी तंत्र नामक 'इस्पाती ढाँचे' को नयी आबोहवा के अनुकूल बनाया।[६]

ब्रिटेन से आयात किये गये वेस्टमिंस्टर मॉडल की खामी यह थी कि वह अभिजनों और समाज के विभिन्न हितों के बीच परायेपन का एहसास पैदा कर देता था। इससे बचने के लिए अभिजनों ने खुद को इन विभिन्न हितों और समाज की पारंपरिक स्वयंसेवी अधिरचना से जोड़ा जिससे सरकार और विभिन्न तबकों के बीच का फासला कम हो गया, हालाँकि तंत्र के साथ निकटता महसूस करने वाले ये तबके संगठित हितों की श्रेणी में आते थे। अर्थात गैर-संगठित और हाशिये पर पड़े तबकों को तंत्र के प्रति अपनेपन का एहसास नहीं था। बहरहाल, सरकार और जनता के बीच घनिष्टता कायम करने के पीछे दो परस्पर विपरीत लगने वाले विचार जरूर थे पर उनका मकसद एक था : एक लोकतांत्रिक राष्ट्र-राज्य का निर्माण। जैसा कि पहले भी कहा जा चुका है, पहला विचार था विविध हितों और अस्मिताओं को समेटने वाला नया राज्य बनाना और दूसरा विचार था उस राज्य को राष्ट्र निर्माण की प्रक्रियां में केंद्रीय भूमिका प्रदान करना। पहले विचार के लिए जरूरी था कि अलग-अलग हितों और अस्मिताओं को एक समान उद्यम के मातहत लाने के लिए सत्ता में साझेदारी की विकेंद्रीकरण आधारित अवधारणा अपनायी जाती। दूसरे विचार के साथ समस्या यह थी कि अगर राज्य को अपने मन-माफिक चलने के लिए

छोड़ दिया जाता तो वह शासन को केंद्रीकृत मॉडल की तर्ज पर चला सकता था। लेकिन, दोनों विचारों को एक साथ अपनाने का मतलब यह था कि मजबूत और सुसंगत केंद्र का तरह-तरह की संरचनाओं और गुंजाइशों की नुमाइंदगी करने वाले जीवंत उपकेंद्रों के साथ कारगर संतुलन कायम करना, क्योंकि इसके जरिये ही एक सामासिक राष्ट्र-राज्य की रचना हो सकती थी। इस समझ की बुनियाद में जो राष्ट्रवादी विचारधारा थी, वह संघटनवादी होने के साथ-साथ नाना प्रकार के गुटों, हितों और असहमति रखने वाले तत्त्वों की बात पर विचार करने के लिए भी तैयार थी।

राष्ट्र-राज्य का यह मॉडल आज तितर-बितर पड़ा हुआ है। एक तरफ तो हालत यह है कि राज्य को राष्ट्र के केंद्रीय तंत्र की हैसियत से वंचित कर दिया गया है और दूसरी तरफ अभी तक बने 'राष्ट्र' ने बिखराव, एकाधिक ध्रुवीकरणों और संभावित विखंडन की तरफ जाने की शुरुआत कर दी है। राज्य की हैसियत में कटौती और राष्ट्र के प्रभामंडल में क्षय एक साथ घटित हुआ है। राज्य के अधिकार भूमंडलीय 'व्यवस्था' और बाजार द्वारा हड़प लिए गये हैं, जबकि राष्ट्र को हाशिये पर पड़ी हुई बहुत-सी अस्मिताओं के साथ-साथ विभिन्न क्षेत्रों और 'राष्ट्रीयताओं' की तरफ से चुनौती मिल रही है। इस परिघटना के कारण राष्ट्र-निर्माण की परियोजना को धक्का लगने का अंदेशा है जिसका नुकसान समाज परिवर्तन के केंद्रीय एजेंट के रूप में राज्य की भूमिका को उठाना पड़ेगा। नागरिक समाज की स्वायत्तता कमजोर होगी और आदर्श लोकतांत्रिक व्यवस्था की आधुनिक खोज में भी रुकावट आयेगी। हालाँकि भूमंडलीकरण के पैरोकारों का दावा दुनिया के पैमाने पर एक संघटनक़ारी डिजाइन को प्रोत्साहन देने का है, पर असल में होगा यह कि भूमंडलीकरण में अंतर्निहित समरूपीकरण का आग्रह पहले से ही कार्यरत विघटनकारी प्रवृत्तियों को बढ़ावा देगा। बाजार समरूपीकरण का ही एक ताकतवर उपकरण है जो भूमंडलीकरण से प्रेरित जनसंचार माध्यमों के जरिये एक तरह की छवियों और संदेशों को परोसता रहता है, ताकि उपभोक्ताओं की प्राथमिकताओं को समरूप बनाया जा सके।

इस प्रकार के भूमंडलीकरण के साथ-साथ एक इस तरह की परिघटना का जन्म भी हुआ है जो सिद्धांतत: उसकी एंटीथीसिस लगती है। यह है क्षेत्रीय उग्रवाद और धार्मिक रूढ़िवाद पर आधारित उग्र-राष्ट्रवाद का उदय। भूमंडलीकरण की ही भाँति यह भी विभिन्न बहुलताओं का दमन करना चाहता है, फर्क केवल यह है कि आर्थिक और प्रौद्योगिकीय दायरे के बजाय यह धार्मिक दायरे में सक्रिय रहता है। यह परिघटना राष्ट्र को प्रांतों के बरक्स खड़ा

कर देती है जिससे अंदरूनी तौर पर कई तरह की दमित और उत्पीड़ित उपराष्ट्रीयताओं और जातीयताओं का एक सिलसिला राष्ट्र को चुनौती देने लगता है।

ऐसा लगता है कि भारत ही नहीं, बल्कि तीसरी दुनिया के अन्य देशों में आधुनिकीकरण की शुरुआती कोशिशों का नेतृत्व करने वालों को राष्ट्र-राज्य की रचना-प्रक्रिया में निहित अंतर्विरोधों की पूरी समझ नहीं थी। खासतौर से उन्हें इस असलियत का पूरा एहसास नहीं था कि वे राष्ट्र का एक ऐसी सामाजिक जमीन पर निर्माण करने की कोशिश कर रहे हैं जो न केवल तरह-तरह की विविधताओं से भरी हुई है वरन् वह घोर विषमताओं की शिकार भी है। वे यह भी नहीं समझ पाये थे कि ये विषमताएँ 'राज्य' के नये ढाँचे के जरिये कम होने के बजाय और बढ़ जाएँगी। बीसवीं सदी में भी जो नहीं हुआ वह इक्कीसवीं सदी में होने का अंदेशा है यानी देश संघटन के बजाय और भी ज्यादा विखंडनकारी रुझानों का शिकार होने वाला है।[७]

राष्ट्र-राज्य का बढ़ता हुआ क्षय और कदम-वापसी

राष्ट्र और राज्य के क्षय का पहला आयाम तो यह है कि पिछले काफी समय से भारत की जनता को राज्य की वैधता लगातार कमजोर होती लग रही है। जो तबके अपनी खुशहाली के लिए राज्य पर निर्भर थे वे भी इसी तरह सोच रहे हैं कि अब राज्य में उन्हें लाभ पहुँचाने की क्षमता नहीं रही। मध्यवर्ग, पेशेवर वर्ग और मीडिया जैसे कामों से जुड़े तबकों की निगाह में भी राज्य की साख पहले जैसी नहीं रह गयी है। दूसरे, नागरिक हों या प्रांतीय, जिला और स्थानीय स्तर की संस्थाएँ हों; मध्यवर्ती स्थानीय इकाइयाँ या संस्थान हों; सामुदायिक संस्थाएँ हों या स्वयंसेवी संस्थाएँ और नागरिक समाज की अन्य संस्थाएँ हों; राज्य को केंद्र सरकार के रूप में देखने पर उन्हें लगता है कि उसके पास न पहले जैसा प्राधिकार रह गया है, न ही उसका प्रभामंडल और प्रताप पहले जैसा है।[८] कभी स्वायत्तता और कभी अलगाव के लिए चलाये जाने वाले किस्म-किस्म के क्षेत्रीय आंदोलनों ने राज्य को टकराव और हिंसा के दौर में फँसा दिया है। तीसरे, देश के भीतर उद्योग, श्रम, धर्म, जाति, भाषायी और जातीय अस्मिताओं जैसे सत्ता के अन्य केंद्रों के संदर्भ में राज्य की विशिष्ट और प्रभावी भूमिका की अवधारणा अब उतनी असरदार नहीं रही। इसी तरह देश के बाहर भू-राजनीतिक और सामरिक सत्ता के केंद्रों से लेकर अंतर्राष्ट्रीय वित्तीय संस्थानों के साथ-साथ पूँजी और वाणिज्य की बहुराष्ट्रीय संरचनाओं के संदर्भ में भी राज्य के प्रभाव का क्षय हो गया है। इसी के परिणामस्वरूप स्वायत्तता और

आत्मनिर्भरता पर जोर कम हुआ है। अंतर्राष्ट्रीय बिरादरी भी इन मुद्दों के लिए कम समर्थन दे रही है। जी-७७ से लेकर संयुक्त राष्ट्र की अंकटाड, विश्व श्रम संगठन, यूनीसेफ और यूएनआरआईएसडी जैसी संस्थाओं की जगह विश्व बैंक, अंतर्राष्ट्रीय मुद्रा कोष और विश्व व्यापार संगठन जैसी संरचाएँ लेती जा रही हैं।

सामाजिक और आर्थिक मामलों में केंद्रीय मंच पर रहने के बजाय भारतीय राज्य अपने कदम वापस खींच रहा है। आर्थिक मामलों में तो कदम-वापसी का यह सिलसिला अब कम से कम बीस साल पुराना हो गया है। १९९१-९२ में इसकी नाटकीय शुरुआत हुई थी। सामाजिक दायरे में हालत यह है कि अब राज्य पहले की भाँति अल्पसंख्यकों, पिछड़ों, आदिवासियों, महिलाओं और बच्चों को नये-नये अवसर उपलब्ध कराने की भूमिका नहीं निभा रहा है।

अब शिक्षा, पर्यावरण, स्वास्थ्य और आवासन जैसे प्रमुख क्षेत्रों में राज्य जनता की पहलकदमी खोलने और देशज चिंतन के लिए प्रोत्साहन देता नजर नहीं आता। अब उसे समाज के दरिद्र और उत्पीड़ित हिस्सों के लिए बनाये गये कानूनों के कार्यान्वयन में भी उतनी दिलचस्पी नहीं रही। अब यह साबित हो चुका है कि जब तक शिक्षा, स्वास्थ्य और प्रदूषण रहित पर्यावरण के संदर्भ में गरीबों की क्षमताओं का विकास नहीं होगा तब तक वे अपने लिए बेहतर आर्थिक भविष्य की रचना कर पाने में सक्षम नहीं हो पायेंगे। केवल नौकरशाहाना नियोजन के जरिये जनता के बड़े-बड़े हिस्सों की बदहाली दूर नहीं की जा सकती। इस मामले में तो केवल गरीब ही अपनी मदद अपने आप कर सकते हैं जिसके लिए जरूरी है कि ऊपर बताये गये सामाजिक क्षेत्रों में गरीबों का सबलीकरण हो। और राज्य इसी ज़िम्मेदारी से मुँह चुरा रहा है।

जनता अपनी तरफ से राज्य पर दबाव डाल रही है कि वह ऐसा न करे। यह दबाव जातीय और क्षेत्रीय आंदोलनों के साथ-साथ लोकतांत्रिक अधिकारों के लिए चलाये जा रहे वर्ग और जाति आधारित संघर्षों के रूप में देखा जा सकता है। पर समस्या यह है कि ठीक इसी समय राज्य की बागडोर सँभालने वालों ने तकरीबन नियोजित रूप से अपनी पकड़ ढीली कर दी है। सामाजिक और क्षेत्रीय दायरों के प्रति उनका सरोकार कमजोर पड़ गया है। एक तरफ राज्य की पुनर्संरचना होने की कोशिश हो रही है और दूसरी तरफ राज्य अपनी संवैधानिक जिम्मेदारियों से मुँह चुरा रहा है।[१] ये दोनों पहलू एक ऐसी स्थिति की तरफ इशारा कर रहे हैं, जिसमें समग्र राजतंत्र ही बिखराव की तरफ जाता लग रहा है।

विश्व-व्यवस्था के शिकंजे में

घरेलू मोर्चे पर कदम पीछे खींचने का नतीजा यह निकला है कि एक राजनीतिक अभिनेता के तौर पर भारतीय राज्य की अंतर्राष्ट्रीय हैसियत में भी गिरावट आ गयी है। विकासशील देशों का सहयोग ले कर सत्ता के अंतर्राष्ट्रीय केंद्रों के मुकाबले अपनी स्वतंत्रता और अस्मिता का दावा करने के बजाय भारतीय राज्य पर हावी नौकरशाहाना, औद्योगिक और तकनीकशाह अभिजन उसे विश्व-व्यवस्था के साथ जोड़ने के लिए तैयार कर रहे हैं। इस विश्व-व्यवस्था का खाका पश्चिम केंद्रीय चिंतन और नियोजन करने वाले रैंड कारपोरेशन और तीनों ब्रेटनवुड संस्थाओं के दफ्तरों में तैयार किया गया है। अभी तक यह जुड़ाव केवल विश्व बाजार का अंग बनने के रूप में ही सामने आया है। समझाया यह जा रहा है कि आर्थिक संघटन का नतीजा राजनीतिक परनिर्भरता और सामाजिक-सांस्कृतिक मातहती में नहीं निकलेगा। मेरा मानना है कि इस तरह की मान्यता बचकानी और धोखे से भरी हुई है। विश्व-व्यवस्था से इस तरह के संघटन का मतलब साफ तौर से भारतीय राज्य की स्वायत्तता के क्षय में ही निकलेगा। यहाँ यह ध्यान रखना होगा कि उदारीकरण के तहत बाजार का बोलबाला बढ़ने से राज्य के प्राधिकार का क्षय अनिवार्य नहीं होता और न ही विश्व बाजार से जुड़ने का रास्ता दिखाने के लिए भूमंडलीकरण के पैरोकारों के लिए भारत में मौजूद रहना जरूरी है। भूमंडलीकरण का सिलसिला चालू रखने के लिए कोई जरूरी नहीं कि राज्य को हर क्षेत्र में अपनी स्वायत्तता खोनी ही पड़े। कई देशों के राज्य भूमंडलीकरण करते हुए भी किसी भी तरह की मातहती स्वीकार करने से बच कर दिखा चुके हैं। दक्षिण कोरिया, ताइवान, जापान, हाल ही में मलेशिया और सबसे ज्यादा ज्वलंत उदाहरण के रूप में चीन को देखा जा सकता है। इन देशों में राज्य की संस्था और बाजार ने एक दूसरे को ताकत प्रदान की है। यह काम एक ऐसे अभिजन ने अंजाम दिया है जो एक तरफ बहुराष्ट्रीय कंपनियों का इस्तेमाल करता है और दूसरी तरफ राजनीतिक असहमति और नागरिक समाज के सामाजिक-सांस्कृतिक दायरों के असंतोष को सफलतापूर्वक नकारते हुए चलता है।[१०]

उदारीकरण और निजीकरण का सीधा मतलब यह कतई नहीं समझ लेना चाहिए कि राज्य की संस्थाओं की जगह बाजार ले लेगा। जो लोग यह मानते हैं वे गलतफहमी में जिंदा हैं और उन पर कारपोरेट सत्ता का भूमंडलीय प्रचारतंत्र हावी है। यह भूमंडलीय प्रचारतंत्र अपने धुआँधार प्रोपेगंडे के जरिये राज्य को कमजोर और अधिकारहीन करने में लगा हुआ है। कुछ खास तरह के नेताओं (तकनीकशाह कम राजनेता), नौकरशाहों और उद्योगपतियों के उदीयमान

गठजोड़ को यह स्थिति पसंद है। राज्य की जगह बाजार रखने की थीसिस पर यकीन करने की प्रवृत्ति साधारण लोगों में काफी दिखायी पड़ती है। इसकी वजह एक विचारधारात्मक और राजनीतिक शून्य में देखी जा सकती है जो एक विचार और यथार्थ के रूप में तीसरी दुनिया की अवधारणा को तकरीबन खारिज करने के कारण पैदा हुआ है। इस शून्य के कुछ और भी कारण हैं : जैसे, समाजवादी खेमे का संपूर्ण ध्वंस, कुछ दूसरे ही तरीके से सामाजिक जनवाद के विचार का क्षय (यह विचार लोकोपकारी राज्य और पश्चिमी पूँजीवाद उत्तर-कींसीय मॉडल पर टिका था)। इस शून्य को भरने के लिए पूँजीवाद एक ऐसी संकेंद्रित अवधारणा ले कर आया जिसके तीन आयाम थे : साम्यवाद की चुनौतियों से निपटना, तेल उत्पादक देशों की तर्ज पर किये जा रहे तीसरी दुनिया के हस्तक्षेप का सामना करना और सोवियत संघ के ध्वंस के बाद अंतर्निर्भरता के नये मॉडल को प्रोत्साहित करना। भारत जैसे बहुसांस्कृतिक समाजों में वास्तविक लोकतंत्र के क्षय के बाद पैदा हुए शून्य को भरने की भूमिका धार्मिक और संकीर्णतावादी विचारधाराओं ने निभायी।

भविष्य की संभावनाएँ

ऊपर वर्णित संदर्भों में भविष्य की संभावनाओं का आकलन करने पर दो रुझान दिखायी पड़ते हैं। आज की दुनिया अवधारणात्मक रूप से अलग-अलग राष्ट्र-राज्यों और विविध संस्कृतियों से मिल कर बनी है। भूमंडलीकरण के तहत उस पर पहला असर तो यह पड़ सकता है कि इस अवधारणा के विपरीत दुनिया को एक तथाकथित विश्व-व्यवस्था में एकीकृत करने की कोशिश की जाय। इस संघटनवादी रुझान के साथ दूसरा रुझान यह हो सकता है कि राष्ट्र-राज्यों को आंतरिक रूप से जमीनी आंदोलनों, क्षेत्रीय दावेदारियों और हाशिये पर पड़े नाना प्रकार के तबकों की चुनौती का सामना करना पड़े। यह राष्ट्र-राज्य को लोकतांत्रिक बनने के लिए दबाव डालने का रुझान होगा। ये दोनों प्रवृत्तियाँ भारत जैसे राष्ट्र-राज्यों की स्वायत्तता कम करने की भूमिका निभायेंगी। विश्व-व्यवस्था के साथ जुड़ने के आग्रह के पीछे वे तत्त्व होंगे जो राजनीतिक और वित्तीय हितों और संसाधनों की दृष्टि से संगठित हैं। राष्ट्र-राज्य को अधिक बहुलतावादी और विकेंद्रीकृत बनाने के लोकतांत्रिक आग्रह के पीछे जनता के बहुसंख्यक तबके होंगे जिनकी अधिकार-चेतना लगातार बढ़ रही है। संघटनवादी रुझान का मकसद भूमंडल के पैमाने पर मध्यवर्ग के एकरंगे भविष्य की रचना करना होगा। इसके तहत अपनायी गयी नीतियों के कारण मानवता का एक बहुत बड़ा हिस्सा न केवल ऐतिहासिक प्रक्रिया से बाहर कर

दिया जायेगा, बल्कि वह राज्य की संस्थाओं और बाजार के आदान-प्रदान में भी सहभागी नहीं रह जायेगा। इस रुझान में उत्तरोत्तर केंद्रीकृत और सर्वसत्तावादी शासन की संरचनाओं के अपनाये जाने के अंदेशे निहित हैं। राष्ट्र-राज्य और राष्ट्रीय अर्थव्यवस्था भूमंडलीय प्रणाली से जितना जुड़ेगी, शासक वर्ग दुनिया-भर की जनता, समुदायों और राष्ट्रीयताओं से उतना ही कटता चला जायेगा।

देश के भीतर भी ऐसा ही होगा। राज्य जितना केंद्रीकृत होगा, जमीन से उठने वाली माँगें उसे उतनी ही कम सुनायी देंगी। वह विविध समुदायों और राष्ट्रीयताओं की जरूरतों को नहीं समझ पायेगा। इन अंदरूनी और बाहरी रुझानों का मिला-जुला असर यह होगा कि जनता के एक बहुत बड़े हिस्से को हताश हो कर मजबूरन विद्रोह, बगावत, धरना, बंद और हड़ताल के तरीके अपनाने पड़ेंगे? इनमें से ज्यादातर कार्रवाइयाँ शांतिपूर्ण होंगी, पर कुछ तत्त्व ऐसे भी होंगे कि व्यवस्था से घोर अरुचि और अन्याय के खिलाफ क्रोध के कारण दुनिया-भर में चल रहे हिंसा-चक्र में फँस जाएँ और क्रांति करने के दावे करने लगें।

अक्सर यह दलील दी जाती है कि ऊँचे स्तर पर बैठे लोगों के खयाल अधिक उदार और समतामूलक होने के नाते निचले स्तर पर कार्यरत लोगों के मुकाबले अधिक समझदारीपूर्ण होते हैं। इसी के साथ यह भी कहा जाता है कि पंचायतों जैसी स्थानीय स्तर की संरचनाओं पर रंग-रुतबे वाले लोग हावी हो जाएँगे, इसलिए उन पर भरोसा नहीं किया जाना चाहिए। गौर से देखा जाये तो इन दलीलों में ज्यादा दम नहीं नजर आयेगा, क्योंकि निचले स्तर पर लोकतांत्रिक प्रक्रिया चल निकलने के बाद सामाजिक वर्गों का सबलीकरण होता है और वे ऊँचे तबकों के वर्चस्व को चुनौती देने की हैसियत प्राप्त कर लेते हैं। ठीक इसी तरह का तर्क भूमंडलीय पैमाने पर दिया जाता है कि भूमंडलीय संस्थाएँ और अभिजन राष्ट्रीय और क्षेत्रीय अभिजनों के मुकाबले ज्यादा समझदार होते हैं। यह भी कहा जाता है कि राष्ट्र-राज्य और अन्य 'संकीर्ण' हितों और संस्थाओं के परे जाने की जरूरत है। यह कोई नयी दलील नहीं है। प्रथम विश्व युद्ध के बाद से ही इसे उछाला जा रहा है। शुरू में इसका मकसद अधिक शांतिपूर्ण और प्रगतिकामी दुनिया बनाने के लिए लोगों की आक्रामक प्रवृत्तियों को संयमित करना था। पूरी दुनिया को एक इकाई के रूप में देखने के आग्रह (एक-विश्ववाद) से शुरू हुई यह दलील धीरे-धीरे हाल ही में चले विश्व-संघ बनाने के आंदोलन तक पहुँची। इसका अगला चरण था 'विश्व-व्यवस्था' की अवधारणा जिसकी रूपरेखा संयुक्त राष्ट्र के ढाँचे का ही

विस्तार करने के जरिये बनायी गयी थी। इस विश्व-व्यवस्था में राष्ट्रेतर संस्थाओं को हितकारी रुझानों वाले अंतर्राष्ट्रीय कानून (विश्व-कानून) के तत्वाधान में सक्रिय रहना था।[११] आज इस विचार को तरजीह देने के लिए कोई तैयार नहीं है और इसे कुछ ज्यादा ही रोमानी कह कर खारिज कर दिया गया है। लेकिन, इसके बेअसर होने का एक कारण यह भी है कि इसमें अंतर्निहित विश्व-दृष्टि को भूमंडलीय पूँजीवाद ने हड़प लिया है। इसके जरिये वह एक बार फिर सारी दुनिया को अपना उपनिवेश बनाना चाहता है। 'विश्व-व्यवस्था' बनाने का प्रयास बुश और क्लिंटन की नयी विश्व-व्यवस्था में पतित हो गया है। अब वह एक ऐसी विश्व-दृष्टि में बदल गया है जो उदारीकरण और निजीकरण पर आधारित विचारधारात्मक योजना के माध्यम से दुनिया-भर में लोकतांत्रिक उभारों को दबाना चाहती है। यह विश्व-दृष्टि हर जगह मध्य और उच्च वर्गों की सुविधाओं और लाभों को बरकरार रखने के लिए उन्हें विश्व बाजार के साथ संघठित करना चाहती है। स्वायत्तता और आत्मनिर्णय के लिए चलाये जा रहे संघर्षों को पराजित करने की कोशिशों में निहित राजनीतिक इरादों को समझने में हमें कोई भूल नहीं करनी चाहिए। ये संघर्ष तीसरी दुनिया के बुद्धिजीवी अपने-अपने राष्ट्र-राज्यों की स्वायत्तता और आत्मनिर्भरता को बचाने के लिए चला रहे हैं। साथ ही विभिन्न समाज जातीय और आर्थिक माँगों को ले कर उठायी गयी माँगों पर आधारित जन-उभारों के दौर से भी गुजर रहे हैं।

दुनिया को राजनीतिक-आर्थिक-विचारधारात्मक रूप से विश्व पूँजीवादी और पश्चिमी चौधराहट के तहत एकीकृत करने के इन प्रयासों की रोशनी में हमें भारत और तीसरी दुनिया के भारत जैसे देशों के राष्ट्र-राज्यों के भविष्य पर गौर करना चाहिए। इस संबंध में तीन महत्त्वपूर्ण रुझानों की शिनाख्त करना जरूरी है :

पहला, नाना प्रकार की क्षेत्रीय और सांस्कृतिक अस्मिताओं को समेट कर चलने वाले पुराने किस्म के राष्ट्रवाद पर अब उपराष्ट्रीय चेतना हावी हो गयी है। केंद्रीय प्राधिकार के खिलाफ बगावत बढ़ती जा रही है और कुछ क्षेत्रों में प्रांतीय सरकारों के खिलाफ भी विद्रोह हो रहा है जिससे हालात काफी अस्थिर हो गये हैं। केंद्र इन चुनौतियों के मुकाबले अपने प्राधिकार की रक्षा नहीं कर पा रहा है और उसे बार-बार फौज और अर्धसैनिक बलों का सहारा ले कर उनका दमन करना पड़ रहा है। कभी एक क्षेत्र में फौज का इस्तेमाल होता है तो कभी दूसरे में, जिससे अस्थिरता और परिणामस्वरूप केंद्र की नाकामी और भी बढ़ जाती है।[१२]

दूसरा, इन समस्याओं से निबट पाने में अक्षम होते जाने के कारण राष्ट्रीय

अभिजन राष्ट्र-निर्माण की बुनियादी राजनीतिक जिम्मेदारी और उससे जुड़े आर्थिक विकास की चुनौती से मुँह फेरता जा रहा है। निहित स्वार्थों के खिलाफ हस्तक्षेप करने में अब उसे उतनी रुचि नहीं रह गयी है। विषमता की बढ़ती हुई खाई को पाटना और लोगों की न्यूनतम जरूरतें पूरा करने वाले विकास का मॉडल अपनाना भी अब उसकी प्राथमिकताओं का हिस्सा नहीं रह गया है। अब वह अन्याय और विषमता घटा कर असंतुष्ट सामाजिक तबकों और क्षेत्रों को अपने साथ ले चलने और इस प्रकार सामाजिक तनाव और हिंसा को कम से कम करने के रास्ते पर चलने के मूड में नहीं है। अभिजनों की नयी पीढ़ी जिम्मेदारियों से कतराती हुई संकटों से अपने बचाव के लिए अंतर्राष्ट्रीय और बहुराष्ट्रीय संस्थाओं का मुँह ताकती हुई लगती है। ये लोग मानने लगे हैं कि विकास का रास्ता प्रौद्योगिकी की मंजिल से हो कर गुजरता है। यह मान्यता उन्हें आत्मनिर्भरता से दूर और विदेशी ताकतों पर निर्भरता की तरफ ही ले जा रही है, हालाँकि इस निर्भरता को आजकल परस्पर-निर्भरता का नाम दिया जाता है। इसी रवैये के कारण हुआ यह है कि राज्य और उसकी एजेंसियों का आचरण और कार्य-दिशा जनता के राजनीतिक प्रतिनिधि तय नहीं करते, बल्कि उत्तर-औपनिवेशिक राज्य के नौकरशाह कारकुनों के हाथ में पूरा बंदोबस्त चला गया है। ये कारकुन पहले ही औपनिवेशिक परंपराओं की तर्ज पर काम करते रहे हैं। चूँकि प्राथमिकताओं और लक्ष्यों के निर्धारण में राष्ट्रीय अभिजनों ने अपनी मर्जी से विदेशी ताकतों की हिदायतें मानना स्वीकार कर लिया है, इसलिए इन नौकरशाहों का उपनिवेशीकरण और भी संपूर्ण हो गया है।[१३]

तीसरा, कुछ ऐसे नये सांगठनिक रूप उभर आये हैं जो राज्य और राष्ट्र के परे चले जाते हैं। पहले भी इनका हवाला दिया जा चुका है। लगता है कि मानव जाति का सांगठनिक विकास होते-होते अचानक किसी दुर्घटना के चलते कोई विकृत अस्तित्व बन गया हो। इन नये संगठनों को हम बहुराष्ट्रीय कंपनियों के नाम से जानते हैं। इन कारपोरेशनों के कब्जे में बेतहाशा वित्तीय और प्रौद्योगिकीय संसाधन रहते हैं। तरह-तरह के द्विपक्षीय और बहुपक्षीय समझौतों के जरिये ये संगठन जमीन से उठने वाले विद्रोही आंदोलनों के खिलाफ पेशबंदी करते रहते हैं। इस तरह कुल मिला कर दुनिया को चलाने के लिए एक नया संस्थागत उपकरण तैयार होता है जिसे हम 'विश्व व्यवस्था' के नाम से जानते हैं।[१४]

राज्य और 'आंदोलनों' को मिलने वाली चुनौतियाँ

भारत जैसे देश में राष्ट्र-राज्य का भविष्य उसके ऐतिहासिक संदर्भ में हुए इन्हीं

परिवर्तनों पर निर्भर करता है। चूँकि भारत बहुसांस्कृतिक और बहुराष्ट्रीय है, इसलिए उसके राष्ट्र-राज्य का भविष्य उसके अधिक केंद्रीकृत होने या अधिक लोकतांत्रिक होने पर निर्भर करेगा। अगर वह और केंद्रीकृत होता है और उसका संचालन उत्तरोत्तर केंद्र पर निर्भर होता चला जाता है तो वह जनसाधारण के लिए विजातीय होता चला जायेगा और भूमंडलीय स्वार्थ उसे आसानी से अपना निशाना बना सकेंगे। अगर वह आंतरिक रूप से लोकतांत्रिक होगा तो अपनी अंदरूनी ताकत के दम पर बाहरी दुनिया में भी उसकी भूमिका लोकतांत्रिक होगी। आज की दुनिया तरह-तरह के अंतर्विरोधों और तनावों के कारण बेहद जटिल हो चुकी है। राष्ट्र-राज्य को चाहिए कि वह इस दुनिया में अपनी ऐतिहासिक भूमिका निभाये जिसके लिए उसे विविध संस्कृतियों और जनसमूहों की आवाज को बुलंद करना होगा। केवल तभी एक विरल और विकेंद्रीकृत विश्व-व्यवस्था की रचना की जा सकती है। यह एक ऐसी विश्व-व्यवस्था होगी, जिसमें सभी संस्कृतियाँ और समुदाय अपनी एकात्मकता और विलक्षणता की रक्षा करते हुए अपने-अपने विशिष्ट लक्ष्यों और विचारधाराओं के लिए काम कर पायेंगे। यह व्यवस्था विविधताओं के सम्मान पर आधारित आम सहमति के आधार पर चलेगी। राष्ट्र-राज्य को चाहिए कि वह बृहत्तर दुनिया और विभिन्न भूमंडलीय ताकतों की गतिविधियों में इसी मकसद के लिए हस्तक्षेप करे। राष्ट्र-राज्य अपने इस ऐतिहासिक कर्तव्य को पिछले कुछ वर्षों से त्यागे हुए है और जिसकी पुनर्स्थापना करना उसकी सबसे बड़ी चुनौती है।

यह चुनौती आज न केवल राष्ट्रीय और प्रांतस्तरीय अभिजनों के सामने खड़ी हुई है, बल्कि विभिन्न उपराष्ट्रीय अस्मिताओं और आंदोलनों को भी इसका सामना करना है। अस्मिताओं और आंदोलनों को समझना होगा कि सभी राष्ट्रों के शोषण और समरूपीकरण की जड़ भूमंडलीय संरचनाओं में निहित है। अगर इन ताकतों को स्वायत्तता और आत्मनिर्णय हासिल करना है तो उन्हें राज्य के प्राधिकार और वैधता का उल्लंघन करने के बजाय संघीय आधार पर संगठित बहुसांस्कृतिक और बहुलतावादी राज्य की रचना सुनिश्चित करनी होगी। सिर्फ राज्य के खिलाफ लड़ते रहने से राज्य की दमनकारी प्रवृत्तियों को बल मिलता है। उसके दरवाजे बहुराष्ट्रीय और भूमंडलीय उद्यमों के साथ-साथ सुरक्षा के नाम पर किये गये फौजी संधि-समझौतों के लिए खुलते हैं। एक बार जब यह प्रक्रिया शुरू हो जाती है (जो पिछले दिनों शुरू हो ही चुकी है) तो देश के भीतर लोकतांत्रिक आंदोलनों की कामयाबी के लिए गुंजाइश कम रह जाती है। अगर राष्ट्र-राज्य की वैधता को तरजीह नहीं दी जायेगी तो उन

भूमंडलीय ताकतों के सामने उसके समर्पण की संभावना और बढ़ जायेगी जो पूरी दुनिया को अपनी 'विश्व-व्यवस्था' के तहत लाना चाहते हैं। जरूरी यह है कि उत्तरोत्तर घिरते जा रहे राष्ट्र-राज्य और उत्पीड़ित सामाजिक तबके, जातीय और क्षेत्रीय ताकतें एक ऐसे समान भविष्य के लिए काम करें जिसके तत्त्वाधान में बहुराष्ट्रीय और भूमंडलीय ताकतों की चुनौती का मुकाबला किया जा सके। लेकिन, इस तरह का गठजोड़ बनाने की मुख्य जिम्मेदारी राष्ट्र-राज्य के नेतृत्व की है, लेकिन आंदोलनों (खासकर मानवाधिकार आंदोलनों) को भी चाहिए कि वे विकास और शासन के भूमंडलीय बनते हुए मुहावरे के सापेक्ष राष्ट्र-राज्य को स्वायत्तता और आत्मनिर्भरता का महत्त्व समझाएँ।[१५]

यह दूसरी बात है कि ऐसा होने के लिए आंदोलनों को केंद्र सरकार और राज्य सरकारों पर भरोसा करना पड़ेगा। यह विश्वास तब तक पैदा नहीं हो सकता जब तक राष्ट्र-राज्य एक सर्वथा नये तरीके से खुद को संगठित न करे। राज्य में वैधता का दोबारा समावेश करने के लिए राष्ट्रीय अभिजनों को यह हकीकत स्वीकार करनी होगी कि भारतीय राज्य एक बहुलवादी संरचना है। उन्हें आंतरिक लोकतंत्र की संघीय (जरूरत हो तो महासंघीय) तर्ज पर पुनः रचना करनी होगी। उन्हें विकास प्रक्रिया में राज्य की हैसियत घटाने के लिए पड़ने वाले विदेशी दबाव का प्रतिरोध करना होगा। संक्षेप में कहा जा सकता है कि भारत जैसे राष्ट्र-राज्य को एक बृहत्तर संघीय नैरंतर्य के अंग के रूप में देखना पड़ेगा जो स्थानीय (गाँव और जिला) से उपक्षेत्रीय (राज्य और उपराज्य) तक, राज्यों से राष्ट्रीय तक और बहुक्षेत्रीय से भूमंडलीय तक फैला होगा।[१६] इस संघीय अवधारणा में विविध सामाजिक तबकों के संघ की अवधारणा भी शामिल होगी। इन तबकों में कई आज भी नाइंसाफी और विषमताओं से जूझ रहे हैं। धार्मिक और अन्य संकीर्णतावादी रवैयों पर आधारित रूढ़िवादी और फासीवादी प्रवृत्तियों को पराजित करने का भी यही तरीका है।[१७]

लोकतंत्र के संघीय परिप्रेक्ष्य पर आधारित राष्ट्र-राज्य की ऐतिहासिक भूमिका की पुनर्स्थापना के लिए यह भी जरूरी है कि बाजार के बढ़ते हुए लुभावने आकर्षण, निजीकरण की विचारधारा, उपभोक्तावाद के जाल और नवधनाढ्यों की संस्कृति में न फँसा जाय। भारत में बाजार की ताकतों और उपभोक्तावाद की ताकत सरकारी दूरदर्शन पर अभिव्यक्त होने लगी है। नियोजन, विकास और वित्त की कई संस्थाएँ कारपोरेट सेक्टर के कहने पर पहले से ही चल रही हैं। निजी क्षेत्र का कारपोरेटीकरण और बहुराष्टीयकरण बढ़ रहा है। उसका वर्चस्व उछाल पर है। उसके द्वारा नियंत्रित जनसंचार

माध्यमों की भूमिका बढ़ रही है। विज्ञापन एजेंसियों और मीडिया की मदद से लोगों की रुचियों और चयन को नया मोड़ दिया जा रहा है। अगर मौका मिले तो निजीकरण पर जोर देते हुए ये ताकतें लोकतांत्रिक राजनीति की जगह प्रौद्योगिकीय समाधानों को स्थापित कर डालेंगी।

हमें यह नहीं भूलना चाहिए कि एक तरफ राज्य को और दूसरी तरफ मजदूर यूनियनों, उपभोक्ता, पर्यावरण और नारी आंदोलनों को समतामूलक वितरण, पर्यावरण औचित्य और आरक्षण के प्रति प्रतिबद्धता सुनिश्चित करनी पड़ी थी। वहाँ उद्योगों, पेशेवर व्यापारिक घरानों, विश्वविद्यालयों, विज्ञान और प्रौद्योगिकी प्रतिष्ठानों और बाजार से संबंधित एजेंसियों को भी राज्य के कानूनों का पालन करना पड़ता है। हमें यह भी नहीं भूलना चाहिए कि जब पश्चिम को बाजार के हाथों में छोड़ दिया गया था तो इजारेदारियों, व्यापारिक गुटों, सट्टेबाजी करने वाले शेयर मार्केटों और व्यापार चक्रों की बन आयी थी। पश्चिम को इस अँधेरे से निकालने के लिए ही कींस के सिद्धांतों की जरूरत पड़ी थी। इससे पहले कि हम राज्य और राष्ट्र-निर्माण की विस्तृत प्रक्रिया और राज्य-केंद्रित राजनीतिक अर्थतंत्र के लाभों से हाथ धोने का निर्णय कर लें, हमें बाजार आधारित विकास प्रक्रिया के रोगाणुओं को अच्छी तरह समझ लेना चाहिए। निस्संदेह हमें राज्य की जघन्यताओं से भी निबटना होगा, लेकिन इसका मतलब यह कतई नहीं है कि हम उससे भी ज्यादा जघन्य विचारधारओं को अपना लें।[८]

अराजनीतिक 'विकास' का कुटेव

बाजार आधारित आर्थिक विकास के मॉडल से निकला विचार आग्रह करता है कि आर्थिक संचय और संपत्ति पैदा करने के काम में राज्य को कोई हस्तक्षेप नहीं करना चाहिए। इस विचार के मुताबिक यह सिलसिला अर्थव्यवस्था के फैलने और सिकुड़ने की अवधियों के बीच झूलता रहता है। इसके कारण स्टाक मार्केट में जम कर सट्टेबाजी होती है जिसकी परिणति में शेयरों की बढ़ी हुई कीमतों का गुब्बारा एक दिन फूटता है जिससे १९३० की महामंदी जैसे हालात भूमंडलीय पैमाने पर पैदा होते हैं। हमें आज यही मॉडल थमाया जा रहा है (नब्बे के दशक में हुए शेयर घोटाले को तो उस जमाने में नयी और सुधरी हुई अर्थव्यवस्था की कामयाबी के प्रमाण के रूप में सामने रखा जा रहा है)।[९]

ऐतिहासिक तजुर्बे से हम जान सकते हैं कि राजनीति के नियंत्रण से पूरी तरह मुक्त आर्थिक विकास का यह मॉडल प्रगति के पश्चिमी विचार पर आधारित आक्रामक और अधिनायकवादी विश्व-दृष्टि के विभिन्न आयामों को

ही जन्म दे सकता है।[२०] हम इस तथ्य को कैसे भूल सकते हैं कि जब यह मॉडल लागू किया गया था तो काफी समय तक उसने यकीन और रुतबे के साथ किसी बाधा की परवाह नहीं की। अपने रास्ते में आने वाली हर चीज को हटाता चला गया, चाहे वे प्रकृति के आग्रह हों या समाज के। यह मॉडल बड़े निश्चयात्मक और गणितीय ढंग से सभी सवालों का जवाब देने का दावा करता था। सभी जवाब करीने से पेश किये जाते थे। इस मॉडल ने दुनिया के सामाजिक यथार्थ की संरचना और ढाँचे को बड़ी तेजी से बदला। भारी ऊर्जा पैदा हुई। शासन का विशाल तंत्र बना। दुनिया के विविध क्षेत्रों पर वर्चस्व कायम किया गया। जरूरत के मुताबिक तख्ते पलटे गये, फौजी हस्तक्षेप किये गये। बड़े पैमाने पर लोगों, समूचे समाजों और संस्कृतियों को रक्षात्मक मुद्रा अख्तियार करने पर मजबूर कर दिया गया। न जाने कितनों ने अपने विश्वासों को छोड़ कर एक कतई नये खयाल के साथ जुड़ने की कोशिश की। इस प्रक्रिया में जोर नवीनता, गति और परिवर्तन की खातिर परिवर्तन पर था। लेकिन, द्वितीय विश्व युद्ध की विभीषिकाओं, सोवियत संघ की चुनौती और बाद में उत्तर-औपनिवेशिक दुनिया के राजनीतिक उदय के बाद (खासकर माओवादी क्रांति और पूँजीवादी अर्थतंत्र में आये तेल संकट के बाद) इस मॉडल का यकीन डगमगा गया। आत्म-संदेह और अविश्वास ने इसे लंबे अरसे के लिए घेर लिया। पिछले कुछ अरसे से यह मॉडल फिर से यकीन की भाषा बोलते हुए इतिहास की गति को पलटने की कोशिशें करने लगा है ('इतिहास का अंत' के सिद्धांत में झिलमिलाते नवीन विश्वास का कारण यही है)।

प्रगति के विचार का नया अवतार है 'विकास' । इसमें निहित वैचारिक जड़सूत्र अपने कई आयामों के जरिये मानवता के बंदोबस्त को पुनर्व्यवस्थित करना चाहता है। इसे समझने की जरूरत है। यह एक ऐसा निर्वैयक्तिक विचार है जो ठोस मानवीय अस्तित्व के बजाय अमूर्त और संकलित किस्म की श्रेणियों और मात्राओं में दिलचस्पी रखता है। वह राजनीतिक प्रक्रियाओं की कोई परवाह नहीं करता। नागरिक समुदायों, राज्यों और राष्ट्रों का निर्माण करके आगे बढ़ने में इसकी रुचि नहीं है। यह बुनियादी तौर पर अराजनीतिक है। नतीजे के तौर पर इसमें बड़े पैमाने की किसी भी राजनीतिक सहभागिता और सत्ता के विकेंद्रीकरण को अच्छी निगाह से न देखने की प्रवृत्ति घर कर गयी है। यह तानाशाही की सीमा तक जाने वाले परले दर्जे के केंद्रीकरण का समर्थन करते हुए पारंपरिक समाजों की विविधता और बहुलता के क्षरण का कारण बनता है। यह एक ऐसा केंद्रीकरण थोपता है जो अपने स्वभाव में नौकरशाहाना भी नहीं होता यानी जिसमें कुछ नियमों, परंपराओं और 'लाल फीताशाही' पर आधारित

जवाबदेही भी नहीं होती। इसका केंद्रीकरण तो पूरी तरह प्रौद्योगिकीय समाधानों पर आधारित होता है जो किसी भी संस्थागत व्यवस्था के प्रति जवाबदेह नहीं होते। अंतिम विश्लेषण में यह कहा जा सकता है कि विभिन्न क्षेत्रों और वर्गों के बीच आर्थिक और प्रौद्योगिकीय संसाधनों के वितरण और प्रसार के बजाय यह विचार दुनिया के पैमाने पर संचय की प्रक्रियाओं पर ज्यादा जोर दे रहा है। इसने मानवीय ऊर्जा और तकनीकी कौशल का विकास रोक दिया है। इसके कारण राष्ट्र-राज्य विदेशी निवेश, 'सहायता', प्रौद्योगिकी हस्तांतरण (प्रमुख प्रौद्योगिकीय मॉडलों के हस्तांतरण समेत), बहुराष्ट्रीय निगमों और उनके तकनीकशाहों, बढ़ते हुए कर्जे और राष्ट्रीय सुरक्षा की खातिर सुरक्षा और 'प्रतिरक्षा' की भूमंडलीय संस्तुतियों का मोहताज बन गया है। तीसरी दुनिया के अधिकतर समाज इन बाहरी दबावों के कारण काफी नुकसानदेह भीतरी समस्याओं के शिकार हो रहे हैं। उनकी शासन प्रणाली का केंद्रीकरण होता जा रहा है। ऊपर से नीचे और दाएँ से बाएँ तक उनमें शहरीकरण और सार्वदेशिकता का बेतहाशा प्रसार हो रहा है। पारंपरिक संसाधन, ज्ञान के स्रोत और प्रविधियाँ नष्ट होती जा रही हैं। यह पूरा घटनाक्रम मिल कर हमें भूमंडलीय वैकासिक प्रतिमान के बुनियादी तर्क की तरफ धकेल रहा है जिसके तहत निचले स्तर यानी जनता द्वारा पड़ने वाले दबावों की वैधता घट जाने वाली है और उनकी जगह शीर्ष पर बैठे हुए अभिजनों का रंग-रुतबा छा जाने वाला है।

जनता की तरफ से मिलने वाली चुनौती के कारण चिंतित अभिजन और उनके बुद्धिजीवी इस समस्या को 'सरकार चलाने के संकट' के रूप में पेश करते हैं। लेकिन, असल में विभिन्न देशों की जनता ही शासन के चौतरफा संकट का सामना कर रही है। अगर इस संकट का समाधान करना है तो अमानवीय वैकासिक प्रतिमान और उत्तरोत्तर विजातीय होते जा रहे केंद्रीकृत तकनीकशाही राज्य के मिले-जुले नासूर से निबटना होगा। जैसे ही हम सरकार चलाने के संकट को जनता के दृष्टिकोण से देखना शुरू करते हैं, हमारे सामने राजनीतिक सिद्धांत के कुछ सर्वथा नये और महत्त्वपूर्ण पहलू आ जाते हैं। इस जनोन्मुख नजरिये की मदद से प्रचलित वैकासिक प्रतिमान में निहित धारणाओं से पल्ला छुड़ाया जा सकता है। ऐसे विचारों की तरफ मुड़ा जा सकता है जिनका लोकतांत्रिक उद्यम की हिफाजत करने और उसे जारी रखने के लिए केंद्रीय महत्त्व है। ये विचार नागरिक संरचनाओं को मजबूत करने वाले विचार हैं। अर्थात ये विचार राज्य और राजनीतिक पार्टियों के साथ-साथ शासन की अन्य मानवीय और विकेंद्रीकृत संस्थाओं का जीर्णोद्धार करते हुए उन्हें सुदृढ़ करेंगे। इस उपक्रम से भी एक विश्वव्यापी माहौल का निर्माण होगा जो

लोकतांत्रिक उद्यम के टिके रहने की गारंटी करेगा। मेरी मान्यता है कि हर पचास साल में हमारा इतिहास नाटकीय परिवर्तनों से गुजरता है। हाल ही में आयी ऐसी ही तब्दीलियाँ सत्ता, विचारधारा और संस्थाओं के आपसी संबंधों पर सैद्धांतिक पुनर्विचार करने की माँग करती हैं। इस पुनर्विचार से होगा यह कि एक नयी अवधारणात्मक समझ की शुरुआत होगी, घिसेपिटे सरलीकृत चिंतन का खात्मा होगा और ऐसी धारणाएँ और परिभाषाएँ सामने आयेंगी जो सभी तालों की एक ही कुंजी का दावा करने के बजाय समस्याओं के हिसाब से उनका समाधान करने में सहायता करेंगी। ध्यान रखने की बात है कि यह वैकल्पिक बौद्धिक प्रयास राज्य और शासन प्रणाली की वैकल्पिक संरचनाओं की माँग करेगा, क्योंकि उनके बिना वैकल्पिक परिप्रेक्ष्यों, ज्ञान-प्रणालियों और चेतना के नये रूपों पर आधारित हस्तक्षेप के सिद्धांतों पर अमल मुश्किल होगा।

सत्ता के विरोधाभास

अपने विश्लेषण के इसी बिंदु पर हमारे सामने एक 'अनिवार्य विरोधाभास' उभरता है। सत्ता की भूमंडलीय संरचनाओं के मनमाने आचरण को रोकने और वर्चस्वी केंद्रों के हमलावर रवैये को संयमित करने के लिए कमजोरों और उत्पीड़ितों के पक्ष में सक्रिय रहने वाले ताकतवर राज्य और राजनीतिक संरचनाओं की आवश्यकता ही यह विरोधाभास है। इसका दूसरा पहलू यह है कि राष्ट्रों के भीतर, यानी संघीय प्रणाली वाले राज्यों के साथ-साथ प्रांतों और केंद्र के बीच भी इसी प्रक्रिया को चलाना जरूरी हो गया है। पिछले दस सालों में विश्व-व्यवस्था के ठेकेदार की तरह अमेरिका के आक्रामक पैंतरों से कुछ सबक सीखे जा सकते हैं : सोवियत संघ अंदरूनी तौर पर दमनकारी और गैर--लोकतांत्रिक तो था, पर बाहरी तौर पर दुनिया-भर के गरीबों और तीसरी दुनिया के बदहाल और अलग-थलग पड़े केंद्रों की हित-रक्षा के लिए उसका अस्तित्व काफी प्रासंगिक था। यह सही है कि स्तालिन द्वारा निर्मित ढाँचा दुर्जेय साबित नहीं हुआ। उसके मुकाबले दुर्बल और ढुलमुल लगने वाला अमेरिकी लोकतंत्र ज्यादा स्थिर निकला। पर अमेरिका की लोकतांत्रिक प्रतिबद्धताएँ मानवीय प्रगति और मुक्ति के लिए खास कारगर साबित नहीं हो पायीं। आज जब हमारे ऊपर लोकतंत्र और मानवाधिकारों का अमेरिकी संदेश ले जाने का दबाव पड़ता है तो हम खुद को गंभीर खतरों से घिरा हुआ पाते हैं।

आज लोकतंत्र के नाम पर हमें एक युद्ध का सामना करना पड़ रहा है। एक जमाने में इसकी शुरुआत विश्व युद्ध के दौरान लोकतंत्र और फासीवाद के बीच संघर्ष से हुई थी जिसके नतीजे के तौर पर पूरे अटलांटिक क्षेत्र में

फासीवाद के खिलाफ बिगुल बजा और दुनिया को शांति (वुडरो विल्सन फार्मूला याद करें) और लोकतंत्र के लिहाज से सुरक्षित बनाया गया। लेकिन जल्दी ही इस अवधि के आदर्शवादी रुझानों पर राजसत्ता के कथित यथार्थवादी चैंपियनों ने कुठाराघात कर दिया। चर्चिल ने लोकतंत्र की रक्षा के नाम पर एक शीत युद्ध का आह्वान किया। दावा किया गया कि सारी दुनिया में साम्यवाद का मुकाबला करना है और पूँजीवाद (उनके लिए लोकतंत्र का मतलब यही था) को मजबूत करने के लिए आर्थिक सहायता, वाणिज्य और संसाधनों का तंत्र खड़ा करना है। पहले दौर में मार्शल प्लान के जरिये यह योजना बड़ी जोरदारी से चलायी गयी। फिर 'विकास' के जरिये तीसरी दुनिया को लोकतंत्र थमाने की मुहिम चली। इसके लिए ट्रूमेन के फार्मूले के तहत अमीर देशों की ओर से गरीब देशों को 'विदेशी' मदद दी गयी जो एक नयी राज्य प्रणाली का अंग थी। इस विदेशी मदद ने राज्य को परिवर्तन के औजार के रूप में स्थापित किया। फिर बारी आयी रेगन की देखरेख में थोपे गये मुक्त व्यापार, उदारीकरण, मानवाधिकारों जैसे आग्रहों की। जैसे ही शीत युद्ध खत्म हुआ और नयी विश्व-व्यवस्था की स्थापना का उद्घोष हुआ, दुनिया को नये तरह के पूँजीवादी लोकतंत्र के लिए पूरी तरह सुरक्षित घोषित कर दिया गया।

कहा जा रहा है कि लोकतंत्र को अब केवल 'सभ्यतामूलक धरातल' पर एक लड़ाई लड़नी शेष रह गयी है। उसे इस्लामिक और बहुराष्ट्रीय इस्लामिक नजरिये को परास्त करना है, उसे कनफ्यूशस की शिक्षाओं पर आधारित विश्व-दृष्टिकोणों को हराना है और हिंदू नजरियों पर फतह हासिल करनी है। इसके लिए भूमंडलीकरण के पैरोकार संबंधित देशों के शासक अभिजनों पर दबाव डाल रहे हैं कि वे अपने-अपने राज्यों की आधारभूत संस्थाओं को विघटित करके उनकी जगह कारपोरेट पूँजीवाद के नये धर्म की स्थापना कर दें। लगता है कि अमेरिकी मानस कुछ खास तरह का है। वह दुनिया में आजादी और लोकतंत्र के लिए किये जाने वाले संघर्ष में अपेक्षाकृत कम उद्धत भूमिका निभाने के लिए तैयार नहीं हो सकता। किसी जमाने में कुछ कम आदर्शवादी होते हुए भी अंग्रेजों ने बड़े नफीस तरीके से लोकतंत्र को परवान चढ़ाया था। डच और फ्रांसीसी प्रयास भी कुछ इसी तरह के थे। लेकिन, अमेरिकी अपनी लोकतंत्र संबंधी ऐतिहासिक भूमिका को इस तरह से नहीं देखते। यही कारण है कि मानवीय उद्यम के सबसे ज्यादा नाजुक हल्कों में भी हमें बार-बार 'अप्रिय अमेरिकी' संलक्षणों के दर्शन होते रहते हैं।[२१] परिणाम यह निकलता है कि अमेरिका मानवाधिकारों के मुद्दे को व्यापार, आर्थिक सहायता, प्राथमिकता देने की कसौटी और पूँजी के हस्तांतरण संबंधी नीतियों के मातहत कर देता है। वह

मानवाधिकार हनन के कसूरवार देशों पर दबाव डाल कर उनके बाजार में पश्चिमी घुसपैठ के लिए रास्ता खोल लेता है, लेकिन बदले में वहाँ के समाजों में गरीबों और उत्पीड़ित तबकों के मानवाधिकारों की स्थिति में कोई सुधार नहीं होता।[२२]

भूमंडलीकरण के तहत लोकतंत्र का भविष्य

केंद्रीय प्रश्न यह है कि बढ़ती हुई गरीबी, नाइंसाफी और अमानवीयता के कारण बुरी तरह विभाजित दुनिया में राजनीतिक प्रक्रिया को प्रोत्साहन दिये बिना क्या मानवाधिकारों और लोकतंत्र को प्रोत्साहित किया जा सकता है? क्या ये राजनीतिक प्रक्रियाएँ भूमंडलीय पैमाने पर और राष्ट्रों के भीतर नहीं चलायी जानी चाहिए? आज स्थिति यह है कि एक भूमंडलीय कारपोरेट उद्यम ने सारी दुनिया को दो हिस्सों में बाँट दिया है : एक तरफ दुनिया का वह हिस्सा है जो भूमंडलीकृत हो चुका है और दूसरी तरफ वह जो इस प्रक्रिया से बाहर रह गया है। भूमंडलीकृत हिस्सा उत्तरोत्तर प्रौद्योगिकीय समाधानों, वित्तीय सट्टेबाजियों और 'घोटालों' के जरिये दूसरे हिस्से का अतिक्रमण करने में लगा हुआ है। उसके भीतर अंतर्राष्ट्रीय व्यापार, बैंकिंग, स्थानीय स्तर के भ्रष्टाचार और अपराधीकरण के बीच गठजोड़ बढ़ रहा है। भूमंडलीकृत हिस्सा आर्थिक और पर्यावरणीय संसाधनों को हड़पे ले रहा है। वह खेतिहर जमीन के बहुत बड़े हिस्से को अपने कब्जे में किये ले रहा है। एक तरफ वह किसानों को फुसला रहा है और दूसरी तरफ शहरी क्षेत्रों में मध्यवर्ग को पटाया जा रहा है। उसका इरादा यह है कि इन सभी तत्त्वों को भूमंडलीकृत दुनिया में 'शामिल' कर लिया जाय और दुनिया पर विभिन्न 'शर्तों' की बंदिशें थोप कर उसे अधिकारवंचित कर दिया जाय। ऊपर से भूमंडलीकृत दुनिया यह भी नहीं चाहती कि हाशिये पर चले जाने के बाद भी उससे पूरी तरह नाता तोड़ कर गैर--भूमंडलीकृत लोग किसी 'वैकल्पिक भविष्य' की खोज कर सकें। भूमंडलीकृत अभिजन उसे हाशिये पर फेंकने के लिए तो तैयार हैं पर उस पर अपनी चौधराहट नहीं छोड़ना चाहते।

दरअसल, भूमंडलीकरण की परियोजना किसी विकल्प की इजाजत देने के लिए तैयार नहीं है। बुनियादी तौर पर वह एक ऐसी रणनीति की पेशकश कर रही है जिसके तहत दुनिया को कुछ इस तरह संगठित किया जायेगा कि उस व्यवस्था को बाहरी (सत्ता की वैकल्पिक संरचनाएँ) और भीतरी (पर्यावरण और मानवाधिकारों सरीखे सामाजिक आंदोलन) स्तर पर कोई चुनौती न मिल सके। इसलिए दोनों संभावित चुनौतियों को शक्तिहीन कर दिया

गया है, ताकि वे आपस में मिल कर एक भूमंडलीकरण विरोधी समष्टिगत संघर्ष न कर सकें। यहाँ समझना यह होगा कि सामाजिक आंदोलन अगर आज की तरह बिखरे हुए और राजनीतिक रूप से शक्तिहीन न भी हों, तो भी वे अपने-आप में सत्ता की कोई संरचना नहीं खड़ी कर सकते। इसके विपरीत भूमंडलीकृत राजनीति की विश्वव्यापी डिजाइन साफ देखी जा सकती है। 'शीत युद्ध के अंत' से लेकर खाड़ी युद्ध और 'नयी विश्व-व्यवस्था' के फार्मूले तक कमजोर क्षेत्रों में राजनीतिक और फौजी हस्तक्षेप के जो खेल खेले गये हैं, वे यही बता रहे हैं। ये दखलंदाजियाँ संयुक्त राष्ट्र का, रियो में हुए पर्यावरण सम्मेलन का और वियना में हुए मानवाधिकार सम्मेलन का, राजनीतिक इस्तेमाल करके अंजाम दी गयी हैं। मरक्कश में हुए गैट समझौते पर दस्तखत और विश्व व्यापार संगठन के गठन को इसी रोशनी में रख कर देखा जाना चाहिए।

भूमंडलीकरण के इन इरादों का नतीजा यह निकला है कि उसके दायरे में न आने वाले क्षेत्रों, लोगों और राज्यों को अलग-थलग करके हाशिये पर डाल दिया गया है। भूमंडलीकरण और हाशियाकरण एक ही परिघटना की प्रति-छवियाँ हैं। हाशियाकरण भूमंडलीकरण का अनिवार्य परिणाम है। भूमंडलीकरण ऐसी परिस्थितियाँ तैयार करता है जिसके कारण लाखों-करोड़ों लोग खुद को हाशिये पर पा कर अवांछित और त्याज्य समझने लगते हैं।[२३] भूमंडलीकरण के मौजूदा रुतबे का आलम यह है कि सारी दुनिया को एक इकाई बनाने का सपना देखने वाले, विश्व-संघवादी और हाल ही में सामने आये शांतिपूर्ण और शस्त्रविहीन 'विश्व-व्यवस्था' की वकालत करने वाले भी विषमता और शोषण पर आधारित बंदोबस्त को मान्यता देने लगे हैं। किसी भी तरह के सामाजिक दर्शन और सच्चे राजनीतिक वैकल्पिक मॉडल की समझ से वंचित ये लोग प्रौद्योगिकीय क्रांति से उम्मीदें लगाये बैठे हैं। उन्हें लगता है कि आधुनिक संचार और सूचना व्यवस्था मानवता को एकीकृत कर देगी, जबकि असलियत में इसने मानवता को ऐसे प्रौद्योगिकीय प्रतिमान के मातहत कर दिया है जिसके कारण वर्चस्व और उसे बढ़ाने वाली भूमंडलीय संरचनाएँ ही मजबूत हुई हैं।[२४] इन विश्ववादियों में कुछ के इरादे जरूर नेक हैं पर इनमें से किसी के पास नयी विश्व-व्यवस्था के ताजे पैरोकारों जैसी नफासत और वितंडे की क्षमता नहीं है। ये विश्ववादी नहीं समझ पा रहे हैं कि भूमंडलीकरण के वकीलों के पास एकजुटता का कोई परिप्रेक्ष्य या संतुलित परिप्रेक्ष्य जैसी कोई चीज नहीं है ज़िससे व्यवस्था और 'स्थिरता' की उम्मीद भी बँध सके। इस धरती के वंचितों को जब तक ऐसी व्यवस्था और स्थिरता नहीं मिलेगी तब तक वे अपने-आप

को टिकाये रखने और बेहतर भविष्य के लिए कोई गुंजाइश नहीं निकाल पायेंगे। व्यवस्था और स्थिरता स्थापित करने की कोशिश करने के बजाय भूमंडलीकरण के पैरोकार बाकी दुनिया के सामने उपनिवेशीकृत हो जाने और उसके बदले जीवित और सुरक्षित बने रहने की पेशकश रख रहे हैं। संक्षेप में वे एक नये भूमंडलीय लेवायथन के तत्वावधान में एक नयी 'सामाजिक संविदा' प्रस्तुत कर रहे हैं। टामस हॉब्स के लेवायथन के विपरीत यह भूमंडलीय लेवायथन सभी व्यक्तियों के लिए न हो कर दरअसल लाखों-करोड़ों लोगों की कीमत पर होगा। अगर हम यह मान भी लें कि रेगन और थैचर के प्रेत पृष्ठभूमि में धकेले जा चुके हैं और अब क्लिंटन जैसों के नेतृत्व में हमें फासीवादी के बजाय यथार्थपरक राजनीति का ऐसा भूमंडलीय मॉडल मिल गया है जो सच्ची स्थिरता, सुरक्षा और शांति में दिलचस्पी रखता है तो भी हॉब्स की दृष्टि इसके मुकाबले कहीं अधिक प्रबुद्ध साबित होगी।

भूमंडलीकरण और उसके कारणों की रोशनी में एक नयी 'वैश्विक' प्रवृत्ति उभरती लग रही है। इसके कई आयाम हैं। किसी वैकल्पिक संरचना में पुनर्संगठित होने से पहले ही 'राष्ट्र' टूट कर बिखरे जा रहे हैं। नये राजनीतिक गठजोड़ों को कहीं जातीयता के जबर्दस्त उभारों का सामना करना पड़ रहा है तो कहीं वे खुद को तरह-तरह की राष्ट्रीयताओं और उपराष्ट्रीयताओं से टकराता पा रहे हैं। गृह युद्धों का सिलसिला लगा हुआ है और संभावित युद्ध अपने भयानक अंदेशों के साथ बता रहे हैं कि ये नयी राजनीतिक व्यवस्था शांतिपूर्ण या अहिंसक नहीं रह पायेगी। आणविक प्रसार का खतरा पहले से कहीं ज्यादा डरावना हो चुका है जिसके कारण राजनयिक टकराव इतना तीखा हो गया है कि क्षेत्रीय हिंसा और आतंकवाद को फैलने से रोकना नामुमकिन-सा होता जा रहा है। ऐसी विकट परिस्थिति से निपटने का जिम्मा सत्ता की आस्थाविहीन और स्वार्थकेंद्रित गुटबंदियों के हाथों में है। इन गुटबंदियों की कार्यशैली खासा निराशाजनक नजारा पेश कर रही है। ऐसे हताश माहौल में अगर कोई किसी 'वैश्विक' समाधान के बारे में सोचे भी तो उसके हाथ कुछ नहीं लगने वाला। कोई चाहे तो उम्मीद कर सकता है कि विश्व युद्ध के बाद उभरे मुक्ति, समता और शांति के विचार के आधार पर शायद एक बार फिर राष्ट्र-राज्य खड़ा हो जायेगा। यह सोचा जा सकता है कि शायद इस नये राष्ट्र-राज्य का चरित्र पहले के मुकाबले कहीं कम दमनकारी और अधिक मानवीय होगा जिससे उसे सच्ची लोकोन्मुख विश्व-व्यवस्था बनाने के लिए जनगोलबंदी के मकसद से इस्तेमाल किया जा सकेगा। लेकिन यह एक भगीरथ कार्य है जिसके रास्ते में भूमंडलीकरण की वे ताकतें अनगिनत बाधाएँ डालेंगी जिनके

लिए 'विघटन' ही 'संघटन' का आधार बन चुका है।

भूमंडलीकरण के केवल दो दावे ऐसे हैं जिनके आधार पर वह कुछ बेहतर करने का दावा करता है : पहला, उसके कारण हथियारों की होड़ कमजोर पड़ जायेगी और दूसरा, अर्थशास्त्र और प्रौद्योगिकी को मिला कर एक ऐसा भूमंडलीय बाजार बनेगा जिससे किस्म-किस्म की अर्थव्यवस्थाएँ खुद को जोड़ लेंगी। इस मॉडल ने जिन बहुत से लोगों को आकर्षित किया है, उनमें तीसरी दुनिया के नेतागण और बुद्धिजीवी भी हैं। दिक्कत यह है पूरी तरह नेक इरादों के बाद भी ये दोनों दावे व्यवहार में एक-दूसरे को काटने वाले ही हो सकते हैं। जिस भूमंडलीय अर्थव्यवस्था की बात की जा रही है उसने कुछ को छोड़ कर बाकी अर्थव्यवस्थाओं को कर्ज के दलदल में धँसा दिया है जिससे निकलने के लिए उन देशों को या तो काफी नुकसानदेह किस्म का उद्योगीकरण करना पड़ रहा है या फिर हथियार उद्योग (जो खुद में उद्योगीकरण का काफी खतरनाक और नुकसानदेह रूप है) के चक्कर में फँस जाना पड़ रहा है। नतीजे के तौर पर चीन, भारत, पाकिस्तान, ब्राजील, इराक और इजराइल जैसे देश एटमी हथियार बना रहे हैं। बदले में इन देशों को क्षेत्रीय और 'भूमंडलीय' महाशक्तियों की प्रतिक्रिया का सामना करना पड़ रहा है। इस परिप्रेक्ष्य में देखने से लगता है कि राष्ट्रीय अथवा क्षेत्रीय हितों से परे जा कर भी इन देशों को कुछ भी 'भूमंडलीय' हासिल नहीं हो सका है। यहाँ टॉयनबी का वह विख्यात उद्धरण याद कर लेना जरूरी है, जिसमें उन्होंने कहा था, "भूमंडलीकरण एक बहुस्तरीय प्रक्रिया न हो कर एक प्रभुत्वशाली केंद्र का घटक बन जाने का नाम है।" भले ही आज किसी को यह बात अच्छी न लगे, लेकिन भूमंडलीकरण अंततः असुरक्षा की भावना का भी भूमंडलीकरण कर देगा और जाने-अनजाने हम सभी फौजी और खुफिया नेटवर्कों की भूमंडलीय 'अंतर्निर्भरता' के शिकार हो जाएँगे। उग्रराष्ट्रवादी मुहिमों और उदारीकरण-निजीकरण की नीतियों के बीच संबंधों पर नजर डालने से यह बात और साफ हो जाती है। चाहे वह तिब्बत का मसला हो, कश्मीर का हो या फिर ईरान, इराक और इंडोनेशिया जैसे देशों में जातीय अल्पसंख्यकों के दमन का प्रकरण हो।

अमेरिकीकरण

यह एक सच्चाई है कि घरेलू आर्थिक मोर्चे पर कमजोर पड़ जाने और जापान व पश्चिमी यूरोप की चुनौतियों से घिरे होने के बाद भी अमेरिका ही भूमंडलीकरण की प्रक्रिया के केंद्र में है। इसका कारण यह है कि केवल अमेरिका ही भूमंडलीय नजरिये और भूमंडलीय व्यूह रचना से लैस है। दुनिया

के हालात कुछ इस तरह के हैं कि चाहे यूरोपीय संघ से संबंध हो, जापान से हो, अमीर-गरीब देशों का मामला हो या पूर्व-पश्चिम के आपसी संबंधों की बची-खुची संरचनाएँ हों, अमेरिका की भूमिका हर मामले में निर्णायक लगती है। अमेरिका की श्रेष्ठता अगर देखनी है तो केवल क्लिंटन की युवकोचित ताजगी, जीवंतता और बौद्धिक क्षमता को मितराँ, कोल और येल्स्तिन के मुकाबले रख कर देख लेना काफी होगा। जापान के वे भ्रष्ट राजनेता तो इसके मुकाबले में कहीं नहीं आते जो अपने देश की प्रौद्योगिकीय ताकत, वित्तीय और व्यापारिक हैसियत को बरबाद करने में लगे हुए हैं। नेतृत्व को इस तुलनात्मक दृष्टि से देखते ही पता लग जाता है कि भूमंडलीय राजनीतिक प्रक्रिया पर कौन और क्यों हावी है। यह भी एक सच्चाई है कि आर्थिक उदारीकरण जमैका में हुआ हो, अर्जेंटीना, वियतनाम, चीन, भारत या रूस में हुआ हो, हर जगह उसके प्रमुख लाभ अमेरिका ने ही उठाये हैं। दुनिया में नया रणनीतिक और फौजी चिंतन और नियोजन अमेरिका ही करता है। सभी प्रमुख पहलकदमियाँ भी अमेरिका की तरफ से होने की संभावनाएँ रहती हैं। चाहे पूर्व सोवियत संघ के गणराज्यों का मामला हो या पूर्व यूगोस्लाविया का, इस्लामिक दुनिया हो या इस्लामी बहुराष्ट्रीयता के दावे हों, इजराइल-फिलस्तीनी टकराव हो, दक्षिण अफ्रीका का मसला हो या फिर चीन की विस्तारवादी महत्त्वाकांक्षाएँ हों, हर जगह अमेरिका का हस्तक्षेप दिखायी देता है। जाहिर है कि पैक्स-अमेरिकाना या चौतरफा अमेरिकीकरण की प्रक्रिया को नजरंदाज नहीं किया जा सकता, क्योंकि कारपोरेट पूँजीवाद की दैत्याकार संस्थाओं और अमेरिकी विदेश विभाग की जुगलबंदी ने ही भूमंडलीकरण के नये केंद्र का निर्माण किया है।

इस अमेरिकीकरण को लोकतंत्र के नाम पर वैधता दी जा रही है और यह लोकतंत्र, जैसा कि पहले भी संकेत किया जा चुका है, न बहुध्रुवीय हैं, न बहुपक्षीय है और न ही बहुलतावादी सभ्यतामूलक विचार का समर्थक है। यह तो एक युद्धरत लोकतंत्र है जिसे नये दोस्त मिलना बंद हो गये हैं। न ही वह दुनिया-भर में जनता को सकारात्मक रूप से प्रभावित कर पा रहा है। बजाय इसके यह युद्धरत लोकतंत्र पोटने-फुसलाने, लालच देने और भ्रमित करने की मुहिम में लगा हुआ है। इसके लिए वह एक तरफ राज्यवादी 'विश्व-व्यवस्था' के मॉडल का इस्तेमाल कर रहा है और दूसरी तरफ कारपोरेट ताकत का प्रयोग कर रहा है जो अपने आर्थिक और प्रौद्योगिकीय स्वरूप के साथ संयुक्त राष्ट्र जैसे संगठन के बजाय विश्व बैंक, अंतर्राष्ट्रीय मुद्रा कोष, विश्व व्यापार संगठन जैसी भूमंडलीय संरचनाओं पर निर्भर है। इस तरह लोकतंत्र का यह युद्धरत संस्करण एक संयुक्त परियोजना के रूप में उभरता है, जिसमें दुनिया-भर के

राज्यों को एक भूमंडलीय बाजार के दायरे में लाते हुए उन राज्यों के राजनीतिक-प्रशासनिक ढाँचे को अस्थिर करने का अभियान चलाया जा रहा है जिन्होंने कभी पश्चिमी वर्चस्व को चुनौती दी थी, हालाँकि ये राज्य अब इस चौधराहट को अघोषित रूप से स्वीकार करने के लिए तैयार हैं। आज इन राज्यों को भूमंडलीय विश्व-व्यवस्था के मातहत बनाने का माध्यम बाजार को बनाया जा रहा है। यह साम्राज्यवाद और पूँजीवाद का ताजा चरण है जिसका राजनीतिक लाभ धीरे-धीरे अमेरिका को ही पहुँचेगा।[२५]

मैं कहना यह चाहता हूँ कि न तो अब पहले वाले राज्य रह गये हैं और न ही वैसा 'स्वतंत्र बाजार' रह गया है जिसकी वकालत की जा रही है। राज्य का मॉडल भी दूसरा है और उसके साथ जुड़ा हुआ बाजार का मॉडल भी दूसरा है। इन दोनों के पीछे जो मानस काम कर रहा है वह भूमंडलीय पैमाने पर समरूपीकरण करना चाहता है। वह संप्रभु राज्यों को उनकी वैधता से वंचित करके उन्हें नष्ट कर देना चाहता है। साथ ही वह भूमंडलीय दायरे से कई तरह के समुदायों और संस्कृतियों को निष्काषित करके हाशिये पर फेंक देना चाहता है। इस हाशियाकरण के शिकारों में अरबों लोग शामिल हैं। इनमें महिलाएँ, बच्चे, बूढ़े, युवा, आदिवासी और वनवासी शामिल हैं। इन लोगों में देहाती क्षेत्रों के भूमिहीन और बँधुआ मजदूर और शहरी क्षेत्र के झोपड़-पट्टियों में रहने वाले प्रवासी श्रमिक हैं। इन लागों में गरीबों और नाइंसाफी के शिकारों की भरमार है। हाशियाकरण का यह सिलसिला काफी पहले से चल रहा है, लेकिन जब से सोवियत संघ एक सामासिक राज्य के रूप में ध्वस्त हुआ है, तीसरी दुनिया के कई राष्ट्रों के आत्मगौरव और ताकत का क्षय हुआ है और 'नयी विश्व-व्यवस्था' बननी शुरू हुई है तब से यह प्रक्रिया बहुत ज्यादा आक्रामक हो गयी है। बाँटो और राज करो के पुराने हथकंडे को नये तरीके से इस्तेमाल किया जा रहा है। सामाजिक और जातीय विविधता की नयी अभिव्यक्तियों और उनमें निहित राजनीतिक-सांस्कृतिक बहुलता का चालाकी के साथ शैतानी लक्ष्यों के साथ दोहन किया जा रहा है। भूमंडलीय समरूपीकरण की यह मानसिकता चाहती है कि प्राकृतिक और मानवीय विविधता और तरह-तरह की सामुदायिक जीवन-शैलियों के विराट दायरे को एक दैत्याकार और वर्चस्वी संरचना के तहत ले आया जाय।

प्रतिरोध में कमी

मुश्किल यह है कि समरूपीकरण की इस मानसिकता का विरोध करने के बजाय प्रभावित राज्य और राष्ट्रीयताएँ इसके सामने हाथ जोड़े खड़ी हैं, बावजूद

इसके कि भूमंडलीकरण के कारण वे ही सबसे ज्यादा नुकसान में रहने वाले हैं। लगता है कि उन्होंने खुद को किस्मत के हवाले कर दिया है और अपनी तबाही और बढ़ते हुए जोखिमों को वे हाथ पर हाथ रखे स्वीकार करते जा रहे हैं। 'विकास' का बिना सोचे-समझे बनाया गया मॉडल धरती को रेगिस्तान में बदलता जा रहा है और ग्लोबल वार्मिंग की परिघटना तेजी से बढ़ती जा रही है। दोनों मिल कर सामूहिक आत्महत्या जैसी परिस्थितियाँ तैयार कर रहे हैं। मैं अपने लेख 'डेमौक्रेटिक सिविटाज़'[२६] में विस्तार से दर्शा चुका हूँ कि बच्चों और महिलाओं की स्थिति किस कदर खराब होती जा रही है। सम्मान और गरिमा के साथ जीना उनके लिए तकरीबन असंभव हो गया है। इस लेख में पहले ही भोगवादी समाज के उपभोक्तावादी मूल्यों और हत्यारी होड़ से उपजी हिंसा की चर्चा की जा चुकी है (पर्यावरण आंदोलन का ध्यान इस ओर से लगातार हटता जा रहा है। संभवतः इसका कारण उससे जुड़े हुए स्वयंसेवी संगठनों और उन पर हावी 'कार्यकर्ताओं' की खर्चीली जीवन-शैली है)।

खास बात यह है कि यह सब जानते हुए भी हर क्षेत्र में पूँजीवादी कारपोरेट संस्कृति का प्रभाव बढ़ता जा रहा है। समाजवादी दुनिया हो, तीसरी दुनिया हो, पश्चिम के लोकोपकारी राज्य के दायरे हों, या फिर 'जनता के प्रतिनिधि' (चुने हुए प्रतिनिधि और खुद को प्रतिनिधि कहने वाले स्वयंसेवी संगठन) हों; सभी इस संस्कृति के सामने झुक गये हैं, बावजूद इसके कि इन लोगों को अच्छी तरह पता है कि इस मॉडल का नतीजा केवल एक ही होगा : कुछ लोगों को लाभ, बड़े पैमाने पर जनता की विपन्नता, अशांति, विद्वेष और कलह में बढ़ोतरी और परिणामस्वरूप राजनीतिक अस्थिरता।

जो समाज अपेक्षाकृत खुले और लोकतांत्रिक हैं, उनमें भूमंडलीकरण का मॉडल उस आजादी को ही नुकसान पहुँचायेगा जिसकी वहाँ एक अरसे से रक्षा की जाती रही है। इन समाजों के अभिजन लगता है कि पूँजीवादी देशों की समृद्धि के स्तर तक पहुँचने की सनक के शिकार हो गये हैं। इसी कारण वे दमनकारी हथकंडों का इस्तेमाल करते हुए सरकार को भूमंडलीकरण की प्रक्रिया के मातहत बनाने में लगे हुए हैं। विश्व की अंतर्निर्भरता और एकता की वकालत करते हुए ये ताकतें इसे गलाकाटू होड़ और प्रतिद्वंद्विता में हर किस्म का हथकंडा अपना कर हासिल करना चाहती हैं। उन्नीसवीं सदी की तर्ज पर यह मूल्यहीन कार्रवाई दुनिया को ऐसी सत्ता-संरचना में तब्दील करना चाहती है, जिसमें जंगल राज का उसूल चलता हो यानी जिसमें केवल ताकतवर को ही जिंदा रहने का हक हो।

इस जंगल राज में उसे खत्म हो जाना होगा जिसे जरूरत की कसौटी पर

अक्षम, अयोग्य और अनुपयुक्त माना जायेगा। लोगों को इतिहास के हाथों का खिलौना मानने का यह रवैया समता और न्याय की धारणाओं को निष्प्रभावी करार दे देगा। करुणा और दया जैसी भावनाओं का कोई मतलब नहीं रह जायेगा। एक ऐसी हताशा जन्म लेगी जिसके कारण बेहतरी की संभावनाएँ ही तिरोहित लगने लगेंगी। नतीजे के तौर पर जिंदगी की निचली पायदानों पर पड़े लोगों की उपेक्षा और अवमानना बढ़ती चली जायेगी। कर्ज, गंदगी, बीमारी और अपराध के भँवर में फँसे दरिद्रों, बेरोजगारों और अक्षम लोगों को साफ कर डालने की प्रवृत्ति पैदा होगी। यह रवैया किसी अजीब से तर्कहीन मनोविकार के बजाय एक जानी-बूझी डिजाइन का परिणाम होगा। इस डिजाइन में एक तरफ जबर्दस्त संसाधनों, सत्ता, गुमराह करके लोगों के दिमागों में अपनी बात भरने की कला से लैस मुट्ठी-भर लोग हैं और दूसरी ओर आर्थिक रूप से कमजोर होने, सामाजिक रूप से बँटे होने और राजनीतिक रूप से धकियाये जाने के बाद भी इस ध्रुवीकरण के खिलाफ समान रणनीति बना कर संघर्ष में एकजुट न हो पाने वाले बहुसंख्यक लोग हैं।

कमजोरों की आवाज बुलंद करने और उनकी रक्षा के लिए विकसित की गयी अवधारणाएँ और आंदोलन एक के बाद एक या तो किनारे धकेल कर रक्षात्मक मुद्रा अपनाने पर मजबूर किये जा रहे हैं या फिर उन्हें नयी विश्व-व्यवस्था अपने आगोश में समेटे ले रही है। गरीब देशों के अपने अलग संगठन और उनके आपसी सहयोग का विचार, तेल उत्पादक देशों द्वारा दी गयी चुनौती के वक्त गरीब देशों द्वारा हासिल किये गये आत्मविश्वास, गुटनिरपेक्ष आंदोलन से उनके गठजोड़, एक नयी अंतर्राष्ट्रीय आर्थिक प्रणाली और जी-७७ का विचार, संयुक्त राष्ट्र को एक मंच के रूप में इस्तेमाल करके 'सामूहिक आत्मनिर्भरता' के इरादे से विकास की अलग रणनीति अपनाने का खयाल, काफी बहस-मुबाहिसे के बाद बनी और आज तक उचित समझी जाने वाली 'विकल्पों' की अवधारणा, और इस सबको हासिल करने के माध्यम के रूप में तीसरी दुनिया के स्वतंत्र राष्ट्र-राज्य की संस्था को अपनाने का आग्रह आज बेअसर पड़ा हुआ है।

इन राष्ट्र-राज्यों की क्षमता में आयी गिरावट का नतीजा यह निकला है कि दुनिया को एक दुहरे ध्रुवीकरण का सामना करना पड़ रहा है। एक तरफ समृद्ध और ताकतवर उत्तर के अमीर देश हैं, दूसरी तरफ दरिद्रता और कमजोर सत्तामूलक आधार वाले दक्षिण के गरीब देश हैं। उत्तर के देशों में अपेक्षाकृत अमन-चैन है, जबकि दक्षिण के देशों पर प्रदूषण, कोलाहल, हिंसा और अपराध से बजबजाता हुआ माहौल हावी है। ऊपर से उत्तर के देशों ने न

केवल अपने यहाँ की नुकसानदेह और घातक प्रौद्योगिकी दक्षिण के ऊपर थोप दी है, बल्कि अपने प्रदूषण, हिंसा, नशे की लत और गोबर तक उसके मत्थे मढ़ दिया है।

असहमति को हजम करना

यह एक विडंबना ही है कि वर्चस्व के भूमंडलीय केंद्र असहमति के तमाम स्वरों, विचारों और अवधारणाओं को अपने आगोश में समेटने की कला में माहिर होते जा रहे हैं। चाहे वे विचार तीसरी दुनिया से निकले हों, समाजवादी विश्व की देन हों या समाज परिवर्तन और प्रतिरोध के आंदोलनों की पैदाइश हों, सभी के साथ ऐसा ही हो रहा है। और तो और, इन सबके वाहक समझे जाने वाले एनजीओ यानी गैर-सरकारी स्वयंसेवी संगठन तक प्रस्तावित भूमंडलीय संघटन, एकता और अंतर्निर्भरता के एजेंट बन गये हैं। राज्य को किनारे करके और स्वयंसेवी संगठनों को प्रोत्साहित करते हुए भूमंडलीकरण के पैरोकार विभिन्न 'आंदोलनों' को नयी विश्व-व्यवस्था के एजेंडे ने हड़प लिया है। इन आंदोलनों में शांति और पर्यावरण के साथ-साथ नारी मुक्ति आंदोलन के कुछ हिस्से भी शामिल हैं। विभिन्न समुदायों की जनता को जागरूक बनाने वाले जो छोटे-छोटे आंदोलन कभी तीसरी दुनिया के बुद्धिजीवियों के लिए वैकल्पिक संभावनाओं से भरपूर थे, वे ग्लोबल एनजीओ के तकनीकशाहों द्वारा हथिया लिए गये हैं। अब पर्यावरण का मुद्दा प्राकृतिक संसाधनों पर लोगों के अधिकारों को कायम करने के लिए संघर्ष के बजाय 'प्राकृतिक संसाधनों के प्रबंधन' में बदल गया है। माना जा रहा है कि शांति की समस्या का प्रौद्योगिकीय समाधान हो सकता है और यह काम दुनिया की एकमात्र महाशक्ति प्रौद्योगिकीय हस्तक्षेप करके कर सकती है।[२७] स्त्री मुक्ति आंदोलन को हड़पने के लिए भूमंडलीय सम्मेलनों और शोध परियोजनाओं पर अनाप-शनाप धन खर्च करने का हथकंडा अपनाया जा रहा है। जमीनी आंदोलनों से जुड़ने और संघर्ष में सहभागिता करने से जिन लोगों को जन-वैधता मिली है उन्हें भूमंडलीय एनजीओ ढाँचे में समेटने की योजना है (दरअसल, यह काम तो हो ही चुका है)। इन लोगों को धनी देशों के अकादमीय केंद्र और वहाँ के अंतर्राष्ट्रीय केंद्र बिना हिचक अपने यहाँ बुलाते हैं और मुक्त हस्त से आर्थिक मदद देते हैं।[२८]

तरीका यह है कि इन सभी आंदोलनों की राजनीतिक धार कुंठित कर दी जाय। विरोधाभास यह है कि राजतंत्र की संस्थागत देह की भूमिका निभाने वाले राज्य ने भी अराजनीतिकरण की मुहिम में भाग लेना शुरू कर दिया है। वह

अपना भी अराजनीतिकरण कर रहा है और अपने खिलाफ संघर्ष कर रहे आंदोलनों का भी। हो सकता है कि असहमति को हजम करने का यह सिलसिला हमें एक बार फिर रेगन-थैचर युग में वापस ले जाय, जब राज्य की हैसियत गिरा कर लोकतांत्रिक प्रक्रिया के महत्त्व को कम करने की कोशिश की गयी थी।

दूसरी तरफ हमें यह भी देखना पड़ेगा कि लोकतांत्रिक उभार का एक अपना तर्क होता है जो विपरीत हालात में भी विद्रोह की आवाज बुलंद करता रहता है। लोकतांत्रिक उभार से हमें यही उम्मीद लगानी चाहिए भले ही फिलहाल वह साम्राज्यवादी और कारपोरेट पूँजीवाद की मिलीजुली ताकतों के हमले के मुकाबले कमजोर पड़ रहा हो। यह भी हो सकता है कि एनजीओ भूमंडलीकरण के विरोध और लोकतांत्रिक आंदोलन के लिए उपयुक्त वाहक साबित न हों। संभवत: भूमंडलीकरण और अराजनीतिकरण के खिलाफ विद्रोह की आवाज ग्रासरूट्स आंदोलन के बजाय स्थानीय और राजनीतिक गुंजाइशों में कार्यरत उन समूहों, समुदायों, जातियों और वर्गों की तरफ से उठे जो समाज में निचले पायदानों पर पड़े होने के बाद भी राजनीतिक रूप से जागरूक हो चुके हैं और जिनकी राजनीतिक भागीदारी काफी बढ़ चुकी है। उभरती हुई राष्ट्रीयताएँ भी इस आवाज में अपनी आवाज मिला सकती हैं। अपनी प्रकट सीमाओं से परे स्थानीय, राष्ट्रीय और क्षेत्रीय दायरों को प्रभावित करने वाले लघु आंदोलन भी यह भूमिका निभा सकते हैं। नागरिक समाज के इन आलोड़नों में ही हमें नये विकल्पों के मॉडल मिल सकते हैं। कभी यही मॉडल हमें पूँजीवादी उदारतावादी, गाँधीवादी अथवा पारंपरिक वामपंथी विचारधारओं और एनजीओ द्वारा चलाये जा रहे नये सामाजिक आंदोलनों में मिला करते थे।[२९]

संदर्भ और टिप्पणियाँ

१. फ्रांसिस फुकुयामा, *द एंड ऑव हिस्ट्री एंड द लास्ट मेन,* फ्री प्रेस, न्यूयार्क, १९९२

२. पश्चिमी उदारतावादी चिंतन में जन समूहों की राजनीति को लेकर काफी बेचैनी रही है। यह माना जाता रहा है कि भीड़ का मनोविज्ञान लोकतांत्रिक लफ्फाजी को जन्म दे सकता है जिसके कारण ऐसे जज़्बात भड़क सकते हैं जो आमतौर पर क्रांतियों के दौरान उभरते रहे हैं। उदारतावादी चिंतक आज के जमाने में लोकलुभावन राजनीति के कारण होने वाली अतियों को भी इसी नजरिये से देखते हैं। बर्क, टॉकवील, दुर्खायम, फ्रॉयड, नीत्शे और कामू ने जन समूहों की राजनीति पर आधारित समाज और क्रांतिकारी राजनीति के संभावित नतीजों पर गौर किया है। भारत में भी सत्तर के दशक के बाद से लोकलुभावन राजनीति की परिघटना उभरने के कारण इन मुद्दों

पर विचार किया जाने लगा है। पश्चिम और भारत दोनों जगहों पर जनसमूहों के डर ने वर्ग (जाति), जातीय और अन्य जमीनी अस्मिताओं के आस-पास गोलबंद होने वाली लोकतांत्रिक राजनीति के विरोध को जन्म दिया है। उदारतावाद की इन बेचैनियों का एक फलितार्थ असहमति के स्वरों के खिलाफ आक्रामक आह्वानों में निकला है।

३. गैट पर होने वाली वार्ता के अंतिम चक्र में कुछ पश्चिमी देशों ने न्यूनतम वेतन लागू करने, दास श्रम और बाल श्रम खत्म करने की शर्तें रखी थीं। कुछ शर्तें पर्यावरण संबंधी भी थीं। इसके पीछे कारण यह था कि तीसरी दुनिया के निर्यात को कम करने के लिए पश्चिम की ट्रेड यूनियनें इस तरह के दबाव डाल रही थीं। जी-१५ के जो देश ढाँचागत समायोजन कार्यक्रम के सवाल पर घुटने टेक चुके थे, वे इस मसले पर अचानक पश्चिम विरोधी भाषणबाजी करने लगे।

४. देखें मेरे दो लेख : 'स्टेट एंड स्टेटलैसनेस इन अवर टाइम्स' और 'राइज ऑव दलित्स एंड रिन्यूड डिबेट्स ऑन कास्ट', *इकोनॉमिक एंड पॉलिटिकल वीकली*, वार्षिकांक, खंड २६ (११-१२), मार्च १९९१ और इसी पत्रिका का २५ जून १९९४ का अंक। जनता के अधिकारवंचित होने के साथ-साथ राज्य की संस्थाओं और खुद राज्य को पूँजीवाद की भूमंडलीय संरचनाओं द्वारा अधिकारवंचित किये जाने के विरोधाभास की व्याख्या पर मेरी ये रचनाएँ देखें : *स्टेट अगेंस्ट डैमोक्रेसी : इन सर्च ऑव ह्यूमेन गवर्नेंस*, अजंता, दिल्ली, १९८८; और *ग्रोइंग अमनीसिया : एन एसे ऑन पावर्टी एंड ह्यूमन कांशसनेस*, वाइकिंग, पेंगुइन, नयी दिल्ली, खासकर इसका अध्याय 'द पॉलिटिकल सिस्टम एंड द पुअर'।

५. विविध अस्मिताओं को मिला कर राष्ट्र-राज्य बनाने के बजाय बहुलताओं के परे जाने वाली संरचना बनाने के विषय में देखें मेरा लेख : 'हेंगिंग बाई ए फ्रेजाइल थ्रेड', द *टेलीग्राफ*, विशेष वर्षगाँठ परिशिष्ट, १४ जुलाई १९९४; बहुलतावादी अवधारणा को प्रतिनिधित्वमूलक बनाने में नाकामी पर देखें मेरा लेख : 'द क्राइसिस ऑव रिप्रजेंटेशन', द *हिंदू*, ३१ अगस्त, १९९४

६. मध्यवर्ती संस्थाओं की भूमिका और एक विलक्षण दलीय प्रणाली के तहत उनकी कार्रवाई के लिए देखें मेरी शुरुआती रचनाएँ : *पॉलिटिक्स इन इंडिया*, आरियेंट लोंगमेन, दिल्ली, १९७०; १९६४ का मेरा लेख 'द कांग्रेस सिस्टम इन इंडिया', *पॉलिटिक्स एंड पीपुल : इन सर्च ऑव ए ह्यूमेन इंडिया*, अजंता, दिल्ली, १९८९ में संकलित।

७. जनवरी १९९२ में छपे *सेमिनार* के वार्षिकांक में मैंने तर्क दिया था कि बीसवीं सदी का पहले ही खात्मा हो गया है। यह दलील इंग्लेंड में हो रहे आदर्शवादी दार्शनिक चिंतन से अलग किस्म की थी। क्लासिकल किस्म के उदारतावादी राज्य के प्रभामंडल से उस समय भी प्रभावित थे। वाल्टर बेजहोट ने अपनी विख्यात रचना द *इंगलिश कांस्टीट्यूशन* में राज्य की इस शक्ति और प्रताप का बेहतरीन वर्णन किया है कि कैसे संस्थाओं और कार्यविधियों का एक संतुलित समीकरण राज्य को मजबूती प्रदान करता है।

८. राष्ट्र-राज्यों के बीच और उनके भीतर कृत्रिम रूप से थोपी गयी सरहदें खत्म होने

जा रही हैं। इसी तरह कृत्रिम रूप से थोपी गयी केंद्रीकृत औपनिवेशिक हुकूमतें, जो उपनिवेशवाद से आजादी मिलने के बाद भी जारी रहीं, तीसरी दुनिया और पश्चिमी दुनिया के अधिकतर हिस्सों में खत्म हो गयी हैं या होने जा रही हैं। पूर्व समाजवादी देशों में तो यह परिघटना साफ तौर पर दिखती है। जापान, कनाडा और अमेरिका (रॉस पेरों का उभार) की चुनावी राजनीति अस्थिर हो गयी है। रूस (झिरिनोव्स्की का उभार), इटली और जर्मनी के हालात भी ऐसे ही हैं। पूर्व यूगोस्लाविया, चेकोस्लाविया और जार्जिया की हिला देने वाली घटनाएँ (रवांडा और सोमालिया में हत्याकांडों और भुखमरी को रोक पाने में ताकतवर देशों और संयुक्त राष्ट्र की असमर्थता) जातीयता और उपराष्ट्रीयता के तेजी से हावी होते जाने की गवाह हैं। मेरी किताब *रिथिंकिंग डिवेलपमेंट : इन सर्च ऑव ह्यूमेन आल्टर्नेटिव्ज़*, अजंता, दिल्ली, १९८८ का 'एथनिसिटी' नामक अध्याय देखें। पश्चिम में राष्ट्र-राज्य की स्थिरता पर पड़ने वाले जनअसंतोष के असर पर एक दिलचस्प विश्लेषण के लिए देखें : चार्ल्स ए. माईर, 'डैमोक्रेसी एंड इट्स डिसकंटेंट्स', *फोरेन अफेयर्स*, जुलाई-अगस्त, १९९४

९. आर्थिक चिंतन हावी होने के कारण राज्य व्यवस्था के सामाजिक उद्देश्यों पर जरूरत से कम ध्यान गया है। लेकिन इन्हें संविधान में राज्य की नीति के निर्देशक सिद्धांतों और मूलाधिकारों वाले अध्याय में पर्याप्त जगह दी गयी है। संविधान में ऐसे कई अनुच्छेद हैं जो जनजातियों, अल्पसंख्यकों और सामाजिक रूप से वंचित तबकों के राज्य द्वारा संरक्षण का प्रावधान करते हैं। राष्ट्रीय मोर्चा सरकार द्वारा बनवाये गये आठवीं योजना के मसविदा दस्तावेज में मैंने 'सामाजिक नीति' नामक अध्याय में (शेखर शर्मा की मदद से) इस आयाम को उभारा था। योजना आयोग के अन्य सदस्य भी इससे सहमत थे। लेकिन वी.पी. सिंह की सरकार के गिरने के बाद आने वाली सरकार के योजना आयोग ने इसे खारिज कर दिया। इस अध्याय को अब मेरी किताब *ग्रोइंग अमनीसिया* (उपरोक्त) में देखा जा सकता है। आदिवासियों और दलितों के बारे में राजकीय नीति की सप्रमाण आलोचना के लिए देखें बी.डी. शर्मा द्वारा राष्ट्रपति के सामने पेश की गयी रपट। शर्मा उन दिनों अनुसूचित जातियों और जनजातियों के आयुक्त थे। इस रपट को हर आनंद पब्लिकेशंस, नयी दिल्ली ने १९९४ में *दलित बिट्रेड* शीर्षक से पुर्नप्रकाशित किया। मुचकुंद दुबे द्वारा संपादित पुस्तक *इंडियन सोसाइटी टुडे : चेलेंजिज़ ऑव ईक्वलिटी, इंट्रीग्रेशन एंड इम्पावरमेंट* में छपे अपने लेख में इसी मुद्दे को उठाया है। यह पुस्तक मार्च १९९५ में कोपनहेगन में हुए संयुक्त राष्ट्र द्वारा प्रायोजित 'सोशल सम्मिट' के संदर्भ में तैयार की गयी थी।

१०. पिछले दिनों 'विलक्षण एशियायी मॉडल' की काफी चर्चा होती रही है। कहा जा रहा है कि इस मॉडल के तहत ऊँची विकास दर के माध्यम से पूर्वी और दक्षिण-पूर्वी देश पश्चिम से आगे निकल सकते हैं। इस मॉडल के साथ एक नये तरह की शासन कला को भी जोड़ा जा रहा है जो अमेरिका जैसी वर्चस्वी ताकतों को रक्षात्मक मुद्रा अपनाने पर मजबूर कर सकती है। व्यापार के मोर्चे पर जापान, मानवाधिकार और लोकतंत्र के मोर्चे पर चीन और पर्यावरण के मोर्चे पर मलेशिया की सफलताओं को एक सिलसिले में मिसाल के रूप में पेश किया जा रहा है।

नवउद्योगीकृत देशों के महातिर बिन मुहम्मद (मलेशिया) जैसे नेताओं ने पश्चिम के खिलाफ तीसरी दुनिया की जुझारू एकता के नाम पर एक तरह के दक्षिणपंथी और दोस्ताना टकराव का झंडा उठाया लिया है (नासेर, न्क्रुमा और सुकर्ण ने यही झंडा वामपंथी रुझान के साथ उठाया था)। महातिर और उनके साथियों का दावा है विश्व बाजार द्वारा मुक्त व्यापार का आग्रह तो ठीक है पर एक स्वतंत्र राज्य के रूप में उनके राष्ट्र अपने बारे में अपने हितों के हिसाब से नीतियाँ तय करेंगे (जैसे, तिब्बतियों के अधिकारों के बारे में और युवाओं द्वारा किये गये विद्रोह से संबंधित चीन की नीतियों में कोई हस्तक्षेप नहीं होना चाहिए)। महातिर के इन दावों को समाचार माध्यमों और बौद्धिक हल्कों में काफी समर्थन मिला है। कुछ वामपंथियों ने भी उन्हें हाथों-हाथ लिया है। इससे भारत समेत तीसरी दुनिया के देशों में आर्थिक सुधारों के पैरोकारों का पक्ष काफी मजबूत हुआ है।

११. आज विश्व-व्यवस्था के विचार को दुनिया-भर पर एक खास तरह की चौधराहट थोपने के संदर्भ में देखा जाता है। पर ऐसा हमेशा से नहीं था। लंबे अरसे तक इसे उदारतावादी अंतर्राष्ट्रीयतावाद से निकले पश्चिमी प्रगतिवाद के रूप में सकारात्मक माना जाता रहा। यह प्रथम विश्व युद्ध के बाद चले शक्ति संतुलन के दौर के खत्म हो जाने से राज्य प्रणालियों के प्रति उपजी निराशा का परिणाम था। फासीवाद और साम्यवाद को झेलने के बाद इस विचार को और प्रोत्साहन मिला। इसने अंतर्राष्ट्रीय विधिशास्त्र की एक शाखा की खासी मदद ली, जिसमें अवधारणा और शोध के लिए *विश्व कानून के जरिये विश्व शांति* की तर्ज पर चिंतन किया जाता था। पहली बार १९५६ में छपी ग्रेनविले क्लार्क और लुई बी. सॉन द्वारा रचित इसी नाम की एक पुस्तक से उन दिनों अमेरिका काफी प्रभावित हुआ था। यूरोप के विश्व संघवादियों के हल्कों पर भी इस पुस्तक का खासा असर पड़ा था। साठ के दशक में वर्ल्ड लॉ फंड नामक संस्थान खोला गया। सॉल मेंडलोविच और रिचर्ड ए. फॉक जैसे अंतर्राष्ट्रीय कानून के विशेषज्ञों ने वर्ल्ड्र ऑर्डर मॉडल प्रॉजेक्ट नामक अनुसंधान परियोजना शुरू की, जिसमें भागीदारी करने के लिए अली मजूरी, जोहान गेटुंग, योशिकाजू सकामोतो और मुझे निमंत्रित किया गया। इन प्रयासों से प्रकाशनों की लंबी शृंखला निकली, जिसमें विश्व-व्यवस्था के कई क्षेत्रीय 'मॉडल' पेश किये गये थे। इस अनुसंधान परियोजना ने विश्व संघवादियों से असहमत कई नजरियों को उभारा। तत्कालीन विश्व-व्यवस्था में परिवर्तन और रूपांतरण के मॉडल सामने आये। अपनी पुस्तक *फुटस्टेप्स इन टु द फ्यूचर* और *आल्टर्नेटिव्ज़* पत्रिका (जिसे पहले दस साल मैंने ही संपादित किया था) में किये गये लेखन में मैंने विश्व-व्यवस्था के पश्चिमी पैरोकारों से अपने मतभेद व्यक्त किये हैं। १९९३ में मैं इस प्रॉजेक्ट से अलग हो गया।

१२. देखें :'दिस सेंटर केन नाट होल्ड', *सेमिनार*, वार्षिकांक, जनवरी १९९३; 'हेंगिंग बाई ए फ्रेजाइल थ्रेड', *द टेलिग्राफ*, उपरोक्त।

१३. इस विषय पर विस्तृत चर्चा के लिए देखें : *ग्रोइंग अमनीसिया*, उपरोक्त, खासतौर से 'ओवरव्यू' और 'ग्लोबल सेटिंग' वाले अध्याय।

१४. पूँजीवाद के नये कारपोरेट मॉडल के तहत राज्य की भूमिका के पर विस्तृत चर्चा के लिए देखें मेरा लेख : 'केपिटलिज्म एंड द रोल ऑव स्टेट', संकलित : घनश्याम शाह (सं.), *केपिटलिस्ट डिवेलपमेंट : क्रिटीकल एसेज़*, ए.आर. देसाई के सम्मानार्थ प्रकाशित,पाप्युलर प्रकाशन, बंबई, १९९०

१५. १९८८-८९ में अजंता, दिल्ली और १९९० में आस्पेक्ट्स पब्लिकेशंस, लंदन द्वारा प्रकाशित पाँच किताबों की शृंखला में मैंने इन मुद्दों के विभिन्न आयामों की चर्चा की है। मैंने मानवीय शासन, वैकल्पिक विकास और लोकतांत्रिक राजनीति और 'रूपांतरण और उत्तरजीविता' के जरिये एक मानवीय विश्व-व्यवस्था के लिए इन मुद्दों के परिणामों को सामने लाने की कोशिश की है।

१६. जरा इस संबंध में गाँधी के इन प्रेरक शब्दों को याद करें : "... इस महासागर जैसे विस्तृत दायरे के केंद्र में गाँव के लिए मिटने को तत्पर रहने वाला व्यक्ति तब तक रहेगा जब तक वह समूचा दायरा ही ऐसे व्यक्तियों से बनी संरचना में न बदल जाय। ऐसे व्यक्ति जो घमंड में भर कर कभी आक्रामक रवैया अख्यिार नहीं करेंगे और हमेशा विनम्र रहते हुए अविभाज्य इकाई के रूप में उस महासागरीय दायरे के प्रताप में सहभागी होंगे ...।"

१७. १९८६ में कलकत्ता में संघवाद और विविधता के लिए खतरों पर हुए एक स्थापना सम्मेलन के जरिये फेडरल फ्रंट का गठन हुआ था। यह मोर्चा विभिन्न राष्ट्रीयताओं, सांस्कृतिक अस्मिताओं, विभिन्न समुदायों के स्वशासन, समता और सहभागिता के लोकतांत्रिक अधिकारों हेतु चलाये जाने वाले क्षेत्रीय और विकेंद्रीकृत आंदोलनों को केंद्र में रख कर बनाया गया था। १९९४ में इसी मोर्चे ने उत्तर-पूर्व की जनता के संघर्षों पर अपना दसवाँ अधिवेशन गुवाहाटी में किया। मोर्चे में संघवाद से प्रतिबद्ध जमीनी और क्षेत्रीय आंदोलनों, वामपंथी राजनीतिक समूहों (मार्क्सवादी-लेनिनवादी पार्टियों समेत), मानवाधिकार कार्यकर्ता और बुद्धिजीवी शामिल थे। इस लेखक ने ही कलकत्ता में इस मोर्चे का पहला दस्तावेज लिखा था और उसके बाद से अन्य बुद्धिजीवियों के साथ उसकी सभी गतिविधियों से जुड़ा रहा।

१८. देखें : 'स्टेट एंड स्टेटलैसनेस' और *ग्रोइंग अमनीसिया*, उपरोक्त।

१९. घोटाले की संक्षिप्त पर सप्रमाण आलोचना के लिए देखें : सीमा मुस्तफा और अनुराधा एम. चिनॉय (सं.), *द स्कैम : द कवर-अप एंड कंप्रोमाइज*, विले ईस्टर्न, नयी दिल्ली, १९९५

२०. प्रगति के विचार, यूरोपीय ज्ञानोदय और दुनिया-भर पर उसके जबर्दस्त प्रभाव के बारे में काफी कुछ लिखा जा चुका है। एक उपलब्ध सामग्री के आधार पर सैद्धांतिक कम ऐतिहासिक विश्लेषण के लिए देखें : *द फुटस्टेप्स इन टु द फ्यूचर*, ओरिएंट लोंगमेन, नयी दिल्ली और फ्री प्रेस, न्यूयार्क, १९७४; एक ताजे और हमारे समय के लिए प्रासंगिक ऐतिहासिक कम विचारधारात्मक परिप्रेक्ष्य के लिए देखें : अमिय कुमार बागची, 'डैमोक्रेसी एंड डिवेलपमेंट इन पोस्ट-सोवियत वर्ल्ड', *इकोनॉमिक एंड पॉलिटिकल वीकली*, ३१ दिसंबर १९९४

२१. फ्रांसिस फुकुयामा की थीसिस 'एंड ऑव हिस्ट्री' को खारिज करते हुए हार्वर्ड के राजनीति विज्ञानी सेमुअल पी. हंटिंग्टन ने 'इतिहास' की अग्रगति के लिए

'सभ्यतामूलक' रास्ते पर जोर दिया है। वे (साम्यवाद को पहले ही पराजित करने के बाद) इस्लाम, कनफ्युशसवाद और हिंदू भारत की चुनौतियों का मुकाबला करने को इतिहास का नया मोर्चा करार देते हैं। *फ़ोरेन एफेयर्स*, खंड ७२ (३), ग्रीष्म १९९३ में छपा उनका लेख और उसका एक एशियायी विद्वान द्वारा किया गया तीखा खंडन देखें : चंद्रा मुजफ्फर, 'द क्लैश ऑव सिविलाइजेशंस ऑर कैमोफ्लेजिंग डामिनेंस?', *जस्ट कमेंटरी*, खंड ५, सितंबर, १९९३; हंटिंग्टन की थीसिस को अमेरिका समेत कई अन्य देशों में भी आड़े हाथों लिया गया। इन आलोचनाओं में से कुछ के प्रति हंटिंग्टन के जवाब के लिए देखें : 'इफ नाट सिविलाइजेशन, व्हाट? पैराडाइम्स ऑव पोस्ट-कोल्ड वार वर्ल्ड', *फोरेन एफेयर्स*, खंड ७२, अंक ५, नवंबर-दिसंबर १९८३

२२. कहना न होगा कि तीसरी दुनिया की भारत समेत कई सरकारें (जिनमें चीन सबसे आगे है) मानवाधिकारों का हनन कर रही हैं। यह भी सच है कि वे अपनी कार्रवाइयों और नीतियों को साम्राज्यवादी नारेबाजी और जी-१५ के जरिये किये जा रहे नये किस्म के राजनय की आड़ में छिपाना चाहती हैं। लेकिन इस मुद्दे पर अमेरिकी नीति के अवसरवाद का कोई मुकाबला नहीं कर सकता। देखें मेरा लेख : 'ह्यमन राइट्स ऑफेंसिव : डेमेज डन बाइ यूएस सपोर्ट', *द टाइम्स ऑव इंडिया*, ९ अप्रैल १९९४

२३. मेरी पुस्तक *स्टेट अगेंस्ट डेमौक्रेसी : इन सर्च ऑव ह्यमेन गवर्नेंस* (उपरोक्त) में इस बारे में विस्तार से चर्चा की गयी है। इसी सिलसिले को *ग्रोइंग अमनीसिया* (उपरोक्त) में राज्य के लोकतंत्रीकरण के संदर्भ में भूमंडलीकरण द्वारा प्रोत्साहित वैकासिक प्रतिमान की नवीन आलोचना के रूप में आगे बढ़ाया गया है।

२४. वर्ल्ड ऑर्डर मॉडल प्रॉजेक्ट में विश्व-व्यवस्थावादियों की एक आदर्शवादी चिंतन धारा भी थी। मैंने इसी धारा के भीतर अपनी आलोचना विकसित की। पहली बार १९७९ में इसका प्रकाशन *आल्टर्नेटिव्ज़*, खंड ५(१) में 'टुवर्ड्स ए जस्ट वर्ल्ड' के शीर्षक से प्रकाशित हुआ। बाद में यही रचना *ट्रांसफोर्मेशन एंड सर्वाइवल : इन सर्च ऑव ह्यमेन वर्ल्ड ऑर्डर* (अजंता, दिल्ली, १९८८) में 'जस्टिस एंड वर्ल्ड ऑर्डर' के रूप में प्रकाशित हुई। मेरा तर्क यह था कि विश्व-व्यवस्था की लफ्फाजी करने वाले दुनिया के कारपोरेटवादी अभिजन अमेरिका की एक कहीं अधिक प्रतिबद्ध और आदर्शवादी चिंतनधारा के जरिये वैधता हासिल करना चाहते हैं, जबकि यह धारा उनसे बुनियादी रूप से भिन्न है। मैंने यह भी दिखाया है कि साम्राज्यवाद की पराजय के जमाने में कैसे असहमति के स्वरों का भी दोहन किया जा रहा है और कैसे राष्ट्रीय संस्कृति में मौजूद संभ्रांति की धाराएँ उसी संस्कृति में मौजूद आदर्शवादी धाराओं से मिल कर पुराने हितों की सुरक्षा करना चाहती हैं।

२५. राज्य प्रणालियों के दायरे में चलने वाली भूमंडलीय साम्राज्यवादी मुहिम और अराजनीतिक किस्म की प्रौद्योगिकी आधारित नयी पूँजीवादी मुहिम के रास्ते अलग-अलग होते जा रहे हैं। यह पूँजीवादी मुहिम राज्य प्रणालियों के दायरे में काम नहीं करती। मैं भूमंडलीकरण पर अपनी आगामी पुस्तक में इस फर्क पर गौर करूँगा। ऐसी संभावनाएँ भी दिखायी दे रही हैं कि अमेरिका भूमंडलीय पैमाने पर अपनी

हैसियत में सुधार कर पायेगा पर बदले में दुनिया को ही नहीं, खुद उसे भी गंभीर सामाजिक कीमत चुकानी पड़ेगी।

२६. राम बापट और पुष्पा सुरेंद्र (सं.), *क्रिटीकल ईश्यूज इन इंडियन सोसाइटी*, अर्थवार्म बुक्स, मद्रास, १९९४ में प्रकाशित।

२७. *ट्रांसफोर्मेशन एंड सर्वाइवल* (उपरोक्त) में मेरा लेख 'पीस एज टेक्नॉलजीकल फिक्स'।

२८. इस लेख के तीन आखिरी हिस्सों में पेश किये गये परिदृश्य के लिए देखें मेरा लेख 'यॉनिंग वेकुम : ए वर्ल्ड विदआउट आल्टर्नेटिव्ज़', *इकोनॉमिक एंड पॉलिटिकल वीकली*, खंड २८(२२), २९ मई १९९३ और *आल्टर्नेटिव्ज़*, खंड १८(२), बसंत १९९३

२९. मैंने अपने लेख 'राइज ऑव द दलित्स एंड द रिन्यूड डिबेट ऑन कास्ट्स' में विकल्पों के ऐसे मॉडल के लिए बुनियादी तर्क विकसित करने की कोशिश की है।

भूमंडलीकरण बनाम लोकतंत्र

पहले तो पश्चिमी विमर्श ने लोकतंत्र को सिर्फ उदारतावादी लोकतंत्र तक ही सीमित किया और फिर शीत युद्ध के बाद भूमंडलीकरण के पैरोकारों ने उसे भी बाजार आधारित व्यवस्था और राष्ट्रीय सुरक्षा तक सीमित रहने वाले राज्य के रूप में देखना शुरू कर दिया। तीसरी दुनिया के बहुसांस्कृतिक और बहुजातीय समाजों के महानगरीय अभिजनों की मदद से भूमंडलीकरण के पैरोकारों ने नागरिक को उपभोक्ता में बदलने की संस्थागत-वैधानिक युक्तियाँ करनी शुरू कर दीं। भूमंडलीय समरूपीकरण के इस अभियान ने उदारतावादी लोकतंत्र के बुनियादी आश्वासन को उलट कर बहुसंख्यक जातीयतावादी शासन के लिए रास्ता साफ करने का काम किया जिसकी प्रतिक्रिया में ये समाज जातीयताओं के हिंसक टकराव का केंद्र बन गये। लोकतंत्र के भूमंडलीकरण से उपजी इस विकृति का मुकाबला किया नये सामाजिक आंदोलनों ने। उन्होंने सहभागी लोकतंत्र की उन संभावनाओं का संधान किया जिसे कभी गाँधी और जयप्रकाश नारायण ने सूत्रबद्ध किया था।

बाजारोन्मुख या सहभागी लोकतंत्र?

धीरूभाई शेठ

शीत युद्ध बहुत दिन पहले खत्म हो चुका है और उसके बाद शुरू हुए विमर्श की खास बात यह है कि वह लोकतंत्र को दुनिया में राजनीतिक शासन की सर्वप्रमुख प्रणाली का दर्जा देता है। लेकिन, इसके मर्म में विरोधाभास यह है कि लोकतंत्र को सर्वोपरि मानने के साथ ही इस विमर्श ने उसकी विविधताओं को राजनीतिक लोकतंत्र के केवल एक रूप में सीमित कर दिया है। भूमंडलीकरण का आग्रह यह है कि सभी जगह लोकतंत्र तो हो, लेकिन उसकी किस्म केवल उदारतावादी लोकतंत्र ही होनी चाहिए। लोकतंत्र पर होने वाली सारी चर्चा प्राय: उदारतावादी लोकतंत्र से जुड़ी एक खास तरह की संस्थागत संरचना की उपयोगिता पर ही केंद्रित रहती है। बहस होती है पर वह या तो लातीनी अमेरिकी देशों में राष्ट्रपति प्रणाली और संसदीय प्रणाली की तुलना तक सीमित रहती है या फिर दक्षिण एशियायी देशों के संदर्भ में केंद्रात्मकता

और संघात्मकता की हवों पर गौर किया जाता रहता है।

सैद्धांतिक स्तर पर मान लिया गया है कि भूमंडलीय राजनीतिक और आर्थिक व्यवस्था का समरूपीकरण अब रुक नहीं सकता। इस समरूपीकरण के औचित्य पर चर्चा करने के लिए कोई तैयार नहीं है और न ही किसी को लोकतंत्र की गहनता और व्यापकता बढ़ाने के संस्थागत विकल्पों में दिलचस्पी रह गयी है। अलग-अलग देशों की संरचनागत और राजनीतिक विशिष्टताओं और विभिन्नताओं की परवाह किये बिना लोकतांत्रिक सिद्धांत को उत्तरोत्तर एकायामी बनाया जा रहा है। स्थापित उदारतावादी लोकतांत्रिक रूपों के अलावा लोकतंत्र को किसी और अर्थ से संपन्न करने की चिंता न के बराबर ही है, जिसके कारण लोकतांत्रिक सिद्धांत अपनी समृद्धि से वंचित होता जा रहा है।

II

भूमंडलीकृत लोकतंत्र

भूमंडलीकरण के पैरोकारों की मान्यता है कि उदारतावादी लोकतंत्र ही एकमात्र शासकीय रूप है जिसके तहत सर्वव्यापी हो चुके आधुनिक राज्य का कामकाज ठीक से चलाया जा सकता है। उनका दावा है कि लोकतंत्र का केवल यही रूप आज दुनिया के विभिन्न समाजों में तेजी से घटित हो रहे आर्थिक और सांस्कृतिक परिवर्तन की ताकतों का माकूल जरिया बन सकता है।[१] दरअसल, इस प्रक्रिया में होगा यह कि तीसरी दुनिया के समाज पहले की ही तरह आर्थिक और राजनीतिक भूमंडलीकरण से होने वाले नुकसानों को झेलने के लिए अभिशप्त बने रहेंगे। बदले हुए संदर्भ में उनके लिए गुंजाइशें और भी कम हो जाएँगी। इन समाजों के सामने जो विकल्प रहे हैं उनमें भूमंडलीकरण की प्रक्रिया से अलग हो जाने का विकल्प कभी शामिल नहीं रहा। इस हिसाब से खुद को भूमंडलीकरण के अनुकूल ढालने के अलावा उनके सामने कोई चारा ही नहीं है। समय के साथ इन समाजों ने उदारतावादी लोकतंत्र के अपने सांस्कृतिक-ऐतिहासिक रूप विकसित किये हैं, लेकिन अब उनसे अपनी संस्थागत संरचनाओं को पूरी तरह भिन्न अतीत वाले समाजों की तर्ज पर ढालने की अपेक्षा की जा रही है।

तीसरी दुनिया के इन समाजों में से कई महान सभ्यतामूलक अतीत से संपन्न रहे हैं। उनके यहाँ शासन के काफी विकसित और जटिल रूपों का इस्तेमाल किया जाता रहा था। अपनी प्रजा की सम्मति पर सीधे निर्भर न होते हुए भी उनके शासक अपनी हुकूमत की वैधता प्राधिकार के बहुस्तरीय ढाँचे के जरिये प्राप्त करते थे। इस ढाँचे में समाज के विभिन्न हितों और पहचानों के

लिए कोई-न-कोई गुंजाइश रहती थी। ऐसा शासक तरह-तरह के शासनकारी रूपों की प्रणाली के शीर्ष पर होता था। सत्ता और प्राधिकार उसमें प्रतीकात्मक रूप से व्यक्त होते थे।[२] अगर राज्य व्यवस्था के विकास में इन समाजों के पारंपरिक लोकतांत्रिक रूपों का समावेश किया जाता तो बिना किसी सामाजिक टूट-फूट के शासनकारी रूपों का लोकतंत्रीकरण संभव हो सकता था।

लेकिन आधुनिक प्रतिनिधित्वमूलक लोकतंत्र को अपनाने और विकसित करने में तीसरी दुनिया के इन समाजों को खासी दिक्कतों का सामना करना पड़ा। विभिन्न ऐतिहासिक परिस्थितियों में कभी उपनिवेशीकरण के कारण, कभी पश्चिमीकरण के कारण और कभी आधुनिकीकरण के कारण इन समाजों को अपने इतिहास और राजनीतिक-सांस्कृतिक परंपराओं के आधार पर लोकतांत्रिक संस्थाओं को विकसित करने का मौका नहीं मिला। उन्हें मजबूरन लोकतंत्र के उन रूपों को चुनना पड़ा जो भिन्न आबो-हवा में विकसित हुए थे और उन्हें अपनाने के लिए अपनी परंपराओं से जहाँ तक हो सके, नाता तोड़ना उनके लिए आवश्यक हो गया। इस तरह ये समाज अपने वर्तमान को भविष्य की उस दृष्टि से जोड़ने के लिए अभिशप्त हो गये जो उन्हें लोकतंत्र थमाने वाले पश्चिमी समाजों का वर्तमान था और है। इस बात को यूँ भी कहा जा सकता है कि दुनिया के विभिन्न हिस्सों में लोकतंत्र को मान्यता मिलने की खासी संभावनाएँ थीं पर लोकतंत्र का विचार ही सांस्कृतिक और राजनीतिक रूप से पश्चिम के राजनीतिक वर्चस्व का शिकार हो गया।

जैसे ही उपनिवेशवाद का प्रभाव खत्म हुआ वैसे ही लोकतांत्रिक शासन संस्थाओं के चुनाव के मामले में तीसरी दुनिया के समाजों के सामने विकल्प सीमित रह गये। शीत युद्ध के बाद तो ये बचे-खुचे विकल्प भी उनके पास नहीं रह गये हैं। आज भूमंडलीकरण की समग्र परियोजना ने उदारतावादी लोकतंत्र के एक खास रूप की वकालत करना शुरू कर दी है ताकि विश्व अर्थव्यवस्था और बाजार के साथ ज्यादा से ज्यादा संघटन में आसानी हो। इसी का नतीजा लोकतांत्रिक विमर्श में आयी अचानक तब्दीली में निकला है। भूमंडलीकरण के पैरोकारों ने लोकतंत्र के क्षैतिज प्रसार की वैकल्पिक संभावनाओं को ही पूरी तरह नकार दिया है। नतीजा यह हुआ कि लोकतंत्रीकरण को स्थानीय जरूरतों के अनुकूल नहीं बनाया जा सका और न ही शासन के वैसे रूपों और निर्णय लेने वाली संरचनाओं को विकसित किया जा सका। यही कारण है कि किसी खास समाज में लोकतंत्र को व्यापक रूप से सहभागिता आधारित और जनता के प्रति सीधे जवाबदेह बना कर लोगों की चेतना को उन्नत नहीं किया जा सका। विभिन्न समाज अपने राजनीतिक इतिहास, सामाजिक संरचना और

सांस्कृतिक परिवेश के मुताबिक लोकतंत्र के संस्थागत रूपों को नहीं गढ़ सके। वे यह भी तय नहीं कर सके कि वे किस रफ्तार से परिवर्तित होना पसंद करेंगे। भूमंडलीकरण की प्रक्रिया ने तीसरी दुनिया के समाजों को ये गुंजाइशें नहीं दीं।[२]

भूमंडलीकरण यानी भूमंडलीय समरूपीकरण की परियोजना अपनी आर्थिक और राजनीतिक सफलता के लिए लोकतांत्रिक निर्णय प्रक्रिया की भूमंडलीय संस्थाओं पर इतनी निर्भर नहीं है जितनी विश्व पूँजीवादी व्यवस्था की वर्चस्वी ताकत पर है।[३] यह कोई अनायास ही नहीं है कि आजकल संयुक्त राष्ट्र की वीटो आधारित सुरक्षा परिषद में भूमंडलीय सत्ता ज्यादा केंद्रित हो गयी है और इस विश्व संस्था के अन्य संगठनों के महत्त्व का काफी-कुछ क्षय हो गया है।

बहरहाल, यह सोचना भी ठीक नहीं होगा कि भूमंडलीय सत्ता का केंद्र किसी एक देश, अमेरिका या पश्चिम के किसी अन्य राष्ट्र में है। भूमंडलीय समरूपीकरण का मकसद हल करने के लिए कई बहुराष्ट्रीय संस्थाएँ अपनी ताकत का मिला-जुला इस्तेमाल कर रही हैं। इनमें अंतर्राष्ट्रीय मुद्रा कोष, विश्व बैंक, विश्व व्यापार संगठन और बहुराष्ट्रीय निगम शामिल हैं। इस सत्ता का राजनीतिक-सांस्कृतिक आधार धनी के साथ-साथ गरीब देशों के बड़े-बड़े महानगरों में भी केंद्रित है। भूमंडलीय समरूपीकरण की इस परियोजना ने भाषायी, सांस्कृतिक और आर्थिक संदर्भों में बड़ी-बड़ी दरारें पैदा कर दी हैं। इन खाइयों को महानगरीय और ग्रामीण-कस्बाई जीवन के बीच, अभिजनों और आम जनता के बीच और सरकारों की शासनकारी संस्थाओं और शासितों के बीच देखा जा सकता है।[४]

बैंकरों, व्यापारियों, तकनीकशाहों और प्रबंधकों से बना हुआ महानगरीय अभिजन लोकतंत्र के अलावा शासन के किसी भी रूप को संदेह की निगाह से देखता है। स्थानीय-सामुदायिक रूप को तो वह खासतौर से नापसंद करता है, भले ही वह राजनीतिक लोकतंत्र की संस्कृति में कितना ही रचा-पगा क्यों न हो। ये अभिजन मानते हैं कि शासन के स्थानीय-सामुदायिक रूप राष्ट्र-राज्य और बाजार-आधारित अर्थव्यवस्था के व्यापक संस्थागत ढाँचे से बेमेल और संरचना के लिहाज से असंगत हैं। गैर-उदारतावादी राष्ट्र-राज्यों को उदारतावाद में संक्रमण करने में कुछ समय लग सकता है। विडंबना यह है कि इस बीच ये अभिजन इन गैर-उदारतावादी राष्ट्र-राज्यों में तकनीकशाही-अधिनायकवादी हुकूमतों की पीठ पर भी हाथ रखने के लिए तैयार हैं, बशर्ते कि वे अंतर्राष्ट्रीय वित्तीय संस्थाओं द्वारा थोपे गये ढाँचागत समायोजन कार्यक्रम को स्वीकार करने के लिए रजामंद हों। ऐसी सरकारें इन अभिजनों को उन उदार लोकतांत्रिक

सरकारों के मुकाबले ज्यादा पसंद हैं जो अपनी राजनीतिक सुसंगति, आर्थिक समता और सामाजिक न्याय से संबंधित नीतियों के मामले में संप्रभुता पर ज्यादा जोर देती हैं। इससे साफ है कि भूमंडलीकरण के पैरोकार उदारतावादी लोकतंत्र को एक ऐसे औजार की तरह देखते हैं जिसके जरिये विश्व-पूँजीवाद को टिकाया और चलाया जा सकता है। उदारतावादी लोकतंत्र से बाजार-आधारित लोकतंत्र का काम ले कर ये अभिजन चाहते हैं कि तीसरी दुनिया के देश अंतर्राष्ट्रीय पूँजी के बेरोकटोक आवागमन की राजनीतिक-संस्थागत गारंटी और उनकी विश्व-अर्थव्यवस्था के हितानुकूल आचरण सुनिश्चित करें। भूमंडलीय लोकतंत्र का नया विमर्श इस प्रकार भूमंडलीय सत्ता-व्यवस्था को सारी दुनिया में लोकतंत्र की रक्षा का ठेका दे देता है। जहाँ जरूरी होता है यह व्यवस्था अक्सर संयुक्त राष्ट्र के तत्वावधान में फौजी हस्तक्षेप के जरिये यह काम करती है। यह व्यवस्था पूरी कोशिश करती है कि जी-७ देशों और अन्य आर्थिक रूप से विकसित लोकतंत्रों के हाथ में ही हथियार बेचने और प्रौद्योगिकीय ज्ञान की इजारेदारी रहे।

पूरी दुनिया के संसाधनों तक अपनी निर्बाध और एकाधिकारी पहुँच बनाये रखने के लिए विश्व पूँजीवादी व्यवस्था महानगरीय सभ्यता और जीवन-शैली को बढ़ावा देने में लगी रहती है। यह ऐसी राजनीतिक संस्कृति है, जिसमें उपभोक्तावाद नागरिकों पर हावी रहता है। नागरिकता को उपभोक्तावाद के मातहत बना कर यह व्यवस्था अपनी सत्ता का आधार स्थापित करती है। नागरिकता का विचार मूलत: सीमाबद्ध भू-क्षेत्रीयता का विचार है, जबकि उपभोक्तावाद सीमाहीन भूमंडलीय राजनीति और बाजार के हाथों का औजार बन सकता है। महानगरों में रहने वाले व्यक्तियों को यह व्यवस्था उपभोक्ता के रूप में देखना पसंद करती है, क्योंकि इससे पूँजीवादी व्यवस्था की भूमंडलीय चौधराहट कायम रखने और राष्ट्र-राज्यों के भीतर महानगरीय वर्गों का वर्चस्व बनाये रखने में सुविधा होती है। ऐसा लगता है कि उदारतावादी लोकतांत्रिक प्रणाली के तहत संरचित विभिन्न राष्ट्र-राज्य आधारित शासन-व्यवस्था में धीरे-धीरे राष्ट्रीय नागरिकता की अवधारणा खत्म होती चली जायेगी। दूसरी तरफ भूमंडलीय उपभोक्तावाद पर आधारित प्रणाली उत्तरोत्तर मजबूत होती जायेगी।

पहले तो लोकतंत्र को ही उदारतावादी लोकतंत्र में सीमित किया गया और फिर शीत युद्ध के बाद इस सीमित विमर्श को भी बाजार आधारित लोकतंत्र के सार्वभौम विमर्श के और भी छोटे खाँचे में फिट कर दिया गया। राजनीतिक रूप से भूमंडलीकरण के पैरोकार लोकतंत्र को बुनियादी तौर पर

निर्णयकारी प्रक्रियाओं के स्थानीय सहभागिता वाले संदर्भ में नहीं देखते। स्थानीय लोकतंत्र उन्हें बाजार आधारित लोकतंत्र के रास्ते की बाधा लगता है। दरअसल, बाजार आधारित लोकतंत्र के नये रूप में उदारतावादी लोकतंत्र समाज में सत्ता की विराट संरचनाओं के राजनीतिक-सांस्कृतिक वर्चस्व को बनाये रखने का जरिया बन कर रह गया है। समझा जाता है कि इस वर्चस्व के जरिये उदारतावादी राज्य हर समाज में आर्थिक, राजनीतिक और सांस्कृतिक समरूपीकरण सुनिश्चित कर सकता है। लेकिन समरूपीकरण की परियोजना को लागू करने के चक्कर में तीसरी दुनिया के बहुजातीय समाजों में राज्य की संस्था एक खास तरह की कशमकश में फँस जाती है। हर जगह बाजार आधारित लोकतंत्र रचने के दौरान राज्य को अपनी उदरतावादी संस्थाओं को उस सामाजिक और सांस्कृतिक अस्थिरीकरण से बचाना पड़ता है जो बाजार के पक्ष में राज्य के हस्तक्षेप के कारण ही पैदा होता है। साथ ही राज्य को समाज पर शासन करने के लिए एक स्थिर राष्ट्रीय-सांस्कृतिक आधार खड़ा करने की चुनौती का सामना भी करना पड़ता है।

जबर्दस्त जातीय और वर्गीय टकराव से ग्रस्त होने के बाद भी तीसरी दुनिया के समाजों के लिए उदारतावादी राज्य पर आधारित बाजार-लोकतंत्र के मॉडल को ही उपयुक्त मानने के दो कारण बताये जाते हैं। पहला, राजनीतिक उदारतावाद में राज्य को एक औजार के रूप में देखने की प्रवृत्ति का होना जिसके तहत राज्य को व्यक्तिगत और निजी लक्ष्यों की पूर्ति का वाहक माना जाता है। दूसरा, चूँकि विचारधारात्मक रूप से उदारतावादी राज्य देश-कालगत, सांस्कृतिक और वंशगत विभिन्नताओं के आधार पर मानवीय विविधताओं को मान्यता नहीं देता, इसलिए वह समुदायों को उनकी आदिम-धार्मिक परंपराओं से छुटकारा दिला कर राष्ट्रीय लक्ष्यों के लिए प्रेरित करता है।[५] यानी उदारतावादी राज्य प्रतिनिधित्वमूलक संस्थाओं की मदद से किसी भी राष्ट्र में समाज पर हुकूमत करने के लिए एक नया सांस्कृतिक आधार खड़ा कर सकता है। तीसरी दुनिया के नेताओं को लगता है कि किसी सहभागी-लोकतांत्रिक प्रणाली के बजाय नयी भूमंडलीय व्यवस्था में हिस्सेदारी उदारतावादी राज्य के जरिये आसानी से हासिल हो सकती है।

इसी लक्ष्य की प्राप्ति के लिए उदारतावादी राज्य पहले से मौजूद भू-क्षेत्र आधारित स्थानीय-सामुदायिक संस्कृतियों का सफाया करके एक ऐसी संस्कृति बनाने की कोशिश करता है, जिसमें नागरिकता के आधार पर व्यक्तियों की एसोसियेशनें उपभोक्ता और उत्पादक के रूप में कार्यरत रहती हैं। समझा जाता है कि यह नयी संस्कृति राज्य को पूरे समाज के प्रबंधन और रूपांतरण का

अधिकार दे देती है। इस सत्ता को बनाये रखने की वैधता राज्य को आधुनिकीकरण और विकास की सार्वभौम विचारधाराओं की बिना पर मिल जाती है।

असलियत यह है कि उदारतावादी राज्य के लिए लोकतंत्र अब सत्ता की प्राथमिक शर्त नहीं रह गया है। वह तो खुद को नये कारणों के आधार पर न्यायोचित ठहराने लगा है। उदारतावादी राज्य के चरित्र में हुए इस परिवर्तन ने उसके कामकाज में एक असंगति पैदा कर दी है। लोकतंत्र के संस्थागत मानकों और उन नीतिगत प्रक्रियाओं की सम्मिलित लय भंग हो गयी है जिसके जरिये उदारतावादी राज्य अपनी सार्वभौम विचारधाराओं को लागू करता रहा है। यही कारण है कि टकराव होने पर आधुनिकीकरण और विकास की सरकारी नीतियों को लोकतांत्रिक शासन के मानकों के मुकाबले हमेशा प्राथमिकता मिल जाती है। स्थानीय समुदायों द्वारा स्वशासन की माँगों के रूप में जब लोगों की लोकतांत्रिक आकांक्षाओं को राज्य अलोकतांत्रिक मानता है, खासतौर पर उस समय जब ये आकांक्षाएँ राज्य की सार्वभौम विचारधाराओं की शब्दावली में व्यक्त नहीं की जातीं। हालत यह कि जनता और समुदायों की सुरक्षा अब महत्त्वपूर्ण नहीं रह गयी है, बल्कि राज्य की संस्थाओं को बाह्य तौर पर दूसरे राज्यों से और आंतरिक तौर पर अपनी ही जनता से बचाना ज्यादा जरूरी समझा जाने लगा है।

सरकारी नीतियों से जुड़ी लोकप्रिय सहमति, विरोध अथवा कोई माँग करने के लिए जरूरी होता है कि उन राजनीतिक प्रक्रियाओं का इस्तेमाल किया जाय जो उदारतावादी राज्य के प्रतिनिधित्वमूलक संस्थागत तंत्र में फिट बैठती हैं। साथ ही यह भी जरूरी है कि इन माँगों को उन सांगठनिक रूपों के माध्यम से व्यक्त किया जाय जिन्हें उदारतावादी राज्य मान्यता देता है। ये रूप राजनीतिक दल, ट्रेड यूनियनें या हित-समूह जैसी संरचनाएँ हो सकती हैं। हर हालत में हर बात उदारतावादी राज्य की सार्वभौम विचारधारा की भाषा में ही की जानी चाहिए। इस प्रकार जिस विचार को उदारतावादी लोकतांत्रिक राज्य की संज्ञा दी जाती है, वास्तव में उसका लोकतांत्रिक आधार क्षीण हो रहा है। वह व्यवहार में उदारतावादी आर्थिक नीतियों और राष्ट्रीय सुरक्षा पर जोर देने वाला राज्य ही रह गया है। इस राज्य का लोकतांत्रिक सार उसकी बड़ी-बड़ी संस्थाओं में ही सिमट चुका है। अन्य सभी तरह के संगठन, सामाजिक हों, सांस्कृतिक हों या भू-क्षेत्रीय, राज्य के नीचे दब गये हैं। उन्हें एकस्तंभीय राजनीतिक ढाँचे का घटक बना लिया गया है और यह ढाँचा पूरे समाज पर अपनी एकांत सत्ता थोपता रहता है। नतीजे के तौर पर लोकतंत्र स्थानीय सांगठनिक संस्कृति और राजनीतिक

व्यवहार को प्रोत्साहित करने वाला विचार न रह कर उदारतावादी राज्य के बाजार-आधारित सिद्धांत में सिमट कर रह गया है।

खास बात यह है कि इससे वह मकसद भी हल नहीं होता जिसके मुताबिक जनता और समुदायों को उनकी आदिम-धार्मिकता से मुक्त करके राष्ट्रीय लक्ष्यों की पूर्ति के लिए गोलबंद करना था। राज्य की स्तंभीय राजनीतिक संरचना के कारण ये सैद्धांतिक आकांक्षाएँ अधूरी रह जाती हैं। होता यह है कि एक बहुजातीय समाज में राजनीति और संस्कृति पर बहुसंख्यक जातीयता की सत्ता हावी हो जाती है। बहुमत आधारित प्रतिनिधित्व का सिद्धांत पतित हो कर बहुसंख्यकवाद आधारित जातीय राजनीति में बदल जाता है। आर्थिक होड़ का सिद्धांत समाज के आर्थिक और सांस्कृतिक संसाधनों को हड़पने की जातीय स्पर्धा बन जाता है। अक्सर बहुसंख्यक जातीयता इन संसाधनों पर कब्जा कर लेती है। प्रतिनिधित्व जैसे ही जातीय होड़ के खेल में फँसता है वैसे ही लोकतांत्रिक राज्य अल्पसंख्यकों और कमजोर वर्गों का हितरक्षक नहीं रह जाता। बहुसंख्यक जातीयता की राजनीति का वर्चस्व लोकतांत्रिक मान्यता प्राप्त कर लेता है।

बहुसांस्कृतिक समाज में जातीय बहुसंख्या द्वारा नियंत्रित और समर्थित हुकूमत स्थिर भी होती है और राज्य औपचारिक रूप से लोकतांत्रिक भी बना रहता है। लेकिन इन दोनों का संबंध हमेशा समस्याग्रस्त रहता है, क्योंकि बहुसंख्यक जातीयता अक्सर अपने ही भीतरी घटकों के हितों की नुमाइंदगी नहीं कर पाती। दरअसल, वह बहुसंख्यक जातीयता अपनी संरचना में उतनी समरूप भी नहीं होती जितना उसे समझा जाता है। दूसरी तरफ बहुसंख्यक जातीयतावादी राजनीति द्वारा किया गया लोकतांत्रिक मूल्यों और प्रक्रियाओं का अतिक्रमण राज्य के उदारतावादी चरित्र का क्षय कर देता है। हाशिये पर पड़े रहने के लिए अभिशप्त अल्पसंख्यक हिस्सों को बहुसंख्यक जातीयता की सांस्कृतिक चौधराहट के खिलाफ सशस्त्र विद्रोह और आतंकवाद का सहारा लेना पड़ता है। परिणामस्वरूप उदारतावादी लोकतंत्र जातीयताओं का रणक्षेत्र बन जाता है।

III

भारत का उदारतावादी राज्य

इस पृष्ठभूमि में भारतीय लोकतंत्र की स्थिति पर विचार किया जाना आवश्यक है। हमारे यहाँ पिछले पचास साल से उदारतावादी और प्रतिनिधित्व आधारित लोकतंत्र को कारगर बनाने की कोशिश चल रही है, लेकिन उदारतावादी राज्य

की संस्थाएँ मजबूत नहीं हो पायी हैं। लगता है कि समाज उथल-पुथल के दौर में स्थायी रूप से फँस गया है। अगर इसे संक्रमण काल माना जाय तो सवाल उठता है कि यह संक्रमण कब तक चलेगा? इसी सवाल का एक माकूल जवाब देने के लिए मैंने यहाँ पिछले पाँच दशकों के तजुर्बे का एक जायजा लेने की कोशिश की है ताकि कम-से-कम एक अंदाजा लग सके कि शीत युद्ध के बाद से हमारे उदारतावादी राज्य ने भूमंडलीय आर्थिक और राजनीतिक नुस्खों को अपनाने के चक्कर में अपनी समस्याएँ कैसे बढ़ायी हैं; और इस प्रक्रिया में देश के अंदरूनी जातीय दबावों की क्या भूमिका रही है।

कहना न होगा कि भारत की सामाजिक स्थिति एक तरफ अपनी बहुजातीयता के कारण और दूसरी तरफ आधुनिक राष्ट्र-राज्य द्वारा शासित होने के कारण खासी पेचीदा है। एक अरब की आबादी, पंद्रह से भी ज्यादा प्रमुख भाषाएँ बोलने वाले लोग (१९७१ की जनगणना में १६०० जुबानें दर्ज की गयी थीं जिनमें से ३३ के बोलने वालों की संख्या एक-एक लाख से ज्यादा थी), जाति के आधार पर परिभाषित होने वाले ३००० से ज्यादा समुदायों और आबादी के आठ फीसद का निर्माण करने वाले ३५० से भी ज्यादा आदिवासी समुदायों के अलावा इस देश में हिंदू, इस्लाम, ईसाई, जैन, बौद्ध, सिख, यहूदी, पारसी और अनेक आदिवासी धर्मों के अनुयायी पाये जाते हैं। इनमें से हिंदू, जैन, बौद्ध और सिख धर्म का जन्म भारत में ही हुआ है। करीब अस्सी फीसदी लोग हिंदू धर्म मानते हैं जो अपने-आप में तरह-तरह की आस्थाओं और धर्मविधियों का आगार है। दस़ फीसदी से ज्यादा इस्लाम के अनुयायी हैं। ईसाइयत के कदम भारत की धरती पर पहली सदी में ही पड़ गये थे, जबकि उस समय पश्चिम को इस धर्म के बारे में कुछ पता ही नहीं था।

ये नाना प्रकार के समुदाय भारत की धरती पर कभी एक-दूसरे से कट कर नहीं रहे। न ही एक-दूसरे के मुकाबले इन्हें पूर्ण स्वायत्तता प्राप्त रही। सभी एक प्रतीकात्मक समझ से जुड़े रहे जो उनके बीच विभिन्न स्तरों पर एक सांस्कृतिक धारा के रूप में बहती रही। हर समुदाय अपना सामाजिक बंदोबस्त अपने-अपने ढंग से करता रहा, उसके पास विवाद सुलझाने और टकराव निपटाने के अपने तौर-तरीके रहे। लेकिन, वे सभी एक राजनीतिक शासन-प्रणाली से नियंत्रित होते थे जो खुद को एक बृहत्तर सामाजिक-आर्थिक संहिता कायम रखने तक सीमित रखती थी। अलग-अलग अस्मिताएँ जिस राजनीतिक हुकूमत के अधीन रहती थीं, वह समाज में अपनी शासनकारी वैधता एक सर्वमान्य धार्मिक व्यवस्था के तहत हासिल करती रही। इस तरह शासन का काम प्राय: नकारात्मक रूप से परिभाषित होता रहा यानी सरकार का काम स्वशासी

सामाजिक इकाइयों को सामाजिक-आर्थिक संहिताओं का उल्लंघन रोकना या फिर किसी समुदाय द्वारा सहअस्तित्व और सहजीवन के उसूल के लिए हानिकारक स्वार्थ-सिद्धि को हतोत्साहित करना रह गया। ।

यह समाज समय-समय पर विभिन्न वर्चस्वों और अधीनताओं के दौर से गुजरता रहा है। कभी ब्राह्मणों का वर्चस्व रहा, तो कभी इस्लाम के धर्मावलंबियों का। लेकिन, इन अवधियों में भी शासन सहजीवन पर ही आधारित रहा। सामाजिक संगठन की बुनियादी संहिताओं को संकटग्रस्त कर देने वालों को भी इस देश में कभी निष्कासन, सफाये और जातीय संहार का सामना नहीं करना पड़ा। ऐसी ऐतिहासिक परिस्थितियों में समस्या का हल *लोगों और समुदायों को श्रेणीक्रम (ऊँच-नीच) पर आधारित समाज व्यवस्था के तहत अधीनस्थ हैसियत में डाल कर किया गया। लेकिन, ऐसा करते हुए उन समुदायों के आंतरिक स्वशासन और सांस्कृतिक अभिव्यक्ति के लिए भी काफी गुंजाइश छोड़ी गयी।*

सबको समेट कर चलने वाली यह व्यवस्था ऊँच-नीच पर आधारित जरूर थी पर उसमें परस्पर अन्योन्यक्रिया और तरलता का खासा प्रावधान था। इसका परिणाम यह निकला कि ऊपर से नीचे जाने वाली स्तंभीय सामाजिक संरचनाओं का दाएँ से बाएँ खासा क्षैतिज प्रसार हुआ। बहिरागत समूहों और व्यावसायिक समुदायों को सामाजिक संरचना में जगह मिल सकी। उनमें से कई श्रेणीक्रम में ऊपर चढ़ने में भी कामयाब रहे। इस तरह व्यवस्था ने बहुलताओं की सांस्कृतिक अभिव्यक्ति के लिए ही नहीं, बल्कि अपने दायरे में तरह-तरह की परस्पर-व्यापी शासन प्रणालियों के पनपने की गुंजाइश भी छोड़ी। राजनीतिक रूप से व्यवस्था ने बहुलताओं को किसी एक राज्य में बाँधने के बजाय एक राजनीतिक-सभ्यतामूलक प्रणाली में बाँधा।

ऐसे सभ्यतामूलक समाज को औपनिवेशिक शासन ने एक भू-क्षेत्रीय राज्य के खाँचे में फिट किया और फिर आजादी के बाद उसे राष्ट्र-राज्य के साँचे में ढालने की मुहिम शुरू की गयी। अपनी अखंडता कायम रखने के लिए इस नये राज्य ने सहजीवन की संहिताओं को बनाये रखने तक सीमित रहने के बजाय किसी भी अन्य आधुनिक राज्य की तरह विविधताओं के समरूपीकरण की अबाध परियोजना चलायी। संवैधानिक गुंजाइशों के बावजूद एक बहुआयामी और बहुजातीय समाज को एक राष्ट्रीय समाज में बदलने के लिए आधुनिक भारतीय राज्य अपने शासन को कानूनी, संवैधानिक और आर्थिक सुसंगति प्रदान करने में लग गया। अगर किसी सामाजिक-सांस्कृतिक समुदाय ने स्वशासन के अपने रूपों का आग्रह किया तो राज्य ने उसके प्रतिरोध का अक्सर

हिंसक तरीके से दमन किया। समरूपीकरण के लिए राज्य द्वारा दमनकारी ताकत का इस्तेमाल और राज्य के अतिक्रमण के खिलाफ राजनीतिक-सांस्कृतिक समुदायों की प्रतिहिंसा आज भारतीय राजनीतिक प्रणाली के लिए समस्या बनी हुई है। आइए देखें, यह समस्या कैसे उभरी और भारतीय राज्य ने इसका कैसे सामना किया।

डेढ़ सौ साल से भी ज्यादा समय तक चले ब्रिटिश राज के दौरान भारतवासियों ने अपने देश को राजनीतिक और सीमाबद्ध भू-क्षेत्रीयता की नजर से देखने की शुरुआत की और भारतीय राज्य नामक अस्मिता बनी। इससे पहले सदियों से भारतवासी अपनी धरती और उसकी सीमाओं को मुख्यत: सांस्कृतिक और सभ्यतामूलक संदर्भ में ही देखते थे। औपनिवेशिक अवधि के दौरान उनके इस विचार में एक भू-क्षेत्रीय राजतंत्र का विचार भी जुड़ गया। अंग्रेजों ने कुछ तो फूट डालो और राज करो का हथकंडा अपना कर और अधिकांशत: पूरे देश को एक सरकार के अधीन लाने की प्रक्रिया चला कर सहजीवन में लिप्त विभिन्न धार्मिक-सांस्कृतिक और भाषायी समुदायों को आपस में तीखी राजनीतिक स्पर्धा और हितों के टकराव में लगी इकाइयों में बदल दिया। दूसरी तरफ औपनिवेशिक शासन के खिलाफ संघर्षरत राष्ट्रीय आंदोलन ने इन समुदायों को आजादी के मकसद के आस-पास एकताबद्ध किया।

१९४७ में स्वाधीनता प्राप्त होते-होते हिंदुओं और मुसलमानों की धार्मिक दरार का राजनीतिक ध्रुवीकरण हो चुका था। ब्रिटिश शासक मानते थे कि हिंदू और मुसलमान अलग-अलग राष्ट्र हैं। मुस्लिम लीग भी ऐसा ही मानती थी। नतीजे के तौर पर देश को धर्म के आधार पर दो राष्ट्रों, भारत और पाकिस्तान, में बाँट दिया गया। अंग्रेज साम्राज्यवादियों द्वारा तैयार किये गये आजादी के चार्टर ने भारत और पाकिस्तान, दोनों को स्वाधीनता प्रदान की। इस चार्टर को बनाने में कांग्रेस और मुस्लिम लीग के नेताओं से सलाह-मश्विरा किया गया था। हिंदुओं और मुसलमानों के ये दो राष्ट्र किसी एक राज्य की सीमा में साथ-साथ नहीं रह सकते थे। चूँकि इन दोनों के पास साफतौर से अपनी राष्ट्रीय सीमाएँ नहीं थीं, इसलिए मनमाने तरीके से उनकी सीमाएँ बनायी गयीं। अलग-अलग सीमाबद्ध भू-क्षेत्र बनाने के लिए आबादी का तबादला करना पड़ा। उपमहाद्वीप में दो नये राज्य बनाने के लिए ऐसा करना वैध और राजनीतिक रूप से जरूरी माना गया। गाँधी के अपवाद को छोड़ कर दोनों समुदायों के नेताओं और अंतर्राष्ट्रीय समुदाय ने नये राज्यों के जातीय-धार्मिक आधार को सिद्धांतत: स्वीकार कर लिया। उस जमाने में राजकाज की कला के अंतर्राष्ट्रीय महारथी

आमतौर पर मानते थे कि ये दोनों नवगठित राष्ट्र-राज्य अपने-अपने यहाँ बहुसंख्यकवाद पर आधारित जातीय राज्यों का संचालन करेंगे।

विभाजन और आबादी का तबादला काफी हिंसक और रक्तरंजित साबित हुआ। भारत और पाकिस्तान के बीच इसकी कड़वी यादों के साथ-साथ कई अनसुलझे मुद्दे रह गये। भारत आज भी दो बरक्स खड़े इतिहासों से जूझ रहा है। एक तरफ उसका सभ्यतामूलक इतिहास है, जिसमें धार्मिक-सांस्कृतिक समुदायों के सहजीवन की परंपराएँ हैं, दूसरी तरफ जातीय स्पर्धा और टकराव का राजनीतिक इतिहास है। कोशिश यह की जा रही है कि इन संघर्षरत धार्मिक-सांस्कृतिक अस्मिताओं को एक राष्ट्र-राज्य की बृहत्तर अस्मिता में लपेट लिया जाय। इस प्रयास पर दो प्रवृत्तियाँ हावी रहीं : आजादी के आंदोलन के दौरान पनपी एकतामूलक और समावेशी प्रवृत्ति; और विभाजन से निकली विभेदी और संघर्षमूलक प्रवृत्ति। हालाँकि विभाजन के बाद भारत में हिंदू-मुसलमान आबादी का प्रतिशत अस्सी के मुकाबले दस था, पर पाकिस्तान के विपरीत भारत ने धर्म आधारित या संविधान-सम्मत बहुसंख्यक-जातीय राज्य बनाने की कोशिश नहीं की। आज भारत में पूर्वी पाकिस्तान के बांग्लादेश बन जाने के बाद बचे हुए इस्लामिक पाकिस्तान से ज्यादा मुसलमान रहते हैं। आजाद भारत के नेतृत्व ने धर्म को राज्य-निर्माण या राष्ट्र-निर्माण का आधार मानने से इंकार कर दिया। इसकी बजाय उसने लोकतांत्रिक संविधान द्वारा शासित उदारतावादी राज्य पसंद किया। विभिन्न अस्मिताओं और हितों की नुमाइंदगी करने वाली संविधान सभा ने जनवरी १९५० में संविधान पारित किया, जिसमें भारत को एक संप्रभु लोकतांत्रिक राष्ट्र-राज्य के रूप में कल्पित किया गया था। संविधान ने सभी नागरिकों को निजी हैसियत से नागरिक अधिकार दिये। इसके साथ-साथ संविधान में सांस्कृतिक अस्मिताओं और धार्मिक आजादी कायम रखने के बुनियादी अधिकारों का प्रावधान भी था। राजनीतिक और नागरिक अधिकारों के मामले में धर्म, जाति, लिंग, सामाजिक हैसियत, आदि आधारों को मान्यता नहीं दी गयी थी। संविधान स्वीकार किये जाने के बाद से ही राष्ट्रीय और प्रांतीय विधायिकाओं के साथ-साथ स्थानीय स्वशासी संस्थाओं के चुनाव भी भरसक नियमित रूप से होते रहे।

नये भारतीय राज्य की स्थिरता और वैधता के लिए जरूरी था कि उसके पीछे मजबूत राजनीतिक बहुमत हो पर इसकी संरचना के लिए धर्म, भाषा और कोई भी अन्य जातीय मानदंड अपनाने की इजाजत नहीं दी। संविधान ने जिस भारतीय संघ की रचना की, वह सांस्कृतिक-जातीयता के आधार पर गठित प्रांतों को सत्ता के बँटवारे को मान्यता नहीं देता था। इस तरह भारत संघ नामक

अर्धसंघीय राज्य की रूपरेखा बनी। बड़े-बड़े बहुजातीय और बहुभाषीय प्रांत इसके राजनीतिक-प्रशासनिक घटक माने गये। लेकिन, संविधान स्वीकार किये जाने के दस साल के भीतर ही प्रांतों को जातीय-भाषायी आधार पर पुनर्गठित करना पड़ा। लेकिन इससे प्रांतों और भारतीय संघ यानी केंद्र के बीच शक्तियों का संतुलन प्रभावित नहीं हुआ। केंद्र काफी ताकतवर बना रहा। आज भी प्रांतों को ज्यादा स्वायत्तता का प्रश्न भारतीय राजनीति की एक प्रमुख समस्या बना हुआ है। स्थिति यह है कि जातीय-भाषायी और जातिगत अस्मिताएँ भारतीय राज्य के उदारतावादी चरित्र के लिए कोई खतरा नहीं रह गयी हैं। पचास और साठ के दशकों में भाषायी राज्यों की रचना करके इस समस्या से छुटकारा प्राप्त कर लिया गया है। चुनावों की खुली स्पर्धामूलक राजनीति के कारण जातिगत अस्मिताएँ प्रतिनिधित्वमूलक लोकतंत्र की सामान्य राजनीति का अंग बन गयी हैं। इन समस्याओं से और भी मुक्ति पायी जा सकती थी अगर प्रांतों और स्थानीय संस्थाओं को ज्यादा स्वशासी अधिकार दिये जाते और भारतीय संघ के तहत कुछ और राज्य बना दिये जाते। स्थिति का दूसरा पहलू यह है कि अंग्रेजों के जमाने से चली आ रही सांप्रदायिक विभेद की समस्या विभाजन पूर्व तर्ज पर विस्फोटक रूप ग्रहण कर चुकी है। इतनी ही गंभीर समस्या महानगरों और गाँव-कस्बों के बीच आर्थिक-सांस्कृतिक विभाजन की है। धार्मिक और जातीय पक्षधरता से परे जाते हुए इस समस्या को संपन्न अभिजनों और गरीब जनता के अंतर्विरोध के रूप में देखा जा सकता है। यह बहुआयामी ध्रुवीकरण विश्व अर्थव्यवस्था के साथ भारत के संघटन के लिए अमल में लाये जा रहे ढाँचागत समायोजन कार्यक्रम के कारण और भी तीखा हो गया है। सवाल यह है कि क्या भारत का उदार लोकतांत्रिक राज्य टिक पायेगा? राजनीतिक अस्थिरता, आधे-अधूरे जनादेशों और सामाजिक-सांस्कृतिक और आर्थिक ध्रुवीकरण की समस्याओं का सामना करने के लिए एक सुझाव यह भी दिया जा रहा है कि क्यों न संसदीय प्रणाली के बजाय राष्ट्रपति प्रणाली को अपना लिया जाय। पर समस्या कहीं गहरी है।

IV

व्यापक और गहन होता हुआ लोकतंत्र

हालाँकि शीत युद्ध खत्म होने के बाद उदारतावादी लोकतंत्र का विमर्श लगातार संकीर्ण होता जा रहा है और भारतीय राज्य आर्थिक-राजनीतिक सत्ता की स्तंभीय भूमंडलीय संरचनाओं के साथ जुड़ने की कोशिश में लगा है, लेकिन यह भी एक सच्चाई है कि पिछले दिनों भारत में क्षेत्रीय और स्थानीय राजनीति

के स्तर पर इसे प्रतिसंतुलित करने वाली मजबूत ताकतें उभरी हैं। आर्थिक गतिविधियाँ और संगठन केंद्रीकृत सरकारी नियोजन की जकड़ से छूटते जा रहे हैं। अर्थव्यवस्था में पूँजी का प्रवाह बढ़ने से उसका क्षैतिज प्रसार हुआ है। समाज में नयी ऊर्जा आयी है जो अब तक नौकरशाह समाजवाद की सरकारी विचारधारा के कारण गतिरुद्ध पड़ी हुई थी। दूसरी तरफ नये बाजारों और सस्ती उत्पादन सुविधाओं की तलाश में अंतर्राष्ट्रीय पूँजी और बहुराष्ट्रीय निगमों ने क्षेत्रीय और स्थानीय अर्थव्यवस्थाओं में घुसपैठ की है। नतीजे के तौर पर इन ताकतों का सत्ता की पारंपरिक और स्थानीय संरचनाओं से आमना-सामना हो रहा है। नये सामाजिक आंदोलन भी अंतर्राष्ट्रीय पूँजी के बरक्स खड़े हुए हैं।

भारतीय राजनीति में जमीनी स्तर पर सक्रिय नये सामाजिक आंदोलन पिछले तीन दशकों से स्थानीय जनता की समस्याओं के लिए भारतीय राज्य और सत्ता की स्थानीय संरचनाओं से संघर्ष करते रहे हैं। राजनीतिक पार्टियों की दिलचस्पी केवल चुनाव लड़ने में रह गयी है, इसलिए उनके द्वारा छोड़ी गयी जगह को इन्हीं सामाजिक आंदोलनों ने भरा है। ये आंदोलन ही इस समय भूमंडलीय आर्थिक और राजनीतिक सत्ता का प्रतिनिधित्व करने वाली ताकतों से संघर्षरत हैं। अंतर्राष्ट्रीय ताकतें स्थानीय दायरों पर कुछ इस तरह से हावी हुई हैं कि उन्हें नियंत्रित और विनियमित करने में नियोजन और नौकरशाही की सरकारी संस्थाओं की कोई भूमिका ही नहीं रह गयी है। अंतर्राष्ट्रीय ताकतों ने कुछ दूसरे ही किस्म के स्थानीय संगठनों को जन्म दिया है जो या तो उनके साथ गठजोड़ में हैं या उनके साथ काम कर रही हैं। इनमें अंतर्राष्ट्रीय कंपनियों के लिए समर्थन जुटाने वाली संस्थाएँ भी हैं। परिणामस्वरूप स्थानीय राजनीति के परिदृश्य में टकराव ही टकराव दिखायी देता है। कोई भूमंडलीय संरचनाओं के साथ गठजोड़ में है तो कोई सरकारी संस्थाओं के साथ। कारगिल फूड कंपनी का उदाहरण लिया जा सकता है। दक्षिण भारत में बाजार के लिए खेती करने वाले किसानों के आंदोलन के कारण इस कंपनी को अपने पैर वापस खींचने पड़े थे। दूसरी तरफ पेप्सी फूड्स ने पंजाब में ऐसे ही किसानों की तरफ से मिले समर्थन के कारण अपने पैर जमा लेने में कामयाबी हासिल की।

जाहिर है कि आर्थिक गतिविधियों के प्रसार से स्थानीय स्तर पर राजनीतिक कार्रवाई के लिए नयी गुंजाइशें बनी हैं और पार्टियों के सिर्फ चुनाव तक सीमित रहने के कारण खाली हुई जगह को नाना प्रकार की राजनीतिक संरचनाओं ने भरा है। इनमें गैर-सरकारी वैकासिक संगठन, मानवाधिकार संगठन, महिलाओं और बच्चों के अधिकारों की रक्षा करने वाले संगठन, बँधुआ मजदूरों को मुक्त कराने वाले आंदोलन, वनवासियों, मछुआरों,

कारीगरों, छोटे और सीमांत किसानों के पक्ष में उनकी संस्कृति और आजीविका बचाने के लिए सक्रिय संगठन शामिल हैं। ये संगठन और आंदोलन जनता के जिन तबकों और समुदायों को संगठित करते हैं उनका अस्तित्व दाँव पर लगा हुआ है। राष्ट्रीय अर्थव्यवस्था एक तरफ उनकी आर्थिक गतिविधियों को तेजी से हड़पे ले रही है और दूसरी तरफ खुद को उत्तरोत्तर अंतर्राष्ट्रीय ताकतों के हवाले किये दे रही है। यह एक ऐसी प्रक्रिया है, जिसमें बहुत ही कम लोग और समुदाय बच पाते हैं। स्थानीय जनता को अपनी जमीन से उखड़ कर मजबूरन अपनी जिंदगी को फटाफट एक नये दायरे में बसाना पड़ता है। यह नया दायरा उजरती मजदूरी और उपभोग की तेजी से फैलती हुई जन-संस्कृति का दायरा होता है। इसमें कुछ लोग ही टिक पाते हैं, बाकी किनारों पर खदेड़ दिये जाने के लिए अभिशप्त होते हैं। जिनके पास जमीन, सामाजिक हैसियत और शिक्षा जैसी सुविधाएँ हैं वे सामाजिक प्रगति की सीढ़ियाँ चढ़ पाते हैं, पर जिनके पास ऐसी पृष्ठभूमि नहीं है उन्हें सामाजिक-आर्थिक वंचितों का जीवन गुजारना पड़ता है।

चाहे कोई भी भौगोलिक और सांस्कृतिक माहौल हो, इस मामले में लोगों का तजुर्बा एक-सा है। नये सामाजिक आंदोलन और संगठन इसी समस्या से जूझ रहे हैं। इनका नेतृत्व नये किस्म के राजनीतिक तत्त्वों के हाथ में है। भारतीय राजनीति के जमीनी स्तर पर काम करने वाले इन तत्त्वों ने अपने शहरी निम्न-मध्य और मध्यवर्गीय स्रोत के बावजूद गाँवों और आदिवासी इलाकों को अपने काम का केंद्र बनाया है। इनमें से कई ने नौकरियाँ छोड़ कर या राजनीतिक दलों को त्याग कर जनता के संगठनों की स्थापना की है या उसके हित में चलाये जा रहे आंदोलनों को अपनाया है। वे छोटे-छोटे भौगोलिक क्षेत्रों में लंबे अरसे तक काम करते हैं और अपने काम को जनता के सशक्तीकरण की संज्ञा देते हैं। इस प्रक्रिया में वे राजनीतिक मुद्दों को सामाजिक-आर्थिक और सांस्कृतिक रूप से पुनर्परिभाषित करने की कोशिश करते हैं। इन तत्त्वों की राजनीति आमतौर पर दलगत और चुनावी दायरे के बाहर रहती है। यानी वे मुद्दा आधारित राजनीति करते हैं और उनके मुद्दों का स्थानीय समुदायों के लिए गहरा महत्त्व होता है। राजनीतिक दल इन मुद्दों की इसलिए परवाह नहीं करते, क्योंकि उनका असर बड़े राजनीतिक दायरे पर नहीं पड़ता। नतीजतन, चुनाव के गणित के लिए इन मुद्दों का कोई महत्त्व नहीं होता।

आमतौर पर क्षेत्रीय और स्थानीय स्तर पर कार्यरत इन नये राजनीतिक तत्त्वों द्वारा अपनाये जाने वाले सांगठनिक रूपों के बारे में जानना हो तो ग्रासरूट्स राजनीति से संबंधित साहित्य देखना चाहिए, जिसमें इस राजनीतिक

गतिविधि को 'गैर-पार्टी राजनीतिक संरचनाओं', छोटे स्तर पर चलाये जाने वाले आंदोलनों' या 'सामाजिक कार्यकर्ताओं के आंदोलनकारी समूहों' की संज्ञा दी जाती है। मैं इन लोगों को आंदोलनकारी समूह कहना पसंद करूँगा। इन्हें प्रतिबद्ध सामाजिक कार्यकर्ताओं के ऐसे समूह के रूप में परिभाषित किया जा सकता है जो सचेत रूप से किसी खास इलाके या समुदाय के हितों के लिए काफी शिद्दत से काम करते हैं और वहाँ के सामाजिक और राजनीतिक रूपांतरण की सचेत कोशिश करते हैं। इन आंदोलनकारी समूहों का दीर्घकालीन लक्ष्य कहीं ज्यादा बड़ा है। वे चाहते हैं कि राजनीति के स्थानीय से लेकर सभी स्तरों पर आम लोगों का सबलीकरण हो। इसी मकसद के लिए वे लोकतंत्र को पुनर्परिभाषित और पुनर्रचित करना चाहते हैं ताकि उसे अधिक सहभागी, जनता की आकांक्षाओं के प्रति अधिक चिंतित और उसके प्रति सीधे जवाबदेह बनाया जा सके। वे अपने काम की शुरुआत जन-जीवन को सीधे प्रभावित करने वाले मुद्दों के आस-पास जन-गोलबंदी से करते हैं। उनका प्रयास होता है कि सामाजिक ऊर्जा को जमा करके उसका इस्तेमाल समाज में सत्ता के संबंधों को बदलने में किया जाय।

ये आंदोलनकारी समूह साझा बृहत्तर राजनीतिक सरोकारों और अपनी एक जैसी स्थानीयता के बावजूद एक-दूसरे से काफी अलग-अलग होते हैं। अपने कार्य-क्षेत्र के सांस्कृतिक माहौल में रचे-बसे होने के कारण हर समूह की अपनी अलग सांगठनिक और कार्यक्रमगत पहचान होती है। इसके साथ ही वे बड़े राजनीतिक नेटवर्कों, गठजोड़ों और कुछ ऐसे मुद्दों पर संयुक्त कार्रवाइयों में भी भागीदारी करते हैं जिनकी प्रकृति स्थानीय सीमाओं से परे जाती है और जो विभिन्न इलाकों की जनता के लिए चिंता का विषय होते हैं। अभी तक ऐसे आंदोलनकारी समूहों का व्यवस्थित सर्वेक्षण नहीं किया गया है पर जानकारों द्वारा किये गये आकलन के अनुसार ऐसे पच्चीस से पचास हजार आंदोलनकारी समूह देश-भर में सक्रिय हैं।

स्थानीयता से परे जा कर इन समूहों को आपस में जोड़ने वाले मुद्दों में सरकार और अंतर्राष्ट्रीय संस्थाओं द्वारा बनायी गयी विशाल वैकासिक परियोजनाओं (जैसे कि बड़े बाँधों का निर्माण), फौजी इस्तेमाल के लिए सरकार द्वारा जमीन के अधिग्रहण (रॉकेट परीक्षण रेंज बनाना) या एटमी संयंत्र की स्थापना का विरोध शामिल है। इन मुद्दों में सामुदायिक संपत्ति, गैर-मजरुआ जमीन और जंगलात की संपत्ति गाँव को वापस करने के संघर्ष भी शामिल हैं। आदोलनकारी समूहों की आमतौर पर सीधी कार्रवाई वाला संघर्ष होता है। वे स्थानीय जनता, सामाजिक कार्यकर्ताओं और दूसरे इलाकों के लोगों की मदद

से सामूहिक सत्याग्रह आयोजित करते हैं। हमदर्द व्यावसायिक समूहों, समाचार माध्यमों और बुद्धिजीवियों का समर्थन हासिल करने की कोशिश की जाती है। जन-कार्रवाई के जरिये मुद्दे को उठाने के बाद ये समूह अपने वैकल्पिक प्रस्तावों पर समर्थन जुटाने में लग जाते हैं। इससे होता यह है कि स्थानीय जनता की निर्णयकारी प्रक्रिया में सहभागिता का आग्रह उभर आता है। बहस इस बात पर होने लगती है कि जन-जीवन को प्रभावित करने वाली परियोजनाओं के विषय में फैसला लेते समय जनता की सहभागिता क्यों नहीं होनी चाहिए। साथ ही ये आंदोलनकारी कोशिशें परियोजनाओं के पारिस्थितिकीय और आर्थिक औचित्य पर भी सवाल खड़ा करती हैं।

कहने का तात्पर्य यह है कि आंदोलनकारी समूहों और उनके सिद्धांतकारों द्वारा लोकतंत्र के दायरों को बढ़ाने की संभावनाओं की तलाश सक्रिय रूप से की जा रही है। इस प्रक्रिया में नयी विश्व-व्यवस्था के चैंपियनों द्वारा प्रवर्तित विमर्श या देश में भूमंडलीकरण के पैरोकारों को अहमियत नहीं दी जाती है। उनके बजाय सामाजिक रूपांतरण में लगे स्थानीय स्तर पर काम करने वाले नये संगठनों और आंदोलनकारियों की भूमिका होती है। ये आंदोलन सामाजिक रूपांतरण को अराजनीतिक गतिविधि की तरह न ले कर एक जीवंत राजनीतिक कार्यसूची के रूप में देखते हैं और इस कार्यसूची में सामाजिक चेतना और संगठन के सभी रूपों के लोकतांत्रिकीकरण को प्राथमिकता दी जाती है। ये संगठन चुनाव, पार्टियों और विधायिकाओं के सीमांत पर सक्रिय रहते हुए खुद को सरकारी दायरों से बाहर रखते हैं। इस प्रकार उनमें राजतंत्र और समाज एवं आधुनिकता और परंपरा के बीच एक सूत्र बन जाने की क्षमता पैदा हो जाती है। वे चाहते हैं कि लोगों का इतना सबलीकरण हो कि वे अपने भाग्य के विधाता स्वयं बन सकें। इस प्रक्रिया के दौरान भारत में लोकतंत्र से संबंधित विमर्श के आधार बदल सकते हैं।

आंदोलनकारी समूहों की राजनीति की खास बात यह है कि वे लोकतंत्र से संबंधित ऐसे नये विमर्श को अपने सतत राजनीतिक आचरण के जरिये व्यक्त करना चाहते हैं। राजनीतिक प्रतिनिधित्व की संस्थागत संरचनाओं को ये आंदोलनकारी समूह आलोचना-भाव से देखते हैं। उनकी मान्यता है कि इन संरचनाओं ने समाज के लोकतंत्रीकरण की प्रक्रिया को रोक दिया है। लेकिन उनकी इस आलोचना का आधार सैद्धांतिक न हो कर जमीनी स्तर पर हुए दैनंदिन राजनीतिक संघर्ष के परिणामों से निकलता है। वे चाहते हैं कि छोटे-छोटे आंदोलनों के प्रसार के जरिये लोकतंत्रीकरण की प्रक्रिया में आयी जड़ता टूटने का रास्ता निकले। उन्हें यकीन होता है कि लोगों को राजनीतिक

सहभागिता की गहराई में ले जा कर उनकी सामाजिक चेतना बढ़ायी जा सकती है, स्थानीय तौर पर ऐसा राजनीतिक, आर्थिक, सांस्कृतिक और पारिस्थितिकीय माहौल बनाया जा सकता है, जिसमें जीवन-स्थितियाँ खुद लोगों के हाथ में ही हों। इन आंदोलनकारियों के ही शब्दों में सारी कोशिशों का सार 'जनता को उसका लोकतंत्र वापस देना' ही है।

इस लक्ष्य की प्राप्ति के लिए आंदोलनकारी स्थानीय मुद्दों को कुछ इस तरह परिभाषित करते हैं कि वे भूमंडलीय होने से तो बच ही जाते हैं पर स्थानीयता की सीमाओं में भी बँधे नहीं रहते। पारिस्थितिकी, मानवाधिकार और महिलाओं और बच्चों के अधिकारों पर राजनीतिक मुहिम चलाने वाले गठजोड़ों और संयुक्त कार्रवाइयों के आयोजनों से यह स्पष्ट हो जाता है। स्थानीय जनता की स्वायत्तता और आत्मनिर्भरता बढ़ाने वाली राजनीति करते-करते ये समूह आंदोलनों की व्यापक राजनीति से जुड़ जाते हैं। आम जनता के विभिन्न तबकों की इस प्रक्रिया में आंदोलनकारी सहभागिता होती है। यह राजनीति स्थानीय जरूर है पर यह स्वशासी संस्थाओं की पारंपरिक राजनीति से भिन्न है। यह सत्ता और विचारधारा की संरचनाओं से स्तंभीय सूत्र में बँधी हुई नहीं है। न तो यह राष्ट्र-राज्य की पैरोकार है और न ही नयी विश्व-व्यवस्था की। यह राजनीति प्रांतीय और क्षेत्रीय संकीर्णता को भी प्रोत्साहन नहीं देती। नाना प्रकार के भौगोलिक क्षेत्रों और सामाजिक-सांस्कृतिक माहौल में रहने वाले समुदायों के बीच इन आंदोलनों का क्षैतिज विस्तार होता चला जाता है। ध्यान रहे कि ये सभी समुदाय समान समस्याओं से पीड़ित होते हैं। अप-विकास के कारण अधिकारों से वंचित स्थानीय जनता की लोकोपकारी राज्य तक तो पहुँच नहीं ही होती, पर सरकारी दमन उन्हें उत्पीड़ित करने के लिए हमेशा तैयार रहता है।

इन बातों का यह मतलब हरगिज नहीं निकाल लेना चाहिए कि ये आंदोलनकारी समूह अपनी राजनीति को भारतीय लोकतंत्र के संस्थागत ढाँचे के विरोध में परिभाषित कर रहे हैं। इस गलतफहमी के उलट वे तो अपनी समांतर राजनीति के लिए संस्थागत लोकतंत्र को अनिवार्य, लेकिन अपर्याप्त शर्त मानते हैं। एक तरह से उनकी कोशिश होती है कि वे उदारतावादी लोकतंत्र के प्रचलित ढाँचे से सीधा टकराव मोल न ले कर उसके आस-पास काम करते हुए उसके परे चले जाएँ और समाज में सत्ता की वर्चस्वी संरचनाओं के लोकतंत्रीकरण के लिए सामाजिक चेतना उन्नत करें। ये आंदोलन राजसत्ता पर कब्जे की राजनीति में यकीन नहीं करते।

जाहिर है कि साठ और सत्तर के दशकों में प्रचलित स्थानीय राजनीति को देखने का नजरिया अब पुराना पड़ चुका है। उस समय माना जाता था कि

स्थानीय राजनीति राज्य सरकार के प्रशासन के सबसे निचले स्तर का निर्माण करती है और उसे राष्ट्रीय स्तर पर सक्रिय राजनीतिक और आर्थिक संस्थाओं की अधिसंरचना का दर्जा दिया जाता था। आज की स्थानीय राजनीति बदल चुकी है। अब वह पंचायतों, सहकारी संस्थाओं, विकास-खंड के प्रशासन और चुनाव लड़ने के मकसद से बनाये गये राजनीतिक दलों के संगठनों तक ही सीमित नहीं रह गयी है। आज की स्थानीय राजनीति में ऐसे नये-नये मुद्दे उभरते हैं और उसमें ऐसे तत्त्व सक्रिय रहते हैं कि उन्हें इन प्रशासनिक और चुनावी सीमाओं में कैद नहीं किया जा सकता। यहाँ एक बार फिर ध्यान रखने की जरूरत है कि इसका मतलब स्वशासी संस्थाओं का कम महत्त्वपूर्ण हो जाना नहीं है। ये संस्थाएँ स्थानीय राजनीति का जरूरी आयाम बनी हुई हैं। नये पंचायती राज कानून ने उन्हें अधिक अधिकारसंपन्न करके उनकी राजनीतिक प्रासंगिकता बढ़ा दी है। दिक्कत यह है कि वे उदारतावादी राज्य की स्तंभीय सत्ता-संरचना के सबसे निचले हिस्से का ही अंग हैं। इसके विपरीत आंदोलनकारी करना यह चाहते हैं कि स्वशासी संस्थाओं की राजनीति का दायरा बढ़े, उसे और स्वायत्त संदर्भों में परिभाषित किया जाय, उसे स्थानीय सीमाओं से निकाल कर समाज की राज्य पर निर्भरता को प्रोत्साहित करने वाली स्तंभीय संरचना के बाहर स्थित किया जाय।

जब तक छोटे-छोटे आंदोलनों की यह राजनीति अपना क्षैतिज प्रसार करते हुए सत्ता की वर्चस्वी संरचनाओं और विचारधाराओं को चुनौती देती रहेगी, तब तक भारतीय लोकतंत्र में एक नयी अर्थवत्ता का समावेश होता रहेगा और लोकतंत्र की गहनता बढ़ती रहेगी। अगर ऐसा होता रहा तो आगे चल कर उदारतावादी लोकतंत्र की उन भूमंडलीय संस्थागत संरचनाओं के चरित्र में भी परिवर्तन आ सकता है जो आजकल समाज और जनता को अधिकार-वंचित करने वाली सत्ता को ही मजबूत करने में लगी हुई हैं।

V

सहभागी लोकतंत्र और राजनीतिक सिद्धांत

समस्या यह है कि लोकतंत्र का समकालीन सिद्धांत जन-गोलबंदी और सीधी कार्रवाई सरीखी आंदोलनकारी राजनीति को प्रतिनिधित्वमूलक सरकार की निर्णय प्रक्रिया को प्रभावित करने का मौका नहीं देना चाहता। इसके लिए वह राजनीतिक सहभागिता को नागरिकता के वैधानिक-संवैधानिक अधिकारों के रूप में परिभाषित करता है। इसके कारण सहभागिता चुनाव में हिस्सा लेने, पार्टियों और दबाव समूहों के जरिये हित-साधन तक ही सीमित रह जाती है।

नतीजे के तौर पर लोकतांत्रिक व्यवस्था की संस्थागत मजबूती तो सुनिश्चित हो जाती है पर लोकतांत्रिक विचार लोकतंत्र की उदारतावादी किस्मों से आगे नहीं जा पाता। यह रवैया नये और विकसित होते हुए लोकतंत्रों को नये-नये संस्थागत प्रयोग करने से भी रोकता है। लोकतंत्र के विचार को सैद्धांतिक तौर पर सीमित कर देने का यह आग्रह इतना जड़ जमा चुका है कि ज्यादातर लोग उदारतावादी लोकतंत्र से आगे-पीछे कुछ सोचना ही नहीं चाहते। वे समझते हैं कि उदारतावादी लोकतंत्र के रूप में मानवता ने अपना सर्वश्रेष्ठ शासनकारी रूप प्राप्त कर लिया है। इसी प्रवृत्ति के वैचारिक असर के कारण सहभागी लोकतंत्र को अर्ध-राजनीतिक कह कर दरकिनार कर दिया जाता है अथवा उसे आधुनिक लोकतंत्र का एक वांछनीय पहलू तो माना जाता है पर अनिवार्य नहीं।

जाहिर है कि सहभागी लोकतंत्र को लोकतांत्रिक सिद्धांत के हाशिये पर धकेल दिया गया है। आमतौर पर कहा जाता है कि सहभागी लोकतंत्र या तो शासन का प्राचीन रूप है या फिर अव्यावहारिक रूप है जिसका प्रयोग करने से खुद लोकतंत्र ही खतरे में पड़ जायेगा। एथेंस के प्राचीन लोकतंत्र का उदाहरण दे कर समझाया जाता है कि किस तरह कदम-ब-कदम रैखिक प्रगति करते हुए वह प्रत्यक्ष एवं सहभागी लोकतंत्र आधुनिक प्रतिनिधित्वमूलक लोकतंत्र में विकसित हुआ है। इस प्रकार यह प्रमाणित करने की कोशिश की जाती है कि एथेंस के शहर-राज्य के लिए जो ठीक था, वह जरूरी नहीं कि आधुनिक राष्ट्र-राज्य के लिए ठीक हो। लोकतंत्र के भारतीय सिद्धांतकारों ने इसी पश्चिमी तर्ज पर ऐसी कोई कोशिश वर्जित करार दे दी है जो भारतीय अतीत के आधार पर सहभागी लोकतंत्र का कोई वैकल्पिक रूप खोजने में दिलचस्पी रखती हो।

सहभागी लोकतंत्र के खिलाफ एक दलील यह है कि आधुनिक जमाने में समस्याएँ और मुद्दे इतने जटिल हैं कि साधारण नागरिक तो छोड़ ही दीजिए, चुने हुए प्रतिनिधि भी उनसे नहीं निपट सकते, इसलिए आधुनिक सरकारों को हमेशा विशेषज्ञों की जरूरत पड़ती रहती है। इसलिए सहभागी लोकतंत्र की बात करने की कोई सैद्धांतिक तुक नहीं दिखती। 'डेमौक्रेसी' की जगह 'मैरिटोक्रेसी' में यकीन रखने वाले भारतीय अभिजन का एक हिस्सा तो यह माँग करता है कि तेजी से भूमंडलीकृत होती हुई दुनिया में चुने हुए प्रतिनिधियों के अधिकारों को कार्यविधिक और संरचनागत रूप से नौकरशाही और न्यायपालिका के जरिये और भी सीमित कर दिया जाना चाहिए। ये लोग मानते हैं कि सहभागी लोकतंत्र के विचार को ज्यादा तरजीह दी गयी तो इससे प्रतिनिधित्वमूलक लोकतंत्र की संस्थाओं पर बहुसंख्यकवादी दबाव और

बढ़ेगा। इसी मान्यता के प्रभाव के कारण आजादी के बाद के दशकों में अंग्रेजी शिक्षित, शहरी और ऊँची जाति के मुट्ठी-भर लोग सरकार और निर्णयकारी प्रक्रिया पर हावी हो गये थे, हालाँकि उनका प्रभुत्व लोकतांत्रिक मान्यता की आड़ में अपना काम करता था। इस वर्चस्व को सत्तर के दशक में चुनौती मिलनी शुरू हुई जब छोटी जातियों और गरीबों ने चुनावी राजनीति और नागरिक समाज की जमीन पर अपने दावे पेश करने शुरू किये।

भारत में सहभागी लोकतंत्र की जड़ें गाँधी के राजनीतिक चिंतन और व्यवहार में मिलती हैं। गाँधी इसे स्वराज, स्वदेशी और ग्राम-स्वराज की शब्दावली में व्यक्त करते थे। वे कहते थे कि यही भारत की लोकतांत्रिक परंपरा है।[६] आजादी के बाद इन सूत्रों को गाँधी का अव्यावहारिक आदर्शवाद कह कर पूरी तरह से ठुकरा दिया गया। लेकिन कुछ जमीनी कार्यकर्ता गाँधी-विचार का सहारा ले कर इस दिये की लौ को जलाये रहे। १९५९ में गैर-पार्टी लोकतंत्र पर अपना प्रबंध प्रकाशित करके जयप्रकाश नारायण ने हाशिये पर पड़े इस विचार को वाणी दी। जेपी को दलीय प्रणाली के अध्येताओं ने आदर्शवादी करार दिया पर दो साल बाद वे अपने आलोचकों को जवाब देने वाली व्याख्या के साथ सामने आये और दावा किया कि भारत को ऐसे व्यापक लोकतंत्र की आवश्यकता है, जिसमें आर्थिक-राजनीतिक सत्ता सीधे जनता के हाथ में रहे।[७] १९७४ में जेपी के नेतृत्व में चले संपूर्ण क्रांति आंदोलन के आधार में उनके यही विचार थे। बिहार के बोधगया में चला छात्र युवा संघर्ष वाहिनी का आंदोलन, राजस्थान के गाँवों में चला तरुण भारत संघ का आंदोलन, बहुराष्ट्रीय कंपनियों द्वारा सरकारी सहयोग से आदिवासियों की जमीन हड़पने के खिलाफ की गयी पदयात्राएँ, आंध्र प्रदेश में अबरक के खनन को रोकने के लिए की गयी चैतन्य यात्रा, कानून और अदालतों के स्तर पर की गयी लड़ाइयाँ, सरकारी नीतियों और बहुराष्ट्रीय कंपनियों के हस्तक्षेप से होने वाले नुकसानों को दस्तावेजबंद करने वाले अनुसंधानपरक प्रयासों और मजदूर-किसान शक्ति संगठन द्वारा की जाने वाली जन-सुनवाइयों को सहभागी लोकतंत्र की तरफ बढ़ने की व्यावहारिक कार्रवाइयों के रूप में देखा जा सकता है।

तीसरी दुनिया के लोकतंत्रों का इतिहास हमें बताता है कि उदारतावादी लोकतंत्र अपना सार्वभौम आश्वासन पूरा करने में नाकाम रहा है। न तो राष्ट्र-राज्य के साथ समाज और समुदायों का संघटन इच्छित तरीके से हो पाया, न ही संस्थागत संघटन हुआ और न ही समरूपीकरण संपन्न हो सका। आज भूमंडलीकरण के पैरोकार इसी उदारतावादी लोकतंत्र का भूमंडलीकरण करने पर तुले हैं और उनके समर्थन में राष्ट्रों के भीतर महानगरीय अभिजन अपने

समाजों को भूमंडलीय बाजार से फटाफट जोड़ने की भूमिका निभा रहे हैं। इस प्रक्रिया में उभरने वाले संघर्ष और टकराव को सभ्यताओं के भूमंडलीय महाभारत की संज्ञा दी जा रही है। भूमंडलीकरण का यह फार्मूला जिन समाजों को थमाया गया है, उनकी हालत यह है कि वे धार्मिक कट्टरपंथ और रूढ़िवाद, बहुसंख्यकवादी जातीय उग्रवाद, जातीय अल्पसंख्यकों की जातीय बगावतों और आतंकवाद से जूझ रहे हैं।

जरूरत इस बात की है कि शीत युद्ध के बाद हावी हुए उदारतावादी विमर्श को उलट कर एक अधिक खुले जनोन्मुख लोकतंत्र के विमर्श की स्थापना की जाय, जिसमें विचारधारात्मक और संरचनागत रूप से भूमंडलीय चौधराहट की जगह निर्णयकारी प्रक्रियाएँ जनता के हाथों में देने का प्रावधान हो। इस विमर्श से राजनीति की नयी प्रक्रियाओं की संभावनाओं का संधान हो सकता है, समाज में सत्ता की स्तंभीय संरचनाओं का क्षैतिज प्रसार हो सकता है और लोकतंत्र की जड़ें राजनीतिक, सामाजिक और सांगठनिक रूप से आम लोगों के संगठनों से जुड़ सकती हैं। यह सिलसिला लोकतंत्र के विविध रूपों को जन्म दे सकता है, ऐसे रूप जिनकी सांस्कृतिक सारवस्तु एक ही होगी और जिनके कारण लोकतंत्र सामाजिक और सांस्कृतिक रूप से एक सृजनशील प्रक्रिया के रूप में उभरेगा।

संदर्भ और टिप्पणियाँ

१. इस विचार के प्रमुख पैरोकार फ्रांसिस फुकुयामा हैं। उनकी मान्यता है कि भूमंडलीय स्तर पर ऐसा राजनीतिक और आर्थिक समरूपीकरण अपरिहार्य है जो उदारतावादी लोकतंत्र को आधुनिक राज्यों के लिए एकमात्र विकल्प बना देगा। भविष्यवाणी की शैली में फुकुयामा दावा करते हैं कि समग्र मानवता के लिए इतिहास अब एकसार हो गया है और उदारतावादी लोकतंत्र के साथ ही सामाजिक विकास-क्रम अपने चरम पर पहुँच गया है। इस ऐतिहासिक प्रक्रिया में जो कुछ बाकी बचा है वह भी जल्दी ही पूरा कर लिया जायेगा और सारी दुनिया के समाज उदारतावादी लोकतंत्र और बाजार आधारित अर्थव्यवस्था को अपने स्थायी बंदोबस्त के रूप में अपना लेंगे। इस व्यवस्था के तहत मनुष्यों को अपनी इच्छाओं-आकांक्षाओं को पूरा करने में आसानी होगी। देखें : फ्रांसिस फुकुयामा, *द एंड ऑव हिस्ट्री एंड द लास्ट मेन*, न्यूयार्क, पेंग्विन, १९९२

२. देखें : आई.डब्ल्यू. मेबेट (सं.), *पैटर्न्स ऑव किंगशिप एंड ऑथारिटी इन ट्रेडीशनल एशिया*, डोवर, एनएच : क्रूम हेल्म, १९८५; पारंपरिक एशियायी समाजों में राजनीतिक प्राधिकार द्वारा वैधता प्राप्त करने के बारे में देखें *उपरोक्त* पुस्तक में मेबिट का परिचय। इसके अलावा जे.सी. हीस्टरमान, द *इनर कांफ्लिक्ट ऑव*

ट्रेडीशन : एसेज़ इन इंडियन रिचुअल्स, किंगशिप एंड सोसाइटी, न्यूयार्क, ऑक्सफोर्ड यूनिवर्सिटी प्रेस, १६८५ के अध्याय 'द कॉनन्ड्रम ऑव किंग्स ऑथारिटी' और 'कौटिल्य एंड द एंशियेंट इंडियन स्टेट' भी देखें।

३. लोकतांत्रिक निर्णय प्रक्रिया और जवाबदेही के भूमंडलीय संस्थागत ढाँचे के क्रम-विकास के लिए देखें : डेविड हेल्ड, 'डेमौक्रेसी एंड ग्लोबलाइज़ेशन', *आल्टर्नेटिव्ज़ : सोशल ट्रांसफार्मेशन एंड ह्यमन गवर्नेंस*, १६(२) : २०१-८, वसंत १९९१

४. रजनी कोठारी, 'मासेज़, क्लासेज़ एंड द स्टेट', *आल्टर्नेटिव्ज़ : सोशल ट्रांसफार्मेशन एंड ह्यमन गवर्नेंस*, १६(२) : २०१-८, वसंत १९९१

५. इस प्रक्रिया को आगे बढ़ाने में आधुनिक उदारतावादी राज्य की भूमिका को शुरुआती राजनीतिक सिद्धांतकारों द्वारा नजरंदाज किया गया। इसकी बजाय इसे समाजशास्त्रीय रूप से आधुनिकीकरण की प्रक्रिया के स्वाभाविक परिणाम के रूप में सूत्रीकृत किया गया। देखें : कार्ल डब्ल्यू. ड्यूश, 'सोशल मोबलाइज़ेशन एंड पॉलिटिकल डिवेलपमेंट', *अमेरिकन पॉलिटिकल साइंस रिव्यू*, अंक ३, सितंबर १६९१

६. इन अवधारणाओं की ठोस और सटीक व्याख्या के लिए देखें : श्रीमन्नारायण (सं.), *द कलेक्टिड वर्क्स ऑव महात्मा गाँधी*, खंड ४, अध्याय १६, 'स्वदेशी', पृष्ठ २५६-६०; खंड ५, अध्याय १५, 'नॉन-कोआपरेशन', पृष्ठ २०३-८; अध्याय १६, 'सिविल डिसओबीडिऐंस', पृष्ठ २०९-१६; अध्याय ३९, 'स्वदेशी', पृष्ठ ३३६-३९; अध्याय ४२, 'विलेज कम्युनिटीज़', पृष्ठ ३४४-४७, नवजीवन पब्लिशिंग हाउस, अमदाबाद।

७. जयप्रकाश नारायण के जीवन और कृतित्व के बेहतरीन ब्योरे के लिए देखें बिमल प्रसाद द्वारा संपादित जेपी की चुनी हुई रचनाओं में उनके द्वारा लिखा 'परिचय'।

सूचना समाज के आयाम

बड़े बाँधों और विराट इस्पात परियोजनाओं के आधार पर नेहरूयुगीन उच्चवर्णीय अभिजनों ने काफी धैर्य और परिश्रम के साथ जिस सीमाबद्ध भू-क्षेत्रीय राष्ट्रवाद की रचना की थी उसे भूमंडलीकरण के साथ आये निराकार साइबर स्पेस ने कड़ी चुनौती दी है। इस साइबर स्पेस में भूमंडलीय उपभोक्तावाद है, बहुराष्ट्रीय पूँजी की चौधराहट है, अराजनीतिकरण के आयाम हैं और इसके साथ-साथ दक्षिणपंथ ने इसे अपना औजार भी बना रखा है। लेकिन, इन नकारात्मक पहलुओं के अलावा इस निराकार स्पेस ने राष्ट्रवाद की विकासवादी आधुनिकता के खिलाफ बगावत करके अनंत संभावनाओं के द्वार भी खोल दिये हैं। यूरोप से तीसरी दुनिया तक आते-आते साइबर स्पेस के मायने बदल जाते हैं। तीसरी दुनिया के नागरिक को पहली बार लग रहा है कि दुनिया उसकी मुट्ठी में कैद हो गयी है। साइबर आकाश में उसकी यात्राएँ उसके मनोजगत और उसकी इयत्ता में गुणात्मक परिवर्तन कर देती हैं। हालाँकि भारत में साइबर स्पेस तक आम जनता की पहुँच अभी बहुत सीमित है पर तीन तरह के साइबर-समुदाय उभर रहे हैं। नेटवर्कों के संजाल में एक नयी नागरिकता का बीज पनप रहा है।

राष्ट्रवाद का कारागार और निराकार साइबर स्पेस की बगावत

रवि सुंदरम

बीसवीं सदी के आखिरी दशक में फ्रेड्रिक जेमसन ने उत्तर-आधुनिकतावाद को पूँजीवाद के मौजूदा चरण का सांस्कृतिक तर्क करार दिया था। उनके इस सूत्रीकरण को अब क्लासिक की मान्यता मिल चुकी है। जेमसन का कहना था कि सहस्राब्दी का भविष्य-स्वप्न उलट कर वर्तमान के अतिरेकपूर्ण समारोह और पुनर्रचना में बदल गया है।[१] यानी हम भविष्य के बारे में जितना भी पूर्वानुमान लगाते हैं, उतना ही हमारे ऊपर एक अजीब-सा अहसास तारी होता चला जाता है। तरह-तरह के सामाजिक-आर्थिक-राजनीतिक विचार अनुपयोगी लगने लगते हैं। अगर इसी उलटबाँसी को समृद्धि के हाशिये पर पड़ी तीसरी

दुनिया के एक देश पर आरोपित किया जाय तो साफ हो जाता है कि उन्नीसवीं सदी ने आधुनिकता की जो विचारधाराएँ हमें थमायी थीं, वे गहरे संकट की शिकार हो चुकी हैं। राष्ट्रवाद और मार्क्सवाद दक्षिण एशिया की जमीन पर अपने महान आश्वासन पूरा करने में नाकाम साबित हुए हैं। हमारी आँखों के सामने जो घटित हो रहा है, वह बेहद नाटकीय है। भू-क्षेत्रीय सीमाओं के बंधन टूटते जा रहे हैं। राष्ट्र-राज्य संकट में फँस चुका है। पश्चिम से प्राप्त सभी व्यवस्थागत धारणाओं को नये सिरे से रचने की सक्रिय कोशिश चल रही है। ध्यान रहे कि इन धारणाओं की बुनियाद नागरिकता आधारित संगठनों, राष्ट्रीय सीमाओं, काल, समय और इतिहास की एक खास समझ से बनी थी।

पहली नजर में यह नाटकीय घटनाक्रम खुशी की बात लगता है। नीत्शे की बात याद आती है, जिसमें उन्होंने 'आधुनिकता की सर्वग्रासी ऐतिहासिक व्यग्रता' की चर्चा की थी।[२] नीत्शे का मतलब यह था कि आधुनिकता इतिहास का स्मारक बना कर आने वाली पीढ़ियों के सिर पर लाद देती है। उन्नीसवीं सदी की धारणाओं के संकटग्रस्त होने से प्रतीत होता है कि शायद इस बार मनुष्य गुजरी हुई सहस्राब्दी के बोझ से मुक्त हो जायेगा। लेकिन, दुनिया की बदसूरत तस्वीर हमारी आँखों के सामने आते ही यह खुशी काफूर हो जाती है। खासतौर से महानगरीय सभ्यता के हाशियों पर नजर पड़ने से ऐसा ही लगता है। हेगेल के विचारों का सहारा ले कर कहा जा सकता है कि शायद आत्मसंभवा होने के अंतिम क्षण में ही विश्व-चेतना पराजित हो गयी है और उसने अपनी महान परियोजना के नाकाम होने का हौलनाक बदला लिया है। खासकर, अगर कोई इसका सबसे ज्यादा शिकार हुआ है तो वह तीसरी दुनिया का नागरिक है जो राष्ट्रवाद के क्षयग्रस्त खंडहरों में अपनी अस्मिता तलाश कर रहा है। जाहिर है कि उसकी दुनिया में प्रगति का अंधड़ आ कर गुजर गया है और उसके दोबारा आने की अब कोई उम्मीद भी नहीं है।

इसी बिंदु पर एक विरोधाभास हमारा ध्यान खींचता है। जिस मुकाम पर आधुनिकता अपने उन्नीसवीं सदी के संस्करण से छुटकारा पाती हुई लगती है ठीक उसी मुकाम पर आधुनिकता को वैचारिक रूप से मूर्तिमान करने वाला पश्चिम अपने सबसे ज्यादा दुर्बल स्वरूप में सामने आता है। सोलहवीं सदी के बाद पहली बार समृद्धि का केंद्र पश्चिम से हट कर एशिया के पूर्वी सीमांत, संभवत: चीन, की तरफ खिसकता लग रहा है। ऊपर से इस परिवर्तन का चरित्र सेकुलर यानी लौकिक किस्म का है यानी इसे आधुनिकता के दायरे में ही अंजाम दिया गया है। पश्चिम की हालत यह है कि सुरक्षित सीमाओं और संप्रभुता पर आधारित आधुनिकता की पुरानी राज्य-प्रणाली ढहती जा रही है। यह प्रणाली

व्यक्तिनिष्ठता, प्रतिनिधित्व और आजादी के नाम से परिचित लगभग अकाट्य समझी जाने वाली धारणाओं पर टिकी रही है। अब इनकी हालत इस कदर खस्ता हो चुकी है कि जीर्णोद्धार की संभावनाएँ भी नहीं दिखायी देतीं। पिछली सहस्राब्दी पर पश्चिम हावी था और उसके इस वर्चस्व की शुरुआत जेहादी युद्धों की हिंसा से हुई थी। यूरोपीय संघ की स्थापना होते ही पश्चिम अपने शिखर पर पहुँच गया। लेकिन जब सहस्राब्दी का उपसंहार हुआ तो आधुनिकता का विचार ही जोखिमग्रस्त हो चुका था।

सवाल यह है कि वर्चुअल स्पेस (यानी भू-क्षेत्रीय सीमाबद्ध आकार के विपरीत एक ऐसा निराकार दायरा या क्षेत्र जो संचार क्रांति की प्रौद्योगिकी के जरिये हमारे समय के यथार्थ में ताकतवर हस्तक्षेप कर रहा है) की परिघटना के संदर्भ में भारत जैसे देश के लिए इस घटनाक्रम के क्या मायने हैं? पहली बात तो यह है कि इस इलेक्ट्रानिक-आकाश में भारत की उड़ान को एक खास तरह की पृष्ठभूमि में देखा जाना चाहिए। पश्चिमी आधुनिकता और उसके गर्भ से जन्मे संप्रभुता-आधारित सीमाबद्ध भू-क्षेत्रीय राज्य की संस्था बेहद मुश्किलों में फँसी हुई है। साथ ही मुझे तो यह भी लगता है कि 'पश्चिम' की दुर्बलता ने तीसरी दुनिया, खासकर भारत के लिए साइबर-आकाश को और भी आकर्षक बना दिया है। ठोस यथार्थ के धरातल पर पश्चिम की दुर्बलता को वर्चुअल स्पेस में होने वाले प्रस्फुटन के बरक्स रखते ही हमें दिख सकता है कि आधुनिकतावाद का सरअंजाम कहाँ भंग हुआ है। इसी वियोजन से वे नयी हवाएँ मिलती हैं जिन पर सवार हो कर तीसरी दुनिया का अभिजन इस आकाश में पश्चिम की यात्राएँ करता है। यही हैं वे हवाएँ और यही है वह आकाश जिसने उन सीमाओं का उल्लंघन कर दिया है जो कभी पश्चिम और तीसरी दुनिया के संबंधों को परिभाषित करती थीं।

इसी मुकाम पर साइबर-आकाश की तीसरी दुनिया-केंद्रित और क्लासिकल मार्क्सवादी आलोचना नाकाफी लगने लगती है। ये आलोचनाएँ इंटरनेट द्वारा तीसरी दुनिया की संस्कृतियों को अजूबे की तरह पेश करने की प्रवृत्ति पर रोशनी डालती हैं। इसके अलावा ये आलोचनाएँ सूचना महापथ के राजनीतिक अर्थशास्त्र पर बहुराष्ट्रीय पूँजी के दबदबे को भी सामने लाती हैं। दोनों ही बातें काफी हद तक सही हैं पर दोनों में से कोई भी साइबर-आकाश के उन जटिल फलितार्थों की व्याख्या नहीं कर पाती जिनके कारण स्थानीय और क्षेत्रीय स्तर पर राष्ट्रीय अस्मिता की रूपरेखा दोबारा बन रही है। हमें यह नहीं भूलना चाहिए कि पश्चिम भारतीयों के लिए एक विचार का नाम रहा है और भारत के साथ उसके इस संबंध का साइबर-आकाश में किये जाने वाले

भारतीय हस्तक्षेप से गहरा ताल्लुक है। साइबर-आकाश की विशेषता यह है कि उसमें की गयी भारतीय कार्रवाइयों की संकुलता और स्थानीय अंतर्संबद्धता पर पश्चिम का वर्चस्व हावी नहीं हो पाता। इसीलिए भारत द्वारा किये जा रहे साइबर-हस्तक्षेप को अर्नेस्टो लाक्लाउ की भाषा में 'रेडिकल प्रासंगिकता' की तरह देखना जरूरी हो जाता है। यानी एक ऐसे संदर्भ में जहाँ 'पश्चिम', 'पूँजी' और 'राष्ट्र' जैसे सर्वग्रासी विचार वर्चुअल-आकाश में ली जा रही भव्य और अंतर्विरोधी पहलकदमियों को पृष्ठभूमि में धकेल पाने में नाकाम हैं।

भारत, साइबर-आकाश और साइबर-समाज

भारत में साइबर-प्रयोग की परिघटना को प्रसारात्मक मॉडल की दृष्टि से देखने के लिए हमें इन आयामों पर विचार करना होगा :

(अ) इस तथ्य को स्वीकार करना होगा कि भारत पूँजीवादी विश्व अर्थव्यवस्था की परिधि पर पड़ा हुआ देश है। इसमें टेलीफोन का इस्तेमाल करने वाले लोग दुनिया में सबसे कम हैं। आबादी के एक छोटे-से हिस्से के पास ही बिजली की सुविधा है।

(ब) भारत के पास साइबर-पंक (यानी अस्सी के दशक में यूरोप और अमेरिका में विकसित हुआ विज्ञान-कथा साहित्य) की कोई परंपरा नहीं है। वस्तुतः उसके पास विज्ञान के लोकप्रिय गल्प साहित्य की कोई स्वदेशी परंपरा नहीं है। इस देश के ज्यादातर सांस्कृतिक समुदाय अभी तक प्रौद्योगिकी के साथ दुविधाहीन संबंध नहीं बना पाये हैं। इस समाज में विज्ञान और प्रौद्योगिकी को ऐतिहासिक रूप से राज्य द्वारा प्रायोजित और सामाजिक-यथार्थवादी अर्थात बाँध, इस्पात या विद्युत परियोजनाओं की छवियों में व्यक्त किया जाता है।

इन दोनों सच्चाइयों के बाद भी भारत में ऐसे लोगों की संख्या उल्लेखनीय है और तेजी से बढ़ती जा रही है जो इलेक्ट्रानिक नेटवर्कों से जुड़े हुए हैं। विषमताओं से ग्रस्त भारत जैसे देश के लिए यह तथ्य असाधारण समझा जाना चाहिए। मैं इस निबंध में इसके कारणों पर भी विचार करूँगा। खास बात यह है कि भारत में जनता के बीच 'साइबर स्पेस' का विमर्श खासे लोकप्रिय ढंग से उभरा है। समाचार माध्यमों में इसे काफी स्थान मिलता है और इस बारे में काफी कयासबाजी भी होती है जिसके पीछे इंटरनेट का इस्तेमाल करने वालों की बढ़ती हुई संख्या ही है। यह सही है कि साइबर-आकाश में विचरण करने वाले व्यक्ति की पहचान साफ नहीं है और न ही उसकी शख्सियत पर पुराने राष्ट्रवादी वैज्ञानिक की छवि का असर है। इसीलिए इंटरनेट-प्रयोक्ता कहीं

बाकायदा दृश्यमान नहीं हो पाता।

मैं इस इंटरनेट-प्रयोक्ता को तीन ऐसे साइबर-समुदायों में रख कर देखना चाहूँगा, जिनकी सीमाएँ परस्पर व्याप्त हैं। ये साइबर-समुदाय बनने के दौर से गुजर रहे हैं। इन समुदायों की सदस्यता ग्रहण करने और साइबर यात्राएँ करने के तौर-तरीके भी अभी पूरी तरह नहीं बने हैं। इनमें दो साइबर-समुदाय हैं : राष्ट्रवादी राज्य द्वारा बनाया गया साइबर-समुदाय और बहुराष्ट्रीय अभिजनों द्वारा बनाया गया साइबर-समुदाय। तीसरा साइबर-समुदाय बाजार और राज्य के बीच की गुंजाइशों में स्थित है जो नाना प्रकार के बुलेटिन बोर्डों और सामाजिक आंदोलनों के नेटवर्कों से मिल कर बना है। इन तीनों समुदायों की सीमाएँ स्पष्ट नहीं हैं।[३] ये समुदाय अलग-अलग भाषाओं में समाज को संबोधित करते हैं और इनकी आंतरिक संरचनागत परतें भी एक-दूसरे से भिन्न हैं। भारत के लिए इन साइबर-समुदायों की परिघटना अपेक्षाकृत नयी ही है। इस लेख में इन समुदायों की जारी रचना-प्रक्रिया की बेहद शुरुआती जाँच-पड़ताल की गयी है। इसी मकसद के लिए यह देखा गया है कि राष्ट्रवादी विचार के तहत स्पेस (एक निराकार दायरा जो संचार प्रौद्योगिकी की पैदाइश है) के संगठन का सैद्धांतिक मानचित्र क्या है और आगे बढ़ने और आगे बढ़ने के माध्यमों पर उस मानचित्र का क्या असर पड़ा है।

राष्ट्रवादी नीतियाँ विभिन्न तरह के दायरों, प्रतिनिधित्व और अस्मिता के संगठन के लिए एक खास तरह की सामाजिक नक्शानवीसी का इस्तेमाल करती हैं। मानचित्रों के जरिये 'सीमाएँ' बनती हैं। सीमाओं के माध्यम से अस्मिताएँ संस्थागत रूप लेती हैं और नागरिकता के प्रतिनिधित्व की संरचनाएँ उभरती हैं। मानचित्रों के जरिये ही पश्चिम और आधुनिकता के साथ तादात्म्य स्थापित होता है।[४] द्वितीय विश्व युद्ध के बाद बने आधुनिकतावाद के संस्करण की नक्शानवीसी में उस हिंसक ताकत ने भी मदद की थी जिस पर राज्य की इजारेदारी मानी जाती है। आलेख में इस नक्शानवीसी पर भी एक निगाह फेंकी गयी है। यहाँ मानचित्र का रूपक इस्तेमाल करने का एक फायदा यह है कि उसके जरिये उत्तर-राष्ट्रवादी अवधि में अपनायी जा रही उन तरह-तरह की रणनीतियों पर रोशनी पड़ सकती है जो भू-क्षेत्र के दायरे से अलग हट कर दायरों को पुनर्संगठित करके अस्मिता के नये रूपों से लैस करना चाहती हैं।

पहला साइबर-समुदाय : राष्ट्रवाद

ज्यादातर विद्वान इस बात पर सहमत हैं कि भारत के उपनिवेशवाद विरोधी संघर्ष के दौरान कई तरह की राष्ट्र और राष्ट्रवाद-संबंधी दृष्टियाँ प्रकाश में

आयी थीं। इनकी सीमाएँ थीं। इस आंदोलन के दौरान सामाजिक गोलबंदी के तरीके भी किस्म-किस्म के इस्तेमाल किये गये थे, इसलिए ऐसा होना एक हद तक स्वाभाविक ही था। शुरू में काफी समय तक अस्मिता, आधुनिकता और राष्ट्र-निर्माण की धारणाओं के बारे में विभिन्न दृष्टियों की आपसी होड़ सुस्त पड़ी रही। आजादी के बाद विकास की गाड़ी जब थोड़ी दूर चल चुकी, तब कुछ पुराने सवालों और कुछ मतभेदों पर रोशनी पड़ी। इनमें गाँधी के विचार और कर्म से पैदा हुए सवाल काफी महत्त्वपूर्ण साबित हुए।

अंग्रेजों के चले जाने के बाद १९४७ में पहले प्रधानमंत्री जवाहरलाल नेहरू के नेतृत्व में राष्ट्रवाद के विचार को नये सिरे से रचा जाना महत्त्वपूर्ण था। राष्ट्रवाद के इस नये संस्करण की खास बात यह थी कि यह तेजी से आधुनिक बनने की जरूरत पर काफी जोर देता था। इसके लिए वह चाहता था कि तर्कबुद्धि को आधार बना कर राज्य-व्यवस्था की रचना की जाय जो आर्थिक संचय और उद्योगीकरण के मकसद से राष्ट्रीय दायरे का पुनर्संगठन करे। यही कारण था कि उस समय गाँधीवाद की संस्कृति आधारित विचार संरचनाएँ ऐसे राज्य प्रशासन और तर्कबुद्धि आधारित संचय के लिए अनुपयोगी मानी गयीं। नतीजे के तौर पर जो दायरा बना उसे ऑरी लेफेब्र (१९९१) के शब्दों में 'अमूर्त दायरा' कहना ठीक होगा, क्योंकि इस दायरे की अनुभूति साधारण किस्म के अनुभव के जरिये नहीं हो सकती थी। उस पर उद्देश्यपरक-तर्कबुद्धिवादी आधुनिकतावादियों की इजारेदारी थी जो उस जमाने में तीसरी दुनिया का वैचारिक गठन यूरोपीय ज्ञानोदय की तर्ज पर करना चाहते थे।

गाँधी का विमर्श स्पेस या दायरे के बजाय 'स्थान' के बारे में था। वह उसे सच्चे अनुभव और कार्रवाई के 'स्थान' के रूप में देखता था। उपनिवेशवाद विरोधी राजनीति के मर्मस्थल के रूप में गाँव का आह्वान गाँधी द्वारा इसीलिए किया गया था।[५] इसके विपरीत उपनिवेशवाद की नक्शानवीसी अमूर्त और लौकिक किस्म की थी। उनका दावा था कि रेलवे के विचार में निहित वैकासिक संभावनाएँ इस देश को 'ग्राम समाज' की जकड़ से मुक्त कर देंगी। उपनिवेशवादी विचारधारा अंग्रेजी को अंतर्राष्ट्रीय सांस्कृतिक प्रणाली के पासपोर्ट की तरह पेश करती थी। उसकी निगाह में औपनिवेशिक कानून समाज को स्वतः व्यवस्था और गैर-क्रांतिकारी क्रमिक विकास की ओर ले जायेगा। गाँधी के आह्वान में जीवन की दैनंदिन प्रकृति को प्राथमिकता दी गयी थी और वे एक नये किस्म की उपनिवेशवाद विरोधी सांस्कृतिक व्यूह रचना के प्रतिपादक थे।[६] इस व्यूह रचना में खादी से एक उपनिवेशवाद विरोधी प्रति-वस्तु का काम लिया गया था। आजाद भारत के नेहरूवादी वारिसों ने गाँधी की

इस व्यूह रचना को शक की निगाह से देखा और स्वयं गाँधी को पूजनीय दर्जा दे कर हाशिये पर फेंक दिया।

गाँधीवादी अर्थशास्त्र को राष्ट्र-निर्माण की रणनीति से बाहर करके नेहरू जैसे स्वातंत्र्योत्तर राष्ट्रवादियों ने बिना देर किये उस जमाने के उदीयमान विकास-संबंधी विचार को राजकीय नीति के औजार की तरह स्थापित कर दिया। 'विकास' की अवधारणा द्वितीय विश्व युद्ध के बाद की देन थी और अमेरिका ही नहीं, सोवियत संघ भी मानता था कि आधुनिकता विकास के बिना हासिल नहीं हो सकती, भले ही उसके कारण करोड़ों-करोड़ों लोग ऐतिहासिक जीवन-शैलियों से वंचित हो कर विनाश के गर्त में क्यों न चले जाएँ।[७] बहरहाल, यहाँ हमारी दिलचस्पी का विषय यह है कि भारत के विकासवादी राज्य ने अपने दायरों की नक्शानवीसी किस तरह की और उन दायरों ने राष्ट्रवादी साइबर-समुदाय के विकास में क्या भूमिका निभायी।

पचास के दशक और उसके बाद से 'भूमंडलीय' होने का एक खास तरह का मतलब प्रचलित हुआ। विश्व-अर्थव्यवस्था की संपूर्ण सदस्यता के लिए आवश्यक समझा गया कि पहले राष्ट्रीय दायरे पर कब्जा किया जाय और फिर उसका सुदृढ़ीकरण किया जाय। इस प्रक्रिया में 'राष्ट्रीय अर्थव्यवस्था' एक माध्यम के रूप में खुद-ब-खुद राष्ट्र का पर्याय बन गयी।[८] निश्चित रूप से दो सौ साल का औपनिवेशिक शोषण और विश्व-अर्थव्यवस्था में भारत का अलग-थलग पड़ा रहना भी एक बड़ा कारण था कि राष्ट्रीय अर्थव्यवस्था को एक औजार की तरह इस्तेमाल किये जाने को मान्यता मिल सकी। यहाँ हमारे लिए इतना समझना ही विषयानुकूल होगा कि यह 'अर्थव्यवस्था' लेफेब्र के अमूर्त दायरे की तरह एक ऐसे इंद्रजाल का अंग थी जिस तक केवल विशेष सुविधासंपन्न और 'प्रबुद्ध' आधुनिकतावादियों के वर्ग की पहुँच ही हो सकती थी। दूसरी बात यह थी कि 'अर्थव्यवस्था' एक ऐसे दायरे की तरह कल्पित की गयी थी, जिसमें ग्राम या 'पारंपरिक समुदाय' के अंतर्निहित द्वैध का कोई स्थान नहीं होना था। समाजशास्त्री और विचारक जिग्मंट बाउमन का खयाल है कि पश्चिमी आधुनिकता किसी भी किस्म की अस्पष्टता या द्वैध से बहुत डरती है और यह प्रवृत्ति एकदम शुरू से ही आधुनिकता की परियोजना में समायी हुई है :

> नयी आधुनिक व्यवस्था ने अपनी शुरुआत एक निराशोन्मत्त तलाश से की। वह संरचनाओं का आवरण अचानक हट जाने के कारण उघड़ गयी दुनिया में एक संरचना खोजना चाहती थी। लंबे अरसे से मानवीय मेधा के लिए प्रकाशस्तंभ बने रहे तरह-तरह के युटोपियाओं ने जिस दुनिया का चित्र खींचा था, उसमें न तो हाशियों की जगह थी, न पीछे छूट गये और गिनती से बाहर कर दिये गये लोग थे ... इस कल्पित विश्व में नियत कर्तव्य का बोलबाला था, जबकि गुजरी

हुई दुनिया में अंधे प्रारब्ध की हुकूमत थी। नयी दुनिया में निर्धारित कार्यभार को एक संपूर्ण योजना में से उठाया जा सकता था और यह योजना तर्कबुद्धि के प्रवक्ताओं ने तैयार की थी। आने वाली दुनिया में *व्यवस्था बनाने से पहले उसकी पूरी डिजायन तैयार कर ली गयी थी।* (जोर हमारा)[९]

इस डिजायन के परिणामस्वरूप जो हासिल हुआ वह बाउमन के अनुसार विधायी आधुनिकता थी। इस आधुनिकता में आधुनिकीकरण होने के लिए तरह-तरह के कानून पारित करने का काफी महत्त्व था। आधुनिकीकरण में लगे इसके बुद्धिजीवी 'समाज' को ऐसे शाल-पत्र के रूप में देखते थे जिसके उपवन को सावधानीपूर्वक बागवानी के जरिये सँभाला जाना था और जिस पर लिखी हुई अस्पष्टता की हर इबारत मिटा दी जानी थी। भारत में वैकासिक नियोजन का मकसद राष्ट्रवादी आर्थिक विकास के लक्ष्यों को पूरा करना था, लेकिन साथ में यह नियोजन राज्य को 'बागवानी' के जरिये सँवारने के विमर्श से भी गहरा ताल्लुक रखता था। इस विमर्श के अनुसार गरीबी और विषमता घटाते हुए विकास हमें कदम-ब-कदम 'व्यवस्था' की तरफ ले जाता। सोवियत अनुभव से नियोजन का आधुनिकतावादी संजाल उधार लेकर हमने उसमें एक मायाजाल का समावेश किया। इस तरह विकास का यूटोपिया तैयार हुआ, जिसके समीकरण में नियोजन का मतलब विकास था और विकास का मतलब व्यवस्था थी। इस प्रक्रम में विकास और व्यवस्था इस तरह साथ-साथ चल रहे थे कि डेविड हार्वी के शब्दों में पूँजीवादी आधुनिकता के तत्त्वावधान में दिक् और काल का तर्क एक-दूसरे में समा कर मूर्तिमान हो गया था, यानी संचार क्रांति के कारण दुनिया लगातार छोटी होती चली जा रही थी।[१०] नतीजतन भूमंडलीय पूँजी के विस्तार ने इस प्रक्रिया को चरम पर पहुँचा दिया। 'सामाजिक संबंध अपनी बुनियाद से कट गये' और विश्व अर्थव्यवस्था के भिन्न-भिन्न विशाल दायरों का समरूपीकरण हो गया। विकासवाद के खयाल में भौतिक प्रगति की रफ्तार का खासा महत्त्व था। विश्व अर्थव्यवस्था के समृद्ध हिस्सों की बराबरी करने के लिए विकास की एक खास रणनीति को ही प्राथमिकता दी जानी थी और इसी के कारण स्थानीय और 'पारंपरिक' जीवन-शैलियों को अमान्य करार दिया जाना जरूरी था।

इस क्रम में जो समझ हमें प्राप्त हुई वह बेंथम के पनोप्टीकॉन से बेइंतिहा मिलती-जुलती थी। शुरू में पनोप्टीकॉन को एक जेल की तरह कल्पित किया गया था। इस जेल में कैद रखने की 'तर्कसंगत' विधियों का इस प्रकार इस्तेमाल किया जाना था कि कोई भी कैदी वार्डन की नजरों से बच कर न रह सके, लेकिन वार्डन पर किसी कैदी की नजर न पड़ सके। पनोप्टीकॉन के

वासियों को एक व्यवस्थित, निगरानीशुदा और आजादी के अमूर्त आदर्श से प्रतिबद्ध माहौल में जिंदगी गुजारनी थी। पनोप्टीकॉन के आविष्कारकों के लिए उनकी रचना एक महान राजनीतिक प्रौद्योगिकी का प्रतिनिधित्व करती थी, जिसमें लोगों पर व्यवस्था आरोपित करने की क्षमता तो थी ही, साथ ही वह उत्पीड़ितों को सत्ता की कल्पना तक करने से रोक देती थी। जैसा कि जिजेक ने" हमें बताया है, पनोप्टीकॉन के अँधेरे केंद्र में बैठा व्यक्ति ही उसका सबसे ज्यादा इस्तेमाल कर सकता था और यह केंद्र ऊँचाई यानी शीर्ष पर होता था। राष्ट्र और उससे जुड़े दैनंदिन जीवन के इसी अमूर्त केंद्र और अनाम दायरे में रहते हुए नेहरूवादी वैकासिक नौकरशाही सुविधापूर्वक अपना काम करती रहती थी। स्वातंत्र्योत्तर भारत के उच्चशिक्षित, उच्चवर्णीय और अंग्रेजी बोलने वाले राज्य-प्रबंधक बड़ी कुशलता से अपने आसपास एक अपरिचय का प्रभामंडल बनाये रहते थे जो 'विधायी आधुनिकता' के लिए जरूरी समझा जाता था। यह विधायी आधुनिकता तबकाई, क्षेत्रीय और धार्मिक दावों के परे जाने वाली अमूर्त दृष्टि का पर्याय भी थी।

आधुनिकता हासिल करने के लिए नेहरूवादी राष्ट्रवाद तेज भौतिक प्रगति, विकास और 'व्यवस्था' लागू करने की समझ को केंद्र बना कर संघर्ष कर रहा था। ऐतिहासिक व्यवहार के तौर पर इस पूरी कल्पना को धरती पर उतारने के लिए गणराज्यवादी लोकतांत्रिक राजनीति की विधियाँ अपनायी जानी थीं। इस चक्कर में हुआ यह कि नाना प्रकार के राजनीतिक अभिनेता और आंदोलन प्रतिनिधित्व के उसूल के सहारे राजनीतिक-सामाजिक दायरों का मानचित्र अपने हिसाब से तैयार करने की कोशिश करने लगे। यानी पनोप्टीकॉन की धारणा पर आधारित राजनीतिक प्रौद्योगिकी को लगातार चुनौतियों का सामना करना पड़ा। अस्सी के दशक के आखिरी वर्षों तक उत्पीड़ित जातियों के नये सामाजिक आंदोलनों का उभार पनोप्टीकॉन के एकांत विचार के लिए गंभीर खतरा बन गया। इस परिघटना और नये भूमंडलीकरण ने मिल कर नेहरूवाद द्वारा रचे गये राष्ट्रीय दायरे के पुराने 'मानचित्र' की सत्ता को क्षीण कर दिया।

नेटवर्क की रचना

फ्रेडरिक जेमसन का खयाल है कि वास्तुकला यानी स्थापत्य का क्षेत्र उत्तर-आधुनिकता की सबसे अच्छी तरह नुमाइंदगी कर सकता है। वे इसका कारण यह बताते हैं कि वास्तुशिल्प की दुनिया उत्तर-आधुनिकता की नयी स्थानिकता को सबसे अच्छी तरह व्यक्त कर सकती है। नेहरूवादी राष्ट्रवाद समेत बीसवीं

सदी के सभी आंदोलनों के पास अपनी-अपनी प्रतीक योजना थी। गाँधीवाद अगर ग्राम का आह्वान करता था तो नेहरूवादी बाँध को वही महत्त्व देते थे। बाँध उनके लिए 'आधुनिकता का मंदिर' था और प्रकृति के ऊपर हावी सांसारिक श्रम की ताकत का गुणगान करता था।[१२] नेहरूवादी राष्ट्रवाद हमेशा ऊर्जा को नियंत्रित और अनुशासित करने का स्वप्न देखता रहता था। फिल्मों और अखबारों के जरिये भारतवासियों से लगातार अपील की जाती रहती थी कि वे भाखड़ा नाँगल की तीर्थ यात्रा करने जरूर जाएँ।[१३] भाखड़ा नाँगल पर आजादी के बाद का पहला बड़ा बाँध बन रहा था।

सतीश देशपांडे के अनुसार आजादी के बाद राष्ट्रवादी तीर्थ यात्राओं के लिए इस्पात और बिजली बनाने वाली परियोजनाओं के साथ-साथ बाँधों की शिनाख्त का एक खास मतलब था। यह पूरा विचार 'अर्थव्यवस्था' और उत्पादन को देशभक्ति और राष्ट्रीय विकास का पर्याय मानने पर आधारित था। 'अर्थव्यवस्था' को मिली यह ऊँची हैसियत सत्तर के दशक में बेहद केंद्रीकृत और दमनकारी राज्य का अंग बन गयी जिसे नेहरू-गाँधी परिवार के वंश शासन की तर्ज पर चलाया गया। सरकार द्वारा प्रायोजित गरीबों की जबरिया नसबंदी 'विकास' का दूसरा नाम बनी।[१४] इसका नतीजा इंदिरा गाँधी और कांग्रेस की राजनीतिक पराजय में निकला। अस्सी के दशक में कांग्रेस की सत्ता में वापसी हुई, लेकिन तब तक पुराना राष्ट्रवादी स्थापत्य खासे संकट में फँस चुका था। इसलिए इसी दशक की शुरुआत में एक नया रवैया अपनाया गया जिसे नेहरू के नाती राजीव गाँधी ने जम कर प्रोत्साहित किया। राजीव १९८४ में प्रधानमंत्री बने। इस नयी वैचारिक संरचना के मुख्य पहलू दो थे।

पहला आयाम तो यह था कि भौतिक प्रगति की रफ्तार को तेज किया जाय और साथ में राज्य के प्रबंधकों को जनता के साथ होने वाली दैनंदिन अन्योन्यक्रिया से मुक्ति दिलायी जाय। इसका मतलब यह था कि संचार साधनों की प्रौद्योगिकी के जरिये दुनिया छोटी होती चली जाय और वे दिक्कततलब राजनीतिक समस्याएँ भी न उठें जो स्थानिकता और उससे जुड़ी राजनीति अक्सर पैदा करती रहती थी।[१५] इसके लिए हमारे अभिजनों को एक ऐसे समाधान की जरूरत थी जिसके तहत पुरानी राष्ट्रवादी नीतियों को छोड़ा जा सके, क्योंकि इन पुरानी नीतियों को विकास और पहलकदमी के रास्ते में बाधा माना जा रहा था। यह समाधान 'राष्ट्रीय' दायरे को खाली करने और उसकी जगह भूमंडलीकरण को देने के जरिये हासिल किया गया। अस्सी खत्म होते-होते और नब्बे के दशक की शुरुआत में यह प्रक्रिया तेज हो गयी। अंतर्राष्ट्रीय मुद्रा कोष और विश्व बैंक के दबाव में आयात-प्रतिस्थापन की पुरानी नीतियाँ

धीरे-धीरे त्याग दी गयीं। घरेलू उद्योगों और बहुराष्ट्रीय कंपनियों से पाबंदियाँ हटा ली गयीं।

अंतिम विश्लेषण में इन तमाम नीतियों का नतीजा यह निकला कि पुरानी राष्ट्रवादी कल्पना पूरी तरह से दोबारा रची गयी। उसकी नयी शक्ल को पहचानना मुश्किल था। 'विकास' एक मुद्दे के रूप में बना रहा, लेकिन उसे संचार या संप्रेषण की समस्या के रूप में पुनर्संगठित किया गया। कंप्यूटरीकरण, नेटवर्किंग और राष्ट्रीय टेलीविजन नेटवर्क पर नयी दृश्यावली का बोलबाला होने लगा। जल्दी ही कंप्यूटर एक ऐसा ताकतवर प्रतीक बन गया जिसके आसपास सभी तरह के प्रतिनिधित्व गोलबंद होने लगे, चाहे सरकारी हों या व्यावसायिक। राष्ट्रवादी विमर्श पर इसका असाधारण प्रभाव पड़ा।[१६] नेहरूवाद उन्नीसवीं सदी द्वारा प्रदत्त इस्पात, कोयला और ऊर्जा जैसे भौतिक संचय पर जोर देता था, लेकिन १९८४ के बाद राज्य के विमर्श ने एक निराकार दायरा पेश किया। अब इसी के तहत विकास के मुद्दे हल किये जाने थे। सार्वजनिक भाषणों, टेलीविजन कार्यक्रमों और अखबारी मुहिमों के जरिये राज्य-प्रबंधकों ने इस नये दायरे को कुछ इस आभास की तरह पेश करना शुरू किया कि अदृश्य होते हुए भी वह नेहरूवादी नियंत्रणों में निहित खामियों को दुरुस्त करता हुआ दिखने लगा।[१७]

कंप्यूटर की यह नयी छवि बीसवीं सदी के शुरुआती दौर के विख्यात आलोचनात्मक सिद्धांतकार लुकाच द्वारा अपनी रचना *हिस्ट्री एंड क्लास कांशसनेस* में प्रतिपादित 'शुद्ध वस्तुकरण' जैसी थी। यहाँ 'शुद्ध वस्तुकरण' का मतलब चेतना के धरातल पर किसी अनदेखी चीज[१८] को इतिहास से निकाल कर ऐसा मूर्त रूप देने की तरह समझा जाना चाहिए जो सवालों से परे चला जाता है। इस अनदेखी चीज के साथ-साथ निराकार दायरे की आभासी प्रतिलिपियाँ बनाने की वह मशीन (कंप्यूटर) भी अपने काम में लगी थी। उससे नेटवर्क नाम की अमूर्त संरचना निकल रही थी जिसके जरिये आधुनिकता और 'पश्चिम' में तेजी से संक्रमण किया जा सकता था। यही थी वह प्रक्रिया जिसने नेहरूवादी पनोप्टीकॉन को बड़ी सफाई से बदल दिया। 'राष्ट्रीय' की फिर से पुष्टि हुई, लेकिन यह काम इस बार एक नये विमर्श ने किया। पुरानी दृश्यावली में जिन सीमाओं और संप्रभुता की छवियों का वर्चस्व था, उनका अंतर्निहित विचार मुश्किल का शिकार हो गया। 'विकास' पुनर्परिभाषित हुआ। विरिलियो की भाषा में उसे रफ्तार और सूचना के संदर्भ में देखा गया।[१९] यानी सूचना जितनी सटीक होगी, पश्चिम तक पहुँचने की संभावनाएँ उतनी ही प्रबल होंगी।

अस्सी के दशक के मध्य तक राज्य एक राष्ट्रीय नेटवर्क की स्थापना को प्रोत्साहित करने लगा था। इस नेटवर्क के जरिये सभी प्रमुख जिला केंद्रों और प्रदेशों की राजधानियों को आपस में जुड़ जाना था। इसे विकास और प्रशासन से संबंधित सूचनाओं का विशाल आगार बनना था। इस तरह नेशनल इंफोमेटिक्स सेंटर तैयार हुआ। हालाँकि इस सेंटर की स्थापना सत्तर के दशक के मध्य में प्रशासन के कंप्यूटरीकरण के लिए हुई थी, लेकिन अस्सी में कृत्रिम उपग्रह से जुड़े हुए निकनेट नामक नेटवर्क के उद्‌घाटन के बाद ही यह कारगर हो पाया। आज निकनेट देश का सबसे बड़ा सूचना नेटवर्क है।[२०] यह जिलों, राज्यों और राष्ट्र के केंद्रों को आपस में जोड़ता है। इसमें समाजविज्ञानों, चिकित्साविज्ञान और कानून संबंधी आँकड़ों का विशाल भंडार समाया हुआ है। यह नेटवर्क देश के सभी शोध संस्थानों के साथ भी संबंध रखता है। अपने ई-मेल नेटवर्क पर इन सभी केंद्रों के साथ-साथ निकनेट प्रयोक्ताओं को इंटरनेट और वेब की सुविधाएँ भी मुहैया कराता है। इंफोमेटिक्स सेंटर कृत्रिम बुद्धि की रचना करने और कंप्यूटर की मदद से की जाने वाली डिजाइनों से संबंधित अनुसंधान-परियोजनाएँ भी चलाता है। देश के अन्य राजकीय नेटवर्क एरनेट (एजुकेशनल एंड रिसर्च कम्युनिकेशन नेटवर्क) को भी पीछे छोड़ चुके निकनेट की सार्वजनिक उपस्थिति अब आसानी से देखी जा सकती है।

निकनेट का मतलब प्रशासन और शिक्षा के क्षेत्र में ज्यादा से ज्यादा कंप्यूटरों का होना ही नहीं है। वह तो सत्ता की पूरी प्रौद्योगिकी को ही बदल देना चाहता है। इसीलिए वह सार्वजनिक मंच पर खुद को बड़े आक्रामक ढंग से पेश करता है। दरअसल, निकनेट अस्सी के दशक के आखिरी वर्षों से ही राजकीय साइबर-समुदाय बनाने की कोशिश में लगा हुआ है। इसके लिए वह जगह-जगह नियमित रूप से नेटवर्किंग, ई-मेल और अंतर्राष्ट्रीय कनेक्टिविटी के बहुप्रचारित प्रदर्शन आयोजित करता है। भारत में आमतौर पर सरकारी संगठन इस तरह से काम करते हुए नहीं दिखते। इसी रवैये के कारण निकनेट को उन सरकारी संगठनों के साथ टकराव की स्थितियों का सामना भी करना पड़ता है जो अभी तक पुराने नौकरशाही केंद्रित नियंत्रण के पक्ष में है।[२१]

निकनेट का संचालन उन लोगों के हाथ में है जो समझ चुके हैं कि पुराने पनोप्टीकॉन को नया रूप देना पड़ेगा, क्योंकि जनता पर निगरानी रखने के पुराने तरीकों की उपयोगिता अब कतई खत्म हो चुकी है।[२२] निजी तौर पर निकनेट के प्रशासक नेटवर्कों पर नियंत्रण करने के सभी प्रयासों को अस्वीकार करते हैं। उन्होंने 'साधारण नागरिकों' के लिए कुछ आकाशीय मार्ग खोलने के लिए सार्वजनिक मुहिम भी चलायी है और अपने कुछ आकाशीय मार्ग खोल कर

संचार पर पुराने किस्म की राजकीय पाबंदियों को खत्म करने की मिसाल पेश की है।

निकनेट के प्रयोग के जरिये नेहरूवाद के तहत बनाये गये पुराने आधुनिकतावादी संजाल को नया रूप देने की कोशिश की गयी है। इस संजाल की बुनियाद प्रातिनिधिक-यथार्थवाद पर आधारित थी और यह वेस्टफेलिया की संधि के गर्भ से निकली राष्ट्रीय सीमाओं के जरिये रची जाने वाली अस्मिता का निर्माण करता था। यह संजाल विकास का एक ऐसा मॉडल पेश करता था, जिसमें 'अर्थव्यवस्था' को राष्ट्रीय नवीकरण और फिर आधुनिकता में संक्रमण के माध्यम को केंद्रीय हैसियत दी गयी थी। इंफोमेटिक्स सेंटर (निक) के नेटवर्कों ने पुराने मॉडल से सीधे टकराव में जाने के बजाय पुरानी कल्पना के कई तत्त्वों को कायम रखा। उन्होंने भी विकास, नया 'राष्ट्र' और भौतिक प्रगति की रफ्तार तेज करने जैसे आग्रहों पर जोर दिया। इन नेटवर्कों की महत्त्वपूर्ण नयी बात यह थी कि उन्होंने एक ऐसा दायरा बनाने में कामयाबी हासिल की जो पूरी परियोजना को आवेग प्रदान करने की वह जिम्मेदारी निभा सकता था जो पुराने सरअंजाम की क्षमताओं से बाहर थी।

निकनेट के नेटवर्कों का संजाल दरअसल पहले के कई पनोप्टीकॉनों की आभासी अनुकृति ही था। इसमें प्रत्येक जिला प्रदेश की राजधानी से जुड़ा हुआ था और वह राष्ट्रीय राजधानी से जुड़ी हुई थी। जिला स्तर की मुहिमों का लहजा नेहरूयुगीन राष्ट्रवादी शब्दावली से ही बना था। १९८९ में पंजाब के गुरदासपुर जिले में खुले जिला इंफोमेटिक्स सेंटर पर निक की टिप्पणी थी :

> निक का गुरदासपुर केंद्र १९८९ में चालू हुआ। शुरुआत में सबसे ज्यादा दिक्कतें झेलनी पड़ीं। प्रौद्योगिकी नयी थी, काम करने का ढंग नया था और एक बिल्कुल नये रास्ते पर चलने की अपील की जा रही थी। गुरदासपुर की जनता को इंफोमेटिक्स की उपयोगिता की जानकारी दी जानी थी। सरकारी कर्मचारियों को कंप्यूटर-प्रशिक्षण दिया जाना था। जनता की सहमति मिलना आसान न था, लेकिन इसमें हमेशा कहीं न कहीं से मदद मिलती रही। जिला प्रशासन की सहायता और सहयोग से निक अधिकारियों के अथक प्रयासों से गुरुदासपुर केंद्र की जोरदार शुरुआत हुई ...
>
> ... अविकसित समझा जाने वाला गुरुदासपुर जिला आज विकास के रास्ते पर चल पड़ा है।[२३]

इसमें देखा जा सकता है कि निक की भाषा लगातार 'विकास' की शब्दावली से खेलती हुई नेहरुयुगीन आधुनिकता बनाम परंपरा की मानसिकता का परिचय देती है। लेकिन वह साथ में कनेक्टिविटी के नये दायरों को इसके साथ जोड़ती है। पनोप्टीकॉन की यह नयी प्रौद्योगिकी एक ऐसे नये दायरे की

तरफ इशारा करती है जो राष्ट्रीय नामक दायरे की एकता की गारंटी का दावा करता है। यह एकता आंतरिक विग्रह और भूमंडलीकरण से पैदा होने वाली समस्याओं की लगातार शिकार बतायी जाती है। इस तरह नयी प्रौद्योगिकी नव-राष्ट्रवादी दायरे का निर्माण करती है जिसका मायाजाल दो तरह की समस्याओं का सामना करता हुआ दिखायी देता है। पहली समस्या तो आइने की तरह साफ है। उसका कारण है भारत का विश्व अर्थव्यवस्था के हाशिये पर पड़ा होना यानी उसका पिछड़ा होना जिसके कारण नेटवर्क बार-बार टूटता रहता है या खराब होता रहता है। यह परेशानी संचार के बाधारहित होने की जरूरत के खिलाफ जाती है।[२४] दूसरी समस्या है एक से अधिक नेटवर्कों का होना और यह पहलू पनोप्टीकॉन बनाने वाली सत्ता की इजारेदारी को भंग कर देता है।

यात्रा का रूपक

साइबर-यात्रा एक ऐसी परिघटना है जो भारत जैसे प्रौद्योगिकी की दौड़ में पिछड़े हुए समाज में यात्रा करने के विचार में आमूल परिवर्तन कर सकती है। दक्षिण एशिया समेत उपनिवेशवाद से पहले की सभी सभ्यताओं में यात्रा के जरिये ज्ञान और सूचनाओं की उपलब्धि की जाती थी। यात्रियों का सांसारिक समुदाय आमतौर पर वाचिक परंपरा का पालन करता हुआ दूसरे समुदायों के साथ अन्योन्यक्रिया के जरिये जानकारी हासिल करता था। प्राक्-आधुनिक दुनिया पर दार-उल-इस्लाम का वर्चस्व था और उस समय हर मुसलमान को कम से कम जिंदगी में एक बार हज करने के लिए मक्का की या फिर दूसरे इस्लामी राज्यों के बारे में जानकारी करने के लिए उनकी यात्रा करने का फर्ज अदा करना ही पड़ता था। ये यात्राएँ छापेखाने के बाद पैदा हुए पूँजीवाद के युग की वे यात्राएँ नहीं थीं जो क्रियोल बुद्धिजीवियों ने की थीं। इन यात्राओं में तो मुसलमान यात्री दूसरे मुसलमानों से वाचिक संपर्क बनाने पर जोर देता था। सरहदें इन यात्राओं को सीमित नहीं कर सकती थीं, बल्कि यात्रियों की शारीरिक क्षमता ही उनकी सीमा हुआ करती थी। तब समय भी किसी और ही शैली में दर्ज किया जाता था। जल्दी स्वदेश वापसी की कोई सांसारिक अनिवार्यता नहीं थी। यात्रीगण कई-कई साल बाद लौटते थे।

राष्ट्रवादी यात्राओं के आविष्कार का श्रेय गाँधी को जाता है। गाँधीवादी यात्रा एक विरोधाभास से शुरू हुई थी। उसने रेलवे के नेटवर्क का इस्तेमाल किया था, जबकि गाँधी का आरोप था कि रेलवे के प्रभाव के कारण ही यात्रा के प्राक्-औपनिवेशिक आख्यान और अनुभव नष्ट हो गये थे। गाँधी का खयाल था कि :

रेलवे ने भारत के सार्वजनिक जीवन को तितर-बितर कर दिया था। गाँधी रेलवे को विविध सांस्कृतिक तत्त्वों को पचाने और आत्मसात करने वाले एक महाकाय के रूप में देखते थे। गाँधी समझाते थे कि पैदल की गयी तीर्थ यात्रा और रेल से की गयी तीर्थ यात्रा में क्या फर्क है। उनके लिए पैदल यात्रा स्मृति का प्रतिनिधित्व करती थी और रेल यात्रा स्मृति के विलोपन का। तीर्थ यात्री आस्था के आधार पर कदम बढ़ाता चला जाता था और देश के एक कोने से दूसरे कोने में जाने की कष्टप्रद यात्राएँ उसे पूरे भारत के प्रति नैकट्य भाव विकसित करने और उसके राष्ट्रत्व को पहचानने का बोध देती थीं। इस प्रक्रिया में वह देश की एकरूपताओं और विभेदों को आत्मसात कर लेता था। रेल यात्रा के जरिये देश को यांत्रिक रूप से समझने या 'अंतर्ग्रहण' की प्रक्रिया विभिन्न स्थानों की पवित्रता का विलोपन करके उन जगहों को भौतिक दायरों में बदल देती थी।[२५]

गाँधी सबसे ज्यादा पैदल यात्रा को ही महत्त्व देते थे। पैदल चलने का मतलब था समाज के साथ अन्योन्यक्रिया करने और ज्ञान प्राप्त करने के लिए अलग भाषा अपनाना। पैदल चलने के जरिये ही लोग दूसरी संस्कृतियों और जनगणों के साथ अन्योन्यक्रिया करते रहे हैं। रेल से की जाने वाली यांत्रिक यात्राओं के जरिये यह उपलब्धि कभी नहीं हो सकती। जाहिर है कि यहाँ गाँधी प्राक-आधुनिक यात्री या तीर्थ यात्री के श्रेयस्कर होने की तरफ सीधा इशारा कर रहे हैं।

लेकिन यह भी एक तथ्य है कि अपने इन विचारों के उलट उपनिवेशवाद विरोधी आंदोलन में गाँधी ने रेलगाड़ी का जम कर इस्तेमाल किया। चूँकि रेलवे औद्योगिक पूँजीवाद की नुमाइंदगी करती थी, इसलिए गाँधी ने उसके प्रति अपने द्वैध[२६] से निपटने के लिए ट्रेन के भीतर तीसरे दर्जे के रूप में एक आभासी दायरे का निर्माण किया। निराकार न होने के बाद भी उस जमाने में यह दायरा आज के आभासी दायरे की तरह ही था, जिसमें लोग प्राक-आधुनिक तीर्थ यात्री की भाँति विनम्रता से ही कदम रखते थे। गाँधी की नयी बात यह थी कि उन्होंने यात्रा को राष्ट्र के राजनीतिक मानचित्र की पुनर्रचना के लिए इस्तेमाल किया। उनकी यात्राएँ एक साथ जनता और समाज के साथ संवाद, सभाएँ, आंदोलन और जलसे का काम भी करती थीं। आधुनिक प्रौद्योगिकी के बारे में दुविधा के शिकार रहने के बाद भी उन्होंने अपने खास तरीके से साम्राज्यवाद के प्रति समर्थनकारी रेलवे के अंतर्निहित उद्देश्यों का अपने उद्देश्यों के लिए इस्तेमाल करके दिखाया, जबकि रेलवे भारतीय समाज को अनुशासित करने के लिए उपनिवेशवाद की सबसे महत्त्वाकांक्षी संरचना थी।[२७] गाँधी जब यात्रा करते थे तो जैसे उनके साथ पूरा समुदाय यात्रा करता था। उन यात्राओं में प्रतिनिधित्व की संरचनाएँ भी निहित थीं। उनके जरिये राष्ट्रवाद के कल्पित समुदायों की रचना हो रही थी।[२८]

—उपनिवेशवाद ने हमें आधुनिक राज्य की जो राजनीतिक प्रौद्योगिकी थमायी थी उसके साथ राजनीतिक नियंत्रण के तौर-तरीके भी जुड़े हुए थे। इस प्रौद्योगिकी ने पुरानी सरहदों को राष्ट्रीय सीमाओं में बदल दिया था और उत्तर-औपनिवेशिक भारत के आधुनिक नागरिक गणराज्यीय व्यवस्था के तहत एक नयी राजनीतिक अस्मिता की रचना-प्रक्रिया में डूबने-उतराने लगे थे। यह राष्ट्रवादी यात्रा संप्रभुता के स्पष्ट विचार के आधार पर की जा रही थी, जिसमें पासपोर्ट का होना विदेश यात्रा की अनिवार्य पूर्व-शर्त थी।

भारतीय राष्ट्रवाद पहले ही अपने भौगोलिक मानचित्र से जुड़ी उलझनों के कारण परेशान था, ऊपर से उपमहाद्वीप के विभाजन के साथ-साथ पाकिस्तान और चीन से हुए युद्धों ने इन बेचैनियों को और बढ़ा दिया। अर्थव्यवस्था के दायरे में आयात प्रतिस्थापन की नीतियों पर आधारित उद्योगीकरण के दौरान विदेशी उपभोक्ता चीजों के आयात पर पाबंदियाँ लगायी गयीं। करीब बीस साल तक भारत के लोग पश्चिम में इस्तेमाल की जाने वाली नित्य-प्रति की चीजों के प्रयोग से शारीरिक रूप से कटे रहे। सत्तर के दशक के निरंकुश शासन वाले दौर में राज्य ने तस्करी के खिलाफ मुहिम तेज करके सीमाओं के प्रति वफादारी के तर्क को नागरिकता की शिनाख्त बना दिया। राज्य का दावा था कि अस्मिता रचना, नागरिकता और राष्ट्रीय प्रतिनिधित्व के मामले में उसकी इजारेदारी ही चलेगी।

सत्तर के दशक के मध्य में राज्य-केंद्रित और 'राष्ट्रीय' कहा जाने वाला सामाजिक दायरा अपने विकास के चरम पर पहुँच गया। लेकिन, जनता के बीच इस यात्रा का मानचित्र कई और तरीकों से बनाया जा रहा था। पचास के दशक से ही व्यावसायिक सिनेमा ऐसी फिल्में बना रहा था जिनमें कहानी का एक बड़ा हिस्सा पश्चिमी देशों में घटित होता था, पर पात्र भारतीय ही होते थे। इन अतिनाटकीय फिल्मों की कहानी में क्लाईमेक्स भौगोलिक रूप से भारत में ही घटित होता था, लेकिन 'पश्चिम' की दृश्यावली दिखा कर फिल्मकार लाखों-करोड़ों दर्शकों को उस भौगोलिक दायरे का आभासी दौरा करा देते थे जिस तक उनकी पहुँच नहीं रहती थी। हालाँकि फिल्मों द्वारा करायी गयी यह आभासी यात्रा राष्ट्रवाद के बुनियादी मिथक के जरिये ही दर्शकों तक पहुँचती थी और अंत में दुनिया घूम-फिर कर पात्र अपनी मातृभूमि की गोद में लौट आते थे, पर इसके जरिये दर्शकों को सीमा से परे की दुनिया की झलक मिल जाती थी। उस दुनिया की जो बहुत-से नागरिकों के लिए रहस्यमय थी।[२१]

राष्ट्रवाद प्रातिनिधिक यथार्थवाद अर्थात ठोस वैकासिक दायरों से जुड़ कर खुद को परिभाषित करता था। 'वैकासिक यथार्थ' की सामग्री एक दैहिक

अस्मिता की रचना करती थी और अस्मिता अपना अर्थ-ग्रहण राष्ट्र नामक खास तरह की स्थानिकता के रूप में कराती थी। आज राष्ट्रवाद की इस यात्रा पर एक दूसरे तरह की यात्रा का ग्रहण लगना शुरू हो गया है और वह है वर्चुअल दायरे के माध्यम से की गयी यात्रा। इसने अस्मिता के मौजूदा रूपों पर गंभीर प्रश्नचिह्न लगा दिया है।

जेम्स क्लिफर्ड ने लिखा है कि जब कोई यात्रा 'चेतना में समा कर' अपना अर्थ देती है तो उसका वृतांत आपकी अस्मिता को मजबूती से घेर लेता है।[३०] क्लिफर्ड ने जिस मजबूत घेरे के बारे में चर्चा की है वह वर्चुअल दायरे में की गयी यात्राओं के कारण अस्थिर होने लगा है। उसने भारत की नव-विकसित वर्चुअल संस्कृति के बारे में नयी कहानियाँ सुनानी शुरू कर दी हैं। इन कहानियों में जिन सीमाओं का जिक्र है वे राष्ट्रवाद की पुरानी सीमाओं से अलग किस्म की हैं। राज्य आधारित राष्ट्रवाद जिस सीमा-केंद्रित समझ पर आधारित था, वह पहली बार दरकिनार होती लग रही है। साइबर-आकाश में की गयी यात्राओं के जरिये नागरिक को मौका मिला है कि वह यात्राओं के पुराने भौतिक यथार्थ को बिगाड़े बिना सफर पर चला जाय और मंजिल पर पहुँच जाय। पश्चिम द्वारा रचे गये दृश्य-संरचनाओं के संसार में पहली बार ऐसा हो रहा है कि तीसरी दुनिया का नागरिक भी अपने लिए अभी तक वर्जित समझे जाने वाले दायरों में पहुँच सकता है।

इस नयी यात्रा में सत्ता के दो नये नेटवर्क अंतर्निहित हैं। ये नेटवर्क व्यक्ति की इयत्ता को राष्ट्र के दायरे से मुक्त करना चाहते हैं और तीसरी दुनिया में पड़े रहने के अभिशाप से छुटकारा दिलाना चाहते हैं। वे राष्ट्र और आर्थिक पिछड़ेपन में खोये हुए समुदाय की रचना राजनीतिक दायरे से निकाल कर वर्चुअल स्पेस, यानी साइबर दायरे में करना चाहते हैं। इसके लिए वे उत्तर-राष्ट्रवादी अवधि में पनपे जातीयतावादी आग्रहों का भी इस्तेमाल करने के इच्छुक हैं।[३१] यहाँ समझने की बात यह है कि पुराना राष्ट्रवादी दायरा दो तरह की प्रक्रियाओं से गुजर चुका है। एक तरफ राष्ट्रीय सीमाओं से बने दायरे को एक हद तक भू-क्षेत्रीयता की कैद से निकाले जाने की प्रक्रिया चली और दूसरी तरफ उसके साथ ही एक बहुराष्ट्रीय भू-क्षेत्रीयकरण चला जिसके कर्ताधर्ता कुछ अनिवासी भारतीय थे। ये अनिवासी भारतीय वर्चुअल स्पेस में भारत का पुनराविष्कार कर रहे थे। इस काम को भारतीय राज्य की तरफ से भी खासा प्रोत्साहन मिला। एनआरआई के नाम से प्रचलित अनिवासी भारतीय नामक अस्मिता सांस्कृतिक और राजनीतिक विमर्श में एक अलग श्रेणी की तरह उभरी। भारतीय राज्य की नीतियों के कारण यह श्रेणी काफी लोकप्रिय हुई

और भारत की सीमाओं से बाहर रहने वाले भारतीय नागरिक का वजूद बना।

'एनआरआई' के आविष्कार से पहले राष्ट्रवाद की पुरानी नक्शानवीसी के तहत अस्मिता-रचना केवल राष्ट्रीय सीमाओं के तहत ही मुमकिन थी। एनआरआई के सामने आते ही इन सीमाओं का विस्तार राष्ट्रीय संप्रभुता के दायरों के बाहर वहाँ तक हो गया जहाँ इस डाइसपोरा का निवास था। पुरानी राष्ट्रवादी समझ यह थी कि लोग राष्ट्र की सीमाएँ सिर्फ कभी-न-कभी वापस आने के लिए ही छोड़ कर जाते हैं। लेकिन, पचास के दशक के बाद बड़े पैमाने पर स्वदेश छोड़ कर गये भारतीय वापस आने के लिए नहीं गये थे। अस्सी के दशक के विमर्श ने 'वापसी' के इस विचार को नये सिरे से रचा और वापसी के लिए भौतिक रूप से वापस आना जरूरी नहीं रह गया। बढ़ते हुए भूमंडलीकरण और उसके परिणामस्वरूप हो रहे दिक् और काल के अंतर्गुम्फन के कारण अस्सी के दशक में ही स्थानिकता के साथ 'स्वाभाविक' घनिष्ठता का दावा करने वाला पुराना राष्ट्रवादी विमर्श भी बदला। एनआरआई को राष्ट्रीय समुदाय के अंग के रूप में देखा जाने लगा, लेकिन साथ ही वह राष्ट्र की स्थानिकता से मुक्त भी बना रहा।

अस्सी के दशक में इस एनआरआई को नयी शैली के विकास में मदद कर सकने वाले तत्त्व के रूप में देखा जाता था। माना जाता था कि स्वदेश के साथ स्वाभाविक घनिष्ठता रखने के कारण वह जो भी पूँजी भारत लायेगा, उसके पीछे बहुराष्ट्रीय पूँजी के विपरीत देशभक्ति की प्रेरणाएँ होंगी। नब्बे के दशक में सरकार की वैकासिक भूमिका घटते ही एनआरआई ने नये वर्चुअल दायरे में प्रमुख भूमिका निभानी शुरू कर दी। अब वापसी का विचार खास प्रासंगिक नहीं रह गया, क्योंकि वापसी शुद्ध साइबर आकाश में घटित हो चुकी थी।

दूसरा साइबर-समुदाय : नये अभिजन और डाइसपोरा

१९९५ आते-आते सरकारी और निजी नेटवर्कों ने मिल कर भारत में तकरीबन १२०,००० इंटरनेट-प्रयोक्ताओं को एक सूत्र में बाँध दिया था।[३२] वैसे तो पश्चिम की तुलना में यह आँकड़ा छोटा लगता है, लेकिन तीसरी दुनिया के किसी भी देश में १९९५ तक इतने लोगों ने साइबर-आकाश में यात्राएँ करना शुरू नहीं की थीं। निकट भविष्य में इस संख्या के तेजी से कई गुणा बढ़ जाने की संभावनाओं से इंकार नहीं किया जा सकता। निकनेट के अलावा दूसरे सरकारी नेटवर्क एरनेट की योजना ८,००० कालेजों को जोड़ने की है, जबकि वह पहले से ही ६,००० कालेजों को जोड़े हुए है।[३३] मौजूदा नेटवर्कों को तरह-तरह की समस्याओं का सामना भी करना पड़ रहा है। नेटवर्किंग का

बाजार हर साल सौ फीसद की रफ्तार से बढ़ रहा है, लेकिन वाइड एरिया नेटवर्किंग अधिसंरचनात्मक खामियों से पीड़ित है और इस समस्या को दूर किये बिना हाई स्पीड कनेक्टिविटी संभव नहीं है।

भारत के इंटरनेट-प्रयोक्ताओं की संरचना की संक्षिप्त जानकारी से यह पता लग सकता है कि इंटरनेट के साथ किस-किस तरह की सांस्कृतिक व्यवहार-शैलियाँ जुड़ी हुई हैं। निजी नेटवर्कों के विस्तार के साथ ही घरों में इंटरनेट के डायल-अप कनेक्शन इस्तेमाल करने वालों की संख्या बढ़ रही है। लेकिन, इंटरनेट-प्रयोक्ताओं की ज्यादातर संख्या दफ्तरों, शोध संस्थाओं और सरकारी टर्मिनलों में सर्फिंग करती है। अधिक़तर प्रयोक्ता पुरुष हैं और आर्थिक-सामाजिक लिहाज से मध्य-उच्च वर्ग से आते हैं। उनका एक बहुत बड़ा हिस्सा शोध संस्थानों और विश्वविद्यालयों में कार्यरत है। दूरसंचार नीति के उदारीकरण के बाद लगता है कि जल्दी ही निजी नेटवर्क सरकारी नेटवर्कों को पीछे छोड़ देंगे।

सवाल यह है कि वर्चुअल दायरे के इस विस्तार का लोक मानस पर क्या असर पड़ा है? हालत यह है कि वेब और सूचना महापथ पर हुई चर्चाओं के भारत पहुँचने के बाद शायद ही ऐसा कोई अखबार हो, जिसमें प्रत्येक दिन औसतन 'साइबरस्पेस' पर दो खबरें न प्रकाशित होती हों। 'साइबरस्पेस' नामक इस अभिव्यक्ति ने बढ़ते हुए भूमंडलीकरण और पुरानी राष्ट्रवादी अर्थव्यवस्था के ढहने के साथ-साथ नये तरह के विमर्शों और व्यवहार-शैलियों के लिए जमीन तैयार कर दी है। इससे नये तरह का वर्चुअल नजारा सामने आ गया है। अस्मिता-रचना की नयी सीमाओं का मानचित्र बनाने की इच्छुक ये नयी व्यवहार-शैलियाँ एक-दूसरे के साथ जटिल सहयोजन करके इस परिदृश्य का निर्माण कर रही हैं। स्थिति यह है कि राष्ट्र, नागरिक और राजनीतिकरण का पुराना परिदृश्य साइबर-आकाश में की जा रही नयी यात्राओं के जरिये फिर से बनाया जा रहा है।

शुरू में ऐसा लगा था कि वेब के आख्यान पुराने राष्ट्रवादी रूपक का ही पुनरुत्पादन कर रहे हैं। इंटरनेट की सुविधा देने वाली अधिकतर व्यावसायिक संस्थाएँ दावा करती थीं कि वे वेब के जरिये भारत की पूँजी को दुनिया की निगाहों में लाने का काम कर रही हैं। अर्थात भारतीय कंपनियों की वेबसाइटें भारत के लिए 'राष्ट्रीय' विकास के एक सर्वश्रेष्ठ संभव अवसर के रूप में देखी जा रही थीं। पुरानी शैली का पूँजीवाद स्वभावतः पश्चिम की तरफ झुका हुआ था। वर्चुअल स्पेस में भारतीय पूँजी इसकी भू-क्षेत्रीय सीमाओं से मुक्त हो कर दुनिया के लिए अपना संदेश दे सकती थी। इस खूबी के कारण ही वेब की

व्यावसायिक सुविधा देने वाली एक कंपनी का कहना था कि वेब पर "छोटे खिलाड़ी भी अपना विश्वव्यापी प्रचार कर सकते हैं।"[३४] शुरू-शुरू में वेब को पश्चिम से जोड़ कर देखा गया था जैसे कि वह कोई पश्चिमी हितों को सिद्ध करने वाली परिघटना ही हो। लेकिन, वेब का विमर्श भारतीय पूँजी के लिए व्यावसायिक अवसर ले कर आया। उसका संदेश साफ था कि सच्चे 'राष्ट्रीय' पूँजीपति होने के लिए जरूरी है कि भारतीय पूँजीपति सीमाओं के परे जा कर निराकार वर्चुअल स्पेस में कदम रखें। उन्हें केवल इसी दायरे में तीसरी दुनिया के यथार्थ की कैद से छुटकारा प्राप्त हो सकता है।

वर्चुअल स्पेस की लोकप्रियता बढ़ने का एक कारण यह भी रहा कि देश के उच्चवर्णीय और अंग्रेजीदाँ अभिजनों की राजनीति में दिलचस्पी घट गयी है। राजनीतिक परिवर्तन की इस महत्त्वपूर्ण परिघटना को जरा सफाई से समझने की जरूरत है। अस्सी के दशक से ही उत्पीड़ित जातियों के नये सामाजिक आंदोलनों के उभार के कारण राजनीति में हिस्सेदारी का चरित्र तेजी से बदल रहा है। इन आंदोलनों से राज्य के पुराने पनोप्टीकॉन को चुनौती मिली जिस पर आधुनिकतावादी अभिजनों का कब्जा था और जो विधायी आधुनिकता के दम पर समरूपीकरण करना चाहते थे। ये अभिजन राष्ट्रीय विकास और 'अर्थव्यवस्था' के अमूर्त दायरे में रहते थे। उत्पीड़ित जातियों के उभार ने एक ऐसी प्रक्रिया को बल दिया है जो इन उच्चवर्णीय अंग्रेजीदाँ अभिजनों को सत्ता के केंद्र से हटाने की क्षमता रखती है। अब पुरानी राष्ट्रवादी यात्राएँ उतनी निश्चिंत और जोखिमरहित नहीं रह गयी हैं।

भारत के इन पुराने अभिजनों को अपने सांस्कृतिक वर्चस्व और सुनिश्चित अस्मिता के लिए राज्य की संस्था पहले की भाँति सुरक्षित नहीं लगती।[३५] यही कारण है कि उन्होंने राजनीति की परंपरागत जमीन और अमूर्त राष्ट्रवादी अस्मिता को छोड़ दिया है और सामाजिक परिदृश्य काफी-कुछ बदल गया है। बड़े-बड़े महानगरीय केंद्रों में कुछ ऐसे बिलकुल नये उपनगर बनते जा रहे हैं जिनमें न दरिद्रता के दर्शन होते हैं और न दरिद्रों के। यह डिजाइनर ग्रामों, सीधे अमेरिका से उठायी गयी उत्तर-आधुनिक डिजाइनों और निजी सुरक्षा व्यवस्था वाला आभासी परिदृश्य है। यहीं सवाल उठता है कि उस राष्ट्रवादी यात्रा का क्या हुआ जो कभी इन्हीं अभिजनों ने शुरू की थी। मेरी मान्यता है कि अपनी पुरानी जिम्मेदारियों को छोड़ने वाले इन अभिजनों ने उसकी भरपाई वर्चुअल स्पेस में करनी शुरू कर दी है। नये तरीके अपनाये जा रहे हैं जिनके जरिये राष्ट्रवादी सरहदों से परे जाते हुए नये 'राष्ट्रवादी' इलेक्ट्रानिक समुदाय बनाने का काम चल रहा है और ये इलेक्ट्रानिक समुदाय 'हिंदू' समझ को पुष्ट

करते हैं (अस्सी के दशक से ही एक आक्रामक हिंदू राष्ट्रवादी आंदोलन राज़नीति का मुख्य तत्त्व बनता चला जा रहा है। यह आंदोलन हिंदुओं की धार्मिक अस्मिता को संकटग्रस्त बता कर राष्ट्रवाद की बहुसंख्यकवाद के रूप में पुनर्रचना करना चाहता है। इस नये राष्ट्रवाद के तहत राज्य बहुसंख्यक समुदाय के हित में काम करेगा और मुसलमान समुदाय को हिंसक हमलों का सामना करना पड़ेगा)।

जाहिर है कि यह दूसरा साइबर-समुदाय दो तरह की व्यवहार-शैलियाँ अपना रहा है। एक तरफ वह राष्ट्र से परे एक अन्य दायरा बनाने की धारणा पर अमल कर रहा है और दूसरी तरफ वह वर्चुअल स्पेस में एक हिंदू राष्ट्रवादी दायरा रचने की कोशिश में लगा हुआ है।

उपनिवेशवाद विरोधी आंदोलन और नेहरूवादी राष्ट्रवाद ने प्रतिनिधित्व की जिस धारणा को जन्म दिया था, वह इस नये परिदृश्य में प्रभावी नहीं रह गयी है। गाँधीवादी प्रतिनिधित्व ग्राम के आसपास और नेहरूवादी प्रतिनिधित्व अर्थव्यवस्था के आसपास गोलबंद होता था। लेकिन, नब्बे के दशक का नया परिदृश्य उपभोग और कामनाओं के नये आख्यानों पर आधारित पहलकदमियों के जरिये अपना प्रतिनिधित्व कराना चाहता है। इन जटिल पहलकदमियों का ऐतिहासिक वर्गीकरण मुमकिन नहीं है। इन पर टेलीविजन, वीडियो, संगीत और दुनिया का सबसे बड़ा फिल्म उद्योग हावी है। विदेशी उपग्रहों द्वारा प्रसारित कार्यक्रमों ने टीवी के ऊपर सरकारी इजारेदारी को भंग कर दिया है। भारत में इस समय दुनिया का सबसे बड़ा और अधिकांशतः फिल्म उद्योग के आसपास केंद्रित वीडियो और ऑडियो उद्योग पनप रहा है।

इस नये सांस्कृतिक परिदृश्य में राष्ट्रीय, क्षेत्रीय और भूमंडलीय संस्कृतियाँ डूब-उतरा रही हैं। सब कुछ के केंद्र में एक नया माध्यम है 'उपभोक्ता'। इच्छाओं का विनियमन करने वाली पुरानी संहिताएँ फिर से बनायी जा रही हैं और हिंदू राष्ट्रवादी कल्पना इस नये क्रम-विकास का अपने राजनीतिक उद्देश्य से दोहन करने में लगी हुई है। विधायी आधुनिकता के दावे फिलहाल तो संदिग्ध हो ही गये हैं। बीच-बीच में विरोधों का सामना करते हुए सांस्कृतिक नियंत्रण करने वाली पनोप्टीकॉनवादी दृष्टि अब अतीत की तरह प्राधिकार और वैधता से लैस नहीं रह गयी है।[३६]

अभिजनों और एनआरआइयों का यह साइबर-समुदाय संकर किस्म का है। वह राष्ट्र, उसकी सीमाओं और राजनीति से छुटकारा पाना चाहता है। वह प्रतिनिधित्व के जिन प्रतीकों का इस्तेमाल कर रहा है वे काफी तरल किस्म के हैं। उनमें राष्ट्र मौजूद तो है, लेकिन उसकी हैसियत पूरी तरह विस्थापित है।

इस दायरे की भाषा भी संकर है, शैलियाँ मिली-जुली हैं और उपस्थिति-अनुपस्थिति का मिश्रण पारे की तरह पकड़ से फिसलता रहता है।

इस संदर्भ में कहा जा सकता है कि वेब संभावनाओं के ऐसे मायाजाल का नाम है जो विस्थापन को आपत्तिजनक न मानने वाली अस्मिताओं से खेलता है। वर्चुअल स्पेस में यात्रा का मतलब है राष्ट्र से परे जाना। भारत का एक विस्थापित अभिज़न जब वेब यात्री बनता है तो उसके लिए राष्ट्र के साथ-साथ पश्चिम की आभासी पुनर्रचना होती है। तीसरी दुनिया से की जाने वाली वेब यात्राओं की अनुभूति बेंजामिन द्वारा किये गये बॉदलेयर के विश्लेषण की याद दिला देती हैं। यह वेब यात्री वर्चुअल स्पेस का इस्तेमाल 'नवीनता से लगने वाले आघात' का मजा लेने के लिए करना चाहता है। इसी चीज को बेंजामिन ने आधुनिकता का विशिष्ट गुण कहा था। वेब की दृश्यावली हाउसमान द्वारा दोबारा रचे गये पेरिस जैसा एक मायाजाल रचती है; जिसमें कामनाओं और उपभोग के स्वप्न बसते हैं। बेंजामिन की कहानी पेरिस के जिन शॉपिंग आर्केडों में ले जाती है, तीसरी दुनिया का वेब यात्री वेब साइटों के जरिये वैसी ही यात्राएँ करता है। वह पेरिस भूलभुलैया जैसा है, उसमें खुफिया रास्ते हैं। उस महानगर में चहलकदमी करते हुए बॉदलेयर के नायक के लिए अनुभूतियों और अनजाने स्वप्नों का जाल बनता चला जाता है। ठीक ऐसा ही तजुर्बा वेब यात्री को होता है।

यही है वह बिंदु जहाँ पहुँच कर बॉदलेयर द्वारा प्रवर्तित आधुनिकतावाद के मिथकीय नायक फ्लेन्यू और आज के वेब यात्री के रास्ते अलग-अलग हो जाते हैं। फ्लेन्यू अपने और महानगर के मायाजाल के बीच लोगों की भीड़ को झीने पर्दे के रूप में देखता है। इसके उलट अभिजनों के साइबर-समुदाय का वेब यात्री वर्चुअल स्पेस में यात्रा के जरिये यथार्थ की दुनिया और उसके जन-जाँगर से छुटकारा पाना चाहता है। वेब में चहलकदमी करते हुए भारतीय यात्री के लिए उस दायरे की आकारहीनता उसके 'पश्चिम' में होने की अनुभूति और तीव्र कर देती है। नब्बे के दशक में हुई टीवी क्रांति के कारण पहले से ही छोटी हो चुकी दुनिया की रोशनी में देखने पर यह वेब अनुभव कई गुना असर डालता है। तीसरी दुनिया का यात्री पश्चिम केंद्रित वेब साइटों में कामनाओं के नये भूगोल का साक्षात्कार करता है।[३७] पश्चिम की यात्राएँ करके वहाँ के जातीय अनुभव प्राप्त करने से यह अनुभूति कभी नहीं मिल सकती। पारंपरिक किस्म की यात्राओं के बारे में पश्चिम के मुकाम पर बैठ कर जेम्स क्लिफर्ड बताते हैं :

अनुभव और यात्रा की पुरानी मार्ग-रचना ध्वस्त हो चुकी है। अब यात्रा की

> शुरुआत करते समय यकीन नहीं होता कि कुछ नया हासिल होगा, कोई नया दिक् और काल मिलेगा। पड़ोस में तो विविधता का शमन कर ही दिया गया है और दुनिया के दूसरे छोर पर भी हमें परिचित चीजें ही मिलती हैं ...

पारंपरिक यात्रा के विपरीत भारतीय वेब यात्री अपने सफर को आधुनिकता के मिथकीय दायरे की खोज में बदल देता है। इस दायरे में 'नवीनता' भू-क्षेत्रीय सीमाओं में कैद नहीं है। जिस तरह बॉदलेयर का नायक फ्लेन्यू नित-नवीन की खोज में जन-जाँगर को खोज निकालता है[३८] उसी तरह वेब यात्री भी नया खोजने के लिए सूचना महापथ पर चलता जाता है। वेब साइटें आभासी प्रदर्शनियों की तरह हैं जहाँ यात्री-उपभोक्ता को हर चीज देखने की इजाजत है पर वह कोई चीज छू नहीं सकता।[३९] ये यात्राएँ आधुनिकता को अनुभूति के रूप में परोसती हैं। यात्री को महसूस होने वाले नवीनता के आघात, उसके आह्लाद, सूचना से पैदा होने वाली सत्ता के केंद्रों में प्रवेश की खुशी एकदम नयी चीज होती है। यह पहले तीसरी दुनिया में अभिजनों के लिए भी नसीब नहीं थी। चूँकि तीसरी दुनिया के यथार्थ में वेब सर्फिंग के समय की एक सीमा है, इसलिए यह अनुभव क्षणिक ही होता है।[४०] तीसरी दुनिया का वेब यात्री वर्चुअल स्पेस में लंबे समय तक डुबकी नहीं लगा सकता।

जैसा कि ऊपर कहा जा चुका है, वेब यात्राएँ दो मकसद पूरे करती हैं : उनके जरिये अभिजनों के साइबर-समुदाय पुराने राष्ट्रवादी संजाल की जकड़ से छूटते हैं और अधिकांशतः डायसपोरा के भारतीयों की पहलकदमी पर बनी वेबसाइटों के जरिये 'भारत' नाम का स्वाभाविक दायरा बनाया जाता है।[४१] अनिवासी भारतीय हिंदू राष्ट्रवाद से हमदर्दी रखते हैं। उनकी वेब साइटें भारत को हिंदू अस्मिता का पर्याय मानती हैं। उनमें इस सवाल पर कोई दुविधा नहीं है।[४२] ऐसा लगता है कि नेहरूयुगीन विधायी आधुनिकता अपने लोकतांत्रिक राजनीतिक जीवन से काट कर वर्चुअल स्पेस में स्थापित कर दी गयी है।[४३] इन वेब साइटों पर हिंदू नामक विवादित अस्मिता आभासी चारदीवारी से घिर जाती है। एनआरआई को लगता है कि भारत नाम के इस वर्चुअल स्पेस में आ कर उस पर लदा वापसी का बोझ हट गया है। इस निरापद वेब यात्रा में न कोई खतरा है, न कोई तनाव। न तीसरी दुनिया की गरीबी का कोई सदमा है न कोई शिकायत। न ही कोई सांस्कृतिक ऊहापोह है। वेब साइट की दीवारें एक समरूप आध्यात्मिक दुनिया मुहैया करा देती हैं जिसकी सांस्कृतिक सीमाएँ कठोर हैं और जिसके भीतर का भारत तकरीबन हिंदुत्व के संग्रहालय का काम करता है। यह भारत विधायी तर्कबुद्धि के अपूर्ण महास्वप्न की पूर्ति का आभासी प्रतीक है। इस भारत में कोई द्वैध नहीं है।

मार्क्यूज़ की भाषा में अभिजनों के साइबर-समुदाय के इन दोनों आयामों का चरित्र स्वीकारात्मक किस्म का है। राष्ट्रीय सरहदों की कैद से निकलने का आयाम नयी उत्तर-राष्ट्रीय संकरता की तरह सामने आता है। यह संकरता पश्चिम के उत्तर-औपनिवशिक बुद्धिजीवियों द्वारा प्रतिपादित संकरता नहीं है। उन बुद्धिजीवियों ने तो संकरता को आत्यंतिक दर्जा प्रदान कर दिया था। यह संकरता नये भारतीय अभिजनों की भव्य बस्तियों से निकली है और नब्बे के दशक के सांस्कृतिक परिदृश्य की पैदाइश है। इस संकरता के जरिये ये अभिजन उस हलके से खुद को काट लेते हैं जिसे हम जनता की राजनीति के रूप में जानते हैं। चूँकि ये अभिजन स्थानीय और बहुराष्ट्रीय पूँजी के साथ गठजोड़ किये रहते हैं, इसलिए गहरे अंतर्विरोधों के बावजूद 'राष्ट्रीय' के साथ उनका नाता पूरी तरह टूटता भी नहीं। दूसरी तरफ हिंदुत्व वाला आयाम वर्चुअल स्पेस का भू-क्षेत्रीयकरण करने की कोशिश करता है। इसके लिए हिंदुओं के आदि स्रोत, उनके सांस्कृतिक प्रदूषण और उनके स्वाभाविक रूप से एक राष्ट्र होने के दावों का इस्तेमाल किया जाता है। यह पुरानी राष्ट्रवादी यात्रा का मकसद बदलने का सबसे प्रतिक्रियावादी प्रयास बन कर उभरता है।

तीसरा साइबर-समुदाय : बुलेटिन बोर्ड, कार्यकर्ता और विकल्पों की खोज

भारत के तीसरे साइबर-समुदाय की रूपरेखा सबसे ज्यादा अस्पष्ट है। यह पहले दो साइबर-समुदायों के बीच के तरल अंतराल में स्थित है। इसके सदस्यों में जबरदस्त विविधता है और वे न राज्य से नियंत्रित लगते हैं न ही बहुराष्ट्रीय बाजार से। इस साइबर-समुदाय की संरचना उस पेड़ की भाँति है, जिसका तना कई शाखाओं-प्रशाखाओं की तरह जमीन के भीतर ही पनपता रहता है। इसमें कार्यकर्ताओं के लगातार बदलते हुए नेटवर्क हैं, साइबर स्पेस में टँके छोटे-छोटे बुलेटिन बोर्ड हैं (जिन पर आप अपनी चिंताएँ, सरोकार और विचार चस्पाँ कर सकते हैं। इन बोर्डों पर ही आपको अपनी बातों का जवाब भी मिलता है और इस तरह बहस का एक निराकार दायरा बनता चला जाता है) और असहमति की आवाज बुलंद करने वाले वैज्ञानिक हैं। इस साइबर-समुदाय की सीमाएँ भी साफतौर से चिह्नित नहीं हैं। कभी तो यह राज्य के राष्ट्रीय नेटवर्क के भीतर काम करता नजर आता है और कभी निजी और बहुराष्ट्रीय पूँजी के खास तरह के वेब दायरों के साथ खेल करता है। इसकी प्रवृतियों का चरित्र संकर कम और प्रयोगधर्मी अधिक है। यह समुदाय इलेक्ट्रानिक दायरे की आमूल पुनर्रचना की संभावनाओं के बारे में चर्चा करता है ताकि यह दायरा अपनी विविध परतों

के जरिये यथार्थ जगत को स्पर्श कर सके।

राज्य और बाजार के द्विभाजन से परे इलेक्ट्रानिक दायरे को ले जाने में बुलेटिन बोर्डों की महत्त्वपूर्ण भूमिका रही है। शुरू में इनकी संख्या उँगलियों पर गिनने लायक थी जो अब तकरीबन सारे प्रमुख महानगरों में ही नहीं, बल्कि भारत के छोटे शहरों और कस्बों में भी फैल गये हैं। बुलेटिन बोर्डों की संस्कृति के प्रसार में छोटे धंधे चलाने वाले लोगों, कंप्यूटर और टेलीकॉम ग्रेजुएटों और इस धंधे के कौशल लैस हो चुके व्यक्तियों का अगाऊ हाथ रहा है। ये बोर्ड उन लोगों की जरूरतें पूरी करते हैं जिन्हें महँगे दामों या कल्पना की कमी के कारण न तो वेब की सुविधा उपवब्ध है और न ही जिन्हें राज्य के नेटवर्क का इस्तेमाल नसीब हो पाता है।

शुरू में बुलेटिन बोर्डों की चर्चाएँ ज्यादातर कंप्यूटर के व्यवसाय पर केंद्रित थीं और उनसे प्रयोक्ताओं के फौरी सरोकारों का पता लगाया जा सकता था। आजकल इन चर्चाओं का दायरा बढ़ कर सेक्स और राजनीति की सीमाओं को भी छूने लगा है। सेक्स एक ऐसा विषय है जिससे ज्यादातर सिस्टम ऑपरेटर कन्नी काटते रहे हैं (अधिकतर चर्चाएँ आज भी ऑन-लाइन नहीं होतीं), लेकिन इसके बाद भी ऐसे मुद्दों पर चर्चा हो ही जाती है जिन पर सार्वजनिक स्थानों पर बहस करना कभी नामुमकिन हुआ करता था। बुलेटिन बोर्डों को काफी सतर्कता बरतनी पड़ती है, क्योंकि अश्लील तस्वीरों को मुफ्त डाउनलोड करने की सुविधा मुहैया कराने वाली वेब साइटों के बारे में मीडिया खबरें छापता रहता है। सरकारी कानून भी परेशानी पैदा कर सकते हैं। सरकार बुलेटिन बोर्डों पर भारी टैक्स लगाने की धमकी भी दे चुकी है। भारत के लिए बुलेटिन बोर्ड एक नयी चीज है। सत्तर के दशक में अमेरिका में कम्युनी-ट्री ग्रुप वालों द्वारा बुलेटिन बोर्डों को लेकर किये गये प्रयोग भी भारत में अभी तक नहीं हुए हैं। लेकिन, कोई जरूरी नहीं कि वर्चुअल दायरों का पश्चिम में जिस तरह विकास हुआ, ठीक उसी तरह भारत में भी उनका क्रम-विकास हो। गाँव की बात तो छोड़ ही दीजिये, अभी तो इलेक्ट्रानिक दायरों तक शहरों की ज्यादातर जनता की पहुँच होने में ही काफी समय लग जायेगा। इसीलिए बुलेटिन बोर्डों के महत्त्व को हमें कहीं और तलाशना पड़ेगा।

राज्य के नियंत्रण और भूमंडलीय पूँजी की ताकत के बीच स्थित बुलेटिन बोर्ड वर्चुअल दायरों के विमर्श के तहत एक नयी तरह का माध्यम प्रस्तुत करते हैं। भूमंडलीकरण के कारण अपनी जमीन से कट गये और शहरों की हाउसमानी संरचना के कारण आघात के शिकार शहरी जन-समुदायों के लिए बुलेटिन बोर्डों में कार्रवाई की गुंजाइशें मिलती हैं। बुलेटिन बोर्डों की नवीनता

और उनका अर्ध-गोपनीय वजूद प्रयोग के मौके खोलता है। यह प्रक्रिया शुरू हो चुकी है। वेब साइटों की संख्या बढ़ती चली जा रही है। इसी के साथ नयी खोजें करने की प्रवृत्ति और सामाजिक-प्रौद्योगिक तौर-तरीकों का भी विकास हो रहा है। शुरू में बहुत ही कम औरतें बुलेटिन बोर्डों में भागीदार थीं, लेकिन अब उनकी संख्या बढ़ गयी है। बुलेटिन बोर्डों पर चर्चा करने वाले अपनी बात कहने के लिए खुले मुद्दों को निराकार तरीकों के बजाय विभिन्न साकार 'चेहरों' को ही इस्तेमाल करते हैं। यानी वे अपनी व्यूह रचना के लिए यथार्थ जगत के ही मुहताज हैं। प्रौद्योगिकी आधारित संस्कृति में नये-नये दीक्षित होने वाले प्रयोक्ता शुरू में अभिव्यक्ति की यथार्थपरक विधियों से बँधे लगते हैं। शायद इसका कारण यह है कि यथार्थवाद और वैज्ञानिक व्यवहार की ऐतिहासिक अस्मिता राष्ट्रवाद के जरिये जनमानस में लंबे अरसे से घर कर चुकी है। इसके बाद भी मुझे लगता है कि आत्म-प्रतिनिधित्व की गैर-यथार्थवादी विधियाँ बुलेटिन बोर्डों से जुड़े समुदायों द्वारा जल्दी ही विकसित कर ली जाएँगी।

सामाजिक आंदोलन, राष्ट्रवाद और प्रौद्योगिकीय संस्कृति

भारत के अधिकतर सामाजिक आंदोलनों ने अपनी शुरुआत स्वातंत्र्योत्तर राष्ट्रवादी राज्य के मानचित्र के तहत की थी। हम देख चुके हैं कि राज्य ने किस तरह बाँध और स्टील मिल की ठोस प्रतीक योजना के आधार पर विकास के विचार की रचना की। विज्ञान और प्रौद्योगिकी का सरकारी विमर्श भी तीसरी दुनिया पर थोपे गये वैकासिक आधुनिकतावाद की सीमाओं में बना रहा। इस दायरे में विज्ञान और प्रौद्योगिकी को कुछ इस तरह पेश किया जाता था कि जैसे ये चीजें संस्कृति के खिलाफ जाती हों; आमोद-प्रमोद, सृजन-परंपरा और सौंदर्यशास्त्रीय प्रयोगों से उनका कोई ताल्लुक ही न हो। इस परिदृश्य में बाँध और स्टील मिल वैकासिक आधुनिकतावाद के विराट उत्पाद थे। राष्ट्रवादी विज्ञान उन्हें अपने प्रतीक के रूप में पेश करता था। सत्तर के दशक के बाद उभरे नये सामाजिक आंदोलनों ने राष्ट्रवाद के वैकासिक और प्रौद्योगिक खयाल की आलोचना प्रस्तुत की और कई तरह के विकल्पों की तरफ ध्यान आकर्षित किया। हालाँकि स्त्रियों और अछूतों की तरफदारी और बड़े बाँधों के खिलाफ चलाये जा रहे आंदोलनों ने मिल-जुल कर किसी सुसंगत विकल्प को सामने नहीं रखा, लेकिन ये सभी आंदोलन राज्य द्वारा प्रायोजित प्रौद्योगिकीय रवैये का विरोध करने में एकमत थे। इसलिए जब अस्सी के दशक में कंप्यूटर ने बाँध के नव-आधुनिक उत्तराधिकारी के रूप में खयालों की दुनिया पर दस्तक दी तो

नये सामाजिक आंदोलनों और पुराने वामपंथ ने उसके खिलाफ जबरदस्त पैंतरा अख़्तियार कर लिया। उन्होंने भारत जैसे तीसरी दुनिया के देश में कंप्यूटर की उपयोगिता का उपहास किया। इसमें उपयोगितावाद, आर्थिक टिकाऊपन और रोजगार के संकट की तत्कालीन धारणाओं की आहट सुनी जा सकती थी। चूँकि कंप्यूटर पुरानी वैकासिक शब्दावली का इस्तेमाल करते हुए सामने आया था, इसलिए ये आंदोलन उसके प्रति और भी संदिग्ध हो गये।[४४]

आज पहले जैसी बात नहीं रह गयी है। आंदोलनों ने न केवल कंप्यूटर को स्वीकार कर लिया है, वे उसमें निहित सृजनशीलता के पहलुओं को भी मान्यता देते हैं। इस नाटकीय परिवर्तन के पीछे कई तरह के कारण बताये जा सकते हैं। पहला कारण यह है कि ये आंदोलन संकट में हैं और उनमें से कई ने एनजीओ सेक्टर (विदेशी धन से चलने वाले गैर-सरकारी संगठन) का पल्ला थाम लिया है। यह सेक्टर अपने भूमंडलीय दानकर्ताओं से जुड़ा हुआ है और भूमंडलीय इलेक्ट्रानिक दायरे की सदस्यता लेना इसके लिए जरूरी है। लेकिन, मेरा खयाल है कि आंदोलनकारियों के बीच इलेक्ट्रानिक नेटवर्कों की मान्यता की व्याख्या केवल इसी तथ्य से नहीं हो सकती। आंदोलनों का कंप्यूटर संबंधी विचार बदलने के मर्म में कामना और अस्मिता के छिपे हुए पहलू मौजूद हैं और जिनका असर साफ दिख रहा है।

बाँध और स्टील मिल की प्रतीक योजना राष्ट्रवादी सत्ताकांक्षा के साथ-साथ विस्थापन और स्थानीय समुदायों के विनाश की हिंसा को भी जन्म देती थी। बड़े आंदोलन आज भी इन्हीं हिंसक प्रतीकों को केंद्र करके चल रहे हैं। दूसरी तरफ कंप्यूटर की छाया में स्थित वर्चुअल दायरे से इन आंदोलनों को विकासवाद जैसी शारीरिक हिंसा का कोई खतरा नहीं है। मुझे तो यह लगता है कि वर्चुअल स्पेस में कार्यकर्ता निजी तौर पर अपने लिए आनंद के एक जगत का आह्वान भी कर सकते हैं और इस प्रक्रिया में उन्हें वैकासिक आधुनिकतावाद की हिंसा से भी दो-चार नहीं होना पड़ता। इंटरनेट पर भीषण वैकासिक दुर्घटनाओं के विकल्पों की तलाश करते समय उन्हें प्रयोगधर्मिता की सौंदर्यानुभूति होती है। ई-मेल, वेब सर्फिंग और फिर बुलेटिन बोर्डों ने मिल कर एक ऐसा निराकार दायरा बनाया है, जिसमें आधुनिकता की यूटोपियायी कामनाओं की पूर्ति संभव लगती है, विध्वंस का खतरा उठाये बिना प्रयोग किये जा सकते हैं और इस तरह प्रौद्योगिकीय संस्कृति में कदम रखा जा सकता है। इलेक्ट्रानिक स्पेस में अपनी इयत्ता के साथ संवाद संभव है, जबकि राष्ट्रवादी दायरे अस्मिता के अस्पष्ट रूपों को कतई बर्दाश्त नहीं करते थे। साइबर क्षेत्र आंदोलनकारी कार्यकर्ताओं को खयालों की नयी दुनिया में ले जाता है और

साथ में उन्हें एक नया माध्यम भी प्रदान करता है।

कहना न होगा कि इंटरनेट कार्यकर्ताओं के एक छोटे-से हिस्से को ही उपलब्ध है। केवल उनको जो शहरी हैं, अपेक्षाकृत समृद्ध हैं या फिर जिनके पास विदेशी धन है। इसके बाद भी यह एक असाधारण तथ्य है कि असहमति के वाहकों और कार्यकर्ताओं के बीच इलेक्ट्रानिक स्पेस को चौतरफा मान्यता प्राप्त है, साथ ही ये लोग राष्ट्रवाद के प्रौद्योगिकीय स्मारकों के उतने ही खिलाफ भी हैं। यहाँ दलील दी जा सकती है कि वर्चुअल दायरों ने प्रौद्योगिकी को एक सांस्कृतिक व्यवहार के तौर पर पेश किया है, जबकि नेहरूयुगीन वैकासिक आधुनिकतावाद 'विकास के मंदिर' बना कर भी ऐसा कभी नहीं कर पाया था।[४५] साइबर स्पेस में एक नये प्रौद्योगिकीय-सामाजिक दायरे की संभावनाएँ धड़क रही हैं और इस दायरे का स्थान तीसरी दुनिया में हो सकता है। यह बात मैं कुछ हिचक के साथ ही कह रहा हूँ और इस संकोच का कारण मैं आगे चल कर बताऊँगा। पर डोना हारावे द्वारा प्रवर्तित किसी खास क्षेत्र में 'स्थित ज्ञान-प्रणालियों' की धारणा का सहारा ले कर हम कह सकते हैं कि नये तरह के साइबर तौर-तरीकों का जन्म भारत में हो सकता है जिनके जरिये हम वैकासिक आधुनिकता की सीमाओं से परे जा सकते हैं।

तीसरी दुनिया में वैकासिक आधुनिकता जिस तर्ज पर सक्रिय रही है, उसे फूको के शब्दों में यूरोपीय 'ज्ञानोदय द्वारा किये गये ब्लैकमेल' की अभिव्यक्ति से समझा जा सकता है। इमानुएल कांट के विख्यात निबंध 'ज्ञानोदय क्या है?' पर टिप्पणी करते हुए फूको ने कहा था कि दर्शन के क्षेत्र में ज्ञानोदय आपको सिर्फ दो में से एक चुनने की स्वतंत्रता देता है : "या तो तुम ज्ञानोदय को चुनो और उसकी तर्कणावादी परंपरा केदायरे में रहो ... या फिर ज्ञानोदय की आलोचना करो और उसके तर्कणावादी सिद्धांत से बचने की कोशिश करो ... ।" फूको का कहना है कि और कोई विकल्प है ही नहीं। भारत में तो यह स्थिति और भी अफसोसनाक हो जाती है जब विकास, विज्ञान और प्रगति की तिकड़ी के मुकाबले परंपरा, प्रतिक्रिया और अवरोध की तिकड़ी में से किसी एक को चुनने के लिए कहा जाता है। आजादी के बाद कई दशकों तक पहली तिकड़ी का जबरदस्त वर्चस्व रहा। इस वर्चस्व का आधार ताकत और हिंसा पर राज्य की इजारेदारी थी जिसका इस्तेमाल पुराने किस्म के वामपंथी आंदोलनों के खिलाफ भी किया जाता था। पिछले दो दशकों में नये सामाजिक आंदोलनों के उभार के बाद ही एक ऐसी स्थिति पैदा हुई है, जिसमें परंपरा और आधुनिकता के सर्वश्रेष्ठ तत्त्वों को जोड़ कर कोई खयाल पैदा किया जा सकता है। अब पुरानी तिकड़ियों का द्विभाजन उस तरह से हावी नहीं रह गया है। उस पर

सवाल उठाने वाले विमर्शों की गुंजाइश बन गयी है। प्रौद्योगिकी, परंपरा और जनता के बीच लोकप्रिय होने वाले प्रयोगों के आधार पर बहस की जा सकती है।[६६] कार्यकर्ताओं की नयी पीढ़ी इसी वैचारिक खुराक पर पली है। उसके लिए बड़े बाँधों और विस्थापन के विरोध का वर्चुअल स्पेस में यात्राएँ करने से कोई अंतर्विरोध नहीं है। आंदोलनकारियों के चिंतन में आया यह परिवर्तन इतना महत्त्वपूर्ण है कि उस पर पर्याप्त ध्यान न दिया जाना आश्चर्यजनक लगता है।[६७]

बहरहाल, बाजार और राज्य के बीच की गुंजाइशों में पनप रहे तीसरे साइबर-समुदाय की समृद्ध संभावाओं के बाद भी यह एक तथ्य है कि वर्चुअल स्पेस की उपलब्धि आज भी विशेष सुविधा ही मानी जाती है। यह आसानी से सर्वसुलभ नहीं है। एरनेट द्वारा ८,००० स्कूलों और कालेजों को कनेक्ट करने की योजना से इस स्थिति में कुछ सुधार जरूर होगा, लेकिन सस्ते और सर्वसुलभ जन-नेटवर्कों की जरूरत से इंकार नहीं किया जा सकता। यह अलग बात है कि भारत के शासक अभिजनों का नव-उदारतावादी दिमाग आम लोगों को इलेक्ट्रानिक स्पेस मुहैया कराने के पक्ष में नहीं लगता, इसलिए कायकर्ताओं को काफी दिनों तक संघर्ष करना पड़ सकता है।[६८]

निष्कर्ष : कृत्रिमता, आधुनिकता और तीसरी दुनिया का वैकल्पिक भविष्य

आइए, अब फ्रेडरिक जेमसन की उस उक्ति की तरफ लौटें जिसके मुताबिक इस आलेख की शुरुआत में हमने कहा था कि सहस्राब्दी का भविष्य-स्वप्न उलट कर वर्तमान के अतिरेकपूर्ण समारोह और पुनर्रचना में बदल गया है। इसमें कोई शक नहीं है कि मार्क्सवाद, उदारतावाद और राष्ट्रवाद जैसी उन्नीसवीं सदी की भव्य विचारधाराओं से मोहभंग की प्रक्रिया संपूर्ण हो चुकी है। लेकिन, दूसरी तरफ इन विचारधाराओं के श्रेष्ठ और प्रासंगिक तत्त्वों के साथ नये विचारों का संश्लेषण पूरा होने से पहले ही इन विचारधाराओं के अंत के अंदेशे सताने लगे हैं। उन्नीसवीं सदी में उभरी सर्वहारा वर्ग, मध्य वर्ग और राष्ट्र जैसी विराट सामाजिक संरचनाएँ अपने खात्मे के जोखिमों को झेल रही हैं। चाहे वह पुरानी शैली की सामाजिकता का विचार हो, चाहे सामाजिक संरचनाओं का सवाल हो, चाहे लेखक के वजूद का प्रश्न हो, चाहे यथार्थ के ठोस प्रतिनिधित्व के आयाम हों या फिर राष्ट्र की संरचना का सवाल हो, सभी पुरानी धारणाओं के सिर पर मौत नाच रही है। इस माहौल से ऐसा लगता है कि एडोर्नो और होर्खेमर की 'ज्ञानोदय की द्वंद्वात्मकता' में व्यक्त उदास भविष्यवाणी सच साबित होने जा रही है : आधुनिकता एक विराट कब्रिस्तान में

बदल चुकी है।

लेकिन अंत्येष्टि की घोषणा का वक्त अभी नहीं आया है। सामाजिक सिद्धांतों का जीवन किसी भौतिक काया की तरह अनिवार्य मृत्यु के नियम से संचालित नहीं होता। नीत्शे की वह बेलाग चेतावनी याद करना जरूरी है, जिसमें उन्होंने कहा था, ''किसी विभ्रम के विनाश से सत्य पैदा नहीं होता, बल्कि अज्ञान का एक और रूप ही निकलता है, हमारा 'रिक्त अंतराल' कुछ और बढ़ जाता है, हमारा 'मरुस्थल' और फैल जाता है।'[४९] यहाँ नीत्शे की पूरी बात मान लेना जरूरी नहीं है, लेकिन तीसरी दुनिया के परिप्रेक्ष्य में 'नवीनता' का अनियंत्रित समारोह मनाने के खिलाफ चेतावनी भी दी जानी चाहिए। हमें नहीं भूलना चाहिए कि दक्षिण एशिया में उपनिवेशवाद से लेकर वैकासिक आधुनिकतावाद तक हर नवीनता की बुनियाद में हिंसा और वर्चस्व की नयी संरचनाएँ रही हैं। द्वंद्वात्मकता का सहारा ले कर आधुनिकता के अवदानों की तरफदारी करने वाला कोई भी तर्क इस ऐतिहासिक सच्चाई को नहीं झुठला सकता।

लेकिन इसका मतलब यह भी नहीं है कि हम उन्नीसवीं सदी की कुछ प्रवृत्तियों की भाँति अपने समय के सांस्कृतिक-सामाजिक परिदृश्य को अस्वीकार करते हुए उस बुनियादी पुनर्रचना को ठुकराने लगें जो विभिन्न दायरों में संपन्न हो रही है। ये दायरे हैं : प्रतिनिधित्व का दायरा, व्यक्ति-निष्ठा का दायरा और पश्चिमी आधुनिकता का दायरा। इस कार्य-व्यापार को बेंजामिन की उन उक्तियों के जरिये नहीं समझा जा सकता जिनमें वे आधुनिकतावाद की शास्त्रीय मुद्रा अख्तियार करते हुए वर्तमान को 'शाश्वत पुनरावृत्ति' या 'वर्तमान' को ही 'नवीनता' के रूप में परिभाषित करते नजर आते हैं। बेंजामिन इस बिंदु पर इसलिए अनुपयोगी हो गये हैं कि पूँजी संचय की नयी रणनीतियों में पूँजीवाद के तहत विकसित हुए पुरानी शैली के समरूप उपभोक्तावाद की कोई जगह नहीं दिखती।[५०]

भारत में साइबर स्पेस और उसके जरिये होने वाली सांस्कृतिक अनुभूतियाँ 'नवीनता' का प्रतिनिधित्व करती हैं। लेकिन, इस नवीनता का मर्म अभी अबूझ बना हुआ है।[५१] तरह-तरह के साइबर-समुदाय दिखायी देने लगे हैं जिनकी संरचना ढीली-ढाली है। ये साइबर-समुदाय विभिन्न तरीके अपना कर पुराने राष्ट्रवादी पनोप्टीकॉन के संकट और भू-क्षेत्रीय सीमाओं के महत्त्व के क्षय की समस्या से निपट रहे हैं। इस मकसद के लिए इनके पास राजकीय, नव-अभिजनवादी और जनोन्मुख रणनीतियाँ हैं। दूसरे, साइबर-संस्कृति भारत में भूमंडलीकरण के जिस आख्यान के तहत आयी है वह अपने आप में आनंद

और अंदेशों का विकट मिश्रण है। एक तरफ भूमंडलीकरण ने उपभोग के एक नये विमर्श की आँधी चला दी है जिसने पुराने राष्ट्रवादी-मार्क्सवादी द्वारा अपनाये गये किफायत के मूल्यों को हिला दिया है। दूसरी तरफ यह भूमंडलीकरण बहुराष्ट्रीय निगमों की राक्षसी ताकत की पीठ पर बैठ कर भी आया है और ये निगम सत्ता की संरचनाओं में जन-भागीदारी को महत्त्व नहीं देते। इस सिलसिले में हमें विरिलियो की चेतावनी याद आती है, ''नयी संचार प्रौद्योगिकी लोकतंत्र का हित साधन केवल तभी कर सकती है जब हम शुरुआत से ही भूमंडलीय समाज की विकृत तस्वीर का विरोध करें, उस तस्वीर का जो बड़े बहुराष्ट्रीय निगमों द्वारा सूचना-महापथ पर लगातार धुआँधार रफ्तार से हमारे लिए परोसी है।''

इसके अलावा हमें 'नवीनता' के खास गुण को नजरंदाज नहीं करना चाहिए कि उसमें अपने अंत की संभावनाएँ भी निहित हैं। हुइसेन ने कहा है : ''नवीन के प्रति हमारे आकर्षण का प्रभाव हमेशा पहले ही मंद हो जाता है। नये के भीतर ही उसका अंत समाविष्ट दिखता है। उसके प्रकट होने के क्षण में ही उसकी व्यर्थता का पूर्व-बोध निहित है। यही कारण है कि नवीन का जीवन-काल घटते-घटते अंतिम क्षण के नजदीक चला जाता है।'' समस्या वही है जिसका पहले ही जिक्र किया जा चुका है कि जो नवीन है वह भूमंडलीय पैमाने पर खुद का पुनरुत्पादन बुनियादी तौर पर समरूप तरीकों से नहीं करता। वर्चुअल स्पेस की सभी स्वैर कल्पनाओं के बावजूद 'नवीनता' भारत जैसे तीसरी दुनिया के देश तक पहुँचते-पहुँचते दूसरी ही कुछ मिलती-जुलती कुछ भिन्न कल्पनाओं का पुलिंदा बन जाती है। विरिलियो जिस रफ्तार की बात करते हैं उसका कोई एक चेहरा नहीं है। अभी काफी दिनों तक उसकी यह विविधता बने रहने की संभावना है।

तीसरी दुनिया का साइबर-जगत अलग किस्म का है। उसकी ज्ञान-संरचना भिन्न तरीके से होती है। इस भिन्नता के प्रति संवेदनशील होना जरूरी है। यह ध्यान रखना होगा कि पश्चिम में आलोचना और परिवर्तन के आख्यान भारत आते-आते एकदम दूसरे नतीजे देने लगते हैं। मसलन, पश्चिम में उभरी नयी प्रौद्योगिकीय संस्कृति का परिणाम प्रकृति और संस्कृति के बीच एवं शरीर और मशीन के बीच ऐतिहासिक विभेदों के धुँधले हो जाने में निकला। कई विद्वानों ने इस ओर इशारा किया है कि प्रौद्योगिकी, जैविकी और संस्कृति के परस्पर व्यापन से ऐसी स्थिति पैदा हुई है, जिसमें सावयवता और प्रौद्योगिकी के बीच ही नहीं संस्कृति, अनुभूति और विज्ञान के निर्धारित श्रेणीगत संबंध गड़बड़ा गये हैं। पहले इनमें से कोई एक श्रेणी दूसरी श्रेणी के ऊपर हावी रहती

थी।[५२] यूरोपीय ज्ञानोदय ने बताया था कि प्रकृति और संस्कृति के बीच विलोम संबंध है। इसी सूत्र के आधार पर मानवीय चिंतन और कर्म का विकास हुआ था। इसी आधार पर व्यक्ति-निष्ठा का प्रादुर्भाव हुआ था। आपसी संबंधों में आये परिवर्तन की व्याख्या करते हुए राबीनाउ ने दावा किया है कि प्रकृति की पुनर्रचना संस्कृति की तर्ज पर की जा रही है, पर संस्कृति की पुनर्रचना का आधार प्रकृति है। तीसरी दुनिया में आते ही इस संक्रमण की हुलिया बदल जाती है। होता यह है कि नयी जैविकी गरीब देशों की समृद्ध जैव संपदा लूटने के लिए इस्तेमाल की जाने लगती है ताकि उससे पश्चिम का जैव-अंतराल भरा जा सके। प्रौद्योगिकीय संस्कृति बहुराष्ट्रीय निगमों की विस्तार-योजना का अंग बन जाती है। प्रौद्योगिकी में महारत हासिल करने वाले सामाजिक समुदाय भारत में राष्ट्रीय दायरे से कदम खींचने और फिर उस पर दोबारा कब्जा करने की रणनीतिक भाषा बोलने लगते हैं। वे अपनी प्रौद्योगिकीय क्षमता को वंचितों से दूरी और अलग दर्जा बनाये रखने के लिए इस्तेमाल करते हैं।

मेरा मकसद पश्चिम में उभर रही नयी विचार-संरचनाओं के खिलाफ बहस-मुबाहिसे में बाजी मारना नहीं है। मैं तो यह दिखाना चाहता हूँ कि ये विचार-संरचनाएँ दुनिया के पैमाने पर जारी नये तरह के संचय का अंग हैं। इस संचय के तहत दुनिया के किसी हिस्से में किसी को तो 'दैहिक स्वतंत्रता की मादकता' नसीब होती है पर इसी वजह से किसी दूसरे हिस्से में किसी को विस्थापन और वंचन का सामना करना पड़ता है। इस सच्चाई को दरकिनार करने पर वर्चुअल स्पेस में 'रहने' और उसका आनंद उठाने वाले हम सब न केवल अपने चिंतन की जड़ता का प्रमाण देंगे, बल्कि विश्व स्तर पर उभर रहे सत्ता के नये व्याकरण के साथ साठगाँठ करते नजर आयेंगे।

तीसरी दुनिया के संदर्भ में भी सरहदों के आख्यान अभी पूरी तरह महत्त्वहीन नहीं हुए हैं। तीसरी दुनिया को अपने नागरिकों के व्यक्तिनिष्ठ दायरों में कम और राष्ट्रीय सरहदों का मानचित्र दोबारा रचने में ज्यादा दिलचस्पी दिखायी पड़ती है। साइबर-यात्राओं ने पुराने पनोप्टीकॉन को वेध दिया है। प्रत्येक ज्ञान-प्रणाली पर अपनी स्थानिकता की छाप होती है। इस वक्तव्य की रोशनी में हम चाहें तो हारावे के इस सारगर्भित प्रकृति-संबंधी सूत्रीकरण का अर्थग्रहण कर सकते हैं : ''राष्ट्र की संरचना जिन निर्विवाद लगने वाले तत्त्वों से हुई थी ... जिनसे हमें अंतर्दृष्टि मिलती थी, जो हमारे लिए ज्ञान का विषय होते थे और जिनसे हमें मासूमियत का आश्वासन मिलता था, शायद उनका अंतिम रूप से खंडन कर दिया गया है।'' हारावे का यह कथन बताता है कि तीसरी दुनिया के लिए साइबर-संस्कृति का प्राथमिक अर्थ क्या है।

संदर्भ और टिप्पणियाँ

१. फ्रेड्रिक जेमसन, *पोस्टमाडर्निज्म, ऑर दि कल्चरल लॉजिक ऑव लेट केपिटलिज्म,* ड्यूक यूनिवर्सिटी प्रेस, डरहम, १९९२, पृष्ठ १

२. फ्रीड्रिश नीत्शे, *दि विल टु पॉवर,* संपादक : वाल्टर कॉफमन, विंटेज, न्यूयार्क, (आलेख में नीत्शे के सभी वक्तव्य इसी संदर्भ से)।

३. सीमाओं की अस्पष्टता के कारण किसी साइबर-समुदाय को किसी खास सामाजिक-सांस्कृतिक समुदाय के समकक्ष नहीं माना जा सकता। समुदाय के निर्विवाद अस्तित्व का तर्क साइबर जगत में नहीं चलता।

४. शंकरन कृष्णा, 'कार्टोग्राफिक एंग्जाइटी : मैपिंग दि बॉडी पॉलिटिक्स इन इंडिया', *आल्टर्नेटिव्ज,* ४, १९९४

५. आशीष नंदी, 'दि डिक्लाइन इन दि इमेजिनेशन ऑव दि विलेज', अप्रकाशित पांडुलिपि, १९९६

६. हालाँकि गाँधी को समझने के लिए मिशेल डि सर्ट्यू को पढ़ने की जरूरत नहीं है, फिर भी उनकी रचना *दि प्रेक्टिस ऑव एवरीडे लाइफ* (यूनिवर्सिटी ऑव केलिफोर्निया प्रेस, बर्कले,१९८४) दैनंदिन जीवन की व्यवहार-शैलियों से उपजने वाली प्रतिरोध की संरचनाओं पर दिलचस्प रोशनी डालती है।

७. आर्तुरो एस्कोबार, *एनकाउंटरिंग डिवेलपमेंट : दि मेकिंग एंड अनमेकिंग ऑव दि थर्ड वर्ल्ड १९४५-१९९२,* प्रिंसटन यूनिवर्सिटी प्रेस, प्रिंसटन, १९९४

८. सतीश देशपांडे ने अपनी रचना 'इमेजिंड इकनॉमीज' (*जरनल ऑव आर्ट्स एंड आइडियाज,* २५-२६, दिसंबर, पृष्ठ ५-३६) लिखा है : "राष्ट्रीय अर्थतंत्र की रचना जल्दी ही अपने-आप में राष्ट्र का पर्याय बन जाती है। अर्थतंत्र को राष्ट्र के आलंकारिक प्रतिनिधि के तौर पर राष्ट्रवादी योजना में प्रतिष्ठापित करना शायद नेहरू का विशेष योगदान था।" (पृष्ठ २४)

९. जिग्मंट बाउमन, *इंटीमेशंस ऑव पोस्टमाडर्निटी,* रुटलेज, लंदन, १९९२, पृष्ठ xv

१०. डेविड हार्वी, *दि कंडीशन ऑव पोस्टमाडर्निटी : एन इनक्वारी इन टु दि ऑरिजंस ऑव कल्चरल चेंज,* ब्लेकवेल पब्लिशर्स, ऑक्सफोर्ड, १९८९

११. जिजेक कहते हैं : "बेंथम द्वारा प्रतिपादित पनोप्टीकॉन में तो निराकारता (वर्चुअलिटी) अपने शुद्धतम रूप में मिलती है। कोई नहीं जानता कि उस पनोप्टीकॉन के केंद्र में कोई है भी या नहीं। अगर पता हो कि वहाँ कोई है तो पनोप्टीकॉन का डरावनापन कुछ कम हो जायेगा। लेकिन, बेंथम की भाषा में वह तो 'एक बेहद अँधेरी जगह' होती है। कोई पीछा कर रहा है, इस बात का एहसास ज्यादा डरावना होता है बजाय इसके कि पता हो कि वास्तव में कोई पीछा कर रहा है। ऐसी अनिश्चितता बेहद संत्रासकारी होती है।" देखें : स्लावोज जिजेक, *सिविल सोसाइटी, फेनेटिसिज्म एंड डिजिटल रियलिटी : ए कनवर्जेशन विद स्लावोज जिजेक,* सीथियरी, १९९५

१२. जवाहरलाल नेहरू, द *डिस्कवरी ऑव इंडिया,* जान डे, न्यूयार्क, १९४६

१३. स्वातंत्र्योत्तर भारत में स्थापत्य और वास्तुशिल्प को प्रतीक के रूप में ऊँचा दर्जा कभी

नहीं मिला। उपनिवेशवाद के विपरीत राष्ट्रवाद ने बड़े-बड़े ऐतिहासिक भवन नहीं बनवाये। वह भवन निर्माण की पारंपरिक विधियों की जगह अंतर्राष्ट्रीय वास्तुशिल्प के घटिया संस्करणों का आयात करके अपना काम चलाता रहा। केवल एक बार ऐसा मौका आया जब अवाँगार्द वास्तुशिल्पी ल कोर्बूजिये को चंडीगढ़ की डिजाइन बनाने के लिए निमंत्रित किया गया। इस तरह आजाद भारत को अपना सबसे स्पंदनहीन शहर मिला। कोर्बूजिये के दिलचस्प विश्लेषण के लिए देखें : मेनफीडो ताफुरी, *आर्कीटेक्चर एंड यूटोपिया*, एमआईटी प्रेस, केम्ब्रिज, १९७६

१४. इंदिरा गाँधी ने १९७५ में आपातकाल की घोषणा की और १९७७ तक सभी नागरिक और राजनीतिक अधिकार मुल्तवी बने रहे। आपातकाल कई तरह से पनोप्टीकॉन की अंतिम परिणति थी। इसे वैकासिक राष्ट्रवाद के संचालक पुराने केंद्रीकृत राज्य की समाप्ति की शुरुआत माना जा सकता है।

१५. इस अवधि में भारत काफी राजनीतिक उथल-पुथल से गुजर रहा था। सरकार को जातीय और क्षेत्रीय आंदोलनों की चुनौतियों के कारण बार-बार राजनीतिक हिंसा का सामना करना पड़ता था।

१६. तत्कालीन प्रधानमंत्री राजीव गाँधी की नकल में उस समय के राजनीतिक नेताओं के बीच अपने डेस्कटॉप कंप्यूटर के साथ तस्वीर खिंचाने की होड़ थी। अस्सी के दशक के शुरुआती वर्षों के बाद से ही ज्यादातर विज्ञापनों में बिक्री बढ़ाने के मकसद से अक्सर कंप्यूटर की छवि होती थीं।

१७. शुरुआत में कोशिश यह थी कि दूरसंचार का एक स्थानीय उत्पादन आधार विकसित किया जाय। इसके लिए सेंटर ऑव डिवलपमेंट एंड कम्युनिकेशन (सी-डॉट) का गठन किया गया था। इसके शीर्ष पर सैम पितरोदा का करिश्माई व्यक्तित्व था। लेकिन, बाद में बहुराष्ट्रीय पूँजी की तरफदारी करने वाले नौकरशाही के एक हिस्से ने इस पूरे प्रयास को नाकाम कर दिया।

१८. कंप्यूटरों का चलन अस्सी के दशक की शुरुआत में ही हो गया था, लेकिन इस लेखक की नजर पहली बार कंप्यूटर पर १९८८ में पड़ी, जब एक अमेरिकी विश्वविद्यालय में वह स्नातक छात्र के रूप में अपना प्रॉजेक्ट दाखिल करने गया।

१९. पॉल विरिलियो, *स्पीड एंड इंफार्मेशन*, सीथियरी, १९९५

२०. निकनेट, *टेन इयर्स ऑव दि नेशनल इंफोर्मेटिक्स सेंटर*, एनआईसी, नयी दिल्ली, १९९४

२१. निकनेट और भारत के इंटरनेशनल गेटवे की तरह काम करने वाली सरकारी क्षेत्र की इजारेदार संस्था विदेश संचार निगम लिमिटेड के बीच सार्वजनिक तौर पर आलोचना-प्रत्यालोचना होती रही है।

२२. इस लेखक के साथ एक बातचीत में एनआईसी के निदेशक ने कहा कि साइबर स्पेस पर नियंत्रण करने से कोई मतलब हल नहीं होगा। इंटरनेट पर अश्लील सामग्री पर रोक लगाने के मामले में सरकार कुछ नहीं कर सकती।

२३. *इंफोमेटिक्स*, नेशनल इंफोर्मेटिक्स सेंटर की त्रैमासिक पत्रिका, नयी दिल्ली।

२४. यह लेखक दिल्ली में औसतन बीस मिनट से ज्यादा कनेक्ट कभी नहीं रह पाया। तीसरी दुनिया के देशों में कभी फोन संपर्क टूट जाता है तो कभी बिजली चली जाती है।

२५. आशीष नंदी, *दि सेवेज फ्रायड*, ऑक्सफोर्ड, नयी दिल्ली, १९९५, पृष्ठ १८१-८२
२६. गाँधी के विचारों के लिए देखें : *हिंद स्वराज*, संकलित रचनाएँ, प्रकाशन विभाग, नयी दिल्ली १९५६
२७. गाँधी का विचार मार्क्स के आशावादी नजरिये के विपरीत था। मार्क्स भारत में रेलवे की भूमिका को उसी नजर से देखते थे जैसे बॉदलेयर ने उन्नीसवीं सदी के मध्य में बैरन वॉन हाउसमान द्वारा किये गये पेरिस के पुनर्निर्माण को देखा था। इस दृष्टि के पीछे मान्यता यह थी कि विध्वंस की प्रक्रिया अपने आप में सृजनात्मक होती है और उसके जरिये सामाजिक कार्रवाई के कल्पनाप्रणव रूपों का रास्ता साफ होता है।
२८. इसकी तुलना में चीनी लाल सेना द्वारा १९३४-३५ में किये गये लंबे कूच को रखा जा सकता है। हालाँकि इस यात्रा का दिक् और काल कहीं ज्यादा निर्धारित था।
२९. प्रदर्शनी का एक माध्यम के तौर पर इस्तेमाल भारत में सीमित रूप से ही किया गया है। १९७२ में नयी दिल्ली में लगे एक्सपो-७२ नामक मेले को एक बड़ी राष्ट्रवादी प्रदर्शनी के रूप में लिया जा सकता है। इस मेले में विभिन्न प्रदेशों और दूसरे देशों (मुख्यतः पश्चिमी देशों) ने मंडप लगाये थे। यह तीसरी दुनिया और नेहरूवादी राष्ट्रवाद की कामयाबी का प्रतीक था। एक्सपो-७२ के बाद से प्रदर्शनियाँ और मेले ज्यादा उद्देश्यपरक हो गये हैं। अब वे प्रदर्शनकारी पहलू पर कम और वाणिज्यिक आयाम पर ज्यादा ध्यान देते हैं।
३०. जेम्स क्लिफर्ड, *दि प्रेडिकामेंट ऑव कल्चर*, हार्वर्ड यूनिवर्सिटी प्रेस, केम्ब्रिज, १९८८, पृष्ठ १६७
३१. अर्जुन अप्पादुरै, 'पेट्रियोटिज्म एंड इट्स फ्यूचर्स', *पब्लिक कल्चर्स*, ५, १९९३, पृष्ठ ४११-४२९
३२. अनुमानित गणना के अनुसार निकनेट, एरनेट और वीएसएनएल नामक सरकारी नेटवर्कों की सेवाएँ दस हजार प्रयोक्ता ले रहे हैं। एक्सेस, आरपीजी-स्प्रिंट, डाटामेल और यूयूनेट जैसी निजी कंपनियाँ करीब बीस हजार लोगों को कनेक्टिविटी मुहैया करा रही हैं। हमें यह भी ध्यान रखना होगा कि शोध संस्थानों में एक कनेक्शन का इस्तेमाल कई-कई लोग करते हैं।
३३. *पॉयनियर*, 'बूम टाइम फॉर कंप्यूटर नेटवर्क्स', ४ मई, १९९५
३४. *पॉयनियर*, सुधा नागराज, 'वॉट्स ऑन एट एचटीटीपी: // डब्ल्यूडब्ल्यूडब्ल्यू. इंडियाइंक .कॉम', २६ अप्रैल, १९९६
३५. उच्चवर्णीय अभिजनों के जनीतिक एजेंटों ने हिंदू राष्ट्रवादी आंदोलन का पल्ला पकड़ लिया है। लेकिन, भिजनों के कुछ अन्य तबके कांग्रेस को समर्थन देना जारी किये हुए हैं।
३६. नैतिकता के नाम पर अक्सर कई जत्थेबंदियाँ बीच-बीच में अश्लीलता के खिलाफ फिल्मों पर सेंसरशिप थोपने की वकालत करती रहती हैं। अभी तक सेंसर का दायरा बढ़ाने के प्रदेशों द्वारा किये गये सभी प्रयास नाकाम रहे हैं। 'बेंडिट क्वीन' फिल्म का प्रदर्शन रोकने के लिए निचली अदालत के एक फैसले को सर्वोच्च न्यायालय पलट चुका है।
३७. भारत की वेबसाइटों में भारतवासियों की रुचि न के बराबर है। इन साइटों को देखने

वाले तकरीबन सभी विदेशों के वासी हैं। देखें : *टाइम्स ऑव इंडिया*, २२ मई, १९९६

३८. वाल्टर बेंजामिन, *इल्युमिनेशंस*, शोकेन बुक्स, न्यूयार्क, १९६८

३९. डेविड फ्रिस्बी, *फ्रेगमेंट्स ऑव माडर्निटी*, पोलिटी, केम्ब्रिज, १९८५, पृष्ठ २५४

४०. बीस मिनट से ज्यादा कनेक्टिविटी मुहैया कराने का कारनामा शायद ही कोई डायल-अप कनेक्शन कर पाता हो।

४१. दक्षिणपंथियों से असहमत अनिवासी भारतीयों की वेबसाइटें भी हैं, लेकिन लोकप्रियता में वे काफी पीछे हैं।

४२. बहुसंख्यकवाद और मुसलमानों से घृणा पर आधारित उग्रराष्ट्रवाद की वकालत करने वाली दक्षिणपंथी हिंदू राष्ट्रवादी भारतीय जनता पार्टी की वेबसाइट अमेरिका से संचालित होती है। विचित्र बात यह है कि विदेशी जमीन से संचालित इस 'राष्ट्रवादी मुहिम' में निहित विरोधाभास का भाजपा को एहसास तक नहीं है।

४३. यह ध्यान रखना होगा कि नेहरूवादी पनोप्टीकॉन के निरंकुश और अनुशासन थोपने वाले तौर-तरीकों के बाद भी लोकतांत्रिक राजनीति की व्याप्ति के कारण भारतीय समाज की पूरी तरह जकड़बंदी कभी नहीं हो पायी।

४४. ऊपर से उस वक्त के आईबीएम कंप्यूटर खासी अरुचिकर आधुनिकतावादी डिजाइन के थे। मेकिंतोश काफी महँगे मिलते थे और उनके स्थानीय संस्करण उपलब्ध नहीं थे।

४५. वैकासिक आधुनिकतावाद किसी द्वंद्वात्मक संदेह की गुंजाइश नहीं छोड़ता, जबकि यूरोप में ऐसा मुमकिन था। यहाँ तो उसका जोर विकास, विज्ञान और राष्ट्र की तिकड़ी पर आधारित कारगर किस्म का दायरा बनाने पर रहता है। वैकासिक आधुनिकतावाद के प्रवर्तक न तो कलाकार थे न ही दार्शनिक। राबिनाउ ने फ्रांसीसी आधुनिकतावाद पर अपनी रचना में उन्हें 'सामान्य विचारों का मिस्त्री' करार दिया है। ये लोग राज्य के अनाम प्रबंधक थे जिन्होंने बड़े धैर्य और परिश्रम के साथ वैकासिक आधुनिकतावाद का मॉडल खड़ा किया। देखें : पॉल राबिनाउ, *फ्रेंच मॉडर्न : नार्म्स एंड फार्म्स ऑव सोशल एनवायरनमेंट*, एमआईटी प्रेस, केम्ब्रिज, १९८९

४६. एक तरफ प्रौद्योगिकी का प्रभामंडल खत्म हुआ है तो दूसरी तरफ भूमंडलीय उपभोक्तावाद की संरचना खड़ी हो गयी है जो प्रौद्योगिकी पर ही निर्भर करती है। उस उपभोक्तावाद को सबसे पहले अपनाने वालों में दूसरे साइबर-समुदाय के अभिजन ही हैं।

४७. शहरी क्षेत्रों में मध्यवर्गीय उपभोक्ता संस्कृति का प्रसार काफी तेज गति से हुआ है। इस परिघटना ने प्रौद्योगिकी आधारित उपभोक्ता वस्तुओं की चकाचौंध को घटा दिया है। जिन चीजों को शहरी जनता पहले अपनी प्रतिष्ठा का प्रतीक मानती थी (इसे ही बेंजामिन ने 'देखी जा सकने वाली पर स्पर्श से परे' करार दिया था) अब वे रोजमर्रा के इस्तेमाल की साधारण चीजें बन चुकी हैं। इन चीजों में टेलीफोन, टेलीविजन के साथ-साथ पैसे वाले लोगों के लिए वीसीआर और फ्रिज शामिल हैं। साइबर स्पेस में यात्रा करने वाले कई कार्यकर्ताओं के सामने इस नयी उपभोक्ता संस्कृति के तात्पर्य साफ नहीं हैं, पर इसके बाद भी उन्हें इसी माहौल में काम करते

हुए संघर्ष करना है।

४८. भारत में आर्थिक विषमता की व्यापकता को देखते हुए वैकल्पिक नेटवर्कों के विकास के लिए किसी-न-किसी प्रकार की सरकारी आर्थिक मदद जरूरी है। निजी और बहुराष्ट्रीय पूँजी को ऐसे वैकल्पिक नेटवर्कों में कोई दिलचस्पी नहीं है। ये ताकतें आगे भी अपनी प्राथमिकता बदलने वाली नहीं लगतीं। दरअसल, कोशिश यह होनी चाहिए कि एक ऐसा सार्वजनिक स्पेस बनाया जाय, जिसमें बिना किसी सरकारी नियंत्रण के नेटवर्क सभी के लिए मुहैया हो सके।

४९. नीत्शे, *उपरोक्त,* पृष्ठ ३३७

५०. आंद्रियास हुइसेन, *ट्वाइलाइट मेमोरीज,* रुटलेज, न्यूयार्क, १९९५, पृष्ठ २६

५१. यहाँ तक कि पॉल विरिलियो जैसे विद्वानों की गहरी दृष्टि से भी यह जटिलता बच निकली। विरिलियो का तर्क है कि साइबर स्पेस ऐसे भूमंडलीय-समय का वाहक है जो स्थानीय-समय को आच्छादित कर देगा। वे लिखते हैं, "पहली बार इतिहास समयांकन की एक ही प्रणाली यानी भूमंडलीय-समय के तहत घटित होने जा रहा है। ... भविष्य में बहुत जल्दी ही हमारे इतिहास का निर्माण अपने-आप में तात्कालिकता के गर्भ से उपजे सार्वभौमिक-समय में होने लगेगा।" विरिलियो इस निराशाजनक परिदृश्य से बचने की संभावना 'दुर्घटनाओं की दुर्घटनाओं' यानी उन महादुर्घटनाओं में तलाशते हैं जिनके कारण नेटवर्क क्रैश हो जाएँगे और पूँजीवाद 'ध्वस्त' हो जायेगा।

५२. हारावे, *उपरोक्त;* राबीनाउ, 'आर्टीफिशियलिटी एंड इनलाइटेनमेंट : फ्रॉम सोशियोबायोलाजी टु बायोसोशियलिटी', संकलित : जे. क्रेरी और एस.के. विंटर (संपादक), *इनकारपोरेशंस,* जोन बुक्स, न्यूयार्क, १९९२; अलुक्यूर रोजाने स्टोन, 'विल दि रियल बॉडी स्टेंड अप : बांउड्री स्टोरी अबाउट वर्चुअव कल्चर्स', संकलित : बेंडेडिक्ट (संपादक), *साइबर स्पेस : दि फर्स्ट स्टेप्स,* एमआईटी प्रेस, केम्ब्रिज, १९९१ और 'वर्चुअल सिस्टम्स', संकलित : जे. क्रेरी (संपादक), *इंस्क्रिप्शंस,* जोन बुक्स।

भूमंडलीकरण अगर दुनिया को बदल रहा है तो इस उद्यम में उसका सबसे प्रभावी औजार है सूचना। पिछले बीस वर्षों में नेटवर्क सोसाइटी की रचना के माध्यम से एक नयी दुनिया का आविष्कार किया जा रहा है, जिसमें सब कुछ है पर किसी भी चीज की दैहिक उपस्थिति नहीं है। नेटवर्क एक अमीबा की तरह अपना भोजन खुद जमा करते हुए अपना विकास करता चलता है। लगता है कि जैसे नेटवर्क पर किसी का वर्चस्व नहीं है और उसे एक सामुदायिक संपत्ति समझा जा सकता है। पर इस नेटवर्क सोसाइटी में दुनिया के उन सबसे गरीब समाजों की हैसियत क्या होगी जो वित्तीय पूँजी की कृपा, टीवी और कंप्यूटर से वंचित हैं? लोकतांत्रिक कल्पना के साथ यह देहविहीन समाज क्या सुलूक करेगा? क्या यह ज्ञान की पश्चिम केंद्रीयता से मुक्त है? इसमें विकल्पों, बहुलताओं और असहमति की कितनी गुंजाइश है? नेटवर्क सोसाइटी के प्रमुख व्याख्याता मेनुअल कासल्स की त्रिफलकीय रचना में इन सवालों के कौन-से जवाब दर्ज हैं? नेटवर्क सोसाइटी किस जगह बोलती है और कहाँ मौन रहती है?

नेटवर्क सोसाइटी में ज्ञान के बिना सूचना

शिव विश्वनाथन

I

बीसवीं सदी के कई महा-आख्यानों में से एक है सूचना युग। मेनुएल कासल्स ने अपनी तीन खंडों में फैली हुई विस्तृत रचना (*द राइज़ ऑव नेटवर्क सोसाइटी, द पॉवर ऑव आइडेंटिटी और एंड ऑव मेलिनियम*) में यही महा-आख्यान पेश किया है। उनके विमर्श में सूचना युग एक ऐसे विचार की तरह उभरता है जो बीसवीं सदी और उसकी अतीत हो चुकी उपलब्धियों के बाद भी बचा रह गया है। पिछली शताब्दी थी भी कितनी अजीब। ऐसा लगता है कि आखिरी दिन आने से पहले ही उसका समापन हो चुका था। नब्बे का दशक आते-आते यह सदी अपने ही विचारों की प्रणालीगत विफलता के कारण मृत

हो चुकी थी। सदी के सभी नायक और सभी विचार वक्त से पहले फीके पड़ गये थे। बोल्शेविक क्रांति का दौर पूरा हो चुका था। कास्ट्रो की चमक खत्म हो गयी थी। माओ को दफ्नाया जा चुका था। नियोजन पर चली महान बहस का उपसंहार हो गया था। चे ग्वेवारा को विज्ञापन जगत ने माल बेचने के प्रतीक की तरह हड़प लिया था। ग्लासनोस्त की सिर्फ कहानी ही बाकी थी। राष्ट्रवाद के महान युग और न्क्रुमा, नासेर और नेहरू जैसे नेताओं की स्मृति दीमक चाट चुकी थी।

आज गुजरी हुई सदी की यह विडंबना एक कड़वी हँसी की तरह सता रही है। कासल्स दावा करते हैं कि इक्कीसवीं सदी का नायकत्व न तो राज्य की संस्था को स्थापित करेगा, न एनजीओ (स्वयंसेवी संस्था) को, न पार्टी को और न ट्रेड यूनियन को। यानी बीसवीं सदी की कोई भी निर्मिति अगले सौ सालों का नेतृत्व नहीं कर पायेगी। नयी सदी की हीरो तो नेटवर्क सोसाइटी होगी जिसे हम सूचना-समाज भी कह सकते हैं। इस लिहाज से कासल्स की रचना यूजेन मालरेज़ की कृति *द सोल ऑव व्हाइट एंट* की याद दिला देती है। मालरेज़ जंतुओं के व्यवहार का अध्ययन करके उसे दिलचस्प औपन्यासिक शैली में व्यक्त करते थे। उनकी कृति पाठक को बताती है कि दीमकों के ढूह में हर दीमक की अलग-अलग शख्सियत नहीं होती, बल्कि पूरे ढूह को मिला कर एक संपूर्ण शख्सियत बनती है। इसी तरह नेटवर्क भी एक नये किस्म के सामूहिक वजूद की तरह सामने आता है जो एक साथ तरल भी है और अमीबा की तरह स्वतः अपना खाना बटोरते हुए विकसित होता चला जाता है। जाहिर है कि नेटवर्क बीसवीं सदी की उन निर्मितियों जैसा नहीं है जिन्हें हम पार्टी, राष्ट्र-राज्य या सर्वहारा के रूप में जानते रहे हैं।

कासल्स ने टाल्स्टाय की तर्ज पर महाग्रंथ रचा है। उनके तीन खंडों को मिला कर 'नेटवर्क सोसाइटी में युद्ध और शांति' का महा-शीर्षक भी दिया जा सकता है। इस भारी-भरकम रचना का दायरा बहुत व्यापक है। लेकिन इसमें आत्मानुशासित वस्तुनिष्ठता भी है। कासल्स की समझ परिवर्तनोन्मुख और गतिशील है। उनका आख्यान एक साथ और अलग-अलग न केवल विचारधारात्मक खाँचों को पकड़ता है, बल्कि वह बदलते हुए हालात और वजूद को भी चिह्नित करता चलता है। यही बहुमुखी परिवर्तनशीलता कासल्स की रचना को विराट बनाती है। इसी के कारण वे संपूर्ण के साथ-साथ उसे व्यक्त करने वाले रूपकों और अन्य अलंकारों को भी व्याख्यायित कर पाते हैं। आखिर कासल्स ने यह कारनामा कैसे अंजाम दिया होगा? दरअसल, ऐसा करने के लिए उन्होंने वर्चस्व के आख्यान को नयी रोशनी में पेश किया है और

उसकी प्रकृति में आये परिवर्तन को दिखा कर यह लक्ष्य बेधा है।

विकास के समाजशास्त्र की तुलनात्मक दुनिया में आमतौर पर मैक्स वेबर के आख्यानों का बोलबाला रहा है। यह दायरा अक्सर इस सवाल से गूँजता रहा है कि आखिर दुनिया पर पश्चिम की चौधराहट कैसे स्थापित हुई? इसका जवाब तलाश करने की कवायद भी खूब हुई और उससे जुड़े सवाल कुछ इस तर्ज पर सामने आते रहे कि पूँजीवाद का पहले-पहल पश्चिम में ही उदय क्यों हुआ या विज्ञान का उभार चीन में क्यों नहीं हुआ? वेबर से लेकर नीढम तक इसका जवाब देने वाले समाजवैज्ञानिक आख्यानों ने दुनिया को पश्चिम और बाकी हम सब के बीच बाँट कर पेश किया।

इन महा-आख्यानों का आधार समाज के विकास को अलग-अलग चरणों में बाँट कर देखना था। समाजों को जनजातीय, खेतिहर, औद्योगिक और सेवा क्षेत्र वाली अर्थव्यवस्थाओं के रूप में समझा गया। चूँकि पश्चिम का विकास इन्हीं चरणों में हुआ माना गया था, इसलिए इसे वैकासिक सिद्धांत का जामा पहना कर बाकी दुनिया को इस आग्रह के साथ थमा दिया गया था कि अब उन्हें भी इसी हिसाब से चरणबद्ध विकास के रास्ते पर चलना है। जिन्होंने इस रास्ते को नहीं माना, उन्हें 'इतिहास के कूड़ेदान' के हवाले कर दिया गया। आखिरकार यह इतिहास भी तो पश्चिम द्वारा ही लिखा जा रहा था। डेविड लेडिस, पॉल कनेडी और आंद्रे गुंदर फ्रेंक के आख्यानों के जरिये पश्चिम की सफलता के कारणों का ब्योरा परोसा गया। इसी के साथ-साथ एक और सवाल का जवाब खोजने की कोशिश की गयी कि तीसरी दुनिया क्यों नाकाम हुई। हार्वर्ड स्कूल ऑव इंटरनेशनल डिवेलपमेंट और ससेक्स के इंस्टीट्यूट ऑव डिवेलपमेंट स्टडीज़ के परंपरानिष्ठ अकादमीशियन या उनके छुटभैये अनुयायी इसी का उत्तर देने का उपक्रम करते रहे।

कासल्स पश्चिम बनाम अन्य की जकड़बंदी में फँसने से इंकार करते हैं। वे केंद्र और परिधि में बाँट कर दुनिया को देखने के मॉडल को भी नहीं अपनाते। नेटवर्क सोसाइटी का मानचित्र सत्ता के इस स्थापित भूगोल से बिल्कुल अलग दिखायी देता है। सूचना-समाज की तरलता कुछ इस किस्म की है कि उसमें परिधियाँ केंद्र के बाहर नहीं, बल्कि भीतर मौजूद होती हैं। यह सोसाइटी शुमपीटर की शैली में नयी सृजनशीलता के विस्फोट के जरिये कहीं भी यथास्थिति में उथल-पुथल मचा सकती है। नेटवर्क सोसाइटी की इस क्षमता को ताइवान, जापान और अपनी अर्थव्यवस्थाओं का व्याघ्रीकरण कर चुके एशियायी देश अपनी-अपनी सीमाओं में प्रदर्शित कर चुके हैं।

यह नयी सोसाइटी किसी सीमाबद्ध स्थान के साथ पहले की तरह जुड़ी

हुई नहीं रह गयी है। वित्तीय पूँजी और बहुराष्ट्रीय कंपनियों की खूबी यह है कि वे जब चाहे खुद को एक स्थान से उखाड़ कर दूसरी स्थानिकता में ले जा सकती हैं। इस प्रक्रिया में कुर्सी दौड़ जैसा खेल चलता रहता है, जिसमें कुर्सियाँ ही नहीं बदलतीं, बल्कि बजने वाला संगीत भी बदल जाता है। लेकिन बात इतनी ही नहीं है कि नेटवर्क सोसाइटी ने सत्ता के स्थापित भूगोल से अपना नाता तोड़ लिया है। दरअसल, वर्चस्व की नयी एटलस सीमाबद्ध भू-क्षेत्र की धारणा से ही मुक्त है। चाहे प्राच्यवाद हो या उन्नीसवीं सदी में जन्मा राजनीतिक अर्थशास्त्र का विचार हो, औपनिवेशिक मानवशास्त्र ने सत्ता के जिन यात्रा-वृत्तांतों की रचना की थी, नयी सोसाइटी उनकी दैहिकता से पृथक है। नेटवर्क एक आभास की तरह है यानी उसका भौतिक वजूद है पर वह शारीरिक रूप से मौजूद नहीं है। इस पर काम-काज, श्रम और मूल्य जैसी पुरानी श्रेणियाँ आसानी से लागू नहीं होतीं। इस आभासी दुनिया में गाँधी और मार्क्स प्रभावी नहीं लगते।

बीसवीं सदी का विश्व नागरिकों (सिटीज़ंस) का था जो इक्कीसवीं सदी में नेटिज़ंस का बनता जा रहा है। नेटवर्क सोसाइटी से पहले के भूगोल में दर्ज महाद्वीप बड़ी दुस्साहसिक यात्राओं के बाद खोजे गये थे। मानचित्र देख कर तो भू-क्षेत्रों की प्रतीकात्मक शिनाख्त ही हो सकती थी, उनकी विविधता की सारी संभावनाएँ तो दूसरे कई माध्यमों से ही खुल पाती थीं। कोलंबस की तरह पुराने कार्टेज़ियन कह सकते थे कि मानचित्र आखिरकार मानचित्र ही है, वह सीमाबद्ध भू-क्षेत्र की जगह नहीं ले सकता। लेकिन उस पुरानी दुनिया के मुकाबले नेटवर्क सोसाइटी एक आविष्कार लगती है। वह एक ऐसा नक्शा बनाती है जो आसानी के साथ सीमारेखाएँ दोबारा खींच कर नयी दुनिया बना सकता है। कुछ ही पलों में विशाल क्षेत्र सहज स्पेस में बदल जाते हैं। आसन्न भविष्य के रूप में नेटवर्क खुद की पुनर्रचना करता चलता है। लगता है कि वह बिना किसी डिंबाणु के ही पैदा हो गया है, लेकिन साथ में वह स्वयं का भक्षण भी कर सकता है। यानी वह स्वयं पैदा हो सकता है और स्वयं ही खत्म हो सकता है। बहरहाल, नेटवर्क सोसाइटी अपनी इस जैविक विचित्रता के परे एक भौतिक वजूद की मालिक भी है, उसका एक इतिहास है और सबसे बड़ी बात तो यह है कि उसकी राजनीति भी है जिस पर सवाल उठाना और जिसकी जाँच-पड़ताल करना जरूरी है।

मैं चाहता हूँ कि कासल्स की रचना में निहित राजनीति पर खासतौर से ध्यान दिया जाय। मैं खास तौर से खुद को दो सवालों पर केंद्रित करना चाहता हूँ : कासल्स की नेटवर्क सोसाइटी या सूचना-समाज ज्ञान की राजनीति में कहाँ

स्थित है, और लोकतांत्रिक कल्पना के धरातल पर यह नया समाज कहाँ खड़ा है? मेरी यह जाँच-पड़ताल कासल्स के समाजशास्त्र को कुछ परेशान कर सकती है, क्योंकि उनकी दृष्टि एकायामी है, जबकि मैं उन्हें कई तरह की कसौटियों पर कसना चाहता हूँ।

कासल्स के आख्यान को हमें एक राजनीतिक पटकथा के रूप में भी देखना होगा। एक स्तर पर यह एक महागाथा है और दूसरे स्तर पर यह एक नाटक की ऐसी पटकथा है, जिसमें कासल्स हमें भी हमारे अपने ढंग से भूमिका निभाने का निमंत्रण देते प्रतीत होते हैं। यहीं सवाल उठता है कि कासल्स एक नियमाधारित खेल के रूप में सूचना-समाज की विस्तृत व्याख्या कैसे करते हैं?

यह जानना इसलिए भी जरूरी है कि अगर हमने इन नियमों को न समझा तो इस खेल में हमारी हैसियत ज्यादा से ज्यादा तीसरे या चौथे दर्जे के खिलाड़ी की हो जायेगी। यहाँ हमें दो बातें तय करनी होंगी : क्या हम खेल में भाग लेना चाहते हैं और क्या हम खेल के नियमों को कोई चुनौती देंगे? इसके तुरंत बाद यह सवाल उठेगा कि चौथी दुनिया (अफ्रीका का एक बहुत बड़ा हिस्सा और तीसरी दुनिया के वे बेहद अविकसित हिस्से जिन्हें अमेरिकी तंत्र विकास की दौड़ में शामिल करने के ही पक्ष में नहीं है) के लोगों की क्या भूमिका होगी? मसलन, दक्षिण अफ्रीका क्या करेगा? क्या भारत की इस खेल में कोई भूमिका होगी या कासल्स के इस विराट आख्यान से भारत की संपूर्ण अनुपस्थिति एक तरह की दिमागी सफाई, विस्मृति या बेखयाली का लक्षण है? नेट सोसाइटी के व्याकरण को चुनौती कैसे दी जा सकती है?

एक तरीका यह हो सकता है कि छोटे-छोटे आंशिक खिलाड़ियों को चुन कर बड़ी-बड़ी भूमिकाओं के लिए प्रशिक्षित किया जाय। यह तरीका असरदार होगा पर यह बुनियादी तौर पर प्रतिक्रियामूलक ही होगा। इसके तहत कई सरकारें और राष्ट्र अमेरिका की नकल में अपने-अपने यहाँ सिलिकॉन वैली बनाने लगेंगे या अपने-अपने बिल गेट्स बनाने की मुहिमें चलने लगेंगी। इस रणनीति के साथ समस्या यह है कि इसमें कई खिलाड़ी एक्स्ट्रा या आंशिक खिलाड़ी ही रह जाएँगे यानी सभी को खेल में समान हैसियत से भाग लेने का मौका नहीं मिल पायेगा। दूसरी रणनीति खेल को समझने, उस पर महारत हासिल करने और यहाँ तक कि उसके नियमों को बदलने की कोशिश से जुड़ी हुई है। यह रणनीति इस आस्था पर आधारित है कि हर व्यक्ति एक दार्शनिक होता है और दार्शनिक के रूप में हर नागरिक दुनिया और खुद को अंशतः बदल सकता है।

II
ज्ञान की राजनीति बनाम सूचना की राजनीति

मैं अक्सर कहानियाँ कहता रहता हूँ और यहाँ भी अपनी एक प्रिय कहानी दोहरा कर बात शुरू करूँगा। कुछ समय पहले वैकल्पिक ऊर्जा प्रणाली पर एक पर्चा पेश करते समय मुझे लगा कि एक विमर्श के रूप में विज्ञान का दर्शन भारत में जनता के बीच किये जाने वाले जमीनी आंदोलनों से उपजा है न कि अकादमीय जगत से। कई नारीवादी, पर्यावरणवादी और जनजातीय समूहों को लगा कि उनके सामने सवाल अच्छे या बुरे विज्ञान का न हो कर इस बात का है कि विज्ञान स्वत:सिद्ध रूप से ज्ञान किस तरह है। यही था वह संदर्भ जिसके तहत मैंने अपने पर्चे में ज्ञानमीमांसा शब्द का प्रयोग किया था। मेरे पर्चे पर टिप्पणी करने के लिए बुलाये गये एक प्रमुख विकास विशेषज्ञ ने पूछा : "आप ज्ञानमीमांसा शब्द का इस्तेमाल क्यों करते हैं। विश्व बैंक के अध्यक्ष तो इसे समझ ही नहीं पायेंगे।" मेरा जवाब था : "वे नहीं समझ पायेंगे, इसीलिए तो मैंने इसका इस्तेमाल किया है।" लेकिन, असली कारण इस तर्क-वितर्क से कहीं गहरा था। भारत के आंदोलनकारी समूहों और उनके सिद्धांतवेत्ताओं को एहसास हो गया था कि विज्ञान के खेल के नियमों को चुनौती देनी होगी या उन्हें बदलना होगा। इसी कारण से उनके लिए ज्ञानमीमांसा यानी ज्ञान की रचना के नियमों या विधियों का सवाल महत्त्वपूर्ण हो गया था।

आइए, अब कासल्स से पूछें कि वे ज्ञान का कौन-सा सिद्धांत अपनाने के हामी हैं और ज्ञान की राजनीति की उनकी समझ क्या है? थामस कुन की तर्ज पर वे 'सूचना प्रोद्यौगिकी के प्रतिमान' का जिक्र करते हैं। प्रतिमान के बारे में कुन की दृष्टि अधिक बौद्धिकतावादी और आंतरिक किस्म की थी यानी उसका वास्ता विचारों के सामाजिक-आर्थिक पहलुओं से कम ही था, जबकि कासल्स की नजर में प्रतिमान का संदर्भ तकनीकी-आर्थिक है। उनकी प्रतिमान संबंधी समझ पर क्रिस फ्रीमेन और कार्लोटा पेरेज़ जैसे वैज्ञानिक नीति-विश्लेषकों का ज्यादा असर है। कुन के प्रतिमान के बरक्स पड़ताल की जाय तो दोनों में काफी गंभीर फर्क दिखायी पड़ेगा। अपनी एक पाद-टिप्पणी में कासल्स डेनियल बैल द्वारी दी गयी ज्ञान की वह परिभाषा अपनाते हैं, जिसमें कोई बौद्धिक जोखिम निहित नहीं है। इसके अनुसार 'तथ्यों और विचारों के सुव्यवस्थित वक्तव्यों के समुच्चय' को ज्ञान कहते हैं जिससे तर्कपूर्ण परिणाम अथवा प्रयोग-आधारित नतीजा निकाला जा सकता है और उसे किसी संचार माध्यम द्वारा या व्यवस्थित रूप में संप्रेषित किया जा सकता है। इसके बाद कासल्स पोराट द्वारा दी गयी सूचना की कामकाजी परिभाषा पर आते हैं जिसके अनुसार सूचना 'सुव्यवस्थित

और संप्रेषित किये जा सकने वाले तथ्यों' का नाम है। कासल्स के ऊपर सूचना इतनी हावी दिखती है कि वे ज्ञान के प्रश्न पर एक अजीब-सी चुप्पी साधे रहते हैं। कासल्स की नेटवर्क सोसाइटी सूचना संबंधी प्रतिमान के समाजशास्त्र से संबंधित तो लगती है पर उसमें *ज्ञान के समाजशास्त्र* या *ज्ञान के सिद्धांत* की जगह नहीं दिखती। प्रतिमान की सामाजिक-तकनीकी प्रकृति पर कासल्स का विमर्श गहरायी में गया है, पर वह उस प्रतिमान की राजनीति के बारे में उतना संवेदनशील नहीं है।

कासल्स ने कुन से प्रेरणा जरूर ली है पर कुन की प्रतिमान संबंधी समझ ऐसी नहीं मानी जा सकती। उसमें ज्ञान की राजनीति निहित है। कुन की दुनिया में प्रतिमानों की रचना कई परतों के सघन संयोजन से होती है। उनमें कोई परत मिथक की है, रूपक की है, पद्धति की है, मॉडल की है तो कोई तकनीक की परत है। अलग-अलग होने के बाद भी उनका सघन संयोजन एक ऐसे एकल बौद्धिक स्थापत्य की रचना करता है जिसके आधार पर प्रासंगिक और अप्रासंगिक का फैसला किया जा सकता है। यह प्रतिमान तय करता है कि क्या समझा जा सकता है और क्या नहीं, क्या कहा जा सकता है और क्या नहीं या क्या ऐसा है जो सुना भी नहीं जा सकता। जो भी विविधताएँ हैं, वे इसी एकल संस्कृति के तहत और प्रतिमान के वर्चस्व के तहत समेट ली जाती हैं। इस प्रतिमान की प्रधानता में पराजित ज्ञान-प्रणालियों या ज्ञान के वैकल्पिक सिद्धांतों की कोई जगह नहीं होती।

कासल्स के पास ज्ञान अथवा ज्ञान की विविध किस्मों के किसी स्पष्ट सिद्धांत का अभाव है। वे आधुनिक विज्ञान की प्रकृति की कोई समीक्षा नहीं करते। सूचना प्रौद्योगिकी का उनका प्रतिमान प्रौद्योगिकी के हस्तांतरण वाले मॉडल का ही सुधरा हुआ और जिंदादिल रूप लगता है। इस मॉडल में वित्तीय पूँजी है और काली अर्थव्यवस्था या वेब-चोरियों और हैकिंग की आपराधिकता भी अपना अनिवार्य योगदान करती है। नतीजे के तौर पर कासल्स की नेटवर्क सोसाइटी का वर्णन प्रौद्योगिकी हस्तांतरण-प्रतिमान का संस्थागत ब्योरा देने वाला शास्त्र बन जाता है। वह मानचित्र और भू-क्षेत्र के बीच नये संबंध को तो व्यक्त कर देता है लेकिन उसमें ज्ञान की राजनीति और ज्ञान के सिद्धांतों की स्पर्द्धा का खलने वाला अभाव है। अपनी इसी प्रकृति के कारण कासल्स का प्रतिमान किसी भी तरह की वैकल्पिक ज्ञानमीमांसा को 'कोलाहल' की संज्ञा दे डालता है। मसलन, विकास की विफलता के कारण अफ्रीका की गिनती चौथी दुनिया में होने लगी है। वहाँ राज्य की संस्था नाकारा हो गयी है और लूट-खसोट करने वाले अभिजनों में लगातार बढ़ोतरी हो रही है। पर इस नाकामी

का एक महत्त्वपूर्ण कारण विज्ञान के उस मॉडल में भी हो सकता है जिसे अफ्रीका में लागू किया गया था। पॉल रिचर्ड की यह दलील दरकिनार नहीं की जा सकती कि खेती के अफ्रीकी मॉडल को अगर अपनाया जाता तो उसमें से समुदाय और विज्ञान की भिन्न धारणाएँ निकल सकती थीं। एक अलग तरह की विशेषज्ञता का जन्म हो सकता था जो शायद विकास के अधिकृत मॉडल पर एकतरफा जोर के कारण पनप नहीं पायी। अफ्रीकी खेती और चिकित्सा का मॉडल वैकल्पिक मॉडल की तरह विज्ञान के प्रचलित मॉडल के साथ होड़ कर सकता था। यदि इस नजर से देखें तो चौथी दुनिया किसी शून्य या ब्लैक बॉक्स के बजाय विविधताओं, संभावनाओं और ज्ञानमीमांसाओं की वैकल्पिक सूची के रूप में उभरती है।

इसी सिलसिले में वनस्पतिशास्त्री वेस जेक्सन की बातें याद आती हैं। अपनी रचना *आल्टर्स ऑव अनह्यन स्टोन* और निजी बातचीत में जेक्सन का कहना था कि वे अमेरिका को एक उच्चतर सूचना-समाज का दर्जा दिये जाने और नतीजतन अफ्रीका और भारत को 'कमतर सूचना-समाज' समझे जाने से अक्सर चकित रह जाते हैं। जेक्सन को ताज्जुब इस बात का था कि अमेरिका में सेव की १६० किस्में होती थीं जो घट कर ५ रह गयी हैं, फिर भी उसे उच्चतर सूचना-समाज कहा जाता है। जेक्सन की मान्यता थी : ''प्राय: माना जाता है कि हमारे चारों तरफ सूचना क्रांति घटित हो रही है पर गंभीरता से गौर करने पर हमें हर हालत में यकीन हो जायेगा कि असलियत इसके उलट है। १९३५ के बाद दुनिया में जो भी हुआ है जरा उसके बारे में सोचिए। कहना न होगा कि आज पहले के मुकाबले जैविक सूचनाएँ कम उपलब्ध हैं। हर साल, खासकर उष्णकटिबंधीय क्षेत्रों में, एक हजार की दर से प्रजातियाँ विलुप्त हो रही हैं और प्रमुख फसलें जेनेटिक विकृति का शिकार होती जा रही हैं। इससे इंकार नहीं किया जा सकता कि यह जैविक सूचनाओं के क्षेत्र की बहुत भारी क्षति है।'' इसके बाद जेक्सन कहते हैं : ''प्रजातियों के विलुप्त होने और फसलों की विविधता कम होते चले जाने के अलावा हमारे देहाती इलाकों की आबादी घट रही है। इस कारण हुई सांस्कृतिक सूचनाओं की क्षति इसी अवधि में विज्ञान और प्रौद्योगिकी द्वारा जमा की गयी सभी सूचनाओं के मुकाबले कहीं अधिक है।'' जाहिर है कि जेक्सन की सूचना संबंधी समझ अपनी जमीन से कटी हुई नहीं है। वे कहते हैं : ''पौधों की रोपाई, उनकी देखभाल, कटाई और फसल के भंडारण की परंपराओं के मुताबिक खेती करने वाले किसान परिवार ... बिरादरी के बीच, खलिहानों और खेतों में शिशु अवस्था से ही अनजाने में ही जानकारियाँ जमा करते रहते थे। वे अपने रिश्तेदारों अथवा समुदाय के

सदस्यों के बारे में कहानियाँ कहते और सुनते रहते थे कि देखो उसने कितना अजीबोगरीब काम किया या अमुक को कैसी तकलीफ झेलनी पड़ी थी। इन्हीं कहानियों से उन्हें कृषि कर्म का बुनियादी सबक मिलता था। ऐसी अधिकतर सूचनाएँ समाप्त हो चुकी हैं और समाप्त होती जा रही है, क्योंकि किसान अपने खेत छोड़-छोड़ कर जा रहे हैं। ये जानकारियाँ हजारों सालों में जबसे खेती होनी शुरू हुई है, धीरे-धीरे हासिल हुई थीं। ये जानकारियाँ बहुमूल्य हैं। इसमें से काफी-कुछ का खुले आसमान के नीचे होने वाली खेती के लिए आज भी महत्त्व है। ऐसी सूचना की हमें आज के लिए ही नहीं, भविष्य के लिए भी जरूरत पड़ेगी।''

जेक्सन बताते हैं : ''मेरे एक दोस्त एक प्रमुख विश्वविद्यालय में प्रतिष्ठित प्रोफेसर हैं। वे उष्णकटिबंधीय इलाकों में प्रजातियों के विलुप्त होने से काफी चिंतित हैं। वे प्राकृतिक जंगलों को बचाने के लिए चलाये जा रहे आंदोलन के नेता भी हैं। इस पृथ्वी की जैव-संपदा बचाने के संघर्ष में सहभागी के रूप में वे हर साल बढ़ती हुई आबादी, संसाधनों के क्षय और प्रदूषण की समस्याओं पर अनगिनत व्याख्यान देते हैं। वे अपने विश्वविद्यालय की पुस्तकालय समिति के अध्यक्ष होने के नाते 'सूचना-विस्फोट' से काफी प्रभावित हैं। उन्हें पता है कि जानकारी का हमारा वर्तमान स्तर क्या है और आज के स्नातक छात्र उनके अपने छात्र जीवन के मुकाबले कितने बेहतर शिक्षित हैं। ज्यादातर अमेरिकनों की भाँति वे भी सिलिकॉन वैली और कंप्यूटर उद्योग को ज्ञान के विकास के रूप में देखते हैं। जब मैंने दलील दी कि पचास साल पहले के मुकाबले आज अमेरिका के पास सांस्कृतिक सूचनाएँ कहीं कम हैं तो वे मानने के लिए तैयार नहीं हुए। यह कहते हुए मैं उस सांस्कृतिक सूचना-सामग्री के बारे में सोच रहा था जो अब देहातों में नहीं मिलती और जो खुले आसमान के नीचे होने वाली खेती के लिए बहुत जरूरी है।''

जेक्सन के इस लंबे उद्धरण से स्पष्ट है कि ज्ञान को ठीक से परिभाषित किये बिना बहस नहीं की जा सकती। ज्ञान को औपचारिक और पृथक किस्म का करार देते ही उसका दरिद्रीकरण शुरू हो जाता है। अनकहे ज्ञान, अभ्यास और परंपरा के जरिये देह द्वारा आत्मसात किये गये पर सूत्रीकृत न किये जा सकने वाले ज्ञान और वैकल्पिक ज्ञान के वजूद को नकारा जाने लगता है। कासल्स की रचना में ज्ञान की इसी ज्ञानमीमांसात्मक राजनीति का अभाव है। खतरा यह है कि कहीं अपने प्रतिमान के अनुकूल बनाने के लिए ज्ञान की पुनर्रचना न शुरू हो जाय। फिर होगा यह कि जिसकी नेटवर्किंग के लिए फिर से प्रोग्रामिंग नहीं हो सकती, उसे ज्ञान मानना ही बंद कर दिया जायेगा।

कासल्स की रचना के केंद्र में यह मुद्दा नहीं है, हालाँकि जापानी शैली की कार्य-प्रणाली के संदर्भ में अनकहे ज्ञान के महत्त्व पर चर्चा करते हुए वे इसके प्रति संवेदनशील जरूर लगते हैं।

कासल्स सूचना-विज्ञान और जैव-प्रौद्योगिकी को दो ऐसे बुनियादी दायरों के रूप में पेश करते हैं जिनके भीतर सृजनशीलता के नये आयाम छुए जा सकते हैं। वे जैव-प्रौद्योगिकी को प्रतिमानमूलक सांख्यकीय दर्जा प्रदान करने के बाद भी उस पर पाँच पृष्ठ से ज्यादा खर्च नहीं करते। अगर उन्होंने विशेषतौर से विज्ञान के संदर्भ में ज्ञान-रचना की प्रकृति पर गौर किया होता तो वे सूचना के तटस्थ समझे जाने वाले स्वभाव के बारे में ज्यादा आलोचनात्मक रवैया अख्तियार कर सकते थे। वे आभासी (वर्चुअल) ज्ञान के विचार पर काफी उत्साहित नजर आते हैं, लेकिन विज्ञान के इतिहास या आधुनिक प्रौद्योगिकी के राजनीतिक अर्थशास्त्र की रोशनी में ज्ञान की प्रकृति पर विचार नहीं करते।

यह सही है कि आभासी ज्ञान के विचार, नेटवर्क की अमीबा जैसी नम्यता और बंधनमुक्त विस्तार से ज्ञान को एक ऐसा प्रभामंडल मिल जाता है जिसके कारण वह सामुदायिक संपत्ति जैसा लगने लगने लगता है। एहसास यह होता है कि इस ज्ञान तक सबकी पहुँच हो सकती है और उसके दायरे में सबके लिए नये-नये प्रयोग करने की गुंजाइश है। लेकिन यही वह बिंदु है जहाँ वैज्ञानिक ज्ञान की अंदरूनी संरचना को समझा जाना चाहिए। ज्ञान की रचना और उसके स्वामित्व की एक राजनीति रही है। उसका एक इतिहास रहा है। कासल्स इस पहलू को नजरंदाज कर देते हैं और इस प्रकार उनका सूचना संबंधी विमर्श दैहिक आयाम नहीं प्राप्त कर पाता। वह कोरा संस्थागत विवरण रह जाता है।

दरअसल, आधुनिक वैज्ञानिक ज्ञान की प्रकृति न दैहिक है और न ही व्यवहार-निहित। इसका कारण यह है कि वह विकास के रैखिक परिप्रेक्ष्य में यकीन करता है जिसके तहत ज्ञाता और ज्ञातव्य को वस्तुकरण करके दो भागों में बाँट दिया जाता है। अपने लिए जो 'अन्य' है उससे विज्ञान तीन तरीकों से निबटता है : वह एकांगी संस्कृति की स्थापना का आग्रह करता है और विसर्जनवादी रवैया अपना कर सभी संस्कृतियों को एक मनमानी महा-संस्कृति में समाहित मान लेता है। तीसरे, वह 'अन्य' की पेटेंटिंग करता है, उसे खारिज करता है या फिर उसका आभासीकरण करके उसे हड़पने की कोशिश करता है। 'सूचना' के रूप में ज्ञान को और विज्ञान की अन्य प्रणालियों से मिले ज्ञान के मुकाबले रखते ही यह बात और साफ हो जाती है। इतिहास बताता है कि विज्ञान ज्ञान का ऐसा वर्चस्वी रूप है जो उसे अपने और पराये में विभाजित कर

देता है। एक ही अर्थ में उसके विविध अर्थों को विसर्जित कर देता है। ज्ञान के स्वयं से भिन्न रूपों पर पराजित, अनुपयोगी और पुरातन का बिल्ला लगा कर उन्हें संग्रहालय की चीज बना कर जीवित रहते हुए भी मृत का दर्जा दे दिया जाता है। आधुनिक विज्ञान एक प्रणाली के रूप में एकांगी संस्कृति की तरफ धकेलता है, जिसमें ज्ञान के अन्य रूप या अंधविश्वास या पुरातन की श्रेणी में गिने जाते हैं। एक तरफ वह अन्य ज्ञान-प्रणालियों से कटता चला जाता है और दूसरी तरफ ज्ञान के इन रूपों का दोहन करने के लिए वह 'पेटेंटिंग' का तरीका अपनाता है। जैव-विविधता के मामले में तो पेटेंटिंग का इतिहास तकरीबन चोरी का इतिहास ही है। उस दुनिया में वनस्पति चोरों और जीन चुराने वालों के बीच ज्यादा फर्क नहीं होता। अमेरिका में पेटेंटिंग का बंदोबस्त केवल उसी ज्ञान को ज्ञान स्वीकार करता है जिसे कानून की भाषा में ज्ञान का दर्जा दिया जा चुका हो। जिसका पेटेंट नहीं, उसे अधिकृत ज्ञान की मान्यता से वंचित करके पुरातन, पराजित और स्थानीय की श्रेणी में फेंक दिया जाता है। पारंपरिक ज्ञान के ज्यादातर रूपों के साथ ऐसा ही सुलूक होता है। कैरी फाउलर और सूसन जॉर्ज की रचनाओं से पता लगता है कि पेटेंटिंग और जैव-चोरी एक दूसरे के पर्याय बन चुके हैं। ह्यूमन जिनोम परियोजना के तहत भी ज्ञान को वर्चुअल या आभासी करार दिया जा रहा है।

जिस चीज को सूचना करार दिया जा रहा है वह वास्तव में ज्ञान को बिट्स या बाइट्स में घटाने की कोशिश है ताकि उसे पेटेंट करके हड़पा और हस्तांतरित किया जा सके। हर जीवंत संस्कृति अपने आप में सूचनाओं से भरी हुई सिलिकॉन वैली ही होती है। पर कासल्स इस पहलू की तरफ ध्यान नहीं देते और सूचना तब तक उनके लिए सूचना नहीं होती जब तक वह पूँजीकृत न हो और उसे आधुनिकता की भाषा में व्यक्त न किया गया हो। वे जीविकोपार्जन, ज्ञान और भविष्य संबंधी भिन्न नजरियों के वैकल्पिक विचारों को देखने के लिए तैयार नहीं हैं। इसीलिए कासल्स को अफ्रीका और एशिया के किसी वैकल्पिक भविष्य की संभावना नहीं दिखती। अफ्रीका उनके लिए एक ब्लैक बॉक्स की तरह है और एशिया ब्लैक होल की तरह। इसे पश्चिम केंद्रीयता की डिजिटल किस्म नहीं तो और क्या कहेंगे! कासल्स की दुनिया में ज्ञान की विभिन्न किस्मों के बीच संवाद का कोई उल्लेख नहीं मिलता, न ही उन्हें संज्ञानात्मक न्याय के विचार से कोई वास्ता लगता है। संज्ञानात्मक न्याय का मतलब यह हुआ कि ज्ञान के हर रूप को कायम रहने का अधिकार है, क्योंकि कोई भी रूप अपने-आप में संपूर्ण नहीं होता, वह आंशिक होता है या पूरक। संज्ञानात्मक न्याय के अनुसार ज्ञान के विभिन्न रूपों को इसलिए भी

कायम रहना चाहिए, क्योंकि उनकी अंतर्दृष्टियाँ एक दूसरे से कमतर या बेहतर नहीं होतीं। विभिन्न ज्ञान-प्रणालियों की नियति और जीविकोपार्जन, जीवन-शैली और जीवन-रूपों के साथ उनका सरोकार न होने के कारण लगता है कि कासल्स की राजनीति अनुसंधान और विकास के प्रचलित तौर-तरीकों का बुलंद आवाज में समर्थन करने की मंशा रखती है।

III

काल-चिंतन की राजनीति और लोकतंत्र की राजनीति

मेनुअल कासल्स सूचना समाज के उदय पर जो जश्न मनाते दिखते हैं उसमें एक खास कालावधि की केंद्रीयता प्रमुख है। भूमध्य सागरीय क्षेत्र के अपने मशहूर अध्ययन में फर्डिनांड ब्रौडेल ने अत्यंत सुदीर्घ ऐतिहासिक कालावधि को अपने जश्न का केंद्र बनाया है पर कासल्स अतीत को वर्तमान में जज़्ब करके एक समरूप स्पेस की रचना पर खुशी का इजहार करते हैं। उन्हें तात्कालिक और सुदीर्घ पारिस्थितिकीय कालावधि की अन्योन्यक्रिया में भी दिलचस्पी है। दरअसल, दिक् के बजाय कासल्स का काल-चिंतन ज्यादा गौर करने काबिल है। सोवियत संघ में स्तालिन द्वारा चलाया गया खेती के सामूहिकीकरण का अभियान उनकी निगाह में किसान जीवन को परिभाषित करने वाले काल-चिंतन का अतिक्रमण निकलता है। कासल्स का यह निष्कर्ष अद्‌भुत है। खेतिहर-काल का स्रोत ईसाई चिंतन में निहित है और तीस के दशक में रचा गया स्तालिनवादी काल स्ताखोनोव नामक उस सोवियत श्रमिक के दृष्टांत के आस-पास रचा गया था जिसने औद्योगिक उत्पादन के सभी निर्धारित लक्ष्यों को वक्त से पहले पूरा करने का जौहर दिखाया था। काल की इन दोनों किस्मों का टकराव कासल्स द्वारा वर्णित कालावधि को एक अलग तरह की मार्मिकता से संपन्न कर देता है। समस्या यह है कि काल-चिंतन की इसी राजनीति के कारण ही कासल्स की किताब काफी दिक्कततलब लगने लगती है। औद्योगिक समाज घड़ी से मिलने वाले समय के लगातार वायवीय होते चले ज़ाने की समस्या का सामना करता रहा है और नेटवर्क सोसाइटी तात्कालिक समय के एक नये मानवशास्त्र की जरूरत से जूझ रही है। कासल्स बताते हैं : "चाहे फोर्ड की एसेंबली लाइन हो या लेनिनवादी फैक्ट्रियाँ हों, औद्योगिक मशीनवाद ने दोनों को एक साथ क्रोनोमीटर की सौगात दी। पश्चिम में लंबी दूरी की यात्राएँ ग्रीनविच मीनटाइम के आधार पर व्यवस्थित की गयीं। इसमें ब्रिटिश साम्राज्य का वर्चस्व मूर्तिमान हुआ। लेकिन, आधी सदी के बाद सोवियत संघ का गठन एक विशाल सीमाबद्ध भू-क्षेत्र का पर्याय बन चुका था। यह था

मास्को-समय, जिसके समय-क्षेत्र सोवियत नौकरशाही द्वारा मनमाने ढंग से सुविधानुसार भौगोलिक फासलों की परवाह किये बिना तय किये जाते थे।" इस प्रकार काल-निर्धारण अपने-आप में विजय का प्रतीक बनता चला गया। पर इसमें एक पेच भी था, क्योंकि काल के भीतर ही प्रतिरोध के स्रोत भी थे। इसी जगह कासल्स यह भी बताते हैं कि "गोर्बाचेव के पेरेस्त्रोइका के जमाने में प्रतिरोध का पहला कदम बाल्टिक गणराज्यों ने उठाया और फिनलैंड के समय-क्षेत्र को अपने इलाकों का अधिकृत समय घोषित करने का प्रस्ताव पारित कर दिया।"

नेटवर्क सोसाइटी ऐसे समय की अवधारणा के परे जाती है जो रैखिक है, जिसे पलटा नहीं जा सकता और जो पूर्वानुमेय है। वह इस समय की क्रमवार रैखिकता को भंग कर देती है और एक तात्कालिक समय की रचना करती है जो अपनी प्रकृति में शाश्वत होता है। सूचना समाज में पहली बार बाजार वास्तविक समय के आधार पर संचालित होता है। पूँजी विभिन्न अर्थतंत्रों के बीच घंटों, मिनटों और सेकेंडों में तेजी से आती-जाती है। बड़े पैमाने पर होने वाले उत्पादन का समय-क्रम और जीवन-चक्र, उसकी जैविक और सामाजिक लय महत्त्वहीन हो जाती है। वृद्धावस्था और मृत्यु भी अपनी आनुष्ठानिकता खो देती है। वृद्ध लोगों की गिनती का तरीका बदल जाता है। उन्हें जल्दी रिटायर हो जाने वालों, वक्त पर रिटायर होने वालों, अवकाश ग्रहण के बाद भी काम कर सकने और न कर सकने वाले बुजुर्गों में बाँट कर देखा जाने लगता है। अधिक आयु वाली इन श्रेणियों का जोड़-तोड़ करके तरह-तरह के समुच्चय बनाये जाते हैं। मीडिया को आकर्षित करने वाली घटनाएँ भी अपनी आंतरिक क्रमबद्धता खो कर एक जैसी सांसारिकता के दायरे में देखी जाने लगती हैं। कासल्स निष्कर्ष निकालते हैं : "क्रम या सिलसिले के खत्म होते ही ऐसे समय की रचना होती है जो समरूप होता है यानी जिसमें अलग-अलग परतें नहीं होतीं यानी जो शाश्वत होता है।" समय अशरीरी और डिजिटल हो जाता है। उसका मानवशास्त्र हमें लुभाता है। कासल्स मेकलूहन के मानवशास्त्रीय संस्करण की तरह उभरते हैं, लेकिन उनमें मेकलूहन जैसी साहित्यिक चमक नहीं दिखती। युग को परिभाषित करने वाले समय और किस्म-किस्म के भोगे हुए समय के बीच संपर्क-भंग के कारण कुछ सवाल पूछने की इच्छा होती है : क्या वास्तव में कासल्स ने ईसाई काल-चिंतन में रमे पश्चिमी समय से प्रभावित विश्व-दृष्टियों से अपना पिंड छुड़ा लिया है या वे उसके बारे में सिर्फ चुप्पी ही साधे हुए हैं? एटमीकरण की वजह से जगत के अचानक अंत की अवधारणा या ईसाई चिंतन से उपजी दुनिया-भर की ऊर्जा-प्रणाली के ध्वस्त होने से होने

वाली ऊष्मा-मृत्यु की धारणा की कासल्स के चिंतन में क्या जगह है? ये अवधारणाएँ वहाँ अनुपस्थित हैं या अनकही रह गयी हैं? कासल्स का सूचना समाज पश्चिमी विज्ञान-तंत्र के सबसे पुराने मिथकों में से एक, कभी न रुकने वाली मशीन, का शिकार नजर आता है। आधुनिक विज्ञान के आधार में न जाने कब से एक ऐसी मशीन की खोज निहित है, जिसमें कोई घर्षण नहीं होगा और जो किसी भी तरह के पैमाने के मातहत नहीं होगी। वस्तुत: आधुनिक विज्ञान दो तरह के रूपकों को अपनाता है : ऊर्जा आधारित और सूचना आधारित। कासल्स ऊर्जा-विज्ञान की उपेक्षा करते हैं और इसी कारण उनका सूचना समाज साहित्यालोचक फ्रेंक करमोड के शब्दों में 'समाप्ति के बोध' से कतराता हुआ अपने युगांत की समझ से वंचित हो जाता है। नेटवर्क सोसाइटी एक 'अलग-थलग पड़ी हुई प्रणाली' की तरह काम करती है। इसीलिए प्रदूषण की समाप्ति उसके लिए एक बाह्य विचार रह जाता है। उसके लिए यह 'चौथी दुनिया' की समस्या है।

काल-चिंतन की दृष्टि से औद्योगिक समाज और सूचना समाज का फर्क समझ लेना भी जरूरी है। औद्योगिक समाज टेलर द्वारा प्रवर्तित काल की यांत्रिक धारणा और रोथलिसबर्गर द्वारा प्रवर्तित काल की मानवीय संबंधों पर आधारित धारणा (समुदायों, अनौपचारिकता, रोजमर्रा के प्रतिरोध का काल) के बीच सक्रिय रहा है। इसके विपरीत कासल्स का सूचना समाज तात्कालिक समय (समरूप और शाश्वत) और पारिस्थितिकीय समय (सुदीर्घ और विकासमान) के बीच कार्यरत है। कासल्स पारिस्थितिकीय समय की धारणा समाजशास्त्री लैश और उरी से उधार लेते हैं। कासल्स को लगता है कि आज का समय पारिस्थितिकीय आंदोलनों का है। उनके लिहाज से पारिस्थितिकीय चिंतन का मतलब है मनुष्य और प्रकृति के बीच संबंधों को दीर्घकालीन नजरिये से देखना। यह दृष्टि एक नयी जैविक अस्मिता गढ़ने में मदद कर सकती है जिसके तहत कोई प्रजाति अपनी अस्मिता और एकता में मिल कर ही समग्र बन सकती है। साथ ही कासल्स की निगाह में यह भी साफ है कि पारिस्थितिकीय-समय कोई रहस्यमय अथवा प्रौद्योगिकी विरोधी लुड्डवादी अवधारणा नहीं है। वे इस समय को 'विज्ञान आधारित आंदोलन' के जरिये नाजुक किस्म के पारिस्थितिकीय संतुलन की खोज के रूप में देखते हैं। उनका खयाल है कि पर्यावरण आंदोलन की कामयाबी इस बात पर काफी कुछ निर्भर है कि वह संचार की नयी प्रविधियों पर कितनी कुशलता से महारत हासिल करता है। कासल्स की यह थीसिस उस समय काफी दुरुस्त लगने लगती है जब ग्रीनपीस, फूड फर्स्ट, फ्रेंड्स ऑव अर्थ, द रेन फॉरेस्ट एक्शन नेटवर्क जैसे

पर्यावरण के लिए संघर्षरत संगठनों के इलेक्ट्रानिक संचार-कौशल का पहलू सामने आता है। मुश्किल यह है कि कासल्स की यह समझ बेहतरीन होने के बाद भी अंततः पश्चिम केंद्रीय ही साबित होती है। वे उस दुनिया की बातें करते हैं, जिसमें सबके पास टीवी है। वे पर्यावरण आंदोलन को विज्ञान-सम्मत मानते हैं। उनके खयाल से यह आंदोलन प्रकृति को मानव जीवन के लिए उपयोगी मशीन के रूप में फिर से स्थापित करने की कोशिश है। पर वे यह भूल जाते हैं कि पर्यावरण आंदोलन का असली मुद्दा प्रकृति के साथ तारतम्यता न हों कर अपना वजूद बनाये रखने के लिए संघर्ष का है।

हमें यह नहीं भूलना चाहिए कि पारिस्थितिकी के मुद्दे में प्रतिरोध के तत्त्व हैं, क्योंकि यह विज्ञान के साथ चूल में चूल भिड़ा कर नहीं चलता। वह तो विज्ञान की नयी ज्ञानमीमांसा की खोज करने का प्रयास है। विज्ञान विविधताओं को उनके समय में कैद करके जीवित-मृत्यु का शिकार बना देना चाहता है, जबकि पारिस्थितिकीय आंदोलन इससे परे जा कर एक ऐसी संरचना बनाना चाहता है, जिसमें विविधताओं के फलने-फूलने की पूरी गुंजाइश हो। विविधता विरोधी प्रवृत्ति ने ही आधुनिक विज्ञान को 'मृत्यु और फार्मलडिहाइडे (प्रजातियों के संरक्षण के लिए इस्तेमाल की जाने वाली एक रासायनिक गैस)' की दुर्गंध से भर दिया है। पारिस्थितिकीय आंदोलन केवल प्रकृति की पुनर्स्थापना न हो कर अतीत से प्राप्त हुए जनसंहारी आवेगों, संस्कृतियों के सफाये, विस्मृति और जानबूझ कर भूल जाने की कोशिशों से कतराने की कोशिश भी है। यह आंदोलन न केवल सहभागिता और आमसहमति के विचारों के जरिये जमीन से जुड़े लोकतंत्र को प्रोत्साहन देता है, बल्कि आधुनिक लोकतंत्र के सबसे गंभीर मुद्दे से रू-ब-रू होता है अर्थात वह विशेषज्ञ और जनसाधारण के द्वैत से निपटना चाहता है। वह दिखाना चाहता है कि वैज्ञानिक विवादों का हल वैज्ञानिक मॉडलों से परे तलाशा जाना चाहिए। मिसाल के तौर पर इस समय विश्व व्यापार संगठन और वावीलाव जोंस के बीच छिड़ी हुई विविधता संबंधी बहस के केंद्र में प्रजातियों की पहचान का मुद्दा न हो कर खेती की वह बेहिसाब प्रकृति है, जिसमें न जाने कितने आविष्कारों की क्षमता निहित होती है। पारिस्थितिकीय आंदोलन विविधता के विविधीकरण के बजाय ज्ञान-प्रणालियों के विविधीकरण पर जोर देना चाहता है। वह सूचना की खोज में न हो कर सूचना को एक सामुदायिक सम्पत्ति बनाना चाहता है। वह सूचना को एक ऐसे सामुदायिक दायरे में रखना चाहता है जो विविधता को हाथ बढ़ा कर स्वीकार करे, न कि उसका हुक्का-पानी बंद कर दे। कासल्स की रचना में इस तरह की सामुदायिकता की खोज के प्रमाण

नहीं मिलते।

पर्यावरण-आंदोलन का आग्रह यह है कि संपत्ति, अधिकार और अधिकृत विज्ञान के मौजूदा विचार अपर्याप्त हैं। इनके जरिये न तो प्रजातियों की एकता कायम रह सकती है, न ही उनका संरक्षण किया जा सकता है। पारिस्थितिकीय आंदोलन का वास्ता किसी पारिस्थितिकीय समय से इतना नहीं है जितना प्रकृति में हो रहे रक्तस्राव और ऐतिहासिक रूप से संपन्न रही संस्कृतियों पर आरोपित क्षरण से है। प्रजातियों के विलुप्त होने, उपजाऊ जमीन के क्षय, पारंपरिक कौशल के लापता होने और विस्मरण की रफ्तार इतनी ज्यादा है कि शायद पाल विरिलियो जैसे चिंतक भी बेचैन हो जाएँ।

कासल्स की प्रतिमानमूलक पारिस्थितिकी के दायरे में दक्षिण एशिया और अफ्रीका नहीं आता। वे वित्तीय पूँजी के इलेक्ट्रानिक-समय (जिसके तहत वित्तीय पूँजी दुनिया के हर कोने में संकेद्रित रूप से गतिशील रहती है) और पारिस्थितिविदों के विकास-समय (जीवविज्ञानियों के मुताबिक प्रजातियों के विकास में लगने वाला समय) को बरक्स रखने में भी नाकाम रहते हैं। अगर वे ऐसा कर पाते तो उन्हें लगता कि तात्कालिक समय का क्रम-भंग अपने-आप में जनसंहारी प्रवृत्तियों का वाहक है। कासल्स की काल संबंधी अवधारणा में विविध परतों वाले समय की संस्कृति के अध्ययन के लिए कोई जगह नहीं है। न ही वे पारिस्थितिकी-समय को नेटवर्क सोसाइटी के समय से जोड़ते हैं, न ही दोनों को एक-दूसरे के मुकाबले रखते हैं। कारण यह है कि कासल्स की दुनिया में समय एक पैमाने और प्रतीकात्मक पहचान के रूप में सामने आता है जिसके जरिये डिजिटल समय और नेनोसेकेंड (सेकेंड का हजारवाँ हिस्सा) का जश्न तो मनाया जा सकता है पर नेटवर्क सोसाइटी के काल-चिंतन से चौथी दुनिया का संवाद स्थापित नहीं किया जा सकता।

जहाँ तक तात्कालिक समय का सवाल है, कासल्स उसकी मानवशास्त्रीय सूची बनाने का काम बड़े लाजवाब ढंग से अंजाम देते हैं। सूचना समाज के संदर्भ में वे एक क्षण के हजारवें हिस्से में होने वाले पूँजी के विनिमय, समय को अपनी सुविधा के अनुसार नियोजित करने वाले उद्यमों, जीवन-चक्र के विभिन्न चरणों के घुलमिल जाने के कारण हुए उसके तात्पर्य के क्षय, किसी कंप्यूटर गेम की तरह लड़े जाने वाले खाड़ी युद्धों जैसी लड़ाइयों और आभासी समय की चर्चा करते हैं। लेकिन, कासल्स अपनी सारी संवेदनशीलता के बाद भी चौथी दुनिया को नाकाम हो चुके और बेकार हो चुके समय की श्रेणी में ही रखते हैं। चौथी दुनिया तो उनकी नेटवर्क सोसाइटी के संग्रहालय में व्यतीत हो चुकी वस्तु की तरह रखी हुई है। वे यह नहीं समझ पाते कि चौथी दुनिया के

अस्तित्व की पुनर्स्थापना तो काल की ऐसी अवधारणा के जरिये ही हो सकती है जो मानवशास्त्र की सीमाओं में बँधी हुई नहीं होगी। चौथी दुनिया को काल की विविध अवधारणाओं में जीना होगा। उसमें एकरूपता के बजाय ऐंद्रिक समय, भोगा हुआ समय, दुख और शोक का समय, स्मृति का समय, प्रणालीगत अंत का समय, आवासन का समय और अचानक अंत का समय अपने विचारों के साथ उपस्थित रहेगा। जैव-विज्ञान, मशीन और साइबर स्पेस से परे चौथी दुनिया इन तरह-तरह के समयों से रू-ब-रू होते हुए न केवल इनके कोष की रचना करेगी वरन् इन्हें आपस में जोड़ते हुए इनके बीच संवाद भी स्थापित करेगी। नेट के समय को शाश्वत नहीं माना जा सकता, क्योंकि उसके पास ब्रह्मांडीय समझ नहीं होती। वह तो स्मृति-लोप, शव-भक्षण, आणुविकता, प्रचलन से बाहर बता कर कबाड़खाने में फेंक देने और प्रति-क्षण लड़े जाने वाले युद्धों का समाज है। नेटवर्क स्नायुओं के अतिसंवेदनशील तंत्र की तरह होता है, पर नेटवर्क सोसाइटी समय के संदर्भ में एक दरिद्र निर्मिति की तरह उभरती है। मेरा सुझाव तो यह है कि नेटवर्क सोसाइटी में अंतर्निहित रोग, स्वास्थ्य और सहजता की धारणाओं की भी जाँच की जानी चाहिए। सूचना समाज का संपूर्ण मानवशास्त्र अर्थात उसकी संस्कृति के अध्ययन का शास्त्र केवल तभी बन सकता है जब उसकी अस्वास्थ्यकर प्रवृत्तियों के साथ-साथ उसकी स्वास्थ्यकर प्रवृत्तियों का भी अनुसंधान किया जाय। केवल काली अर्थव्यवस्था के समांतर वजूद के बाद भी वैध अर्थतंत्र के साथ उसके अनिवार्य संबंध जैसी प्रवृत्तियों के अध्ययन से काम नहीं चलने वाला। यह देखना पड़ेगा कि नेट का समय स्वास्थ्य, मनोचिकित्सा, शोक और स्मृति के विचारों को कैसे प्रभावित करता है? समय और सामूहिकीकरण के प्रश्न पर कासल्स ने जिस तरह विचार किया था, उसी तरह उन्हें नेटवर्क सोसाइटी के 'भोगे हुए समय' पर विचार करना चाहिए। उन्हें इस सवाल का जवाब खोजना चाहिए कि क्या नेट का समय विकास-समय से कतरा कर निकल जाता है और दोनों के बीच क्या संबंध है?

दुर्भाग्य से कासल्स स्थानिकता के आधार पर समय की श्रेणियाँ बना देते हैं। वे तात्कालिक समय को कारपोरेट समय के दायरे में रखते हैं। पारिस्थितिकीय समय को वे आंदोलनों के दायरे में और नागरिक समाज के बड़े अंश में देखते हैं। लेकिन, उनकी इस कार्रवाई का एक दूसरा पहलू यह है कि वे नागरिकता, समय और लोकतंत्र के बीच एक बेहद दिलचस्प सूत्र भी बना देते हैं।

नागरिकता का मानचित्र हासिल करने के लिए हमें अपने मौजूदा वक्त में झाँकना पड़ता है। आमतौर पर नागरिकता के सिद्धांत आधुनिकता की प्रचलित

धारणाओं से निकलते हैं। माना जाता है कि अगर संपूर्ण नागरिक बनना है तो आधुनिकता को पूरी तरह धारण करना पड़ेगा और विकास की परियोजनाओं के जरिये प्रगति की चढ़ाई चढ़नी पड़ेगी। और केवल तभी आदिवासी, किसान और हाशिये पर पड़े अन्य तबके नागरिकता उपलब्ध कर पायेंगे।

कासल्स विभिन्न समयों की तालिका तो बना देते हैं, पर लोकतांत्रिक कल्पना से उनका रिश्ता नहीं जोड़ पाते। सवाल यह है कि कासल्स की दुनिया में वे लोग कहाँ हैं जिनकी संस्कृति और जीवन-पद्धति को चलन से बाहर मान लिया गया है? क्या उन्हें फालतू के कोलाहल की श्रेणी में फेंक दिया जाना चाहिए? या फिर कासल्स का तर्क यह है कि आदिवासियों और किसानों के काल-चिंतन के साथ-साथ सभी तरह के पराजित काल-चिंतनों को वित्तीय पूँजी के काल-चिंतन ने अपने आगोश में ले लिया है? इस जगह काल और पूँजी के बीच का संबंध तो स्पष्ट हों जाता है, पर लोकतंत्र पर पड़ने वाले काल-चिंतन की विविधताओं के प्रभाव का मसला साफ नहीं हो पाता। ऐसी हालत में सूचना समाज का जो सिद्धांत उभरता है, वह अपनी निष्प्राण प्रकृति के कारण जनसंहारी साबित हो सकता है। यह सूचना समाज लोगों और समुदायों को इतिहास और भविष्य से छाँट कर बाहर फेंक सकता है, सिर्फ इसलिए कि उनका काल-चिंतन कारपोरेशनों के काल-चिंतन में फिट नहीं बैठता। काल के बारे में स्तालिनवादी रवैये और ग्रीनविच मीनटाइम के साम्राज्यवाद पर तो कासल्स काफी कुशाग्र लगते हैं पर वे इलेक्ट्रानिक-समय और उसके वर्चस्व के परिणामों को पूरी तरह नहीं खोलते। वे इस सवाल से जूझने के लिए तैयार नहीं हैं कि नेटवर्क सोसाइटी में जनसंहार की कार्रवाई किसी प्रौद्योगिकीय मॉडल के साफ-सुथरे हस्तांतरण जैसी तो नहीं लगेगी? वे यह समझने में नाकाम रहते हैं कि जातीयता का प्रश्न केवल अस्मिता से जुड़ा हुआ ही नहीं है, बल्कि अपने-अपने ढंग से रहने के अधिकार से जुड़ा हुआ है। बहुसांस्कृतिकता और विविधता सिर्फ पाठ्यक्रम में पढ़ायी जाने वाली बात ही नहीं रह जानी चाहिए, बल्कि उन्हें समकालीन दुनिया का एक सक्रिय घटक बन जाना चाहिए।

और भी कई मुद्दों पर कासल्स से बहस की जा सकती है। साइबर-एक्टिविज़्म से लेकर राष्ट्र-राज्य की भूमिका तक और दक्षिण एशिया में नागरिक समाज से लेकर नेटवर्क समाज के नैतिक आयामों तक चर्चा हो सकती है। पर मैं खुद को ऊपर चर्चित दो मसलों तक ही सीमित रखूँगा और तीन बृहद खंडों में फैले कासल्स के आख्यान पर एक सामान्य टिप्पणी करके अपनी बात खत्म करूँगा।

IV

वैज्ञानिक पद्धति पर लिखे अपने एक निबंध में अंग्रेज जीवविज्ञानी सी.एच. वेडिंगटन ने किसी वैज्ञानिक सिद्धांत या परिकल्पना को परखने की कुछ कसौटियाँ बतायी हैं। वेडिंगटन का खयाल है कि सबसे पहले तो सिद्धांत में सत्य की खोज की जानी चाहिए यानी वह तथ्यों की कसौटी पर कितना खरा है। फिर यह देखा जाना चाहिए कि वह कितने मुद्दों को स्पर्श करता है और उसकी सौंदर्यमूलक शक्ति क्या है। यानी उसकी खूबसूरती की जाँच की जानी चाहिए कि वह कितना आकर्षक है और अपने ऊपर कितने भरोसे को निमंत्रण देता है। वेडिंगटन की तीसरी कसौटी यह है कि सिद्धांत कितना लाभदायक है। कितने नये सवालों और नये क्षेत्रों के बारे में उस सिद्धांत से संभावनाएँ फूटती हैं। सूचना समाज के बारे में मैनुअल कासल्स की रचना को विद्वान लोग इन्हीं वस्तुनिष्ठ कसौटियों पर कस कर देखेंगे।

लेकिन मेरी प्रतिक्रिया कुछ निजी किस्म की है। जैसे-जैसे हम उनकी कृति से गुजरते हैं, किसी विशाल क्षेत्र का संधान करने जैसा एहसास होता है। किताब के साथ जूझते हुए तरह-तरह के जज़्बात का सामना करना पड़ता है। सबसे पहले तो यह कृति एक महाग्रंथ की तरह उभरती है। लगता है कि उसकी विशालता एक प्रचंड अजगर की तरह है जो आपको निगल जायेगी। कासल्स किस्म-किस्म के राष्ट्रों, केस स्टडीज़ और बेपनाह आँकड़ों से अपने पाठक को गुजारते हैं। पाठक पहले एक कागज पर नोट्स बनाने की कोशिश करता है, लेकिन जल्दी ही उसे पूरा पैड, यहाँ तक कि दो पैड खरीदने पड़ते हैं। बिना इनके इस किताब को नापना असंभव है। चहलकदमी करते हुए कासल्स की दुनिया में प्रवेश करने वाला पाठक पाता है कि उसे तो दुस्साहसिक पर्वतारोहण से गुजरना पड़ रहा है। जाहिर है कि वही पाठक इस किताब का आनंद ले पायेगा जो इसे पढ़ने में श्रम के बजाय खेल जैसा मजा लेगा। उसके लहजे, मुहावरे और विचारों को आत्मसात कर लेगा। पंजा लड़ाते-लड़ाते वह कासल्स के साथ चाइनीज़ चैकर्स खेलता नजर आयेगा। कुछ पन्ने यूँ ही पलटेगा, नयी-नयी चालें चलते हुए और नये-नये खेल खेलते हुए पाठक छोटी-छोटी संभावनाओं से दो-चार होगा। इस प्रक्रिया में पूरी किताब को ग्रहण किया जा सकता है। ऐसे पाठक के लिए यह कृति एक संवाद और एक विवाद में बदल जाती है। पाठक कभी सहमति में अपना सिर हिलाता है और कभी लेखक से तर्क करता है। आखिर में किताब एक ऐसी सिम्फनी बन जाती है, जिसमें अनगिनत आँकड़ों और तथ्यों के स्वर गूँज रहे हैं, जिसमें किताब का हर नया हिस्सा एक ही सिम्फनी को नयी शख्सियत के साथ पेश

करता है। इस सिम्फनी में जो सुनायी देता है, उसकी ताकत तो महसूस की ही जा सकती है। जो नहीं सुनायी देता, वह गौर करने की दावत देता है। पढ़ने के बाद यह किताब लेखक के साथ-साथ पाठक की भी हो जाती है।

क्लासिक तो नहीं, पर कासल्स की कृति का मिजाज क्लासिक जैसा जरूर है। इसे पढ़ कर महान सभ्यताओं के इतिहास की याद आ जाती है। मोटे तौर पर एलियास और ब्रौडेल की रचनाओं की तरह कासल्स की नेटवर्क सोसाइटी भी नयी दुनिया खोजने की शिद्दत के साथ सामने आती है। समुद्री रास्तों पर भटकने वाले खोजी की तरह कासल्स तरह-तरह की हवाओं और तूफानों में खोये हुए लगते हैं। उनके पास हर एक के लिए अलग-अलग नाम है जिससे हर क्षेत्र को उसकी भू-पारिस्थितिकी मिल जाती है। वे नेटवर्क सोसाइटी के एक नये महाद्वीप की खोज का एहसास देते हैं। ऐसी ही किसी परियोजना के लिए जाक आरलेंडिस ने अपनी कृति 'द ट्रेड एंड साइबर वर्ल्ड' में यह अतिशयोक्तिपूर्ण आख्यान पेश किया था : इंटरनेट ''एक सातवें आभासी महाद्वीप की तरह है, जिसमें आप जल्दी ही वह सब कुछ बना पायेंगे जो यथार्थ के महाद्वीपों में मिल सकता है। सुविधा यह होगी कि इस आभासी महाद्वीप में ऐसा करते हुए आपको चीजों के सशरीर उपस्थित होने की समस्या का सामना नहीं करना पड़ेगा : इसमें पुस्तकालय होंगे, फिर दूकानों का नंबर आयेगा, जल्दी ही प्रोडक्शन प्लांट्स, अखबारों के दफ्तर, सिनेमा स्टूडियो, अस्पताल, न्यायाधीश और पुलिस वाले, होटल, ज्योतिषी, आरामगाहें और मनोरंजन के मुकाम भी हो जाएँगे। अपने निवासियों से कतई खाली इस महाद्वीप के भीतर विशुद्ध और सर्वगुणसंपन्न बाजार होगा जिस पर आधारित अर्थतंत्र के वर्चुअल एजेंटों के बीच एक विशाल व्यापार तंत्र विकसित होता चला जायेगा ... ।'' कासल्स ने आरलेंडिस की इस अतिशयोक्ति से लेकर नेटवर्क सोसाइटी के सीमाहीन दायरे के बीच खूब सोच-समझ कर अपना समाजशास्त्र बुना है।

मेरे खयाल से कासल्स का यह त्रिफलकीय महाग्रंथ ऊपर उठाये गये मुद्दों के बाद भी अभिवादन योग्य है। मैंने इस निबंध में कोई नीतिगत आख्यान पेश करने के बजाय एक निजी टिप्पणी ही की है। सूचना समाज के साथ मेरा परिचय अभी तक संपूर्ण नहीं कहा जा सकता, हालाँकि कासल्स को श्रेय जाता है कि उन्होंने कम-से-कम कुंजी की तरह सूचना समाज के विशाल क्षेत्र की सैर जरूर करा दी है। उनकी रचना सोचने और अमल करने के लिए खासी सामग्री प्रदान करती है। इस किताब को पढ़ते हुए मुझे वाल्टर डी. मिग्नोलस की रचना 'टाइम एंड द कोलोनियल डिफरेंस' में वर्णित ऑयस्टरों की याद आती है। हुआ यह था कि पचास के दशक की शुरुआत में जीवविज्ञानियों ने

न्यू हैवन की गोदी से दर्जन-भर ऑयस्टर पकड़े और उन्हें हजार मील दूर स्थित नार्थवेस्ट यूनिवर्सिटी में भेज दिया। ऑयस्टरों के लिए यह एक भिन्न समय-क्षेत्र था। ऑयस्टर उसी समुद्र के पानी में, लेकिन पूरी तरह अँधेरे में रखे गये। जीवविज्ञानियों ने उनकी सीपियों से बारीक धागे बाँध दिये ताकि उनकी गतिविधियों का पता लगता रहे। शुरू में ऑयस्टर अपनी जगह बदलने के बाद भी यही महसूस करते रहे कि वे न्यू हैवन की गोदी में ही हैं। चार हफ्ते तक उनकी गतिविधियों को रिकॉर्ड करने और तथ्यों का विश्लेषण करने के बाद वैज्ञानिकों ने पाया कि ऑयस्टरों ने इलिनॉयस के ज्वार-भाटे की लय के साथ तारतम्य स्थापित कर लिया है। उनका व्यवहार ठीक ऐसा ही था कि जैसे वे किसी सागर में हों।

कासल्स को पढ़ते हुए मेरा आचरण भी उन्हीं ऑयस्टरों सरीखा था। शुरू में मैं खुद को अपने काल की गोद में ही पा रहा था पर बाद में कासल्स ने मुझे नेट की दुनिया में पहुँचा दिया। लेकिन, इस नयी दुनिया में भी मेरा रवैया कुछ अलग ही रहा। नेट के कालखंड के प्रति अनुक्रिया करते हुए भी मेरे दिमाग में नर्मदा, ओडीशा और दिल्ली की प्रतिध्वनियाँ होती रहीं। कासल्स की रचना की ताकत ने मुझे अपनी ओर खींचा, लेकिन मैं अपनी दुनिया की राजनीति, अपने संसार और अपनी स्थानिकता से भी घिरा रहा। मैं एक द्वैध का शिकार हो गया, कासल्स के सूचना समाज के आकर्षण के बाद भी मुझे उसके साथ संघर्ष की जरूरत महसूस होती रही। अपने इसी द्वैध और इसी संघर्ष को मैंने इस निबंध में पेश करने की कोशिश की है।

संदर्भ

१. मैनुअस कासल्स, द *राइज़ ऑव नेटवर्क सोसाइटी*, खंड १, ऑक्सफोर्ड यूनिवर्सिटी प्रेस, बेसिल ब्लेकवैल, १९९६

२. मैनुअस कासल्स, द *पावर ऑव आइडेंटिटी*, खंड २, ऑक्सफोर्ड यूनिवर्सिटी प्रेस, बेसिल ब्लेकवैल, १९९७

३. मैनुअस कासल्स, *एंड ऑव मेलिनियम*, खंड ३, ऑक्सफोर्ड यूनिवर्सिटी प्रेस, बेसिल ब्लेकवैल, १९९८

४. कैरी फाउलर, एवा लैच्कोविस, पैट मूनी और होप शैंड, 'द लॉज़ ऑव लाइफ : एनअदर डिवेलपमेंट एंड द न्यू बॉयोटैक्नॉलजीज़', *डिवेलपमेंट डायलॉग*, १९८८, अंक १-२

५. आंद्रे गुंदर फ्रेंक, *रिओरियेंट : ग्लोबल इकोनॉमी इन एशियन एज*, बर्कले यूनिवर्सिटी ऑव केलिफोर्निया प्रेस, १९९८

६. सूसन जॉर्ज, *हाउ द अदर हाफ डाइड*, हार्मंड्सवर्थ, लंदन, १९७६

७. कैलेस्टस जुमा, द *जीन हंटर्स*, लंदन, जैड बुक्स, १९८९
८. वेस जैक्सन, *आल्टर्स ऑव अनह्यून स्टोन*, नार्थ पाइंट प्रेस, १९८७
९. पॉल कनेडी, द *राइज़ एंड फाल ऑव ग्रेट पावर्स*, लंदन, अनविन हेमन, १९८८
१०. थामस कुन, द *स्ट्रक्चर ऑव साइंटिफिक रिवोल्यूशन*, शिकागो, यूनिवर्सिटी ऑव शिकागो प्रेस, १९७०
११. डेविड लैंडिस, द *वेल्थ एंड पावर्टी ऑव नेशंस*, न्यूयार्क, डब्ल्यूडब्ल्यू नार्टन, १९९८
१२. स्काट लैश और जान उरी, *इकोनॉमीज़ ऑव साइंस एंड स्पेस*, लंदन, सेज पब्लिकेशंस, १९९४
१३. राबर्ट रोमनिशिन, *टैक्नॉलजी एज सिस्टम एंड ड्रीम*, लंदन, रौटलेज, १९८९

भूमंडलीकरण बनाम हिंदी

इंटरनेट की मातृभाषा अंग्रेजी जरूर है लकिन यह एक भूमंडलीय जन-माध्यम है और इसे ज्यादा दिनों तक एक भाषा की कैद में नहीं रखा जा सकता। नेट की खासियत है सहयोग-सामूहिकता-सामुदायिकता। इसमें हिंदी का एक खास तरह का जनपद बन रहा है, जिसमें आनंद बख्शी के फिल्मी गीतों पर भी उतनी ही संजीदा बहस की गुंजाइश है जितनी मुक्तिबोध की कविता पर। यह जरूर है कि नेट पर हिंदी अभी अंग्रेजी की उँगली पकड़ कर चल रही है पर जल्दी ही वह बिना सहारे के रफ्तार पकड़ लेगी और एक नये वैकल्पिक समुदाय का रास्ता खुल जायेगा।

भविष्य का इतिहास

रविकांत

मैं समुझ्यो निरधार, यह जग काचो काँच सो।
एकै रूप अपार, प्रतिबिंबित लखिए तहाँ॥

—बिहारी

वैसे तो मानवीय भाषा का कम्प्यूटर की आंकिक (०,१) भाषा से कोई नैसर्गिक संबंध नहीं है, लेकिन जिन भाषाओं में इंसान और कम्प्यूटर के बीच बातचीत हो सकती है, उनकी विविधता में ही उसका सौंदर्य भी है और तमाम तरह की तकनीकी परेशानियाँ भी। इंटरनेट के संक्षिप्त इतिहास में ब्रूस स्टर्लिंग ने नेट की तुलना अंग्रेजी भाषा से की है, जो इस अर्थ में बिल्कुल सटीक है कि जैसे अंग्रेजी का कोई मालिक, पहरेदार या ठेकेदार नहीं है, उसी तरह नेट भी बहते नीर की तरह है—स्वतंत्र और अबाध। लेकिन, एक और अर्थ में, चूँकि कम्प्यूटर की मातृभाषा अंग्रेजी है (लिहाजा, नेट और वेब की भी), यह तुलना थोड़ी चिढ़ाने वाली लग सकती है। 'डिजिटल डिवाइड' की बात करते हुए कंप्यूटर, फोन, मोडेम और बैंडविड्थ खरीदने की औकात के मुताल्लिक समाजों की अमीरी-गरीबी की चर्चा तो आम है, लेकिन भाषायी अक्षमता भी इस खाई का एक अनिवार्य पक्ष है, इस पर प्राय: चर्चा नहीं होती। अभी भी नेट

का ज्यादातर कारोबार इसकी मूलभाषा अंग्रेजी में ही होता है। परंतु, नेट एक अंतर्राष्ट्रीय जन-माध्यम भी है, इसलिए इस पर किसी भाषाविशेष का एकाधिपत्य बना रहना असंभव-सा है। धीरे-धीरे लोगों ने कम्पयूटर की भाषा को स्थानीयकृत करना शुरू कर दिया है और जगत-जोड़ता-जाल (वर्ल्ड वाइड वेब, विश्वव्यापी वेब) अब ढेर सारी भाषाओं में आबाद है। यह सब कहना बहुत आसान लगता है, और चूँकि अब वेब पर हिंदी की एक उपस्थिति है, कुछ अंतर्वस्तु आ गयी है तो मैं यह लेख लिख पा रहा हूँ। लेकिन, अंग्रेजीतर भाषाओं में कम्पयूटिंग की कहानी एक लंबे संघर्ष की अलग और असमाप्त दास्तान है ('लंबा' शब्द मैं इशारतन ही इस्तेमाल कर रहा हूँ—पिछले एक-दो दशक के छोटे-से इतिहास में क्या छोटा, क्या लंबा!) । बहरहाल यह लेख उस छोटे-से लंबे इतिहास के हर पहलू में न जाकर हिंदी की हालिया और अभी एक बौनी-सी वेब उपस्थिति का एक संक्षिप्त लेखा-जोखा है। इस तेजी से बदलते और फैलते जनपद में अन्य भारतीय भाषाओं की तरह हिंदी की हालत के प्रति मैं आशान्वित हूँ, बल्कि अगर मौजूदा दौर में इसकी ताजगी, दरियादिली और आजाद तबीयत पर भरोसा रखें तो आसार इस बात के हैं कि इसके मिजाज और तेवर बुनियादी तौर पर बदलने वाले हैं। लेकिन, शुरुआत उस जद्दोजहद की कहानी से, जिससे यह अभी भी पूरी तरह उबर नहीं पायी है।

कम्प्यूटर तभी वाकई जादुई मशीन बनता है जब आप इसकी तमाम क्षमताओं का इस्तेमाल कर सकें। जहाँ एक ओर अंग्रेजी और मशीन में जैसे एक नैसर्गिक संबंध है, वहीं हिंदी को कम्प्यूटर दूसरे लोक की भाषा समझता है। यह सही है कि हम अब टाइप कर लेते हैं, ई-मेल कर लेते हैं, दस्तावेजों की नकल कर सकते हैं, लेकिन यह सब अब भी एक पराये-से डिजिटल माहौल में होता है। आपके फाइल व फोल्डर के नाम, उनको बनाने से लेकर सँजोने तक के सारे कमांड या आदेश अंग्रेजी में ही हैं। वेबसाइटें भी बना और नेट पर झुला ली जाती हैं, लेकिन ये वेबसाइटें दरअसल ऐसी छोटी दुकानें हैं जिनमें माल की विविधता के साथ-साथ लिपियों की विविधता भी है। अब कल्पना कीजिए कि चंद जरूरियात खरीदने आप बाजार गये हैं और हर दुकानदार आपसे अलग-अलग तरह की मुद्रा की फरमाइश करे। हिंदी की अधिकांश कंप्युलिपियों की हालत यही है। इनमें आपसी बातचीत नहीं होती यानी बायीं जेब का पैसा दायीं जेब में नहीं रख सकते। नतीजतन हर दुकान पर जाने से पहले आप दरवाजे पर ही नयी मुद्रा भुना लें, अर्थात नयी लिपि उतारें तो आगे कुछ बूझ पड़ेगा। ई-मेल के साथ भी वही दिक्कत है: 'रीडिफ़' का लिप्यंकण 'वेबदुनिया' नहीं पढ़ेगा। 'मेलजाल' का 'अपनामेल' नहीं। भेज

लीजिए चिट्ठी, घूम लीजिए वेब पर, कर लीजिए सर्फिंग। इन दुश्वारियों को कम्प्यूटर की शब्दावली में स्टैंडर्डाइजेशन की कमी कहेंगे।

दुनिया-भर की मुद्राओं की तरह फ़ॉन्ट के स्तरीकरण में सरकारों की भूमिका अहम रही है। कुछ प्रयास हमारे यहाँ भी हुए हैं, लेकिन कुछ इस अंदाज में कि कोई उन्हें मानता ही नहीं। यानी समाधान है भी और नहीं भी। सी-डैक ने बहुत सारा जन-संसाधन खर्च करके कुछ लिपियाँ बनायी हैं और 'आई-लीप' नामक एक सॉफ़्टवेयर बनाया जो सिर्फ भारत के सरकारी दफ्तरों की शोभा बढ़ाता रहा। सरकार को उस पर भी पैसा कमाने की सूझी जो उसकी अनगढ़ता की कोढ़ में खाज की तरह साबित हुआ। पर आम लोगों ने 'आई-लीप' खारिज करके अनौपचारिक या 'चुराए हुए' सॉफ़्टवेयर पर 'उधार ली हुई' लिपियों के सहारे अपना काम करना और करवाना ज्यादा श्रेयस्कर समझा। अब जाकर श्रीलिपि जैसी चीजें मुफ्त में उपलब्ध करायी जा रही हैं, जबकि उनका जमाना लद गया है। इसी तरह माड्युलर इन्फोटेक द्वारा गढ़े गये हाल के बहुभाषी सॉफ़्टवेयरों की नियति भी सरकारी अहातों में ही सड़ जाने की लगती है, ठीक उसी तरह जिस तरह नौकरशाही टकसालों में ढाले गये शब्द ऑफिशियल अल्मारियों में बंद शब्दकोशों में ही दम तोड़ देते हैं। भाषा प्रौद्योगिकी विभाग के तकनीकी अनुवाद वाले 'शब्दिका' प्रॉजेक्ट की दयनीय और अपठनीय हालत देखकर तो यही लगता है कि इतिहास से सीखना हमारी फितरत नहीं है। वैसे गुमान खूब पालते हैं, वर्ना टीडीआइएल की साइट पर कठोपनिषद का नचिकेता हमें क्यों उपदेश पिलाता होता?

वैसे, सियापा भी हमारा संस्कार क्यों हो? शुक्र है कि नेट सिर्फ सरकार के हाथ में नहीं है। वाहियात सरकारी समाधानों से अलग लोगों ने जरूरत के मुताबिक कुछ अपने हल ढूँढे हैं। साथ ही देश के एक प्रसिद्ध निर्यात अर्थात विदेश में बसे देसी इंजीनियरों ने कुछ तरकीबें कर के ९० के दशक में कुछ कामचलाऊ, लेकिन महत्त्वपूर्ण पैकेज बनाये। आई-ट्रांस, जेंट्रांस, आईराइट-३२ जैसी तरकीबों से लिप्यंतर संभव हो गया। यानी कि अंग्रेजी के कुंजीपट का इस्तेमाल कर हिंदी की ध्वन्यात्मक प्रकृति का फायदा उठाते हुए, कंप्यूटर पर लिखना संभव हो सका। कुछ लोगों ने भारतभाषा की शुषा लिपि को लेकर अच्छी-अच्छी वेबसाइटें भी बनायीं। ऐसा इसलिए भी हुआ, क्योंकि इन तमाम प्रोग्रामरों की पकड़ कम्प्यूटर और अंग्रेजी दोनों पर काफी मजबूत थी। आज भी विदेशों में बनने वाली ज्यादातर साइटें शुषा पर ही चलती हैं और क्या खूब चलती हैं। ये साइटें हिंदी के प्रति मोहब्बत से प्रेरित तो हैं, लेकिन इनमें हिन्दीत्ववादी कटुता और जड़ता नहीं है। एक खुलापन है, हिंदी के छूट गये

जनपदों को पुनर्प्रतिष्ठित करने की लालसा है। इस खुले आकाश के नीचे हिंदी को एक ही साँस में 'किसानों, विद्वानों और गानों की भाषा' कहा गया है। आई-ट्रांस गीत संग्रह (सॉङ्ग बुक) पर संदर्भ सहित फिल्मी गीतों का विशाल संकलन है। साहित्य की बात करें तो अमीर खुसरो से लेकर अंशुमान अवस्थी तक फैली इस समृद्ध परंपरा में सबके लिए जगह है : यहाँ भेदभाव की न तो इच्छा है, न ही अवकाश। नेट की दुनिया सच्चे अर्थों में बहुभाषी है। एक साधु-समाज है, जहाँ शब्दों, भाषाओं और रचनाकारों से उनकी जात नहीं पूछी जाती। अगर कुछ लोग पूछते भी हैं तो भलमनसाहत में सीखने-जानने के खयाल से, अगर किसी और नीयत से पूछते हैं तो उनकी नीयत में खोट है, यह भी बता दिया जाता है। शास्त्रीय शुचिता का वह चिरपरिचित विश्वविद्यालयी आग्रह नहीं है जो हिंदी और उर्दू को अलहदा जबान माने। उदाहरण के लिए प्रोफेसर मलय की साइट पर 'अमर हिंदी लेखकों-कवियों' की सूची में एक साथ निराला और गालिब, सिद्ध कवियों के साथ वली दक्कनी, बच्चन के साथ फैज और भगत सिंह के आजू-बाजू जावेद अख्तर के लिंक मिल जाते हैं। यहाँ *पृथ्वीराज रासो* है तो *मधुशाला* भी, महादेवी वर्मा है तो काका हाथरसी भी। इनमें से ज्यादातर अंतर्वस्तु रोमन में ही है। फ़ॉन्ट की समस्या से निबटने के लिए लोगों ने नागरी या अरबी सामग्री के चित्र (जेपेग फाइल) डाल दिये हैं, जो वजन और आकार के हिसाब से थोड़े बोझिल तो होते हैं, लेकिन अपने समय के एक कारगर जुगाड़ हैं।

आभासी साहित्य ...

यह बात शायद ढेर सारे पाठकों को तोषप्रद लगे कि हिंदी वेब का एक बहुत बड़ा हिस्सा साहित्य को समर्पित है। कविता, कहानी, गजल, नज्म, उपन्यास, लघुकथा, समीक्षा, आलोचना, नाटक, हँसिकाएँ, चुटकुले-तकरीबन सारी विधाएँ इसकी जद में हैं। प्रिंट का बहुत सारा माल यहाँ फिर से परोसा जाता है, खास तौर पर लिटरेटवर्ल्ड.कॉम और वेबदुनिया इस तरह के पुनर्संस्करण खूब डालते हैं। वेबदुनिया ने लगभग साल-भर तक 'हंस' की मेजबानी करने के बाद उससे पल्ला झाड़ लिया है, हालाँकि कुछ पुराने अंक अभी भी मिल जायेंगे। वेबदुनिया का मुख्य जोर अब स्वतंत्र रचनाएँ प्रकाशित करने में है और इस चक्कर में अवश्य कुछ अच्छी कृतियाँ मिल जाती हैं। इसके अलावा उनके पास परिचित उत्कृष्ट साहित्य का क्रमशः विकासमान डेटाबेस भी है। शुरुआती दौर की स्पर्धाक्रांत हीन भावना से उबरकर वेबदुनिया अब 'अन्य स्तंभ' के अंतर्गत दीगर महत्त्वपूर्ण साहित्य-कला केंद्रित साइटों के लिंक्स देने लगा है।

उन्हें शायद अहसास हो गया है कि समानधर्मा उपयोगी लिंक डालने से हिट्स की संख्या बढ़ाने में सहायता मिलती है। होता यूँ है कि आप अगर नियमित 'सर्फर' नहीं है, या 'सर्फिंग सुख' लेने किसी सायबर ढाबे पर जाते हैं तो आप कम से कम वक्त में ज्यादा काम निकालने के चक्कर में स्वाभवत: ऐसी साइट पर जाएँगे जहाँ एक जगह आपको दूसरी जरूरी साइटों के पते मिल जायें। इस दिशा में वेबदुनिया की एक और अच्छी तरकीब यह है कि अब तक खित्ते में रहने को अभिशप्त बहुत सारी लघुपत्रिकाओं को अंतर्राष्ट्रीय नक्शे पर ला दिया है। दुनिया के किसी भी कोने में बैठा पाठक चाहे तो अंतर्वस्तु देखकर पत्रिका-विशेष घर पर मँगा ले।

लेकिन सुविधा सिर्फ ताजा सामग्री हासिल कर लेने तक सीमित नहीं है। मेरी एक इतिहासकार दोस्त को किसी शोध के सिलसिले में सुभद्रा कुमारी चौहान की मशहूर कविता 'झाँसी की रानी' की दरकार हुई। उन्होंने शहर-भर में स्कूली पाठ्य-पुस्तकों की ढुँढ़ाई करवायी, लेकिन लगता है कविता इतिहास के कूड़ेदान में जा चुकी थी। उन्होंने मुझे फोन किया और मैंने हमारे 'मुख्य संवाददाता' गूगल के भरोसे उन्हें आश्वासन दे दिया कि ढूँढ़ दूँगा। मेरे अलादीन के चिराग ने मुझे निराश नहीं किया। मैंने सिर्फ 'सुभद्रा-झाँसी' टाइप करके खोज का आदेश दिया और उसने मुझे मेरे चिर-परिचित साइट काव्यालय का रास्ता दिखा दिया। वहाँ पूरी की पूरी, अविकल कविता पाकर किंचित पछतावे का अहसास हुआ कि मैंने स्कूल में उसका संपादित अंश ही पढ़ा था। मैंने वह लिंक बाकायदा अपनी दोस्त को बढ़ा दिया, लेकिन अब उन्हें एक और चिंता ने आ घेरा कि यह लिंक वह उद्‌धृत तो कर देंगी, लेकिन क्या इस अभासी स्रोत को प्रमाणिक माना जायेगा।

बहरहाल यह इतिहास के अनुशासन और उसके साक्ष्यों की प्रिंट-केंद्रित अबूझ संहिता का मामला था जिसका नेट से कोई लेना-देना नहीं है। लिहाजा, हम भी भटकाव छोड़कर वापस काव्यालय की ओर चलें, जिसे वाणी मुरारका और विनोद तिवारी (आत्मपरिचय : आईटी डिवेलपर, हिंदी का सतही ज्ञान : भौतिकशास्त्री जिन्हें कवि होने का गुमान है। १९९७ से चला रहे हैं।) इनका काव्यलोक तीन खंडों में विभक्त है:

१. **शिलाधार** : बीसवीं सदी से पहले की क्लासिक कविता : अमीर खुसरो की 'मुकरियाँ' से लेकर रैदास की कविताओं का छोटा-सा खंड।

२. **युगवाणी** : बीसवीं सदी के साथ ही शुरू हुई समकालीन कविता : पाँच भागों में फैला अमूमन एक सौ कविताओं का खंड।

३. **नवकुसुम** : नये और उभरते हुए कवियों की रचनाओं के कुछ शोध

अंश। काव्यालय पत्रिका।

यह कालविभाजन तो परंपरा से प्रस्थान है ही, काव्य-चयन में भी उदारता दीखती है। संकलन की अर्हता आलोचकों की राय से तय नहीं होती है। जो इनके संचालकों को रुच जाय, जिनकी इबारत उपबब्ध हो जाय, वही वे अपने संभाव्य पाठकों से साझा कर लेते हैं। चूँकि इस दुनिया में आप अपने पाठकों के बारे में कोई पूर्वनिश्चित राय नहीं रखते, इसलिए मदद के लिए शब्दार्थ भी दिये गये हैं। वैसे तो फ़ॉन्ट की दुश्वारियों से बचने के लिए पाठ की प्रतियाँ छविरूप में भी उपलब्ध हैं, लेकिन मेरी सलाह होगी कि आप दिये गये निर्देशों के अनुसार शुषा फ़ॉन्ट डाउनलोड कर लें, आगे भी काम आयेगा।

मसलन *अभिव्यक्ति* या *अनुभूति* पर, जो क्रमशः गद्य और पद्य पर केंद्रित हिंदी साहित्य की दो सबसे उम्दा साइटें हैं—लोकप्रिय भी—साहित्यिक दुनिया के राजेंद्र यादव जैसे कुछ दिग्गज अक्सर बड़े संशय भाव से मुझसे पूछते हैं कि विश्वजाल पर भी कोई हिंदी के पन्ने देखता है? उनकी खिदमत से मैं नेडस्टैट के आँकड़े पेश करना चाहता हूँ: गिनती के आरंभ से यानी फरवरी २००१ से अभिव्यक्ति पर कोई ५६,१७३ मेहमान पधार चुके हैं, जिनमें से तकरीबन ३३ फीसदी अमेरिका से और लगभग १० फीसदी संयुक्त अरब अमीरात से। पर इससे पहले कि लोग इसे विदेशी, एनआरआई परिघटना मानकर रद्द कर दें, भारत से मिले हिट्स का प्रतिशत भी पूरे २० से थोड़ा ही कम है। अगर आप अभिव्यक्ति को वेब पत्रिका मानकर 'हारे को हरिनाम' जैसी मजबूरी के रूप में देखते हैं तो मेरा सुझाव है कि थोड़ा संयम रखकर अखिलेश वाले 'तद्भव' के वेब पाठकों से मिलें : औसतन १०-१२ लोग तो इस पर रोजाना आते हैं, जिनमें बहुसंख्यक हिट (४२ प्रतिशत) सिर्फ भारत से मिलते हैं। 'तद्भव' की वेब-उपस्थिति अपेक्षाकृत नयी है, इसका चरित्र भी बुनियादी तौर पर गरिष्ठ-गंभीर साहित्यिक प्रिंट पत्रिका का है, इसलिए इसमें वेबप्रिय, यूजरप्रिय, सुगम और सुलभ बनने की तमाम गुंजाइशें हैं। अभिव्यक्ति से तुलना करूँ तो चंद गौरतलब चीजें सामने आती हैं: अभिव्यक्ति की अभिलेखन-प्रक्रिया (आर्काइविंग) ठोस है जिससे आपको पुराने अंक जब चाहें मिल जायेंगे। इसमें हाइपरलिंक तकनीक का कारगर इस्तेमाल हुआ है, यानी एक पन्ने से दूसरे तक अनायास जाया जा सकता है, जिससे पन्ने की लंबाई नहीं अखरती। मुखपृष्ठ पर अंतर्वस्तु की आकर्षक प्रस्तुति है, साज-सज्जा को जरूरी माना गया है—भले ही प्रकृति के प्रति घनघोर आसक्ति छायावादियों की याद दिला जाती है—लेकिन जावा आलेख में कविताओं के साथ-साथ रंगीन चल-चित्रों का उपहार मोहक तो है ही, एक सुचिंतित और सुरुचिपूर्ण तकनीकी इस्तेमाल भी

है। *अभिव्यक्ति* का कलेवर, इसका दायरा विस्तृत है और चूँकि इसे हर हफ्ते परिवर्द्धित किया जाता है, इसलिए पाठकों को कभी निराशा नहीं होती। अभी पिछले दिनों पत्रिका ने कथा-महोत्सव के तहत 'प्रवासी भारतीयों के संकलन' की प्रस्तुति की, जिसमें अलग-अलग देशों से कई नामी-गिरामी कथाकारों जैसे प्रेम जनमेजय, पूर्णिमा वर्मन, कृष्ण बिहारी, अश्विन गाँधी, शैल अग्रवाल और ऊषा वर्मा आदि की कहानियाँ हैं। इसमें जड़ों का मोह और प्रवास का अवसाद अनायास झाँक उठता है। लेकिन, *अभिव्यक्ति* सिर्फ 'नॉस्टेल्जिया' नहीं थोपती, बल्कि वर्तमान से भी सांस्कृतिक और रचनात्मक संवाद करती दीखती है। मसलन, हिंदी दिवस पर सुधा अरोड़ा का सामयिक निबंध—'राजभाषा' को 'राज' के चंगुल से बचाकर उसे 'जन' भाषा बनाइए—दो टूक बातें करता है। *अभिव्यक्ति* के अनेक स्तंभों में से एक है 'कला संगम', जिसमें भारत की सोलह भाषाओं की चुनिंदा कहानियों का प्रतिनिधित्व है। कुछ अच्छे, चित्रमय यात्रा-वृत्तांत भी हैं।

विविध व्यंजनों से लदी-फदी एक और थाली है बोलोजी.कॉम उर्फ हिंदीनेस्ट.कॉम। साहित्य के अलावा भक्तिकालीन धर्म पर दिलचस्प लेख हैं, कविता-कहानियों-निबंधों का एक बड़ा-सा जखीरा है, जिसके मंच पर नामी-गिरामी लेखकों के साथ-साथ अल्पज्ञात रचनाकार भी मिल जाते हैं। हिंदीनेस्ट वस्तुतः इंडियानेस्ट नामक अंग्रेजी पोर्टल की बहन है। दोनों ही ने समस्यापूर्ति की लगभग लुप्तप्राय परंपरा को पुनर्जीवित कर पाठकों से कुछ मजेदार कृतियाँ निकलवाई हैं। कार्यशाला नामक इस स्तंभ के अब तक तेरह आयोजन हो गये हैं और एक ही 'समस्या' पर हिंदी और अंग्रेजी के जवाब मनोरंजक तुलना का मौका देते हैं। मॉडल *कादंबिनी* वाला ही है यानी कि आप दिये हुए चित्र को देखकर कुछ रचें, लेकिन यहाँ पद्य में लिखने की कुछ खास माँग नहीं है, न ही कोई शब्द-सीमा है। नृत्य, स्वास्थ्य, संस्मरण, व्यंग्य—इन सब के अंतर्गत कुछ न कुछ ऐसी सामग्री है जो हिंदी के घनघोर पाठकों से भी वाहवाही लूट लेने की सलाहियत रखती है। हिंदीनेस्ट के इस छोटे-से कसीदे में दो बातें और—इनमें कुछ मनमोहक चित्रलेख हैं और याहू, रीडिफ, वेबदुनिया या सिफी की तरह यहाँ भी मुफ्त ई-मेल सुविधा उपलब्ध है।

अभिव्यक्ति की जुड़वाँ बहन अनुभूति के पास आखिरी गिनती पर विश्व के ३१२ से अधिक कवियों की तकरीबन १०६० कविताओं का संकलन है। गौरव ग्रंथ में धर्मवीर भारती का 'अंधायुग', दिनकर का 'कुरुक्षेत्र', बच्चन की 'मधुशाला', निराला का 'राम की शक्तिपूजा' और जगदीश गुप्त की 'साँझ' उपलब्ध है तथा तुलसीदास की 'कवितावली' और श्यामनारायण पांडेय की 'हल्दी घाटी' का वायदा है। पाठकों की कविताओं के लिए अलग जगह है।

हास्य-व्यंग्यपरक कविताओं के खंड में मशहूर सरोजिनी प्रीतम और काका हाथरसी से लेकर निदा फाजली तक। चलते-चलते अनुभूति के मुरीदों के बारे में नेडस्टैट का एक आंकड़ा: २८ जून २००१ से आज (२८.९.२००२) तक इस पर कोई ३७,६२७ लोग आ चुके हैं, अपने व्यस्ततम दिन में इसे २४६ हिट्स मिले। ज़ायके के लिए पेश है सत्येश भंडारी की एक लजीज हास्य कविता, जो शायद चंद गंभीर इशारे भी करती है :

इंटरनेट पर शादी

कनाडा के मेल का,
मुंबई की फीमेल से,
ई-मेल के जरिए,
बेमेल मेल हो गया,
देखते देखते खेल हो गया।

कल शाम मेरे पड़ोस की लड़की,
मेरे घर आई और बोली,
अंकल जी, कल आप
घर में ही रहिए,
कहीं जाइए मत,
मेरी शादी है।

न बाजे गाजों का शोरगुल,
न रिश्तेदारों की हलचल,
न ढोलक की थाप
न मेंहदी की छाप।
और अभी तो शादी का
मौसम भी नहीं है।
वो बोली,
शादी इंटरनेट पर है।

पानी में शादी,
हवा में शादी तो सुनी थी,
मगर इंटरनेट पर शादी?
बड़ा अजीब लगा सुनकर।
कैसे हुआ यह सब?

ई-मेल से परिचय हुआ,
चैट रूम में रोमांस बढ़ा,
अब डब्ल्यू डब्ल्यू डब्ल्यू,
मैरेज डॉट कॉम पर शादी है।
ई-पंडित मंत्रोच्चार करेंगे, और
आप जैसे दर्शक आशीर्वाद दें

पड़ोस की लड़की थी,
समझाना धर्म था, बोला—
देखो, इस तरह के
कम्प्यूटर प्रेम में बड़ा खतरा है।
ई-मेल के जरिए
बड़े-बड़े वाइरस आते हैं।
तुम्हारे प्यार की डिस्क
क्रैश हो जाएगी, और
रोमांस का पैकअप हो जाएगा।
वो बोली,
परवाह नहीं, अंकल।
मेरे पास सॉलिड बैकअप है।
प्यार का सॉफ़्टवेयर
फिर लोड कर लूँगी।

समझाना बेकार था, बोला
अच्छा बताओ,
मुझे क्या करना है?
बोली, कुछ नहीं अंकल,
कल बस घर में रहना है।
शाम को छह सात के बीच
इंटरनेट खुला रखना है।
मेरी शादी वाली साइट पर
मुझे और केन को
माउस घुमाकर
शादी के फेरे लेते देखना है ।
और, जब शादी हो जाए तब
शगुन के रूप में
अपने क्रेडिट कार्ड का नंबर
बतायी जगह पर भरना है।

... और सहयोग

साइटों के इन बड़े घरानों के अलावा चंद आभासी लघु पत्रिकाएँ हैं, जिन्हें व्यक्तिगत या मुफ्त या थोड़े-से विज्ञापनों के बदले वेबस्थान मुहैया कराने वाली एजेंसियों का चतुर लाभ उठाकर शौकिया साइट बनानेवाले लोग चलाते हैं। ये साइटें आपको 'सर्च' करने पर शायद ही मिलें, लेकिन विश्वव्यापी 'हिंदी रिंग' से जुड़ कर इनमें से कई ने अपना जीवंत अस्तित्व बनाये रखा है। मामला बहुत सीधा है : जिस तरह हमारे विद्वान एक दूसरे को उद्धृत करके दोनों पक्षों को ख्यात कर देते हैं, या फिर एक तरह के सामान के साथ दूसरे के मुफ्त आ जाने से दोनों का विज्ञापन हो जाता है, उसी तरह एक आपसी समझदारी के तहत लोग अपने पृष्ठों पर अपने हमकदम साइटों के लिंक दे देते हैं, फिर ऐसे कई हममकसद साइट मिलकर एक साझा मंच बना लेते हैं, जो हर किसी को दूसरों का पता दे देता है। इससे हमारे जैसे वेब-घुमक्कड़ों का पंथ-श्रम घट जाता है.

सहयोग-सामूहिकता-सामुदायिकता नेट की खासियत है। एक बँगालन लड़की है। दिल्ली में रहने वाली। उसे अचानक हिंदी सीखने की सूझती है और वह याहू के हिंदी ग्रुप में शामिल होकर इस आशय का एलान करती है। उस लिस्ट पर मौजूद एक जर्मन, एक अमेरिकी और एक अंग्रेज उसका तहेदिल से, मुखर, खैरमकदम करते हैं, बाकी खामोश खुशी से। हम हिंदीवाले शायद इस बात पर हँसें, लेकिन उस लिस्ट पर एक आम राय है कि हिंदी सीखने का सबसे आसान तरीका है हिंदी फिल्में देखना। इस बात पर भले ही बहस हो, लेकिन मोहम्मद रफी का तल्फ्फुज किशोर कुमार से अच्छा है, या अमिताभ का लहजा नसीर से बेहतर है, पर यहाँ आनंद बख्शी के 'स्टेशन से गाड़ी जब छूट जाती है तो' के निहितार्थ पर वैसी ही संजीदा बहस होती है, जैसी हम मुक्तिबोध की कविता पर करते हैं। उसी लिस्ट का एक और वाकया। अब की बारी एक अंग्रेज लेखक आता है। वह मुंबई के इर्द-गिर्द एक उपन्यास लिखना चाहता है, लेकिन उसे ठीक-ठीक पता नहीं कि उसके चरित्र अपने माँ-बाप, चाचा-चाची को कैसे संबोधित करेंगे। समस्या को रखने की देर है: जिसको जो सूझता है, मददगार सुझाव लेकर फौरन हाजिर हो जाता है। लेखक घर बैठे सारा ज्ञान बटोरकर सब का धन्यवाद देते हुए विदा लेता है और कोई इसका बुरा नहीं मानता कि उस अवसरवादी ने संगठन क्यों छोड़ा।

एक आखिरी और निजी किस्सा। इस और इसी किस्म के लोग लगातार इस बात से परेशान रहे हैं कि उन्हें रोमन में हिंदी लिखने से कब मुक्ति मिलेगी। मैं खुद हूँ। इतने में कोई घोषणा करता है कि बराहा.कॉम पर एक अच्छी लिप्यंतरण प्रणाली उपलब्ध है। मैं फौरन बराहोन्मुख होता हूँ और उस

कन्नड़ साइट से अपने काम का सॉफ़्टवेयर उतार लेता हूँ और मजे करता हूँ। कुछ दिनों बाद कोई बताता है कि युडिट नामक एक टेक्स्ट एडिटर है, जो युनिकोड में लिखता है, यानी एक ऐसी तकनीक में जो किसी भी भाषा को जवार से निकालकर सार्विकता प्रदान करे, आपके फाइल और बुकमार्क के नाम आपके डेस्कटाप पर नागरी में दिखाये, बिल्कुल उसी तरह जिस तरह आप उन्हें अंग्रेजी में देखने के अभ्यस्त हो चुके हैं। यह चमत्कार मेरे लिए भारत में सलमान रश्दी के पैदा होने जैसा था। मैंने अपने 'टेकी' दोस्त सुप्रीत की मदद से उसे अपनी मशीन पर लगाया और नागरी में पहला ई-खत लिखकर फूला नहीं समाया। अभी इस नेमत को बरसे कुछ ही दिन हुए थे कि याहू के हिंदी ग्रुप में किसी ने एक और सुर्रा छोड़ा कि एक सॉफ़्टवेयर है जो विंडोज़ पर युनिकोड में लिखता है, गैर-व्यवसायिक इस्तेमाल के लिए मुफ्त में उपलब्ध है, फ़ॉन्ट आप बीबीसी हिंदी से ले लें और हमारे पास एक देवरोमू नामक ऐसा कुंजीपट-चालक है जो ध्वन्यात्मक आदेश लेता है, यानी 'के' से 'क' लिखता है, आदि-आदि। आख़िरी लाइन सबसे अहम थी : अगर कोई चाहे तो हम उसे निजी इस्तेमाल के लिए दे सक्ते हैं। मैंने फौरन अपनी याचिका भेजी और उसी दिन देवरोमू हाजिर। मैं उसे टेस्ट करने में जुट गया। पता लगा बाकी सब तो ठीक है, लेकिन सॉफ़्टवेयर देने वाले का नाम ही मैं हिंदी में नहीं लिख पा रहा हूँ। बॉब ईटन में बा के ऊपर का चंद्र पूरे की-बोर्ड से ही गायब है। लिहाजा मैं ईटन साहब को रुआँसे अंदाज में चिट्ठी लिखता हूँ। वे अपने दोस्त स्टीव स्मिथ को लिखते हैं (दोनों ने मिलकर यह कुंजीपट बनाया था) और स्टीव स्मिथ मुझे बिल्कुल दुखी करने वाली खबर देते हैं कि वाकई चंद्र का कोई प्रावधान नहीं है। मुझे लिखने के लिए दोनों को धन्यवाद देकर मैं अपने भाग्य से समझौता करने की मनस्थिति में आने को होता हूँ कि स्मिथ का एक और मेल आता है, भूल-सुधार करते हुए, कि उन्होंने की-बोर्ड में जरूरी परिवर्तन कर दिये हैं और नया पैकेज भी मेल में संलग्न है। मेरी मनमाँगी मुराद पूरी हो गयी थी। इन छोटी-छोटी कहानियों के जरिये मैं सिर्फ यही कहना चाह रहा हूँ कि नेट पर लगातार वैकल्पिक समुदायों की रचना होती रहती है: लोग अपनी जरूरतों के लिए सहयोग माँगते हैं जो उन्हें मिल भी जाता है। सभ्य विचार-विमर्श होता है और आम तौर पर लोग अपने ज्ञान की गैर-जरूरी नुमाइश नहीं करते। सामनेवाले को महज आपकी और अपनी जरूरतों में दिलचस्पी है, बस। हाँ कभी-कभार तीखी झड़पें भी होती हैं, घृणा का प्रोपेगैंडा भी, लेकिन अगर बहस नकाबिले-बर्दाश्त हो जाय तो 'लॉगआउट' कर जाने की आजादी तो आपकी अपनी है ही।

बतौर निष्कर्ष थोड़ी टेक् चर्चा उर्फ संभाव्य का वर्तमान

उम्र का एक घिसा-पिटा मुहावरा लें तो नेट के सूचना महामार्ग पर हिंदी अभी उंगली पकड़ कर चलना सीख रही है। हालाँकि सारे प्रमुख अखबारों ने खुद को वेब पर डाल दिया है, लेकिन नेट संस्करण प्रिंट की प्रतिलिपि लगते हैं, जो डिजिटल तकनीक की क्षमताओं के दोहन की अच्छी मिसाल नहीं है। दृश्य, श्रव्य, हाइपरलिंकिंग आदि के अभाव के अलावा पाठकों की भागीदारी के पर्याप्त मौके नहीं है। अच्छा हो अगर लिपियों की इन छोटी-छोटी दुकानदारियों का सिलसिला बंद हो जाय। यद्यपि डायनैमिक फ़ॉन्ट्स के जोर पकड़ने से फ़ॉन्ट डाउनलोड की रोजाना कवायद से राहत मिली है, लेकिन सूचना, ज्ञान और मनोरंजन का तेज प्रसार तब तक संभव नहीं होगा जब तक मानकीकृत लेखन शैली नहीं चल जाती। युनिकोड में इस तरह की संभावनाएँ हैं, क्योंकि इसे 'इंटरनेट एक्सप्लोरर' भी पढ़ लेता है और 'मोज़िला' भी। विडोंज में तो इसका सपोर्ट है ही, लिनक्स पर काम करने वाला मुक्त सॉफ़्टवेयर समुदाय भी अब भारतीय भाषाओं में सक्रिय दिलचस्पी लेने लगा है।

सोर्सफोर्ज. नेट पर वालंटियर (स्वयंसेवी) प्रयास शुरू हो गये हैं। वागीश शुक्ल ने तो लाटेक पर पूरी किताब ही छाप डाली : ऑमेगा सिस्टम के आ जाने से दाएँ-बाएँ-ऊपर-नीचे-आड़े-तिरछे किसी भी तरह से और किसी भी तरह की इबारत लिखी जा सकेगी। तमिलनाडु में कुछ लोग सस्ती तकनीक इस्तेमाल कर गाँवों को कम्प्यूटर और इंटरनेट से जोड़ रहे हैं। आईआईटी, मद्रास की हेमा मूर्ति ने एक अच्छा किस्सा सुनाया : वहाँ किसी गाँव में भिंडी के पौधे को कीड़े लग रहे थे कि एक स्कूली लड़की ने वेब के जरिये बीमार पत्तियों के चित्र कृषि विशेषज्ञों को भेज कर फौरी और अचूक इलाज ढूँढ़ लिया। जाहिर है कि इस तरह भिंडी का इलाज हो सकता है तो मानवीय शरीर का भी हो रहा है।

आईआईआईटी, हैदराबाद ने लोगों से शब्ददान लेकर पूरा शब्दकोश बना लिया, जो उनकी साइट पर मुक्त डाउनलोड के लिए उपलब्ध है। उनका 'अनुसारक सॉफ़्टवेयर' भारतीय भाषाओं के बीच कामचलाऊ अनुवाद कर संवाद को संभव बनाता है। तलहथी पर रखकर चलने वाला किफायती 'सिंप्यूटर' भी अब माँग पर उपलब्ध है। अगर बोले हुए शब्दों का एक विशाल भंडार इकट्ठा हो जाय तो 'बोली की पहचान' करने वाला यंत्र (स्पीच रेकग्नीशन सिस्टम) भी बन जायेगा और तब लिखने की भी जरूरत नहीं; टाइपिस्ट को न बोलकर मशीन को बोलिए।

और यह तो शुरुआत है : कहते हैं न ...आगे-आगे देखिए होता है क्या!

स्त्रोत, संदर्भ और संसाधन

सबसे जरूरी वेब ठिकाना

http://www.cs.colostate.edu/~malaiya/hindilinks.html

उर्दू-हिंदी लिंक्स

http://www.columbia.edu/~fp7/urduhindilinks.html
http://www.angelfire.com/sd/urdumedia/hind.html
http://www.gulzaronline.com
http://www.msci.memphis.edu/~ramamurt/ghazal.html#Mir
http://userpages.umbc.edu/~kjoshi1/msjoshi.html
http://www.javedakhtar.com
http://www.ravindrakalia.com/gcs/book.htm
http://www.narendrakohli.org
http://babel.uoregon.edu/yamada/guides/hindiurdu.html
www.urdustan.com
http://www.shayaranamusic.com
http://www.cs.wisc.edu/~navin/india/songs
http://www.bollywhat.com/lyrics/mk_lyr.html#1
http://www.wupper.de/sites/unnet/home.html#JAADOO

भाषाई कंप्यूटिंग : संसाधन / प्रॉजेक्ट

http://www.bharatbhasha.org.in/articles.htm
http://www.acharya.iitm.ac.in/ind_fonts.html
http://www.unicode.org/unicode/standard/translations/hindi.html
http://indic-computing.sourceforge.net
http://www.indlinux.org
http://www.yudit.org
http://www.ncst.ernet.in
http://www.tavultesoft.com
http://www.iiit.net/ltrc/downloads.html
www.cdac.org.in
http://www.mithi.com
http://users.skynet.be/hugocoolens/hindi/hindi.html
http://members.tripod.com/sbiswas/IWrite32/

IWrite32.html#UsingIt
http://www.bttlindia.com/mozilla
http://www.bridges.org/toolkit/freeIT.html#host
http://hindi3.tripod.com
http://www.baraha.com/downloads.htm
http://www.cs.colostate.edu/~malaiya/devafonts.htm
http://www.alanwood.net/unicode/devanagari.html
http://theory.tifr.res.in/bombay/history/people/language/hindi.html
http://www.aksharamala.com
http://www.ucl.ac.uk/~ucgadkw/indnet-textarchive.html
http://www.languageinindia.com

साहित्यिक पत्रिकाएँ

lkfgfR;d if=dk,a
http://www.tadbhav.com
http://www.abhivyakti-hindi.org
http://www.aanubhuti-hindi.org
http://manaskriti.com/kaavyaalaya
http://hindi.india-today.com
http://www.womeninfoline.com/hindi/internet/index.asp
http://www.kalayan.org/kalayanpatrika/index.html
http://www.bharatdarshan.co.nz/stories/index.html

विचार समूह

http://groups.yahoo.com/group/HindiForum/ messages/50?threaded=
http://groups.yahoo.com/group/hindi/messages/359
http://groups.yahoo.com/group/subhaashitas

शौकिया वेब पृष्ठ

http://www.geocities.com/chandra_pm/hindi_top.html
http://www.geocities.com/aawasthi
http://www.shails.com/manjusha/poem6.htm
http://www.geocities.com/sumankghai
http://www.geocities.com/Tokyo9785/madhu1.gif

http://koshnr.tripod.com
http://users.panda.be/walter.rajesh

शब्दकोश : संस्कृत, फ़ारसी, हिंदी, उर्दू और अंग्रेजी
http://sanskrit.gde.to/hindi/dict/eng-hin-itrans.html
http://aa2411s.aa.tufs.ac.jp/~tjun/sktdic
www-aa.tufs.ac.jp/~kmach/hnd-la-e.htm
http://www.ishipress.com/wordlist.htm
http://dsal.uchicago.edu/dictionaries/index.html
http://www.cs.wisc.edu/~navin/india/urdu.dictionary

सरकारी और स्वायत्त संस्थान
http://dol.nic.in/software.htm
http://tdil.mit.gov.in/knowledge.htm# Geeta and Upanishad in Hindi
http://hindinideshalaya.nic.in
http://www.sahitya-akademi.org
http://www.hindivishwa.nic.in/hindivishwa/welcome.html
http://rajbhasha.com/hindisansar/hindsnsr.htm

पोर्टल
http://www.webdunia.com
http://hindi.netjaal.com
www.rediff.com
www.sify.com
www.prabhasakshi.com
http://www.sahitya-akademi.org

रेडियो / टीवी
http://www.bbc.co.uk/hindi
http://www.nic.in/indiapublications/Hindi-Pub/Reference/HR06.htm
http://www.aajtak.com
http://www.ddindia.net

अखबार

http://203.200.89.66:8080/sahara
http://www.amarujala.com
http://www.bhaskar.com
http://www.naidunia.com
http://www.rajasthanpatrika.com
http://www.jagran.com
http://www.prabhatkhabar.com
http://www.hindimilap.co`p

मजदूर वर्ग, नारी मुक्ति आंदोलन, दलित आंदोलन और धर्म पर प्रभाव

विश्वायन (भूमंडलीकरण) ने एक चमत्कार यह भी किया है कि कई मसलों पर वामपंथी और दक्षिणपंथी स्वर एक से हो गये हैं। इसने रेडिकल सियासत के सामने पहचान का संकट खड़ा कर दिया है। इस संकट की जड़ें गहरी हैं। इनका ताल्लुक प्रगति, आधुनिकता, विकास और सीधी लकीर में चलने वाले इतिहास के विचार से जुड़ा हुआ है। वामपंथी जिसे 'अतीत' के खाने में डालते थे, वह उनका वर्तमान बन गया है। यह रेडिकल सियासत राष्ट्रवाद की जमीन पर खड़ी है, इसलिए विश्वायन का विरोध करने वाली छोटी पहचानों की बगावत से उसका कोई नाता नहीं बन पा रहा है।

रेडिकल सियासत का संकट

आदित्य निगम

एक जमाना था जब रेडिकल का मतलब समाज परिवर्तन से हुआ करता था। अपनी और अपने इर्द-गिर्द की जिंदगी बदलने से हुआ करता था। उस जमाने में दोस्त और दुश्मन की पहचान भी कहीं ज्यादा आसान थी। कम से कम हम यह तो समझते ही थे कि इतिहास एक सीधी लकीर के मानिंद है। हम यह भी जानते थे कि उस लकीर पर आगे बढ़ने की तमन्ना रखने वाले लोग प्रगतिशील कहलाते हैं और उसका विरोध करने वाले या जाने-अनजाने रास्ते का पत्थर बनने वाले प्रतिगामी या प्रतिक्रियावादी होते हैं। सामाजिक बदलाव को इतिहास और प्रगति की तरफ ले जाने की इस राजनीति को ही हम रेडिकल राजनीति के रूप में जानते हैं।

इधर कुछ अरसा हुआ 'बचाओ' का नारा लगाने वाले आंदोलनों का दौर शुरू हुआ है। नर्मदा बचाओ आंदोलन, आजादी बचाओ आंदोलन और भारत बचाओ आंदोलन सरीखे कई आंदोलन उभर कर सामने आये हैं। कल जिन वामपंथियों की निगाह में नर्मदा बचाओ जैसे आंदोलन प्रतिगामी हुआ करते थे आज वे खुद कभी पब्लिक सेक्टर बचाने का नारा देते पाये जाते हैं तो कभी

रोजगार बचाने की कोशिश में जुटे मिलते हैं। कभी वे राष्ट्रीय एकता और अखंडता की हिफाजत कर रहे होते हैं तो कभी भारतीय संस्कृति बचाने में मशगूल मिलते हैं। दूसरे शब्दों में कहा जाय तो ऐसा लगता है जैसे रेडिकलिज्म का ताल्लुक आज समाज परविर्तन से नहीं, बल्कि यथास्थिति को बनाये रखने से है।

एक मायने में यह तब्दीली खासतौर पर काबिले-गौर है। नर्मदा बचाओ जैसे आंदोलन तो दरअसल काफी नये हैं। १९८० के दशक सें इनकी शरुआत मानी जा सकती है। इन आंदोलनों की धार मूलत: पुरानी जीवन शैलियाँ बनाये रखने की दिशा में रही है। आधुनिक विकास के भीमकाय प्रॉजेक्टों के तले रौंदे जा रहे इस मुल्क के लाखों-लाख आदिवासियों की आवाज पहली मरतबा इसी दरमियान इन आंदोलनों के जरिये मुखरित हुई है। इन आंदोलनों ने पहली बार आधुनिक विकास से जुड़ी तमाम समस्याएँ उजागर की हैं, जिन्हें गाहे-बगाहे गाँधीजी या लोहिया जैसे विचारक और नेता उठाते रहे थे और जिनके चलते आज सारी दुनिया में आधुनिकता का विचार ही सवालों के घेरे में आ गया है। आधुनिकता की वकालत करने वालों के लिए इस तरह के तमाम आंदोलन किसी न किसी अर्थ में प्रतिगामी ही माने जाते रहे हैं। इतिहास की सीधी लकीर पर चलने की ख्वाहिश के रास्ते में ये आंदोलन हिन्दुस्तान के स्वतंत्र विकास में रोड़े अटकाने वाले और विदेशी साम्राज्यवादी शह पर चलने वाले आंदोलन करार दिये गये हैं। बहुत पुरानी बात नहीं है जब ऐसे इल्जामात खुलेआम लगाये जाते थे। मगर वक्त का फेर देखिए कि आज उन्हीं वामपंथियों को विश्वायन' के सिलसिले के खिलाफ खड़े होना पड़ रहा है जो एक स्तर पर इस आधुनिक विकास की नयी रफ्तार ही का नाम है। विश्वायन के बुलडोजर के सामने सब एक समान दीखने लगे हैं। अब एक स्वर में सब को यथास्थिति कायम रखने की लड़ाई लड़नी पड़ रही है।

इस सूरत में कई हलकों में यह उम्मीद बँधती दिखायी देती है कि अब साम्राज्यवाद के इन नये हमलों के मद्देनजर तमाम राष्ट्रवादी और देशभक्त ताकतों की व्यापक एकता की गुंजाइश उभर कर सामने आयी है। वामपंथियों से लेकर नर्मदा के आदिवासियों की व्यापक एकता गोया अब क्षितिज पर दिखायी देने लगी है। इसकी कोशिशें जोर-शोर से हो रही हैं। मगर क्या यह वाकई संभव है? अगर है तो हर रोज इसकी गुंजाइश कम क्यों होती चली जाती है? एकताबद्ध संघर्ष की जगह आज बिखराव और विखंडन ही क्यों दिखायी दे रहा है? आज चारों तरफ हम असंख्य छोटी पहचानों की बगावत देख रहे हैं जो कभी स्थानीय स्वायत्तता और अलहदगी की माँग करती हैं तो

कभी जाति, धर्म या लिंग आदि के इर्दगिर्द लामबंद होती हैं। कभी वह हमारा गाँव-हमारा राज का नारा बुलंद करती हैं, तो कभी सीधे राष्ट्रवाद से जिरह करती हैं। पिछले दो दशकों में इस विद्रोह ने अपनी मुकामी या छोटी पहचान को केंद्र में रखकर राष्ट्र, बर्ग या नागरिकता की चालू व्याख्याओं को समस्याग्रस्त कर दिया है। नुमाइंदगी के बुनियादी सवाल आज फिर एक बार चर्चा में हैं। आज शायद ही कोई बेहैसियत तबका ऐसा है जो इस तरह की अमूर्त और सपाट श्रेणियों के भीतर अपनी नुमाइंदगी के बारे में सोच सकता है। इस समय की एक खासियत यह है कि इसने दिखा दिया है कि सारी श्रेणियां वर्चस्वशाली ताकतों का दबदबा बनाये रखने का ही दूसरा नाम-भर हैं। लिहाजा सामाजिक आंदोलनों का एक बड़ा हिस्सा वह है जो विश्वायन और साम्राज्यवाद के खिलाफ चल रही लामबंदी के प्रति एक अजीब-सी बेरुखी अपनाये हुए हैं। उनके मुद्दे अलग हैं, उनकी लड़ाइयाँ भी अलग हैं। विश्वायन के खिलाफ एकता अगर कहीं दिखायी दे रही है तो वह मुख्यधारा के कुछ हलकों में--दाएँ से बाएँ तक। हालाँकि मार्के की बात यह है कि इस मुख्यधारा में भी एक दोहरा रुख देखने में आता है। एक तरफ आर्थिक स्तर पर समझौतापरस्ती है तो दूसरी तरफ सांस्कृतिक स्तर पर विरोध। इस मसले पर हम कुछ देर बाद लौटेंगे।

फिलहाल सवाल यह है कि इस तेजी से बदलते नजारे को कैसे समझा जाय? अगर हम ये मानें कि विश्वायन महज पुराने पूँजीवादी संचयन और उससे जुड़े वैकासिक मॉडल की रफ्तार में गुणात्मक वृद्धि का ही नाम है तो दोनों किस्म के आंदोलनों को हम एक ही सिक्के के दो पहलुओं के रूप में समझ सकते हैं। दोनों ही समाज में तेजी से बढ़ रही बेदखली और बेइख्तियारी की समस्या से जूझने वाले आंदोलन हैं। एक सीमित अर्थ में सही होते हुए भी यह सच का एक बहुत छोटा-सा हिस्सा है। दरअसल हकीकत शायद कुछ और है। जो लोग पब्लिक सेक्टर और राष्ट्रीय अखंडता बचाने की लड़ाई लड़ रहे हैं वे बिल्कुल अलग जमीन पर खड़े हैं, उन लोगों की बनिस्बत जो नर्मदा में अपना अस्तित्व बचाने की लड़ाई लड़ रहे हैं। एक लड़ाई राष्ट्र की जमीन पर खड़े होकर लड़ी जा रही है तो दूसरी अपनी स्थानीय मुकाम की जमीन पर। कल जो राष्ट्र अपने आधुनिक विकास के बुलडोजर तले तमाम स्थानीय अरमानों को रौंद रहा था, और जिसकी निगाह में ये तमाम आंदोलन प्रतिगामी थे, आज वह खुद वक्त की नयी रफ्तार के आगे पिछड़ गया मालूम होता है। इस राष्ट्र और कौमी-राज्य (नेशन-स्टेट) की जमीन पर खड़े वामपंथी जो कल तक प्रगतिशीलता और आधुनिक विकास के झंडाबरदार थे, वे भी आज उतने

ही पिछड़े दिखने लगे हैं जितने कि नर्मदा के आदिवासी। कम से कम विश्वायन के कलाम में दोनों की जगह एक ही है। वक्त का एक बिल्कुल नया निजाम उद्घाटित करके विश्वायन ने उन्हें तमाम 'डिफेंसिव' किस्म की लड़ाइयाँ लड़ने पर मजबूर कर दिया है। दूसरे शब्दों में कहा जाय तो दस बरस पहले जिसे 'विकास' और 'प्रगति' माना जाता था, वह आज 'अतीत' बन चुका है। प्रगति और विकास वामपंथ को पीछे छोड़ कर आगे निकल गये हैं।[२] यह एक पेचीदा मसला है जिसका जवाब ढूँढ़ना होगा। किसी सरल व्याख्या से काम चलाना खुद को धोखे में रखने जैसा होगा। यह बात गौर करने लायक है कि 'हम' जहाँ थे वहीं खड़े हैं, मगर अब हमारा वर्तमान, या कल तक जो हमारा वर्तमान था, आज अतीत बन चुका है। यह कैसे हुआ? जिस नजरिये के चलते हम कल तक 'पुरानी' जीवन-शैलियों को 'अतीत' करार देते थे, इसके बावजूद कि वे हमारे वर्तमान में मौजूद थीं—वही नजरिया, वही कलाम आज हमारे वर्तमान के अतीत बन जाने के पीछे काम कर रहा है। इसके पीछे काम कर रहा है वक्त का एक ऐसा फलसफा जिसके विस्तार में न जाते हुए यह कहा जा सकता है कि वह आधुनिकता की एक ऐसी देन है जो पिछले दो सौ साल से ज्यादा पुरानी नहीं है। १९वीं सदी के आसपास पहली बार 'विश्व-इतिहास' की धारणा वजूद में आने के बाद वक्त का ऐसा तसव्वुर बना जिसे वाल्टर बेंजामिन ने 'होमोजीनियस एम्प्टी टाइम' की संज्ञा दी, जिसके तहत पूरी दुनिया का एक इतिहास बन गया। अलग-अलग समाजों का अपना वजूद सिमट कर अब एक विश्व-इतिहास का हिस्सा बन गया। एक सीधी लकीर की तरह एक विश्व-इतिहास, जिसका बस एक वर्तमान है जो जाहिरा तौर पर उनका वर्तमान है जो इस इतिहास की 'अगली कतारों' में रहते हैं।

खैर, अपने विषय पर लौटा जाय। हमारी आज की हालत में एक बात गौरतलब है, आज के दौर में जब कौमी-राज्य की सीवनें उधड़ने लगी हैं, तभी जाकर यह गुंजाइश भी बनी है कि अब तक उसके पैरों तले रौंदी जा रही ताकतें स्वतंत्र रूप से हरकत में आ सकें और उसकी पुराण-कथा की कैद से आजाद होकर अपनी लड़ाइयाँ लड़ सकें। पहली बार यह मुमकिन हुआ है कि वे अपनी कहानी कह पा रही हैं, और वह भी खुद अपनी जबानी। शायद यही वजह है कि कई बार इन मुकामी लड़ाइयों का कौमी-राज्य के बरखिलाफ खड़ी ग्लोबल ताकतों से ज्यादा नजदीकी रिश्ता बन जाता है। हमारे मौजूदा हालात में हम इसकी कई मिसालें देख सकते हैं जिनकी तफसील में जाना यहाँ संभव नहीं है। बेशक इसमें कोई दो राय नहीं कि यह स्थायी मैत्री का रिश्ता तो नहीं हो सकता, क्योंकि आखिरकार इनके भी हित बिल्कुल जुदा हैं और दोनों

अलग-अलग समयों में जीते हैं। मगर फिर भी फौरी तौर पर एक 'एलाइ' जैसा दोस्ताना रिश्ता तो अक्सर बन ही जाता है।

एक जमाना था जब आजादी के बाद राष्ट्र-निर्माण के नाम पर हर स्थानीय या मुकामी अरमान का गला घोंट दिया जाता था। 'राष्ट्र' के हित के लिए या 'राष्ट्र' की प्रगति के वास्ते भाखड़ा नांगल के किसानों की बेदखली वैसे ही जायज ठहरायी जा सकती थी जैसे आज नर्मदा के आदिवासियों की ठहरायी जाती है। अर्थात कौम का वर्तमान ही वर्तमान कहलाने का हकदार था। बाकी सब 'अतीत' की श्रेणी में आते थे। उन्हें 'पिछड़ा' करार देकर ही राष्ट्र का वर्तमान वर्तमान हो सकता था। उस जमाने में राष्ट्र की जमीन पर खड़े होकर ही इस वर्तमान का हक सुरक्षित रखा जा सकता था। इसके बरक्स उस जमाने की अंतर्राष्ट्रीय अर्थव्यवस्था की अपनी एक अलग रफ्तार थी। उसके मुकाबले हिंदुस्तान कहीं पिछड़ा हुआ था। पहली दुनिया का वर्तमान हमारा नहीं था। शायद 'हम' एक 'विकासशील' मुल्क की हैसियत से उसके अतीत थे। मगर इस जमाने में नेशनस्टेट की संप्रभुता और उसकी आत्मनिर्भरता का एक अर्थ यह भी था कि वह अपना हाल, अपना वर्तमान खुद नियंत्रित करता था। विश्वायन ने वक्त का जो नया निजाम कायम कर दिया है उसमें अब सारी दुनिया को एक ही वर्तमान में समेटने की तैयारी है, जिसकी शुरुआत तो पहले हो चुकी थी मगर जो अब एक नये अंदाज से अमल में आ रहा है। कम से कम यह कहा जा सकता है कि कोशिश तो है ही। वैसे जब राजीव गाँधी हिन्दुस्तान को २१वीं सदी में जाने के लिए कमर कसने का आह्वान कर रहे थे तो उनका आशय भी यही था कि अब हमारा बर्तमान 'अतीत' बन चुका है और हमें उस वर्तमान के लिए तैयार होना है जो 'अन्यथा' है—कहीं और है।[३] और इस तरह, ज्यों-ज्यों राष्ट्र की संप्रभुता के साथ-साथ उसका वर्तमान भी ग्लोबल प्रक्रियाओं के चलते अपनी जकड़ खोता गया त्यों-त्यों तमाम वे स्थानीय अरमान, जो अब तक बहिष्कृत थे, उभर कर सामने आने लगे। इसीलिए इस प्रक्रिया में जो आंदोलन उभरे, उनकी जमीन उनसे बिल्कुल अलग थी जो राष्ट्र की जमीन पर खड़े होकर रेडिकल सियासत कर रहे थे। इस नयी परिस्थिति में मुकामी और ग्लोबल ताकतों का जो नया रिश्ता उजागर हो रहा है, उसके पेशेनजर मैं रेडिकल सियासत के लिए पैदा नयी संभावनाओं की चर्चा करना चाहूँगा। आज के दौर में इसे कैसे नये सिरे से परिभाषित किया जाय ताकि रेडिकलिज्म का अर्थ आम इंसान के भोगे हुए यथार्थ के साथ जुड़े और राष्ट्रवाद जैसे महावृत्तांत से वह खुद को आजाद कर पाये। इसी सवाल पर मैं एक हाल के तजरुबे के जरिये कुछ खयाल पेश करना चाहूँगा। यह तजरुबा श्रम मानकों

को लेकर हुई बहस से ताल्लुक रखता है।

राजनीतिक और अकादमिक रायें हमारे यहाँ साफ-साफ दो खेमों में बँटी हुई हैं। एक खेमा विश्वायन विरोधी है तो दूसरा उसका समर्थक। और हिन्दुस्तान में रेडिकलिज्म की पहचान पहले खेमे के साथ जुड़ी है। विश्वायन से आपका विरोध जितना तीखा होगा उतना ही आप ज्यादा रेडिकल होंगे। इस मान्यता के कई खतरों में से एक यह भी है कि यह लाजमी तौर पर एक ऐसी कतारबंदी पैदा करती है जो हमें कौमी-राज्य के समर्थन में ले जाकर खड़ा कर देती है। इस सूरत में रेडिकलिज्म की भाषा अनिवार्यतः यथास्थिति की भाषा बन कर रह जाती है। और जैसा कि हम देख चुके हैं, यथास्थिति भी एक नहीं है। एक यथास्थिति राष्ट्र की है तो एक और (या कई और) अलग-अलग मुकामों की है। जाहिर है, यहाँ हमारा आशय कौमी राज्य की यथास्थिति से है। इसलिए अक्सर ही वामपंथ और रेडिकलिज्म की जबान और दक्षिणपंथियों की जबान में फर्क लगभग गायब हो जाता है। पिछले सालों में ऐसी कई मिसालें गिनवायी जा सकती हैं जब इस मसले पर बाएँ और दाएँ बाजू एक ही स्वर में बोलते सुनायी दिये हैं। सवाल चाहे 'माचिस' जैसी फिल्म पर पाबंदी लगाने की माँग का रहा हो, चाहे एटम बम बनाने का, या फिर अन्य मसलों पर 'साम्राज्यवाद विरोध' का—दोनों रवैयों में एक आम सहमति बार-बार दिखायी दी है। बाएँ बाजू वालों को यह साबित करने के लिए खासी कसरतें करनी पड़ी हैं कि दरअसल उनका साम्राज्यवाद विरोध ही असली है—दाएँ बाजू वालों का नकली या छद्‌म है। लिहाजा वामपंथियों का ज्यादा समय यह समझाने में ही चला गया कि दाएँ बाजू वाले छद्‌म साम्राज्यविरोधी हैं और दरअसल उससे गुपचुप समझौता करने की फिराक में हैं। आखिरकार दोनों में कोई और भी फर्क होना चाहिए। रेडिकलिज्म के उफान के दौर में शायद यह तर्क चल भी जाय कि दुश्मन अपनी असलियत छिपाने की गरज से रेडिकल जबान बोलता है, मगर इस तर्क का हार और बिखराव के मौजूदा दौर में कोई अर्थ नहीं बनता।

इसमें कोई शक नहीं कि विश्वायन की प्रक्रिया बुनियादी तौर पर एक बेइंसाफी से भरी हुई प्रक्रिया है जिसका मकसद महानगरीय या ग्लोबल सरमाये के हित में दुनिया की ताकतों के संतुलन को बदलना है। मगर हमारे दौर की एक खासियत यह भी है कि कौमी-राज्य के संकट के चलते मुख्तलिफ आंदोलनों के सामने उसके और साम्राज्यवाद के आपसी अंतर्विरोधों से खेलने के भी नये अवसर खुले हैं। यहाँ यह भी ध्यान में रखने की जरूरत है कि खुद विश्वायन की प्रक्रिया का भी कोई एक तय स्वर नहीं है। वहाँ भी कई विरोधी

आवाजें सुनायी देती हैं। वैसे तो ये कोई नयी बात नहीं है। हर प्रक्रिया अपने भीतर विरोधी संभावनाएँ लिए आती है। आज से पहले शायद ये संभावनाएँ हमें दिखायी नहीं देती थीं, क्योंकि कौम बनाम साम्राज्यवाद की सरलीकृत विलोम श्रेणियों (बाइनरीज) ने हमारी आँखों पर परदे डाल रखे थे।

आज के दौर में इन विरोधी संभावनाओं की एक बेहतरीन मिसाल हमें मजदूर हकों पर चली हाल की एक बहस से मिल सकती है। १९९१ से लगातार जो सरकार हिन्दुस्तान में ढाँचागत समायोजन कार्यक्रम लागू करने पर अमादा थी, उस सरकार के एजेंडे पर यकायक मजदूर हकों का सवाल क्यों आ गया? थोड़ा पीछे लौट कर तहकीकात करें तो पायेंगे कि १९९४ तक इस मसले पर पब्लिक बहस की कोई गुंजाइश ही नहीं थी। यह गुंजाइश तब बननी शुरू हुई जब मरक्कश में गैट करार पर दस्तख्त होने को थे और एन वक्त पर कुछ पश्चिमी देशों के नुमाइंदों ने 'सोशल क्लाज' का मामला उठाया। इसके तहत उनका आग्रह था कि इस करार में एक ऐसी धारा जोड़ी जाय जिससे चंद सामाजिक सवालों को भी इस तिजारती गुफ्तगू और करार का एक अहम हिस्सा बनाया जा सके। खास तौर पर उनका आग्रह था कि मजदूरों के हक कुछ पर्यावरणीय मुद्दे और मानवाधिकार के सवाल इस करार में जोड़ दिये जाएँ। साम्राज्यवादी और मजदूर हकों या मानवाधिकारों की चिंता? बात कुछ अजीब लग सकती है। जाहिर है कि ऐसा कुछ नहीं था। सरमाये के इन नुमाइंदों की निगाहें बिना शक अपने मुनाफे पर टिकी थीं। मगर बात इतनी-भर नहीं है। इससे आगे दास्ताँ और भी है। इस आगे की दास्ताँ को हम कैसे समझते हैं, यह इस निर्भर है कि हम कहाँ से खड़े होकर इस मसले को देखना चाहते हैं। मेरा तर्क यह है कि कौमी-राज्य की जमीन पर खड़े होकर इसमें छिपी संभावनाएँ दिखायी ही नहीं दे सकतीं। वह सिर्फ हमारी आँखों पर परदा डाले रखने का काम ही कर सकती हैं। रेडिकल सियासत को अगर दोबारा खड़ा करना है तो एकमात्र पुराने राष्ट्रवादी प्रॉजेक्ट की एक मुकम्मल आलोचना के जरिये ही वह संभव है—खास तौर पर राष्ट्रवाद और साम्राज्यवाद-विरोध के अतिसरलीकृत समीकरण से लगातार जिरह करके ही यह संभव हो सकता है।

मजदूर हुकूक : 'सामाजिक धारा' और राष्ट्रवाद

गैट की सौदेबाजी के आखिरी उरुग्वे दौर के अंतिम दिनों में पूँजीवादी देशों के नुमाइंदों ने अचानक अपना तुरुप का पत्ता पेश किया। उन्होंने फरमाया कि सही मायनों में तिजारत तभी आजाद हो सकती है जब बाकी सब हालात समान हों। मौजूदा हालात कुछ ऐसे हैं कि तीसरी दुनिया के सौदागरों को इनका नाजायज

फायदा होता है। वे कम मजदूरी देकर और अपने मजदूरों का शोषण करके अपना माल सस्ते में बनवा और बेच लेते हैं। खास तौर पर बाल मजदूरी और बँधुआ मजदूरी का सहारा लेकर और न्यूनतम वेतन और ट्रेड यूनियन अधिकारों से अपने मजदूरों को वंचित रख कर वे व्यापार में नाजायज मुनाफा कमाते हैं। इसलिए यह जरूरी है कि अगर तिजारत को बेलगाम करना है तो मजदूरों के हुकूक सुरक्षित किये जाएँ।

डरते-डरते और बेहद अदब के साथ तीसरी दुनिया के सरकारी और सरमायेदारी हलकों से कुछ विरोध के स्वर उठे। मसलन करार पर दस्तखत होने की पूर्वसंध्या पर एस्कैप (एशिया और प्रशांत क्षेत्र के लिए आर्थिक और सामाजिक आयोग) की तरफ से एक बयान इस बाबत जारी किया गया। इसमें संरक्षणवाद के खतरों से सावधान करते हुए आइंदा नये रूपों में उसकी पुनरावृत्ति के बारे में आगाह किया गया। साथ ही साथ गैट करार से 'ग्लोबल आर्थिक परिस्थितियों में उभरे सकारात्मक बदलावों से पैदा हुई चुनौतियों और अवसरों' का फायदा उठाने की बात भी एक ही साँस में कर दी गयी। हिंदुस्तान की सरकार की तरफ से भी कोई खास प्रतिक्रिया सामने नहीं आयी। चार महीने बाद सुब्रह्मणयम स्वामी की सदारत में इस पर विचार करने के लिए एक कमीशन गठित किया गया। जिम्मेदारी सँभालते ही स्वामी साहब ने 'बीच का रास्ता' अपनाने की वकालत की।

उनका तर्क था कि इस धारा का तीखा विरोध ''हिंदुस्तान के हित में नहीं होगा', क्योंकि वैसे भी अमेरिकी और यूरोपीय कंपनियों ने श्रम मानकों के मसले को कार्यतः लागू करना शुरू कर दिया है। रफ्ता-रफ्ता तीसरी दुनिया के देशों की सरकारें इस पर एक सहमति बनाने में कामयाब हुईं। जनवरी १९९५ में नयी दिल्ली में हुए गुटनिरपेक्ष और अन्य विकासशील देशों के श्रम मंत्रियों के सम्मेलन में एक 'दिल्ली घोषणा' पारित की गयी, जिसमें इस बात पर गहरी चिंता जताई गयी कि ''मरक्कश के बाद के समय में सामाजिक धारा थोपने के नाम पर अंतर्राष्ट्रीय व्यापार के साथ श्रम मानकों को जोड़ने की एक जोरदार कोशिश चालू है।''

मजे की बात यह है कि सरकारी हलकों में या सरमायेदारों का विरोध न के बराबर था, लेकिन अपने कौमी सरमायेदारों के पक्ष में सबसे बुलंद आवाज उठायी ट्रेड यूनियनों ने। यह एक नायाब नजारा था। जो मजदूर हुकूक के सबसे ज्यादा हामी थे, वे ही सबसे तीखे स्वर में यह एलान कर रहे थे कि श्रम मानकों का सवाल 'हमारा अंदरूनी मामला है'। तमाम ट्रेड यूनियनों ने सरकार को खुल कर अपना समर्थन दिया। मिसाल के तौर पर मार्क्सवादी कम्युनिस्ट

पार्टी के मुखपत्र ने एलान किया कि—"हालाँकि आम तौर पर अन्य सभी नीति संबंधी मामलों में, सरकारी नीतियों के मद्देनजर, यूनियनों और सरकार में ठनी रहती है, सामाजिक धारा का मामला एक ऐसा मसला है जिस पर न सिर्फ ट्रेड यूनियनों और मालिकों में इस पर सहमति है, बल्कि इस अमेरिकी पहल के खिलाफ सरकार का समर्थन करने को लेकर भी एक राय बनी है।"

केंद्रीय ट्रेड यूनियनों ने तो श्रममंत्रियों के सम्मेलन को अपना बेहिचक समर्थन भी दे मारा। साफ जाहिर था कि उनका यह रवैया महज कौशलगत नहीं था। वरना वे कहीं न कहीं तो सरकार और मालिकों पर बने इस दबाव का इस्तेमाल अपनी माँगों पर सौदेबाजी के लिए करते। उस सूरत में वे इस तरह बिना शर्त अपना समर्थन देने के बजाय कुछ शर्तें तो सामने रखते। आखिरकार जिस सरकार या राज्य को पिछले करीब पाँच दशकों में अपने मजदूरों की हालत पर गौर करने का वक्त ही नहीं मिला उसको यह समर्थन क्यों? यहीं राष्ट्रवादी सोच का असर सबसे खतरनाक मोड़ लेता दिखायी देता है। मार्क्सवादियों की निगाह में भी जो बात अहम बन कर सामने आयी, वह थी कि साम्राज्यवाद 'राष्ट्र' को ब्लैकमेल कर रहा है। लिहाजा 'मजदूर वर्ग' को साम्राज्यवाद विरोध की अपनी ऐतिहासिक भूमिका पर खरा उतरना है। यहाँ यह भी नोट करने लायक बात है कि खुद सरमायेदार तबके जब विश्वायन की अपार संभावनाओं का हिसाब लगा रहे थे तब वामपंथी अर्थशास्त्री ही थे जो उन्हें समझाने की कोशिश कर रहे थे कि वास्तव में वे अपने वर्गहित नहीं समझ रहे हैं। ये अर्थशास्त्री सरमायेदारों को उनका वर्गहित समझा रहे थे।

बेशक, आवाजों की इस भीड़ में कुछ विरोध के स्वर भी उठे। मिसाल के तौर पर राजस्थान किसान संगठन की श्रीलता स्वामीनाथन ने इस धारा की पुरजोर वकालत करते हुए कहा कि यह सिर्फ दो किस्म के शोषकों की आपसी लड़ाई है जिसका फायदा उठाया जाना चाहिए। उनका तर्क तो यह था कि मजदूरों को इस बात के लिए लड़ना चाहिए कि व्यापार समझौतों के साथ सामाजिक धारा जोड़ी जाय और इसमें और माँगें भी शामिल की जाएँ। वर्कर्स सालिडेरिटी सेंटर की सुजाता गोटोस्कर ने राष्ट्रीय आंदोलन के नेतृत्व के मजदूर विरोधी रवैये की याद दिलायी। इस संदर्भ में यह भी याद कर लेना चाहिए कि इस मुल्क में पहले श्रम कानून भी किसी आंदोलन के दबाव में नहीं, बल्कि ब्रिटेन के कपड़ा उद्योग के रहनुमाओं के दबाव में आकर बने थे जिन्हें हिंदुस्तान के उभरते हुए टेक्सटाइल उद्योग से खतरा महसूस हो रहा था। बहरहाल बहस पर लौटा जाय। मछुआरों के संगठनों के फादर टाम कोचेरी ने भी खुल कर अपने संशय सामने रखे। बाद में जरूर उन्होंने इस धारा का विरोध

करना शुरू किया।

कुछ गैर-सरकारी संगठन तो बिल्कुल दूसरे छोर पर जा खड़े हुए। इनमें कुछ ने, जैसे बचपन बचाओ आंदोलन, तो बड़े ही मासूम ढंग से इसका इस्तेमाल करना शुरू किया कि गोया वह सारे सत्ता के खेलों से परे हो। अब जरा दूसरी ओर की तस्वीर देखें। पहली दुनिया के मजदूर संगठन भी कुछ दूसरे ही कारणों से अपनी-अपनी सरकारों के पीछे लामबंद हो रहे थे। कहने को उनके इस रवैये के पीछे मजदूरों के हित ही थे। मगर किन मजदूरों के? जाहिर है अपने मजदूरों के। 'नाफ्टा' पर हुए विवाद के दरमियान अमेरिकी यूनियनों का यह डर खुल कर सामने आया था कि अगर मुक्त व्यापार का यह निजाम बन जाता है तो फिर अमेरिकी पूँजी सस्ते श्रम की तलाश में सरहद के उस पार जाने लगेगी।

मैक्सिको के कम मजदूरी वाले इलाकों में पूँजी के पलायन से देश के भीतर बेरोजगारी की हालत और बिगड़ जायेगी। ऊपर से देखने में बेशक यह लगे कि इस तरह समूची पहली दुनिया एक स्वर में बोल रही थी पर हकीकत इससे जुदा है। मिसाल के तौर पर विश्व बैंक ने इस पर एक अलग ही रुख अपनाया। १९९५ की *वर्ल्ड डिवेलपमेंड रिपोर्ट* का शीर्षक बहुत सोच-समझ कर ही शायद *वर्कर्स इन एन इंटीग्रेटिंग वर्ल्ड* रखा गया था। इस रपट में उसने विश्व अर्थव्यवस्था में आ रहे 'क्रांतिकारी बदलावों' की बात करते हुए आगाह किया कि प्रौद्योगिकी में बदलावों की तेज रफ्तार के चलते 'नौकरियाँ, वेतन और बुजुर्गों के लिए सामाजिक इमदाद' के लिए खतरे पैदा होंगे। दूसरे शब्दों में कहा जाय तो ये बदलाव इसी बैंक के द्वारा थोपे जा रहे ढाँचागत कार्यक्रमों के फलस्वरूप सामने आ रहे हैं और जिन्हें दुरुस्त करने का दावा सामाजिक धारा के माध्यम से किया जा रहा है—हालाँकि यह उसका एलानिया मकसद नहीं है। मगर विश्व बैंक इस धारा के खिलाफ है।

उसका मानना है कि ''बहुपक्षीय व्यापार समझौतों को सिर्फ सीधे तौर पर व्यापार से जुड़े मुद्दों तक ही सीमित रखा जाना चाहिए ताकि संरक्षणवादी ताकतें इसका दुरुपयोग करके व्यापार कम न कर दें, जिसकी कम आय वाले देशों के मजदूरों को अपनी आय बढ़ाने के लिए जरूरत है।'' इसलिए उसके पास इसका इलाज थोड़ा अलग है। उसकी राय में एकमात्र आजाद ट्रेड यूनियनवाद की संस्थागत रूप से गारंटी कर के ही यह मसला सुलझाया जा सकता है। उस स्थिति में मजदूर मालिकों से खुद सौदेबाजी करके अपनी तनख्वाहें बढ़वा सकते हैं। **द इकॉनॉमिस्ट** नामक दाएँ बाजू के रिसाले ने भी बैंक की इस लाइन का समर्थन किया। अगर हम तमाम रवैयों को गौर से देखें तो पायेंगे कि

इनकी पाँच किस्में उभरती हैं :

१. पश्चिमी ताकतों का ग्लोबलाइज़ेशन समर्थक, सोशल क्लाज समर्थक रवैया।

२. हिंदुस्तानी ट्रेड यूनियनों का ग्लोबलाइज़ेशन विरोधी, सोशल क्लाज विरोधी रवैया।

३. हिन्दुस्तानी सरमायेदारों और सरकार का ग्लोबलाइज़ेशन समर्थक, मगर सोशल क्लाज विरोधी रवैया। गौर करें कि विश्व बैंक का रवैया भी इसी श्रेणी में शामिल है।

४. हिंदुस्तान के असंगठित मजदूरों के कुछ नुमाइंदों द्वारा रखा गया ग्लोबलाइज़ेशन विरोधी, मगर सोशल क्लाज समर्थक रवैया। ये दरअसल सोशल क्लाज समर्थक तो नहीं, बल्कि उसका कौशलगत इस्तेमाल करने वाला रवैया है। यहाँ भी गौर करें कि इस कोटि में पश्चिमी ट्रेड यूनियनों का रवैया भी शामिल है। वे विश्वायन के खिलाफ भी हैं और इस धारा के समर्थक भी।

५. और अंत में उन गैर-सरकारी संगठनों का रवैया जो सोशल क्लाज का खुल कर समर्थन करते हैं मगर विश्वायन के बारे में जिनकी राय साफ रखी नहीं गयी है।

दिलचस्प बात यह है कि ट्रेड यूनियनों ने धड़ल्ले से राष्ट्रवादी रुख अपनाया है। और क्यों न हो? आखिरकार संगठित क्षेत्र में, खासकर पब्लिक सेक्टर में उन मुद्दों के कोई मायने नहीं बनते जो इस धारा के दायरे में आते हैं। अंतर्राष्ट्रीय श्रम मानकों में जो मुद्दे शामिल किये गये हैं उनमें बाल मजदूरी, बँधुआ मज़दूरी, न्यूनतम वेतन आदि सवाल शामिल हैं जिनसे असंगठित क्षेत्र में काम कर रहे लोग जूझ रहे हैं। ये सवाल यहाँ अहम सवाल बन कर सामने आते हैं। जहाँ पिछले पाँच दशकों में मजदूरों को सुरक्षित करने के लिए कोई कदम नहीं उठाए गये हैं, वहाँ इस धारा के साथ रिश्ता ज्यादा पेचीदा है। वहाँ 'राष्ट्र' से लगाव-जुड़ाव उतना ही कम है। हद से हद अस्पष्ट है।

इस बहस की पूरी दास्ताँ दरअसल राष्ट्रीय आंदोलन की याद दिलाती है जब दलितों के शीर्ष नेताओं ने भी 'राष्ट्र' के बनते हुए तसव्वुर पर सवालिया निशान लगा दिया था। वह याद दिलाती है इस बात की कि किस तरह राष्ट्रवाद के वर्चस्ववादी तसव्वुर हमेशा इस तरह राष्ट्र गढ़ते हैं जिससे हाशिये पर धकेले गये लोगों के लिए कोई जगह नहीं बचती। और आज जब यह साफ हो रहा है कि वर्चस्ववादी राष्ट्रवाद दरअसल एक सवर्ण हिन्दू राष्ट्रवाद-भर था और जब उसके कौमी-स्टेट की सीवनें उघड़ने लगी हैं तब फिर एक राष्ट्रवादी लामबंदी की बात करना पुनः उस ब्राह्मणवादी वर्चस्व को कायम करने जैसा होगा। कम

से कम ऐसा इस बीच कई दलित कार्यकर्ताओं और बुद्धिजीवियों को लगने लगा है। हाल के कई बयानों से यह बात साफ हो जाती है हालाँकि उनकी तफसील में जाना यहाँ संभव नहीं है। ये भी क्या कोई इत्तफाक है कि नर्मदा बचाओ आंदोलन पर जब भी हमला करना होता है, तब सत्तापक्ष की तरफ से उस पर 'राष्ट्र-विरोधी' होने का इल्जाम ही लगाया जाता है। यह भी कोई अचरज की बात नहीं कि अक्सर ऐसे आंदोलनों को मजबूरन 'बाहरी ताकतों' की मदद लेनी पड़ती है। और वही एक समर्थन है जो मिल जाया करता है। बाज वक्त वर्ल्ड बैंक तो इन दबावों में आया है मगर खुद मुल्क के अंदर उसे कभी किसी तरह से कोई समर्थन नहीं मिला—कुछ स्वतंत्र बुद्धिजीवियों और संगठनों को छोड़ कर।

इस बहस से कम से कम यह तो पता लगता है कि आज के दौर में रेडिकल सियासत को किसी एक रवैये में बाँध कर रखना मुश्किल है। कथित साम्राज्यवाद विरोध उसकी एकमात्र कसौटी नहीं हो सकती। साथ ही यह बहस यह भी दिखाती है कि कौमी-राज्य को साम्राज्यवाद विरोध की एकमात्र जमीन बनाने की मंशा कितनी खतरनाक हो सकती है। ऐसा नहीं कि जो लोग इस बहस में सामाजिक धारा को एक मौके की तरह इस्तेमाल करने की पैरवी कर रहे थे, वे किसी मायने में औरों से कम साम्राज्यावद विरोधी हैं, मगर उनका साम्राज्यवाद विरोध कौमी-राज्य की राह से होकर नहीं गुजरता। आज इस बात को समझने की जरूरत है।

टिप्पणियाँ

१. मैं बांग्ला की तर्ज पर मैं ग्लोबलाइज़ेशन के लिए 'विश्वायन' शब्द का इस्तेमाल करना पसंद करता हूँ। इस गुस्ताखी की वजह आजकल हिंदी में चालू उस प्रवृत्ति से बचने की मंशा है जिसे हमारे माननीय प्रधानमंत्री के नाम पर 'अटल दोष' कहा जा सकता है। जिन पाठकों को याद न हो, उनकी याद ताजा करने के लिए जिक्र कर दें कि ६ दिसंबर २००० को उन्होंने अपने खास अंदाज में बाबरी मसजिद ध्वंस को 'राष्ट्रीय भावनाओं का प्रकटीकरण' बताया था। 'इजहार' और 'अभिव्यक्ति' जैसे सहज शब्दों के होते हुए 'प्रकटीकरण' का इस्तेमाल एक खास किस्म का दोष ही माना जा सकता है जो हिंदी के एक अनुवाद की जबान-भर बन कर रह जाने का द्योतक है। हम किसी भी बात को बिना अंग्रेजी के संदर्भ के कहें, यही कोशिश इस चयन के पीछे छिपी है। 'पलायन' 'उत्तरायन' 'गायन' आदि की तर्ज पर विश्वायन इसीलिए बेहतर लगता है। खैर यह एक व्यक्तिगत पसंद है और इसे उसी रूप में लेना चाहिए।

२. यहाँ मेरा इशारा मूलत परम्परागत वामपंथ से है। इसमें कोई शक नहीं कि कई छोटे

मार्क्सवादी-लेनिनवादी समूहों ने इन सवालों के प्रति ज्यादा खुलापन दिखाया है। मगर यहाँ भी खुलापन कार्यनीतिक था, सैद्धांतिक समझदारी में तब्दीली का नतीजा हरगिज नहीं था।

३. हिंदुस्तान की दार्शनिक परंपराओं में 'अन्यथा' के दोनों अर्थ मिलते हैं—'किसी अन्य जगह पर' और 'किसी अन्य समय में'। यहाँ इसे इन दोनों अर्थों में समझना चाहिए।

भूमंडलीकरण बनाम नारी मुक्ति

जिन-जिन देशों की अर्थव्यवस्था पर पूँजी के चंचल चरित्र के कारण भूमंडलीकरण के दुष्प्रभाव पड़े, उन देशों को पर्यटन और मनोरंजन उद्योग के नाम पर स्त्रियों के निर्यात के लिए प्रोत्साहित किया गया। अमीर देशों में घरेलू काम के लिए और यूरोप के चकलाघरों के लिए करोड़ों स्त्रियों को अपराधी गिरोहों के जरिये सीमा पार भेजा गया। इस व्यापार में भूमंडलीकृत राष्ट्रों की छिपी और खुली सहमति शमिल थी। अजनबी धरती पर अपना श्रम और देह बेच कर इन औरतों ने बड़े पैमाने पर विदेशी मुद्रा भेजी जिससे अर्थतंत्रों ने विदेशी कर्जा चुकाया और भूमंडलीकरण की होड़ जारी रखी। भूमंडलीकरण ने औरत की देह, उसके श्रम, उसकी छवि, उसके सौंदर्य और कमनीयता का अतीत के किसी भी काल के मुकाबले सर्वाधिक दोहन किया। भूमंडलीकरण ने पितृसत्ता के कुछ नये रूप रचे। उसने परंपरा और धर्म के अलावा आर्थिक आधुनिकीकरण और वैकासिक आग्रहों को भी नयी पितृसत्ता का जनक बना दिया, जबकि कभी इन दोनों को औरत की आजादी का संभावित जरिया माना जाता था। इस तरह भूमंडलीकरण के तहत पितृसत्ता और मजबूत हो गयी।

पितृसत्ता के नये रूप

अभय कुमार दुबे

I

डालरों और पाउंडों में बिकती औरत

नब्बे का दशक शुरू होने से ठीक पहले नारीवादी सिंथिया एनलो ने भूमंडलीकरण के समर्थकों से पूछा था कि तुम्हारी व्यवस्था में 'औरतें कहाँ हैं?'[१] अंतर्राष्ट्रीय वित्तीय पूँजी के अलमबरदारों ने इस छोटे-से सवाल का लंबा जवाब दिया। उन्होंने तरह-तरह से कहा कि औरतें राजनीति में हैं और स्त्री-समर्थक राजनेताओं को वोट देने की तैयारी कर रही हैं। इसके अलावा वे निर्यात संवर्धन क्षेत्रों में लगी फैक्टरियों में बड़े पैमाने पर नौकरी कर रही हैं। नयी विश्व अर्थव्यवस्था ने उन्हें सबसे ज्यादा रोजगार दिया है। साथ ही वे फिल्मों में, मॉडलिंग में, टीवी सीरियलों में, पॉप संगीत में, विज्ञापनों में और

सौंदर्य प्रतियोगिताओं में छायी हुई हैं। वे धीरे-धीरे शासन में ऊँचे पदों पर पहुँचती जा रही हैं और बहुराष्ट्रीय निगमों के बीच उनकी प्रबंधन-क्षमता का इस्तेमाल करने की होड़ मची हुई है।

इस जवाब का सारतत्त्व यह था कि भूमंडलीकरण ने औरत को 'पावर वूमेन' बना दिया है। यह सब करने के लिए उसे किसी नारीवादी गोलबंदी अथवा सिद्धांतशास्त्र की जरूरत भी नहीं पड़ी। केवल बाजार, पूँजी और संचार-क्रांति की ताकत के दम पर औरत की दुनिया बदल गयी है। भूमंडलीकरण ने दावा किया कि अब पहले से कहीं ज्यादा औरतें अपने लैंगिक हित को ध्यान में रखकर वोट डालती हैं और राजनीति में सीधी भागीदारी करती हैं। अब पहले से कहीं ज्यादा औरतों के पास अपनी निजी आमदनी का स्रोत है और वे आर्थिक रूप से आत्मनिर्भर हैं। सौंदर्य-उद्योग और पॉप संस्कृति के जरिये उन्होंने अपनी यौनिकता का दोतरफा इस्तेमाल किया है, अर्थात ख्याति और धन कमाने के साथ-साथ उन्होंने पुरुष को चमत्कृत कर दिया है। अब पहले से कहीं ज्यादा औरतें आर्थिक और प्रशासनिक सत्ता में निर्णयकारी हैसियत प्राप्त करती जा रही हैं। पुरुषों के हाथों का खिलौना बनने के बजाय उनके हाथ में पुरुषों को अपनी मर्जी से चलाने की ताकत आ गयी है।

सिंथिया एनलो द्वारा पूछे गये सवाल के करीब दस वर्ष बाद भूमंडलीकरण को औरतों के 'बैकलैश' के रूप में इस प्रकार चित्रित किया जा रहा है :

> शायद औरतों के लिए इतना अच्छा और मर्दों के लिए इतना बुरा वक्त कभी नहीं आया होगा। आर्थिक आजादी ने औरतों के खयालों को मुक्त उड़ान भरने का मौका दे दिया है। घर के भीतर आजकल अघोषित नियम यह चल रहा है कि तुम्हारा पैसा तो मेरा है ही, पर मेरा पैसा सिर्फ मेरा है। परिवार को चलाने का दम्भ चूर-चूर हो जाने के बावजूद पुरुष को अपनी परंपरागत भूमिका पूरी तरह निभानी ही पड़ रही है। कोई और चारा न होने के कारण वह सिर झुका कर काम में लगा हुआ है। उसे परंपरागत अपेक्षाओं के बंधनों से छुटकारा पाने की कोई गुंजाइश नजर नहीं आ रही है। वे तमाम सुविधाएँ और विशेषाधिकार उससे छिन चुके हैं जिन्हें वह स्वाभाविक रूप से भोगता था। उसकी औरत न केवल संपूर्ण आजादी के साथ आगे निकलती जा रही है, बल्कि उसने अपने सभी दायित्वों को भी त्याग दिया है।[२]

इस कथन में नारी एक ऐसे अस्तित्व की तरह उभरती है जो मुक्त होने के लिए सिर्फ आर्थिक आजादी का इंतजार कर रही थी। तस्वीर कुछ इस तरह पेश की जाती है कि जैसे ही भूमंडलीकरण के तहत श्रम का स्त्रीकरण हुआ, अर्थात श्रमिकों में स्त्रियों की संख्या बढ़ी, वैसे ही नर-नारी संबंधों में परिवर्तन आना शुरू हो गया। एक लोकप्रिय अखबार के पन्नों पर मोटे-मोटे हरुफों में छपा

हुआ यह उद्धरण बाजार के तहत आजाद हो रही नारी की छवि बड़े आक्रामक ढंग से परोसता है। इसी तर्ज पर,, लेकिन अधिक संतुलित ढंग से, 'फोर्ड फाउंडेशन रिपोर्ट' पत्रिका का २००१ का शरदकालीन अंक महिलाओं पर दी गयी विशेष सामग्री के जरिये बताता है कि नयी अर्थनीति और आर्थिक सुधारों के नेतृत्व में नारियाँ चौतरफा प्रगति कर रही हैं। कहीं छोटे और कहीं बड़े कदम उठाते हुए वे विशेष साहस का प्रदर्शन कर रही हैं, इसलिए :

> एक के बाद एक राष्ट्रों में पहले से कहीं ज्यादा लड़कियाँ स्कूल जा रही हैं और अब वे जल्दी ही नाम कटा कर पढ़ाई नहीं छोड़तीं। नागरिक, राजनीतिक और बौद्धिक नेताओं के रूप में महिलाएँ आगे आ रही हैं। ऐसे कानून बनाये जा रहे हैं जिनसे कार्यस्थलों पर औरतों के लिए बेहतर अवसर मुहैया कराने और घरों में स्त्री-विरोधी हिंसा को रोकने की उम्मीद बँधती है।[३]

फोर्ड फाउंडेशन मुक्त बाजार का बहुत पुराना समर्थक है। उसके पास तथ्यों और आँकड़ों का एक लंबा सिलसिला है। वह पश्चिम बंगाल की औरतों द्वारा ग्राम्य परंपराओं का इस्तेमाल करके घरेलू हिंसा रोकने के प्रयोग का जिक्र करता है, वह अमेरिका में महिलाओं द्वारा चलाये गये छोटे-छोटे उद्यमों के जरिये स्वरोजगार में आये उछाल का हवाला देता है, उसकी निगाह में चीनी लड़कियाँ सुंदर भविष्य में लंबी छलाँग लगा चुकी हैं, इंडोनेशिया में इस्लामिक धर्मशास्त्रों की शिक्षाएँ औरतों की हैसियत सुधारने में मददगार साबित हो रही हैं, पेरू की औरतें अदालतों, समाचार माध्यमों और सड़कों पर अपने हकों के लिए आंदोलनरत हैं। फाउंडेशन का दावा है कि सारी दुनिया में विधायिकाओं में औरतों की संख्या बढ़ रही है।

इस प्रकार बाजार के प्रवक्ताओं ने लगभग घोषित ही कर दिया है कि अब औरत के आजाद होने में देर नहीं है। जो थोड़ी-बहुत बाधाएँ शेष हैं, वे अगले कुछ दिनों में दूर कर ली जाएँगी। लेकिन, महिला सशक्तीकरण के इस भूमंडलीकृत अभियान का एक दूसरा पहलू भी है जो कहीं अधिक सटीक और विश्वसनीय ढंग से साबित करता है कि भूमंडलीकरण ने औरतों को अतीत की किसी भी कालावधि के मुकाबले अधिक निर्ममता और संपूर्णता से एक बिकाऊ जिंस में बदल दिया है। यहाँ औरत का बिकाऊ माल में बदलना केवल सौंदर्य उद्योग के संदर्भ में या आमतौर पर बाजार की आलोचना के एक पुराने मुहावरे के तौर पर नहीं बताया जा रहा है। दास-प्रथा के दिनों से भी ज्यादा और सामंतवादी युग की व्यापकता को भी पीछे छोड़ते हुए भूमंडलीकरण के पिछले दस वर्षों यानी नब्बे के दशक में दुनिया के पैमाने पर औरतों के निर्यात के जरिये अरबों-खरबों डालर की रकम कमायी गयी है। औरतों के निर्यातक देशों की प्रति व्यक्ति आय के मुकाबले औरतों के आयातक देशों में प्रति

व्यक्ति आमदनी तकरीबन दुगनी है। ये गरीब देश वही हैं जिन्होंने अंतर्राष्ट्रीय मुद्रा कोष और विश्व बैंक की सलाह पर ढाँचागत समायोजन कार्यक्रमों को अपनाया था। ये वही देश हैं जिन्होंने विदेशी पूँजी के आने-जाने पर लगी परंपरागत बंदिशों को क्रमशः हटा लिया है। ये भूमंडलीकरण की होड़ में कूदने वाले देश हैं, लेकिन इस चक्कर में वे कर्ज के बोझ तले दब गये हैं। उन्हें कृषि और उद्योग के क्षेत्रों से कर्ज उतारने के लिए आवश्यक विदेशी मुद्रा नहीं मिल पा रही है, इसलिए वे औरतों का निर्यात करके डालर और पाउंड हासिल करने में लगे हैं। औरतों के इस आयात-निर्यात को भूमंडलीकरण का प्रति-भूगोल बताते हुए सास्किया सासेन ने पर्दे के पीछे होने वाले देह-व्यापार का इस प्रकार वर्णन किया है :

> सीमाओं के भीतर और उनके आर-पार होने वाली इस तिजारत में श्रम तथा अन्य सेवाओं के लिए औरतों की जबरिया भर्ती की जाती है। इसके लिए अपनाये जाने वाले नाना प्रकार के तरीकों में जोर-दबाव का सहारा लिया जाता है। यह व्यापार औरतों के मानवीय, राजनीतिक और नागरिक अधिकारों का हनन करके संपन्न होता है। यह तिजारत मुख्यतः वेश्यावृत्ति, श्रम बाजार और अवैध आव्रजन के लिए की जाती है। ... यौन उद्योग के लिए औरतों की तिजारत इस व्यापार के कर्ताधर्ताओं के लिए भारी मुनाफे का स्रोत है। संयुक्त राष्ट्र का अनुमान है कि १९९८ में चालीस लाख औरतों का निर्यात हुआ जिससे अपराधी गिरोहों ने सात अरब डालर का लाभ कमाया। इस रकम में वेश्याओं द्वारा भेजी जाने वाली रकमें और इस व्यापार के आयोजकों और व्यवस्थापकों को किया गया भुगतान भी शमिल है। पिछले कुछ वर्षों से जापान का यौन उद्योग लगभग ४.२ खरब येन प्रति वर्ष कमा रहा है। पोलैंड में पुलिस का अनुमान है कि एक पोलिश औरत का निर्यात करने पर निर्यातकर्ता को सात सौ अमेरिकी डालर मिलते हैं। आस्ट्रेलिया में संघीय पुलिस का अंदाजा है कि दो सौ औरतों के निर्यात से नौ लाख ऑस्ट्रेलियाई डालर प्रति सप्ताह की आमदनी होती है। यौन बाजार में उक्रेन और रूस की औरतों की कीमत बहुत ज्यादा है। उनकी तस्करी करके अपराधी गिरोह प्रति औरत पाँच सौ से एक हजार डालर कमा लेते हैं। इन औरतों से अपेक्षा की जाती है कि वे एक दिन में १५ ग्राहकों को संतुष्ट करके अपने गिरोह के लिए २,१५,०० डालर प्रति माह कमाएँगी।[४]

सास्किया का दावा है कि यौन व्यापार का यह परिदृश्य सीधे-सीधे भूमंडलीकरण से जुड़ा है। नयी अर्थनीति में विदेशी मुद्रा कमाने के मामले में पर्यटन और मनोरंजन उद्योग का बहुत बड़ा स्थान है। विभिन्न शहरों, क्षेत्रों और देशों के लिए दोनों उद्योग वैकासिक रणनीति में प्रमुख स्थान रखते हैं। ज्यादा गरीबी और बेरोजगारी वाले इलाकों में यौन उद्योग सरकारों की मिलीभगत से विकास का जरिया बन गया है। जैसे ही कारखाना उत्पादन और कृषि के क्षेत्र

ठप्प होते हैं वैसे ही सरकारें इस क्षेत्र को आमदनी का जरिया बना लेती हैं। अंतर्राष्ट्रीय मुद्रा कोष और विश्व बैंक की मान्यता है कि गरीब देशों को पर्यटन और मनोरंजन उद्योग पर ध्यान केंद्रित करना चाहिए। कौन नहीं जानता कि 'सेक्स-टूरिज्म' कई एशियाई देशों के लिए आमदनी का प्रमुख स्रोत है!

विदेशों में काम कर रही औरतें, चाहे वे यौन उद्योग में हों या घरों में नौकरी करती हों, भूमंडलीकरण के इस युग में सरकारों की विदेशी मुद्रा जरूरतें पूरा करने में मुख्य भूमिका निभाती हैं। फिलीपींस औरतों के निर्यात के मामले में सबसे आगे है। उसके लिए इससे होनें वाली आय विदेशी मुद्रा का तीसरा सबसे बड़ा स्रोत है।

बांग्लादेश मध्य-पूर्व, जापान और यूरोपीय देशों में अपनी औरतें भेजता है और उसके विदेशी मुद्रा भंडार का तीसरा हिस्सा इसी माध्यम से प्राप्त होता है। फिलीपींस ने अपनी नर्सों और घरेलू नौकरानियों के निर्यात का कार्यक्रम आधिकारिक रूप से चला रखा है। पिछले कई सालों से फिलीपीनी औरतें एक अरब डालर प्रति वर्ष स्वदेश भेजती हैं। यह सरकार विदेशियों को ठेके पर सीमित अवधि के लिए तैयारशुदा वधुओं की आपूर्ति का धंधा भी करती है। फिलीपीनी औरतें अमेरिका और जापान के अमीरों के घरों में रेडीमेड वधुएँ बन कर जाती हैं और यौन-दासत्व में अपना समय गुजारती हैं। ध्यान रहे कि फिलीपीन को अमेरिका प्रशांत महासागरीय क्षेत्र में मुक्त बाजार प्रणाली का शो-केस मानता रहा है। सरकारी प्रश्रय में ही मनोरंजन करने वाली औरतों के रूप में गायिकाओं और नर्तकियों का निर्यात होता है जो इस विशेष संदर्भ में वेश्यावृत्ति के ही दूसरे रूप हैं।

खास बात यह है कि एशियाई और अन्य गरीब देशों ने औरतों का निर्यात करने की वैकासिक रणनीति नब्बे के दशक में आये आर्थिक संकटों के बाद अपनायी है। पूँजी के मुक्त प्रवाह के कारण संकट में फँसी अर्थव्यवस्थाओं के लिए जरूरी हो गया कि वे कर्ज के बोझ से उबरने के लिए किसी न किसी प्रकार विदेशी मुद्रा के वैकल्पिक स्रोतों की तलाश करें। अस्सी के दशक से ही विकासशील विश्व को विदेशी कर्ज की समस्या ने परेशान करना शुरू कर दिया था। इस विषय पर पर्याप्त अनुसंधान हो चुका है कि विदेशी कर्जे से पैदा होने वाली परेशानियों का सबसे बड़ा दुष्प्रभाव महिलाओं और बच्चों को झेलना पड़ता है। अंतर्राष्ट्रीय वित्तीय संस्थाएँ इन सरकारों से एक खास तरह की किफायतशारी की माँग करती हैं जिससे बेरोजगारी बढ़ती है, घटती हुई आमदनी की समस्या पैदा होती है और समाज कल्याण की योजनाओं में भारी कटौती करनी पड़ती है। ये हालात रोजगार के अनौपचारिक क्षेत्र, आव्रजन और

वेश्यावृत्ति को प्रोत्साहित करते हैं, क्योंकि इनके बिना दो जून की रोटी का जुगाड़ करना मुश्किल हो जाता है। आर्थिक अवसरों के घटने से व्यक्ति, उद्यम, सरकार और अपराधी गिरोह आमदनी के अवैध और अनैतिक रास्ते अपनाने को मजबूर हो जाते हैं। नब्बे के दशक में कर्जदार देशों की कतार में कई नये सदस्य शमिल हुए। १९९२ तक गरीब देशों का कर्ज १.४ खरब डालर हो चुका था। उन्हें कर्ज की किस्तें और ब्याज चुकाने में मूल धन से भी ज्यादा १.६ खरब डालर का भुगतान करना पड़ रहा था। इसके बाद पूँजी के मुक्त प्रवाह और उड़न-छू पूँजी की कारिस्तानियों के कारण दक्षिण-पूर्व एशिया के देश गहन मुद्रा संकट के शिकार हो गये। एक तरह से उनके अर्थतंत्रों का दिवाला निकल गया।[५] इसलिए उन्हें अपनी औरतें निर्यात करके सेक्स-टूरिज्म को प्रोत्साहित करके और वधुओं का निर्यात करके विदेशी मुद्रा कमाने का सिलसिला शुरू करना पड़ा जो आज तक जारी है। भूमंडलीकरण के नारियों पर पड़ने वाले प्रभाव का अध्ययन करने वाली जान जिंजी पेटमेन का निष्कर्ष है :

> देहाती इलाकों से कस्बों और शहरों में आने वाली औरतें और लड़कियाँ, निर्यात संवर्धन क्षेत्रों अथवा फौजी अड्डों के आस-पास विकसित सेवा क्षेत्रों में कार्यरत महिलाएँ और काम की तलाश में राज्यों की सीमाएँ पार करती औरतें कई बार अपने परिवार की अकेली कमाने वाली होती हैं। इससे नर-नारी संबंध अस्थिर हो जाते हैं और महिलाओं को तरह-तरह के अनुभव होते हैं जिनमें मुक्तिकारक एहसास से लेकर हर दर्जे के शोषण और बेहद खतरनाक परिस्थितियों का सामना करना भी शमिल है।[६]

पेटमेन का कहना है कि किसी जमाने में विदेश जा कर नौकरी करने वाले अधिकांश श्रमिक पुरुष होते थे, लेकिन भूमंडलीकरण के कारण उनमें अब महिलाओं की एक बड़ी संख्या शमिल हो गयी है। इटली में ९५ फीसदी आव्रजक श्रमिक फिलीपीन की औरतें हैं। इनमें से ज्यादातर घरेलू कामकाज और बच्चों की देखभाल करती हैं। श्रीलंका भी अपनी औरतों के निर्यात में लगा है। मध्य अमेरिकी देश अपनी लड़कियाँ अमेरिका भेजते हैं। खाड़ी युद्ध के समय पता चला था कि कुवैत में करीब १७ लाख दक्षिण एशियाई और दक्षिण-पूर्व एशियाई औरतें काम कर रही हैं।

औरतों के इस व्यापार से बड़े व्यापारियों, भर्ती एजेंसियों, बैंकों और एअरलाइनों को जोरदार मुनाफा मिल रहा है। निर्यात करने वाले देश जम कर विदेशी मुद्रा कमा रहे हैं ताकि कर्ज के दबाव से राहत पा सकें और घरेलू मोर्चे पर बेरोजगारी की समस्या थोड़ी-बहुत हल हो सके। औरतों का व्यापार भूमंडलीकरण के तहत दुनिया-भर में शक्ति और समृद्धि का अनुपात भी बताता है। १९९२ में औरतों के निर्यातक देशों की औसत वार्षिक आय ६८० डालर

थी, जबकि आयातक देशों की १०,३७६ डालर। भूमंडलीकरण के इस नतीजे ने एशियाई देशों की औरतों की वही औपनिवेशिक छवि पुष्ट की है जिसके तहत उन्हें रहस्यमय और यौन-क्रिया के लिए उपलब्ध समझा जाता है। यह एक तथ्य है कि डालरों और पाउंडों में बिकती औरत का यह किस्सा मीडिया में सबसे कम चर्चित है। इस पर सबसे कम अनुसंधान हुआ है। इसमें पूँजी के विभिन्न एजेंटों से लेकर राज्य की संस्था, अपराधियों के गिरोह और अंतर्राष्ट्रीय वित्तीय संस्थाओं की मौन सहमति तक भागीदार है। यह एक ऐसी आर्थिक कार्रवाई है जिसका विरोध न के बराबर दिखता है। औरत का ऐसा जघन्य अपमान और इस कदर भीषण शोषण किसी भी युग में नहीं हुआ। इससे पहले अनगिनत बार औरत व्यभिचार की शिकार हुई, उसे मात्र एक कोख में सीमित किया गया, वह पुरुष का वंश चलाने के लिए अभिशप्त रही, उसके श्रम का मूल्य उसे नहीं मिला, उसके ऊपर भयानक और सतत हिंसा हुई, उसके यौनांगों को विकृत करके और तरह-तरह के नियम बना कर उसकी यौनिकता को काबू में करने की कोशिशें की गयीं, उसे मताधिकार भी सबके बाद मिला, कार्यस्थल पर उसका यौन-शोषण हुआ, लेकिन ऐसा कभी नहीं हुआ कि अंतर्राष्ट्रीय स्तर पर बड़े और छोटे देशों ने अपने-अपने स्वार्थ में करोड़ों औरतों को आयात-निर्यात की मंडी में बेचा-खरीदा हो। दास-प्रथा में औरत के साथ मर्द भी दास की तरह बिकता था, लेकिन भूमंडलीकरण के इस दौर में औरत को मर्द के बिकाऊपन से अलग करके विशेष रूप से बेचा जा रहा है। वह केवल अपने या अपने परिवार के लिए गुलामी नहीं कर रही है वरन् पूरे अर्थतंत्र के लिए गुलामी कर रही है। वह प्रवासी मजदूर है। नाचने, गाने और मनोरंजन के नाम पर उसका यौन-दुरुपयोग होता है। वधू बनाने के नाम पर वह यौन-दास है या सीधे-सीधे कॉलगर्ल के पेशें में लगी है या चकलाघरों में है। और, ये सभी भूमिकाएँ उसे विदेशी जमीन पर अजनबी आबो-हवा में पूरी तरह अरक्षित होकर निभानी पड़ रही हैं।

इस घोर अनैतिक आयात-निर्यात ने दुनिया-भर की गरीब औरतों पर क्रूरतम हिंसा का कहर बरपा किया है। यूरोप में हर वर्ष गला घोंट कर मार दी गयीं, पीट-पीट कर मार डाली गयीं अथवा गोली से उड़ा दी गयीं सैकड़ों औरतों की लाशें बरामद होती हैं। दूसरी नस्लों और दूसरे देशों की इन औरतों ने किसी न किसी प्रकार खुद को वेश्यावृत्ति में धकेले जाने का विरोध किया होता है। यूरोपीय पुलिस संगठन 'यूरोपोल' का दावा है कि ऐसी ही न जाने कितनी लाशें सफाई से ठिकाने लगा दी जाती हैं जिससे उनकी गिनती नहीं हो पाती। पूर्वी और मध्य यूरोप से जवान लड़कियों की तस्करी करने वाले गिरोह

बेहद निर्मम और अमानवीय तरीके अपनाने के लिए बदनाम हैं। जनवरी, २००० में बल्गारिया से यूनान ले जायी जा रही २२ औरतों को उनके तस्कर एक पर्वतमाला पर छोड़कर भाग गये, क्योंकि उन्हें बर्फीले तूफान का अंदेशा था। जब तक यूनानी सीमा पर तैनात सैनिक उन औरतों को बचाने पहुँचते, दो औरतें ठंड से मर चुकी थीं।

आँकड़ों के लिहाज से यूरोपीय संघ और मध्य यूरोप के समृद्ध देशों में तस्करी के जरिए लायी जाने वाली औरतों की सालाना संख्या करीब तीन लाख मानी जाती है। जरूरी नहीं कि इनमें से हर औरत यौन-व्यापार के लिए ही इस्तेमाल होती हो पर ज्यादातर का हश्र यही होता है। महिलाओं के हकों के लिए संघर्षरत संस्थाओं का दावा है कि यह आँकड़ा वस्तुतः दुगना है। चेक गणराज्य के छः सौ चकलों में विदेशों से लायी गयीं बीस हजार औरतें पेशा कर रही हैं। उक्रेन के गृह मंत्रालय की मान्यता है कि स्वतंत्र देश बनने के बाद से उनकी लगभग चार लाख औरतें यौन-व्यापार के लिए विदेश ले जायी जा चुकी हैं। साम्यवादी राज्य-संरचना के बिखरने के बाद पूर्व से पश्चिम की तरफ चलने वाली यह प्रक्रिया इस तरह चलती है : पहले चरण में रूसी, उक्रेन, मेसोडोनिया और बेलारूस की औरतें मध्य यूरोप में वेश्यावृत्ति के लिए भेजी जाती हैं। फिर दूसरे चरण में इन औरतों को मध्य यूरोप की औरतों के साथ मिला कर पश्चिमी यूरोप भेजा जाता है। यूरोप के चकलों में स्लाव नस्ल की औरतों, फिलीपीनी और थाई औरतों की बहुतायत देखी जा सकती है।

किसी भी २२-२३ वर्ष से कम की गरीब औरत को घरेलू कामकाज या होटल में वेटर की नौकरी दिलवाने का झाँसा देकर फँसाया जाता है। फिर उसकी गैर-कानूनी यात्रा शुरू होती है और किसी मुकाम पर अचानक उसका पासपोर्ट तथा अन्य कागजात चोरी हो जाते हैं। फिर उस मजबूर, अकेली और अरक्षित लड़की को कोई चकला मालिक कुछ हजार डालर में मवेशी की तरह खरीद लेता है। विरोध करने पर उसकी जम कर पिटाई होती है और बार-बार बलात्कार होता है। इसके बाद शुरू होती है उसकी यौन-दासता, जिसमें उसे रोज दस से पंद्रह ग्राहकों को निपटाना पड़ता है।

औरतों के इस कारोबार को भूमंडलीकरण की प्रक्रिया से काट कर सिर्फ एक अनैतिक व्यापार के रूप में देखने वाले लोग अक्सर इसे कानून और व्यवस्था की समस्या की तरह चिह्नित करते हैं। लेकिन असली कारण घूम-फिर कर सामने आ ही जाता है, और तब मुक्त व्यापार और भूमंडलीकरण के सबसे मशहूर समर्थक **द इकॉनॉमिस्ट** को भी लिखना पड़ता है :

औरतों की सप्लाई को जारी रखने से जुड़ी व्यापकतर समस्या का सामना किये

बिना किसी नैतिक उपदेश का कोई लाभ नहीं होने वाला है। और, वह समस्या है पूर्वी यूरोप में गरीबी का स्त्रीकरण। साम्यवाद के खात्मे के बाद औरतों के हिस्से में सबसे ज्यादा मुश्किलें आयी हैं। बेरोजगार रूसियों का दो-तिहाई हिस्सा स्त्रियाँ हैं। अपने शराबी अथवा गैर-हाजिर पतियों के कारण पहले से कहीं ज्यादा औरतों को घर चलाने के लिए काम करना पड़ रहा है, लेकिन आर्थिक सुधारों के कारण उन्हें बेरोजगारी का सामना करना पड़ता है।[7]

जब यूरोप के कमोबेश उद्योगीकृत देशों का भूमंडलीकरण की प्रक्रिया ने यह हाल कर दिया है तो एशियाई देशों का क्या हाल होगा, यह अंदाजा लगाना कठिन नहीं है। दरअसल, भूमंडलीकरण की प्रक्रिया में कमजोरों के लिए सिर्फ एक ही जगह है। उसे उत्तरोत्तर हाशिये पर सिमटते चले जाना है और वह मनुष्य से मवेशी में बदल दिये जाने के लिए अभिशप्त है। चूँकि औरत परंपरागत रूप से कमजोर है, इसलिए भूमंडलीकरण का कहर सबसे ज्यादा उसी को झेलना पड़ रहा है।

II

बाजार के दावों की असलियत

सिंथिया एनलो ने १९८९ में अपना विख्यात प्रश्न हवा में उछाला था। उस समय तक दुनिया-भर में बाजार व राज्य के अंतर्संबंध पुनर्परिभाषित करने की प्रक्रिया अपने चरम पर थी। एक आर्थिक एजेंट के रूप में राज्य के सीधे हस्तक्षेप द्वारा परिवर्तन अंजाम देना बौद्धिक फैशन से बाहर होता जा रहा था। रेगनोमिक्स और थैचराइजेशन के प्रभाव से पब्लिक सेक्टर को औने-पौने दामों में निजी हाथों में बेच दिये जाने का सिलसिला चरम पर था। विश्व की अर्थव्यवस्था को संघटित करने की भूमिका बाँधी जा रही थी। सीमाओं के आर-पार पूँजी के उन्मुक्त प्रवाह को संस्थागत आधार देने के लिए नियोक्लासिकल अर्थशास्त्र नये मानकों को गढ़ने में लगा था। माल और सेवाओं का बढ़ता हुआ व्यापार, संचार प्रौद्योगिकी का विकास और श्रम-विनिमय जैसी परिघटनाएँ मिल कर एक नये युग को जन्म देने की तैयारी कर रही थीं।

यह भूमंडलीकरण का युग था। औरत के लिए इस युग की खास बात यह थी कि इसकी आधारभूत विचारधारा में लैंगिक टकराव के लिए कोई प्रावधान नहीं था। बाजार की संरचना लैंगिक तटस्थता के आस-पास बतायी जा रही थी। नारीवादियों की बौद्धिक गति अंतर्राष्ट्रीय संबंधों और आर्थिकविज्ञान के क्षेत्र में न के बराबर थी। यह कहना ठीक होगा कि इन दोनों सर्वाधिक मर्दवादी अनुशासनों में उनका बाकायदा प्रवेश ही नहीं हुआ था। अर्थशास्त्र को 'जेंडर'

की दृष्टि से व्याख्यायित करने की बहस जरूर शुरू हो गयी थी। लेकिन, इस समाज-विज्ञान की मुख्यधारा में नारीवादियों को प्रारंभिक मान्यता भी प्राप्त नहीं हो सकी थी।

जाहिर था कि नब्बे के दशक में जब राज्य ने उद्योग, कृषि, व्यापार और सामाजिक क्षेत्र को एक-एक करके बाजार के हवाले करना शुरू किया तो इस सिलसिले में नारीवाद का कोई बौद्धिक हस्तक्षेप नहीं था। यह स्थिति अतीत के कई दौरों से भिन्न थी। प्रथम विश्व युद्ध के जमाने से ही नारीवादी स्वर स्त्रियों के नागरिक अधिकारों, मानवाधिकारों और मतदान के अधिकार को लेकर मुखर हो गया था। नारीवाद की इस पहली लहर ने समाजवादी क्रांतियों और राष्ट्रीय मुक्ति संग्रामों के पहले दौर में सकारात्मक हस्तक्षेप किया था। सत्तर के दशक में नारीवाद की दूसरी लहर यौनिकता के संदर्भों में उभरी और उसने यथास्थिति के खिलाफ उमड़ रहे विद्रोही स्वर में अपना योगदान दिया। लेकिन, नब्बे के दशक में हुए भूमंडलीकरण के शुरुआती वर्षों के दौरान नारियों के आंदोलन के पास अपना कोई स्थापित सिद्धांतशास्त्र न था जिसकी रोशनी में वे इस नये युग का आकलन कर पातीं। इससे ठीक पहले अस्सी के दशक में यूरोप और अमेरिका में नारीवाद को असफल घोषित करने की चेष्टाएँ हो चुकी थीं। आजादी की बात करने वाली महिलाओं को 'अनाकर्षक, असुंदर और यौन-अक्षम' कह कर खारिज कर दिया गया था। पूरे आंदोलन पर अभिजातवर्गीय होने का बिल्ला चिपका कर दावा किया गया कि आम महिलाओं को इसमें कोई रुचि नहीं है। अर्थात जब भूमंडलीकरण का उद्घोष हुआ तो अमीर देशों में नारीवाद को शक्तिहीन माना जा चुका था और भूमंडलीकरण द्वारा किये गये लैंगिक तटस्थता के दावे का प्रतिकार करने के लिए नारीवाद के पास पर्याप्त बौद्धिक औजार नहीं थे। दस वर्ष तक अपने कारखाने में औरत के श्रम और शरीर से अतिरिक्त मूल्य कमाने के बाद अब भूमंडलीकरण का दावा है कि नर-नारी संबंध या तो बदल गये हैं या बदलने की दहलीज पर खड़े हैं। यानी जो काम नारीवादी आंदोलन की पूरी शताब्दी नहीं कर पायी और जो ऐतिहासिक जिम्मेदारी समाजवादी क्रांति के उथल-पुथल भरे दशक पूरी नहीं कर पाये, वह बाजार ने पिछले दस वर्ष में कर दिखाया है।

प्रश्न यह है कि क्या वास्तव में बाजार परंपरागत नर-नारी संबंधों को बदल सकता है? पूरी तरह न सही, क्या वह उन्हें एक सीमा तक नारी-स्वातंत्र्य की दिशा में प्रभावित कर सकता है? या भूमंडलीकरण के तहत बाजार की चौधराहट नारी की अधीनस्थ छवि को ही दूसरे अर्थों में मजबूत करती है और

नारी-श्रम का अधिकाधिक शोषण करने के लिए उसका इस्तेमाल होता है? क्या बाजार पितृसत्ता की जकड़ को थोड़ा-सा भी ढीला कर पाने में कामयाब हुआ है?

लंबे अरसे से वैकासिक अर्थशास्त्र के प्रवक्ताओं की मान्यता रही है कि बाजार-आधारित अर्थव्यवस्था में काम करने से महिला सशक्तीकरण की गुंजाइशें खुलती हैं। औरत की आमदनी बढ़ती है जिससे परिवार और समाज में उसकी प्रतिष्ठा और गतिशीलता में सुधार होता है। यह सही है कि भूमंडलीकरण के तहत आज बाजार की प्रभुता चरम पर पहुँच चुकी है और महिला-रोजगार में बहुत तेज बढ़ोतरी हुई है। चीन, दक्षिण कोरिया, वियतनाम, भारत, बांग्लादेश, श्रीलंका, मलेशिया और इंडोनेशिया में महिलाओं पर पूँजी के भूमंडलीकरण के कारण पड़े असर का संयुक्त राष्ट्र विश्वविद्यालय स्तर के इंस्टीट्यूट ऑव न्यू टेक्नालॉजीज़ ने अध्ययन करवाया। इस दौरान चीन और दक्षिण कोरिया सर्वाधिक विकास-दर वाले देश रहे हैं। इन सभी देशों की श्रम-शक्ति में महिलाओं की संख्या काफी है। नब्बे के दशक में हुए इस अध्ययन से पहले नर-नारी संबंधों का बाजार के संदर्भ में अध्ययन करने वालों की समझ इस प्रकार थी :

☐ ई. बोसुरप ने सत्तर के दशक में निष्कर्ष निकाला था कि विकास-प्रक्रिया में महिलाओं की आर्थिक भूमिका हर जगह मोटे तौर पर हाशिए पर ही रहती है। नर-नारी संबंध उससे प्रभावित नहीं होते, क्योंकि उनके पीछे आर्थिक हालात के बजाय समाज की परंपराएँ होती हैं।

☐ अस्सी के दशक में मार्क्सवादी नारीवादियों की मान्यता थी कि पूँजी द्वारा श्रम के शोषण का नतीजा उत्पादन-प्रक्रिया में महिलाओं के दरकिनार होते चले जाने और उनकी भूमिका गृहणी के रूप में सीमित होते चले जाने में निकलती है। इन नारीवादियों का विश्लेषण नर-नारी संबंधों को सिर्फ पूँजी और श्रम के संबंधों के अधीन देख रहा था। उनका कहना था कि औरत श्रम करने वालों का उत्पादन करती है और बदले में उसे सिर्फ अपने रख-रखाव का पारिश्रमिक मिलता है। परिवार में पुरुष के समक्ष महिला की अधीनता को इन विश्लेषकों ने सिर्फ पूँजी के श्रम पर आधिपत्य के दायरे में ही देखा। लेकिन, तीसरी दुनिया के देशों में कार्यरत कई मार्क्सवादी-नारीवादी अर्थशास्त्रियों ने पाया कि आर्थिक प्रणाली प्राक्-पूँजीवादी हो, सामंती हो अथवा पूँजीवादी, हर अवधि में वह विषम नर-नारी संबंधों को प्रोत्साहन देती है और ये संबंध उस समाज के पारंपरिक घटक के रूप में पूँजी के प्रभाव से स्वतंत्र होते हैं। यह जरूर है कि बाजार की जरूरतों के लिहाज से पूँजी इन

संबंधों के विभिन्न रूपों को बनाती-बिगाड़ती रहतीं है। इसी प्रक्रिया का नतीजा आधुनिक भूमंडलीकृत उद्योगों द्वारा औरतों को अलग-थलग पड़े सस्ते और आज्ञाकारी श्रम-संसाधन के तौर पर आत्मसात करने में निकलता है। हर समाज में महिलाओं के संघर्ष करने की अलग-अलग क्षमताओं के लिहाज से इन श्रम-संबंधों के रूप निर्धारित होते हैं। मसलन, एक जमाने में अमेरिकी पुरुषों ने अपनी सामाजिक-राजनीतिक सत्ता का इस्तेमाल करके स्त्रियों को कुशल मजदूरों के गिल्डों में प्रवेश नहीं करने दिया। औरतों के लिए सिर्फ कम तनख्वाह वाले अकुशल काम ही रह गये, इसलिए वे घरों के अंदर पुरुषों की अधीनता स्वीकार करने के लिए मजबूर हो गयीं। उन्नीसवीं सदी के आखिरी दौर में ब्रिटिश पुरुषों ने श्रम संबंधी राजनीति कुछ इस ढंग से की कि औरतें कारखाना-श्रम से वंचित हो गयीं। लेकिन, बीसवीं सदी में दो विश्वयुद्धों के बीच महिलाओं ने अधिक संघर्ष-क्षमता का परिचय दिया और सरकारों को मजबूर किया कि वे उन्हें बेहतर काम में लगने का मौका दें।

□ भूमंडलीकरण की प्रक्रिया शुरू होने के बाद हुए अध्ययन भिन्न धरातल पर सोचते नजर आये, क्योंकि परिस्थिति बदलती हुई दिखी। भूमंडलीकृत बाजार की जरूरतों के लिए औरतों को गैर-पारंपरिक औद्योगिक उत्पादन में बड़े पैमाने पर झोंक दिया गया। इससे कुछ विकासशील अर्थतंत्रों का तेज विकास हुआ। इस दौरान औरतों की कार्यदशाएँ बहुत खराब थीं और उनका पारिश्रमिक बहुत कम था, इसलिए अर्थशास्त्रियों ने व्याख्या की कि श्रम-शक्ति के इस स्त्रीकरण से श्रमिकों का उत्पादन में हिस्सा गिर जायेगा। चूँकि यह मुख्यतः आर्थिक व्याख्या थी, इसलिए इसकी आलोचना की गयी कि यह भूमंडलीकरण द्वारा प्रदत्त अवसरों के जरिये औरत के सशक्तीकरण की संभावना पर गौर नहीं करती। दूसरी तरफ पर्यावरणवादी व्याख्याता थीं जिन्होंने भूमंडलीकरण को इसलिए आड़े हाथों लिया कि वह विज्ञान और प्रौद्योगिकी का इस्तेमाल करके निजी मुनाफा बढ़ाने के चक्कर में पारिस्थितिकी का क्षय कर रहा है। अर्थात औरतों को सस्ते श्रम में लगा कर भूमंडलीकरण प्रजनन और लालन-पालन करने की प्रकृति-प्रदत्त नारीसुलभ क्षमताओं को नुकसान पहुँचा सकता है। पर्यावरणवादी व्याख्याओं को अन्य नारीवादी धाराओं ने स्वीकार नहीं किया, क्योंकि उनकी निगाह में यह रवैया औरत को उसके प्रजननकारी जैविक अस्तित्व में सीमित कर देता था और नर-नारी संबंधों में परिवर्तन की संभावनाएँ न के बराबर रह जाती थीं।

भूमंडलीकरण की इन दोनों व्याख्याओं में से कोई भी नर-नारी संबंधों को बदलने की दिशा में नहीं थी। जो व्याख्याता श्रम के स्त्रीकरण से चिंतित थीं,

उनकी निगाह पूँजी और श्रम के बदलते संबंधों पर थी। वे यह मान कर चल रही थीं कि पूँजी लैंगिक भेदभाव करती रहेगी। पर्यावरणवादियों का विचार था कि पारंपरिक काम-काज से महिलाओं को अलग करने वाली हर प्रक्रिया त्याज्य है, क्योंकि वह उस विकास-नीति को प्रोत्साहन देती है जो प्रकृति-विरोधी है। हालाँकि इन व्याख्याओं में हालात के कुछ पहलू अवश्य प्रतिबिंबित होते थे। इस तरह भूमंडलीकरण ने महिलाओं को दो श्रेणियों में बाँट दिया। एक तरफ वे औरतें थीं जो अपनी पारंपरिक जीवन-शैली बचाने के लिए संघर्ष करती नजर आती थीं, और दूसरी तरफ वे लाखों-लाख औरतें थीं जिन्हें प्रौद्योगिकीय परिवर्तन और बाजार की प्रक्रिया ने अपने अधीन कर लिया था।

नारीवादियों ने पहले किस्म की औरतों पर तो ध्यान दिया, लेकिन दूसरे किस्म की महिला श्रमिकों को उनके चिंतन में ज्यादा जगह नहीं मिल पायी। भूमंडलीकरण की नीतियों के तहत महिला श्रमिकों को आव्रजन और कारखानों में काम करने के बावजूद घरेलू काम से थोड़ा भी छुटकारा न मिलने जैसे पहलुओं पर आवश्यक अनुसंधान नहीं किया गया। यही वह समय था जब ट्रेड यूनियनों का ढाँचा टूट रहा था और श्रम-कानूनों को बदलने की तैयारियाँ हो रही थीं। लेकिन, नारीवादी इन आयामों पर विचार नहीं कर रहे थे।

स्थिति यह थी कि समाज और उसकी विभिन्न संस्थाओं में मौजूद लैंगिक अधीनस्थता का लाभ उठा कर भूमंडलीकरण औरतों के श्रम और देह पर निजी नियंत्रण को सार्वजनिक नियंत्रण में बदल रहा था। पश्चिमी समाजों और पोर्नोग्राफी के संदर्भ में आंद्रिया द्वारकिन द्वारा किये गये विश्लेषण की रोशनी में देखने पर पता चलता था कि बाजार ने किस तरह से औरत को 'प्राइवेट' से निकाल कर 'पब्लिक' में लाकर उसका वस्तुकरण करने का अभियान शुरू कर दिया है।

एससी वाल्वी ने ब्रिटिश समाज के संदर्भ में पितृसत्ता का विश्लेषण करते हुए साबित कर दिया था कि परिवार के दायरे से निकाल कर महिला-श्रम को बाजार में लाने से पुरुष के मुकाबले नारी की हैसियत में बहुत मामूली परिवर्तन ही हुआ है। निर्मला बनर्जी ने द्वारकिन और वाल्वी के निष्कर्षों के संदर्भ में जब एशियाई और भारतीय समाज में औरतों को उजरती श्रमिक में बदलते देखा तो पाया कि बाजार के पास यहाँ भी नर-नारी संबंधों को महिलाओं के पक्ष में बदलने का कोई कार्यक्रम नहीं है।

भूमंडलीकरण की प्रक्रिया के पहले दौर में हल्के उपभोक्ता माल के विनिर्माण और श्रम-प्रधान इलेक्ट्रानिक उद्योगों का दौर चला। इसके बाद बैंकिंग और दूरसंचार में अत्याधुनिक और कंप्यूटरीकृत प्रौद्योगिकी का जमाना

आया। इन दोनों चरणों में औरतों का प्रवेश विभिन्न देशों में अलग-अलग ढंग से हुआ। दक्षिण कोरिया की भाँति भारत में पहले औद्योगिक श्रम में पुरुष उतरे और महिलाओं ने खेतिहर श्रम में उनकी जगह ली। कोरिया में चूँकि जल्दी ही पुरुषों को पूर्ण रोजगार मिल गया और बाजार की जरूरत पूरी नहीं हुई, इसलिए महिलाओं को उद्योगों में गुंजाइश मिलने लगी। पर भारत में पुरुष-श्रम सस्ता भी था और प्रचुर भी, इसलिए महिलाओं के लिए ज्यादा जगह नहीं निकली। यहाँ तक कि वस्त्र-निर्माण जैसे कामों में भी महिलाओं को काम मिलना शुरू नहीं हो पाया। चीन और वियतनाम में महिलाएँ पहले से कम तनख्वाहों वाले औद्योगिक काम में लगी हुई थीं, इसलिए भूमंडलीकरण के पहले दौर वाले श्रम-प्रधान उद्यमों में उन्हें आसानी से जगह मिल गयी। मलेशिया, श्रीलंका और बांग्लादेश ने तो बहुराष्ट्रीय कंपनियों के सामने अपने सस्ते महिला-श्रम को एक प्रलोभन की तरह पेश किया।

जैसे ही भूमंडलीकरण दूसरे चरण में पहुँचा और उसने अधिक उत्पादकता की कामना की, वैसे ही नर-नारी संबंधों का खेल ज्यादा मुखर हो गया। अत्याधुनिक प्रौद्योगिकीय काम-काज में औरतों को प्रशिक्षित करने का सवाल संबंधित देश और समाज में सदियों से जड़ जमाये बैठे लैंगिक संबंधों के हिसाब से तय होने लगा। मसलन कोरिया में कंप्यूटरीकरण की वजह से बेरोजगार हुई महिलाओं को उच्चतर प्रौद्योगिकी में प्रशिक्षित करने में हिचक दिखायी गयी, क्योंकि उस तरह के कामों पर पुरुषों का अधिकार माना जाता था। इसके उलट चीन में औरतों को भूमंडलीकरण के दूसरे चरण में ऑटोमेशन में प्रशिक्षित होने का पूरा मौका मिला, क्योंकि वहाँ समाजवादी राज्य की मान्यताओं के कारण समझा जाता था कि मर्द जो कर सकता है, वह औरत भी कर सकती है। मलेशिया और बांग्लादेश में सरकारों ने श्रम-प्रधान काम में लगी महिलाओं की तकनीकी शिक्षा की व्यवस्था की, लेकिन श्रीलंका में महिला-शिक्षा का ऊँचा स्तर होने के बावजूद औरतों के प्रौद्योगिकीय प्रशिक्षण पर ध्यान नहीं दिया गया। भारत में पाया गया कि बेहतर प्रौद्योगिकी के तहत महिलाओं के काम करने को सामाजिक प्रोत्साहन कम से कम है। बैंकिंग उद्योग में महिलाएँ स्वयं पुनर्प्रशिक्षित होने से पीछे हटती दिखायी दीं। खनन उद्योग में पुरुषों के वर्चस्व वाली ट्रेड यूनियनों और मालिकों ने मिल-जुल कर औरतों को अधिक कुशल नौकरियों में नहीं उतरने दिया।

इस अनुभव से जाहिर होता है कि जब तक चीन की भाँति विचारधारात्मक आग्रह न हो या मलेशिया और बांग्लादेश की भाँति राज्य का हस्तक्षेप न हो, महिलाएँ श्रम के निचले चरण से ऊँचे चरण में नहीं पहुँच सकतीं। बाजार

अपने-आप में महिलाओं के श्रम-कौशल की उन्नति में सहायक नहीं हो सकता। राज्य भी इस दिशा में तब दखल देता है जब उसे लगता है कि बहुराष्ट्रीय कंपनियों को आज्ञाकारी किस्म के सस्ते श्रम की जरूरत है जो महिलाओं के पुनर्प्रशिक्षण के जरिये ही मिल सकता है। अर्थात राज्य का उद्देश्य भी महिला कल्याण नहीं होता और अगर विकास के अगले चरण में बाजार की जरूरत न हुई तो वह महिला-श्रमिकों के प्रति अपनी जिम्मेदारी का अभिनय करना भी बंद कर सकता है।

भूमंडलीकरण को ऐसे श्रमिकों की जरूरत होती है जिन्हें वह जब चाहे रख सके और जब चाहे निकाल सके। महिला-श्रम उन्हें यह सुविधा देता है। ज्यादातर महिलाएँ कारखाना श्रम को अपना आजीवन कार्य नहीं बनातीं। काम की कैसी भी परिस्थिति उन्हें स्वीकार्य रहती है। चीनी महिला-श्रमिकों में यह प्रवृत्ति काफी देखने में आयी है। कई वर्षों तक खराब स्थितियों में काम करने के बाद वे आराम से घरेलू दुनिया में लौट जाती हैं। वियतनामी महिलाओं ने काम के बोझ में कई गुना वृद्धि को बिना किसी हुज्जत के स्वीकार कर लिया था। ये उदाहरण बताते हैं कि पूँजी को महिला-श्रम अधिक लचीला और आसानी से नियंत्रण-योग्य लगता है। कोरिया और भारत में यह भी देखा गया कि विवाह के बाद और बच्चे हो जाने पर औरतें ओवरटाइम करना बंद कर देती हैं। घर में ज्यादा समय देने के लिए वे नौकरी छोड़ देती हैं या फिर निकाल दी जाती हैं और पुरुष कर्मचारी उनकी जगह ले लेते हैं।

चीन का एक अध्ययन बताता है कि वहाँ महिला वैज्ञानिकों तक ने घर के काम और प्रयोगशाला के काम को साथ-साथ कर पाने में असमर्थता जतायी और घर के लिए वैज्ञानिक कार्य त्यागने की परिस्थितियाँ पैदा हो गयीं। श्रीलंका ने युवतियों को उनके घर के माहौल से न कटने देने के लिए देहाती इलाकों में ही कारखाने लगाने को प्रोत्साहित किया। नतीजा यह निकला कि उजरती श्रम करने और परिवार की आय में योगदान करने के बावजूद महिलाओं की जीवन-शैली में कोई परिवर्तन नहीं आया। मलेशिया ने बड़े पैमाने पर विदेशी औरतों को घरेलू काम करने के लिए अपने यहाँ आने की इजाजत दी जिससे एक बार फिर काम के यौन-विभाजन पर कोई परिवर्तनकारी असर नहीं पड़ा। लेकिन, इससे एक बदलाव जरूर हुआ कि घरेलू काम की उजरत दिये जाने की परंपरा पड़ी जो अतीत से भिन्न समझी जानी चाहिए।

इन विविध अनुभवों के आधार पर पूछा जा सकता है कि क्या महिलाओं के लिए बेहतर समता सुनिश्चित करने में उद्योगपतियों या सेवायोजकों को

दिलचस्पी हो सकती है? इसी प्रश्न को कुछ इस तरह भी रखा जा सकता है कि क्या पुरुषों के बराबर आने के लिए महिलाओं को स्वायत्तता देने में पूँजी का हित है? अथवा महिलाओं को एक अलग-थलग और अधीनस्थ किस्म की श्रम-शक्ति बनाये रखने में उसका लाभ है? क्या विषम नर-नारी संबंधों के आधार पर महिलाओं की श्रम-शक्ति को उसकी मेहनत का कम मुआवजा देकर भूमंडलीकरण औरतों की अधीनस्थ हैसियत में ही बढ़ोतरी नहीं कर रहा है? क्या मार्क्सवादी नारीवादियों की यह दलील सही नहीं है कि पूँजी का प्रभुत्व औरत को मर्द की और अधिक ताबेदारी की तरफ ले जायेगा? क्या घरेलू श्रम से निकल कर उजरती मजदूर में बदलने की यह प्रक्रिया उस वक्त तक अधूरी नहीं रहेगी जब तक महिला मजदूर पर घर का नियंत्रण कायम रहेगा? अर्थात जब तक सेवायोजक यह समझता रहेगा कि स्त्री-श्रमिक अंततः घरेलू जरूरतों के अधीन है, तब तक उसकी निगाह में वह पुरुष-श्रमिक की एक घटिया स्थानापन्न रहेगी।

क्या यही कारण नहीं है कि भारतीय औषध कंपनियाँ ज्यादा महिलाओं को भर्ती करने से कतराती हैं और चीनी महिला-वैज्ञानिक अपने पुरुष साथियों से पीछे रह जाती हैं। स्थिति यह है कि बिना किसी अपवाद के हर जगह सेवायोजकों ने नर-नारी संबंधों को बदलने की दिशा में कोई पहल किये बिना नारी की अधीनस्थ हैसियत को उसे कम वेतन देने के लिए इस्तेमाल किया है।

भूमंडलीकरण के कारण महिलाओं की स्थिति में कुछ परिवर्तन अवश्य दृष्टिगोचर हुआ है। कोरिया में नौकरियों के आग्रह के कारण उनकी विवाह-योग्य आयु में बढ़ोतरी हुई है और पैदा किये जाने वाले बच्चों की औसत संख्या में कमी आयी है। भारतीय मध्यवर्ग लड़कियों की शिक्षा में पहले की अपेक्षा अधिक निवेश करने लगा है, क्योंकि उसे उनकी नौकरियों की संभावना कुछ बेहतर लग रही है। बांग्लादेश में अब देहाती परिवार भी अपनी औरतों को नौकरी के अवसरों वाले इलाकों में भेजने के लिए तैयार हो जाते हैं, जबकि कुछ वर्ष पहले तक केवल उच्चवर्गीय शिक्षित महिलाएँ ही ऐसा कर पाती थीं। लेकिन, इन छोटे-छोटे लाभों को आपस में जोड़ कर भी भूमंडलीकरण के तहत महिलाओं को कोई बड़ा उल्लेखनीय लाभ होता नहीं दिखायी देता।

१९८६ से १९९८ के बीच पूर्वी एशियाई देशों में आया निर्यात का उछाल काफी कुछ औरतों के सस्ते श्रम के शोषण पर आधारित था। विदेशों में काम कर रही औरतों द्वारा भेजी गयी विदेशी मुद्रा ने इन देशों के विदेशी मुद्रा भंडार को ठीक हालत में रखा। यानी इस दौरान श्रमिक औरतों ने घर भी चलाये और अर्थतंत्र को भी टिकाये रखा। आज यही महिला-श्रमिक छँटनी और अन्य

तरीकों से निकाले जाने की प्रक्रिया से गुजर रही हैं। भूमंडलीकृत बाजार की जरूरतों को पूरा करने वाले सभी अर्थतंत्रों में आज के बेरोजगारों की अधिकांश संख्या महिलाओं की ही है। इन बेरोजगार हुई औरतों के सामने घरों की दुनिया में लौटने के अलावा कोई चारा नहीं है। चूँकि विश्व बैंक और अंतर्राष्ट्रीय मुद्रा कोष की देख-रेख में चलाये गये ढाँचागत समायोजन कार्यक्रम ने राज्य को समाज कल्याण पर कम से कम खर्च करने के लिए मजबूर कर दिया है, इसलिए सबसिडी के बिना बेरोजगारों के लिए जीवन और महँगा हो गया है। इसका सबसे ज्यादा बोझ महिलाएँ ही उठा रही हैं और भविष्य में भी उठाएँगी।'

III

पॉवर वूमेन का रहस्य

भूमंडलीकरण ने ताकतवर प्रतीत होने वाली औरतों का एक विशल शो-केस बनाया है। घर से बाहर निकल कर दफ्तर जाती स्त्री इस चमकदार और पारदर्शी शो-केस के केंद्र में खड़ी है। वह कार चलाते हुए आत्मविश्वास के साथ शिफॉन की साड़ी अथवा बिजनेस सूट पहने हुए कार्यालय के सामने कार पार्क करती है और अपनी हील्स पर खटाखट करती हुई चपरासियों और चौकीदारों के सलामों का जवाब दे कर अपनी कारपोरेट चेयर पर जम जाती है। यह औरत एक उच्चपदस्थ आईएएस या आईएफएस अफसर भी हो सकती है और किसी बहुराष्ट्रीय कंपनी की मैनेजर भी। यह ब्यूटी क्वीन भी हो सकती है, मॉडल भी और अपने प्रशंसकों का दिल जीत लेने वाली अभिनेत्री भी। उसकी चपल उँगलियाँ उसे बेहतरीन कंप्यूटर प्रोग्रामर बना सकती हैं और उसकी शहद-भरी आवाज उसे किसी विदेशी बैंक में पर्सनल फाइनेंस ऑफीसर की पदवी भी दिला सकती है। सुंदर, स्मार्ट, आँधी की तरह अँगरेजी बोलने वाली, उच्च और उच्च-मध्यवर्ग की यह स्त्री भूमंडलीकरण के गर्भ से निकली कम तनख्वाह पाने वाली और गंदी बस्ती में रहने वाली औरत से भिन्न है। वह पुरुषों पर हुक्म चला सकती है और उसका वेतन जैविक रूप से पुरुष न होने के कारण कम नहीं है।

निश्चित रूप से भूमंडलीकरण ने पिछले पंद्रह वर्ष में ऐसी औरत को बेहद सफलता से दृश्यमान बनाया है। यह औरत बाजार की लैंगिक तटस्थता और उसके नाम पर स्त्री-देह और स्त्री-श्रम का शोषण करने की प्रत्यक्ष व प्रच्छन्न विधियों को ढँक लेती है। यह 'पॉवर वूमेन' है: अधिकार और समृद्धि से सम्पन्न। नारीवादी आंदोलन द्वारा सदियों से चलाये जा रहे औरत के सशक्तीकरण का बाजार द्वारा पेश फटाफट विकल्प। जाहिर है कि

भूमंडलीकरण के संदर्भ में इस औरत के वजूद की शल्यक्रिया करने के औजार गरीबी और अभाव के कारण रेडीमेड वधू के रूप में सीमा पार करती या दूर-दराज के देशों में घरेलू कामकाज करती या निर्यात संवर्धन क्षेत्रों में दिन-रात खटती औरत को समझने के औजारों से भिन्न होंगे।

बाजार ने इस औरत को कहाँ तक पहुँचाया है? कम से कम इतना तो किया ही होगा कि उसे घरेलू जिम्मेदारियों से मुक्त कर दिया होगा? क्या वह पुरुषों के कंधे से कंधा मिला कर उनके बराबर की और कभी-कभी तो उनसे भी ज्यादा गुरु-गंभीर जिम्मेदारी नहीं निभा रही है? चूँकि बाजार ने उसे 'पॉवर' दी है तो क्या वह कम से कम उस सत्ता का इस्तेमाल अपने परंपरागत यौन-शोषण से बचने में तो सफलतापूर्वक नहीं कर रही होगी? या यह भी कहा जा सकता है कि 'पॉवर वूमेन' की सत्ता ने उसे उन औरतों की श्रेणी से ऊपर कर दिया होगा जो अपने कार्यस्थल पर लगातार फिकरेबाजी और अश्लील निगाहों का सामना करती रहती हैं। यह 'पॉवर वूमेन' अपने भाव-जगत में कम से कम इतनी सुरक्षित तो होगी ही कि अगर उसका प्रेम संबंध या वैवाहिक संबंध टूट जाय तो वह आँसुओं में डूब कर हताश न हो जाय या आत्महत्या न कर ले? क्या यह 'पॉवर वूमेन' दफ्तर में ठीक उसी तरह काम करती है जिस तरह पुरुष काम करते हैं या उसने दूसरों से काम लेने की अपनी नयी विधि ईजाद की है? या वह पुरुषों की ही भाँति अपनी सत्ता के भौंडे उपयोग में लगी हुई है? जब यह 'पॉवर वूमेन' सत्ता के ऊँचे सोपानों पर पहुँच जाती है तो उसके साथ क्या व्यवहार होता है? क्या उसकी ऊँची श्रेणी में उसे कम महत्त्वपूर्ण और निचली जिम्मेदारियाँ नहीं दी जातीं? इस कामयाब औरत के प्रति पुरुष का नजरिया क्या है? क्या वह उसे अपनी पत्नी या किसी भी रूप में जीवन-संगिनी बनाने के लिए तैयार है? बाजार द्वारा उत्पादित यह 'पॉवर वूमेन' नर-नारी संबंधों के किस धरातल पर खड़ी हुई है?

हम जानते हैं कि दुनिया की संपूर्ण श्रम-शक्ति में ४५ फीसदी औरतों का हिस्सा है और भूमंडलीकरण से निकली यह 'पॉवर वूमेन' इन करोड़ों औरतों के एक प्रतिशत का भी प्रतिनिधित्व नहीं करती। लेकिन, इनकी संख्यात्मक कमजोरी बाजार द्वारा नर-नारी संबंधों को बदलने के दावे को खारिज करने के लिए काफी नहीं है। अगर उच्च वर्ग के स्तर पर भी नर-नारी संबंधों में कोई परिवर्तन दृष्टिगोचर होता है तो उसका असर धीरे-धीरे ही सही, लेकिन सामान्य महिला-समाज पर पड़ना लाजिमी है।

इसलिए महिला कारपोरेट मैनेजरों, आईएएस अफसरों, अभिनेत्रियों, विश्व-सुंदरियों और मॉडलों आदि के संदर्भ में नारी की आजादी के दावे को

जाँचना अति आवश्यक है। ये तमाम औरतें आर्थिक रूप से आत्मनिर्भर हैं और इन्हें अपनी उपलब्धियों पर गर्व है और इन्हें ऐसा बनाने में भूमंडलीकरण का पूरा-पूरा योगदान है। लेकिन, सवाल यह है कि ऐसा बनने के बाद वे पितृसत्तात्मक समाज में एक गरीब औरत के मुकाबले तुलनात्मक रूप में कहाँ खड़ी हैं?

अफसर औरत : क्या आपने गणित और विज्ञान पढ़ा है?

आईएएस, आईपीएस और आईएफएस से बड़ा अफसर भारत में कोई नहीं होता और अगर औरत इन तीनों में से किसी सेवा की सदस्य बन जाय तो मान लेना चाहिए कि वह शासन-प्रशासन में सत्तारूढ़ हो गयी। लेकिन, देखना यह होगा कि आईएएस के सत्ता-प्रतिष्ठान के भीतर महिला आईएएस अफसरों की क्या हैसियत होती है। सरला ग्रेवाल देश की प्रमुख आईएएस महिला हैं। किरण बेदी को कौन नहीं जानता। वे एक विख्यात आईपीएस अफसर हैं। चोकिला अय्यर देश की पहली महिला विदेश सचिव रह चुकी हैं। ये तीनों महिलाएँ सत्ता के शिखर पर बैठी हुई हैं या बैठ चुकी हैं। लेकिन, यह मोहक तस्वीर उस समय छिन्न-भिन्न हो जाती है जब पता चलता है कि ग्रेवाल, बेदी और अय्यर के इस शो-केस के पीछे अफसर महिलाओं की एक ऐसी अदृश्य कतार खड़ी हुई है जिसके सिर्फ नारी होने के कारण कभी सफाई से, तो कभी भौंडे रूप से हक छीने गये हैं। वैसे आईएएस बनने की प्रक्रिया सीधे-सीधे भूमंडलीकरण अथवा बाजार से जुड़ी हुई नहीं लगती, लेकिन बाजार द्वारा समाज की दृष्टि में लाये गये परिवर्तन को नापने के लिए इसका उदाहरण उपयोगी हो सकता है।

अन्ना मल्होत्रा भारत की पहली आईएएस अफसर थीं। जब वे लिखित परीक्षा के बाद इंटरव्यू पैनल के सामने पेश हुईं तो साक्षात्कार लेने वालों ने उन्हें आईएएस बनने के खिलाफ समझाने की काफी कोशिश की। उनका कहना था कि महिला होने के नाते वे यह जिम्मेदारी नहीं उठा पाएँगी। अन्ना नहीं मानीं और अपने कैडर में नियुक्ति के लिए मद्रास में तत्कालीन मुख्यमंत्री राजाजी के सामने पेश हुईं। राष्ट्रीय आंदोलन के इस नायक ने उनसे साफ कहा कि वे महिलाओं के सार्वजनिक क्षेत्र में आने के ही खिलाफ हैं। अन्ना ने जिद की और राजाजी को झुकना पड़ा। उस जमाने में शादी होते ही महिलाओं को आईएएस से इस्तीफा दे देना पड़ता था। बाद में यह नियम बदला गया। सरोजिनी गंजू ठाकुर द्वारा किये गये एक ताजा अध्ययन 'इनक्रीजिंग अवेयरनेस फार चेंज : ए सर्वे ऑव जेंडर एंड द सिविल सर्विसेज' से पता

चलता है कि प्रशासन के ऊँचे हलकों में आज भी तकरीबन वही पुरुष-वर्चस्व वाला दिमाग काम कर रहा है।

आईएएस के इम्तिहान में बैठने वाली महिलाओं की सफलता की दर बढ़ती जा रही है, लेकिन इस सेवा में आने वाली महिलाओं की संख्या में मामूली वृद्धि हुई है। आईएएस अफसरों में १९७४ में ८.८ फीसदी औरतों की भागीदारी थी जो २००१ तक सिर्फ ११ फीसदी तक पहुँच पायी है। इन महिला अफसरों को नियोजित ढंग से निचले स्तर की 'नरम' जिम्मेदारियाँ दी जाती हैं।

दिल्ली में ९९ सचिव-स्तरीय पदों में से केवल आठ पद महिलाओं के पास हैं और ६५ अतिरिक्त सचिवों में केवल चार औरतें हैं। २८३ संयुक्त सचिवों में सिर्फ ३७ महिलाएँ हैं। पुलिस और वन सेवाओं में इनकी संख्या न के बराबर है।

चोकिला अय्यर के पहले विदेश सेवा से कोई भी महिला सचिव स्तर के पद पर नहीं पहुँच पायी थी। सचिव पद से अवकाश ग्रहण करने वाली सरला गोपालन का कहना है कि औरत अफसर को मर्द के मुकाबले अधिक मेहनत करके अपनी योग्यता प्रमाणित करनी पड़ती है। तब कहीं जा कर महत्त्वपूर्ण नियुक्तियों के लिए उसके नाम पर विचार होता है। अभी तक प्रतिरक्षा, गृह और वित्त मंत्रालय के लिए महिला सचिवों की कल्पना करना भी मुश्किल है। सभी तरह की उच्च सेवाओं में कोशिश की जाती है कि महिलाओं को तफतीश करने के काम न दिये जाएँ। उन्हें वित्तीय प्रबंधन की जिम्मेदारी शायद ही कभी दी जाती हो। अधिकांशतः उन्हें कार्मिक विभागों, दफ्तर की देख-रेख करने और विभिन्न विभागों में तालमेल बैठाने के कम महत्त्वपूर्ण काम दिये जाते हैं। इन महिला अफसरों को अक्सर ऐसे सवालों का सामना करना पड़ता है जो पुरुष अफसरों से कभी नहीं पूछे जाते, मसलन, क्या उन्होंने गणित अथवा विज्ञान का अध्ययन किया है?

मैनेजर औरत : दफ्तर की पोर्नोग्राफी और घर में लालन-पालन

एक निजी फर्म में ऊँचे प्रबंधकीय पद पर काम करती हुई औरत भूमंडलीकरण के समर्थकों द्वारा पेश की जाने वाली सर्वाधिक आकर्षक छवि है। कंप्यूटर के सामने बैठी हुई औरत अब सिर्फ सेक्रेटरी ही नहीं होती, वह प्रोडक्ट मैनेजर या मानव संसाधन विकास (एचआरडी) की वॉइस-प्रेसीडेंट भी हो सकती है। ऐसे पदों पर पहुँचने के बाद मैनेजर औरत को पता चलता है कि समाज में नारी का सम्मान करने की सभी प्रतीकात्मक कार्रवाइयाँ दफ्तर में लगभग निषिद्ध हैं। अगर कोई साथी पुरुष-अफसर महिला-अफसर के लिए दरवाजा खोलता है

या उसे बैठाने के लिए कुर्सी पीछे खींचता है तो दफ्तर में मान लिया जाता है कि वह उस पर 'विशेष रूप से' मेहरबान है। समाज में सामान्य शिष्टाचार समझा जाने वाला यह व्यवहार दफ्तर में तरह-तरह की गलतफहमियों को जन्म दे सकता है।

कार्यस्थल पर थोड़े निचले पदों पर काम करने वाली महिलाओं ने बड़े पैमाने पर अपने यौन-शोषण, छेड़-छाड़ और फिकरेबाजी की शिकायतें की हैं। पश्चिम में इस तरह के मुकदमे अक्सर सुर्खियों का विषय बनते हैं, लेकिन तस्वीर का दूसरा और काफी-कुछ छिपा हुआ पहलू यह है कि पदोन्नति के लिए महिलाओं के बीच अपने शरीर के इस्तेमाल करने की प्रवृत्ति को भूमंडलीकृत कार्यस्थल निरंतर प्रोत्साहित कर रहा है। ब्रिटेन में हुआ एक सर्वेक्षण बताता है कि दफ्तरों में काम करने वाली २८ फीसदी औरतों को दफ्तर में संभोग करना पड़ा है और उनमें से ६५ फीसदी को इसका कोई खेद नहीं है। इंटरनेट पर न्यू वूमेन कंपनी, यूके नामक वेबसाइट द्वारा दो हजार कार्मिक महिलाओं से बातचीत करके सम्पन्न किया गया यह सर्वेक्षण बड़े शरारती अंदाज में जानकारी देता है कि कार पार्किंग में, बॉस की डेस्क पर, केंटीन में और क्लॉक रूम में कितने प्रतिशत महिलाओं को यौन-क्रिया करनी पड़ी। इस सर्वेक्षण से ऐसा लगता है कि दफ्तर अपने-आप में एक तरह की पोर्नोग्राफी भी है। इस सर्वेक्षण के अनुसार करीब २० फीसदी महिला-कर्मचारी अपने पुरुष बॉस के साथ यौन-क्रिया करने के लिए दिमागी रूप से तैयार मिलीं, क्योंकि इसमें उन्हें पदोन्नति और कैरियर में प्रगति का आश्वासन दिखा। इस वेबसाइट की संपादक लोराइन ईमेस का निष्कर्ष है कि दफ्तर यौन-साजिशों के अड्डे जैसे बन गये हैं।

अमेरिका में कार्यस्थल पर होने वाले यौन-शोषण और छेड़-छाड़ की तरफ सबकी निगाहें वाशिंगटन में अक्तूबर १९९१ में हुई अनिता हिल के यौन-उत्पीड़न से संबंधित आरोपों की सुनवाई से गयीं। इस मुकदमे ने कार्यस्थल पर हावी महिला-विरोधी माहौल पर पड़ा पर्दा हटा दिया। इससे पहले केवल मनोरंजन की दुनिया में सक्रिय औरतों के बारे में ही माना जाता था कि उनका यौन-शोषण होता है। 'कास्टिंग कोच' अर्थात 'पीठ के बल पर' हीरोइन बनने का मुहावरा आम था। लेकिन, हिल प्रकरण ने बताया कि जीवन के अन्य क्षेत्रों में भी यह समस्या उतनी ही व्याप्त है।

भूमंडलीकरण ने दफ्तरों में महिलाओं के लिए नयी गुंजाइशें तो खोलीं, लेकिन इस समस्या से बचाने का कोई प्रावधान नहीं किया। निजी पूँजी आज इस समस्या से कुछ-कुछ चिंतित नजर आती है, लेकिन इस चिंता में भी वह

दफ्तरों में होने वाली यौन-लीला के कारण घटती उत्पादकता को लेकर ज्यादा परेशान है। उसे पुरुष द्वारा स्त्री को रति-क्रीड़ा के लिए मजबूर करने पर उतनी आपत्ति नहीं है जितनी दिक्कत उसे इस बात को लेकर है कि इस तरह के प्रकरण दफ्तर की कार्य-संस्कृति को प्रभावित करते हैं।

भूमंडलीकरण द्वारा गरीब औरत के श्रम का शोषण करने की प्रक्रिया पर चर्चा में हम देख चुके हैं कि उसे नौकरी से निकाल देना सर्वाधिक सुविधाजनक है। 'पॉवर वूमेन' को इस तरह बर्खास्त नहीं किया जा सकता है, लेकिन समाज और परिवार इस नयी औरत को कुछ इस तरह दबाव में लाता है कि वह विवाह करने और संतानोत्पत्ति के बाद स्वयं घर-परिवार के लिए अपना कैरियर छोड़ कर वापस चली जाती है। बहुत बड़े पैमाने पर नौकरीपेशा औरतों में यह प्रवृत्ति देखी गयी है। बाजार के आग्रहों में घरेलू काम और बच्चों के लालन-पालन के पारंपरिक काम का समाजीकरण करने का कोई स्थान नहीं है।

अगर मियाँ-बीवी एक साथ लगभग समान पदों पर एक ही दफ्तर में कार्यरत हैं तो काम से वापस आने पर बीवी स्वाभाविक रूप से शाम की चाय और रात के भोजन की ज़िम्मेदारी सँभाल लेती है। अगर घर में नौकर लगे हों तो नौकरों के काम की देखभाल करना भी पत्नी के हिस्से में ही आता है।

दिल्ली के अपोलो अस्पताल की मनोचिकित्सक एकता सोनी बताती हैं कि आज की महिलाएँ अपने बच्चे के विकास पर बहुत ध्यान देती हैं और उसके लिए वे अपने कैरियर को त्यागने के लिए तत्पर हैं। बहुराष्ट्रीय कंपनी में कार्यरत बत्तीस वर्षीय रोहिणी सोंधी, वकालत करने वाली दीपा पसरीचा, आईआईएम, अहमदाबाद से एमबीए करने वाली कुमुद कानन और यात्रा एजेंसी में कार्यरत रीना माथुर इस प्रवृत्ति की उदाहरण हैं। ये सभी युवा और प्रशिक्षित महिलाएँ बच्चे पालने के लिए अच्छी आमदनी वाली नौकरियों और पेशे को छोड़ चुकी हैं। इनमें से किसी के पति ने कभी बच्चों की देख-रेख के लिए अपना कैरियर छोड़ने की पेशकश नहीं की। इस उदाहरण को बहुत ऊँचे स्तर पर भी देखा जा सकता है। पेप्सी कोला की हाल ही में नियुक्त महिला अध्यक्ष इंदिरा नूई भारतीय मूल की हैं और उनकी नियुक्ति की सर्वत्र चर्चा हुई है,, लेकिन उनकी अभूतपूर्व सफलता की कहानी के एक कोने में कहीं छोटे-छोटे अक्षरों में यह भी दर्ज है कि उन्हें रोज रात में अपने बच्चों को सुलाने के बाद ही बिस्तर नसीब हो पाता है। कहना न होगा कि 'पॉवर वूमेन' अपनी पारंपरिक जिम्मेदारियों से मुक्त नहीं हो पायी है और बाजार के पास नर-नारी के सदियों से चले आ रहे इस श्रम-विभाजन को तोड़ने का न कोई औजार है, न कोई इच्छा।

मर्द का रवैया : कामयाब औरतें तो मंगल गृह से आती हैं!

भूमंडलीकरण ने इस नयी औरत को जन्म अवश्य दिया, लेकिन वह एक नये मर्द को जन्म नहीं दे पाया जो इस 'पॉवर वूमेन' के साथ नये तरह के नर-नारी संबंधों का सिलसिला शुरू कर सकता। विश्व सुंदरी युक्ता मुखी का दुख यह है कि वे जिस पुरुष को अपने जोड़ का पाती हैं वह उनसे विवाह करने में हिचकिचाता है। वे कम से कम दो बार अपने ही जैसे सुंदर और व्यक्तित्ववान युवकों के सामने शादी की पेशकश कर चुकी हैं पर वे किसी न किसी बहाने कतरा गये। तकरीबन ऐसी ही समस्या मशहूर ड्रेस डिजायनर ऋतु बेरी की लगती है। वे अपनी सुंदरता और व्यावसायिक सफलता से पुरुषों को चकाचौंध कर देती हैं। पुरुष उनका सान्निध्य प्राप्त करके कृत-कृत्य होते रहते हैं, लेकिन दीर्घकालीन संबंध बनाने का प्रश्न शायद अभी तक हवा में ही अटका हुआ है। मनोविद् अरुणा ब्रूटा का निष्कर्ष है कि पुरुष सफल औरतों को शंकित होकर देखते हैं। वे सांस्कृतिक संकट के शिकार हैं। पुरुष एक खूबसूरत गुड़िया चाहता है जो हर निर्णय में उस पर निर्भर करे। वह दिखाना चाहता है कि बागडोर उसी के हाथ में है। विज्ञापन एजेंसी में काम करने वाली नीरजा देशपांडे अपनी लांसर कार खुद चलाती हैं और एक कामयाब अधिकारी हैं। चूँकि वे पुरुषों के मूर्खतापूर्ण लतीफों पर नहीं हँसती, उन्हें अपनी पलकें फड़फड़ा कर नहीं निहारतीं और दफ्तर के बाद उनसे लिफ्ट नहीं माँगतीं, इसलिए वे पुरुषों की निगाह में कुछ ज्यादा ही 'मजबूत' हैं।

अधिकांश 'पॉवर वूमेन' तीस की उम्र पार कर चुकी हैं, लेकिन वे अभी तक ऐसे पुरुष की तलाश में हैं जो उन्हें उनकी सामाजिक और व्यावसायिक हैसियत के साथ पसंद कर सके। हालत यह है कि तीस से ऊपर निकलते ही 'पॉवर वूमेन' शादी लायक मर्द पाने के लिए व्यवसाय और नौकरी छोड़ने का मन बनाने लगती हैं। वे ज्योतिषियों, फेंग शुई और वास्तुशास्त्र के तथाकथित जानकारों के चक्कर लगाने लगाती हैं कि कहीं से चमत्कार हो जाय ताकि उन्हें अपना जीवन-साथी मिल सके।

अपनी लेडी बॉस के अधीन काम करने वाले पुरुष अधिकारी आमतौर पर विशेष रूप से दमित मानसिकता के शिकार रहते हैं जो मौका पड़ते ही 'पॉवर वूमेन' के खिलाफ आक्रामक प्रतिक्रिया में फूट पड़ती है। डेली एक्सप्रेस की लिंडसे कुक की पुस्तक *वर्किंग मम : द सर्वाइवल गाइड* पढ़ कर जेम्स ह्यू-ऑनस्लो की प्रतिक्रिया इसका प्रमाण है। जेम्स ने चिढ़ कर लिखा कि यह औरत बहुत से वर्किंग डैड्स को नौकरी से निकालने की जिम्मेदार है। लिंडसे कुक ने ही जेम्स को बर्खास्त किया था। इसलिए जेम्स ने एक आक्रामक

निष्कर्ष निकाला, "अपने इस्पाती आत्मनियंत्रण वाले चेहरे के पीछे ये औरतें गहरी असुरक्षा के बोध से दबी रहती हैं। वे चाहती हैं कि उनकी चौतरफा प्रशंसा हो। क्या उनके घर में वाशिंग मशीनें नहीं हैं? उन्हें अपने बच्चों के साथ समय बिताने से किसने रोका है?"

अगर जेम्स को लिंडसे कुक नामक महिला के बजाय कोई पुरुष बॉस नौकरी से निकालता तो उनके विचार बिलकुल दूसरे होते। जेम्स मानते हैं कि लिंडसे ने उन्हें इसलिए हटाया, क्योंकि कंपनी की नीतियों के अनुसार छँटनी मुहिम चल रही थी। जाहिर है कि किसी नारीवादी पूर्वग्रह या निजी रंजिश के कारण उनके खिलाफ कार्रवाई नहीं की गयी, फिर भी उनके विचार ताकतवर हो चुकी नारियों के खिलाफ चले गये और वे उन्हें घरेलू कामकाज में लौटने का परामर्श देने लगे।[१]

IV
सौंदर्य बनाम मेधा

सत्तार और अस्सी के दशक की नारीवादी महिलाओं ने विवाह की संस्था को ठोकर मारी, यौनिकता के मसले को उठाया, इतर-लिंगी सहवास की अनिवार्यता और स्वाभाविकता को चुनौती दी, पोर्नोग्राफी का विरोध किया और नारी-समलैंगिकता के आग्रहों की संभावनाएँ खोलीं, इसलिए इस दौरान यूरोप में मर्दवादियों ने इन विदुषियों को 'ठंडी', 'बदसूरत', 'यौन-विहीन', 'प्रजनन के लिए बेकार' और इस तरह समाज के लिए त्याज्य की संज्ञा दे दी। भूमंडलीकरण ने इस पुरानी बहस को फिर से उभार दिया है और इस बार इस संघर्ष का रणक्षेत्र है मीडिया। भूमंडलीकृत समाचार माध्यम छपे हुए शब्द से लेकर दृश्य-श्रव्य माध्यमों तक औरत की जो छवि पेश कर रहे हैं उसमें वह एक सुंदर देह के सिवा कुछ नहीं है। यह जरूर है कि वह देह पहले से कहीं ज्यादा सुंदर हो चुकी है। उस सुंदरता में पहले की तरह यूरोपीय सौंदर्य का बोलबाला भी नहीं है वरन् प्रजातीय विविधता आ चुकी है। लेकिन, जैसे ही भूमंडलीकरण द्वारा प्रदत्त सौंदर्य ज्ञान और बुद्धि के साथ सहअस्तित्व का दावा करता है वैसे ही बाजार के सांस्कृतिक प्रवक्ता उसका उपहास करने लग जाते हैं।

यदि औरत कभी बौद्धिक गुणों को प्राप्त करते हुए दिखती है तो इन अक्लमंदों के पास उसकी व्याख्या करने का एक खास तरीका है। वे कहते हैं कि औरत मर्दों के गुणों को अपना रही है। खास बात यह है कि वह जैसे ही 'मर्दों के लिए सुरक्षित' क्षेत्रों में महारत हासिल करने की कोशिश करती है वैसे ही मर्दों की दुनिया व्यंग्य के साथ एक 'मेल-फेमिनिज्म' की चर्चा में जुट जाती

है। यह व्यंग्य उस समय विद्रूप में बदल जाता है जब समाचार माध्यम सरकारी आँकड़े पेश करते हैं कि आज भी ५६ फीसदी औरतें अपने पतियों द्वारा की गयी अपनी पिटाई को जायज मानती हैं। इस धरती पर पशुओं की प्रजाति से यह नहीं पूछा जाता कि उनके ऊपर हुई हिंसा उचित है या अनुचित, क्योंकि वे पुरुषों की दुनिया के साथ भाषायी संपर्क नहीं कर सकते। लेकिन, स्त्रियाँ पुरुषों के समान ही भाषा के औजार से लैस हैं, इसलिए पितृसत्तात्मक समाज उनसे पूछ सकता है कि आपकी पिटाई हुई तो क्यों हुई और क्या आप ठीक पिटीं?

बेचारी लिजा रॉय और वह शैतान एलिजाबेथ हर्ले

लिजा रॉय संभवत: भूमंडलीकरण के दौर की सर्वाधिक मशहूर भारतीय मॉडल हैं। बांबे डाइंग से लेकर लॅक्मे तक के उत्पादों की मॉडलिंग करके वे अपने सौंदर्य का लोहा मनवा चुकी हैं और आजकल विज्ञापनों की दुनिया ने उन्हें बेदिंग टब में अपनी 'ग्लोइंग त्वचा का राज' बताने की छूट दे रखी है। ऐसी लिजा रॉय ने अचानक एक दिन तय किया कि अब वे अपनी सेक्सी छवि को बदल कर दिमाग वाली औरत के रूप में स्थापित होने की कोशिश करेंगी। लिजा का यह संकल्प भूमंडलीकरण के सांस्कृतिक प्रवक्ताओं के लिए इसाडोरा डंकन और जार्ज बर्नार्ड शॉ वाली बातचीत की याद ताजा करने के लिए काफी था। अशेक बैंकर ने अपने कॉलम 'फूटसी' में ऐलान किया कि बिल्लियाँ अपनी त्वचा की लकीरों को नहीं बदल सकतीं। लिजा के बयानों और उसके बाद आये उनके अंग-प्रदर्शन करने वाले विज्ञापनों के एक-दूसरे को काटते यथार्थ का उल्लेख करके बैंकर ने एक जोरदार कहकहा लगाया और आखिरी फैसला दिया कि बिल्लियाँ विरोधस्वरूप कितनी भी गुर्राएँ, वे अपनी त्वचा की डिजाइन नहीं बदल सकतीं। जाहिर है कि लिजा के सामने दो रास्ते थे। या तो वे अपने संकल्प को पूरा करने के लिए विज्ञापनों की दुनिया को अलविदा कह देतीं या बाजार की जरूरतों को पूरा करते हुए धीरे-धीरे अपनी छवि बदलने की कोशिश करतीं। संभवत: उन्होंने दूसरा तरीका अपनाया और अपनी देह-प्रधान छवि के खिलाफ वक्तव्य देना जारी रखा। इन प्रतिरोध-कथनों की रोशनी में उनके उत्तेजक मुद्राओं वाले चित्र औरत के शोषण के दस्तावेज में बदल सकते हैं। बाजार में अपनी सुंदर छवि बेचने के बावजूद सुंदरता की कैद से मुक्त होने को छटपटाती औरत की जटिलता देखने के लिए जो मानवीय और हमदर्द आँख चाहिए, वह बाजार के प्रवक्ताओं के पास मिलना मुश्किल है।

लिजा रॉय की ही तरह एक अंतरराष्ट्रीय सुंदरी हैं एलिजाबेथ हर्ले,

जिन्होंने में हॉलीवुड की एक हिट फिल्म में शैतान के नारी-संस्करण की भूमिका निभायी है। हर्ले के दिलचस्प विचार बाजार के प्रवक्ताओं के लिए रेडीमेड गोला-बारूद की तरह हैं। वे कहती हैं कि औरत अपनी नग्नता से पुरुष को लुभा सकती है, लेकिन पुरुष अपनी नग्नता से औरत में सिर्फ अरुचि ही पैदा कर सकता है। हर्ले का संदेश साफ है कि औरत को अपने शरीर का जम कर इस्तेमाल करना चाहिए। स्ट्रिपटीज आयोजित करने वाले बार हर्ले के मुताबिक मर्द की जेब खाली करवाने के सबसे सुविधाजनक अड्डे हैं। शो-बिजनेस की एक महत्त्वपूर्ण हस्ती का यह वक्तव्य बाजार के स्त्री संबंधी आग्रहों की पुष्टि करता है। इसलिए इस पर किसी प्रवक्ता को टिप्पणी की जरूरत महसूस नहीं होती। वे यही तो चाहते हैं कि स्त्री अपने देह-सौंदर्य के अभिमान में इतराती रहे और एक शताब्दी फिर बीत जाय। जब सन् २१०० में 'टाइम' जैसी कोई पत्रिका सदी के श्रेष्ठ दिमागों के बारे में विशेषांक निकाले तो उनमें कुल जमा एक औरत की भागीदारी हो यानी आंइस्टीन से लेकर गाँधी तक ९९ पुरुष हों एवं अपवादस्वरूप मेरी क्यूरी जैसी केवल एक महिला हो।

ललिताजी बनाम बिकनी वाली सुंदरी

मीडिया की दुनिया में बहस छिड़ी हुई है कि विज्ञापनों में गृहणी के रूप में औरत की छवि अधिक आपत्तिजनक है या अंग-प्रदर्शन करती हुई सुंदरी की छवि। विज्ञापन-गुरु प्रह्लाद कक्कड़ ने पिछले साल अगस्त में घोषणा की थी कि औरत की घरेलू छवि दरअसल बिकनी पहनने वाली स्त्री के मुकाबले अधिक शोषणकारी है। अगर वे किसी नयी कार के मॉडल को मिनी-वस्त्रों में सुंदरियों के साथ पेश करते हैं तो उस प्रयास में स्त्री के प्रति उनका दृष्टिकोण छिपा हुआ नहीं होता, जबकि सर्फ पाउडर खरीद कर घर के पैसे बचाने वाली समझदार गृहणी ललिताजी की छवि के सुंदर और सुगढ़ रूप के पीछे नारियों को घर की सीमा में बनाये रखने का आग्रह छिपा रहता है। इस आशय का वक्तव्य देकर प्रह्लाद कक्कड़ अधिकारपूर्वक कहते हैं कि वे औरत की देह का इस्तेमाल करते हैं, क्योंकि वह पुरुष की अपेक्षा सौंदर्यशास्त्रीय लिहाज से अधिक लुभावनी है। क्रय-शक्ति के मालिक पुरुष हैं और कम वस्त्रों में सुंदर नारी पेश करके उनसे पैसे खर्च करवाए जा सकते हैं।

कक्कड़ का वक्तव्य एलिजाबेथ हर्ले के बयान जैसा ही है। वह ज्यादा से ज्यादा यह बताता है कि नारी की छवि के बारे में संचार-क्रांति और उपभोक्ता क्रांति कितनी दूर तक जा सकती है। बाजार की निगाह में मर्द क्रेता है और औरत को परोस कर उसे पटाया जा सकता है। ललिताजी की विख्यात छवि

का आगमन विज्ञापन जगत में भूमंडलीकरण के शुरुआती दौर में हुआ था। उस समय तक तौलियों या स्नानघर के प्रसाधनों का विज्ञापन बनाते समय भी ध्यान रखा जाता था कि नारी-शरीर केवल प्रतीकात्मक ढंग से ही खुला रहे। माइक्रो-मिनी (ड्रेस) उस समय तक उच्च वर्ग में भी प्रचलित नहीं थी। आकर्षक उत्पादों को इस तर्ज पर बेचा जाना शुरू नहीं हुआ था कि उन्हें हासिल करते ही सुंदर स्त्री चुंबन देने या संभोग करने के लिए तैयार हो जायेगी। लेकिन, यह भूमंडलीकरण का शिखर युग है। यहाँ ललिताजी बेकार हो चुकी हैं। इस पात्र की भूमिका करने वाली मॉडल को आजकल कोई काम नहीं देता। आज तो उस मॉडल का जमाना है जो कार में टेस्ट-ड्राइव के लिए एक पुरुष ग्राहक के साथ बैठती है और संभोग करके ही बाहर निकलती है। आज उस मॉडल का जमाना है जो खास तरह का परफ्यूम लगाने वाले पुरुष का चेहरा चुंबनों से भर देती है। आज के विज्ञापन का संदेश यह है कि सुंदर औरत उसी पुरुष को अपना उपयोग करने देगी जिसके पास कीमती और प्रतिष्ठित ब्रांडों वाली उपभोक्ता जिंसें होंगी। औरत की देह का बिकाऊ इस्तेमाल और वह भी इतने खुले व निर्लज्ज ढंग से अतीत में कभी नहीं हुआ।

दूसरी तरफ भूमंडलीकरण औरत को अपने ही सौंदर्य से अभिभूत करने की सोची-समझी योजना पर भी काम कर रहा है। चूँकि ज्यादातर औरतें मध्यवर्गीय गृहणियाँ हैं, इसलिए उसकी कार्यसूची में उन्हीं का काम सबसे ऊपर है। ललिताजी इस बात के लिए चिंतित नजर आती थीं कि उनके घर के कपड़े कम खर्चे में ज्यादा साफ कैसे धुलें। उन्हें अपने सौंदर्य की इतनी चिंता नहीं थी। सौंदर्य उद्योग का खयाल है कि अगर इन गृहणियों में अपने शरीर, त्वचा और चेहरे के लिए ललक पैदा कर दी जाय तो उन्हें विशाल उपभोक्ता वर्ग में बदला जा सकता है।

इसी मकसद के लिए टीवी की वूमेन मैगजीनों का नियोजित इस्तेमाल किया जा रहा है। पति को दफ्तर और बच्चों को स्कूल भेजने के बाद गृहणियाँ दोपहर में खाली होती हैं। ठीक उसी समय टीवी पर उन्हें अपने बालों को सँवारने, नाखून ठीक रखने, पेडीक्योर और फेशियल करने की विधियाँ और उनके फायदे सिखायेजाते हैं। प्रशिक्षण देने वाली होती हैं पूर्व विश्व सुंदरियाँ, सौंदर्य विशेषज्ञ या मशहूर मॉडल्स। दोपहर के बाद इन कार्यक्रमों का प्रसारण दोबारा आधी रात के करीब होता है। जी टीवी का 'खूबसूरत' नामक कार्यक्रम पूर्व मिस इंडिया गुल पनाज पेश करती हैं। इसमें प्रसाधन विशेषज्ञ और फैशन डिज़ाइनर अतिथि के रूप में गृहणियों को उनके व्यक्तित्व के विकास के लिए प्रेरित करती हैं।

स्टार प्लस का कार्यक्रम 'मेरी सहेली' किसी न किसी मशहूर औरत का साक्षात्कार पेश करता है और गृहणियों की वैवाहिक समस्याओं के बारे में जवाब-सवाल किये जाते हैं। प्राय: इन समस्याओं और सवाल-जवाबों को कुछ इस तरह डिजाइन किया जाता है कि नर-नारी विषमता का मुद्दा न उभर सके। औरत को घर के लिए ज्यादा से ज्यादा उपयोगी बनाने पर या ज्यादा से ज्यादा सुंदर बनाने पर जोर रहता है।

अपने ही सौंदर्य और घर की कैद में फँसी औरत भूमंडलीकरण के लिए सर्वाधिक सुविधाजनक है। वह पहले विश्व सुंदरी प्रतियोगिताओं और फैशन जगत के माध्यम से सौंदर्य की प्रतिमूर्तियाँ गढ़ता है और फिर उन्हें नानाविध रूपों में उपभोक्ताओं के सामने परोस कर अपना माल बेचता है। ऐसा पहले भी होता था, लेकिन तब उसकी सीमा छोटी थी और उसकी तीव्रता कहीं मंद थी। बाजार में ब्रांड के साथ स्त्री-देह की उपलब्धता को इतने संपूर्ण ढंग से अतीत में कभी नहीं जोड़ा गया था।

पिटती हुई औरत : 'मेल फेमिनिज्म' और बिंबोवाद

चूँकि औरत में सुंदरता और ज्ञान का संगम नहीं हो सकता, इसलिए उसके लिए बाजार के प्रवक्ताओं ने 'बिंबो' शब्द बनाया है। ऑक्सफोर्ड डिक्शनरी बताती है कि बिंबो का अर्थ है दिमाग से खाली एक सुंदर और युवा औरत। पॉप संगीत की दुनिया के पास एक से बढ़ कर एक बिंबो सुंदरियाँ हैं जो घोषणापूर्वक अपने बिंबो होने को गर्व से प्रस्तुत करती रहती हैं। ब्रिटनी स्पीयर्स, जेनिफर लोपेज, स्पाइस गर्ल्स सभी बिंबो हैं। इनके गीत कुछ इस मूर्खतापूर्ण तर्ज पर होते हैं: इफ यू वांट टु बी माई लवर, यू हैव गॉट्टा बी माई फ्रेंड। 'एली मैकबील' और 'डर्मा एंड ग्रेग' ऐसे ही लोकप्रिय टीवी सीरियल हैं जिनकी नायिकाओं की कल्पना-शक्ति बेहद सीमित है। इन्हीं की नकल में भारतीय टीवी मलाइका अरोड़ा और नफीसा जोसेफ जैसी न जाने कितनी बिंबो लड़कियों से अँटा पड़ा है जो अपनी हर हरकत से महिलाओं को खूबसूरत बनने का संदेश देती नजर आती हैं। यह सवाल पूछा जा सकता है कि कभी कोई सामान्य रूप से सुदर्शन और विदुषी महिला किसी टीवी कार्यक्रम की एंकर क्यों नहीं बनती! दोपहर में 'खूबसूरत' और 'मेरी सहेली' देख कर सुंदर व कमनीय होने की अतृप्त महत्त्वाकांक्षा से पीड़ित ललिताजी रात में मलाइका और नफीसा को देख सकती हैं।

अधिकांशत: घर के काम में व्यस्त रहने वाली इस गृहणी के दरवाजे पर भूमंडलीकरण के इस युग में सर्वेक्षण करने वाले भी आते हैं। वे पूछते हैं कि क्या

आपके पति आपको पीटते हैं और अगर पीटते हैं तो क्या अपनी पिटाई को आप ठीक समझती हैं। सर्वे करने वाला ललिताजी को उन विभिन्न आधारों की जानकारी भी देता है जिनकी बिना पर उनकी पिटाई को जायज या नाजायज ठहराया जा सकता है: ललिताजी ने खाना अच्छा नहीं बनाया, पति के साथ बदतमीजी की, बिना इजाजत घर से बाहर गयीं या पति को उनके चरित्र पर संदेह है। इस देश की ५६ फीसदी ललिताओं ने इनमें से किसी न किसी आधार पर पति की पिटाई को उचित करार दिया। राष्ट्रीय परिवार स्वास्थ्य सर्वेक्षण के ये नतीजे समाचार माध्यमों ने सुर्खियों में प्रकाशित किये। इनमें एक भी अखबार या पत्रिका नहीं थी जिसने इस सर्वेक्षण के महिलाओं के लिए सकारात्मक पहलू की तरफ ध्यान आकर्षित किया हो कि सौ में से चवालीस औरतें मुखर होकर घरेलू हिंसा के खिलाफ बोलीं। चवालीस औरतों की जागरूकता खबर नहीं बनी, लेकिन छप्पन औरतों की दयनीयता और मजबूरी खबर बन गयी। मीडिया ने निष्कर्ष निकाला कि महिलाओं का सशक्तीकरण अभी दूर है।

पिटती हुई ५६ फीसदी ललिताओं की आत्महीनता के बावजूद भूमंडलीकरण की दुनिया पर छाये हुए मर्द ४४ फीसदी ललिताओं की चुनौती से चिंतित हैं। वे उनकी मुक्तिकामी छवि नहीं उभरने देना चाहते, लेकिन कहीं न कहीं उनसे त्रस्त जरूर हैं, इसलिए उनके खिलाफ वे धीरे-धीरे 'मेल-फेमिनिज्म' के प्रत्यय की रचना कर रहे हैं। पुरुष-नारीवाद की यह विरोधाभासी अभिव्यक्ति एक ओर नारीवाद का मजाक उड़ाती है और दूसरी ओर मर्दवादियों की आगामी रणनीति को रेखांकित करती है। इस रणनीति में मनोविज्ञान के अधकचरे शोधों से निकाले गये समाजशास्त्रीय नतीजों का चालाकीपूर्ण दुरुपयोग भी शमिल है। इस विचार का मुख्य वाहक अभी मीडिया और उसके 'त्वरित विश्लेषकों' का जमावड़ा ही है।

मीडिया बाजार द्वारा कराये गये किसी भी सर्वेक्षण को हाथों-हाथ लेता है, इसलिए मेल-फेमिनिज्म की विचार-रचना सबसे पहले जन-संस्कृति के धरातल पर होती दिखायी दे रही है। अकादमीशियनों ने अभी इस धारणा को छुआ भी नहीं है। पहले चरण में मर्दवादी कहते हैं कि दफ्तरों में कार्यरत महिलाएँ उन गुणों को अपनाती जा रही हैं जो पुरुषों की विशिष्टता समझे जाते हैं। अपने अधीनस्थों से काम लेने के मामले में वे पुरुष बॉस से भी ज्यादा कठोर और आक्रामक प्रदर्शन करती हैं। लेडी बॉस के नीचे काम करना एक समस्या है। अपना रंग-रुतबा गालिब करने के लिए वे किसी भी सीमा तक जा सकती हैं। दूसरे चरण में मर्दवादी दफ्तर में हावी महिला अधिकारी की घरेलू भूमिका पर टिप्पणी करता है। वह दावा करता है कि आर्थिक आजादी प्राप्त

होने के बाद इस औरत ने मर्द को घर के मुखिया की पदवी से च्युत कर दिया है। अधिक जागरूक, अपने पैरों पर खड़ी और अपनी बात मजबूती से कहने वाली पत्नी को वह छोटे परिवार के नये केंद्र के रूप में पेश करता है। दिखाया यह जाता है कि कमाऊ पत्नी घर में भी बॉस है और घर के लिए राशन खरीदने से लेकर बच्चों के लिए स्कूल चुनने तक, रिश्तेदारों से संबंध रखने से लेकर घर में पति के माँ-बाप की हैसियत तक के मामले में उसी की चलने लगी है। यहाँ तक कि वह कार और नया घर खरीदने जैसे निर्णयों में भी अपनी बात मनवाने की कोशिश करने लगी है। तीसरे चरण में इन परिस्थितियों के परिणामस्वरूप 'पुरुष-नारीवाद' की परिकल्पना उभरती है अर्थात नारियाँ पुरुष बनती जा रही हैं और पुरुष नारियों की तरह अपनी सत्ता खो कर उत्पीड़ित की भूमिका में आता जा रहा है।

V

भूमंडलीकरण का प्रति-भूगोल

औरत की आजादी के संदर्भ में भूमंडलीकरण का भूगोल उस समय प्रति-भूगोल में बदल जाता है जब यूरोपीय ज्ञानोदय की कोख से जन्मे अधिकांश विचार और संस्थाएँ नारी-मुक्ति के प्रश्न को बाजार और पूँजी के उन्मुक्त प्रवाह के मातहत कर देते हैं। उन्नीसवीं सदी में पूँजीवाद आधुनिकता की सर्वाधिक शक्तिशाली आर्थिक अभिव्यक्ति बन कर उभरा था। समाजवादी चिंतकों ने भी उद्योगीकरण को मानव मुक्ति का प्रमुख वाहक करार दे कर सूत्रीकरण किया था कि अगर पूँजी को निजी हितों की सेवा से हटा कर सामाजिक हितों के पक्ष में खड़ा कर दिया जाय तो उसकी प्रतिगामी भूमिका को कल्याणकारी चरित्र में तब्दील किया जा सकता है। बेबेल जैसे समाजवादी विचारकों ने घोषणा की थी कि मशीनी सभ्यता नारी को आजाद कर देगी। मार्क्स की मान्यता थी कि एक श्रमिक के रूप में औरत जैसे ही घर की देहरी से बाहर निकल कर पुरुष श्रमिक के बराबर हैसियत प्राप्त करेगी, नर-नारी संबंध एक नये धरातल पर पहुँचना शुरू हो जाएँगे। जेम्स स्टुअर्ट मिल जैसे उदारतावादी सिद्धांतकार ने स्त्री के संपत्ति संबंधी अधिकारों में रेडिकल फेरबदल की अपील की थी। इस तरह समता का विचार, आधुनिकीकरण, उद्योगीकरण, संपत्ति संबंधों की पुनर्व्याख्या, राज्य-संस्था की हस्तक्षेपकारी भूमिका, आदि कारकों को नारी के लिए आमतौर पर मुक्तिकामी मान लिया गया था। पूँजीवाद के पहले और दूसरे चरणों में नारीवादियों को भी ये संस्थाएँ और विचार अपने आंदोलन के लिए उपयोगी लगे। उन्होंने पितृसत्ता के स्रोत

मुख्यतः परंपरा, धर्म और रीति-रिवाजों में निहित माने। उन्होंने कहा कि इन्हीं उद्गमों से फूटी विवाह और परिवार जैसी संस्थाएँ एवं इतर-लिंगी यौन संबंधों की अनिवार्यता ने नारी को बंधनों में जकड़ रखा है।

☐ भूमंडलीकरण पूँजी के आज तक प्रकट हुए सर्वाधिक संकेंद्रित और प्रभुत्वशाली रूप का नाम है। यह पूँजीवाद के तीसरे चरण का प्रतिनिधित्व करता है। इसने दुनिया-भर में बाजार का संघटन करते हुए उसका चौतरफा बोलबाला कर दिया है। इस प्रक्रिया ने बहुत कम समय में, केवल बीस वर्ष की अल्पावधि में ही, राज्य और पूँजीवादी आधुनिकीकरण को परंपरा, धर्म और रीति-रिवाजों के एजेंट का रूप देने में सफलता प्राप्त कर ली है। राज्य पहले भी पितृसत्ता के इन तीनों जनकों के साथ हेल-मेल करता रहता था और पूँजीवादी आधुनिकता का एक बड़ा अंश परंपरानिष्ठ विचारों का समर्थक था, लेकिन उस हालत में भी राज्य आधुनिकता के बुनियादी विचार में कहीं न कहीं पितृसत्ता का प्रतिकार बन कर मुखर होता रहता था। भूमंडलीकरण ने बाजार को अंतिम मंजिल बना कर यह संतुलन बिगाड़ दिया है। औरत के लिए इसके विनाशकारी नतीजे निकले हैं।

☐ एशियाई और अन्य विकासशील देशों के संदर्भ में भूमंडलीकरण की यह नारी-विरोधी भूमिका और भी स्पष्ट होकर उभरती है। एशियन रीजनल एक्सचेंज फार न्यू आल्टरनेटिव्ज़ (एरिना) नामक संस्था द्वारा आयोजित एक कार्यशाला में शामिल कई नारीवादी विद्वानों ने निष्कर्ष निकाला है कि भूमंडलीकरण ने पितृसत्ता के पहले से चले आ रहे रूपों को मजबूत ही नहीं किया है वरन् कुछ नये रूपों की भी रचना की है। उसने कुछ अर्थों में आधुनिकीकरण को भी पितृसत्ता की सेवा में लगा दिया है। लैंगिक तटस्थता का नारा बुलंद करते हुए बाजार ने राष्ट्र-राज्य की भूमिकाओं को सीमित करके फैक्ट्री और दफ्तर के कार्यस्थल को लैंगिक शोषण के अड्डों में बदलने में सफलता हासिल की है। रोजगार के मोर्चे पर उसकी प्राथमिकता आज भी वही है। औरतों के लिए परिवार और पुरुषों के लिए धनार्जन। औरतों को सर्वाधिक रोजगार देने वाली प्रणाली ने घर की देहरी पार करने वाली हर श्रमिक औरत को घर और लालन-पालन में बाँधे रखने का कारनामा कर दिखाया है। बाजार ने नर-नारी संबंधों के पारंपरिक वैषम्य को कभी नहीं टूटने दिया। नारी-श्रम से अतिरिक्त मूल्य कमाने की जुगाड़ में वह इस विषमता को अपना मुख्य औजार बना चुका है। पितृसत्ता के नये रूपों के बारे में एरिना का अध्ययन कई उदाहरणों के जरिये बताता है :

☐ भूमंडलीकरण ने महिलाओं के लिए रोजगार के नये अवसर मुहैया

किये, क्योंकि उसे नारी-श्रम की जरूरत थी। इस चक्कर में औरत को कुछ आजादी और हैसियत मिली, लेकिन कार्यस्थल पर उसकी कार्यदशाएँ बेहतर नहीं हुईं, न ही उन्हें घर के काम-काज से छुट्टी मिली। औरतों ने यह भी पाया कि उपभोक्ता क्रांति के दबाव में उनकी आमदनी अनिवार्य और दीर्घकालीन हित के कामों में खर्च होने के बजाय फौरी किस्म की शॉपिंग में बरबाद हो रही है। गरीब औरतों ने पाया कि अंतर्राष्ट्रीय संस्थाओं के दबाव में राज्य अब विभिन्न क्षेत्रों में मिलने वाली सबसिडी में कटौती कर रहा है। महँगाई से लड़ने की मजबूरी ने उन्हें अल्पावधि रोजगारों में धकेला जहाँ उनके श्रम का मनमाना शोषण किया गया। जो महिलाएँ आर्थिक रूप से आत्मनिर्भर हुईं, उन्होंने पाया कि इसका हमेश ही सकारात्मक नतीजा नहीं निकला। कमायी के जरिये तलाशने के चक्कर में वे भूमंडलीकरण की होड़ में पिछड़ती जा रहीं सरकारों और अपराधी गिरोहों की मिली-जुली साजिश का शिकार हो गयीं। निर्यातोन्मुख विकास का मतलब औरतों का निर्यात हो गया।

☐ पुरुषों को लगा कि रोजगार के क्षेत्र में महिलाएँ उनके साथ होड़ कर रही हैं। चीन जैसे स्वघोषित समाजवादी देश में भी अस्सी के दशक के आखिरी वर्षों से पुरुषों की तरफ से महिलाओं के लिए 'गो होम' नारा दिया जाने लगा। पत्र-पत्रिकाओं में इस तरह के लेखों की बाढ़ आ गयी जिनमें समझाया गया कि विवाह करना और परिवार चलाना ही औरत के लिए सर्वाधिक उचित है। जापान की मिसाल दी गयी कि वहाँ औरतों ने घर सँभाला, इसलिए पुरुष-श्रमिक अधिक उत्पादकता दे पाया जिससे औद्योगिक पुनर्निर्माण संभव हुआ। इसके अलावा विदेशी निवेश को बढ़ावा देने के लिए बने निर्यात संवर्धन क्षेत्रों में चीनी सरकार ने महिलाओं के हर तरह के खुले शोषण की छूट दे दी जिससे समाजवादी राज्य के तहत महिलाओं को मिले फायदे उतने प्रभावी नहीं रह गये। महिलाओं को प्राकृतिक रूप से कमजोर बताया जाने लगा और सुझाव दिया गया कि अगर पाँच से दस फीसदी औरतों को नौकरी से निकाल दिया जाय तो शहरी रोजगार की समस्या आसानी से हल हो सकती है।

☐ कई एशियाई देशों में फौज आधुनिकीकरण की वाहक बन कर सामने आयी और उसने कट्टरपंथियों के साथ तालमेल कर लिया। पाकिस्तान का महिला विरोधी हुदूद अध्यादेश केवल फौजी तानाशही में ही पारित हो सकता था। मलेशिया में औरतों से कारखानों में काम लिया गया, साथ ही राज्य ने पुरुषों को महिला-विरोधी इस्लामिक परिवार कानून मानने वाले केलतान प्रदेश में जा कर एक से ज्यादा विवाह करने की इजाजत दे दी। ऊपर से श्रमिक महिलाओं की धार्मिक शिक्षा का इंतजाम कारखानों के अंदर ही किया जाने

लगा। इंडोनेशिया के आधुनिकीकरण में प्रमुख भूमिका निभाने वाली फौज ने महिलाओं को परिवार और घर के दायरे में कैद करने की मुहिम चलायी। भारत में फौज तो राजसत्ता से दूर रही, लेकिन यहाँ भूमंडलीकरण और दक्षिणपंथी परंपरावादियों का उभार साथ-साथ हुआ। भारत की सरकार ऐसे तमाम तत्त्वों और संगठनों को देशभक्त और संस्कृति-रक्षक मानती है जो लड़कियों पर वस्त्र-संहिता लादते हैं और किसी भी तरह की वैकल्पिक जीवन-शैली का हिंसक विरोध करते हैं।

☐ आधुनिकीकरण करने में लगी सरकारों ने अक्सर महिला-मुक्ति के लिए संघर्षरत संगठनों को भी अपने साथ मिलाया। लेकिन, संगठनों ने राज्य के साथ मिल कर काम करते हुए अक्सर पाया कि नतीजे ठीक उल्टे निकल रहे हैं। मसलन, मलेशिया में महिला संगठन घरेलू हिंसा अधिनियम बनवाने के लिए कई वर्ष तक सरकार से सहयोग करते रहे, लेकिन जब कानून बना तो उन्होंने पाया कि उसमें हिंसा करने वाले पुरुषों के बच निकलने की कई गुंजाइशें छोड़ दी गयी हैं। महिला संगठनों को यह सीमित कानून बनवाने के लिए तरह-तरह के समझौते करने पड़े और कई उसूलों को छोड़ना पड़ा। भारत का महिला-विकास कार्यक्रम चलाने के लिए आर्थिक सहायता देने वाली संस्थाओं, महिला-संगठनों और सरकार के बीच तितरफा सहयोग की प्रक्रिया चली। महिला संगठनों ने पाया कि अंतत: यह कार्यक्रम भी औरतों के प्रति पितृसत्तात्मक रवैया रखते हुए माई-बाप की भूमिका में आ गया। भूमंडलीकरण के कारण लोकतांत्रिक गतिविधियों का क्षेत्र उत्तरोत्तर संकुचित होता चला गया है जिससे महिला संगठन उन दायरों में सिमट जाने के लिए मजबूर होते जा रहे हैं जिन्हें राज्य की स्वीकृति प्राप्त है। राज्य स्वयं महिला-मुक्ति की भाषा के अलंकारों को इस्तेमाल करके इस प्रक्रिया को प्रोत्साहित करता है,, लेकिन अंत में यह पितृसत्ताओं के आगार की तरह पेश आता है और जरूरत पड़ने पर महिलाओं के दमन से भी पीछे नहीं हटता।

☐ वेश्यावृत्ति, महिलाओं का व्यापार और बलात्कार जैसी हिंसाओं के संबंध में देखा गया है कि भूमंडलीकृत राज्य ने फौजी अथवा संसदीय रूपों में इन प्रवृत्तियों को खुले या दबे-छिपे ढंग से मजबूत ही किया है। सामंती जापान में औरत को रंग-रेलियों का संसाधन माना जाता था और कारपोरेट जापान में उसे तनाव और काम के दबाव से राहत देने का माध्यम करार दे दिया गया है। कंपनियों के मैनेजर मानते हैं कि बेहतर अधिकारी होने के लिए ही नहीं, बेहतर पति और पिता होने के लिए भी वेश्यागमन एक साधन हो सकता है। इस प्रवृत्ति का महिलाओं द्वारा विरोध किये जाने पर अर्थव्यवस्था का यह 'गोपनीय

क्षेत्र' खुल कर सामने आ गया है और महिला संगठनों को दमन झेलना पड़ रहा है। जापानी पुरुष 'सेक्स' की खोज में सीमा पार भी जाने लगे हैं और इस तरह एशिया में भूमंडलीकरण का केंद्र जापान अन्य देशों और संस्कृतियों को भी प्रदूषित कर रहा है। यौन-कर्मी के रूप में औरतों का व्यापार पूँजी के अंतर्राष्ट्रीय प्रवाह द्वारा नियंत्रित है। निर्यात संवर्धन क्षेत्रों में काम करने वाली महिला श्रमिक कभी भी अपनी सीमा लाँघ कर यौन-कर्मी बनने के लिए मजबूर है। काम की तलाश में सीमाएँ पार करती औरतें भयानक हिंसा के अंदेशों का सामना करती हैं। फिलीपींस जैसे भूमंडलीकृत अर्थतंत्र इन पहलुओं की उपेक्षा करके अपनी औरतों के अधिकाधिक निर्यात में जुटे हुए हैं। थाइलैंड का उदाहरण बताता है कि १९८७-९५ के बीच का आर्थिक उछाल काफी कुछ महिला-श्रम पर आधारित था। मंदी और अन्य संकटों के आने पर इन्हीं महिलाओं को बड़े पैमाने पर आमदनी जारी रखने के लिए यौन-कर्मी बनना पड़ा।

☐ भूमंडलीकृत राज्य ने कानून के पितृसत्तात्मक स्वरूप को बदलने की कोशिश नहीं की। कहीं भी कानून स्वीकार नहीं करता कि पति भी बलात्कार कर सकता है। न्यायपालिका आमतौर पर औरत के खिलाफ फैसले देती है। नारीवादी कानून बनाने की माँग पर अभी तक किसी राज्य ने काम नहीं किया है।[१०]

एरिना द्वारा किये गये इस अध्ययन से काफी कुछ साफ हो जाता है कि भूमंडलीकरण ने राज्य और आधुनिकीकरण को महिला-मुक्ति की परियोजना से पृथक करने की कोशिश की है। इस रूप में उसने नयी पितृसत्ताओं का सृजन किया है जो पहले से स्थापित पितृसत्ताओं को और सुदृढ़ करती हैं। उसने एक तरफ लैंगिक तटस्थता का दावा किया है और दूसरी तरफ विकास के नाम पर महिला-संगठनों की भाषा को भी अपनाया है, ताकि इन प्रच्छन्न पितृसत्ताओं का सूत्रीकरण होने में बाधा न पड़े।

संदर्भ

१. सिंथिया एनलो, *बनानाज़, बेसिज़ एंड बीचिज़ : मेकिंग फेमिनिस्ट सेंस ऑव इंटरनेशनल पॉलिटिक्स, लंदन, पिंटर, १९८९*

२. राज नायर, 'द बैकलैश', *द संडे ट्रिब्यून*, १२ नवंबर, २०००

३. सूसन वी. बरसफर्ड, *वूमेंस राइट्स, वूमेन लाइव्ज़,* फोर्ड फाउंडेशन रिपोर्ट, शरद अंक, २०००

४. सास्किया सासेन, 'वूमेंस बर्डन : काउंटर ज्योग्राफीज़ ऑव ग्लोबलाइज़ेशन एंड

फेमिनाइजेशन ऑव सरवाइवल', *जरनल ऑव इंटरनेशनल अफेयर्स,* वसंत अंक २०००, ५३, संख्या २, दि ट्रस्टीज ऑव कोलंबिया यूनिवर्सिटी, न्यूयार्क।

५. कँवलजीत सिंह, *पूँजी के भूमंडलीकरण से कैसे लड़ें?* (अनुवाद : अभय कुमार दुबे), माध्यम, दिल्ली, २०००

६. जान जिंजी पेटमेन, 'जेंडर इश्यूज', संकलित : द *ग्लोबलाइज़ेशन ऑव वर्ल्ड पॉलिटिक्स, संपादन : जान बॉयलिस और स्टीव स्मिथ,* ऑक्सफोर्ड, दिल्ली, २०००

७. *द इकनॉमिस्ट,* 'ट्रैफिकिंग इन वूमेंस : इन द शैडोज', २६ अगस्त २०००

८. इस विश्लेषण में दिये गये तर्कों और तथ्यों को और बारीकी और विस्तार से समझने के लिए निर्मला मुखर्जी के आलेख 'कैन मार्केट ऑल्टर जेंडर रिलेशंस', *जेंडर, टेक्नॉलॉजी एंड डवलपमेंट,* सेज, दिल्ली, जनवरी-अप्रैल १९९९, खंड-३, अंक-१ और जयति घोष के आलेख 'ग्लोबलाइज़ेशन एंड वूमेंस एम्प्लायमेंट इन एशिया', *वूमेंन इन एक्शन,* अंक दो, १९९९ का अध्ययन किया जा सकता है।

९. यह विश्लेषण *इंडियन एक्सप्रेस, बिजनेस मेल, हिंदुस्तान टाइम्स, टाइम्स ऑव इंडिया, द एशियन एज, द हिंदू और पॉयनियर में छपी रपटों और लेखों के आधार पर तैयार किया गया।*

१०. पितृसत्ता के नये रूपों के बारे में विस्तृत अध्ययन के लिए देखें : *रिसर्जेंट पेट्रियार्कीज़: चेलेंजिज़ फॉर वूमेंस मूवमेंट्स इन एशिया,* संपादक : उर्वशी बुटालिया, नेंग मागनो, लाउ किन ची, एरिना, हांगकांग, १९९९

कुछ दलित बुद्धिजीवियों का खयाल है कि वे पूँजी के खिलाफ आंदोलन चलाने के बजाय दलितों को पूँजीपति बनाने का आंदोलन चला कर भूमंडलीकरण को दलितों की मुक्तिकामी परियोजना में बदल सकते हैं। दूसरी तरफ आर्थिक चिंतन से दूर भागने वाले दलित नेताओं में यह प्रवृत्ति देखी जा सकती है कि वैचारिक और सैद्धांतिक सिंहावलोकन किये बिना वे चुनावी राजनीति की वेदी पर अतीत के दलित संघर्षों की पूरी विरासत की बलि चढ़ाये दे रहे हैं। यह सही है कि दलितों में अपने परिवेश की सीमा तोड़ कर सार्वभौम की ओर न जा पाने की हताशा है, लेकिन क्या सतत संघर्ष और गहन चिंतन के जरिये उपलब्ध होने वाला सार्वभौम वही है जो भूमंडलीकरण उपलब्ध कराने का आश्वासन दे रहा है? क्या इस सार्वभौम तक छलाँग लगाने के चक्कर में भूमंडलीकरण के दलित पैरोकारों ने फुले-आंबेडकर विचारधारा से नाता पूरी तरह ही नहीं तोड़ लिया है?

सार्वभौम की तरफ छलाँग?

गोपाल गुरु

भूमंडलीकरण एक ऐसे विचार और व्यवहार का नाम है जो अपनी सार्वभौमिकता के जरिये व्यक्तियों और समुदायों को उनकी पारिवेशिकता का अतिक्रमण करने का आश्वासन देता है। व्यक्ति और समुदाय के तौर पर दलित अपनी पारिवेशिकता का शिकंजा तोड़ने के लिए सबसे ज्यादा व्याकुल हैं। यह व्याकुलता उस समय और बढ़ जाती है जब वे देखते हैं कि समाज के अन्य तबके तो तेजी से लाभ उठा कर आगे बढ़ रहे हैं पर आधुनिकता के दायरे भी पारिवेशिक से सार्वभौम की ओर उनका गमन सुगम नहीं कर पाये हैं। राष्ट्र को इकाई मान कर विकसित हुई आधुनिकता के तहत सरकार आरक्षण आदि कदमों के जरिये उन्हें मध्यवर्ग में सहभागिता के मौके देती है, लेकिन नागरिक समाज के दायरे में गैर-दलित समाज उसका यह दावा स्वीकार नहीं करता। वहाँ उसे 'सरकारी दामाद' करार दे कर अवहेलना का शिकार बनाया जाता है। ज्ञान के दायरे में हालात कुछ ऐसे बन जाते हैं कि अपनी जीवन-स्थितियों के

कारण वह अनुभवसिद्ध अध्ययन की सीमाओं में बँध जाता है, भाषा और संस्कृति की दीवार उसका रास्ता रोक देती है और सिद्धांत की दुनिया में द्विजों का बोलबाला बना रहता है। विकासवादी राष्ट्रवाद के पास उसके लिए जुबानी जमाखर्च तो बहुत रहा पर ठोस रूप से पब्लिक सेक्टर के फायदों का समाज में बराबरी से बँटवारा नहीं हुआ। जो वंचित रह गया वह दलित ही था। भूमंडलीकरण की प्रक्रिया नयी है और अभी सार्वभौमिकता के उसके दावों की जाँच-पड़ताल पूरी नहीं हो पायी है। उसका समाजशास्त्र अभी काफी हद तक धुँधलके में लिपटा हुआ है इसलिए बहुत से दलित बुद्धिजीवियों को उसकी दुनिया में मुक्ति की आहटें सुनायी पड़ती हैं। संभवतः राष्ट्रवादी आधुनिकता से उनका मोहभंग भी उन्हें भूमंडलीकरण की बहुराष्ट्रीयता की तरफ खींचता है। उन्हें लगता है कि शायद यह एक नयी आधुनिकता है जो भारतीय समाज की श्रेणीबद्धता से छिपा या खुला समझौता नहीं करेगी। दूसरी तरफ ऐसे दलित विश्लेषक भी हैं जो या तो द्वितीय विश्व युद्ध के बाद पनपे रेडिकल विचारों से प्रभावित हैं या पुरानी आधुनिकता को आलोचनात्मक निगाह से देखते रहे हैं। ये लोग भूमंडलीकरण को दलितों के लिए बेहद घातक मानते हैं। इन लोगों का खयाल है कि विदेशी पूँजी, प्रौद्योगिकी, संचार क्रांति, उपभोक्तावाद और अमेरिकीकरण से मिल कर बना सार्वभौम दायरा दलितों के लिए जातिसंहारी स्थितियों का निर्माण कर देगा।

जाहिर है कि भूमंडलीकरण की ताकतवर परिघटना ने दलित समाज के भीतर न केवल वैचारिक हलचल मचा दी है, बल्कि कुछ नयी प्रवृत्तियों को जन्म भी दे दिया है। विचार मंथन जारी है और किसी निष्कर्ष पर न पहुँचने के बाद भी इन नयी प्रवृत्तियों की संरचना पर भूमंडलीकरण का असर साफ देखा जा सकता है। अगर घटनाक्रम इसी तर्ज पर आगे बढ़ता रहा तो भले ही विचारों के क्षेत्र में इस नये चिंतन को तुरंत मान्यता न मिले पर उसके आधार पर या उससे प्रभावित हो कर किये जा रहे राजनीतिक-आर्थिक प्रयोगों के दबाव में स्थापित दलित विमर्श संकट में फँस सकता है।

एक ऐसी स्थिति पैदा हो सकती है कि दलित बौद्धिक हलकों में भूमंडलीकरण का समर्थन करने वाले रवैयों के खिलाफ संघर्ष जोरदारी से चल रहा हो, पर व्यावहारिक राजनीति और आर्थिक अवसरों की दुनिया उस संघर्ष का नतीजा निकलने से पहले ही भूमंडलीकरण की विचारधारा को ठोस रूप से अपना ले। अगर ऐसा हुआ तो उसके क्या फलितार्थ होंगे? इस सवाल का जवाब खोजना इस देश के दलितों के वर्तमान और निकट भविष्य के लिए बेहद जरूरी है।

आइए देखें, विचार और व्यवहार के जगत में भूमंडलीकरण ने दलित संदर्भ में क्या गुल खिलाये हैं और क्या खिलाने जा रहा है।

विचार का क्षेत्र : भूमंडलीकरण के प्रति कुछ नजरिये

विदेशी मुद्रा संकट ने नब्बे के दशक में जिन आर्थिक सुधारों को जन्म दिया था (विश्व बैंक और अंतर्राष्ट्रीय मुद्रा कोष के सुझावों पर आधारित ढाँचागत समायोजन कार्यक्रम), उन्हें भारत में भूमंडलीकरण की प्रक्रिया की पदचाप समझा जाना चाहिए। दलित समाज से निकले बुद्धिजीवियों और उस समाज के बाहर से आने के बाद भी दलित-मुक्ति की व्यापक परियोजना से हमदर्दी रखने वाले बुद्धिजीवियों ने इस नयी परिघटना को ध्यान से देखा। उन्हें लगा कि कुछ नया ही घटित होने वाला है। यानी अर्थव्यवस्था में सरकारी क्षेत्र का रंग-रुतबा आजादी के बाद से पहली बार कमजोर पड़ेगा और उसकी जगह निजी पूँजी के बोलबाले पर आधारित बाजार का प्रभाव अनिवार्यत: बढ़ने वाला है। धीरे-धीरे नये घटनाक्रम के प्रति नजरियों का सूत्रीकरण होने लगा जिन्हें समझने की सुविधा के लिए भूमंडलीकरण के समर्थकों और विरोधियों की श्रेणी में बाँट कर देखा जा सकता है। इन श्रेणियों के भीतर उनकी उपश्रेणियाँ भी हैं जिन्हें एक-दूसरे से एकदम अलग नहीं कहा जा सकता। ये परस्परव्यापी हैं। इनमें से किसी एक के तत्त्व दूसरे में देखे जा सकते हैं। लेकिन, इनके मुख्य प्रवक्ताओं ने अपने धागों को कुछ इस तरह बुना है कि कुछ परस्पर समानताओं के रहते हुए भी वे अपना अलग वजूद बनाती लगती हैं।

भूमंडलीकरण का समर्थन करने वाली श्रेणी का जायजा लेने के लिए हमें गेल ऑम्बेट के विचारों पर नजर डालनी होगी। गेल भारतीय लोकतांत्रिक क्रांति में दलित आयाम की विख्यात इतिहासकार हैं और दलित प्रश्नों पर उनकी आवाज गंभीरता से सुनी जाती है। वे महाराष्ट्र में नकदी फसलें उगाने वाले किसानों के संगठन शेतकरी संगठन से भी जुड़ी हुई हैं। उन्होंने नब्बे के दशक की शुरुआत से ही राष्ट्रीय अर्थव्यवस्था में निजीकरण, विदेशी पूँजी और बाजार के बढ़ते हुए प्रभाव को दलित हितों की रोशनी में देखना शुरू कर दिया था। इस लिहाज़ से कहा जा सकता है कि उन्हें विचार मंथन शुरू करने का श्रेय जाता है। पिछले दस-बारह साल से वे लगातार यह साबित करने की कोशिश कर रही हैं कि बाजारवाद अपने सार में ब्राह्मणवाद विरोधी है और सरकारी समाजवाद यानी लाइसेंस-कोटा-परमिट राज पर वैचारिक रूप से ब्राह्मणवाद की गिरफ्त में रहा है। बाजार का प्रभुत्व बढ़ने से दलितों को नये-नये मौके मिलेंगे। उनके लिए इलेक्ट्रानिक मीडिया, प्रिंट मीडिया और कंप्यूटरों के क्षेत्र में

आगे बढ़ने की गुंजाइश खुलेगी। भारतीय पूँजी ने जाति के ऊपर कोई हमला बोलने में नाकामी ही दिखायी है, जबकि विदेशी पूँजी जाति की परवाह न करते हुए अपना काम करेगी। गेल की सिफारिश है कि दलितों को राज्य (सरकार) पर निर्भर रहने और उसके जरिये मिलने वाले आरक्षण, सबसिडी और अन्य रियायतों का मोहताज होने का रवैया छोड़ कर खुले प्रतिद्वंद्वितामूलक अर्थतंत्र का लाभ उठाने के लिए आगे आना चाहिए।

भूमंडलीकरण के प्रति इसी नजरिये के एक प्रमुख पैरोकार के रूप में नरेंद्र जाधव का नाम लिया जा सकता है जो खुद उदारतावादी अर्थशास्त्री भी हैं। दलितों के लिए बाजार के महत्त्व के मामले में उनका और गेल का चिंतन एक-सा है पर वे एक दूसरे पहलू पर जोर देते हैं जो उनकी श्रेणी को अलग कर देता है। वे मानते हैं कि भूमंडलीकरण दलितों को अधिकाधिक अंग्रेजी शिक्षा की तरफ ले जायेगा। वे स्मार्ट बनेंगे। पश्चिमी संस्कृति और तौर-तरीकों में रचने-बसने से उनमें गतिशीलता और होड़ के गुण पैदा होंगे। गेल जहाँ बाजार और विदेशी पूँजी को दलितों के लिए जाति की उपेक्षा करने वाले एक वरदान के रूप में पेश करती हैं, वहीं जाधव बाजार को दलितों के लिए पश्चिमीकरण के वाहक के रूप में सामने रखते हैं।

राष्ट्रवाद को जाति की रोशनी में देखने वाले विद्वान जी. अलोसिस भी भूमंडलीकरण को दलितों के लिए हितकारी मानते हैं। महाराष्ट्र में एक दलित संगठन इस मुद्दे पर एक बड़ा सम्मेलन करके व्यापक गोलबंदी की कोशिश कर चुका है। बाजार के फैलते हुए असर को ध्यान में रख कर पिछले दिनों कुछ ऐसे सूत्रीकरण और प्रयास भी सामने आये हैं जो राज्य के हस्तक्षेप के जरिये निजी क्षेत्र को आरक्षण देने के लिए मजबूर करने की वकालत करते हैं। इस उपश्रेणी की खास बात यही है कि यह दलितोत्थान में राज्य की भूमिका को खारिज करने के बजाय उसके जरिये बाजार में प्रवेश की वकालत करती है।

भूमंडलीकरण का विरोध करने वाली श्रेणी में कुछ अर्थशास्त्रियों की आवाज काफी दिनों से गूँज रही है। इनमें एस.के. थोराट, के.एस. चलम और एस. नानछरिया का नाम प्रमुख है। अपने वक्तव्यों और अनुसंधानों के जरिए इन लोगों ने दिखाया है कि विदेशी पूँजी की अमलदारी में दलितों की हालत और बुरी होने वाली है। चूँकि बाजार के प्रभुत्व में राज्य आर्थिक जीवन से अपने हाथ खींच लेगा, इसलिए दलितों को आरक्षण खत्म होने जैसे आघातों का सामना करना पड़ सकता है। दलित पूरी तरह असुरक्षित हो जाएँगे। इसी श्रेणी के एक हस्ताक्षर हैं अनिल तेलतुम्बडी जो ज्यादा रेडिकल ढंग से कहते हैं कि भूमंडलीकरण का नतीजा दलित समुदायों के पूरी तरह निष्कासन में

निकलेगा। दलितों को अपने वजूद के लिए संघर्ष करना पड़ेगा।

इसी श्रेणी की एक अन्य धारा हमें डी.आर. नागराज के विचारों के रूप में दिखायी देती है जो संस्कृति और साहित्य के उपादानों की मदद से दिखाते हैं कि भूमंडलीकरण द्वारा थोपी जाने वाली समरूपता का परिणाम सामुदायिक संस्कृति की तबाही में निकलेगा जिसका दलितों को भारी पैमाने पर नुकसान उठाना पड़ेगा। सामुदायिक संसाधनों के नष्ट हो जाने से दलितों के लिए रोजी-रोटी की समस्या और गंभीर हो जायेगी। इस दृष्टिकोण से दलितों को भूमंडलीकरण का विरोध करना चाहिए। नागराज भूमंडलीकृत दुनिया के यूरोकेंद्रित सांस्कृतिक आग्रहों की तरफ ध्यान खींचते हुए सवाल उठाते हैं कि क्या दलित युवक को अंग्रेजी के ज्ञान की होड़ में पिछड़ना नहीं पड़ेगा? जाहिर है कि नागराज भूमंडलीकरण की आलोचना को आर्थिक के बजाय सभ्यतामूलक दायरे में ले जाते हैं। आर्थिक आधार पर भूमंडलीकरण के समर्थकों और विरोधियों के बीच केवल नागराज ही हैं जो भूमंडलीकरण की सत्तामीमांसा में दिलचस्पी रखते हैं। वे अपनी विवेचना में दिखाते हैं कि किस तरह यह सत्तामीमांसा दलित-मुक्ति की परियोजना के खिलाफ जाती है।

राजनीतिक व्यवहार का क्षेत्र : दलित विमर्श की नयी भाषा

विचारों के क्षेत्र में भूमंडलीकरण पर चल रही बहस के इस संक्षिप्त जायजे से जाहिर है कि पाले के दोनों तरफ नागराज के अपवाद को छोड़ कर आर्थिक प्रश्न को केंद्र बना कर ही बात हो रही है। यह अपने आप में एक नयी बात है, क्योंकि दलित आंदोलन में आर्थिक मुद्दों पर चर्चा की कोई समृद्ध परंपरा नहीं है। आज की सबसे बड़ी दलित पार्टी बहुजन समाज पार्टी के पास तो कोई आर्थिक कार्यक्रम तक नहीं है और उसके नेता ऐसा कोई सूत्रीकरण करने के मूड में भी नहीं दिखते। रिपब्लिकन पार्टी के एक धड़े के नेता प्रकाश आंबेडकर ने शुरू में भूमंडलीकरण का विरोध किया था, लेकिन काफी समय से इस विषय में उनकी कोई नयी कोशिश देखने में नहीं आयी है और न ही कोई आवाज सुनायी पड़ी है। दलितों के बीच काम करने वाली स्वयंसेवी संस्थाओं का रवैया आमतौर पर अवसरवादी है। वे उस स्रोत की मर्जी का खयाल ज्यादा रखती हैं जिससे उन्हें धन मिल रहा है। मुंबई आधारित विकास अध्ययन केंद्र नाम का एनजीओ दलितों के लिए नुकसानदेह मान कर भूमंडलीकरण का सक्रिय विरोध कर रहा है।

बहस में सीधा हस्तक्षेप न होने के कारण मोटे तौर पर यही लगता है कि भूमंडलीकरण पर दलित विद्वानों और दलित हमदर्दों की बेचैनी ने दलित हितों

की पैरोकारी करने वाले राजनीतिक दलों को स्पर्श नहीं किया है। सतही तौर पर कहा जा सकता है कि बसपा जैसी पार्टियाँ आंबेडकर के नाम पर प्रतीकों की राजनीति में लगी हुई हैं और भूमंडलीकरण के समर्थन और विरोध से उनका कोई खास वास्ता नहीं है। लेकिन, पिछले दिनों उनकी राजनीति में कुछ ऐसी प्रवृत्तियाँ दिखायी पड़ी हैं जो अपने चरित्र में वैसी ही हैं जो भूमंडलीकरण से निकलने वाले संभावित अवसरों को लपक लेने के लिए आतुर दलित बुद्धिजीवियों में दिखायी पड़ती हैं। इन प्रवृत्तियों की जाँच जरूरी है, क्योंकि इनके कारण दलित राजनीतिक विमर्श को एक सर्वथा नया आयाम मिल सकता है जो एक तरफ इस विमर्श को बहुमुखी बनाता है, लेकिन दूसरी तरफ मेरी निगाह में चिंताजनक भी है।

यह नयी भाषा बताती है कि दलित विमर्श के इस नये आयाम की शक्ल-सूरत उत्तर-संरचनावाद और उत्तर-आधुनिकतावाद के चिंतन के मुख्य दायरे के बाहर बन रही है। इसका नयापन और स्थापित चिंतन से इसकी स्वायत्तता इसके आकर्षण का एक कारण हो सकता है। मेरी समझ में समस्या यह है कि यह नया आयाम स्थापित चिंतन से ही स्वायत्त नहीं है, वरन दलितों के जीवन-जगत से भी कटा हुआ है। इसकी रचना पूरी तरह इस देश की साधारण दलित जनता के सपनों के बाहर हो रही है। इसका उन मुद्दों से कोई वास्ता नहीं है जो सभी दलितों को प्रभावित करते हैं। खास बात यह है कि इस नयी भाषा में एक स्तर पर सार्वभौम होने की अनुगूँजें हैं पर दूसरे स्तर पर वह आत्मविश्वास से रहित, पूरी तरह अस्थायी और आकस्मिक लगती है। एक तरह से यह थोड़ी-सी चालाक भी है कि किसी भी किस्म की सत्तामीमांसा से बचते हुए पारिवेशिक को सार्वभौम के रूप में पेश करना चाहती है। जाहिर है कि वह दलित-मुक्ति के स्वप्न को धरती पर उतारने की कोशिशों में निहित विभिन्न सत्तामीमांसाओं के फर्क को छिपाने के फेर में है। यह नयी भाषा हर दलित के लिए निम्न-पूँजीवादी (पैटीबुर्जुआ) स्वप्न को ही उसका अंतिम स्वप्न बना देना चाहती है। यही कारण है कि उसे दलित विमर्श के पहले से स्थापित रूपों को खारिज करना पड़ता है। इस भाषा का व्याकरण अस्पष्ट है। इसका पता इस बात से लगता है कि वह अस्मिता की उस दलित राजनीति को फिर से नहीं करना चाहती जो पारिवेशिकता की देन होते हुए भी अछूतों को उससे मुक्ति की तरफ ले जाने के लिए रची गयी थी।

उदाहरण के तौर पर यह भाषा बढ़ईगीरी करने वाले दलित को भविष्य के पूँजीपति के रूप में देखने पर जोर देती है। उसे पोचम्मा और मारियाई जैसी दलित देवियों की चर्चा में रुचि नहीं है, बल्कि वह ब्रह्मा, विष्णु और महेश के

रूपक को अपनाना चाहती है। यानी वह दलितों को एक छलाँग भरने के लिए उकसा रही है। जिस सार्वभौम तक पहुँचने के लिए दलित पारिवेशिकता का सतत विद्रोह के जरिये क्रमशः उल्लंघन कर रहे थे, यह भाषा भूमंडलीकरण के घोड़े पर सवार हो कर उन्हें एक झटके के साथ उसी सार्वभौम की कक्षा में फेंकने पर तुली हुई है। सवाल यह है कि इस 'शॉक ट्रीटमेंट' से दलित समाज का क्या होगा? कहीं ऐसा तो नहीं कि बाजार के जरिये पारिवेशिकता से मुक्त होने की इस छलाँग के चक्कर में वह लंबी अवधि के लोकतांत्रिक आंदोलन से प्राप्त अपनी उपलब्धियों को भी खो दे?

दलित विमर्श की इस नयी भाषा को तीन संदर्भों की रोशनी में देखा जा सकता है। पहला, कांग्रेस के राजनीतिक वर्चस्व का क्षय और उसकी जगह लेने वाले किसी वर्चस्व का न उभर पाना। इस वजह से भारतीय राजनीति अस्थिर हो गयी है। उत्तर भारत के दलित सोचने लगे हैं कि अब उनके लिए आंबेडकर का दर्शन उतना महत्त्वपूर्ण नहीं रहा जितना अपने संख्याबल पर सौदेबाजी की चुनावी ताकत को बढ़ाना हो गया है। राजनीतिक अस्थिरता के माहौल में वे यह कारीगरी कर सकते हैं। दूसरा, इस नयी भाषा का जनाधार देश के उत्तरी इलाकों में ही सीमित है। तीसरा संदर्भ भूमंडलीकरण का है।

राजनीति के स्थानीय स्तर पर बहुजन-राजनीति करने का दावा करने वाली ताकतें कुछ वर्ष पहले तक हाथी को दलित शक्ति का प्रतीक मानती थीं, लेकिन चुनावी फायदे के लिए वे अब ब्रह्मा, विष्णु और महेश की तीनमूर्ति के रूपक को उभार रही हैं। पहले यही ताकतें बहुजन की अवधारणा पर जोर देती थीं, लेकिन अब वे खुद को सर्वजन राजनीति का वाहक बता रही हैं। जाहिर है कि यह राजनीति हाथी और तीनमूर्ति के बीच एवं बहुजन और सर्वजन के बीच सांस्कृतिक और जातिगत तनाव का शिकार होने से नहीं बच सकती। इन दलित नेताओं ने चुनावी राजनीति के दबाव में जटिल सामाजिक यथार्थ को महज लोकप्रिय नारों और भाषणबाजी में सीमित कर दिया है। वे पारिवेशिक से सार्वभौम की तरफ जाने के लिए शार्टकट अपनाना चाहते हैं और इस चक्कर में दलितों को तर्कबुद्धि के स्तर पर नुकसान उठाना पड़ रहा है।

कैसी अजीब बात है कि सार्वभौम की उपलब्धि भी हो जाय और दलितों को संज्ञानात्मक धरातल पर नयी उपलब्धियाँ न हों। दरअसल, सार्वभौम तक दलितों की सामूहिक यात्रा गहरे विचार-विमर्श और जद्दोजहद का परिणाम न हो कर जज़्बातों और नारों के दम पर की जा रही है। सार्वभौम तक लगायी जाने वाली यह छलाँग तार्किकता को जड़सूत्र में बदल सकती है। कम से कम भूमंडलीकरण के संदर्भ में तो ऐसा ही हो रहा है। भूमंडलीकरण के समर्थकों ने

उसे तर्कहीन समर्थन दे कर उसके पैरोकारों के इस स्वर में स्वर मिलाने की कोशिश की है कि उसका कोई विकल्प नहीं है और दलितों समेत समाज के सभी तबकों के लिए वह कल्याणकारी है।

सार्वभौम तक लगायी जाने वाली छलाँग का एक नतीजा यह भी निकला है कि कई लोग कृत्रिम आवश्यकताओं को ही वास्तविक समझने लगे हैं। इस विभ्रम को बनाये रखने में मीडिया की भी एक भूमिका है। मसलन, भूमंडलीकरण का समर्थन करने वाले ज्यादातर दलित नेता मानते हैं कि यह प्रक्रिया दलितों के लिए मुक्ति का रास्ता खोलने वाली है। पर वे इस बात का जवाब देने से कतराते हैं कि आज के दलित युवक इतने कुंठित और हताश क्यों है? वे इन बातों का भी जवाब नहीं देते कि उन दलितों को भूमंडलीकरण से कैसे लाभ पहुँचेगा जो मुख्यत: असंगठित क्षेत्र, जो तेजी से सिकुड़ता जा रहा है, से अपनी रोजी-रोटी कमाते हैं। क्या इसका मतलब यह नहीं है कि किसी एक व्यक्ति या व्यक्तियों के एक छोटे-से समूह द्वारा भूमंडलीकरण को सार्वभौम कल्याण का वाहक मान लेने के बाद बाकी सभी दलित उनके पीछे घिसटते चले जाएँगे।

सवाल यह है कि दलित नेता सार्वभौम की उपलब्धि का शार्टकट क्यों अपनाना चाहते हैं? वे अपनी पारिवेशिकता की सीमाएँ लाँघने के लिए सार्वभौम की ओर छलाँग क्यों लगाना चाहते हैं? भूमंडलीकरण का सार्वभौम कैसा है और उसके बारे में उन्हें कितनी ठोस जानकारी है? उनका यह कदम किसी वैचारिक आस्था का परिणाम है या फिर उसके पीछे किसी तरह की मजबूरियाँ हैं? अगर यह किसी आस्था का परिणाम होता तो सार्वभौम को हासिल करने के लिए दलित नेता सिंहावलोकन के संदर्भ में यह प्रयास करते नजर आते। चूँकि अतीत का सिंहावलोकन उन्हें भूमंडलीकरण का समर्थन करने से रोकता है, इसलिए वे उसकी उपेक्षा कर रहे हैं। अतीत का सिंहावलोकन दलितों को दिखाता कि कुछ दिन पहले ही वे मनुवादियों के कितने बड़े आलोचक थे और सत्ता हासिल करने के फेर में सर्वजन के नाम पर वे किस तरह उस आलोचना को भुला बैठे हैं। अतीत को भुलाने की कोशिश आंबेडकर के विचारधारात्मक और सैद्धांतिक रुखों के प्रति लापरवाह रवैया अपनाने में भी दिखायी पड़ती है। भूमंडलीकरण और फुले-आंबेडकर विचारधारा की एक साथ बात करना उनके लिए मुश्किल है। ध्यान रहे फुले-आंबेडकर विचारधारा ब्राह्मणवाद ही नहीं, पूँजीवाद को भी दलितों और अन्य मेहनतकशों का खून चूसने वाली जोंकें मानती है।

अगर भूमंडलीकरण ब्राह्मणवाद की उच्चतम अवस्था है, जो वह है, तो

फिर वह दलितों की मदद नहीं कर सकता। मुश्किल यह है कि सिंहावलोकन की राजनीति असुविधाजनक होती है, इसलिए बड़े सुविधाजनक तरीके से ये दलित नेता और बुद्धिजीवी अपनी विचारधारात्मक और सैद्धांतिक आस्थाओं को भुला देना चाहते हैं। उन्हें गठजोड़ों की राजनीति के जरिये फौरी फायदों को याद रखने में दिलचस्पी रह गयी है। पूँजी के खिलाफ आंदोलन चलाने के बजाय इसीलिए पूँजीपति बनने के लिए आंदोलन चलाने की कोशिश की जा रही है। बाजार में दलितों के लिए गुंजाइशें तलाशी जा रही हैं। यह जरूर है कि बाजार कुछ मुट्ठी-भर दलितों को अपने बीच जगह दे सकता है। पर पूँजी के खिलाफ आंदोलन उन संरचनाओं को ही नष्ट करने के मकसद से चलाया जाता है जो विषमता और ऊँच-नीच को बढ़ावा देती हैं। जाहिर है कि भूमंडलीकरण का समर्थन फुले-आंबेडकर विचारधारा से हटे बिना नहीं किया जा सकता और ऐसा इसलिए हो रहा है कि नये दलित विमर्श की भाषा में आत्मचिंतन की प्रवृत्ति का अभाव है।

सार्वभौम की तरफ छलाँग लगाने के प्रयास में नैतिक दमखम का भी अभाव लगता है। वह एक बार की हार भी बर्दाश्त करने की हालत में नहीं है। इसलिए उसे संघर्ष के बजाय लगातार समझौते की राजनीति करनी पड़ती है। वह खुद किसी तात्कालिक पराजय की निराशा से नहीं गुजरना चाहता पर लाखों-करोड़ों दलित जनता की भावनाएँ भड़का कर उसकी हताशा का दोहन जरूर करना चाहता है। यहाँ ध्यान रखने की बात यह है कि भूमंडलीकरण के सार्वभौम में दलितों की पारिवेशिकता अंतिम तौर पर नहीं, बल्कि अस्थायी तौर पर ही डूबेगी। दलितों को भूमंडलीकरण की राह पर चलाने वाले दलित नेता और बुद्धिजीवी पारिवेशिकता को भी जीवित रखना चाहते हैं ताकि सार्वभौम से सौदेबाजी की उनकी ताकत बनी रहे और दूसरी तरफ वे अपने कृत्यों पर सवाल उठाने वालों के खिलाफ इस सार्वभौम को हथियार की तरह इस्तेमाल भी कर सकें। बहुजन के बजाय सर्वजन की बात करने की आलोचना करने वालों को हिंदुत्व का समर्थक या टट्टू कह कर आड़े हाथों लिया जा रहा है। सार्वभौम की तरफ छलाँग लगाने वाली राजनीति का यह पैंतरा बड़ा जटिल है : एक तरफ तो वह हिंदुत्व से लाभ उठा रही है और दूसरी तरफ अपने विरोधियों पर हिंदुत्व को लाभ पहुँचाने वालों के रूप में चिह्नित कर रही है।

निष्कर्ष

इस विश्लेषण से ज़ाहिर है कि बीसवीं सदी में दलितों के बीच विकसित हुई प्रतिरोध की संस्कृति को भूमंडलीकरण के कारण जोरदार झटका लगा है।

उनके राजनीतिक चिंतन में खासी अस्थिरता आयी है। दलित समाज में गहरी निराशा और कुंठा है। इस स्थिति से उबरने के लिए उन्हें दोहरी लड़ाई छेड़नी पड़ेगी। एक मोर्चा राष्ट्रीय पूँजी के खिलाफ खोलना होगा और एक अंतर्राष्ट्रीय पूँजी के खिलाफ। इसी लड़ाई में आगे चल कर न्याय और समता का नया और अधिक व्यापक सिद्धांत विकसित होगा। इस संघर्ष के दौरान उन्हें नवउदारतावादी चिंतन की तरफ से भी सतर्क रहना होगा और अपने चिंतन जगत में नयी जरूरतों के हिसाब से संशोधन और परिवर्द्धन करते रहना होगा।

भूमंडलीकरण बनाम धर्म

भूमंडलीकरण केवल सीमाबद्ध राष्ट्रीयता के आर-पार पूँजी के प्रवाह का ही नाम नहीं है, बल्कि उसे विचारों के इसी तरह के प्रवाह के रूप में भी समझना आवश्यक है। इस रूप का एक अनिवार्य और बेहद महत्त्वपूर्ण आयाम है धर्म का भूमंडलीकरण। तबलीगी जमात और विश्व हिंदू परिषद की गतिविधियों का अध्ययन बताता है कि किस तरह ये दोनों संगठन विराट राष्ट्रातीत धार्मिक नेटवर्कों का रूप ले चुके हैं। इनकी गतिविधियों से राष्ट्रीय, राष्ट्रातीत और धार्मिक पहलुओं की अन्योन्यक्रिया का समीकरण निकलता है। ये हिंदुओं और मुसलमानों के बीच एक नयी अस्मिता की रचना में लगे हुए हैं जिस पर किसी संदर्भ में राष्ट्रीयता हावी लगती है और कभी वह राष्ट्रीयता की सीमा से परे चली जाती है।

तबलीगी जमात और विश्व हिंदू परिषद

शैल मायाराम

भूमंडलीकरण एक परिघटना का नाम है जिसके कई आयाम हैं। उसमें से न जाने कितनी प्रतिध्वनियाँ फूटती हैं। कुछ आयामों और प्रतिध्वनियों को आसानी से पहचाना जा सकता है और कुछ की शिनाख्त करने का काम अभी बाकी है। आमतौर पर भूमंडलीकरण को पूँजी और श्रम-प्रवाह के भूमंडलीकरण का पर्याय मान लिया जाता है। पूँजी और श्रमिकों के जाने-आने की प्रक्रिया ने आव्रजन और अनिवासी नागरिकता को बढ़ावा दे कर भूमंडलीकरण के सिलसिले में ऐतिहासिक योगदान दिया है, पर भूमंडलीकरण का दायरा सिर्फ यहीं तक सीमित होता तो शायद वह इतनी विराट और सर्वव्यापी परिघटना का रूप नहीं ले सकता था। इसके साथ एक ऐसा आयाम भी जुड़ा है जिसे संबंधित विमर्श में ज्यादा महत्त्व नहीं दिया जाता, लेकिन जिसका विस्तृत और गहन अध्ययन किये बिना भूमंडलीकरण को उसकी संपूर्णता में समझना नामुमकिन है। यह है विचारों और बुद्धिजीवियों का आवागमन। विचारों के भूमंडलीकरण के दो मुख्य स्रोत हैं : पहला, अकादमीय दायरों में सक्रिय और काफी हद तक आधुनिक और सेकुलर विचारधारओं के प्रतिनिधि बुद्धिजीवियों की अंतर्राष्ट्रीय

सक्रियता; और दूसरा, धार्मिक संस्थाओं और धार्मिक विचारधाराओं की नुमाइंदगी करने वाले पुजारी वर्ग के सदस्यों और कार्यकर्ताओं द्वारा चलाये जाने वाले अंतर्राष्ट्रीय अभियान।

भूमंडलीकरण ने विचारों और बुद्धिजीवियों के विनिमय में अभूतपूर्व बढ़ोतरी कर दी है। यह आदान-प्रदान दो स्तरों पर हो रहा है। सेकुलर किस्म के बुद्धिजीवी राष्ट्रों की सीमा के आर-पार अपनी सक्रियता और संचार-क्रांति के जरिये बहुत बड़े पैमाने पर समाज और जनता को प्रभावित कर रहे हैं। उनकी गतिविधियाँ परिवर्तनकारी प्रभाव डाल रही हैं। एक खास तरह का नागरिक समाज बनता हुआ दिख रहा था। भूमंडलीकरण की प्रक्रिया की शुरुआत के पहले से सक्रिय नये सामाजिक आंदोलनों ने भी इस प्रक्रिया में उल्लेखनीय योगदान किया है। अधिकारों की भाषा बोलते हुए ये आंदोलन राष्ट्र-राज्य की सीमाबद्ध भू-क्षेत्रीयता के परे चले जाते हैं। इस प्रवृत्ति ने अध्ययन के नये राष्ट्रातीत दायरे को जन्म दिया है। किस्म-किस्म के विचारों और अवधारणाओं का जबर्दस्त प्रसार देखा जा सकता है। बहुसंस्कृतिवाद की उभरती विचारधारा और अन्य विचारों के इस भूमंडलीकरण के कारण सार्वदेशिकता और नारीवाद तक बहुरंगा हो गया है।

दूसरी तरफ धार्मिक दायरों में काम करने वाले बुद्धिजीवी, संगठक और कार्यकर्ता हैं। एक प्राक्-आधुनिक परिघटना के रूप में धर्म हमेशा से ही एक राष्ट्रातीत वैचारिक और सांगठनिक संरचना रहा है। अलग-अलग धर्मों के पैरोकार सदैव से अपने मत को विश्व का मत कहते रहे हैं और उनका प्रयास भी रहा है कि उनके विचारों, पूजा-पद्धतियों और जीवन-शैलियों का सारी दुनिया में प्रसार हो। इस्लाम और ईसाइयत ऐसे ही ताकतवर राष्ट्रातीत धर्म हैं, लेकिन देखा यह गया है कि राष्ट्रातीत होने की प्रक्रिया इन धर्मों की स्थापित संरचना में काफी तब्दीलियाँ भी लाती है। फिलिप जेनकिंस ने अपने बेहतरीन अनुसंधान के जरिये दिखाया है कि ईसाई धर्म कैसे सारी दुनिया में अपने प्रभाव में वृद्धि कर रहा है और कैसे २०५० तक हर दो मुसलमानों पर विश्व-भर में तीन ईसाई हो जाएँगे। पिछली सदी में ईसाइयत ने दक्षिण के देशों में अपना काफी विस्तार किया है, लेकिन इस विस्तार के दौरान उसके अपने चरित्र में भी काफी बदलाव आया है। पेंटाकॉस्टलिज़्म एक ऐसी ही प्रवृत्ति है जो यूरोपीय और उत्तरी अमेरिकी ईसाइयत के प्रचलित मॉडल से अलग दिखायी पड़ती है। इसके सरोकारों में 'अलौकिकता' का स्थान कहीं ज्यादा है। दैवी भविष्यवाणी, ईश्वर-दर्शन, इलहाम और उपचार संबंधी चमत्कारों के संदर्भ में पश्चिमी ईसाइयत और पेंटाकॉस्टलिज़्म के बीच यह फर्क देखा जा सकता है। अफ्रीका

और लातीनी अमेरिका में तो ईसाइयत और पागानिज़्म (गैर-ईसाई धार्मिक प्रवृत्तियाँ) के बीच एक तरह की सामासिकता दिखायी देती है।

विविधताओं पर समरूपीकरण के आयाम आरोपित करने के संदर्भ में धर्म का भूमंडलीकरण पहले भी था, लेकिन तब इसकी सीमाएँ उपनिवेशवाद, फौजी आक्रमणों और राष्ट्र-राज्य के दायरों में रहती थीं। वित्तीय पूँजी के नये रूपों, उपभोक्ता समाज की रचना और संचार क्रांति के माध्यम से हो रहे भूमंडलीकरण ने धर्म के इस आयाम को एक नया उछाल दे दिया है। भूमंडलीकरण के मौजूदा दौर ने धर्म में एक नया आवेश भर दिया है जिससे वह समाज और व्यक्ति को बदलने की ऐसी ताकत से लैस हो गया है कि अब उन समाज विज्ञानियों के लिए भी उसकी उपेक्षा करना संभव नहीं रह गया है जो पहले केवल सेकुलर विचारों के भूमंडलीकरण में ही दिलचस्पी लेते थे।

राष्ट्र की संरचना आधुनिकता की देन है और बेनेडिक्ट एंडरसन के जरिये हम राष्ट्र के विकास पर छापेखाने के प्रचलन से पड़े असर के बारे में जानते हैं। लेकिन, इस हकीकत का एहसास बहुत कम लोगों को है कि छापेखाने ने धर्म की दुनिया में भी बुनियादी परिवर्तन अंजाम दिया है। आधुनिक युग की इस देन ने धार्मिक पाठ को आम जनता में प्रचार-प्रसार के लिए उपलब्ध कराया। आधुनिक शिक्षा प्रणाली ने धार्मिक पाठ को पहली बार अपने पाठ्यक्रम का अंग बनाया। धर्म की प्रभावकारिता में आधुनिकता का यह एक बहुत बड़ा योगदान था। अगर भूमंडलीकरण आधुनिकता की ताजा मंजिल का नाम है तो यह मानना पड़ेगा कि अतीत में छापेखाने की तरह आधुनिकता ने संचार क्रांति के औजारों से भी धर्म के प्रभाव का प्रसार करते हुए उसके रूपों में परिवर्तन किया है। अब धार्मिक नेता अपने देश से निकाल दिये जाने के बाद भी वीडियो कांफ्रेंसिंग के माध्यम से अपने अनुयायियों को सशरीर संबोधित कर सकते हैं। वर्ल्ड वाइड वेब के जरिये वे सेंसर के शिकंजे से कतराते हुए एक नये राष्ट्रातीत धार्मिक समुदाय की रचना कर सकते हैं।

धर्म का भूमंडलीकरण एक सर्वथा नये आयाम को पेश करता है जो नागरिक समाज की विभिन्न प्रवृत्तियों के विकास में हिस्सेदारी कर रहा है। अंतर्राष्ट्रीय धार्मिक नेटवर्कों की संख्या और प्रसार में काफी बढ़ोतरी होती जा रही है। मिशनरी काम और धार्मिकता के फैलाव के जरिये नये समुदायों की रचना की कोशिश चल रही है। ईसाइयत के संदर्भ में पेंटेकोस्टलिज़्म जैसे नये संप्रदायों के उभार और प्रभाव को इसके एक उदाहरण के रूप में लिया जा सकता है। इसी तरह एशियायी और भारतीय संदर्भों में तबलीगी जमात द्वारा इस्लाम के और विश्व हिंदू परिषद द्वारा हिंदू धर्म के भूमंडलीकरण के उदाहरण

विचारणीय हैं। विहिप और तबलीग को नये सामाजिक आंदोलनों की तर्ज पर नये राष्ट्रातीत धार्मिक आंदोलन की नयी श्रेणी में रखा जा सकता है।

तबलीगी जमात जिस तर्ज पर इस्लाम के भूमंडलीकरण में जुटी हुई है उससे लगता है कि वह राष्ट्रों की सीमाओं को लाँघ कर एक राष्ट्रातीत इस्लामिक अस्मिता रचना चाहती है। इसके विपरीत विश्व हिंदू परिषद हिंदुत्व के अंतर्राष्ट्रीयकरण की मुहिम तो चला रही है, पर उसका यह अभियान हिंदुत्व के राष्ट्रीय लक्ष्यों के मातहत ही है। यानी जमात का भूमंडलीकरण सीमाबद्ध राष्ट्रीयता को कमजोर करता लगता है, लेकिन विहिप का भूमंडलीकरण उसे सुदृढ़ करने की फिराक में है। दूसरे शब्दों में यह भी कहा जा सकता है कि विहिप राष्ट्रवाद की अपनी किस्म (जिसे वह सांस्कृतिक राष्ट्रवाद कहती है) के हित में भूमंडलीकरण को एक औजार की तरह इस्तेमाल कर रही है। खास बात यह है कि अलग-अलग लक्ष्यों और आपसी प्रतिद्वंद्विता के बावजूद जमात और विहिप के चिंतन और रवैये में कई जगह काफी समानता है। आधुनिकता के प्रति नजरिया हो, नेतृत्व की सामाजिक जड़ों का सवाल हो, लैंगिक प्रश्न हो, भारतीय जाति व्यवस्था के साथ अन्योन्यक्रिया का मामला हो, बहुसांस्कृतिकता का पहलू हो, अनिवासी नागरिकों के बीच काम का दायरा हो या हिंदुओं और मुसलमानों की आस्थाओं और विश्वासों की विविधता-बहुलता के ऊपर समरूपता थोपने की कोशिश हो, ये दोनों संगठन एक ही रास्ते के राही लगते हैं। दोनों ही हिंदुओं और मुसलमानों के पारंपरिक धार्मिक रवैये से असंतुष्ट हैं और उसे अपने-अपने समुदाय की कमजोरी वजह करार देते हैं।

दरअसल, जमात और विहिप की कोशिशें भूमंडलीकरण के सिलसिले में बुद्धिजीवियों के बीच चल रही बहस की तरफ भी ध्यान खींचती हैं। यह बहस इस बात पर है कि अस्तित्व और अस्मिता के सर्वथा नये रूपों को जन्म देने वाली भूमंडलीकरण नामक परिघटना को किस नजर से देखा जाना चाहिए और शीत युद्ध के बाद बनी नयी विश्व-व्यवस्था का चरित्र क्या है। इस विवाद को तीन भागों में बाँट कर देखा जा सकता है : एक तरफ समाजवादी व्यवस्था, सुदृढ़ वामपंथी और ट्रेड यूनियन आंदोलन के अवसान का शोकगीत है। यह दृष्टि बाजार की ताकतों के कारण भविष्य और वर्तमान में अधिकांशतः विनाश और दरिद्रीकरण का परिदृश्य ही देखती है। आमतौर पर मार्क्सवादी, समाजवादी और गाँधीवादी चिंतकों को इस नजरिये का प्रतिनिधि माना जा सकता है। दूसरी तरफ भूमंडलीकरण का जश्न मनाने का रवैया है। इन लोगों को लगता है कि राष्ट्रवाद और राष्ट्रीय संप्रभुता का अवसान या तो हो चुका है या नजदीक है,

इसलिए वे उत्तर-राष्ट्रवादी बहुराष्ट्रीयता का स्वागत गान गाने में लगे हुए हैं। इस रवैये के बौद्धिक प्रवक्ता के तौर पर अर्जुन अप्पादुरै को लिया जा सकता है। उनकी दलील है कि शरणार्थी शिविर हों, शांति स्थापित करने वाली अंतर्राष्ट्रीय सेनाएँ हों या आतंकवादियों को प्रशिक्षण देने वाले अंतर्राष्ट्रीय अड्डे हों, ये सभी राष्ट्रातीत संरचनाएँ हैं और हमें उत्तर-राष्ट्रवादी चिंतन के लिए मजबूर करती हैं। तीसरी तरफ पार्थ चटर्जी जैसे विचारक हैं जो मानते हैं कि भले ही राष्ट्र-राज्य कई बार लोकतंत्र के लिए संघर्ष में हमारा साथी बनने के लिए तैयार न हो पर फिर भी हमें राष्ट्र के दायरे के भीतर रह कर ही सोचना चाहिए। हम वक्त से पहले न तो राष्ट्र-राज्य के दिवंगत होने की घोषणा कर सकते हैं और न ही उसके महत्त्व को अनदेखा करके आगे बढ़ सकते हैं। फेंग चीह और ब्रूस राबिंसन जैसे विद्वान भी राष्ट्रातीत आयाम और अनिवासी नागरिकता का जश्न मनाने के बजाय भूमंडलीकरण की रोशनी में राष्ट्र के महत्त्व को फिर से समझने पर जोर देते हैं।

भूमंडलीकरण के बारे में छिड़ी हुई इसी बहस की रोशनी में संघ परिवार (राष्ट्रीय स्वयंसेवक संघ और उसकी विभिन्न संस्थाओं का नेटवर्क) के काम को समझने की शुरुआत की जा सकती है। इसी जगह हम देख सकते हैं कि राष्ट्रवाद के साथ अपनी वैचारिक दिक्कतों के कारण किस तरह भारतीय उलेमाओं का एक बड़ा हिस्सा कौम, वतन और सामासिक राष्ट्रवाद के बारे में अपना रवैया निर्धारित करता रहा है। कांग्रेस के नेताओं और उलेमाओं के बीच गठजोड़ का एक लंबा इतिहास रहा है। मुस्लिम लीग के प्रभाव का मुकाबला करने के लिए बनायी गयी इस व्यूह रचना को इस बात का श्रेय दिया जा सकता है कि विभाजन के बाद भी भारत में भारी संख्या में मुसलमान समुदाय ने भारत में ही रहना पसंद किया। लेकिन, इसी की प्रतिक्रिया में हिंदुत्व का दावा करने वाले दक्षिणपंथी राष्ट्रवाद को पनपने की गुंजाइश मिली। इस राष्ट्रवाद ने भारतीय राज्य पर मुसलमानों के तुष्टीकरण का आरोप लगाया और उसके सेकुलरवाद को हिंदू विरोधी और फर्जी करार दिया।

तबलीगी जमात

इस्लामी सुधार के दुनिया के सबसे बड़े संगठन तबलीगी जमात का केंद्रीय मुख्यालय नयी दिल्ली के निजामुद्दीन इलाके में स्थित है। इसे इस्लामी मरकज़ के नाम से जाना जाता है। मरकज़ यानी केंद्र। इसकी संस्थागत पहुँच दुनिया के कई हिस्सों में फैली हुई है। इसे बाकायदा एक बहुराष्ट्रीय धार्मिक नेटवर्क की संज्ञा दी जा सकती है। मौलाना मुहम्मद इलियास अल कंधालवी द्वारा १९२५

के आसपास स्थापित तबलीग को 'दीनी दावा' भी कहा जाता है। तबलीग का लक्ष्य है इस्लामी पुनरुत्थान, लेकिन उसे एक रूढ़िवादी संगठन नहीं कहा जा सकता। बारबरा मेटकाफ द्वारा किये गये तबलीगी जमात के अध्ययन से पता लगता है कि यह संगठन किस तरह जेहादी इस्लाम से अलग है। मौलाना इलियास की शिक्षाएँ इंसान के भीतरी जेहाद पर ज्यादा जोर देती थीं। शायद यही कारण है कि जेहादी इस्लाम की नुमाइंदगी करने वाले संगठन तबलीग को इंटरनेट पर गैर-इस्लामी करार देते हुए देखे जा सकते हैं। जमाते-इस्लामी के पैरोकार भी मानते हैं कि तबलीग का काम उनकी कट्टरपंथी परियोजना के लिए फायदेमंद नहीं है।

मौलाना इलियास की शिक्षा-दीक्षा देवबंद के विख्यात मदरसे में हुई थी जो भारतीय उपमहाद्वीप में इस्लामी कानून की हनाफी शाखा का सबसे बड़ा पैरोकार है। तबलीगी जमात पर भी देवबंदी स्कूल का भारी प्रभाव है। जिस तरह देवबंदी मत से जुड़े उलेमाओं में कई तरह की वैचारिक प्रवृत्तियाँ हैं, उसी तरह तबलीगी जमात में भी विभिन्न वैचारिक प्रवृत्तियाँ देखी जा सकती हैं। विशुद्ध आध्यात्मिक नजरिया रखने वाले लोग भी तबलीग में शामिल-सक्रिय रहते हैं और दूसरे धर्मों को कुफ्र समझने वाले भी। मौलाना इलियास ने अपने कार्यकर्ताओं में सादगी, सेवाभाव (खिदमत), सौजन्य और विनय के गुणों के विकास पर जोर दिया। तबलीग के कार्यकर्ता खाना पकाने की कारवाई में जिस तत्परता से भाग लेते हैं उससे लगता है कि तबलीग की शिक्षाओं ने उनके मानस को बदला है, जिसके कारण वे भोजन बनाने के काम को स्त्रियोचित मानने के रवैये के पहले की तरह शिकार नहीं रह गये हैं। तबलीग महिलाओं को भी संगठन की धारा में लाना चाहती है। इलियास पर्दाप्रथा के समर्थक के रूप में उभरते हैं, पर वे पर्दे को मुसलमान औरतों की सामाजिक निष्क्रियता का पर्याय नहीं बनने देते। तबलीग में महिलाएँ पर्दे में रह कर नेतृत्वकारी भूमिका में आ सकती हैं। कुरान और हदीस की शिक्षाओं का शब्दशः पालन करने के बजाय तबलीग तलाक जैसे मामलों पर सुधारवादी रवैया अख्तियार करती है। हाल ही में तबलीग ने आधुनिक शिक्षा के प्रति अपना पूरी तरह से नकारात्मक रवैया कुछ बदल कर मदरसों के पाठ्यक्रम में गणित जैसे सेकुलर विषयों को भी जोड़ा है। वह इस्लाम के देवबंदी स्कूल की शैली में इलहाम (अल्लाह द्वारा पैगंबर को बताये गये कानून) और उलेमा द्वारा उसकी व्याख्या को अपना आधार बनाते हुए उसके साथ सैयद अहमद के आधुनिकता से प्रभावित सुधारवादी रवैये को भी जोड़ती है। तबलीग के संस्थापक की मान्यता थी कि मौलवी या धर्मोपदेशक को कुरान और हदीस के भाष्य तक ही खुद को सीमित

नहीं रखना चाहिए, बल्कि उसका मकसद तो मुसलमानों में *शाहदाह* (अल्लाह के अलावा कोई और खुदा नहीं है और न ही मुहम्मद के अलावा कोई अल्लाह का पैगंबर है), *सलात* (सही तरीके से नमाज अदा करना), *ज़िक्र* (अल्लाह का आह्वान) और निजी जीवन में धर्मपरायणता और कुर्बानी के जज़्बे को पैदा करना होना चाहिए। इस तरह इलियास एक ऐसे इस्लामिक नेता के रूप में उभरते हैं जिनके विमर्श में उलेमाओं द्वारा आमतौर पर अपनाये जाने वाले रवैये (कुरान और सुन्नत की तालीम के लिए मदरसों और मकतबों की स्थापना, धार्मिक मश्विरे देना, आत्म-शुद्धि के लिए तसव्वुफ़ यानी इस्लामी रहस्यवाद की सिफारिश) की आलोचना निहित है। इलियास की दलील यह थी कि जब धर्मपरायणता का क्षय हो रहा हो तो थोड़े-से लोगों को धार्मिक शिक्षा देने की कोई तुक नहीं है। वे मानते थे कि उलेमा जाहिल जनता के प्रति अपना फर्ज निभाने में नाकाम हो चुके हैं। उन्होंने तबलीग के स्वयंसेवकों को मुस्लिम धार्मिक अभिजन और आम मुसलमानों के बीच टूटे हुए सूत्र को फिर से कायम करने वाले तत्त्व के रूप में देखा। यह जरूर है कि उलेमाओं की आलोचना के बावजूद इलियास मुसलमान समाज के लिए उनकी भूमिका को बहुत महत्त्व देते थे।

इलियास की मृत्यु के बाद तबलीग का कामकाज उनके बेटे मौलाना यूसुफ ने सँभाला। जमात का भूमंडलीकरण उन्हीं के नेतृत्व में होना शुरू हुआ। अपने पिता की हकलाती जुबान के मुकाबले वे धाराप्रवाह बोलने वाले प्रभावशाली वक्ता थे और घंटों तक लोगों को संबोधित करते रह सकते थे। विभाजन के दौरान और आजादी मिलने के बाद यूसुफ ने देश-विदेश में जम कर दौरे किये और बड़े पैमाने पर मुसलमानों के जमावड़ों को संबोधित किया। उन्होंने गोलबंदी का बड़ा असरदार तरीका अपनाया। विभिन्न केंद्रों को पहले से ही यूसुफ के आगमन की तारीख बता दी जाती थी। तबलीग के कई दल आगरा, मद्रास, पश्चिम बंगाल और मेवात जैसे केंद्रों का दौरा करते थे। धीरे-धीरे यूसुफ ने एक अंतर्राष्ट्रीय नेटवर्क स्थापित कर लिया जिसके कारण अरब के उलेमा भी उनके काम की ओर आकर्षित हुए। उनका निजामुद्दीन और देवबंद आगमन शुरू हो गया। इस तरह एक जीवंत सर्वभारतीय और अंतर्राष्ट्रीय इस्लामिक आंदोलन खड़ा हो गया। यूसुफ ने अपने नेतृत्व की शुरुआत में ही मुसलमान महिलाओं के बीच काम पर जोर दिया। उनका आग्रह था कि मुसलमान महिलाओं को धार्मिक साहित्य पढ़ना और दूसरों को पढ़ कर सुनाना चाहिए। इसके साथ वे यह भी मानते थे कि महिलाओं पर सभी धार्मिक पाबंदियाँ भी लागू की जानी चाहिए, उन्हें अपने मर्दों को तो तबलीग के काम

में भेजना चाहिए पर उन्हें खुद सक्रियता की इजाजत नहीं होनी चाहिए। यूसुफ ने काफी बाद में महिलाओं की जमातें संगठित करने की अनुमति दी। यूसुफ की मृत्यु के बाद इलियास के भतीजे इनामुल हसन कंधालवी ने तबलीग का नेतृत्व सँभाला। संगठन के मुखयालय में फैसले लेने वाली सर्वोच्च संस्था पर यूसुफ के भाई हजरत शईकुल हदीस १९९५ में अपनी मृत्यु तक हावी रहे। खुद यूसुफ भी जीवन-भर उनकी सलाह पर चलते रहे। कंधालवी के बाद यूसुफ के प्रपौत्र मौलाना साद और इनामुल के बेटे मौलाना जुबेर ने संगठन की बागडोर सँभाली।

तबलीग के संस्थापक मौलाना इलियास ने धर्मप्रचार की शुरुआत मेवात के इलाके से की थी। मेवाती मुसलमानों की दुनिया में इस्लाम की शिक्षाओं के साथ-साथ स्थानीय प्रथाओं का गहरा प्रभाव था। इलियास ने इसे जहालत करार दिया। वे चाहते थे कि मेवाती मुसलमानों को उनके हिंदू सरीखे तौर-तरीकों (हिंदू पोशाकों और बहुदेववादी प्रथाओं) से मुक्ति दिला कर पक्का मुसलमान बनाया जाय। पर उनके काम को शुरुआत में उल्लेखनीय सफलता नहीं मिली। खुद उन्होंने अप्रेल १९४४ में स्वीकार किया था कि अभी तक थोड़े से ही मुसलमानों ने उनके आह्वान पर तबलीग के काम में भाग लेना शुरू किया है। विभाजन के बाद मेवाती शरणार्थियों के दिल्ली स्थितं शिविरों में यूसुफ के काम के कारण तबलीग को अपने पैर ज्यादा मजबूती से जमाने का मौका मिला। यूसुफ ने मेवातियों को समझाया कि उनकी तबाही और बरबादी का असली कारण खुदा का अजाब है, क्योंकि वे अच्छे मुसलमान नहीं हैं। यूसुफ ने पाकिस्तान का दौरा भी किया और वहाँ जमात-ए-लाहौर द्वारा आयोजित सभा में भारत से आये सैकड़ों शरणार्थियों को संबोधित किया।

धीरे-धीरे मेवात का क्षेत्र तबलीग के काम का गढ़ बन गया। १९५५ में संगठन के दिल्ली स्थित मुख्यालय पर मेवात में सक्रिय धर्मोपदेशकों का बड़ा समागम हुआ। आज स्थिति यह है कि मेवात अपने आप में उत्तर प्रदेश, पंजाब, पाकिस्तान, अरब और पश्चिमी दुनिया को तबलीग का संदेश देने वाला केंद्र बन चुका है। हर क्षण दुनिया के किसी न किसी कोने में तबलीग का कोई दल अपना काम करता देखा जा सकता है। सूफी *दरगाह* और *खानकाह* को अपना संस्थागत केंद्र बनाते हैं। देवबंद के उलेमा *मदरसों* पर जोर दे कर भविष्य के उलेमा तैयार करते हैं। पर तबलीग *चिल्ला* (स्वयंसेवी भाव से दीन का काम करना यानी कम से कम साल में चालीस दिन का समय देना) और *इज्तिमा* (समागम) की भूमिका पर बल देती है। उन्नीसवीं सदी में ईसाई मिशनरियों के काम से प्रभावित हो कर सैयद अहमद ने यात्राओं के जरिये मुसलमानों में

सुधारवादी मुहिम चलायी थी। तबलीग ने भी इसी तरह से यात्राओं और मिशनरी गतिविधियों को अपना प्रमुख औजार बनाया है। देवबंद की धार्मिक शिक्षाओं से प्रभावित होने के बाद भी गतिविधियों के स्तर पर तबलीगी जमात देवबंदी स्कूल से अलग है। धार्मिक शिक्षा को सिर्फ अभिजनों (अशराफों) तक ही सीमित रखने के बजाय तबलीग गाँव तक पहुँचने की कोशिश करती है। तबलीग से पहले गरीब मुसलमान और कारीगर समुदाय धार्मिक सुधारों के दायरे में आते ही नहीं थे। तबलीग के कार्यकर्ता लिखित अथवा छपे हुए शब्द के बजाय मौखिक शैली अपनाने में यकीन करते हैं। चिल्ला के जरिये बनने वाली जमातें गाँवों में धर्मप्रचार का काम करते समय पोशाक, खानपान और यात्राओं में काफी सादगी और किफायत का बरताव करती हैं।

अंतर्राष्ट्रीय स्तर पर जमात का काम १९५१ से ही मिस्र, इराक, सूडान, सीरिया, जार्डन, फिलिस्तीन, लेबनान, यमन, लीबिया, ट्यूनीशिया, अल्जीरिया और मोरोक्को में है। पाकिस्तान, बांग्लादेश, अफगानिस्तान, तुर्की, इंडोनेशिया, मलेशिया, बर्मा और श्रीलंका के साथ-साथ अमेरिका, अफ्रीका और यूरोप के १३५ देश भी तबलीग की गतिविधियों के दायरे में आते हैं। मौलाना यूसुफ ने जिन 'पैदल चल कर आम मुसलमानों तक पहुँचने वाली जमातों' की परिकल्पना की थी, वे भूमंडलीकरण के अंतर्राष्ट्रीय संदर्भों में 'उड़ने वाली जमातें' बन गयी हैं। अनुमान लगाया जा सकता है कि तबलीग को विदेश से काफी धन मिलता होगा पर इस रकम का कोई अनुमान उपलब्ध नहीं है।

बरेलवियों, देवबंदियों और सूफियों के बीच चलने वाले धार्मिक विवाद के लिहाज से तबलीग हर तरह के गैर-मुसलमान, सूफी और शिया आचरण का विरोध करती है, हालाँकि उसने सूफीवाद के एक 'सुधरे' हुए रूप को आत्मसात जरूर किया है। वह उन्नीसवीं सदी के उन सुधारवादी उलेमाओं की परंपरा पर चलती है जो मध्यकालीन संतों, *पीरों* और *सज्जाद नशीनों* को मान्यता नहीं देती। राजनीति के क्षेत्र में तबलीग का दावा रहता है कि वह पूरी तरह से गैर-राजनीतिक गतिविधियाँ करने वाला संगठन है। मौलाना इलियास तो यहाँ तक कहते थे कि उनके पास न तो कोई पार्टी है, न कोई औपचारिक संगठन है, न दफ्तर है, न रजिस्टर है और न कोई कोष है। यही कारण है कि वक्त के मुताबिक उन्होंने अपनी कोई अलग से जमात नहीं बनायी है। आजादी से पहले जमात ने खुद को मुस्लिम लीग की गतिविधियों से अलग रखा। इस लिहाज से उसे राष्ट्रवादी खाने में रख कर देखा जाता रहा। तबलीगी जमात का शुरू से देवबंदी स्कूल के साथ-साथ जमाइत उलेमा-ए-हिंद के साथ भी नजदीकी रिश्ता रहा। जमाइत का नेतृत्व लीग द्वारा प्रचारित दो राष्ट्र के उसूल

के खिलाफ था और उसने इकबाल द्वारा प्रवर्तित इस्लामी सार्वभौमिकता का विरोध भी किया था। उसका कहना था कि *कौम वतन से है*। लीग के लाहौर प्रस्ताव का विरोध करने के लिए जमाइत ने एकीकृत भारतीय राष्ट्रवाद का समर्थन करते हुए आजाद मुस्लिम कांफ्रेंस का आयोजन किया था। मौलाना यूसुफ जमाइत के नेता मौलाना मदनी से अक्सर मिला करते थे। उनकी तकरीरों में राजनीतिक तत्त्वों का समावेश आसानी से देखा जा सकता था। वे कहीं तो मुसलमानों को उनके शानदार अतीत की याद दिलाते हैं जब उनके पास सत्ता और समृद्धि थी। कहीं वे मुसलमानों की मौजूदा खराब हालत को अतीत के बरक्स रख कर पेश करते हैं। यहाँ समझना जरूरी है कि देवबंद के उलेमाओं और जमाइत ने पाकिस्तान बनाने का विरोध जरूर किया था और उसके कारण उन्हें राष्ट्रवादी श्रेणी में रखा भी गया, पर असल में उनके नजरिये में राष्ट्रवाद के साथ-साथ मुसलमान समुदाय के छिन्न-भिन्न हो कर कमजोर हो जाने का अंदेशा भी शामिल था। आगे चल कर उलेमा, जमाइत और तबलीग का त्रिकोण एक सर्वभारतीय मुसलमान समुदाय और भूमंडलीय इस्लामिक समुदाय की अवधारणाओं पर केंद्रित होता हुआ दिखायी दिया।

आज़ादी के बाद कांग्रेस ने देवबंद के उलेमाओं के साथ नजदीकी रिश्ता कायम किया। नेहरू मौलाना यूसुफ की बड़ी इज्जत करते थे और वक्त-वक्त पर उनसे सलाह भी लिया करते थे। इन संबंधों का असर यह हुआ कि व्यावहारिक रूप से जमीनी स्तर पर कई जगहों पर उलेमाओं ने कांग्रेस के पक्ष में मुसलमान वोटरों की गोलबंदी का काम किया।

विश्व हिंदू परिषद

अगर १९२५ में तबलीगी जमात की स्थापना हुई थी, तो १९२५ में ही राष्ट्रीय स्वयंसेवक संघ की स्थापना हुई जो बाद में विश्व हिंदू परिषद (विहिप) की गतिविधियों का संचालक बना। विहिप की स्थापना १९६४ में की गयी थी। शुरू में कांग्रेस ने उसकी पीठ पर हाथ रखा, पर अस्सी के दशक में तमिलनाडु के मीनाक्षीपुरम में हुए धर्मपरिवर्तनों के बाद इस संगठन की बागडोर उत्तरोत्तर संघ परिवार के हाथ में आती चली गयी। राम मंदिर की मुहिम का कार्यभार सँभाल लेने के बाद विहिप और परिवार के बीच सांगठनिक और विचारधारात्मक रिश्तों के बारे में कोई संदेह नहीं रह गया। वैसे भी विहिप की स्थापना में संघ के तत्कालीन सरसंघचालक एम.एस. गोलवलकर की भूमिका की उपेक्षा नहीं की जा सकती। गोलवलकर १९७३ में अपनी मृत्यु के समय तक परिषद के बोर्ड के सदस्य रहे।

धीरे-धीरे विहिप अंतर्राष्ट्रीय उपस्थिति वाला संगठन बन चुका है। अनिवासी भारतीयों के बीच उसे खासी लोकप्रियता और समर्थन हासिल है। विहिप ब्रिटेन और अमेरिका में रहने वाले भारतीयों के बीच शुरू से ही काम करती है। अमेरिका में उसकी स्थापना १९७० में हुई। आज वहाँ के चालीस राज्यों में उसकी शाखाएँ हैं। वह युवा कार्यक्रम चलाती है, ग्रीष्मकालीन शिविर लगाती है, एक द्विमासिक पत्रिका 'हिंदू विश्व' का प्रकाशन करती है, एक मासिक न्यूजलैटर भी निकालती है, किताबों की दूकानों का संचालन करती है और विश्वविद्यालय के छात्रों के बीच काम करती है। अनिवासी भारतीय विहिप के लिए काफी मात्रा में कोष उपलब्ध कराते हैं। एक इंडिया डिवेलपमेंट एंड रिलीफ फंड नामक अलाभकारी कर-छूट वाले संगठन के जरिये अनिवासियों की रकम संघ परिवार के पास आती है। इस धन से वनवासी कल्याण आश्रम और सेवा भारती जैसे संगठन चलाये जाते हैं। विहिप रामकृष्ण मिशन, डिवाइन लाइफ सोसाइटी और इसकॉन जैसे संगठनों की मदद भी करती है।

जिस तरह तबलीगी जमात ने मेवात के क्षेत्र को अपने प्रयोग का केंद्र बनाया है, उसी तरह विहिप ने अजमेर के देहाती इलाके को अपने 'परावर्तन' आंदोलन का प्रयोगस्थल बनाया है। १९८९ में प्रकाशित आँकड़ों के अनुसार विहिप ने इस इलाके के नौ सौ गाँवों में बसने वाले १९,४६० परिवारों के १०३,०२५ लोगों का 'परावर्तन' किया है। यानी उन्हें मुसलमान या ईसाई से हिंदू बनाया है। विहिप का 'परावर्तन' आर्यसमाज द्वारा हिंदू धर्म छोड़ चुके लोगों की 'शुद्धि' करने के कार्यक्रम से मिलता-जुलता है। विहिप इसे हिंदुओं की घरवापसी करार देती है। आर्यसमाज के विपरीत उसके एजेंडे में मूर्तिपूजा भी है। उसका मानना है कि मूर्तिपूजा का विरोध करने के कारण ही आर्यसमाज आगे नहीं बढ़ पाया। परावर्तन के दौरान विहिप यज्ञ के कर्मकांड पर मुख्य जोर देती है। चूँकि यज्ञ ब्राह्मण के बिना नहीं हो सकता, इसलिए इस पूरी प्रक्रिया में पुजारी के रूप में ब्राह्मण का महत्त्व दोबारा स्थापित होता है और स्थानीय पुजारियों, भोपा और भोपियों, का महत्त्व कम हो जाता है। विहिप की कोशिश रहती है कि मृत्यु और मरणोपरांत जीवन से संबंधित सभी स्थानीय विचारों की जगह कर्म और पुनर्जन्म का सिद्धांत स्थापित कर दिया जाय। पूजास्थल के मामले में वह गाँव में थानों और धूनियों की जगह मंदिरों को देना चाहती है। विहिप प्रचलित स्थानीय संप्रदायों और पूजित देवी-देवताओं को महत्त्व नहीं देती। वह हिंदू देवियों को कुछ इस तरह परिभाषित करती है कि उनसे भारतीय स्त्रीत्व की पारंपरिक छवि निकल सके। इस धार्मिक इंजीनियरिंग का हिंदू

समाज में लैंगिक संबंधों पर दूरगामी असर पड़ सकता है।

मध्य राजस्थान के पाली, राजसमंद, अजमेर और भीलवाड़ा जिलों में रहने वाले रावत हिंदू माने जाते हैं और मेरात मुसलमान। किसी जमाने में ये दोनों मिल-जुल कर मेड़ बिरादरी में माने जाते थे। कभी इन्हें आदिवासी समझा जाता था, लेकिन आजकल इनकी गिनती पिछड़े वर्ग में होती है। बेहतर उपजाऊ इलाके में बसे होने के कारण रावत मेरातों के मुकाबले सामाजिक, राजनीतिक और शैक्षिक रूप से आगे बढ़े हुए हैं। इस क्षेत्र में विश्व हिंदू परिषद के सक्रिय होने से पहले रावतों के हिंदूपन और मेरातों के मुसलमान होने में कोई ज्यादा फर्क नहीं था। मेरातों ने जब इस्लाम अपनाया तो केवल तीन नये रिवाज अपनाये : वे खतना कराने लगे, अपने शवों को दफ़नाने लगे और झटके के बजाय हलाल गोश्त खाने लगे। कुछ मेरातों ने निकाह वाली शादी करनी शुरू कर दी पर ज्यादातर फेरों वाली शादी ही करते रहे। मेरातों के दैनंदिन जीवन में इस्लाम के पाँच स्तंभों (एकेश्वरवाद, पाँच वक्त की नमाज, रमजान के वक्त रोजे रखना, जकात करना और हज करना) का असर कभी नहीं रहा। चाहे रावत हों या मेराती, आस्थाओं, रीति-रिवाजों और देवी-देवताओं के मामले में दोनों समुदायों का आचरण एक-सा ही था। जाहिर है कि रावत और मेरात बिरादरियाँ तबलीग के उलेमाओं और विश्व हिंदू परिषद के संतों की निगाह में न तो ठीक से हिंदू थीं और न ठीक से मुसलमान। उलेमा मेरातों में व्याप्त बहुदेववादी प्रथाओं और रिवाजों को मिटा कर उन्हें इस्लाम के पाँच स्तंभों पर आधारित पक्का मुसलमान बनाना चाहते थे और परिषद के कार्यकर्ता 'परावर्तन' के साथ-साथ तमाम स्थानीय सांस्कृतिक प्रवृत्तियों के ऊपर ब्राह्मण, यज्ञ और मंदिरों के मानक हिंदुत्व का वर्चस्व कायम करना चाहते थे।

विहिप का आरोप है कि तबलीगी जमात ने १९८० में रूपनगर और १९८२ में रावलाबारिया नामक गाँवों में अपने दो समागम आयोजित करके इलाके में धर्मांतरण की मुहिम शुरू की। विहिप अपने काम को १९८१ में मीनाक्षीपुरम में हुए दलितों के धर्मपरिवर्तन की प्रतिक्रिया से भी जोड़ती है। आर्यसमाज इस इलाके में १९६७ से ही शुद्धि कार्यक्रम चला रहा था। इसलिए विहिप को 'परावर्तन' के लिए आसानी से कार्यकर्ताओं का आधार मिल गया। विहिप ने अपनी विचारधारा को ऊपर से थोपने के बजाय उसके प्रसार के लिए स्थानीय गुंजाइशों का सहारा लिया। उसने चौहान रावत राजपूत सभा के साथ घनिष्ट संपर्क कायम किया। पृथ्वीराज चौहान के कुछ ऐतिहासिक और कुछ मिथकीय व्यक्तित्व को आधार बना कर आजादी के बाद से ही इस इलाके में मुसलमान बन चुके मेरातों को बार-बार एहसास दिलाया जा रहा था कि वे तो

असल में पृथ्वीराज चौहान के वंशज हैं। यह महासभा एक अरसे से इस फिराक में थी कि उसे यदि आर्यसमाज या ऐसे ही किसी हिंदू संगठन की सहायता मिले तो वह रावत और मेरात बिरादरियों को इस्लाम के प्रभाव से मुक्त कर सकती है। १२ सितंबर १९८१ को जब विहिप ने इस इलाके में पहला 'परावर्तन' आयोजित किया तो वापस हिंदू बने लोगों ने हाथ उठा कर उद्घोष किया कि वे पृथ्वीराज चौहान की औलाद हैं। एक यज्ञ किया गया और विहिप की तरफ से 'घर वापस आये' लोगों को कपड़े और कंबल भेंट किये गये।

विहिप का आरोप है कि मुसलमान कट्टरपंथियों ने कई हिंदू प्रतिमाओं को तोड़ा है। जाँच करने पर पता चला कि जिन प्रतिमाओं को तोड़ने की चर्चा थी, वे दरअसल किसी मंदिर जैसे पूजा स्थल की प्रतिमाएँ न हो कर *झुंझार* पर स्थापित किसी न किसी पूर्वज की प्रतिमाएँ थीं। रावत और मेरात अकाल मृत्यु के शिकार हुए व्यक्ति को *प्रेत* से *पितृ* बनाने के लिए ये झुंझार स्थापित करते रहे हैं।

धर्म, राष्ट्रीयता और राष्ट्रातीत आयाम

तबलीगी जमात ने मेवात के इलाके को अपनी प्रयोगस्थली बनाया और विश्व हिंदू परिषद ने अजमेर के देहाती इलाके को। खास बात यह है कि इन दोनों इलाकों के वासी किसी भी धर्म की मानक परिभाषा पर खरे नहीं उतरते अर्थात उनकी धार्मिक अस्मिताएँ सुपरिभाषित नहीं हैं। हिंदू कहे जाने वाले रावत हों या मुसलमान समझे जाने वाले मेरात या मेवाती हों, उन पर दोनों धर्मों के मिले-जुले प्रभावों के साथ-साथ स्थानीय सांस्कृतिक रूपों का भी गहरा असर पाया जाता है। दोनों ही बिरादरियाँ निचली जातियों के दायरे में मानी जाती हैं और उनके बीच शिक्षा और आधुनिकता का प्रसार काफी कम है। मेवाती मानसिकता पर विभाजन की हिंसा की गहरी छाप है और मेराती गरीबी और अकाल जैसे हालात से जूझते रहते हैं। ये परिस्थितियाँ इन बिरादरियों के बीच तबलीग और विहिप की तरफ से चलाये जाने वाली सिर्फ मुसलमान और सिर्फ हिंदू बनाने की मुहिमों के लिए खासी गुंजाइशें पैदा करती हैं। तबाही और बरबादी के हालात में किसी भी गैर-आधुनिक जीवनपद्धति वाले समुदाय को समझाया जा सकता है कि उसकी दुर्गति का कारण उसका समुचित हिंदू या मुसलमान न होना है। एक तरफ इन संगठनों का राष्ट्रीय और राष्ट्रातीत चरित्र है और दूसरी तरफ स्थानीय संस्कृति से इनका शत्रुतापूर्ण संबंध उभरता है। वे अपनी-अपनी भाषा में स्थानीय संस्कृति को या तो जहालत और खुदा से दूर करार देते हैं या फिर अंधविश्वास कह कर उसका तिरस्कार करते हैं। वे

स्थानीय संस्कृति पर धर्म के मानकीय ढाँचे को स्थापित करने में लगे हुए हैं। धर्म की यह मानकीय अवधारणा पश्चिमी आधुनिकता की देन है और सोलहवीं सदी से पहले इसका वैचारिक वर्चस्व नहीं था।

अपनी राष्ट्रातीत संरचना के बाद भी विहिप हिंदू धर्म की अपनी संकल्पना को राष्ट्रीयता से जोड़ती है। चाहे अमेरिका और ब्रिटेन में रह रहे अनिवासी हों या अजमेर के रावत या मेरात हों, विहिप का कहना है कि तुम अगर हिंदू हो तो तुम्हारी पहली वफादारी 'हिंदुस्थान' (हिंदुस्तान के 'त' के बजाय वह 'थ' का प्रयोग करके हिंदुओं के स्थान की अनुभूति पैदा करने की कोशिश करती है) के साथ होनी चाहिए। तबलीग अपनी राष्ट्रातीत नेटवर्किंग का प्रसार करते हुए इस्लामी एकजुटता की अपनी धारणा को सुनहरे इस्लामिक अतीत के साथ जोड़ती है। वह राष्ट्रीयता की नहीं, बल्कि भूमंडलीय किस्म के राष्ट्रातीत आयाम की समर्थक है। राष्ट्रीयता और राष्ट्रातीत आयाम के धर्म आधारित समीकरण दोनों संगठनों के लिए जहाँ खत्म होते हैं, वहीं से इनके बीच का फर्क मिटने लगता है और समानता की शुरुआत होने लगती है।

अक्सर तबलीग और विहिप को रूढ़िवादी संगठन करार दिया जाता है, लेकिन भूमंडलीकृत धर्म के परिप्रेक्ष्य में देखने पर लगता है कि ये संगठन कुरान, हदीस, वेद या गीता के शब्दशः पालन की तर्ज पर रूढ़िवादी नहीं हैं। चाहे समुदाय का मसला हो, राष्ट्रवाद का मसला हो, राष्ट्रीय प्रतिरक्षा का प्रश्न हो या फिर आयुर्विज्ञान और औषधि से जुड़ी बहस हो, विहिप आधुनिकतावादी नजरिया प्रदर्शित करती है। तबलीगी जमात ने भी शिक्षा के सवाल पर अब अपने पाठ्यक्रम में धार्मिक के साथ-साथ सेकुलर शिक्षा के आयामों का भी समावेश करना शुरू कर दिया है।

तबलीग और विहिप संगठन के लिहाज से भी आधुनिक तौर-तरीके अख्तियार करते हैं। अपने प्रचार-प्रसार के लिए सामग्री और कार्यकर्ताओं की जुगाड़ करने में उनका कोई जवाब नहीं है। दोनों यात्रा, गतिशीलता, संचार और अंतर्राष्ट्रीय नेटवर्क बनाने पर भरोसा करते हैं। आधुनिक प्रौद्योगिकी का इस्तेमाल करने से किसी को भी परहेज नहीं है। भौगोलिक मानचित्रों का इस्तेमाल, कार्यकर्ताओं से फील्ड रिपोर्ट माँगना, अपना रिकॉर्ड और अभिलेखागार तैयार करने के अलावा दोनों संगठन इतिहासकारों के जरिये अपने-अपने उद्देश्यों के अनुकूल इतिहास की रचना कराने की कोशिश भी करते रहते हैं। दोनों संगठन अपना संचालन आधुनिक नौकरशाही की शैली में करते हैं। वे प्रशिक्षण शिविरों का आयोजन करते हैं और नियंत्रण के माध्यम के तौर पर फतवा या संत-समागम के निर्णयों का इस्तेमाल करते हैं।

भूमंडलीकरण के इस सिलसिले में तबलीग और विहिप को ईसाइयत की धर्म-संघीय प्रवृत्ति अपनाते हुए देखा जा सकता है, बावजूद इसके कि यह हिंदू और इस्लाम धर्मों का मूल स्वभाव नहीं है।

पाकिस्तान और बांग्लादेश में होने वाले तबलीग के वार्षिक सम्मेलनों में दस-दस लाख लोग जमा होते हैं जो संभवतः हज के बाद दुनिया में मुसलमानों का सबसे बड़ा जमावड़ा है। ईसाइयत की तरह ही इन दोनों धर्मों में एक तरह के चर्च का उदय होते हुए भी देखा जा सकता है। तबलीगी जमात इस्लाम की संस्थागत संरचनाओं को अपनी गतिविधियों का केंद्र बनाने के बजाय दरगाह और मस्जिद की जगह इज्तिमा, चिल्ला और जमात के जरिये सक्रिय रहती है। उसका मुख्यालय मरकज़ चर्च की ही भाँति इस्लाम को निर्देशित करना चाहता है। इसी तरह विहिप राष्ट्रीय, क्षेत्रीय और अंतर्राष्ट्रीय स्तर पर विराट हिंदू सम्मेलन करना पसंद करती है। वह धर्म-संसद जैसे संस्थागत नये सांगठनिक रूप अपना कर हिंदुओं पर चर्च जैसा अनुशासन थोपने की कोशिश करते हुए दिखते हैं। बाबरी मस्जिद गिराने में अपनी प्रमुख भूमिका के कारण प्रतिबंधित रूप में विहिप ने १९९३ में वाशिंगटन डीसी में ग्लोबल विज़न कांफ्रेंस भी की थी।

तबलीग और विहिप के नेतृत्व का बड़ा हिस्सा पूर्व यूनाइटेड प्राविंस के अभिजनों में से आता है, चाहे वह हिंदू ऊँची जातियाँ हों या मुस्लिम अशराफ हों। दोनों धर्म को एक शहरी और उच्चवर्गीय दिशा देना चाहते हैं। दोनों हिंदू और मुसलमान जन-साधारण के पिछड़ेपन, जहालत, अंधविश्वास और एकता में कमी का रोना रोते रहते हैं। पिछड़ी जातियाँ, दलित और आदिवासी दोनों ही संगठनों द्वारा काम करने के प्रिय क्षेत्र हैं।

लैंगिक प्रश्न पर दोनों ही संगठन खासे मर्दवादी हैं। उनके वैचारिक आख्यान मर्दानगी के मिथक के आसपास रचे गये हैं। वे आधुनिकता को पुरुषकेंद्रीयता, पुंसत्व और मर्दानेपन के कायाकल्प का पर्याय मानते हैं। उन्हें हमेशा पुंसत्व के नष्ट होने, शक्ति के क्षय और स्त्रैण हो जाने का अंदेशा सताता रहता है। लेकिन, साथ ही दोनों संगठनों की यह कोशिश भी रहती है कि किस तरह औरतों को अपनी गतिविधियों में शामिल किया जाय। विहिप अपने 'परावर्तन' (धर्मांतरण कर चुके हिंदुओं को पुनः हिंदू धर्म में लेने का अनुष्ठान जिसे कभी आर्यसमाजी शुद्धिकरण का नाम देते थे) में यज्ञोपवीत और अन्य कर्मकांडों का इस्तेमाल करती है जो मर्द के साथ औरत के लिए भी होते हैं। तबलीगी जमात औरतों की जमातों को पर्दे में बैठा कर अपने धार्मिक व्याख्यान सुनाती है। दोनों ही संगठनों ने औरत की यौनिकता को नियंत्रित करने के लिए

तरह-तरह की पाबंदियों का प्रावधान कर रखा है। तबलीग चाहती है कि औरतें धार्मिक शिक्षा तो प्राप्त करें पर पर्दे में रहें और घर की दहलीज से बाहर बिना इजाजत न जाएँ। तबलीग की गतिविधियों में हिस्सा लेने के लिए भी उन्हें पर्दे में रहना पड़ता है और इजाजत लेनी पड़ती है। विहिप के अभियान का अध्ययन बताता है कि वह गाँव वालों द्वारा पूजी जाने वाली हिंगलाज जैसी उन्मुक्त और शक्तिशाली यौनिकता वाली देवियों को उनके तांत्रिक स्रोत से अलग करके पार्वती जैसी शिव के अधीन जीवन गुज़ारने वाली देवियों के रूप में परिभाषित करने में लगी हुई है।

दोनों ही संगठन अपने-अपने धर्मों में किसी भी किस्म के बहुरंगेपन और विविधता के खिलाफ हैं। तबलीग जिस देवबंदी धार्मिक दर्शन को अपनाती है, वह शियाओं और बरेलवियों पर इस्लाम का कबाड़ा करने का इल्जाम लगाता है। इसी तरह विहिप हिंदू धर्म में आस्था और विश्वास के बहुरंगे ढाँचों को हिंदुओं के लिए कल्याणकारी नहीं मानती। वह एक खास तरह के राजनीतिकृत रामभक्त संप्रदाय की जनक बन चुकी है। अन्य संदर्भों में वह स्थानीय सांस्कृतिक पर्यावरण से उपजे आस्था रूपों को हिंदुओं के मानक देवी-देवताओं से प्रतिस्थापित करने की कोशिश करती है। जो धार्मिक-सांस्कृतिक संरचना विहिप द्वारा प्रचारित मानक रूप से मेल नहीं खाती उसे परिषद के कार्यकर्ता अंधविश्वास घोषित करके उसके प्रतीक चिह्नों को तोड़ने की सीमा तक चले जाते हैं। ग्रामीण अजमेर क्षेत्र में तोड़ी गयी प्रतिमाएँ बुतशिकन समझे जाने वाले मुसलमानों की नहीं, बल्कि विहिप कार्यकर्ताओं की कारसाजी ही थीं।

तबलीग और विहिप अपनी सुविधा और शर्तों पर सीमित बहुसांस्कृतिकता के हामी लगते हैं। हिंदुओं की विख्यात सहिष्णुता का विहिप के लिए तभी तक मतलब है जब तक कोई व्यक्ति राष्ट्र की उसकी परिभाषा को मान्यता देता रहता है। तबलीग के इतिहास में जो सामासिक राष्ट्रवाद दर्ज है उसकी सीमा मुसलमान समुदायों के लिए एक से अधिक विवाह संहिताओं तक नहीं जाती। इस तरह से दोनों संगठन बहुलता और विविधता के क्षय के जिम्मेदार निकलते हैं। दोनों प्रत्यक्ष या अप्रत्यक्ष हिंसा के जिम्मेदार भी हैं। विहिप सीधे-सीधे त्रिशूल जैसे धार्मिक अस्त्र के वितरण के जरिये हिंसा को बढ़ावा देती है और तबलीग अप्रत्यक्ष रूप से गैर-मुस्लिमों को कुफ्र का दोषी करार दे कर उन्हें संभावित हिंसा का निशाना बना देती है।

दोनों ही संगठन अपने-अपने धर्म के संख्यात्मक प्रसार में जुटे हुए हैं। इसलिए उन्हें लगातार यह फैलाना पड़ता है कि उनकी संख्या कम होती जा रही है और प्रतिद्वंद्वी धार्मिक संगठन धर्मांतरण के जरिये उनका संख्याबल कम कर

देना चाहते हैं। विहिप के आह्वानों में यह प्रवृत्ति खासतौर पर देखी जा सकती है। उसके कार्यकर्ता पढ़े-लिखे हिंदुओं के हिस्से में यह भ्रम फैलाने में कामयाब रहे हैं कि ईसाई और मुसलमान जल्दी ही धर्मांतरण, परिवार नियोजन को ठुकराने और चार शादियों के जरिये हिंदुओं को अल्पसंख्यक बना देंगे। उधर तबलीगी जमात जिस दीनी दावत की अवधारणा पर काम करती है, वह सिर्फ मुसलमानों के लिए ही नहीं है, बल्कि गैर-मुसलमानों के लिए भी है। यानी तबलीग के लक्ष्यों में न केवल आधे-अधूरे धर्मभाइयों को पाँच वक्त की नमाज पढ़ने वाला पक्का मुसलमान बनाना शामिल है, वह धर्मांतरण को प्रोत्साहित करने का कोई मौका भी नहीं छोड़ती।

विहिप और तबलीग की यह समान विशेषता है कि वे दोनों पश्चिमीकरण के सख्ती से खिलाफ हैं। तबलीग द्वारा पश्चिमीकरण के विरोध को भूमंडलीय इस्लाम के परिप्रेक्ष्य में रख कर देखा जा सकता है और विहिप के संबंधित रवैये को भारतीय संस्कृति के क्षय के प्रति उसकी चिंता की रोशनी में समझा जा सकता है। विहिप भारत में आने वाले विदेशी धन से खासी परेशान रहती है।

विहिप का दावा है कि सारी दुनिया में दस हजार ऐसे संगठन हैं जो समानधर्मियों के जरिये ४३४ करोड़ रुपये भारत में लाते हैं, जबकि अवैध रूप से आने वाला धन उसकी निगाह में इससे कई गुना ज्यादा है। विहिप अपनी सामग्री में इस्लामी विद्वानों और वामपंथियों के बीच गठबंधन का जिक्र भी करती है। प्रचार की रणनीति के लिहाज से विहिप और तबलीग में फर्क यह है कि जहाँ विहिप मीडिया के बीच अपनी चमक-दमक भरी उपस्थिति कायम रखना चाहती है वहीं तबलीग खामोशी से काम करना पसंद करती है और उसकी गतिविधियों के बारे में छपी हुई सामग्री काफी कम उपलब्ध है। दोनों खुद को गैर-राजनीतिक बताते हैं।

विहिप का भारतीय जनता पार्टी के साथ संबंध अब कोई रहस्य नहीं है। तबलीग का आजादी के बाद से ही कांग्रेस के साथ संबंध रहा है,, लेकिन मौजूदा राजनीतिक हालात में वह किसी राजनीतिक दल से जुड़ी हुई नहीं है। तबलीग की गतिविधियाँ प्रकटत: राजनीतिक होने के बजाय धार्मिक हैं। उसके आध्यात्मिक काम के राजनीतिक आयाम विहिप के मुकाबले अधिक प्रच्छन्न हैं। दोनों ही संगठन धर्म के दुनियावी रूपों—मंदिर और मस्जिद बनवाने के अभियान में लगे रहते हैं। उन्होंने आध्यात्मिक परंपराओं का राजनीतिकरण कर दिया है। अपने कामकाज में खर्च होने वाली रकम के लिए वे अनिवासी भारतीयों की प्रभावी गोलबंदी करते हैं।

कुछ निष्कर्ष

धर्म, राष्ट्रीयता और राष्ट्रातीत आयाम (भूमंडलीयता) की इस अन्योन्यक्रिया से पहली नजर में कुछ मोटे-मोटे नतीजे निकाले जा सकते हैं :

☐ धर्म का भूमंडलीकरण धार्मिक गोलबंदी के स्थानीय तौर-तरीकों को बदल रहा है और स्थानीय स्तर पर होने वाली धार्मिक गोलबंदी धर्म के भूमंडलीकरण की प्रक्रिया को बढ़ावा दे रही है। इस दुतरफा सिलसिले से ऐसी धार्मिक अस्मिताओं की रचना हो रही है जिसकी शक्ल-सूरत के बारे में आज अंदाजा लगाना मुश्किल है। लेकिन यह तो कहा ही जा सकता है कि ये अस्मिताएँ आध्यात्मिक और पारंपरिक न हो कर राजनीतिक रुझानों वाली होंगी। ये हिंदू-मुसलमानों की सामासिक संस्कृति की पैदावार नहीं होंगी यानी ये एक से अधिक अस्मिताओं के अंशों से न बन कर एक सुस्पष्ट और सुपरिभाषित अस्मिता के रूप में उभरेंगी। इसीलिए इनका कट्टर होना तकरीबन लाजमी होगा। इन्हें हिंसा से परहेज न होगा, क्योंकि इनकी रचना ही एक-दूसरे के खिलाफ नकारात्मकता और टकराव के जरिये होती हुई लग रही है। सुस्पष्ट और सुपरिभाषित अस्मिता समावेशन और अंतर्वेशन के बजाय अनन्यता और बहिष्करण को जन्म देगी।

☐ धर्म का भूमंडलीकरण इस्लाम और हिंदू धर्म दोनों का संरचनात्मक रूपांतरण कर रहा है। आस्था, विश्वास, धर्मपरायणता, उत्सव और रीति-रिवाज का क्षेत्र लोगों के व्यक्तिगत और सामुदायिक अस्तित्व का नियामक रहने के बजाय प्रतिद्वंद्वितामूलक इतिहास की सेवा करता हुआ नजर आयेगा। जिस भूमंडलीय धन से तबलीग और विहिप की मुहिमों का संचालन हो रहा है, वह अंततः भारत की धरती पर दोनों धर्मों को अनिवासी हिंदुओं और दुनिया के दूसरे हिस्सों में रहने वाले मुसलमानों की जरूरतों और दिलचस्पियों के हिसाब से परिभाषित करने लगेगी।

☐ धर्म के भूमंडलीकरण का सबसे चिंताजनक पहलू है राष्ट्रातीत धार्मिक आंदोलनों और राज्य के संबंध। जे.पी.एस. ओबराय ने इस रिश्ते को *मध्ययुगीनता की तात्त्विक संरचना* के रूप में व्याख्यायित किया है। लेकिन, तबलीगी जमात और विश्व हिंदू परिषद के अध्ययने से पता लगता है कि किस तरह हिंदुओं में समाज (ब्राह्मण), राज्य (क्षत्रिय) और धर्म (साधू-संन्यासी) का त्रिकोण बदल रहा है। इन तीनों कोणों के बीच जो फासला था, वह कम होता जा रहा है। इसी तरह इस्लामी संदर्भ में शरियत (उलेमाओं द्वारा दी गयी व्यवस्था), राज्य (हुकूमत या सल्तनत) और तरीकत (सूफी) के बीच का फासला सिकुड़ रहा है। पाकिस्तान में उलेमा, सल्तनत और इस्लामी दर्शन की;

और भारत में भारतीय जनता पार्टी, संघ परिवार, केंद्र सरकार और साधू-संन्यासियों की परस्परव्यापी उपस्थिति को इसके उदाहरण के रूप में लिया जा सकता है।

□ जिस समय भूमंडलीकरण के मौजूदा दौर की जमीन पक रही थी यानी सत्तर और अस्सी के दशक में वित्तीय पूँजी अपनी भूमंडलीय चौधराहट कायम करने के लिए पैंतरा ले रही थी, पश्चिमकेंद्रीय आधुनिकता की आलोचना करते हुए वैकल्पिक आधुनिकताओं के संधान के प्रयास शुरू हुए थे। भूमंडलीकरण सांस्कृतिक-आर्थिक-सामाजिक समरूपीकरण की परियोजना के साथ इन प्रयासों की एंटीथीसिस बन कर उभरा है। इस समरूपीकरण में पश्चिम केंद्रीयता भी सिमट कर अमेरिका-केंद्रीयता बन गयी है। अंतर्राष्ट्रीय वित्तीय पूँजी की इस अमेरिका-केंद्रीयता की प्रतिक्रिया में धर्म के भूमंडलीकरण को बढ़ावा मिलता है। धर्म का भूमंडलीकरण इस अमेरिकीकरण को आधुनिकता के दुष्प्रभावों के रूप में चित्रित करता है और असल में भी उपभोक्तावाद की मार और समुदायों की टूटन से कराहते हुए लोग तबलीग और विहिप जैसे धर्म को संघबद्ध करने के प्रयासों को आधुनिकता के प्रति-ध्रुव के रूप में देखने लगते हैं। सवाल यह है कि इस तरह से बनने वाली नयी धार्मिक अस्मिताएँ वैकल्पिक आधुनिकताओं के संधान में क्या भूमिका निभायेंगी? धर्म के भूमंडलीकरण की प्रक्रिया में इस तरह की संभावनाओं का पता ईरानी क्रांति के तजरुबे से लगता है। ईरान में अली शरिअती की रचनाओं ने वहाँ के छात्र आंदोलन पर गहन प्रभाव डाला और अयातुल्ला खुमैनी की शिक्षाओं से ताकत प्राप्त करने वाले उलेमाओं की आलोचना प्रस्तुत की। एक ओर तो इस क्रांति ने इस्लामी कट्टरता को दुनिया के पैमाने पर हवा दी और पैन-इस्लामिज़्म के लिए जमीन बनायी, पर दूसरी ओर ईरान में ही इस्लामिक सोशलिज़्म की अवधारणा का भी जन्म हुआ जो समुदाय पर जोर देने के मामले में वामपंथियों से भी रेडिकल लगती है। इसी तरह यह भी सवाल उठता है कि क्या हिंदू समाज बहुलता और विविधता के मामले में नैसर्गिक रूप से संपन्न होने के कारण ऐसे समय में किसी वैकल्पिक आधुनिकता का वाहक बन सकता है, जब विहिप की कोशिशों से उसे समरूपीकरण की तरफ धकेला जा रहा है?

नयी अर्थनीति, शहरी गरीब और मतदाता

इस देश की गरीबी आर्थिक सुधारों का परिणाम न हो कर जनता की आर्थिक गतिविधियों पर सरकारी नियंत्रणों का नतीजा है। दिक्कत यह है कि भूमंडलीकरण की विचारधारा के तहत हुए उदारीकरण का ध्यान केवल कारपोरेट क्षेत्र, बहुराष्ट्रीय कंपनियों और सरकारी उद्यमों के दायरे पर ही केंद्रित है। सरकारी एजेंट आज भी नौकरशाहाना पाबंदियों का लाभ उठा कर शहरी गरीबों, असंगठित और अनौपचारिक क्षेत्र में रोजी-रोटी कमा रहे लोगों और किसानों से रिश्वतें खींच रहे हैं। जनता की पहलकदमी और उद्यमशीलता को रोकने वाले कानूनों के नतीजे में भ्रष्टाचार, हिंसा और अपराधीकरण को बढ़ावा मिला है जिसकी सबसे ज्यादा शिकार महिलाएँ हैं। जरूरत आर्थिक सुधारों के विकृत विरोध की नहीं, बल्कि उनके दायरे को गरीबों तक विस्तृत करने की है। यह केवल तभी हो सकता है जब सुधारों की एक स्त्री समर्थक और जनोन्मुख कार्यसूची पर अमल किया जाय।

आर्थिक आजादी का सवाल

मधु किश्वर

हमारे राजनीतिक सिद्धांतकारों ने राजनीतिक आजादी और अधिकारों के प्रश्न पर काफी विस्तार से गौर किया है। लेकिन, आर्थिक आजादी से जुड़े मुद्दों पर इसके मुकाबले बहुत ही कम विचार किया गया है। स्वतंत्रता के बाद शुरुआत में इस सवाल को बुनियादी तौर पर मार्क्सवादी-राज्यवादी नजरिये से देखा गया। इसके तहत राज्य को कमजोरों और असुरक्षितों के एकमात्र 'रक्षक' की भूमिका दे दी गयी। गैर-सरकारी संगठनों और संस्थाओं को पिछड़ेपन की संस्कृति और जनविरोधी हितों का नुमाइंदा मान लिया गया। इस तरह राज्य को समाज के खिलाफ खड़ा करने का नतीजा यह निकला कि देश के गरीबों का हितसाधन करने के बजाय नौकरशाही को बेइंतिहा और मनमाने अधिकार मिलते चले गये। जिस समय हमें आजादी मिली, उस समय नौकरशाही की संरचना शहरी और ऊँची जाति के अंग्रेजी पढ़े-लिखे अभिजनों से मिल कर ही

हुई थी।

आजादी के बाद के दशकों में भारत सरकार ने जो आर्थिक नीतियाँ अपनायीं, उनका परिणाम यह निकला कि अर्थव्यवस्था का एक क्षेत्र दूसरे के साथ होड़ में फँस गया और अलग-अलग क्षेत्रों के भीतर परस्पर निर्भर हितों को भी एक-दूसरे का रास्ता काटना पड़ा। इन हालात के कारण नौकरशाही को सत्ता की धुरी बने रहने का मौका मिलता रहा। उसने अपनी ताकत का इस्तेमाल हर समूह के जायज हितों की सुरक्षा करने के लिए नहीं किया। अगर वह ऐसा करती तो उसके जरिये विवादों को निबटाने का प्रभावी और निष्पक्ष तंत्र विकसित होता और हितों की होड़ सभी के लिए समान नियमों के प्रावधान के तहत होती। बजाय इसके नौकरशाही विकास और पहलकदमी रोकने वाले विकट ढाँचे में बदलती चली गयी। राजनीतिशास्त्री नौकरशाही की भूमिका का विश्लेषण वेबर द्वारा प्रतिपादित सिद्धांतों की रोशनी में करते रहे, लेकिन असलियत यह थी कि वह एक ऐसी सत्ता-संरचना की तरह काम कर रही थी जिसका चरित्र श्रेणीक्रम (ऊँच-नीच) पर आधारित समाज व्यवस्था के अनुकूल था। इस तरह नौकरशाही और उसके जरिये अभिजनों के एक खास वर्ग ने पूरे समाज पर वर्चस्व कायम कर लिया। इस प्रभुत्व का दुरुपयोग करके नौकरशाही ने समाज को खासे अवमाननाकारी अनुपालन के लिए विवश किया और सभी से बड़े पैमाने पर रिश्वत की माँग करने का सिलसिला चलाया। नौकरशाही ने लाइसेंस-परमिट-छापा राज स्थापित किया और फिर उसके ताकतवर कारकुनों की हथेली गर्म किये बिना इस देश में किसी भी किस्म की आर्थिक कार्रवाई नामुमकिन हो गयी, यहाँ तक कि इसके बिना भीख माँगना भी मुश्किल हो गया। आर्थिक सुधारों के समर्थन में कैसी भी आलंकारिक भाषा बोली जाय और उनका कितना भी जश्न मनाया जाय, देश के गरीबों के लिए यह लाइसेंस-परमिट राज आज भी उसी तरह कायम है जिस तरह पहले था। इसका एक स्पष्ट सूचकांक यह है कि पिछले दस-बारह साल में सरकारी अधिकारियों को गरीबों द्वारा दी गयी रिश्वत की दर कम होने की बजाय और बढ़ गयी है। गरीबों के हालात ही कुछ ऐसे हैं कि रोजी-रोटी चलाने के लिए उन्हें अक्सर कानून की सीमाओं को छूना पड़ता है। भारत के लाइसेंस-परमिट राज का समुचित सामाजिक-ऐतिहासिक विश्लेषण होना अभी बाकी है।

आर्थिक उदारीकरण की विचारधारा को भूमंडलीय मान्यता मिलने के कारण अब समझा जाने लगा है कि बेतहाशा सरकारी दखलंदाजी के कारण भारतीय उद्योग जगत को काफी नुकसान हुआ है। लेकिन, एक सच्चाई यह भी है कि गरीबों की विशाल आबादी की दुर्दशा में कोई फर्क नहीं पड़ा है और

उनकी हालत बदलने में ये सुधार नाकाम रहे हैं। सरकार के एजेंटों का इस देश के साधारण नागरिकों की आमदनी और इज्जत पर घोर आक्रमण जारी है। समाचार माध्यम हों या अकादमिक क्षेत्र हो, इस यथार्थ की ओर किसी का ध्यान नहीं है। अपनी शुरुआत के बारह साल बाद भी आर्थिक सुधारों के एजेंडे पर कारपोरेट सेक्टर, बहुराष्ट्रीय कंपनियों और सरकारी उद्यमों से जुड़े मुद्दे ही हावी हैं, बावजूद इसके कि अगर इन तीनों को जोड़ लिया जाय तो इन क्षेत्रों से ज्यादा से ज्यादा तीन फीसदी लोगों को ही रोजगार मिल सका है। करीब इतने हो लोगों को विभिन्न सरकारी एजेंसियों के जरिये रोजगार मिला हुआ है। जाहिर है कि भारतीय आबादी का करीब ९६ फीसदी आज भी खेती और उससे जुड़े हुए धंधों में लगा हुआ है। इनमें अपना धंधा खुद करने वाले कारीगर और शहरी अनौपचारिक क्षेत्र में तरह-तरह की सेवाएँ उपलब्ध कराने वाले लोग भी शामिल हैं।

इस सच्चाई का तो हमारे ज्यादातर शिक्षित अभिजनों को भी नहीं पता कि आजादी के बाद भारतीय किसानों को कैसे कठोर नियंत्रणों का सामना करना पड़ा। आर्थिक सुधारों के युग में भी इनमें से अधिकतर नियंत्रण जारी हैं। खेती में इस्तेमाल की जाने वाली चीजों और खेती की पैदावार के दामों का निर्धारण सरकार ही करती है। सरकार ने मनमानी आर्थिक सरहदें कायम करके पाबंदियों के पूरे सरअंजाम के जरिये खेती की पैदावार के इधर से उधर जाने पर रोक लगा दी है। मनमानी और बेतुकी दरों पर गेहूँ और चावल की अनिवार्य खरीद और अनिवार्य कराधान के कारण किसानों की आमदनी का कबाड़ा हो गया है। पैदावार के निर्यात पर पाबंदी के कारण खेतिहर क्षेत्र के स्वास्थ्य को ग्रहण लगा हुआ है। खेतिहर उत्पादों की प्रोसेसिंग पर पाबंदियों के कारण देहाती क्षेत्रों का विविधीकरण रुक गया है और खेतिहर उद्योग नहीं पनप सके हैं।

आवश्यक वस्तु अधिनियम के कार्यान्वयन के कारण छोटे व्यापारियों को तकरीबन रोज ही दिक्कतों से गुजरना पड़ता है। सरकारी अधिकारी उनसे जबरिया रिश्वत वसूलते हैं। इस पहलू के कारण भी व्यापार में गिरावट आयी है। खेतिहर आमदनी को कृत्रिम रूप से नीचे रखने में भी इसकी भूमिका है। शहरों और गाँवों के बीच एवं अमीरों और गरीबों के बीच इतनी बड़ी खाई है कि ज्यादातर शहरी शिक्षित लोगों को इस तरह के आर्थिक उत्पीड़न की मौजूदगी का कोई अंदाजा ही नहीं है। राजनीतिशास्त्रियों में भी बहुत कम लोग जानते हैं कि अस्सी के दशक में पंजाब के सिख पृथकतावाद की जड़ में एक महत्त्वपूर्ण समस्या यही थी। सिख किसान इस बात से नाराज थे कि सरकार उन

पर अपनी पैदावार भारतीय खाद्य निगम को बेचने के लिए दबाव डाल रही है और वह भी इतनी कम कीमतों पर कि उससे किसान अपने कर्जे चुकाने में भी नाकाम होते जा रहे थे। आनंदपुर साहिब प्रस्ताव की एक मुख्य माँग यही थी कि पंजाब की पैदावार के लिए राष्ट्रीय और अंतर्राष्ट्रीय बाजार पूरी तरह खोल दिये जाएँ। पंजाब के किसानों की इस माँग पर किसी ने कान नहीं दिया और जब उन्होंने जबर्दस्त प्रतिरोध आंदोलन शुरू किया तो सरकार ने प्रांत में गेहूँ खरीद की मुहिम कामयाब करने के लिए दमनचक्र चालू कर दिया। इस केंद्रीय आर्थिक मुद्दे की तरफ से ध्यान हटाने के लिए कांग्रेस ने धार्मिक बुनियादपरस्ती के समर्थकों का कामयाबी से इस्तेमाल किया। जो आंदोलन भारतीय किसान यूनियन और अकाली दल के नेतृत्व में राजनीतिक और आर्थिक विकेंद्रीकरण की माँगों को ले कर चल रहा था, वह कट्टरपंथियों के हाथों में चला गया। किसानों के आर्थिक अधिकारों को दबाने और धार्मिक कट्टरपंथियों को प्रोत्साहित करने की इस नीति के नतीजे के तौर पर ही पंजाब में हथियारबंद बगावत और आतंकवाद को पानी मिला।

स्थिति यह है कि भूमंडलीकरण के साथ-साथ नौकरशाहाना नियंत्रण, खासकर इस देश के गरीबों के लिए, आज भी जारी हैं। गरीबों से केवल नियमित रिश्वत ही नहीं वसूली जाती, बल्कि उन्हें तरह-तरह की अवमानना, हिंसा और बेतुके कानूनों का शिकार होना पड़ता है। इससे उनकी जिंदगी और रोजी-रोटी लगातार खतरे में पड़ी रहती है। उन्हें गुंडों और दलालों के जरिये सुरक्षा हासिल करनी पड़ती है, जो उनके और सरकारी तंत्र के बीच बिचौलियों की भूमिका निभाते हैं।

इस परिस्थिति के कारण गरीबों में डर और असुरक्षा का एक एहसास घर कर गया है जिसका बेजा इस्तेमाल आर्थिक सुधार के विरोधी अक्सर करते रहते हैं। वे गरीबों की इसी भावना को विकृत करके गलत रूप में पेश करते हैं और यह देखने में नाकाम रहते हैं कि भारत के गरीबों ने तो राज्य के उदारतावादी चेहरे की एक झलक तक नहीं देखी है। यह चेहरा उन्हें आज भी देखने के लिए नहीं मिल रहा है, जबकि समझा यह जा रहा है कि उदारीकरण को एक विचारधारा के रूप में भारतीय राज्य ने अपना लिया है। इसी तरह हमारे राजनीतिक सिद्धांतकार भी ऐसे नये प्रासंगिक सूत्रीकरण करने में नाकाम रहे हैं जिनके जरिये टकराव और हिंसा को विश्लेषित किया जा सके। वे आज भी उन्हीं पुराने सूत्रों का इस्तेमाल करते हुए दिखते हैं। वे आज भी जातिगत और सांप्रदायिक संघर्ष की शब्दावली में बात करते हैं। लगता यह है कि वे उन्हीं सिद्धांतों के अनुकूल साबित होने वाले तथ्यों की दुनिया में रहते हैं जिनके

तहत सोचने की उन्हें आदत पड़ चुकी है।

दरअसल, आज नये तरह के चिंतन की जरूरत है। नये आँकड़ों और अंतर्दृष्टियों के संधान की आवश्यकता है जो रोशनी डाल सकें कि भारतीय राज्य भूमंडलीकरण की प्रक्रिया के तहत कैसे काम कर रहा है। ऐसा करना तब तक मुमकिन नहीं होगा जब तक राजनीतिक और आर्थिक आजादी के बीच संबंध की जाँच-पड़ताल करना शुरू नहीं करेंगे। इसी संदर्भ में यह सोचने की भी जरूरत है कि एक सक्रिय और सहभागी मतदातामंडल के बावजूद हमारा राजनीतिक लोकतंत्र इतनी गहरी समस्याओं का शिकार क्यों है और क्यों असामाजिक तत्त्वों ने उसे बंधक बना रखा है?

ऐसा क्यों है कि लोकसभा या विधानसभा के चुनावों में कुछ इलाकों में होने वाली बूथ कब्जे की भर्त्सनायोग्य घटनाएँ तो मीडिया और सार्वजनिक विमर्श पर हावी हो जाती हैं, पर हर महीने रेढ़ी वालों से हर शहर में पालिका के कारकुनों और पुलिस वालों द्वारा करोड़ों रुपये हड़प लेने पर किसी का ध्यान नहीं जाता? केवल दिल्ली में ही करीब पाँच लाख रेढ़ी वालों को महीनाबंदी रिश्वत में करीब २५ करोड़ रुपये देने पड़ते हैं। इतनी बड़ी रकम चुकाने के बाद भी इसकी कोई गारंटी नहीं होती कि उनकी पिटाई नहीं होगी, गालियाँ नहीं मिलेंगी, लगातार परेशान नहीं किया जायेगा और वक्त-वक्त पर उनके खोमचों और सामान को पुलिस द्वारा जब्त नहीं किया जायेगा। पालिका के अधिकारी उन्हें पूरे कागजात नहीं देते ताकि उससे कहीं उनके खोमचे कानून की निगाह में वैध न हो जाएँ। वे चाहते हैं कि रेढ़ी वालों का दोहन करने का उन्हें हमेशा मौका मिलता रहे। संक्षेप में कहा जा सकता है कि भूमंडलीकरण के बीच चलने वाले इस लाइसेंस-परमिट राज के कारण हमारी जनता की आमदनी कृत्रिम रूप से घटी हुई है, उनका आत्मविश्वास घायल पड़ा है, उनकी आत्मगरिमा का क्षय हुआ है और वे सरकार द्वारा प्रोत्साहित अपराध के जाल में फँसने के लिए मजबूर हैं।

हमारी अर्थव्यवस्था के अनौपचारिक क्षेत्र में कार्यरत ज्यादातर लोगों को सरकारी एजेंसियों की हिंसा और लूट का रोजाना सामना करना पड़ता है। रोजी-रोटी कमाने के लिए उनके पास कोई आर्थिक आजादी नहीं है, दरअसल वे अपने नागरिक अधिकारों से ही वंचित हैं। इस सच्चाई के बाद भी नागरिकता संबंधी सैद्धांतिक बहसें केवल नागरिक अधिकारों और राजनीतिक समता के संकीर्ण दायरे में ही होती रहती हैं। यह समझने की जरूरत है कि आर्थिक आजादी के प्रश्न को सार्वभौम मान्यता मिले बिना हमारी राजनीतिक आजादी केवल एक खोखले कर्मकांड की तरह ही रह जायेगी।

आर्थिक सुधार : महिलाओं की भूमिका

जब किसी समाज के अर्थतंत्र और राजतंत्र पर हिंसा, अपराध और रिश्वतखोरी हावी हो जाती है तो एक समूह के रूप में महिलाओं को हर हाल में नुकसान उठाना पड़ता है। वे हाशिये पर चली जाती हैं। यही कारण है कि आर्थिक आजादी का मसला उनके लिए खासतौर से महत्त्वपूर्ण है। आर्थिक सुधारों के दायरे में गरीबों का आना महिलाओं के लिहाज से भी काफी जरूरी है। भारत में बहुत कम औरतें अपना छोटा या बड़ा धंधा शुरू करने की हिम्मत कर पाती हैं, क्योंकि ऐसा करते ही उन्हें सरकारी दफ्तरों और सार्वजनिक जगहों में और उनके आस-पास छाये हुए अपराधी तत्त्वों का सामना करना पड़ता है। इसलिए ज्यादातर औरतें घर पर रह कर ही काम करती हैं और उनके घर के मर्द बाहर की दुनिया से निबटते हैं।

इससे होता यह है कि श्रमिक होने और उजरत कमाने के बाद भी औरतें घर की देहलीज नहीं लाँघ पातीं। वे असंगठित क्षेत्र के सबसे निचले पायदानों पर पड़ी हुई श्रमशक्ति बनी रह जाती हैं, जिसका अपने ही मेहनताने पर कोई नियंत्रण नहीं होता। साथ ही औपनिवेशिक और उत्तर-औपनिवेशिक अवधि में महिलाओं के सम्पत्ति संबंधी अधिकारों के सिलसिलेवार हनन से भी उनकी उद्यमशीलता का पर्याप्त क्षय हुआ है। चूँकि ज्यादातर औरतें किसी ठोस संपत्ति की मालकिन नहीं होतीं, इसलिए उन्हें धंधे के लिए छोटे-छोटे ऋण उगाहने में भी दिक्कत आती है।

अगर उनके पास संपत्ति हो, तो भी उन्हें चौतरफा हिंसा और भ्रष्टाचार के कारण अपने धंधे के इंतजाम के लिए पुरुषों पर निर्भर होना ही पड़ेगा, खासकर सरकारी दफ्तरों से काम निकलवाने के लिए। उनकी इस मजबूरी और असुरक्षा की इस भावना से फायदा उठा कर मर्द उनकी गतिशीलता और स्वायत्तता को सीमित करने के लिए तरह-तरह की पाबंदियाँ लगाते हैं। इन्हीं सब कारणों से आधुनिक भारत में बेटियों के बजाय बेटों को प्राथमिकता दी जाने लगी है, भ्रूणहत्याओं का चलन बढ़ गया है और आबादी में पुरुषों के बजाय स्त्रियों का प्रतिशत घट रहा है। अगर देश के आर्थिक और राजनीतिक जीवन में महिलाओं की सहभागिता बड़े पैमाने पर सुनिश्चित करते हुए उनके अवमूल्यन के खिलाफ संघर्ष करना है तो हमें अपनी अर्थव्यवस्था को अपराधीकरण से मुक्त करना होगा। इस लक्ष्य की प्राप्ति के लिए अर्थतंत्र को नौकरशाही की जकड़ से मुक्त करने की मुहिम चलानी होगी। जवाबदेही की गारंटी करनी होगी और विवादों के निबटारे का बंदोबस्त करते हुए असुरक्षित समूहों के अधिकारों की सुरक्षा करनी होगी।

विकेंद्रीकृत अर्थव्यवस्था : हमारी ऐतिहासिक विरासत

आर्थिक सुधारों के विरोधी इस देश की सभी समस्याओं का जिम्मा हिचक के साथ और टुकड़ों-टुकड़ों में उठाये गये उदारीकरण के कदमों पर थोप देते हैं। वे पूरे मामले को कुछ इस तरह पेश करते हैं जैसे कि आर्थिक सुधारों का पूरा एजेंडा ही विश्व बैंक, अंतर्राष्ट्रीय मुद्रा कोष और बहुराष्ट्रीय कंपनियों द्वारा सुझाये गये उपायों की देन हो। अजीब बात यह है कि इन विरोधियों से कई खुद को गाँधीवादी के रूप में भी पेश करते हैं। लेकिन वे यह भूल जाते हैं कि गाँधी लोगों के आर्थिक जीवन पर सरकारी नियंत्रण के दृढ़तापूर्वक विरोधी थे। गाँधी नागरिक समाज की अन्य संस्थाओं पर राज्य के हावी होने के भी खिलाफ थे। उनका आर्थिक दर्शन यूटोपियन किस्म की किसी गूढ़ पश्चिमी विश्व-दृष्टि का परिणाम न हो कर स्वशासन की भारतीय ऐतिहासिक विरासत पर आधारित था।

अंग्रेजों के आगमन से पहले तक भारतीय सभ्यता की एक विशेष बात यह थी कि शीर्ष पर बैठा हुआ शासक आमतौर पर विभिन्न स्थानीय समुदायों के सांस्कृतिक, सामाजिक और आर्थिक जीवन पर अपने नियम-कानून नहीं थोपता था। न तो उससे इस तरह की अपेक्षा होती थी और न ही वह ऐसा करने की हैसियत रखता था। प्रत्येक गाँव और कस्बे के पास स्व-विनिमयन की अपनी संस्थाएँ होती थीं। साधारणत: शासक केवल पारंपरिक किस्म के टैक्स ही वसूलता था। जब कभी विवाद उनके पास जाते थे तो उनसे अपेक्षा की जाती थी कि वे संबंधित समुदाय के स्थापित रीति-रिवाजों के मुताबिक उनका निबटारा करेंगे। जैसे ही औपनिवेशिक राज्य स्थापित हुआ वैसे ही स्वशासन की यह प्रणाली भंग हो गयी और शासकों ने जनता के आर्थिक, सामाजिक और राजनीतिक मामलों को अपने हाथ में ले लिया।

आजादी के बाद भी राजगोपालाचारी, मीनू मसानी, निजलिंगप्पा और ऐसे ही दूसरे कई राजनीतिक दिग्गजों ने समता लाने के नाम पर थोपे गये नौकरशाहाना नियंत्रणों के खिलाफ जम कर संघर्ष किया। सत्तर के दशक से ही खासकर महाराष्ट्र, पंजाब. गुजरात और आंध्र प्रदेश में किसानों के ताकतवर आंदोलन इन्हीं सवालों को ले कर चलने लगे। लाखों-लाख किसानों ने माँग की कि राज्य द्वारा उन पर थोपी गयी पाबंदियों को हटाया जाय और घरेलू और अंतर्राष्ट्रीय बाजारों तक उनकी पहुँच में रुकावट न डाली जाय।

वनोपज पर निर्भर रहने वाले समुदायों की आर्थिक गतिविधियों पर लगे तरह-तरह के प्रतिबंध और सरकारी अत्याचारों के कारण ही आदिवासियों के बीच नक्सलवादी हिंसक संघर्ष पैदा हुए हैं। किसानों और आदिवासियों की

तरह उद्योगपति अपने ऊपर लगी पाबंदियों के खिलाफ खुल कर सामने नहीं आते, पर क्योंकि उन्हें सरकार के अनुकूल रहने से कुछ फायदा होता है, लेकिन उन्होंने दूसरे छिपे हुए तरीकों से अपने ऊपर लगे हुए प्रतिबंधों को धता बतायी है। उन्होंने रिश्वत, कर-चोरी और 'श्वेत' अर्थव्यवस्था के मुकाबले कहीं तेजी से विकसित होने वाली 'काली' अर्थव्यवस्था का सहारा ले कर यह काम किया है।

कहना न होगा कि आर्थिक आजादी की इच्छा इस देश के भीतर से निकलने वाली माँग है। विश्व बैंक और अंतर्राष्ट्रीय मुद्रा कोष तो केवल तभी हमारी बाँह मरोड़ सकता है और हमारी नीतियों को अपने हिसाब से बदलवा सकता है जब हमारी अर्थव्यवस्था बदहाली में होगी और हम भीख का कटोरा ले कर उनके सामने जाएँगे। सुप्रबंधित अर्थव्यवस्थाएँ किसी के दबाव के सामने नहीं झुकतीं। केवल बदइंतजामी की शिकार भारत जैसे देशों की अर्थव्यवस्थाएँ ही अंतर्राष्ट्रीय ऋणदाताओं और बैंकरों के पास खुद को डूबने से बचाने की गुहार ले कर जाती हैं और बदले में शर्तों के शिकंजे में फँसती हैं। हमारे आवाम की गरीबी आर्थिक सुधारों का परिणाम नहीं है, बल्कि घरेलू प्राथमिकताओं को ध्यान में रख कर चलाये गये सुधारों की जरूरत को रेखांकित करती है। ऐसे सुधारों से ही साधारण जनता की उद्यमशीलता उन्मुक्त हो सकती है और सरकारी मशीनरी की नियंत्रणकारी ताकत में कमी आ सकती है।

आर्थिक सुधारों के स्त्री-समर्थक और जनोन्मुख एजेंडे की जरूरत

चूँकि आर्थिक सुधारों की नाकामी का असली केंद्र हमारी आबादी के गरीब और असुरक्षित तबके ही हैं, इसलिए जरूरत है कि उन्हें औसत नागरिक की रोजी-रोटी के सरोकारों से जोड़ने का सुदृढ़ और साफ प्रयास किया जाय। इन कोशिश में खासकर किसानों, कारीगरों, जुलाहों, वनोपज एकत्रित करने वालों, छोटे दूकानदारों, खेतिहर और अन्य उजरती मजदूरों और विभिन्न तरह की सेवाएँ मुहैया कराने वालों के रूप में महिलाओं पर विशेष ध्यान दिया जाना चाहिए। साथ ही रेढ़ी वालों, मछुआरों, ट्रांसपोर्टरों, रिक्शा चालकों और कचरा बीनने वालों के हितों का ध्यान भी रखा जाना चाहिए। केवल तभी हम आर्थिक सुधार प्रक्रिया के सही दिशा में आगे बढ़ने की उम्मीद कर सकते हैं।

आर्थिक सुधारों का कोई भी सार्थक एजेंडा हमें इसी दिशा में ले जायेगा :

१. सुरसा की तरह बढ़ी हुई नौकरशाही का आकार छोटा होगा। तरह-तरह की सेवाएँ देने वाले प्रभावी और आसानी से उपलब्ध लोगों की संख्या

बढ़ेगी। अध्यापकों, डॉक्टरों और नर्सों जैसे कार्मिकों को निजी प्रोत्साहन दे कर स्थानीय समुदायों के प्रति उत्तरदायी बनाया जा सकेगा।

२. विकेंद्रीकरण, प्रतिबंधों के खात्मे, पारदर्शिता, स्थानीय उत्तरदायित्व और वित्तीय मामलों के ऊपर नियंत्रण को संस्थागत रूप देने से भ्रष्टाचार और जबरिया रिश्वतखोरी में भारी पैमाने पर कमी आयेगी।

३. ऐसे ढेर सारे कानून खत्म कर दिये जाएँगे जो केवल लोगों की आर्थिक पहलकदमी को रोकने और उनकी आमदनी को घटाने की भूमिका ही अदा कर रहे हैं।

४. जनता की आर्थिक गतिविधियों पर सरकारी बाबूशाही की सत्ता में कटौती करने से औद्योगिक और उद्यमशील प्रतिभा के विस्फोट का रास्ता खुलेगा।

५. लोगों को अपनी आमदनी काफी बढ़ाने का मौका मिलेगा, क्योंकि तब उन्हें कानून का डर नहीं होगा और न ही उन्हें कानून तोड़ने की जरूरत पड़ेगी।

६. जनता अपने जीवन और जीविका को ज्यादा से ज्यादा अपने हाथ में महसूस करेगी और इस तरह हमारा लोकतंत्र और मजबूत होगा।

कहने के लिए भूमंडलीकरण का केंद्रीय घटनास्थल शहर है। लेकिन वित्तीय पूँजी का नया निजाम जिस शहर की रचना कर रहा है, उसमें शहरी गरीबों की जिंदगी और भी मुश्किल हो गयी है। वे जिस हाशिये पर पड़े हुए थे, भूमंडलीकरण ने उन्हें वहाँ से भी बेदखल कर दिया है। आधुनिकीकरण, सुंदरीकरण, पर्यावरण और नयी प्रौद्योगिकी के नाम पर प्रशासन, राजनीति और अदालतों की पहली गाज उन्हीं पर गिर रही है। रोजगार की संभावनाएँ सिकुड़ रही हैं। भूमंडलीकरण के बुलडोजर ने गरीब की झुग्गी के साथ-साथ इंसान की आत्मा भी कुचल डाली है।

हाशिये से बेदखली

राजेंद्र रवि

भूमंडलीकरण के समर्थन और विरोध के सवालों से कोई राजनीतिक दल, आंदोलनकारी समूह, गैर-सरकारी संगठन और व्यक्ति अछूता नहीं है। भूमंडलीकरण की वकालत करने वाला विकासशील तथा भूमंडलीकरण का विरोध करने वाला विकास-विरोधी माना जा रहा है। क्या वाकई भूमंडलीकरण का पक्ष लेना मानवीय विकास के एजेंडे का समर्थन करना और इसका विरोध करना मानवीय विकास की धारा को अवरुद्ध करना है?

इसी से जुड़ा सवाल यह है कि क्या भूमंडलीकरण या आर्थिक उदारीकरण कोई पाँच-दस वर्ष पूर्व लागू किया गया एजेंडा है, जिसके नकारात्मक तथा सकारात्मक पक्षों पर बावेला मचना शुरू हो गया है या शताब्दियों पूर्व तयशुदा विकास के मॉडल की एक स्वाभाविक कड़ी है। शुरू में विकास के मौजूदा मॉडल की चकाचौंध से समाज और समाजवैज्ञानिक इतने प्रभावित थे कि शायद ही कोई इसका विरोध करने का साहस जुटा पाया हो। परंतु ऐसा भी नहीं है कि इस विकास के नकारात्मक परिणाणों पर सोचा न गया हो। विश्व के अलग-अलग हिस्से में अलग-अलग कालखंडों में मौजूदा 'विकास के खतरे' को चिह्नित किया जाता रहा है। लेकिन, विकास के वेग से

अभिभूत समाज ने उस आवाज को या तो 'नकार' दिया या अनसुना कर दिया। दूसरी ओर आधुनिक विकास के मॉडल के हिमायती बड़ी सरलता से इसके कुप्रभावों को यह कहकर छिपाने में कामयाब रहे हैं कि "आधुनिक विकास के मौजूदा कुप्रभाव 'अवधारणात्मक' कमी की वजह से न होकर 'क्रियान्वयन' की खामियों के कारण हैं। इसलिए मूल अवधारणा को बदलने की आवश्यकता नहीं है, बल्कि क्रियान्वयन की पद्धति और प्राधिकरण में बदलाव की जरूरत है।"

इसलिए विभिन्न समयों में 'शासन' के 'तरीकों' में अंतर्राष्ट्रीय आर्थिक लाभ एवं शक्ति संतुलन के अनुसार बदलाव आते रहे हैं। इसीलिए लोकलुभावन नारा 'विकेंद्रीकरण और जनता के हाथ में सत्ता' है। परंतु उसके कार्यक्रम का एजेंडा और प्राथमिकताएँ अंतर्राष्ट्रीय मुकाम से आयात होती हैं। इधर के वर्षों में भारत में ग्राम पंचायतों, पालिकाओं इत्यादि के स्थगित पड़े चुनाव संपन्न हुए हैं और इन निकायों को स्थानीय स्तर पर कुछ महत्त्वपूर्ण निर्णय लेने के अधिकार भी मिले हैं। जनता के स्वशासन का यह चमत्कार हमारी जनतांत्रिक प्रक्रिया का स्वाभाविक हिस्सा नहीं है, बल्कि यह सारा बदलाव अंतर्राष्ट्रीय संस्थाओं के निर्देश पर हुआ है। इन निकायों को यह भी शक्ति मिली है कि वे सीधे-सीधे अंतर्राष्ट्रीय संस्थाओं से अपने 'विकास कार्य' में मदद ले सकती हैं। इस मदद के बहाने अंतर्राष्ट्रीय संस्थाओं के माध्यम से विदेशी बहुराष्ट्रीय कंपनियाँ अपने व्यापार के लिए अनुकूल परिस्थितियाँ तैयार करने का इंतजाम कर रही हैं। ऊपरी निर्देशों से संचालित होने के कारण पार्टियों के नेताओं एवं चुने हुए प्रतिनिधियों की वाणी और कर्म में संबंध नहीं रह पा रहा है। इससे देश की संप्रभुता पर सीधी चोट हो रही है। वैसे तो भूमंडलीकरण का प्रभाव सर्वव्यापी है, लेकिन इस लेख में जाँच-परख यह की गयी है कि निरंतर बढ़ रहे अंतर्राष्ट्रीय वित्तीय पूँजी के नये निजाम में शहरीकरण की प्रक्रिया किस तरह चल रही है और शहरी गरीबों पर इसके क्या प्रभाव पड़ रहे हैं।

I

दिल्ली के माल रोड पर—जहाँ आज मेट्रो रेल का काम जोर शोर से चल रहा है—एक बस्ती हुआ करती थी। यह कोई खूबसूरत बस्ती नहीं थी, मगर इनमें रहने वाले लोगों का जीवन भरा-पूरा था। हजारों-हजार लोग थे इसमें। छोटी-मोटी नौकरी करने वाले से लेकर रेहड़ी-पटरी लगाने वाले तक। पुरुष हों या महिलाएँ, सबके पास काम था और उस काम से थोड़ी या ज्यादा आमदनी हो

ही जाती थी। मगर यह बस्ती मेट्रो रेल की भेंट चढ़ गयी । इसे उजाड़ दिया गया। इसके निवासियों को होलंबी कलाँ के मेट्रो विहार में फेंक दिया गया। इनमें से कुछ परिवारों को १८ वर्ग मीटर और कुछ को १२.५ वर्ग मीटर की जमीन का टुकड़ा मिला। इसी जगह पिछले अक्तूबर में हमारी मुलाकात एक ऐसी महिला से हुई जो शाम पाँच बजे खाना पका रही थी। उसका कहना था, "आज सुबह खाना नहीं बना घर में। कुछ था ही नहीं। मैं आज महसूस कर रही हूँ कि हमें बसाया नहीं गया है, सिर्फ उजाड़ा गया है। माल रोड में रहते हुए मेरा परिवार बहुत खुशहाल था। हम आठ-दस वर्ष से दिल्ली में रह रहे हैं, लेकिन ऐसा बुरा दिन कभी नहीं आया था। वहाँ अपनी झुग्गी थी, अपना रिक्शा था। मेरा पति रिक्शा चलाता था और मैं किसी कोठी में काम करके कुछ पैसे और जोड़ लेती थी। चारों बच्चों की पढ़ाई चल रही थी। यहाँ तो हम भूखों मरने के लिए लाये गये हैं। मेरे लिए आसपास कोई काम नहीं है। मेरे पति के लिए भी कोई काम नहीं है। आज भी उन्हें रिक्शा लेकर दसियों किलोमीटर दूर माल रोड जाना पड़ता है। रोज-रोज रिक्शा लेकर आना-जाना संभव नहीं है। आदमी यदि आने-जाने में ही थक जायेगा तो काम क्या करेगा! इसलिए इन्हें उसी इलाके में ठहरना पड़ता है। मगर इनके ठहरने और रिक्शा रखने की वहाँ कोई जगह नहीं है। फल यह है कि ठीक से खाना और आराम न मिलने के कारण मेरा आदमी अभी बीमार पड़ा है। इस तरह अपना रिक्शा होने के बावजूद हमारी कमाई पर पानी फिर गया है। ऐसी दशा में एक ही रास्ता है कि हम इस जगह को छोड़कर चले जाएँ।"

यह महिला यह भी कहती है, "हमारा पेट ही नहीं भर रहा है तो हम इस प्लाट के लिए सरकार को सात हजार रुपये कहाँ से देंगे! लोग कहते हैं कि गरीब लोगों को जगह दो तो वे रहना ही नहीं चाहते। हम दिल्ली रोजगार के लिए आये थे न! इस बित्ते-भर जमीन से कई गुना अधिक जमीन है हम सबके गाँव-घर में। जब रोजी-रोटी के लिए हमने अपना देस छोड़ा तो इस फालतू जमीन से क्यों मोह पालें!"

इस महिला के कथन से कुछेक बातें साफ होती हैं : पहली, यह शहरी गरीब, चाहे गाँव से आया हो या अन्य किसी शहर से, अपने मूल स्थान पर भी गरीब ही था। दूसरी, रोजगार के तमाम विकल्प समाप्त हो चुके थे, इसलिए दिल्ली की ओर उसने कूच किया। तीसरी, भूमंडलीकरण और उदारीकरण की नीति उस गरीब को पुन: उसी जगह ढकेल रही है जहाँ से निकलकर उसने अपने दम पर रोजगार का ताना-बाना बुना था। चौथी, इस प्रक्रिया में वह अपने को ठगा गया महसूस करता है और सरकार को अपने खिलाफ मानता है।

II

सच है कि अपनी जमीन से अलग होना हर किसी के लिए एक पीड़ादायक अनुभूति है, खासकर गरीब व्यक्ति के लिए और भी। गाँव का कोई भी व्यक्ति अपना घर-बार छोड़कर शहर में रहने के लिए तभी तैयार होता है जब उसे परिस्थितियाँ मजबूर करती हैं। वह शहर आ जाता है कमाने के लिए, मगर उसका मन अटका रहता है गाँव में। वह इतनी कमाई नहीं कर पाता कि अपने परिवार के साथ किराये के कमरे में रह सके या दो-चार माह के अंतराल पर जाकर अपने परिजनों से मिल सके। परिवार के लिए कुछ बचा कर गाँव में भेजने के फेर में वह वर्षों तक शहर में अकेला पड़ा रहता है। यह स्थिति उसे सालती है। वह अपने बीवी-बच्चों और परिजनों से मिलने के लिए तड़पता रहता है। ऐसी दशा में वह अपने परिवार के साथ रहने की चाहत में किसी झुग्गी-बस्ती या अवैध कही जाने वाली कालोनी में रहने का निर्णय लेता है। इस जगह पर डेरा डालने के लिए उसे पुलिस, नगर निकाय के कर्मचारियों और दादा किस्म के लोगों को भी कुछ न कुछ खिलाना पड़ता है। ये ऐसी बस्तियाँ होती हैं जहाँ न ढंग से पानी का इंतजाम होता है, न शौचालय का और न ही बिजली का। कुल मिलाकर कूड़ा-कबाड़ा में जीने की परिस्थितियाँ होती हैं। गाँव से आया यह आदमी फिर भी थोड़ी राहत महसूस करता है कि चलो, सिर पर एक छप्पर तो है। यद्यपि यह छप्पर भी एकदम भरोसे का नहीं होता। अनेक विपदाएँ घेरे रहती हैं इसे। कई बार यह आँधी-तूफान से उजड़ जाता है। बारिश की बूँदें सीधे जमीन पर आती हैं। आग लगने की घटनाएँ भी कम नहीं होतीं। इन्हें यह प्राकृतिक विपदा मानकर भूल जाता है।

इन बस्तियों में रहने वाला आदमी अपनी जिंदगी को पटरी पर लाने की कोशिश में अभी लगा ही रहता है कि इन बस्तियों पर सरकारी बुलडोजर चल जाता है। हजारों हजार झुग्गी-झोंपड़ियाँ जमींदोज हो जाती हैं। यह बुलडोजर दिल्ली में ही नहीं चलता, पटना, इन्दौर, मुंबई, कलकत्ता कहीं भी चल जाता है। बहाने अलग-अलग हो सकते हैं—कहीं शहर को खूबसूरत बनाने के नाम पर, कहीं बहुराष्ट्रीय कंपनियों को अनुकूल वातावरण प्रदान करने के नाम पर तो कहीं सुंदर परिवहन व्यवस्था उपलब्ध कराने के नाम पर। इंदौर में झुग्गियों को मिट्टी में मिलाने का काम इस प्रकार होता है, ''पिछले कुछ अरसे से इन्दौर विकास प्राधिकरण इन झुग्गियों को बड़े पैमाने पर नेस्तनाबूद करने में लगा हुआ है। बिना किसी पूर्व सूचना के, उनके विरोध के खिलाफ और उन्हें अपना सामान उठाने का अवसर दिये बिना उनके घरों को बुलडोजर से ध्वस्त कर दिया गया। यह काम उस वक्त किया गया जब पविवार के पुरुष दैनिक मजदूरी

पर गये हुए थे और घर पर स्त्रियाँ, बीमार, वृद्ध और बच्चे ही थे। जिन महिलाओं ने विरोध किया उन्हें पुलिस की गाड़ियों में भर थाने में भेज कर बंद कर दिया गया। उनके साथ बदसलूकी की गयी। झुग्गी बस्तियों को तोड़ने के बाद यहाँ के लोगों को शहर से दूर बिना किसी आसरे के खुले मैदान में डाल दिया गया, जहाँ बिजली, पानी और भोजन की आधारभूत सुविधाएँ भी नहीं थीं। शहरी गरीब वर्ग को उनके घरों से विकास के नाम पर हटा दिया गया और मास्टर प्लान में झुग्गी बस्तियों के लिए सुरक्षित रखी गयी ४०० हेक्टेयर भूमि पर अवैध गगनचुंबी इमारतें, विशाल व्यावसायिक कांप्लैक्स खड़े कर दिये गये और यह प्रक्रिया अभी भी जारी है।''[१]

१९९६ में ब्रिटिश प्रधानमंत्री जान मेजर कलकत्ता आये। उनसे विदेशी पूँजी निवेश की काफी उम्मीद थी। उनकी आगवानी में शहर को साफ-सुथरा बनाने के लिए कलकत्ता नगर निगम ने 'आपरेशन सनशाइन' नामक अभियान चलाया। यह ''इतने गुपचुप और अचूक तरीके से छेड़ा गया, मानो किसी बगावत को कुचला जा रहा हो। इस हमले में दुश्मन थे बेसहारा पटरी वाले, और निशाना था उनकी नन्हीं दुकानें, खोखे और स्टाल। समय चुना गया आधी रात का, ताकि दुश्मन असावधान रहे और कम से कम प्रतिरोध के बीच लक्ष्य बेध हो सके। २६-२७ नवंबर की आधी रात को शहर के मुख्य बाजारों में रैपिड एक्शन फोर्स और पुलिस के जवान फैल गये। गरियाहाट, रास बिहारी एवेन्यू और हातीबागान के हजारों स्टालों को भीमकाय बुलडोजरों ने धराशायी कर दिया। पटरी वालों को कोई पूर्व चेतावनी तक नहीं दी गयी।''[२]

III

भूमंडलीकरण की पूरी अवधारणा 'विकास की कुंजी, विदेशी पूँजी' के नारे के तहत बुनी गयी है। इसके पीछे एक गैर-जिम्मेदाराना तर्क है—''विदेशी पूँजी आयेगी तो नये कारखाने और कारोबार खुलेंगे। इससे रोजगार में वृद्धि होगी, राष्ट्रीय आय में बढ़ोतरी होगी, विकास की दर बढ़ जायेगी। साथ ही, विदेशी मुद्रा में वृद्धि होगी। शहरों में ढाँचागत विकास होगा तो इससे निर्माण कार्य और उससे जुड़े कामों में तेजी आयेगी।'' मगर इस पूरी तर्क शृंखला की निरर्थकता सबके सामने है। उदारीकरण को जारी हुए एक दशक से ऊपर हो चुका है, फिर भी न तो विदेशी पूँजी का द्रुत प्रवाह भारत की ओर है और न ही नयी प्रौद्योगिकी का बोलबाला हुआ। सिर्फ यही है कि बहुराष्ट्रीय कंपनियाँ भारतीय उद्योगों को लील रही हैं । वे विदेशी पूँजी बहुत कम ला रही हैं। वे पूँजी की उगाही भारतीय बैंकों और अन्य स्रोतों से करके विभिन्न उद्यमों में अपना शेयर

बढ़ा रही हैं। "अक्सर ऐसा हुआ है कि विदेशी कंपनियों ने भारत में पैर जमाने के लिए पहले किसी भारतीय कंपनी के साथ संयुक्त उपक्रम बनाया। जब वे यहाँ जम गयीं, यहाँ के बाजार में उनकी पैठ और पहचान बन गयी, तब उन्होंने अपने पार्टनर के शेयरों को खरीदकर उसे व्यवसाय से बाहर कर दिया।"[३] फिर भी हमारी सरकार अब भी यही कहे जा रही है कि विदेशी पूँजी से ही देश की तरक्की संभव है। राष्ट्रीय राजधानी परिक्षेत्र के ही शहरों पर निगाह डालने से स्पष्ट हो जाता है कि भारतीय उद्योग किस तेजी से मर रहे हैं। फरीदाबाद, गुड़गाँव, गाजियाबाद, मेरठ, अलवर इत्यादि सभी जगहों पर फैक्ट्रियाँ धड़ाधड़ बंद हो रही हैं। परिणाम यह है कि पहले से नौकरी पाये लोग भी बेरोजगार हो रहे हैं। सरकार तो 'स्वैच्छिक सेवा निवृत्ति' चलाकर नौकरी से बाहर आने का लालच दे रही है। 'छँटनी' आज की आम परिघटना बन गयी है। इस काम में निजी क्षेत्रों की मदद के लिए कानूनों में भी व्यापक फेर-बदल किये जा रहे हैं। इस कारण, अपने को स्थायी नौकरीशुदा मानने वाले लोग भी बेरोजगारों में शामिल होने को बाध्य कर दिये गये हैं।

दिल्ली की स्थिति तो और भी भयावह है। यहाँ के कारखाने प्रतिस्पर्धा या अन्य कंपनियों में विलय या किसी दूसरी कंपनी द्वारा अतिक्रमण के कारण बंद न होकर, बल्कि न्यायालय द्वारा समय-समय पर दिये गये क्रमिक आदेशों के कारण बंद हुए। मजदूरों के मुकद्दमों को बीसियों वर्ष तक लटकाये रखने वाली अदालतों की सर्वोच्च कमान यानी उच्चतम न्यायालय ने पर्यावरण रक्षा के नाम पर दिल्ली के तमाम कारखानों को शहर से बाहर करने का आदेश फटाफट जारी कर दिया। इसके विरोध में नवंबर २००० में छोटे व्यवसायी और उनके कारखानों में काम करने वाले मजदूर सड़क पर उतर आये। उनका गुस्सा हिंसक हो उठा। जगह-जगह सड़कें जाम हुईं। सरकारी बसें फूँकी गयीं। डाक विभाग की गाड़ियों पर भी हमला हुआ। सड़कों की रेलिंग तोड़ी गयी। रेल यातायात तक बाधित हुआ। पुलिस के साथ उनका टकराव हुआ। कुछ ने आत्महत्या तक की।

मगर न्यायालय ने गरीब लोगों की सामाजिक, राजनीतिक, आर्थिक स्थिति को खयाल में रखे बिना अपनी पक्षधरता देश और दुनिया के अमीर लोगों के साथ जाहिर की। उच्चतम न्यायालय ने २० नवंबर २००० की इन हिंसक घटनाओं पर टिप्पणी की, "गुंडों के सड़क पर उतर आने से न्यायालय अपना फैसला नहीं बदल सकता।"[४] कारखानों के बंद होने का परिणाम यह हुआ कि लाखों लोग बेरोजगार हो गये। इनके रोजगार छिन जाने से इनके आश्रितों के साथ-साथ इनके सहारे जीने वाले अन्य लाखों और लोगों (जैसे

चीनी, चावल, सोडा-साबुन इत्यादि बेचने वाले दुकानदारों) की भी रोजी-रोटी छिन गयी। ये रोजगारविहीन लोग बेलदारी करने, रेहड़ी-पटरी व्यवसाय करने, रिक्शा चलाने जैसे कामों में उतरे। मगर सबके लिए इन कामों में भी रोजगार मिल पाना संभव न था। बहुतेरे लोग दूसरे शहरों में चले गये या अपने घर लौट गये। जिनके पास अपने रहने का ठिकाना था (अधिकतर के लिए यह ठिकाना झुग्गियाँ ही थीं) उन्होंने येन-केन-प्रकारेण इस शहर में बने रहने की कोशिश की। मगर कुछ ही महीनों बाद झुग्गियों को शहर से बाहर ले जाने के सरकारी निर्णय से इनकी रही-सही उम्मीद भी धराशायी हो गयी। इन गरीब लोगों के सामने जीवन-मरण का प्रश्न खड़ा हो गया। अभी वे इससे उबर भी न पाये थे कि उच्चतम न्यायालय का एक और आदेश आया—सभी सार्वजनिक वाहनों (बसों, थ्री-व्हीलरों और टैक्सियों) को सी.एन.जी. से चलाने का। डीजल से चलने वाली बसों को सड़क से हटा लेने के बाद नगर में बसों की भारी किल्लत हो गयी।

आम आदमी के लिए एक जगह से दूसरी जगह जाना एक संग्राम बन गया। इस बारे में एक प्राइवेट दफ्तर में चपरासी की नौकरी करने वाला एक आदमी कहता है, ''गरीब आदमी इतनी विकट स्थिति में कभी नहीं फँसा था। सरकार के सभी महकमे गरीबों की जान लेने पर तुले हैं। न्यायालय तक भी पक्षपातपूर्ण निर्णय ले रहे हैं। किसी भी न्यायालय का काम यह नहीं है कि वह सार्वजनिक वाहनों को सी.एन.जी. से चलाने का आदेश दे। क्या पर्यावरण की रक्षा के हित में इतना कहना काफी नहीं है कि मोटर वाहनों को प्रदूषण रहित ईंधन से चलाया जाय?'' एक दूसरा आदमी बहुत ही तीखी टिप्पणी करता है, ''बसों से गरीब आदमी सफर करता है, अधिक से अधिक मध्यमवर्ग के एक हिस्से तक इसका दायरा है। इस शहर में कुछेक हजार बसें थीं। मगर मोटर चालित निजी वाहनों की संख्या ४० लाख है। हर माह १०-११ हजार मोटर गाड़ियाँ इसमें और बढ़ रही हैं। क्या उनसे निकलने वाला धुआँ प्रदूषण रहित है? मेरी नजर में न्यायाधीश न्याय नहीं कर रहे हैं। वे गरीब लोगों के खिलाफ साजिश में शामिल हैं। यह है गरीबों को दिल्ली से बाहर करने की साजिश। इनकी आजीविका छीन लो, इनके रहने के ठिकानों को नष्ट करो और इन्हें घूमने-फिरने से रोको। इन तीनों में एक क्रम है। क्या अब भी दिल्ली में टिका रह सकेगा गरीब?''

IV

दिल्ली परिवहन व्यवस्था की तमाम समस्याओं की रामबाण दवा के रूप में पेश की जा रही है मेट्रो रेल। यहाँ बन रही मेट्रो रेल का एक हिस्सा उपरिगामी है,

दूसरा हिस्सा भूमिगत है और तीसरा हिस्सा जमीन पर बनाये जाने की योजना है। जाहिर है दिल्ली के सभी रूटों पर किसी भी सूरत में मेट्रो रेल के जरिये सफर नहीं किया जा सकता। दिल्ली परिवहन व्यवस्था को दुरुस्त करने का एक ही तरीका हो सकता है—सभी तरह के वाहनों को एकीकृत ढाँचे के तहत समन्वित करना। यानी एक ऐसा तरीका, जिसमें इन सभी सार्वजनिक वाहनों—बस, रेल और टैक्सियों—को एक ही समय-सारणी और किराया के माध्यम से जोड़ा जाय। इनकी देखरेख करने वाला एक संगठन हो या कम से कम इनके बीच पर्याप्त तालमेल हो। मोटर चालित निजी वाहनों को ज्यादा से ज्यादा हतोत्साहित किया जाय। इसका लाभ यह होगा कि यात्री को कम से कम किराया खर्च करना पड़ेगा, उसके समय की बचत होगी, सड़कों पर जाम की संभावना न्यूनतम होगी तथा परिवहन और ईंधन की बचत होगी। इससे राष्ट्रीय संसाधनों की कम से कम बर्बादी होगी। इससे समाज के विभिन्न तबकों में आपस की भागीदारी बढ़ेगी और उनके बीच तनाव को बहुत हद तक कम किया जा सकेगा। प्रदूषण रहित सार्वजनिक और निजी वाहनों—साइकिल, रिक्शा, ताँगा और धीमी गति के वाहनों को पूरक के रूप में इस्तेमाल किया जाय। मगर मैट्रो का पूरा तामझाम इस बात का संकेत दे रहा है कि इसमें किराया महँगा होगा और गरीब आदमी की जेब इसमें रोज-रोज सफर करने की इजाजत नहीं देगी। मेट्रो रेल के बारे में न केवल गरीब आदमी के मन में शंका है, बल्कि मध्यवर्गीय लोग भी पूर्णत: आश्वस्त नहीं हैं। यहाँ तक कि कुछ नौकरशाहों को भी आपत्तियाँ हैं।

दिल्ली सरकार के पूर्व सचिव उमेश सहगल इस पर टिप्पणी करते हैं, ''नये-नये ताजमहल बनाते जाना नौकरशाही का पुराना शगल है। ये ताजमहल सुंदर भले ही होते हों, पर इनकी उपयोगिता कुछ नहीं होती। हमारे देश की राजधानी पर काबिज नौकरशाही भी इसका अपवाद नहीं है। आप चाहें तो रिंग रेल का उदाहरण उठाकर देख लीजिए जिसे एशियाड के वक्त नया रूप देने के लिए ८० करोड़ रुपये खर्च किये गये थे, जबकि इससे कुल सवारी यातायात में १ प्रतिशत का भी योगदान नहीं मिलता ... 'सफेद हाथियों' की इस लंबी फेहरिस्त में सबसे नया नाम बहुप्रचारित मेट्रो रेल का है। ... अभी मेट्रो के जिस हिस्से पर काम चल रहा है, वह अंतर्राज्यीय बस अड्डे को नांगलोई से और दिल्ली विश्वविद्यालय को केंद्रीय सचिवालय से जोड़ने का काम करेगा। आप चाहें तो यह सोचकर दाँतों तले उंगली दबा सकते हैं कि अचानक ग्रामीणों की इतनी बड़ी तादाद बस अड्डे और छात्रों की इतनी बड़ी तादाद केंद्रीय सचिवालय को कब से जाने लगी कि उसके लिए पूरी मेट्रो रेल चलाने

की जरूरत आ पड़ी। वास्तविकता तो यह है कि यदि इस नयी रेल प्रणाली की पूरी क्षमता का भी इस्तेमाल किया जाय तो भी उससे केवल ५ प्रतिशत मुसाफिर ही सफर करेंगे। यह इतनी छोटी संख्या है कि इससे निपटने के लिए डीटीसी (दिल्ली परिवहन निगम) के ही अंतर्गत महज कुल सौ अतिरिक्त बसें चलाकर काम चलाया जा सकता है। जहाँ एक तरफ बसों पर कुल लागत महज १५-२० करोड़ रुपए आती, वहीं मैट्रो की लागत ८००० करोड़ रुपए से भी ज्यादा बैठेगी।''

एक क्लर्क का मानना है, ''दिल्ली में मौजूद सभी वाहनों को एक संयुक्त परिवहन प्रणाली के अंतर्गत लाकर और उनका भाड़ा रियायती बनाकर उन्हें ज्यादा उपयोगी बनाया जा सकता है। यदि ऐसा नहीं किया गया तो मेट्रो रेल पर खर्च किया गया अरबों रुपया बेकार चला जायेगा।''

दिल्ली को हर तरह से आधुनिक बनाने की कोशिश की जा रही है। यहाँ आधुनिक ढंग के भूमिगत रास्ते और उपरिगामी पुल बनाये जा रहे हैं। मगर इस आधुनिकता का दायरा केवल संपन्न लोगों तक सीमित है। एक रिक्शा चालक कहता है, ''यह कैसी आधुनिकता है कि इन विशालकाय पुलों पर न तो फुटपाथ बनाये गये हैं और न ही साइकिल और रिक्शा के लिए लेन है। सड़कों की चौड़ाई लगातार बढ़ायी जा रही है, मगर इस पर गरीब आदमी के इन वाहनों के लिए कोई गुंजाइश नहीं है। इन ज्यादातर सड़कों पर तो रिक्शा चलाने की मनाही है। शहर में रेड जोन की सड़कों की संख्या लगातार बढ़ रही है।''

V

गरीब आदमी एक ही सवाल पूछ रहा है, ''क्या भूमंडलीकरण और उदारीकरण का अर्थ गरीबों की तबाही है? यदि ऐसा नहीं है तो हमें क्यों बेदखल करने की कोशिश की जा रही है?'' सच यही है कि फैक्ट्रियों में उनके लिए अब रोजगार की जगह नहीं है। वे जो स्व-रोजगार अपनाते हैं उन पर तरह-तरह की बंदिशें हैं। संपन्न तबके और गरीब आदमी की बस्तियों को अलग-अलग किया जा रहा है। इनकी दूरी लगातार बढ़ायी जा रही है। इन गरीबों का पारिश्रमिक दिन-ब-दिन घटता जा रहा है और सारी चीजें महँगी होती जा रही हैं। हाल-फिलहाल दिल्ली में बस भाड़े में जो वृद्धि हुई है, उससे इन गरीबों की कमर टूट गयी है। बक्करवाला में रहने वाली बाघरी समाज की एक महिला कहती है, ''हमें समझ में नहीं आता कि सरकार चलाने वाले लोग बेवकूफ हैं या बेईमान। हमारी झुग्गी-झोंपड़ी रघुवीर नगर में थी। हम शहर में घूम-घूमकर नये बरतनों के बदले पुराने कपड़े लेती हैं। इन कपड़ों को हम

रघुवीर नगर में नगर-निगम द्वारा बनाये गये मार्केट में एकदम सुबह में बेचती हैं और १०-११ बजे शहर के अन्य भागों में निकल जाती हैं। जब से हमें बक्करवाला में पटक दिया गया है और बस भाड़े में बेतहाशा वृद्धि कर दी गयी है, हमारा पूरा धंधा चौपट हो गया है। हमारी कमाई का लगभग आधा हिस्सा तो बस-भाड़ा में ही निकल जाता है। झुग्गी-झोंपड़ी को दुबारा बनाने में आये खर्चे को लेकर अभी हम उबरे नहीं थे कि यह एक नयी मुसीबत आ गयी। इससे जिंदगी पहाड़ बन रही है।''

सरकार ने कल्याणकारी योजनाओं से अपने को अलग कर लिया है। अब सरकारें जन-कल्याण में रुचि नहीं रखतीं। जिन सरकारी अस्पतालों में जनता को कुछ वर्ष पहले तक मुफ्त चिकित्सा हासिल थी, अब उसके लिए उससे शुल्क लिया जाने लगा है। मगर एक ढोंग अब तक कायम है—सरकार निजी अस्पतालों को सस्ती दर पर जमीन मुहैया कराती है इस शर्त पर कि वहाँ गरीब लोगों को मुफ्त चिकित्सा सुविधा मिलेगी। मगर कोई भी निजी अस्पताल इस शर्त को व्यावहारिक जामा नहीं पहनाता। इस तरह जनता की संपत्ति पर निजी स्वास्थ्य सेवाएँ फल-फूल रही हैं। सरकारी अस्पताल भी गरीब लोगों की मदद नहीं कर पाते। इनका कार्य-समय वही है जब गरीब आदमी रोजी-रोटी कमाने में व्यस्त होता है। मंगनी राम मोची का काम करता है । इसका कहना है, ''सरकारी अस्पतालों में समय बहुत बरबाद होता है। लाइन में लगने के बावजूद यह निश्चित नहीं होता कि डाक्टर आपको देखेगा ही। अगर दो-तीन जाँचें करानी हों तो सप्ताह-भर का वक्त चाहिए। स्व-रोजगार वाला आदमी किसी तरह समय निकाल ले सकता है, यद्यपि उसका धंधा और आमदनी प्रभावित होते हैं : मगर बेलदारी और राजमिस्त्री या दैनिक मजदूरी पर काम करने वाले आदमी के लिए यहाँ इलाज कराना बहुत महँगा सौदा है। मेरे जैसा आदमी इन अस्पतालों में इसलिए जाता है, क्योंकि प्राइवेट अस्पताल और भी महँगे हैं। दूसरी बात यह कि जब बीमारी बढ़ जाती है तो नर्सिंग होम वाले अपनी जिम्मेदारी से पल्ला झाड़ लेते हैं और रोगी को सरकारी अस्पताल भेज देते हैं।''

खैर, सरकारी अस्पतालों में जैसी भी सुविधा मिल रही हो, अब उसमें भी कटौती की जा रही है। इन दिनों यह बात जोर-शोर से प्रचारित की जा रही है कि इन अस्पतालों का चुनाव रोगी की इच्छा पर निर्भर नहीं करेगा, बल्कि उसे सोपान-दर-सोपान बढ़ते हुए किसी बेहतर सुविधा वाले अस्पताल में जाना होगा। यदि निचला अस्पताल ऊपर वाले अस्पताल के लिए अनुशंसा नहीं करता तो कोई रोगी उसकी सेवा प्राप्त नहीं कर सकता। इस तरह बेहतर

सुविधा वाले अस्पताल रेफरल के रूप में काम करेंगे। तब एक गरीब आदमी के लिए अस्पतालों की विशिष्ट सेवा को प्राप्त करना कुछ ही समय बाद असंभव हो जायेगा। इन अस्पतालों की सेवा का लाभ विशेष दर्जा प्राप्त लोग उठा सकेंगे। यानी इन तक उनकी ही पहुँच होगी जो ऊँची पैरवी कराने में समर्थ होंगे। रिक्शा चालकों, मालिकों और मिस्त्रियों पर एक सर्वेक्षण के दौरान हमने पाया कि रिक्शा चालक स्वास्थ्य संबंधी अनेक दिक्कतों (जैसे घुटने और छाती में दर्द, श्वाँस की बीमारी, टीबी इत्यादि) के बावजूद अपनी कम आमदनी और समय की कमी के कारण अपना इलाज अच्छे अस्पतालों में नहीं कराते। वे सरकारी अस्पतालों में भी नहीं जाते, "क्योंकि दवा मेडिकल स्टोर से ही लेना है।" अक्सर ये मेडिकल स्टोर के कैमिस्ट से पूछकर उसी से दवा ले लेते हैं या गली-मुहल्ले में शाम के वक्त या हर वक्त बैठने वाले साधारण डाक्टर से। गंभीर बीमारी की दशा में ही ये किसी अस्पताल की शरण में जाते हैं। मिस्त्रियों की भी स्थिति कमोबेश ऐसी ही है।

भूमंडलीकरण के इस दौर में भारतीय समाज में शिक्षा-व्यवस्था अमीर और गरीब के बीच भेद को और भी स्पष्ट करती है। सबको समान शिक्षा का लक्ष्य बहुत पीछे छूट गया है। अंग्रेजी माध्यम वाले स्कूल प्राइवेट हाथों में हैं और वे शिक्षा के जरिये व्यापार कर रहे हैं। अमीर परिवार के बच्चे इन स्कूलों में पढ़ कर वैज्ञानिक, इंजीनियर, डाक्टर या मैनेजर बनने का सपना लिए बड़े हो रहे हैं। वहीं गरीब बच्चों के लिए नगर-निगम और राज्य सरकार के वे स्कूल हैं जिनमें साधनों का घोर अभाव है, यहाँ तक कि इनमें पर्याप्त शिक्षक भी नहीं हैं। इन स्कूलों में जाने वाले बच्चे किसी तरह साक्षर भले ही हो जाएँ, मगर इनके सामने कोई सपना नहीं है। जब से भूमंडलीकरण शुरू हुआ है तब से इन स्कूलों में शिक्षा का स्तर लगातार गिर रहा है : जबकि एक दौर में इन्हीं स्कूलों से निकलकर गये विद्यार्थियों ने आगे चलकर समाज के सभी क्षेत्रों में अग्रणी भूमिका निभायी। इस समय की शिक्षा व्यवस्था पर बुलंदशहर का एक रिक्शा मिस्त्री कड़ी टिप्पणी करता है, "सरकारी स्कूल की पढ़ाई एकदम बकवास है। शिक्षक कुर्सी पर बैठा ऊँघता रहता है। बच्चे वहाँ बैठे-बैठे बोर होते रहते हैं। इनके लिए न तो स्कूल में पीने के पानी की समुचित व्यवस्था है और न ही शौचालय की। यहाँ पढ़-लिखकर बच्चा जिंदगी के लिए कुछ भी प्राप्त नहीं करता। प्राइवेट स्कूल इतने महँगे हैं कि हम वहाँ जाने की जुर्रत नहीं कर सकते।" इसलिए गरीब तबके के लोग अपने बच्चों को स्कूल भेजने की बजाय बचपन से ही कोई काम सिखाना ज्यादा बेहतर समझते हैं। राष्ट्रीय राजधानी परिक्षेत्र के शहरों में सर्वे के दरम्यान हमने पाया कि रिक्शा-गैराजों में

दस-बारह वर्ष के अनेकानेक बच्चे मिस्त्री का काम सीख रहे हैं। गरीबी के अंतिम पायदान पर खड़े कबाड़ियों के बच्चे तो यह भी नहीं कर रहे हैं, बल्कि सीधे-सीधे माँ-बाप की आमदनी बढ़ाने में हाथ बँटा रहे हैं। शहरी गरीबों की आय लगातार गिर रही है। परिवार चाहे जितना छोटा हो, मगर एक आदमी की कमाई से परिवार का खर्च चलाना मुश्किल होता है, खासकर तब जब आय का कोई निश्चित जरिया न हो। ऐसी हालत में परिवार के एक-एक सदस्य का कमाना जरूरी होता है। बाल मजदूरी जैसी अवधारणा इनके किसी काम की नहीं है। कल्याणकारी योजनाओं से हाथ खींच चुकी सरकार के लिए भी शब्द-जुगाली से ज्यादा महत्त्व नहीं रखती है बाल-मजदूरी। इसलिए शहरी गरीब के संदर्भ में आजीविका का प्रश्न केवल वयस्क स्त्री-पुरुष से नहीं जुड़ता है, बल्कि यह समस्त परिवार का मामला बन जाता है।

सरकारी और गैर-सरकारी क्षेत्र की स्थायी नौकरियों की जगह ठेकेदारी की प्रवृत्ति को बढ़ावा मिला है। इसलिए शहरी गरीब के पास निश्चित आय का जरिया रहा नहीं। हर काम में ठेका है। मजदूर अब कारखानों में भी काम करते हैं तो अनियमित मजदूर के रूप में। कारखाने में काम कराने के बजाय उद्यमी छोटे-छोटे ठेकेदारों से 'पीस-रेट' पर माल तैयार कराते हैं। ये ठेकेदार कई मामलों में श्रमिक के घर में कच्चा माल पहुँचा देते हैं और वहीं उससे सामान तैयार कराते हैं।

देश में बढ़ रही बेरोजगारी ने इन श्रमिकों की मोल-तोल की क्षमता को बड़ी क्षति पहुँचाई है। इस कारण ये श्रमिक उस दर पर काम करने को तैयार हो जाते हैं जिस दर पर ठेकेदार चाहते हैं। भूमंडलीकरण ने भारत में व्यापार के दरवाजे सभी देशों के लिए खोल दिये हैं। इसलिए यहाँ के बाजार में दूसरे देशों, खासकर चीन, के सामानों की भरमार हो रही है। ये सामान हमारे देश में बने सामानों से बहुत सस्ते हैं। इसका बड़ा कारण है उन देशों की उन्नत तकनीक। हमारे देश के निर्यातक इस मुश्किल अंतर्राष्ट्रीय परिस्थिति का सामना करने के लिए जिन उपायों पर अमल कर रहे हैं, उनमें दो मुख्य हैं। पहला, श्रम को ज्यादा लचीला बनाना यानी कम पारिश्रमिक देकर अनुपयुक्त स्थितियों में भी ज्यादा समय तक काम लेना। दूसरा, पूँजी सघनता वाली तकनीक अपनाना। इस तरह अब निर्यात उद्योग भी रोजगार-सृजन करने वाले स्रोत नहीं हैं।

नयी आर्थिक नीति, जिसका भूमंडलीकरण और उदारीकरण प्रमुख स्वर है, की घोषणा करते हुए यह कहा गया था कि बहुराष्ट्रीय कंपनियों के भारत में आने से नये-नये कल-कारखाने लगेंगे। इससे बड़े पैमाने पर रोजगार के द्वार खुलेंगे। मगर वस्तुस्थिति यह है कि इन कंपनियों की थोड़ी भी रुचि कल-

कारखाने लगाने में नहीं है। वे तो पहले से लगे भारतीय उद्योगों के शेयर खरीदकर उन पर एकाधिकार कायम करने की फिराक में हैं। ऐसा इन्होंने बड़े पैमाने पर किया भी है। स्वाभाविक तौर पर इससे नये रोजगार पैदा होने की कोई संभावना न थी और न पैदा हुए। यानी भूमंडलीकरण से रोजगार का नारा भी एक भ्रामक उद्घोषणा है। मगर इनके एकाधिकार के कारण हजारों देशी उद्योगों को अपना कारोबार बंद करना पड़ा और इससे बेरोजगारों की भीड़ और बढ़ी ही। दूसरी ओर ये विदेशी कंपनियाँ एकाधिकार प्राप्त करते ही उस उद्योग की परिसंपत्ति का उपयोग अपने ढंग से करने लगती हैं। वे इस पर बहुमंजिली इमारतें खड़ी करके उससे अपना व्यावसायिक हित साधने लगती हैं। ये इन्हें बेचती हैं और रेंट पर लगाती हैं। अगर सरकार कभी इस परिसंपत्ति को वापस भी लेना चाहेगी तब तक ये कंपनियाँ उससे काफी मुनाफा कमा चुकी होंगी। इस तरह ये हमारे देश से काफी संपत्ति अपने यहाँ ले जा रही हैं।

कारखानों में बेरोजगार हुए लोग रोजी-रोटी की खोज में उन पेशों की ओर आये जिनमें पहले से ही बड़ी तादाद में अतिरिक्त लोग लगे हुए हैं। फुटपाथ पर साइकिल मिस्त्री के काम, रिक्शा चलाने के काम, पान की गुमटी चलाने के काम इत्यादि में इन लोगों के आ जाने से इनकी कमाई घट गयी। यहाँ तक कि 'लेबर मार्केट' में श्रमिकों की वृद्धि के कारण पहले की तुलना में इनकी न केवल मजदूरी घट गयी, बल्कि इन्हें काम मिलने में और ज्यादा दिक्कत आने लगी।

भूमंडलीकरण के अंतर्गत कार्य में बढ़ोतरी और इसमें रोजगार की बड़ी संभावना देखी गयी थी। यह तथ्य है कि शहरों में बड़े पैमाने पर नयी-नयी इमारतें बन रही हैं, नये-नये पुल (जिनमें उपरिगामी और भूमिगत दोनों शामिल है) बन रहे हैं, मेट्रो रेल जैसी बड़ी परियोजना पर काम हो रहा है। लेकिन, इतने सारे निर्माण कार्यों के बावजूद बहुत कम लोगों को रोजगार मिला है। जिन्हें मिला भी है, ठेकेदारों के जरिये काम मिला है। मेट्रो रेल का उदाहरण बहुत कुछ स्थिति को साफ करता है। भूमिगत रेल के लिए सुरंग खोदने में हजारों-हजार लोगों की जरूरत हो सकती थी। मगर आधुनिक उच्च तकनीक की मशीनों के कारण यह कुछेक हाथों द्वारा बनकर तैयार हो जायेगी। मेट्रो रेल का पूरा काम कुछ विदेशी कंपनियाँ ठेके पर कर रही हैं। उन्होंने जिन मजदूरों को काम दिया है, सीधे-सीधे अपने मातहत नहीं दिया है, बल्कि इन्होंने कुछ देशी छोटे-छोटे ग्रुपों को अपने अंदर ठेका दिया है। इससे इन्हें लाभ यह है कि किसी भी मजदूर के साथ कोई दुर्घटना होने पर इनकी कोई सीधे जिम्मेदारी नहीं बनती। जो ठेकेदार इन मजदूरों से काम लेते हैं वे इनका ठीक से विवरण

तक नहीं रखते, सब कुछ गैर-कानूनी ढंग से चलता है। इन मजदूरों को उचित मजदूरी तक नहीं मिलती। इन मजदूरों को मेट्रो के हैट, कमीज और जूते पहने देखकर ऐसा भ्रम होता है कि ये बहुत ही सुगठित ढाँचे के अंतर्गत काम कर रहे हैं। मगर काम के दरम्यान इनकी मृत्यु हो जाने की स्थिति में मुआवजे की कौन कहे, कंपनियाँ यह मानने के लिए भी तैयार नहीं होतीं कि अमुक आदमी मेट्रो रेल परियोजना में काम कर रहा था। यह आलम है अंतर्राष्ट्रीय मानकों का पालन करने का दंभ भरने वाली विदेशी निर्माण कंपनियों का। क्या भूमंडलीकरण का अर्थ है अमानवीय होना, जिम्मेदारी से पल्ला झाड़ लेना?

भूमंडलीकरण ने शहरी गरीबों की ताकत को कम किया है। भूमंडलीकरण की प्रक्रिया में संगठित क्षेत्र के मजदूरों की संख्या घटी है और असंगठित क्षेत्र के मजदूरों की संख्या बढ़ी है। फिर भी हमारी सरकार श्रमिकों को दी जाने वाली सुविधाओं के लिए संगठित क्षेत्र के मजदूरों पर ही विचार करती है। असंगठित क्षेत्र के कामगारों के विकास के लिए इसके पास कोई भी ठोस कार्यक्रम नहीं है।

दूसरी ओर, ट्रेड यूनियनें भी कमजोर हुई हैं। संगठित क्षेत्र के मजदूरों को एकजुट करना ज्यादा आसान होता है, क्योंकि उन मजदूरों को एक निश्चित कल-कारखाने या दफ्तर में नियमित मिलने का अवसर प्राप्त होता है, जहाँ वे अपनी समस्याओं पर लगातार बातचीत करते रहते हैं। मगर असंगठित क्षेत्र के मजदूरों का कोई निश्चित कार्य-स्थल नहीं होता। हर दिन या थोड़े दिनों के बाद उनके काम की जगह बदल जाती है। न केवल काम की जगह, बल्कि उनके काम भी बदलते रहते हैं। कुछ मजदूर तो किसी काम विशेष में दक्षता प्राप्त करके उसी काम को करते रहने में दिलचस्पी लेते हैं, मगर जब उन्हें वह काम नहीं मिलता तो वे दूसरा काम पकड़ लेने से परहेज नहीं करते, क्योंकि उनकी रोजी-रोटी का दबाव इसी बात के लिए प्रेरित करता है। राष्ट्रीय राजधानी परिक्षेत्र के गुड़गाँव, फरीदाबाद, लोनी इत्यादि शहरों में हमने पाया कि राजमिस्त्री का काम करने वाले दिहाड़ी मजदूर, जिस रोज काम नहीं मिलता उस दिन रिक्शा चलाते हैं।

दिल्ली में एक मजदूर ने हमें बताया कि वह बेलदारी करने, मकान की सफेदी करने, शादी-ब्याह के मौके पर सिर पर गैस-बत्ती ढोने, झाड़ू लगाने इत्यादि अनेक तरह के काम करता है : जो काम मिल जाय उसी को करता है। वह कहता है, "गरीब आदमी के लिए मन का काम मिलता कहाँ है! अगर हम पच्चीस तरह का काम न जानें, तो रोटी के लाले पड़ जायेंगे। इतने तरह के काम जानने के बावजूद हमें रोज काम नहीं मिलता।" सोनीपत के फुटपाथ पर

साइकिल मरम्मत का काम करने वाला एक मिस्त्री हमें बताता है, "मैं लगभग २० वर्षों से इस काम में लगा हूँ। मगर इधर कुछ वर्षों से इस काम से मेरी आमदनी बहुत घट गयी है। इसका कारण है कि जिस संख्या में साइकिलें बढ़ी हैं, उसके अनुपात से कहीं ज्यादा इसके कारीगर बढ़ गये हैं। फैक्टरियों में काम मिलता नहीं। यह काम ऐसा है जिसे कम पूँजी में खड़ा किया जा सकता है, इसमें ज्यादा प्रशिक्षण की भी जरूरत नहीं है, इसलिए इसमें ज्यादा लोग आ गये हैं। अब मुझे रात में यदि कोई काम (जैसे शादी ब्याह या किसी पार्टी के मौके पर लोगों को पानी पिलाना) मिल जाता है तो वह भी कर लेता हूँ ताकि परिवार चलाने लायक आमदनी हो जाय।"

ऐसी दशा में असंगठित क्षेत्र का कोई भी मजदूर किसी संगठन की गतिविधियों में नियमित भागीदारी करने को राजी नहीं है। शहरी गरीबों का बड़ा हिस्सा या तो अनपढ़ है या मामूली पढ़ा-लिखा। जिन मुसीबतों को वह झेल रहा है, उसके पीछे के कारणों को जान नहीं पाता है। मगर उसे यह एहसास जरूर है कि उसके साथ कहीं न कहीं छल-प्रपंच जरूर हो रहा है। अपने नाम पर जारी सरकारी योजनाओं को वह शक की निगाह से देखता है। इस बात का एहसास प्रधानमंत्री अटलबिहारी वाजपेयी को भी है कि भूमंडलीकरण को लेकर गरीब लोग उत्साहित नहीं हैं। दिल्ली के उपराज्यपाल के नाम एक पत्र में उन्होंने लिखा है, "अब वक्त आ गया है कि लाइसेंस प्रणाली को सुधारा जाय, ताकि शहरी समाज के गरीब तबके से जुड़े रिक्शावाले और फेरीवाले बिना किसी भयादोहन के अपनी सामान्य आजीविका चला सकें। इससे यह संदेश जायेगा कि नीतिगत सुधारों से सिर्फ अमीर और मध्यवर्ग का ही नहीं, गरीबों का भी फायदा होता है।"[५]

सच भी है कि सरकार कहती कुछ और है, व्यवहार में होता कुछ और है। जब से प्रधानमंत्री ने यह चिट्ठी लिखी है, गरीब रिक्शा चालकों पर पुलिस के अत्याचार में वृद्धि हुई है। ज्यादा से ज्यादा सड़कों को रिक्शा चलाने के लिए प्रतिबंधित कर दिया गया है। अब उन्हें बहुत सीमित क्षेत्र में रिक्शा चलाने की इजाजत है। इससे उन्हें अब कम सवारियाँ मिलती हैं। कोई भी सवारी बार-बार रिक्शा लेना नहीं चाहती, क्योंकि इससे उसका सफर ज्यादा महँगा हो जाता है। उदाहरण के लिए, अगर कोई रिक्शे पर यमुना पुश्ता से दरियागंज जाना चाहता है तो उसे दो बार रिक्शा लेना होगा, क्योंकि रिंग रोड पर रिक्शा चलाने और उसे पार करने की मनाही है। मगर सवारी पाने के लालच में रिक्शेवाले जब-तब इस मनाही का उल्लंघन करते ही रहते हैं। जब इन्हें ट्रैफिक पुलिस पकड़ लेती है तो कभी इनके ट्यूब-टायर में सूआ घोंप देती है, कभी इन्हें घंटों रोके

रखती है। और कभी रिक्शे को जब्त करके थाने में बंद कर देती है। इससे उस दिन की दिहाड़ी मारी जाती है।

इसी तरह रेहड़ी-पटरी वालों के साथ भी परेशानियाँ जुड़ी हैं। इनकी गतिविधियों पर भी रोक लगायी गयी है। 'आपसी रखवाली योजना' के अंतर्गत विभिन्न इलाकों में प्रवेश द्वार पर लोहे के बड़े-बड़े दरवाजे लगाकर इनकी घेराबंदी कर दी गयी है। इस क्षेत्र को फेरीवालों के लिए निषिद्ध क्षेत्र घोषित कर दिया गया है।

पटरी वालों को दूर-दराज की ऐसी जगहों पर हाट लगाने की जगह उपलब्ध करायी गयी जहाँ किसी भी ग्राहक के पहुँचने की उम्मीद न थी। परिणाम यह हुआ कि किसी भी पटरी वाले ने वहाँ जाना पसंद नहीं किया। हमारे नीति-निर्माताओं को इस बात का जरा भी ज्ञान नहीं है कि फेरीवालों और रेहड़ी-पटरीवालों के ग्राहक स्थायी हाट से सामान लेने वाले ग्राहक से भिन्न किस्म के लोग होते हैं।

दरअसल विदेशी पूँजी को विकास की कुंजी मानने वाले विचार के खिलाफ है फेरीवाले का काम। फेरी का काम एक स्व-रोजगार है। यह छोटी पूँजी से शुरू होता है। शहर में फेरीवाला छोटे उत्पादकों द्वारा उत्पादित विशेष उत्पादों को मध्यमवर्ग और गरीब लोगों तक पहुँचाने वाला शहरी गरीब है। बहुराष्ट्रीय कंपनियों के लिए तो ये बाधक हैं। ये कंपनियाँ अपना ग्राहक उच्च-मध्यवर्ग और उच्चवर्ग में तलाशती हैं, क्योंकि इन्हीं लोगों के पास अवैध कमाई का अकूत पैसा है जिसे वे उपभोक्ता वस्तुओं पर खर्च करने के लिए आतुर हैं। ये कंपनियाँ अपने ग्राहकों को टीवी, अखबार, रेडियो, होर्डिंग के आकर्षक विज्ञापनों द्वारा लुभाती हैं। चाहे सौदा कितना ही घटिया हो, मगर उन्हें इन विज्ञापनों में इस तरीके से पेश किया जाता है मानो इतनी अच्छी चीज दुनिया में और कुछ भी नहीं है।

अपने देश की जड़ से कट चुके संपन्न तबके को हर विदेशी चीज प्यारी लगती है। और, फिर जब उसके पास पैसा है तो वे इनका उपभोग क्यों न करें! इस चकाचौंध में फँसे अभिजनों को फेरी वाले अतिक्रमणकारी, अवैध और विकास में बाधक नजर आते हैं। हमारी सरकार निजी क्षेत्र और बहुराष्ट्रीय कंपनियों के हक में कानूनी अड़चनों को दूर करने के लिए कानूनों में उनके मनमाफिक सुधार कर रही है, मगर फुटपाथ पर या गलियों में कारोबार करने वाले लोगों पर सख्त पहरा बिठाया जा रहा है। इन्हें अपना धंधा करने की इजाजत तभी मिलती है जब ये नगर-निगम और पुलिस के लोगों की जेबें गरम करें।

कैसी बिडंबना है कि जब बहुराष्ट्रीय कंपनियाँ सभी देशों की सीमाएँ बेरोकटोक पार करती हुई व्यापार करने के लिए आजाद हैं, तब हमारे शहरी गरीबों के व्यवसाय और पेशे के क्षेत्र दिन-ब-दिन छोटे किये जा रहे हैं और उनकी आजादी को नष्ट किया जा रहा है। वास्तव में भूमंडलीकरण 'वसुधैव कुटुम्बकम' का आदर्श प्रस्तुत नहीं करता। यह साम्राज्यवादी ताकतों द्वारा विकासशील देशों की गरीब जनता के उत्पीड़न का हथियार बन गया है।

देश में छोटे-बड़े कुल ५,१६१ शहर हैं। भूमंडलीकरण के दरमियान इन शहरों में रहने वाले गरीबों की हालत बद से बदतर हुई है। चाहे वे नौकरी-पेशा हों या स्व-रोजगार में, उनकी आमदनी घटी है। अब वे सरकार के विकास एजेंडे से बाहर हैं। उनके संदर्भ में सरकार द्वारा इस दौरान लिये गये निर्णय कर्मकांड से ज्यादा महत्त्व नहीं रखते। पहले उनका पुनर्वास करते समय उनकी जरूरतों का थोड़ा ध्यान रखा जाता था। उनके परिवार को एक मानवीय आवास देने की कोशिश दिखती थी। मगर इस दरमियान उनसे एक निर्जीव वस्तु की तरह निबटा जाता है। उन्हें कहीं भी पटक दिया जाता है। उन्हें कचरे के ढेर पर या उसकी बगल में प्लाट एलाट कर दिये जाते हैं। दिल्ली में उन्हें पहले ८० वर्ग मीटर के प्लाट दिये जाते थे अब ये १२.५ वर्गमीटर तक सिमट गये हैं। जिनके पास राशन कार्ड नहीं होता उन्हें यह भी नहीं मिलता। साफ-साफ कहा जाता है कि सरकार कोई दानखाता नहीं चलाती कि सबको मुफ्त में सुविधाएँ दे। लोग सुविधाओं को शुल्क देकर प्राप्त करने की आदत डालें।

देश के बुद्धिजीवी, किसान, मजदूर और छोटे उद्योगपति (अब उद्योगपतियों के कुछ संगठन भी) भूमंडलीकरण से बढ़ रही बेरोजगारी, भारतीय उद्योगों की तबाही और अन्य खतरों के प्रति लगातार सचेत करते रहे हैं। मगर हमारे देश की सरकार आज भी खुश है कि "दस वर्षो के दरमियान सार्वजनिक उपक्रमों के विनिवेश से ११,३१५ करोड़ रुपए की प्राप्ति हुई।" इस विनिवेश के लिए १६ सार्वजनिक उपक्रमों एवं उनकी विभिन्न इकाइयों को बहुराष्ट्रीय कंपनियों और निजी क्षेत्र के उद्योगों की भेंट चढ़ाया गया। इन उपक्रमों को बहुत ही सस्ते दामों पर बेचा गया है। यदि केवल इनकी भू-संपत्ति को ही बेचा जाता तो इससे कई गुना ज्यादा रुपये मिलते। इस तरह जनता की संपत्ति को अमीर लोगों और विदेशी हाथों में थमाया जा रहा है। भूमंडलीकरण के कारण बढ़ती बेरोजगारी की चिंता सरकार को नहीं है। विश्व व्यापार संगठन और विश्व बैंक की साख बचाने के लिए वह एक करोड़ रोजगार की झूठी घोषणा करने के बारे में दुविधाग्रस्त है। स्पष्ट तौर पर भूमंडलीकरण से शहरी गरीबों को जो कुछ मिला है वह है तबाही, सिर्फ तबाही।

संदर्भ

१. *गरीबों का शिकार करती सरकार,* भारतीय जन न्यायाधिकरण की रपट, अप्रैल २०००, पृष्ठ ३

2. *श्रमजीवी,* जुलाई-सितंबर १९९९, पृष्ठ १५

३. *सामयिक वार्ता,* दिसंबर-जनवरी २०००-०१, पृष्ठ १३

४. *राष्ट्रीय सहारा,* दिल्ली, २८ नवंबर २०००

५. *दिल्ली के उपराज्यपाल के नाम प्रधानमंत्री का खत,* २३ अगस्त २००१

भूमंडलीकरण बनाम चुनाव

१९९६, १९९८ और १९९९ के चुनाव नतीजों से नतीजा निकाला जा सकता है कि लोकप्रिय स्तर पर अभी तक उदारीकरण लोगों के राजनीतिक मानस का हिस्सा नहीं बन पाया है। आर्थिक सुधारों के सवाल पर जागरूकता बढ़ जरूर रही है पर उसकी रफ्तार काफी धीमी है। लोगों ने अभी आर्थिक प्रश्नों को मुद्दा बना कर अपने वोट का फैसला करना शुरू नहीं किया है। अर्थनीतियों के समर्थकों और विरोधियों के मिले-जुले वोट पक्ष-विपक्ष में पड़ते देखे जा सकते हैं। लेकिन, आर्थिक सुधारों की धमाकेदार शुरुआत करने वाली कांग्रेस पार्टी को १९९६ में इन नीतियों के कारण कोई चुनावी लाभ नहीं मिला। अगर हुआ तो नुकसान ही हुआ। कुल मिला कर अर्थनीति चुनावी प्रक्रिया से कटी हुई है।

चुनावी मुद्दा नहीं है अर्थनीति

संजय कुमार

१९९१ के लोकसभा चुनावों के बाद पी.वी. नरसिंह राव के नेतृत्व में कांग्रेस सरकार का गठन हुआ। नयी सरकार को भुगतान शेष की समस्या का अप्रत्याशित सामना करना पड़ा। इस दबाव में आर्थिक सुधार की नीतियों पर अमल शुरू किया गया। कांग्रेस सरकार के वित्तमंत्री मनमोहन सिंह द्वारा शुरू किया गया सुधार कार्यक्रम इस अर्थ में अलग था कि उसका उद्देश्य भूमंडलीकरण की विचारधारा के तहत अर्थव्यवस्था में ढाँचागत बदलाव लाने का था, ताकि सरकारी नियंत्रण को ढीला किया जा सके, निजी क्षेत्र की भूमिका बढ़ायी जा सके और सरकारी क्षेत्रों का आकार घटाया जा सके। अंततः अर्थव्यवस्था को बड़े पैमाने पर भूमंडलीकृत बाजार के साथ एकाकार होना था। धीरे-धीरे भारत में नयी कंपनियाँ खोलने के नाम पर विदेशी कंपनियों का आगमन हुआ।

पाँच साल बाद १९९६ में अगले आम चुनाव हुए। सत्तारूढ़ कांग्रेस पार्टी ने आर्थिक उदारतावाद को मुद्दा बनाया और आर्थिक सुधारों को जारी रखने की

वकालत की। पार्टी घोषणापत्र में भी आर्थिक सुधारों को प्रमुखता दी गयी। लेकिन, कांग्रेस को मुँह की खानी पड़ी। पार्टी ने ५२९ सीटों पर चुनाव लड़ा और १९९१ की २४४ सीटों के मुकाबले केवल १४० सीटें ही उसके हाथ लगीं। कांग्रेस के जनाधार में भी खासी कमी आयी। १९९१ में जहाँ उसे ३६.६ प्रतिशत मत मिले थे, वहीं १९९६ में उसे केवल २८.८ प्रतिशत मत ही मिल सके। १९५२ के पहले आम चुनावों से लेकर अब तक कांग्रेस को सबसे कम सीटें १९९६ के आम चुनावों में ही मिलीं। बाद में १९९८ के लोकसभा चुनावों में कांग्रेस को एक सीट ज्यादा मिली, पर मतों का प्रतिशत लगभग २६ रहा जो पिछले चुनावों से तीन प्रतिशत कम था।

भारतीय जनता पार्टी ने अपने चुनाव अभियान में स्वदेशी को प्रमुख मुद्दा बनाया। यह पार्टी १९९६ में सबसे बड़ी पार्टी बनकर उभरी। उसने केवल ४७१ सीटों पर चुनाव लड़ा और १६१ सीटें जीतीं। उसे २०.३ प्रतिशत मत मिले। भाजपा की बढ़त १९९८ में भी जारी रही। इस बार उसने केवल ३८८ सीटों पर चुनाव लड़ा, पर उसे १८१ सीटें मिलीं और मतों में भी पाँच प्रतिशत की बढ़ोत्तरी हुई।

कांग्रेस १९९६ के आम चुनावों में १९९१ के आम चुनावों के मुकाबले बेहतर प्रदर्शन की उम्मीद कर रही थी। नतीजों से उसे बड़ा झटका लगा। १९९८ के परिणाम कांग्रेस के लिए एक बार फिर निराशाजनक रहे। ऐसा माना गया कि कांग्रेस के इस बुरे प्रदर्शन का कारण आर्थिक उदारीकरण संबंधी उसकी नीतियाँ रहीं। ऐसा कहा गया कि आमतौर पर जनता निजीकरण के खिलाफ थी और इसीलिए उसने कांग्रेस के खिलाफ वोट दिये, क्योंकि कांग्रेस ने निजीकरण की नीतियों की शुरुआत की थी।

इस आलेख का उद्देश्य आर्थिक सुधारों और चुनावी नतीजों पर पड़े उसके प्रभावों का आकलन करना है। क्या आर्थिक सुधार के समर्थकों और विरोधियों के मत में भिन्नता रही है? अगर उनके रुझान अलग रहे हैं तो क्या कारण है कि आर्थिक सुधार के समर्थकों और विरोधियों के मतदान के तरीके इतने भिन्न रहे? यह अध्ययन एक नमूना सर्वेक्षण पर आधारित है जो १०८ संसदीय क्षेत्रों के २१६ विधानसभा क्षेत्रों के ४३२ मतदान केंद्रों में पीपीएस (आकार के अनुपात में संभाव्यता) तकनीक के आधार पर करवाया गया। उत्तरदाताओं के नमूनों का चयन मतदाता सूची से औचक आधार पर किया गया। चूँकि नमूनों के आधार पर ही इंटरव्यू किया जाना था, इसलिए १०,००० के लिए १५,००० लोगों की सूची तैयार की गयी। इनमें वे मतदाता युवा माने गये जो १८ से २५ की उम्र थे। ५६ वर्ष से अधिक उम्र के लोग बुजुर्ग मतदाता

समझे गये। कृषि और औद्योगिक मजदूरों को कामगार मतदाताओं की श्रेणी में रखा गया। प्रबंधकीय और प्रशासनिक स्तर पर काम कर रहे लोगों को संभ्रांत वर्ग का माना गया। अशिक्षित उन्हें माना गया जो पढ़ने-लिखने में असमर्थ थे और शिक्षित वे समझे गये जिन्हें स्नातक एवं उससे ऊपर की शिक्षा प्राप्त थी।

सर्वेक्षण के नतीजों पर गौर करें तो साफ हो जाता है कि आर्थिक सुधार के समर्थकों और विरोधियों के मत-प्रतिमानों के भिन्न-भिन्न रुझान रहे। आँकड़े बताते हैं कि उदारीकरण की नीतियों का जिन्होंने समर्थन किया उन्होंने कांग्रेस को वोट दिया और जो आर्थिक सुधार की नीतियों से सहमत नहीं थे, उन्होंने ज्यादातर भाजपा के पक्ष में मतदान किया। यह मानना गलत नहीं होगा कि अपनी आर्थिक नीतियों से कांग्रेस पार्टी को फायदा ही हुआ। लेकिन, महत्त्वपूर्ण सवाल यह है कि फिर कांग्रेस पार्टी को १९९६ और १९९८ के आम चुनावों में इतनी बुरी शिकस्त क्यों मिली? अगर आर्थिक उदारीकरण की नीतियों का समर्थन करने वालों ने अन्य पार्टियों के मुकाबले कांग्रेस पार्टी के पक्ष में ज्यादा वोट दिये, तो कांग्रेस पार्टी को ज्यादा समर्थन मिलना चाहिए था, क्योंकि उसने भारत में आर्थिक सुधार कार्यक्रमों की शुरुआत की थी।

इस प्रश्न के लिए यह जानना आवश्यक है कि क्या चुनाव अभियान में आर्थिक सुधार एक मुद्दा बन पाया था? मैंने १९९६ और १९९८ के चुनावों के बाद हुए सर्वेक्षणों के आँकड़ों के आधार पर यह जानने की कोशिश की है। यह सही है कि कांग्रेस पार्टी को आर्थिक सुधार संबंधी नीतियों के समर्थकों के बीच ज्यादा समर्थन मिला, लेकिन साथ ही वस्तुस्थिति यह भी बताती है कि आर्थिक सुधारों को लेकर आम जनता में जागरूकता की बेहद कमी थी। १९९६ के चुनावों के दौरान केवल १९ प्रतिशत मतदाता ही जानते थे कि आर्थिक सुधारों जैसा कुछ घटित हो रहा है। इस जागरूकता का भी आर्थिक सुधारों की असलियत से कुछ लेना-देना नहीं था, बल्कि यह अन्य ८१ प्रतिशत मतदाताओं जैसी ही थी जो आर्थिक सुधार की बारीकियों से वाकिफ नहीं थी।।

अगले आम चुनाव दो साल से भी कम अंतराल पर हुए। आँकड़े बताते हैं कि इन चुनावों में भी आर्थिक सुधारों के समर्थकों ने ज्यादातर कांग्रेस पार्टी के पक्ष में मतदान किया, लेकिन पार्टी का समर्थन, यहाँ तक कि आर्थिक सुधारों के समर्थकों के बीच भी, कम हो गया। १९९८ के आम चुनावों के दौरान भी कांग्रेस ने मात खायी। लेकिन, उसका मतलब यह नहीं लगाया जाना चाहिए कि हार का कारण मतदाताओं द्वारा आर्थिक सुधार कार्यक्रमों को नकार दिया जाना रहा। इस चुनाव के दौरान मतदाताओं में आर्थिक सुधार कार्यक्रमों की जानकारी कुछ बढ़ी हुई दिखी। अब तक समय के साथ आर्थिक सुधार

कार्यक्रमों में कुछ स्थिरता आ चुकी थी। लगभग २६ प्रतिशत मतदाता आर्थिक सुधार कार्यक्रमों का मतलब समझते हुए मिले। लेकिन, क्या आर्थिक सुधार कार्यक्रमों को लेकर बढ़ी हुई जागरूकता के मायने यह थे? आगे इस पर चर्चा करूँगा, लेकिन पहले यह जान लेना आवश्यक है कि वे कौन लोग थे जिनमें आर्थिक उदारीकरण को लेकर जागरूकता बढ़ी थी। दरअसल यह बढ़ी हुई जागरूकता समाज के हर तबके में नहीं थी। कारखानों में हाथ का काम करने वाले कामगारों में यह जागरूकता सबसे कम दिखी। अधिकारी स्तर पर काम करने वाले लोगों में १९९६ तक ४६ प्रतिशत लोग आर्थिक सुधार कार्यक्रमों के बाबत जानते थे जो १९९८ में बढ़कर ५४ प्रतिशत हो गये। पढ़े-लिखे तबके में आर्थिक सुधारों को लेकर जागरूकता सबसे ज्यादा रही। निरक्षरों में उसका प्रतिशत १९९८ में भी दस प्रतिशत से कम रहा। २००१ की जनगणना के मुताबिक देश में निरक्षरों का प्रतिशत ४६ है। इस लिहाज से यह समझा जा सकता है कि भारत की बहुसंख्यक आबादी आज भी आर्थिक सुधार कार्यक्रमों के बारे में कुछ नहीं जानती।

इसी तरह के रुझान अमीर वर्ग और गरीब वर्ग के बीच भी देखे जा सकते हैं। दोनों ही तबकों में आर्थिक सुधार कार्यक्रमों के प्रति जागरूकता बढ़ी है, लेकिन १९९८ के अंत तक भी अमीर वर्ग के पचास प्रतिशत से कुछ कम लोग आर्थिक सुधार कार्यक्रमों से अनभिज्ञ निकले। कहना बेमानी होगा कि गरीब वर्ग की ज्यादातर आबादी इस बात से अनभिज्ञ है कि निजीकरण या आर्थिक सुधार कार्यक्रम क्या बला हैं।

अगर हम विभिन्न सामाजिक तबकों में जागरूकता के स्तर के नमूनों को देखें तो पायेंगे कि ऊँची जातियों में वह कुछ ज्यादा है, जबकि अन्य तबकों में बहुत कम ही लोग अर्थतंत्र में हुए बदलावों के बारे में जानते थे। समाज के सभी तबकों में आर्थिक सुधार कार्यक्रमों को लेकर जागरूकता बढ़ी है, लेकिन वह अब भी सुधारों के पैरोकारों की उम्मीदों से काफी दूर है। बहुत थोड़े से आदिवासी आर्थिक सुधार कार्यक्रमों को जानते हैं, जबकि तकरीबन ३४ प्रतिशत लोग, जो इन कार्यक्रमों के बारे में जानते हैं, उच्च वर्ग से आते हैं। सामान्यत: यह माना जाता रहा है कि ज्यादातर आदिवासियों और दलितों ने १९५२ से विभिन्न आम चुनावों में अधिकतर कांग्रेस को ही वोट दिया है। १९९६, १९९८, १९९९ के आम चुनावों के बाद हुए सर्वेक्षण भी यही बताते हैं। पचास प्रतिशत से कुछ कम आदिवासियों ने पिछले आम चुनावों में भाजपा को वोट दिया। उसी तरह तकरीबन ३५ प्रतिशत दलितों ने इन चुनावों में कांग्रेस को वोट दिया, जबकि १४ प्रतिशत दलितों ने भाजपा का पक्ष लिया। जाहिर है कि

अपने मतदाताओं में आर्थिक सुधार कार्यक्रमों के प्रति जागरूकता पैदा करने में कांग्रेस बुरी तरह असफल रही। सर्वेक्षण से पता चलता है कि कांग्रेस के मतदाताओं के मुकाबले भाजपा के मतदाता आर्थिक सुधार कार्यक्रमों की ज्यादा खबर रखते थे। हालाँकि १९९६ के चुनाव से १९९८ के चुनाव के बीच मतदाताओं में जागरूकता बढ़ी पर कांग्रेस के मतदाता आर्थिक सुधार कार्यक्रमों के बारे में बहुजन समाज पार्टी (बसपा) के मतदाताओं से भी कम जागरूक निकले। १९९६ तक बसपा के मतदाता आर्थिक सुधार कार्यक्रमों के बारे में ज्यादा नहीं जानते थे, पर १९९८ में वे इस मामले में भाजपा के बाद दूसरे स्थान पर थे। वाम समर्थकों में आर्थिक सुधार कार्यक्रमों को लेकर जागरूकता बढ़ी तो नहीं पर १९९६ के लोकसभा चुनावों के दौरान उनमें जागरूकता का स्तर काफी अधिक था। सामान्यत: ऐसा लगता है कि कांग्रेस अपने चुनाव प्रचार के दौरान मतदाताओं तक आर्थिक सुधार का संदेश पहुँचाने में असफल ही रही। आर्थिक सुधार कार्यक्रम कांग्रेस पार्टी की हार का कारण नहीं रहे, बल्कि उदारतावाद की नीतियों के संबंध में जागरूकता की कमी उसके खिलाफ गयी। अन्य राजनीतिक दल, विशेषकर भाजपा अपने मतदाताओं को आर्थिक सुधार कार्यक्रमों के बारे में समझाने में सफल रही।

यह देखना आश्चर्यजनक नहीं है कि भाजपा और वामपंथी दलों का सारा चुनाव अभियान ही कांग्रेस सरकार द्वारा १९९१-९६ के दौरान शुरू की गयी आर्थिक उदारता की नीतियों के आसपास केंद्रित रहा। ऐसा लगता है कि भाजपा और वामपंथी कांग्रेस के मुकाबले अपने मतदाताओं तक अपना संदेश अधिक प्रभावी तरीके से पहुँचाने में कामयाब रहे।

आर्थिक सुधारों के बारे में जनता क्या सोचती है?

१९९६ तक भारत की कुल आबादी के पाँचवें हिस्से से भी कम लोग आर्थिक सुधार संबंधी कार्यक्रमों से वाकिफ थे, जोकि १९९८ में बढ़कर २६ प्रतिशत हो गये। साथ ही, यह जान लेना महत्त्वपूर्ण रहेगा कि उन मतदाताओं की भी राय जान ली जाय जो देश में हो रहे आर्थिक बदलावों से वाकिफ थे। अगर हम उनके विचारों पर ध्यान दें तो पता चलेगा कि आर्थिक सुधार की नीतियों के भारत में ज्यादा समर्थक नहीं हैं। पिछले कुछ सालों में उसके समर्थन में और कमी आयी है। आर्थिक सुधार कार्यक्रमों को जानने वालों में से १९९६ में जिन ४५ प्रतिशत लोगों ने इन नीतियों का समर्थन किया था, दो साल बाद घट कर वे करीब ४३ प्रतिशत रह गये। उदारीकरण की नीतियों को खारिज करने वालों का प्रतिशत १९९६ में २९ था जोकि १९९८ में ३७ प्रतिशत हो गया। ऐसे भी

लोग थे जो आर्थिक उदारीकरण के विषय में जानते तो हैं, पर उस पर कोई राय नहीं रखते।

यहाँ यह ध्यान रखने की जरूरत है कि आर्थिक सुधार के समर्थकों और विरोधियों की इस संख्या के निर्धारण का आधार उसे जानने वाले ही रहे हैं। लेकिन, अगर पूरी जनसंख्या के संदर्भ में आर्थिक सुधार के समर्थकों की संख्या देखें तो वह बहुत थोड़ी ही बनती है। १९९६ तक केवल १० प्रतिशत लोगों ने ही आर्थिक सुधारों का समर्थन किया था और ६ प्रतिशत लोगों ने उसके प्रति अपना विरोध जताया था। १९९८ तक जाकर उसके प्रति विरोध जताने वाले मतदाताओं का प्रतिशत दस हो गया। आर्थिक उदारीकरण के प्रति अपनी कोई राय न बना पाने वालों की संख्या में भी धीरे-धीरे कमी आयी।

सुधारों के प्रति नकार का भाव युवा मतदाताओं और संभ्रात मतदाताओं में बढ़ा है। इस दौर में बुजुर्ग मतदाताओं की राय में कोई खास बदलाव नहीं आया। समाज के धनी तबके में समाज के गरीब तबके के मुकाबले आर्थिक सुधारों के प्रति नकार का भाव कुछ कम दिखा। अगर हम विभिन्न समुदायों के लोगों की राय पर ध्यान दें तो हम पायेंगे कि आर्थिक सुधारों के प्रति असहमति का भाव सभी समुदायों में बढ़ा है। सुधार की नीतियों के प्रति असहमति-भाव सबसे अधिक आदिवासी समुदाय में ही है। वैसे हर समुदाय में उसके समर्थकों की संख्या घटी है।

संबंधित मुद्दों पर जनता की राय

आर्थिक सुधार कार्यक्रमों पर रायशुमारी करते हुए हमने अन्य संबंधित मुद्दों पर उनकी राय जानने और उनके विश्लेषण का प्रयास किया। हम सब जानते हैं कि उदारीकरण की नीतियों के साथ ही विदेशी कंपनियों के लिए दरवाजे खुले हैं। नयी विदेशी कंपनियों ने देश में अपना व्यवसाय फैलाना शुरू कर दिया है। कुछ मामलों में तो उन्होंने देशी कंपनियों के सामने बड़ी चुनौती खड़ी कर दी है जिसे न झेल पाने के कारण कई देशी कंपनियाँ बंद हो गयीं। कंपनियों के बंद होने या उत्पादन-प्रक्रिया की तकनीक बदल दिये जाने के कारण बहुत सारे मजदूरों के पास कोई काम नहीं बचा है। बेरोजगारी बढ़ी है। विदेशी कंपनियों की आमद ने जहाँ एक ओर मजदूर-वर्ग के सामने काम की समस्या खड़ी कर दी है, वहीं दूसरी ओर ऐसा माना जाता है कि उसने पहले से ही साधन-संपन्न उद्यमियों की आमदनी और बढ़ायी है। इन दोनों मुद्दों पर लोगों की भावनाएँ काफी मुखर मिलीं।

आँकड़ों से यह स्पष्ट हुआ कि मतदाताओं का बहुत बड़ा वर्ग भारतीय

बाजार में विदेशियों की उपस्थिति को लेकर अपनी कोई राय नहीं रखता। साथ ही यह भी ध्यान देने की बात है कि विदेशी कंपनियों के प्रति समर्थन-भाव कम है, विरोध का भाव ज्यादा । १९९८ तक असहमति का भाव कमोबेश कायम रहा। लेकिन, लगता है कि अगले एक बरस में असहमति का भाव कुछ कम हुआ है और इस मामले पर अनिर्णय की स्थिति कुछ बढ़ी।

शिक्षित युवा मतदाताओं और संभ्रांत व्यवसायी-वर्ग में इसे लेकर मतभेद ज्यादा रहे। उच्च-वर्ग के मतदाताओं में भी इसे लेकर कुछ कड़ा रुख रहा। यह रुझान १९९८ तक कामोबेश बना रहा, लेकिन उसके बाद विदेशी कंपनियों और मुक्त व्यापार के मुद्दे पर मतभेद कुछ कम हुआ। १९९८-१९९९ के दौरान उच्च-व्यवसायी वर्ग में विदेशी कंपनियों के प्रति स्वीकार-भाव थोड़ा ज्यादा रहा। लेकिन, साथ ही साथ विदेशी कंपनियों के आने की खुली छूट को लेकर कोई राय न रखने वाले भी इसी वर्ग में बढ़े। ऐसा लगता है, वे इस बात को लेकर बहुत साफ नहीं थे कि आर्थिक हालात पर विदेशी कंपनियों का क्या प्रभाव पड़ेगा।

अगर हम विभिन्न समुदायों की राय का विश्लेषण करें तो पायेंगे कि पचास प्रतिशत से भी ज्यादा आदिवासी यह बता पाने की स्थिति में नहीं थे कि विदेशी कंपनियों को व्यापार की खुली छूट दी जानी चाहिए या नहीं। कुछ आदिवासियों में, जो इस मुद्दे पर अपनी राय रखते हैं, केवल १५ प्रतिशत इसके पक्ष में थे कि भारत में विदेशी कंपनियाँ खोली जानी चाहिए। दलित मतदाताओं की राय भी कुछ इसी तरह की रही। इस मुद्दे पर सबसे अधिक मतभेद ऊँची जाति के मतदाताओं में रहा। साथ ही इस नीति के सबसे बड़े समर्थक भी उसी वर्ग से रहे। अगर हम अन्य पिछड़े वर्ग के मतदाताओं को देखें तो पायेंगे कि पचास प्रतिशत से कुछ कम लोग इस मामले में अपनी कोई राय ही नहीं रखते, साथ ही सहमत लोगों से असहमत लोगों की संख्या भी अधिक निकली। असल में किसी सामाजिक वर्ग के एक-चौथाई लोगों ने भी विदेशी कंपनियों की आमद से अपनी सहमति नहीं जतायी।

अगर हम पिछले कुछ चुनावों के आधार पर कांग्रेस और भाजपा मतदाताओं का तुलनात्मक अध्ययन करें तो पायेंगे कि भाजपा मतदाताओं में कांग्रेसी मतदाताओं के मुकाबले विदेशी कंपनियों की आमद को लेकर असहमति ज्यादा थी। भाजपा मतदाताओं में इस मुद्दे को लेकर मतभेद भी सर्वाधिक था। केवल १९९९ के वर्ष को छोड़कर १९९६ और १९९८ के चुनावों के दौरान तकरीबन ४३ प्रतिशत मतदाताओं ने विदेशी कंपनियों को व्यापार की छूट दिये जाने का कड़ा विरोध किया था। लेकिन, अब भी कुछ

भाजपा मतदाता ऐसे हैं जो भारत में विदेशी कंपनियों को व्यापार की छूट दिये जाने के पक्ष में हैं।

वामपंथी दलों के मतदाताओं ने इस नीति का सबसे कम समर्थन किया है। लेकिन, आश्चर्यजनक रूप से वामपंथी दलों के मतदाताओं का एक बड़ा वर्ग भारत में विदेशी कंपनियों के आने के बारे में कुछ भी नहीं जानता है। बसपा के भी ज्यादातर मतदाता विदेशी कंपनियों के आगमन के बारे में कुछ खास नहीं जानते थे, लेकिन वे भी उसके विरोधी ही ज्यादा निकले न कि समर्थक।

इन नतीजों से सहज ही अनुमान लगाया जा सकता है कि आर्थिक नीतियों में बदलाव संबंधी जानकारी लोगों तक पहुँच नहीं पायी, क्योंकि लोगों के बीच उन्हें ठीक तरह से प्रचारित नहीं किया गया। हालाँकि देश के सभी राजनीतिक दल देश में आर्थिक सुधार कार्यक्रमों को लेकर कोई न कोई मुद्दा बनाते रहे हैं, लेकिन मतदाताओं में आर्थिक उदारीकरण के समर्थन के प्रति कोई खास उत्साह नहीं रहा है। एक तरफ तो निरक्षरता की वजह से आम जनता सुधारों का अर्थ नहीं समझ पायी, दूसरी ओर जो लोग मतलब समझते भी थे उन्होंने भी कांग्रेस को वैसा समर्थन नहीं दिया, जैसा कि उसे उम्मीद थी।

इस सर्वेक्षण में आगे हमने निजीकरण के मुद्दे पर लोगों की राय जानने की कोशिश भी की। मतदाताओं सें सीधे-सीधे पूछा गया कि क्या वे वर्तमान सरकारी कंपनियों का निजी हाथों में दिया जाना पसंद करेंगे? जवाब में रुझान कमोबेश पहले जैसे ही रहे। ४२ प्रतिशत मतदाता या तो इसके बारे में कुछ नहीं जानते थे या अपनी कोई राय नहीं रखते थे। सरकारी कंपनियों के निजीकरण किये जाने का समर्थन २३ प्रतिशत मतदाताओं ने किया, जबकि ३५ प्रतिशत लोग उसके विरोध में रहे। ज्यादातर कामगार उन नीतियों के बारे में कुछ भी नहीं जानते थे, लेकिन साथ ही उनका रुझान खिलाफ ही रहा। सरकारी कंपनियों के निजीकरण का ज्यादा समर्थन पढ़े-लिखे, धनी और संभ्रात तबकों में पाया गया। लेकिन, यह सिर्फ कहानी का एक हिस्सा है, असल में उपरोक्त तीनों तबकों में भी इन नीतियों के प्रति विरोध का भाव ही अधिक रहा। जो लोग आर्थिक नीतियों के बारे में ज्यादा जानते थे, सुधार की इन नीतियों का समर्थन भी उनमें ज्यादा रहा। लेकिन, यह भी सत्य है कि जैसे-जैसे उनकी जागरूकता बढ़ी उनमें निजीकरण के प्रति विरोध भी बढ़ा। यहाँ यह भी ध्यान दिये जाने की जरूरत है कि जो लोग मीडिया के संपर्क में थे, उनमें निजीकरण के समर्थक कम थे और विरोधी ज्यादा।

इसी तरह के रुझान विभिन्न समुदायों में देखे जा सकते हैं। निजीकरण के

मुद्दों पर उच्च-जातियों में मतभेद अन्य समुदायों के मुकाबले ज्यादा रहा। हालाँकि यह भी सच है कि उन नीतियों को पुरजोर समर्थन भी उसी वर्ग से मिला। लेकिन, अगर हम ध्यानपूर्वक विश्लेषण करें तो पायेंगे कि अन्य समुदाओं के मुकाबले कोई स्पष्ट राय न रखने वाले सबसे कम लोग भी इसी वर्ग से रहे। आदिवासी समुदाय के बहुत सारे लोग या तो इन नीतियों के बारे में कुछ भी नहीं जानते थे या अपनी कोई राय नहीं रखते थे, लेकिन तो भी उनके बीच बहुसंख्यक सरकारी कंपनियों के निजीकरण किये जाने के विरोधियों का ही रहा। दलित एवं अन्य पिछड़े वर्ग में भी इसी तरह के रुझान देखे गये।

अगर हम १९९६ में विभिन्न राजनीतिक दलों को मत देने वाले व्यक्तियों की राय सरकारी कंपनियों के निजीकरण के मुद्दे पर देखें तो पायेंगे कि चाहे वोट उन्होंने किसी भी पार्टी को दिया हो, इस मुद्दे पर विरोध के मामले में सब एक समान रहे। वामपंथी दलों को वोट देने वाले मतदाताओं में विरोध का रुख अन्य दलों के मतदाताओं से ज्यादा रहा। हालाँकि कांग्रेस पार्टी का मुख्य मुद्दा ही निजीकरण था, तो भी उसके ज्यादातर मतदाताओं का रुख सरकारी कंपनियों के निजीकरण के पक्ष में नहीं था। कांग्रेसी मतदाताओं में ४१ प्रतिशत लोग इस मुद्दे पर अपनी कोई राय नहीं रखते थे, लेकिन निजीकरण के मुद्दे का समर्थन उनमें काफी कम था। भाजपा के मतदाता भी सरकारी कंपनियों के निजीकरण के समान रूप से विरोधी थे। अंततः यही कहा जा सकता है कि सरकारी कंपनियों के निजीकरण को मतदाताओं का ज्यादा समर्थन नहीं मिला।

सुधार नीतियों का प्रभाव

सर्वेक्षण के परिणामों से नतीजा निकाला जा सकता है कि आर्थिक सुधार की नीतियों के प्रति जागरूकता का स्तर काफी कम है। जो लोग जागरूक थे भी, उनमें भी उन नीतियों का समर्थन कम और विरोध अधिक रहा। राजनीतिक परिणामों पर जागरूकों को संख्या कम होने के कारण इस मुद्दे का कुछ खास असर नहीं रहा। लोगों की राय में यह कोई बड़ा चुनावी मुद्दा नहीं था, लेकिन राजनीतिक दलों की नजर में था। एक दावा यह किया जाता है कि उदारीकरण से देश में गरीबी कम हुई है। हमने सर्वेक्षण से प्राप्त आँकड़ों के आधार पर इसके विश्लेषण का प्रयास किया। मतदाताओं में बहुत बड़े स्तर पर यह धारणा निकली कि नयी आर्थिक नीतियों से हुआ लाभ समाज के अमीर और संभ्रात तबकों तक ही सीमित रहा है। समाज के गरीब तबके को उससे कुछ खास फायदा नहीं हुआ है। लगभग ५३ प्रतिशत लोगों का मानना है कि उदारीकरण की नीतियों से अमीरों को फायदा हुआ है। केवल २९ प्रतिशत लोग ही मानते

हैं कि गरीबों को भी इससे फायदा पहुँचा है। यह जानना शायद आश्चर्यजनक न लगे कि ज्यादातर गरीब और वंचित समुदाय के लोग ही नहीं, बल्कि अमीर तबके के लोग भी मानते हैं कि इससे अमीरों को फायदा ही हुआ है। संभ्रात व्यवसायों से जुड़े ज्यादातर लोग ऐसा मानते हैं कि आर्थिक सुधारों की नीतियों से अमीर वर्ग को फायदा पहुँचा है।

विभिन्न सामाजिक तबकों की राय भी मिलती जुलती है। ऊँची जातियों को छोड़कर अन्य समुदायों के पचास प्रतिशत से भी ज्यादा लोगों का मानना है कि निजीकरण की नीतियों का फायदा अमीर और संभ्रात वर्ग को पहुँचा है। ऊँची जातियों में भी ४९ प्रतिशत लोगों का मानना है कि आर्थिक सुधारों का ज्यादातर लाभ अमीर तबके ने ही उठाया है, केवल ३६ प्रतिशत मानते हैं कि फायदा गरीबों को भी हुआ है। बाकी समुदायों के केवल २५ प्रतिशत लोग ऐसा मानते हैं कि आर्थिक सुधार की नीतियों का फायदा गरीबों और जरूरतमंदों तक भी पहुँचा है।।

करीब २९ प्रतिशत लोगों का मानना है कि आर्थिक उदारीकरण ने उनकी आर्थिक स्थिति मजबूत की है और ५४ प्रतिशत लोगों का ऐसा मानना है कि उसने उनकी आर्थिक स्थिति को प्रभावित नहीं किया है। लेकिन, १७ प्रतिशत लोग ऐसे भी हैं जो यह मानते हैं आर्थिक उदारीकरण की नीतियों ने उन्हें पिछले कुछ बरसों में गरीब बनाया है। इस सवाल पर गरीब और शिक्षित मतदाता की राय अन्य वर्गों के मुकाबले ज्यादा मुखर है। श्रमिक वर्ग के ज्यादातर लोगों का यह मानना है कि उदारीकरण की नीतियों ने उन्हें उससे ज्यादा ही गरीब बनाया है। इससे यह अनुमान लगाया जा सकता है कि निजीकरण से गरीबों की आर्थिक स्थिति खराब ही हुई है।

अगर हम विभिन्न समुदायों का अध्ययन इस रूप में करें कि उसने पिछले पाँच वर्षों में उनके आर्थिक हालात को कैसे प्रभावित किया है, तो कुछ उच्चजातीय मतदाताओं को छोड़कर सभी समुदायों के ज्यादातर लोगों का मानना है कि पिछले पाँच वर्षों में उनके आर्थिक हालात बिगड़े हैं।

हमने यह जानने की कोशिश भी की कि जनता इस बढ़ती गरीबी का जिम्मेदार आख़िर किसे मानती है। तकरीबन ४७ प्रतिशत मतदाताओं का मानना है कि बढ़ती गरीबी की जिम्मेदार सरकार है, जबकि २६ प्रतिशत लोग ऐसा नहीं मानते। २७ प्रतिशत लोग इस विषय पर अपनी कोई राय नहीं बना पाये हैं। शिक्षित और अमीर तबके के मतदाताओं में इस विषय को लेकर तीखा मतभेद है। इस वर्ग में राय न बना पाने वाले लोग बहुत कम हैं। अमीर और शिक्षित तबके में ऐसे लोग बड़ी संख्या में हैं जो सरकार को बढ़ती गरीबी का जिम्मेदार

मानते हैं। इन वर्गों के करीब ३० प्रतिशत लोग ऐसे भी हैं जिनका मानना है कि बढ़ती गरीबी की जिम्मेदार सरकार नहीं है।

उसी तरह अगर हम अलग-अलग समुदायों के लोगों की राय पर गौर करें तो पायेंगे कि अन्य समुदायों के मुकाबले ऊँची जाति वालों में यह मानने वालों की संख्या ज्यादा है कि लोगों में बढ़ती गरीबी की जिम्मेदार सरकार है। यह संख्या तकरीबन ५४ प्रतिशत है, जबकि २७ प्रतिशत लोग ऐसा नहीं मानते। दलितों में भी पचास प्रतिशत से ज्यादा लोगों का यह मानना है कि बढ़ती गरीबी की जिम्मेदार सरकार ही है। इसी तरह के नतीजे अन्य पिछड़े वर्ग के लोगों में भी सामने आये। आदिवासियों में ज्यादातर इस विषय पर कुछ कहने की स्थिति में नहीं लगे।

आर्थिक सुधार कार्यक्रम का भविष्य

आर्थिक उदारीकरण के सबसे बड़े विरोधी वामपंथी झुकाव वाले दल रहे हैं, लेकिन उसके मतदाताओं में भी एक-तिहाई आर्थिक सुधार संबंधी नीतियों के समर्थक हैं। उसी तरह १९९६ में भाजपा को मत देने वालों में भी ४८ प्रतिशत लोग आर्थिक सुधारों के समर्थक ही थे। हालाँकि १९९८ में हुए अगले आम चुनावों में उनकी संख्या घटकर ३७ प्रतिशत रह गयी। अगर हम बसपा मतदाताओं की ओर देखें तो पायेंगे कि १९९६ से १९९८ के दौरान उनमें आर्थिक सुधारों के प्रति सहमति-भाव बढ़ा और असहमति कम हुई। उसी तरह के रुझान उन मतदाताओं में भी मिलते हैं, जिन्होंने जनता दल या अन्य छोटी पार्टियों के लिए वोट दिये।

भारत जैसे देश में राजनीति दो स्तरों पर होती रही है। एक तो राजनीतिक नेताओं के स्तर पर, और दूसरे नागरिकों या मतदाताओं के स्तर पर जो असल में जन-राजनीति है। अभिजन राजनीति बहस-मुहाबसों से आगे नहीं जा पाती। कभी-कभी तो यह सच्चाई से भी कोसों दूर होती है, लेकिन जन-राजनीति की प्रकृति अलग ही होती है। जन-राजनीति ही असल राजनीति है, जिसमें जनता चुनावी प्रक्रिया में भाग लेती है। जन-राजनीति उससे भी आगे जाकर विरोध प्रदर्शन, रैली, हड़तालों आदि के सहारे आम आदमी के दैनंदिन जीवन से जुड़े मुद्दों पर अपना रुख बनाती है। हम चाहें या न चाहें, जन-राजनीति ही चुनावी नतीजों को प्रभावित करती है। किसी मुद्दे पर आम जनता की राजनीतिक दिलचस्पी तभी बढ़ती है जब उसका दैनंदिन जीवन प्रभावित होता है।

पिछले कुछ वर्षों में आर्थिक सुधार कार्यक्रमों से जो बदलाव आये हैं उनका आम आदमी के दैनंदिन जीवन से खास संबंध नहीं रहा है। इसलिए वह

जन-राजनीति का मुद्दा नहीं बन पायी। यह नहीं कहना चाहिए कि आर्थिक सुधार बेमानी हो गये हैं, लेकिन वह मेहमानखानों में बैठकर चर्चा करने वालों तक सिमट रहे हैं, हालाँकि सरकार ने बहुत सारे आर्थिक मामलों में सुधार को लागू किया है, लेकिन इसने उस दिशा में प्रगति नहीं की है जो समाज के बड़े तबके को प्रभावित करता हो और जिससे कि वह मुद्दा बन सके। अगर हम अभी तक किये गये सुधारों पर नजर डालें तो पायेंगे कि वे सुधार जो विनिवेशीकरण से जुड़े रहे हैं, उनमें खासी प्रगति हुई है। अब आर्थिक सुधारों की वजह से बहुत सारे संगठित उत्पादन क्षेत्रों से लाईसेंसिंग का खात्मा हो गया है। 'आधार उद्योगों' पर से सार्वजनिक क्षेत्र का एकाधिकार धीरे-धीरे समाप्त होता गया है। सार्वजनिक क्षेत्र की इकाइयों के निजीकरण पर जोर बढ़ा है। वर्तमान सरकार ने तो विनिवेश मंत्रालय बना दिया है जो कैबिनेट स्तर के मंत्री के तहत आता है और जिसका काम क्षेत्र और प्रक्रिया की पहचान कर सार्वजनिक कंपनियों के निजीकरण को बढ़ाना है। यह भी ध्यान रखे जाने की बात है कि आम जनता को प्रभावित करने वाले क्षेत्रों को इसमें ज्यादा छुआ नहीं गया है। कृषि सब्सिडी और संबंद्ध क्षेत्र, श्रमिक कानून में सुधार आदि मुद्दों पर नरमी बरती गयी है। सरकार समझती है कि अगर आर्थिक सुधारों से आम जनता को नुकसान होने लगा तो वह जन-राजनीति का मुद्दा बनकर मतदाताओं को पार्टी और सरकार के विरुद्ध भी खड़ा कर सकता है।

संघर्ष और विकल्प

पूँजीवादी आधुनिकता और उपभोक्तावाद का वैचारिक और व्यावहारिक उत्तर दे कर गाँधी आज के भूमंडलीकरण विरोधी अभियानों के लिए प्रेरणा-स्रोत बन गये हैं। हिंदुत्ववादियों से लेकर गाँधीवादी समाजवादियों तक ने उनकी विरासत के इस्तेमाल की कोशिश की है। लेकिन संघ परिवार द्वारा चलायी जा रही स्वदेशी जागरण मंच की मुहिम और कर्नाटक में नादुंजौंस्वामी के नेतृत्व में केंटकी फ्राइड चिकन पर किये गये किसानों के हमले में निहित सांस्कृतिक राजनीति पर एक निगाह डालने से लगता है कि ये प्रयास ज्यादा से ज्यादा गाँधी के मॉडल की भौंडी अनुकृतियाँ ही हैं। संघ-स्वदेशी के कट्टर हिंदू अगर भूमंडलीकृत उपभोक्ताओं की दुनिया में सिर्फ एक स्थानीय दावा पेश करके रक्त की तत्त्वमीमांसा को आगे बढ़ाना चाहते हैं तो अपनी आर्थिक तबाही के अंदेशे का सामना कर रहे किसान दैनंदिन जीवन को बदल देने पर आमादा भूमंडलीकरण की ताकत को न पहचान पाने के कारण राजनीतिक और सामाजिक प्रक्रिया में अकेलेपन के शिकार हो गये हैं। भूमंडलीकरण की ताकतें अंतत: संघ-स्वदेशी का विरोध पचा जाएँगी और हताश किसान धीरे-धीरे अपना वजूद मिटते हुए देखेंगे।

कट्टर हिंदू और हताश किसान

डोड्डुबेलापुरा रामैया नागराज

भूमंडलीकरण का मतलब है आयातित कंडोम, व्हिस्की
और विश्व सौंदर्य प्रतियोगिताएँ!
—बंगलूर में लगा हाथ से बना एक पोस्टर, १९९६

I

जब किसी राजनीतिक समुदाय को अपने समय की किसी परिघटना या समस्या से निबटना होता है तो वह अतीत के कुछ रूपों की पुनर्रचना करता है। काव्यशास्त्र की शब्दावली में कहा जा सकता है कि इस प्रक्रिया के दौरान अतीत राजनीतिक कार्रवाई की शक्ल में बदल जाता है और अपनी एक भौंडी अनुकृति (एक यूरोपियन भाषा में इसे *पाश्टिश* कहते हैं) की तरह सामने आता है।[१] हम जानते हैं कि अकादमीय विमर्श की बारीकियों और तर्क-वितर्कों से

बेपरवाह हो कर राजनीतिक लिहाज से भारत में भूमंडलीकरण को अंधाधुंध आर्थिक उदारीकरण का पर्याय ही समझा जाता है। उदारीकरण के आलोचक राजनीतिक समुदायों के लिए भूमंडलीकरण की कारिस्तानी कोई नयी बात नहीं है। वे भूमंडलीकरण को एक सांस्कृतिक हमले और स्वदेशी संसाधनों की लूट की तरह देखते हैं। उनके इस रवैये को समझने के लिए जरूरी है कि इन समुदायों द्वारा अपनाये जाने वाले सिद्धांत और व्यवहार के उस मॉडल पर गौर किया जाये जो हमें सिर्फ गाँधी के विचार और कर्म में मिलता है। आज का भूमंडलीकरण गुजरे वक्तों के भूमंडलीकरण से अलग है, लेकिन इसके बावजूद इसके मर्म को गाँधी द्वारा रची गयी विचार-श्रेणियों की रोशनी में समझने की कोशिशें हो रही हैं। यही कारण है कि समकालीन भारत भूमंडलीकरण का जवाब देने के लिए गाँधी की फूहड़ नकल करता हुआ दिखता है।[२] सभी पैरोडियों की भाँति यह मॉडल भी इधर-उधर से जोड़ कर बनायी गयी राजनीतिक अनुकृति ही है, पर इसे केवल पैरोडी की तरह देखना भी मुनासिब नहीं होगा, क्योंकि यह अनुकृति जानबूझ कर बनायी गयी है और यह लगातार अपने गिरेबान में झाँक कर देखती रहती है। भूमंडलीकरण का जवाब देने के लिए आतुर राजनीतिक समुदाय अपनी कार्रवाई को गाँधी के नाम पर करना चाहते हैं। उनकी कोशिश है कि उनकी कार्रवाइयाँ भूमंडलीकरण की आधारभूत आधुनिकतावादी-पूँजीवादी प्रक्रियाओं के प्रति गाँधी के विचार और कर्म जैसी ही लगें। आज अगर गाँधी होते तो वे अपनी विरासत के इस तरह के इस्तेमाल को कुछ मनोविनोद और कुछ नाराजगी के मिले-जुले भाव से देखते। इस निबंध में मैंने भूमंडलीकरण के भारतीय जवाब द्वारा बनायी गयी गाँधी की इस पैरोडीनुमा अनुकृति की विशेषताओं को समझने का प्रयास किया है।

II
तीन तरह की अस्मिताएँ

भारतीय राजनीति ने भूमंडलीकरण के मुख्यतः दो तरह के जवाब दिये हैं : इनमें पहला जवाब कट्टर हिंदुत्ववादियों का है जिसने स्वदेशी संस्कृतिवादी पैंतरा अख्तियार कर रखा है। मैं इसे संघ-स्वदेशी का नाम देता हूँ।[३] संघ परिवार जिन दक्षिणपंथी राजनीतिक ताकतों की नुमाइंदगी करता है, उनके संगठनों का मोर्चा 'स्वदेशी जागरण मंच' इस पहली किस्म का उदाहरण है। भूमंडलीकरण का दूसरा जवाब उन समुदायों की तरफ से आया है जो आर्थिक उदारीकरण की नीतियों से सीधे प्रभावित हुए हैं। कर्नाटक के एक किसान संगठन द्वारा चलाये गये संघर्ष को इसकी मिसाल के तौर पर लिया जा सकता

है।[४] मैं भूमंडलीकरण के इन दोनों जवाबों की सांस्कृतिक राजनीति में गाँधी की रहस्यमय उपस्थिति को समझना चाहता हूँ। मैं इन दोनों जवाबों द्वारा रची जा रही अस्मिताओं पर पड़ा आवरण हटा देना चाहता हूँ। मेरा विचार है कि इन दोनों का उद्‌गम भारतीय अस्मिता की दो धारणाओं और आधुनिकता की बृहत्तर सभ्यतामूलक परियोजना के साथ उनके संबंधों में निहित है। संघ-स्वदेशी और कर्नाटक के किसान, दोनों ही मानते हैं कि आर्थिक भूमंडलीकरण का मौजूदा चरण उसी अंतर्राष्ट्रीय पूँजीवादी परियोजना का तार्किक विस्तार है जो पश्चिम ने अठारहवीं और उन्नीसवीं सदी में चालू की थी।

भूमंडलीकरण के जवाब में तीन तरह की अस्मिताओं के आख्यान सामने आये हैं। इस निबंध का वैचारिक आधार इन्हीं अस्मिताओं की व्याख्या पर आधारित है। इनमें पहली अस्मिता है कामना आधारित, दूसरी है क्षुधा आधारित और तीसरी है अर्थ आधारित। ये तीनों भूमंडलीकरण में अंतर्निहित केंद्रीकरण और समरूपीकरण की प्रवृत्तियों को चुनौती देती हैं। लेकिन, ये सभी अस्मिताएँ भूमंडलीकरण का बुनियादी और समझौताविहीन विरोध नहीं करतीं। कामना आधारित अस्मिता तो खासतौर पर भूमंडलीकरण की जिस संरचना का प्रतिरोध करती है, अंततः उसी के साथ तालमेल कायम कर लेती है। यहाँ प्रतिरोध मान्यता प्राप्त करने के तरीके के रूप में सामने आता है। यह अस्मिता अपना संघर्ष इस धारणा के आसपास चलाती है कि भूमंडलीकरण आकांक्षाओं के एक दैत्य की रचना करता है और इसके लिए उसे खास तरह के उत्पादन और उपभोग का सिलसिला बनाना पड़ता है। इसी की जरूरतें पूरी करने के लिए भूमंडलीकरण कुछ विशेष अर्थवत्ताओं वाले राजनीतिक और सांस्कृतिक जीवन की भित्ति भी खड़ी करता है। कामना आधारित अस्मिता अपने आप को एक ऐसे सांस्कृतिक-प्रतीकात्मक पैंतरे के साथ सामने लाती है जिसे भूमंडलीकरण के प्रमुख मानक आसानी से मान्यता देने के लिए तैयार नहीं होते। नतीजा काफी कटुतापूर्ण सौदेबाजी में निकलता है, जिसमें कभी-कभी कुछ मारकाट भी हो जाती है। क्षुधा आधारित अस्मिता का आख्यान हिंसा के गर्भ से पैदा होता है। इस हिंसा की जड़ भूमंडलीकरण द्वारा स्थापित उत्पादन के तौर-तरीकों में निहित है। क्षुधा या भूख की रचना भूमंडलीकरण की एक बुनियादी स्थिति है। अर्थ आधारित अस्मिता का आख्यान स्पष्ट रूप से बृहत्तर दार्शनिक मतभेदों पर टिका रहता है। इसकी मिसाल बौद्ध मत और इस्लाम के अनुयायियों द्वारा भूमंडलीकरण के बरक्स अपने अधिकृत रूपों की स्थापना की कोशिश में देखी जा सकती है।[५] तीनों अस्मिताओं के आख्यान अक्सर एक-दूसरे में घुल-मिल जाते हैं पर तीनों का केंद्रीय विचार अलग-अलग है। कई बार कामना आधारित

और अर्थ आधारित आख्यानों के आपस में मिल जाने से धार्मिक पुनरुत्थानवाद जैसी परिघटना का जन्म हो जाता है। धार्मिक रूढ़िवादी अस्मिता जीवन के अर्थ को उपभोक्ता वस्तुओं के परे ले जाती है, इसलिए भूमंडलीकृत दुनिया द्वारा उत्पादित रोजमर्रा की वस्तुएँ उस अस्मिता को तुष्ट करने लायक अर्थ पैदा नहीं कर पातीं। लेकिन, दूसरी तरफ मर्सिडीज बेंज कार और इस्लामिक अस्मिता का सहअस्तित्व भी बना रह सकता है और हिंदू छाप का एटम बम भी कल्पित किया जा सकता है। यह अस्मिता उपभोक्ता वस्तुओं के स्तर पर काफी जटिल किस्म का विभेदीकरण अपनाती है। मैं यहाँ कामना आधारित और क्षुधा आधारित अस्मिताओं के आख्यान को चर्चा का केंद्र बनाऊँगा। पहले ही उल्लेख किया जा चुका है कि इन दोनों आख्यानों का उद्‌गम गाँधी द्वारा आधुनिकता के प्रति अपनाये गये रवैये में निहित है। वे जो कुछ आज कर रहे हैं, वह गाँधी के ही मूल आख्यान का पुनर्लेखन या पैरोडीनुमा अनुकृति बनाने के अलावा और कुछ नहीं है। संघ-स्वदेशी की मुहिम कामना आधारित और किसानों का आंदोलन क्षुधा आधारित है।

गाँधी ने भूमंडलीकरण के आधुनिक रूपों को समझने के लिए एक बेहद नफीस सिद्धांत विकसित किया था। उन्होंने अपने और भारतीय समाज के साथ नाना प्रकार के प्रयोग करने के बाद भूमंडलीकरण का प्रतिरोध करने के कई विशिष्ट तरीके भी खोजे थे। आज गाँधी के कारण ही भारत भूमंडलीकरण को पूँजीवाद के अनिवार्य सांस्कृतिक तर्क के विस्तार की तरह परिभाषित कर पा रहा है। गाँधी की खास बात यह थी कि वे पूँजीवाद के विकास को एक पूर्वनिर्धारित दिशा में बढ़ते हुए देखते थे। उनकी मान्यता थी कि एक सांस्कृतिक प्रक्रिया के रूप में भूमंडलीकरण आधुनिकता के जन्म के समय भी मौजूद था। हिंद स्वराज में दर्ज आधुनिकता की अपनी विख्यात आलोचना में गाँधी ने इतिहास के पूँजीवादी अग्रगमन की एक भविष्य-दृष्टि पेश की थी।[६] गाँधी की वे बातें एकदम सही साबित हुई हैं।

गाँधी द्वारा की गयी पूँजीवाद की आलोचना को समझने में भी एक तरह की व्याख्यात्मक राजनीति दिखती है। ज्यादातर टिप्पणीकार उसे उपभोक्तावाद और विलासिताओं के खर्चीले उत्पादन की तात्त्विक भर्त्सना करार देते हैं। गाँधी ने पूँजीवाद को एक ऐसी दैत्याकार मशीन के रूप में दिखाया था जो अंतहीन इच्छाओं की पूर्ति करने में लगी रहती है। इस मामले में गाँधी की अभिव्यक्ति कुछ रहस्यमय थी। वे 'इच्छाओं और मशीनों के बढ़ते चले जाने' जैसी बातें करते थे, जिससे पूँजीवाद की उनकी समझ को कुछ अतियथार्थवादी लहजा मिल जाता था। गाँधी के पास आदिम किस्म की मेधा थी और वे किसी

आदिवासी ओझा की तरह कौतुक की भाषा बोलते थे। पूँजीवाद के सांस्कृतिक तर्क को उन्होंने आप्तवचन जैसी सहजता से पेश किया था। शायद इसीलिए गाँधी के पूँजीवाद संबंधी विचारों के आध्यात्मिक प्रतीत होने वाले पहलुओं पर जोर देना टिप्पणीकारों को आसान लगता है।

लेकिन, इससे होता यह है कि पूँजीवाद और आधुनिकता के नैसर्गिक संबंध की गाँधी द्वारा की गयी आलोचना कामना की तत्त्वमीमांसा में सिमट कर रह जाती है। यह प्रवृत्ति सुविधाजनक तरीके से हमारे उस चिर-परिचित राष्ट्रवादी आग्रह के अनुकूल भी बैठती है जो पश्चिम की भौतिकतावादी जीवन-शैली को अच्छी निगाह से नहीं देखता। विडंबना यह है कि पूँजीवादी मूल्यों का तात्पर्य ग्रहण करने की गाँधी की अतियथार्थवादी शैली ने पहले ही जान लिया था कि उनकी बातों की ऐसी व्याख्याएँ जरूर होंगी। शायद इसीलिए उन्होंने असीमित उपभोग की सैद्धांतिक व्याख्या की थी जो बाद में भारत के साथ-साथ पश्चिम में भी प्रचलित हुई। राममनोहर लोहिया, जार्ज बेते और इवान इलिच नाम के विचार-अंकुर गाँधी के भ्रूण में ही पुष्पित और पल्लवित हुए। गाँधी ने बड़े मौलिक ढंग से कहा कि उपभोक्तावाद के धुआँधार प्रसार के मर्म में दरअसल अतिचार की प्रवृत्ति है। उपभोक्तावाद अपने ही पूर्व रूपों को खा कर विकसित होता है। कामनाएँ और मशीनें इस कदर बढ़ती चली जाती हैं कि जीवन के अमूर्त और ठोस रूप उनके दैत्याकार जबड़े में समा जाते हैं। कामना मन की एक स्थिति बन जाती है और अपनी भूख मिटाने के लिए मशीनों को जन्म देती है। इस तरह अतिचार शैतान के वजूद का पर्याय बन जाता है। ज्यादा और ज्यादा का आग्रह पूँजी के पनरुत्पादन के स्वाभाविक तर्क की तरह काम करने लगता है। यही वह बिंदु है जहाँ संन्यास लेने की हिंदू-बौद्ध धारणा और कामनाओं की आलोचना करने वाली दृष्टि एक-दूसरे की पुनर्रचना करती है।

जाहिर है कि कामना की आलोचना राष्ट्रवादियों के 'तत्त्ववादी' या 'धार्मिक' नजरिये ने हड़प ली है। पर पूँजीवाद, आधुनिकता और भूमंडलीकरण के प्रति गाँधी-दृष्टि में एक ऐसा भी आयाम था जिसका इस्तेमाल उसकी जटिलता और अनन्यता के कारण कुछ मुश्किल लगता है। उन्होंने यह भी कहा था कि पूँजीवाद और आधुनिकता के गठजोड़ ने भूख को भी जन्म दिया है। दरअसल, हिंद स्वराज के पाठ में यह बात कहीं छिपी हुई है। मशीनों की बढ़ोतरी परंपरागत ग्रामीण भारत की समग्र अर्थव्यवस्था को नष्ट करती हुई दिखती है। नयी प्रौद्योगिकी की आक्रामक दुनिया रक्तबीज की तरह बढ़ती चली जाती है। उसे जीवन के अन्य प्रौद्योगिकीय आयामों को नष्ट करना ही था।

अर्थात जुलाहों, कुम्हारों, टोकरी बुनने वालों, तरह-तरह के लुहारों और प्राक-आधुनिक तकनीकों का इस्तेमाल करने वाले किसानों के साथ-साथ जीवन के विभिन्न रूपों की पूरी शृंखलाएँ भी खत्म हो गयीं। गाँधी की निगाह में मनुष्य का प्राकृतिक और सांस्कृतिक वजूद उसके हाथों में बसता था। काम करने वाले हाथ न सिर्फ इस्तेमाल की चीजें बनाते थे, बल्कि वे एक संपूर्ण अस्तित्व की रचना भी करते थे। साफ देखा जा सकता था कि क्षुधा की तत्त्वमीमांसा का आत्यंतिक संबंध कामना की तत्त्वमीमांसा से है। पूँजीवाद के विश्वव्यापी विस्तार, जिसे गाँधी ने पहले ही एक अपरिहार्य भूमंडलीय प्रणाली के रूप में देख लिया था, का मतलब था असंख्य समुदायों का भूख के गर्त में समाते चले जाना। संघ-स्वदेशी वाला कट्टर हिंदू भूख के इस आख्यान से दूर रहा। उसने गाँधी के महाविमर्श से सिर्फ कामनाओं की आलोचना ग्रहण की और उसका इस्तेमाल अपनी अस्मिता की राजनीतिक पुनर्परिभाषा में किया। इन हिंदुओं ने कामना को अस्तित्व की अनिवार्य अवस्था और इतिहास में प्रगति की अनिवार्य ताकत के रूप में स्वीकार किया।

इसी मोड़ पर हम पाते हैं कि गाँधी को दो भागों में बाँट दिया गया है। भूमंड़लीकरण के दोनों भारतीय जवाब एक-एक हिस्से को इस्तेमाल कर रहे हैं। कट्टर हिंदू कामना वाला हिस्सा ले उड़ा है और हिंदू अस्मिता की बृहत्तर राजनीति में उसका विलय कर देना चाहता है। आंदोलनकारी किसान ने क्षुधा वाला हिस्सा अपना लिया है। वह उसे आर्थिक उदारीकरण का विरोध करने के लिए इस्तेमाल कर रहा है। अस्मिता-रचना की इस पृष्ठभूमि में हिंसा का प्रश्न अपनी खून भरी आँखें चमका रहा है। डर लगता है कि कहीं वह हर तरह के मुद्दों पर हावी न हो जाय।

खास बात यह है कि कट्टरतावादी हिंदू नजरिये का विकास भी उसी जमाने में हुआ था जो गाँधी के चिंतन और कर्म का काल था। लेकिन, दोनों के बीच आधारभूत अंतर था। इसी अंतर के कारण एक कट्टर हिंदू ने गाँधी की हत्या कर दी थी। इस परिघटना का विश्लेषण आशीष नंदी ने अपने एक बेहतरीन निबंध में किया है।[७] हिंदू-अस्मिता के सवाल पर मतभेद बुनियादी थे। आज भी भूमंडलीकरण के दोनों जवाबों को अलग-अलग रचने में उनकी मुख्य भूमिका है।

मुख्य बात यह है कि सांस्कृतिक बहुलतावाद को देखने के दो नजरियों के बीच का फर्क भूमंडलीकरण के इन दोनों जवाबों के बीच भी दिखायी पड़ता है। एकबारगी तो यह लग सकता है कि कट्टर हिंदू इस मामले में भूखे किसान जैसा ही है, क्योंकि दोनों एक ही तरह की विचार-श्रेणियों से जुड़े

प्रतीत होते हैं। पिछले कुछ दिनों तक आधुनिकतावादी और धर्मनिरपेक्षतावादी गाँधी और हिंदू कट्टरपंथियों को एक ही पलड़े में तौलते भी रहे हैं, क्योंकि गाँधी हिंदू अस्मिता को व्यक्त करने के लिए बहुत सारे हिंदू प्रतीकों और रूपकों का इस्तेमाल करते थे। लेकिन, गाँधी की हत्या साबित करती है कि गाँधी कट्टरपंथियों से कितने अलग थे और किस तरह हिंदू अस्मिता की उनकी व्याख्या सार्वभौम श्रेणियों के अनुकूल थी। इससे यह भी साबित होता है कि कट्टर हिंदू दरअसल पूर्वी भेस में पश्चिम का अनुयायी ही था और आज भी वह गाँधीवादी शब्दावली का इस्तेमाल अपने राजनीतिक हितों की सिद्धि के लिए कर रहा है।'

III

गाँधी को हड़पने की कहानी

जाहिर है कि स्वदेशी का कोई विकल्प नहीं है और इस चुनौती (बहुराष्ट्रीय कंपनियों के हमले की चुनौती) का कामयाबी से मुकाबला करने के लिए राष्ट्रवाद जरूरी है। इस प्राचीन राष्ट्र की परंपरा और उसके मूल्यों में रची-बसी जीवन-शैली और अर्थ नीति अपना कर ही आत्मनिर्भरता, समृद्धि और स्वाधीनता सुनिश्चित की जा सकती है।

— राष्ट्रीय स्वयंसेवक संघ का प्रस्ताव, मार्च १९९५

साहित्य के भारतीय सिद्धांतवेत्ताओं ने शब्द की तीन आधारभूत क्षमताएँ बतायीं हैं जिनके कारण वह अपनी साहित्यिकता प्राप्त करता है। ये हैं : आकांक्षा, योग्यता और सन्निधि। इन तीनों श्रेणियों को कट्टर हिंदुओं द्वारा की जा रही सांस्कृतिक अस्मिता की राजनीति का अर्थ ग्रहण करने के लिए भी इस्तेमाल किया जा सकता है। भूमंडलीकरण का जवाब देने के लिए हिंदुत्ववादियों को गाँधी की जरूरत सन्निधि की तरह है, क्योंकि बिना गाँधी के उनकी परियोजना को वैधता नहीं मिल सकती, बावजूद इसके कि संघ-स्वदेशी की आंतरिक क्षमता अथवा योग्यता गाँधी द्वारा की गयी पूँजीवाद के सांस्कृतिक तर्क की आलोचना के अनुकूल नहीं है। जहाँ तक आकांक्षा अथवा महत्त्वाकांक्षा का सवाल है, हिंदुत्व और गाँधी की परियोजनाओं में कोई समानता नहीं है।

संघ-स्वदेशी विचार के स्तर पर भूमंडलीकरण या आर्थिक उदारीकरण के मूल कार्यक्रम से बुनियादी मतभेद नहीं रखता। वह भूमंडलीकृत बाजार द्वारा प्रचलित किये गये उपभोग के तौर-तरीकों के खिलाफ नहीं है, चाहे वह उत्पादक उपभोग का स्तर हो या अनुत्पादक उपभोग का। संघ-स्वदेशी तो केवल उन उपभोक्ता वस्तुओं की जगह दूसरी जिंसों को रखना चाहता है।

प्रतिस्थापन की राजनीति ही उसकी चालक शक्ति है। वह उत्पादकों और ब्रांडों के स्तर पर वस्तुओं को बदल देने की रणनीति अपना रहा है। उपभोक्ता वस्तुओं की वैकल्पिक सूची पर नजर डालते ही यह साफ हो जाता है। कॉलगेट का टूथपेस्ट एक बहुराष्ट्रीय कंपनी का उत्पाद है, इसलिए संघ-स्वदेशी का जोर इस बात पर होता है कि उपभोक्ता देशी कंपनी का वज्रदंती नामक टूथपेस्ट खरीदे। निश्चित रूप से इस अभियान में उपभोक्ता के स्तर पर उसकी पसंद बदलने की कोशिश की जाती है। चूँकि आधुनिक उपभोक्ता का परिवेश नहीं बदला जा सकता, इसलिए हर स्तर पर उसके सामने वैकल्पिक वस्तुएँ पेश की जाती हैं। भूमंडलीकृत उत्पादक एक सार्वभौम किस्म का उपभोक्ता बनाना चाहता है जिसकी रुचियाँ और चयन पूर्व-निर्धारित होंगी और इसके जवाब में संघ परिवार चाहता है कि स्थानीय स्तर पर खरीदने वाले को चयन की स्वतंत्रता मिलनी चाहिए। यहाँ पर संघ-स्वदेशी और भूमंडलीकृत उत्पादक के बीच की विलक्षण समानता सामने आती है। इस पर गहन विचार की जरूरत है। ग्राहक के लिए चयन की स्वतंत्रता की माँग आर्थिक उदारीकरण की ताकतों की विचारधारा के अनुकूल है। जाहिर है कि संघ-स्वदेशी भूमंडलीकरण के 'संविधान' के तहत अपने 'मूलाधिकारों' का दावा ही कर रहा है।

वैचारिक रूप से उत्तर-औद्योगिक बाजार में ग्राहक के लिए चयन की अनंत संभावाएँ हैं और पूँजीवाद की आस्था भी यही कहती है। लेकिन, अंतर्राष्ट्रीय पूँजी का सांस्कृतिक तर्क वास्तव में उपभोक्ता के लिए चयन की संभावनाएँ इतनी अनंत नहीं रहने देता। पश्चिमी पूर्वग्रह उसके चयन को प्रभावित करते हैं। बहुराष्ट्रीय उद्यम के उत्पादों के आस-पास एक अंतर्राष्ट्रीय आभा मंडल रहता है। कॉलगेट का पेस्ट सारी दुनिया में चमकता है। विचार के स्तर पर चयन की अनंत संभावनाओं और बाजार को नियंत्रित करने के लिए लगायी जाने वाली पाबंदियों के बीच एक धुँधली-सी गुंजाइश रहती है, जिसमें संघ-स्वदेशी की मुहिम तैरती रहती है। संघ-स्वदेशी का दावा है कि उसके पास उत्पादक और उपभोक्ता के व्यवहार की एक तर्कसंगत समझ भी है।[९] सही हो या गलत, वह मान कर चलता है कि भूमंडलीय स्तर पर उपभोक्ता संस्कृति में बिखराव न हो कर एक बृहत्तर सुसंगति है जिसका एक राष्ट्र-राज्य के रूप में भारत पर असर पड़ रहा है।[१०] किसी भी वस्तु का अर्थ केवल उसके दैनंदिन व्यवहार में ही सीमित नहीं होता, बल्कि वह उसके युग के साथ जुड़ा होता है। टूथपेस्ट के इस्तेमाल का विरोध न करना और कॉलगेट की इजारेदारी का विरोध करने का एक निश्चित अर्थ है। इसके विपरीत गाँधीवादी परियोजना तो अपनी शुरुआत ही टूथपेस्ट का प्रयोग करने की उपभोक्ता की आदत से शुरू

करेगी। वह कहेगी कि नीम की दातौन का विकल्प अपनाना चाहिए।

संघ-स्वदेशी की समस्या यह है कि वह भूमंडलीकरण का जवाब देते समय इस विचार से सहमत हो जाता है कि दुनिया के पैमाने पर उपभोक्ताओं का एक वैश्विक समाज बन चुका है। इस तरह वह स्थानीय स्तर पर उपभोक्ताओं के अधिकारों का दावा करने के जरिये उसी भूमंडलीय उपभोक्ता समाज का अंग बनने की कोशिश करता हुआ लगता है।[११] कुल मिला कर यह भूमंडलीकरण और स्थानीयता के तालमेल का ही तर्क है।[१२] संघ-स्वदेशी ने भूमंडलीकरण की ताकतों द्वारा अपनाये जाने वाले प्रतीकों को पुनर्नियोजित करने के महत्त्व को समझ लिया है और इस माध्यम से वह भूमंडलीकरण के ढाँचे के तहत सिर्फ सीमित सांस्कृतिक स्वायत्तता की माँग कर रहा है।

संघ-स्वदेशी के साधारण समर्थकों के लिए भी भूमंडलीकृत होने की प्रक्रिया में इस 'अधिकार' का दावा काफी महत्त्वपूर्ण हो कर उभरता है। वह लगातार ऐसे आदर्शों की भावभूमि पर काम करता है जिनके अनुसार उसे आक्रामक और संरक्षणवादी पूँजीवादी राष्ट्र-राज्य की रचना के रास्ते पर बढ़ते चले जाना है। ऐसे राष्ट्र-राज्य के रूप में जापान उसके लिए एक आकर्षक उदाहरण है। भारत के जापान बनने की मंजिल भले ही बहुत दूर हो, पर वह उसे लुभाती बहुत है।[१३]

दूसरे सफल राष्ट्र भी संघ-स्वदेशी के इन समर्थकों के सामने अनुकरणीय उदाहरण के तौर पर रखे जाते हैं। हिंदू दक्षिणपंथियों के राजनीतिक एजेंडे को यह बात अनुकूल लगती है कि इन देशों ने बाजार की ताकतों का विकास करते हुए अपने राष्ट्रीय हितों को कैसे सुरक्षित रखा। इस सिलसिले में उसका केंद्रीय तर्क सबसे पहले यह समझाता है कि पश्चिमी उदारतावाद कैसे एक नाकाफी विचारधारा है। इसी बिंदु पर राजनीतिक प्रणालियों के मॉडलों, सांस्कृतिक व्यवहार-शैलियों और अर्थ-व्यवस्थाओं का खास तरह का अर्थ निकालने की जटिल प्रक्रिया घटित होते हुए दिखायी देती है। वह पश्चिमी उदारतावाद का विरोध इसलिए नहीं करता कि वह पश्चिमी दुराग्रहों या पश्चिमी विश्व-दृष्टि से प्रेरित है। संघ-स्वदेशी के लिए उदारतावाद इसलिए त्याज्य है कि उसके कारण एक राष्ट्र-राज्य के रूप में भारत के भीतर अन्य समुदायों को राजनीति करने की ज्यादा जगह मिल जाती है। इस आलोचना के बाद परंपरा के तर्क का इस्तेमाल किया जाता है। अर्थशास्त्र से शुरू हुई राजनीति इतनी सफाई से सांस्कृतिक राजनीति में तब्दील होती है कि किसी को पता भी नहीं चलता। देखते-देखते दोनों बातें एक-दूसरे में विलीन हो जाती हैं और दक्षिणपंथी हिंदुत्व की विराट और सुसंगत राजनीतिक परियोजना स्पष्ट हो जाती है।

कोई भी समुदाय कुछ चुनिंदा परंपराओं का आह्वान करके अपनी स्मृतियों को सीमित दायरे में कैद कर लेता है और इन्हीं सीमाओं के आधार पर उसकी अस्मिता की राजनीति अपनी रूपरेखा बनाती है। दिक्कत वहाँ आती है जब देखा यह जाने लगता है कि आखिर उन चुनिंदा परंपराओं की रचना किन तत्त्वों ने मिल कर की होगी। पूरी बीसवीं सदी में परंपरानिष्ठ हिंदू पश्चिमी मॉडल को अपनाने की प्रक्रिया के दौरान अपनी अस्मिता रचने की कोशिश करते रहे हैं और उनके इस प्रयास का विद्वानों ने काफी अध्ययन भी किया है। इस सिलसिले में जारी दिलचस्प बहस का सार यह है कि ऐसे आधुनिकतावादी हिंदू पश्चिमी ऐतिहासिक मूल्यों के साँचे में अपनी अस्मिता को ढालना चाहते हैं।[१४] वे जिस हिंदू राष्ट्र की परंपरा का आह्वान करते हैं उसमें प्राक्-आधुनिक भारत की नुमाइंदगी करने वाली ब्राह्मणवादी क्षत्रिय परंपरा और आक्रामक पश्चिमी मॉडल का सहअस्तित्व होता है। इसी बात को सभ्यतामूलक संदर्भों में इस प्रकार कहा जा सकता है कि पश्चिम के मॉडल को इसलिए स्वीकार किया जा रहा है ताकि उसका बेहतर स्वदेशी संस्करण तैयार किया जा सके। इस लिहाज से संघ-स्वदेशी के नजरिये से आधुनिकीकृत भारतीय अस्मिता का मतलब है सैन्यवाद, संस्कृति आधारित उपभोक्तावाद, बहुसंख्यक हिंदुओं को छोड़ कर बाकी समुदायों के प्रति असहिष्णुता और एक शक्तिशाली-केंद्रीकृत राष्ट्र-राज्य की रचना। आधुनिकीकृत भारतीय अस्मिता के इन तमाम लक्षणों को परंपरा के मैदान में एक दूसरे में गूँथा जाता है।

इस पृष्ठभूमि की रोशनी में अस्मिताओं के दायरे परंपराओं को नया रूप देने की जबरदस्त जद्दोजहद में उलझे नजर आते हैं। ऐतिहासिक स्मृति आंदोलन के प्रसार के औजार की तरह इस्तेमाल होती है। यही कारण है कि संघ परिवार अपने जैसी अन्य ताकतों की भाँति स्मृतियों को रचने, उनकी पुनर्रचना करने और फिर उन्हें बचा कर रखने की बेतहाशा कोशिश में लगा रहता है। उसे पता है कि थोड़े समय बाद असली और काल्पनिक स्मृतियों के बीच का फर्क गायब हो जायेगा। अपनी परियोजना के अनुकूल स्मृतियों को सुरक्षित रखने के लिए वह हिंसा का वही उपयोग करता है जो अचार में नमक का होता है।[१५] जाहिर है कि अगर कोई राजनीति अस्मिता-केंद्रित है तो उसके लिए उस अस्मिता का आख्यान ही उस समुदाय के जन्म का प्रतीकात्मक वाहक बन जाता है।

हम पहले ही चर्चा कर चुके हैं कि पूँजीवादी आधुनिकता की दुनिया में हिंदुत्व का अस्मिता-आख्यान भूमंडलीकरण और स्थानीयता (यानी स्वदेशी) के बीच तालमेल बनाने की कोशिशों के दौरान रचा गया है। प्रत्येक अस्मिता-

आख्यान आखिर में एक केंद्रीकृत और अपरिवर्तनीय किस्म की संरचना ही बनाता नजर आता है। वह अपनी परियोजना से असहमति व्यक्त करने वाले यथार्थ अथवा प्रतीकों के अन्य रूपों को या तो व्यर्थ कर देना चाहता है या सैद्धांतिक रूप से ठुकराने का प्रयास करता है। उसे हमेशा डर लगा रहता है कि कहीं दूसरी संरचनाएँ उस केंद्रीकृत और अपरिवर्तनीय किस्म की संरचना से होड़ करने और उसे तोड़ देने का दुस्साहस न करने लगें। इसलिए हिंदू अस्मिता अपने सामने और बाहर की दुनिया के सामने बार-बार कहती रहती है कि वह तो सदैव से एकताबद्ध समुदाय थी और उसमें कभी कोई विघटनकारी तत्त्व थे ही नहीं। ऐसे अस्मिता-आख्यानों के लिए आंतरिक मतभेदों को न दिखने देना बेहद जरूरी हो जाता है। यह प्रक्रिया उस समय और भी मुश्किल हो जाती है जब समुदाय की रचना में इस्तेमाल किये जा रहे आत्म-प्रतिनिधित्व के नये रूपों को नाना प्रकार की स्मृतियों और विविध जीवनानुभवों की दावेदारियों का सामना करना पड़ता है। ऐसी जबरदस्त बहुलता के बीच से एक एकीकृत समुदाय बनाने के लिए विखंडन और संघटन की तकरीबन उन्हीं विधियों का प्रयोग करना पड़ता है जो कमोबेश एटम बम बनाने के लिए अपनायी जाती हैं।

आंतरिक मतभेदों को दृष्टि से ओझल करने के लिए दो तरीके अख्तियार किये जाते हैं : अपनी इयत्ता में समाहित धार्मिक और पावन स्मृतियों के दायरे में विरोधी की अस्मिता के वजूद से ही इंकार; और दैनंदिन यथार्थ के स्तर पर एकआयामी धार्मिक अस्मिता से असहमत सामुदायिक रूपों को मान्यता देने से इंकार। पहला तरीका परम तत्त्व की बारीक व्याख्याओं और समुदाय-रचना की परियोजना से उनके संबंध की देन होता है। दुर्खाइम के शब्दों को थोड़ा घुमा-फिरा कर कहा जा सकता है कि कोई भी समुदाय ईश्वर की किसी खास अवधारणा के आधार पर ही खुद को संगठित करता है। इस दृष्टि से बाबरी मस्जिद का ध्वंस एक ऐसे भगवान राम की स्थापना के लिए रास्ता साफ करता है जिसका चरित्र योद्धा-जैसा है। जैसा भगवान है वैसे ही तो उसके अनुयायी होंगे। संघ परिवार को इससे कोई फर्क नहीं पड़ता कि राम और रामायण को समझने की भिन्न दृष्टियाँ भी हैं। रामकथा के अन्य लोक-प्रचलित संस्करणों में आत्म-चिंतन की प्रवृत्ति है जिसके कारण राम का योद्धा रूप उनके लिए अनुपयोगी हो गया है। उनके राम समकालीन राजनीतिक गोलबंदी के औजार नहीं बन सकते। ऐसे विविध स्रोतों से निकलने वाली राम की छवि हिंदुत्ववादियों की डिजाइन में फिट नहीं बैठती। संघ परिवार को ऐसे राम से परेशानी होती है। दूसरा तरीका कुछ जटिल किस्म का है, क्योंकि वह दैनंदिन

जीवन को ही बदल देना चाहता है। इसके लिए प्राक्-आधुनिक संघर्षों और हिंसा को इस तरह पेश किया जाता है कि वे समकालीन राजनीतिक जरूरतों के अनुकूल बैठ सकें। आशीष नंदी दिखाते हैं कि नयी सीमाएँ बनाने के चक्कर में आंतरिक मतभेदों को मिटाने की प्रक्रिया किस तरह सभी धुँधले क्षेत्रों को खत्म करने पर आमादा रहती है। अस्मिता के आख्यान किसी भी किस्म की अस्पष्टता को सहन नहीं करते, क्योंकि धुँधलके वाले क्षेत्र धार्मिक हिंसा को रोकने की भूमिका निभाते हैं और उनके कारण अस्मिता का सीमांकन तकरीबन असंभव हो जाता है, भले ही वे इस कोशिश को पूरी तरह नाकाम न कर पाते हों। यह एक तथ्य है कि जिन २८०० समुदायों को हिंदू या मुसलमान के रूप में वर्णित किया जाता है, उनमें से करीब ३५० समुदाय ऐसे हैं जिन्हें साफतौर से हिंदू या मुसलमान करार नहीं दिया जा सकता।

लेकिन संघ-स्वदेशी को हिंदू अस्मिता के अन्य हिंसक रूपों से जोड़ने का आंतरिक तर्क भी मौजूद है। इस पर विचार करने से हम इस निबंध में चर्चित उस मुद्दे पर पहुँच जायेंगे जो बताता है कि भूमंडलीकरण में स्थानीयता के रूप भी निहित होते हैं। संघ-स्वदेशी इस परिघटना का शास्त्रीय उदाहरण है। वह भूमंडलीकरण की बुनियाद को चुनौती नहीं देता, बल्कि केवल यह माँग करता है कि भूमंडलीकरण की परियोजना के बुनियादी तत्त्वों को कायम रखते हुए स्थानीय दावों के लिए भी गुंजाइशें छोड़ी जानी चाहिए।

IV

हताश किसान और उसकी प्रेतबाधा

भूमंडलीकरण को अगर अंतर्राष्ट्रीय बाजार की ताकतों के अवतार की सूरत में देखा जाय तो तह एकदम काले जादू जैसा लगता है। उसकी मुख्य करामात यह है कि उसके एजेंट और उससे प्रभावित व्यक्ति के बीच कोई सीधा संबंध ही नहीं दिखता। यह काला जादू खंड-खंड करने की एक जटिल प्रक्रिया चलाता है। इसके तहत बाजार की कोशिश होती है कि खुद को सभी तरह की राजनीतिक ताकतों के सामाजिक नियंत्रण से मुक्त कर ले। इसमें बाजार हमेशा ही कामयाब नहीं होता पर उसका यह प्रयास कभी चुनाव का मुद्दा नहीं बन पाता। इस पृष्ठभूमि में हाशिये पर पड़े हुए समूहों की राजनीति में भी भूमंडलीकरण के विरोधी काले जादू के गुण पैदा हो जाते हैं। इन दोनों काले जादुओं का टकराव चुनाव के मंच पर होता है।

आर्थिक भूमंडलीकरण से लड़ रहे किसानों के जरिये यह बात समझी जा सकती है। मैं कहना चाहता हूँ कि किसानों के आंदोलन का स्रोत क्षुधा

आधारित अस्मिता के आख्यान में निहित है। भूमंडलीकरण के आधुनिक रूपों की गाँधीवादी आलोचना का सहारा लेते हुए मैं एक विशेष किसान आंदोलन को इस अस्मिता-आख्यान के दायरे में रख कर देखूँगा। गाँधी ने विदेशी वस्तुओं के खिलाफ एक लोकप्रिय आंदोलन किया था। भूमंडलीकरण के विरोध में हो रहा किसान आंदोलन गाँधी के उसी प्रयास की पैरोडीनुमा अनुकृति तैयार करना चाहता है। जाहिर है कि ऐसी पैरोडी लिखने में रचनात्मकता की जरूरत तो पड़ती ही है पर ऐसी कृति के साथ हमेशा ही कुछ समस्या रह जाती है। विदेशी वस्त्रों की होली जलाना गाँधी के आंदोलन की केंद्रीय प्रतीकात्मक कार्रवाई थी। इससे उन स्वदेशी बुनकरों की बदहाली का तथ्य प्रकाश में आता था जो तकरीबन मौत का सामना कर रहे थे। उस समय माहौल स्वाधीनता के लिए चलाये जाने वाले राष्ट्रीय संघर्ष का था। लेकिन, कर्नाटक में किसान आंदोलन के पास ऐसा कोई माहौल न होने के कारण उनकी कार्रवाई किसी भी तरह के उछाह के बजाय विषाद से घिरी लगती है।

कर्नाटक में किसानों के एक संगठन ने गाँधी के अड़तालिसवें शहादत दिवस पर बंगलूर में बहुराष्ट्रीय कंपनी केंटकी फ्राइड चिकन के रेस्त्राँ पर गाँधी की परंपरा का आह्वान करते हुए धावा बोला।[१६] संगठन के नेता प्रोफेसर एम.डी. नाजुंदास्वामी इस सदी के सबसे महत्त्वपूर्ण वामपंथी-गाँधीवादी डॉ. राममनोहर लोहिया के पक्के अनुयायी हैं। गाँधी की परंपरा पर उनका दावा इस लिहाज से वैध माना जा सकता है। हमला करने की किसानों की शैली से लगता था कि जैसे वे काले जादू की काट के लिए कोई प्रति-जादू कर रहे हों। भोजनालय पर हमले को राज्य-तंत्र पर शारीरिक हमले और भूमंडलीकृत बाजार पर प्रतीकात्मक हमले की तरह लिया जा सकता था। अमेरिकी रेडिकल आंदोलनकारियों द्वारा प्रचलित मुहावरे के मुताबिक कहा जा सकता था कि जो मुद्दा दिखायी दे रहा था, वह असली मुद्दा था ही नहीं। किसानों का निशाना केंटकी फ्राइड चिकन न हो कर भारतीय अर्थ व्यवस्था पर हावी होती जा रही बहुराष्ट्रीय कंपनियों की उपस्थिति थी। काले जादू में दुश्मन का पुतला बना कर उसमें सुइयाँ चुभोयी जाती हैं। जादूगर को उम्मीद रहती है कि वे सुइयाँ असल में दुश्मन के असली शरीर को आहत करेंगी। इस तरीके से प्रतिपक्षी जादूगर के असर को भी बेकार किया जाता है। किसान आंदोलनकारियों ने पहले झपाटे में ही पूरे रेस्त्राँ को उजाड़ दिया। रेस्त्राँ में बैठे हुए विदेशियों से, जिनमें ज्यादातर गोरे ही थे, उन्होंने नर्मी से कहा कि हमला होने वाला है, वे चले जाएँ। खजांची से कहा कि वह नकदी को ताले में बंद कर दे। अंतर्राष्ट्रीय टीवी नेटवर्कों के रिपोर्टर भी अपने लाव-लश्कर और अन्य मीडिया वालों के साथ

वहाँ थे। आंदोलन के विरोधियों का तो आरोप ही यही था कि यह पूरी कार्रवाई दरअसल मीडिया को दिखाने के लिए ही की गयी थी। पुलिस ने हमलावर किसानों (सत्याग्रहियों?) को फौरन गिरफ्तार कर लिया और बाद में उनके गुरु को भी पकड़ लिया गया। इन लोगों को कर्नाटक के सबसे बड़े बंगलूर केंद्रीय कारागार में रखा गया जिसकी दीवार शहर के घुड़दौड़ के मैदान से मिलती है।

अब इस कहानी का सबसे पेचीदा हिस्सा शुरू होता है। आर्थिक उदारीकरण ने भारत में राजनीति के चरित्र को बदल दिया है। प्रतीकों की राजनीति के जरिये चुनावी युद्ध में खास समर्थन नहीं जुटाया जा सकता। किसानों का आंदोलन प्रतीकात्मक कार्रवाई के जरिये चुनावी राजनीति को प्रभावित करने की कोशिश कर रहा था। किसानों की अस्मिता की प्रतीकात्मक राजनीति विधायिका की सत्ता में रूपांतरित होना चाहती थी। राज्य विधानसभा के चुनाव होने ही वाले थे। राजनीतिक तजुर्बे ने किसानों को सिखाया था कि वे जेल से रिहा होने की कोशिश न करें। अस्सी के दशक के मध्य तक भारतीय राजनीति में माना जाता था कि जेल यात्रा करने वाले के लिए विधायिकाओं का चुनाव जीतना आसान होता है। किसानों का खयाल था कि उनकी अस्मिता का आख्यान कम से कम कर्नाटक में लोगों को बड़े पैमाने पर आंदोलित करेगा ही। लेकिन, जल्दी ही साफ हो गया कि उनके प्रतीकात्मक कदम का कोई खास असर नहीं पड़ा है। सड़कों पर अपेक्षित हलचल नहीं हुई। आंदोलन के प्रमुख कार्यकर्ता अपनी सारी बहादुरी के बावजूद जमानत की अर्जी लगा कर जेल से बाहर निकल आये। विधानसभा चुनावों में एक को छोड़ कर किसान संगठन के सभी उम्मीदवार बुरी तरह पराजित हो गये। चुनावी राजनीति में क्षुधा आधारित अस्मिता के प्रभावहीन हो जाने के अर्थ को पूरी तरह समझने के लिए हमें राजनीति में हुए उन परिवर्तनों का विश्लेषण करना पड़ेगा जो आर्थिक उदारीकरण की वजह से हुए हैं। इसमें राममनोहर लोहिया द्वारा प्रवर्तित लोकतंत्र संबंधी सिद्धांत से काफी मदद ली जा सकती है।

लोहिया के अनुसार प्रतीकों के जरिये यथार्थ को बेहतर समझा जा सकता है। चर्चित उदाहरण में भारत के लोकतांत्रिक राज्य-तंत्र के स्वास्थ्य को एक-दूसरे से जुड़े हुए सक्रिय और प्रभावी प्रतीकों के माध्यम से जाना जा सकता है। ये हैं : कारागार, फावड़ा और मतपेटी।[१७] कारागार अपने आप में अधिकारों, न्याय, सम्मान और अस्मिता के प्रश्नों से जुड़ी सभी असहमतियों के बारे में एक वक्तव्य है। फावड़ा रचनात्मक राजनीति और सामुदायिक कार्रवाई के लिए इच्छा शक्ति का प्रतिनिधित्व करता है। मतपेटी को राजनीतिक व्यक्ति और नागरिक समाज के बीच जीवंत सूत्र माना जा सकता है। ध्यान रहे कि अस्सी के

दशक के आखिर तक राजनीतिक प्रदर्शनकारियों से भरी सड़कें, राजनीतिक कैदियों से भरे जेल और विधानसभा या लोकसभा में बहुमत एक दूसरे के पर्याय होते थे। लेकिन, आर्थिक उदारीकरण ने इस हालत को बदल दिया। ऊपर वर्णित तीनों प्रतीक एक-दूसरे से कट कर अलग-थलग हो गये। अब इनके बीच ज्यादा से ज्यादा एक खामोश संवाद ही संभव रह गया है। मतपेटी इतनी महत्त्वपूर्ण हो गयी है कि कारागार और फावड़ा हाशिये पर चले गये हैं। अधिकारों, नैतिकता और अर्थशास्त्र को जोड़ने वाले कुछ रूप राजनीति से गायब हो गये हैं। राजनीतिक दल चुनाव लड़ने वाली मशीनों में बदल गये हैं। सभी तरह की संरचनाएँ, सभी तरह के क्षेत्र और गतिविधियाँ चुनावी सफलता के मातहत माने जाते हैं। नवउदारतावाद और लोकलुभावनवाद ने आपस में मिल कर एक अलग तरह के राजनीतिक उछाल का माहौल तैयार कर दिया है।[१८] राष्ट्रीय राजनीति की लगाम जनता के हाथों में रहने के बजाय पर्दे के पीछे काम करने वाले 'अंदरूनी हलकों' के रणनीतिकारों के हाथों में चली गयी है।[१९] पार्टियों के परे जाने वाली एक आम सहमति लोकतंत्र पर काबिज हो चुकी है। भूमंडलीकरण के केंद्रीकृत, एकरूपी और अपरिवर्तनीय चेहरे ने अपने बहुराष्ट्रीय व्यापारिक चेहरे समेत सभी तरह के प्रतीकों को धुँधला कर दिया है।

अब स्थिति यह है कि क्षुधा आधारित अस्मिता का आख्यान जिस तरह का सामूहिक क्षोभ व्यक्त कर रहा है वह कामनाओं पर आधारित आख्यान से बुनियादी तौर पर अलग है। उसे लगता है कि सामाजिक रूप से उसे पूरी तरह अलग-थलग डाल दिया गया है।[२०] क्षुधा आधारित अस्मिता को अपनी यात्रा के बीच में ही इस बात का एहसास हो गया है कि अंततः उसकी कहानी छोटी-सी ही है। उसके पास वह पुरानी विराटता नहीं है जिसके तहत हाशिये से की जाने वाली एक प्रतीकात्मक कार्रवाई केंद्र में सत्ता के समीकरणों को बदल देती थी। गाँधी ने रोजमर्रा के काम में आने वाले नमक को अपनी मुट्ठी में उठा कर ब्रिटिश साम्राज्य की चूलें हिला दी थीं। क्षुधा आधारित अस्मिता ने भी चिकन को चुना था जो रोजमर्रा की जरूरत की चीज है। लेकिन, चिकन से भूमंडलीकृत व्यापारतंत्र जरा भी नहीं डरा। इतना जरूर कहा जा सकता है कि इससे आंदोलनकारियों के इरादों की गंभीरता कम नहीं होती। किसानों द्वारा रची गयी गाँधी की इस अनुकृति की मार्मिकता उसकी लघुता में देखी जा सकती है। उसने राजनीति, सत्ता और प्रतिनिधित्व के बीच नये संबंध बनाने के कतई भिन्न तरीके अपनाने की कोशिश की और इसी में उसका राजनीतिक प्रभाव निहित था।

किसी धर्म और समुदाय के प्रत्येक व्यक्ति को उपलब्ध रहने वाली वस्तु

आंदोलन के लिए चुनने के बाद भी क्षुधा आधारित अस्मिता को राजनीतिक अकेलापन भोगना पड़ा। गाँधी ने भी नमक और चर्खे के प्रतीकों के जरिये पश्चिम के साम्राज्य के खिलाफ सभ्यतामूलक लड़ाई छेड़ी थी। लेकिन, क्षुधा आधारित अस्मिता यह भूल गयी कि दैनंदिन प्रयोग की वस्तुएँ बड़े दिलचस्प और रहस्यमय तरीके से जाति-धर्म-समुदाय से निरपेक्ष चरित्र रखती हैं, इसलिए उनमें फिसलन होती है। वे उम्मीद के साथ-साथ निराशा की वाहक भी हो सकती हैं। अस्मिता के आख्यानों को उनकी जरूरत तो होती है पर इस्तेमाल के लिए जरूरी होता है कि उन्हें सांस्कृतिक और धार्मिक स्मृतियों के सहारे संरक्षित किया जाय।

हो यह रहा है कि कामना आधारित अस्मिता राजनीति में एक विरोधाभास की तरह जिंदा है। भूमंडल के पैमाने पर दैनंदिन प्रयोग की वस्तुएँ प्राक्-भूमंडलीय धार्मिक स्मृतियों से घिरी हुई हैं। भूमंडलीकरण एक रहस्यमय अनुभव में बदल चुका है और यह अनुभव इन्हीं दैनंदिन वस्तुओं से निकलता है। जंक फूड, नहाने-धोने के प्रसाधन, वस्त्र, फैशन, संगीत, कंडोम, क्रेडिट कार्ड और ऐसी ही तमाम चीजें लोगों के लिए परिचित सीमाओं से परे यात्रा की वाहक बन गयी हैं। साथ में ये चीजें बड़े प्रीतिकर तरीके से स्थानीय होने की छवि भी देती हैं। भूमंडलीकरण ने दैनंदिन वस्तुओं के अपरिचय को परिचय में बदल दिया है और इन दोनों एहसासों के बीच अंतर को उत्तरोत्तर खत्म करते हुए वह लगातार ताकतवर बनता चला जा रहा है।

क्षुधा आधारित अस्मिता ने अभी अपनी जिद छोड़ी नहीं है। वह दैनंदिन प्रयोग की वस्तुओं के बीच के अंतर और विविधता को कायम रखने की कोशिश में है। विडंबना यह है कि वह अपने परंपरागत प्रौद्योगिकीय रूपों के आधार पर की जाने वाली व्यूह रचना पर भी उम्मीद टिकाये हुए है, जबकि भूमंडलीय संदर्भों में इन रूपों की प्रतिकृतियाँ तैयार नहीं हो सकतीं। चाहे चावल की असंख्य किस्में हों, या ऐसी ही दूसरी फसलें हों अथवा जीव-जंतुओं की कोई विलक्षण प्रजाति हो, उन्हें अंतर्राष्ट्रीय पूँजी के हस्तक्षेप के बिना पुनरुत्पादित नहीं किया जा सकता। पुरानी दुनिया में दैनंदिन इस्तेमाल की पुरानी वस्तुएँ एक-एक करके रिटायर हो रहीं हैं और उनकी जगह भूमंडलीकरण अपनी उपस्थिति दर्ज करा रहा है। क्षुधा आधारिक अस्मिता का आंदोलन वस्तुओं के जिस अंतर को बनाये रखने के लिए बेचैन है, वह दरअसल दैनंदिन जीवन की गतिशीलता से संचालित होता है और उस पर उत्पादन और उपभोग की बदलती हुई शैलियों का दबाव पड़ रहा है। केंटकी फ्राइड चिकन कंपनी सरीखे बहुराष्ट्रीय कारपोरेशन जो चिकन हमें खिलाना चाहते हैं, वह स्थानीय

गाँवों द्वारा उत्पादित चिकन की किस्मों से कहीं ज्यादा ताकतवर है। उसे टेलीविजन पर की जाने वाली रंगारंग प्रस्तुति का दाना चुगा कर और प्रभावशाली बना दिया जाता है। प्रगति की दौड़ में लगा हुआ शहरी भारतीय जैसे ही देसी चिकन पर उसे प्राथमिकता देगा, वैसे ही किसान और स्थानीय चिकन की नस्ल के खात्मे की घंटी बज जायेगी। यही कारण है कि विविधता को कायम रखने का संघर्ष जरूरी हो जाता है और साथ ही काफी पुरानी पड़ चुकी दैनंदिन जीवन-शैलियों को बचाने की कोशिश भी जरूरी हो जाती है। किसान आंदोलन की संस्कृति कुछ इस किस्म की है कि वह अपने आग्रह को ऐसे किसी भावातीत मुद्दे में बदलने के लिए तैयार नहीं है जिसका संबंध दैनंदिन जीवन से न हो। वह दैनंदिन वस्तुओं को किसी बाह्य प्रतीक की मदद से पवित्रता का आभामंडल नहीं देना चाहता। चूँकि भूमंडलीकरण दैनंदिन जीवन के सभी पहलुओं को बदलना चाहता है, इसलिए वह किसानों के प्रतिरोध के साथ कोई तालमेल नहीं बैठा सकता।

इस बात को यूँ भी कह सकते हैं कि क्षुधा आधारित अस्मिता के आख्यान द्वारा किया जाने वाला प्रतिरोध भूमंडलीकरण और स्थानीयता के उस तालमेल के दायरे में फिट नहीं हो सकता जिसे संघ-स्वदेशी ने रचा है। भूमंडलीकरण अपने अनुपूरक विपक्ष की खुद ही रचना करता है। उसका संपूर्ण अस्तित्व उसके वर्चस्व और उसे दी जाने वाली चुनौती को मिला कर बनता है। तनाव और असहमतियाँ खदबदाती रहती हैं। उनकी रचना एक सीमा के बाद उन पर काबू पाने के लिए ही होती है। चूँकि भूख के आख्यान में से कुछ ऐसे प्रेत निकलते हैं जिन पर इस सुविधाजनक दायरे में नियंत्रण नहीं किया जा सकता, इसलिए बाजार और प्रौद्योगिकी द्वारा संचालित तर्क-बुद्धि के लिए किसानों का आंदोलन विजातीय बना रहता है। लेकिन, क्षुधा आधारित आख्यान के इसी अकेलेपन में उसकी विध्वंसक शक्ति छुपी हुई है जो भूमंडलीकरण को नुकसान पहुँचा सकती है।

V
हिंसा और कामना

जहाँ अहिंसा के पर्याय गाँधी होंगे, हिंसा का मुद्दा भी वहीं आस-पास होगा। दरअसल, कामना आधारित हिंदू अस्मिता के आख्यान और गाँधी के बीच हिंसा का प्रश्न ही बुनियादी अंतर के रूप में उभरता है। सैद्धांतिक स्तर पर देखने से भी साफ हो जाता है कि कोई भी सामूहिक अस्मिता हिंसा के बिना नहीं बन सकती। हिंसा की स्मृति को सुरक्षित रखने के लिए हिंसा को ही नमक की

तरह इस्तेमाल करना पड़ता है। जैसे ही विविध अस्मिताएँ राष्ट्र-राज्य या समाज की पूर्वनिर्धारित सीमाओं में बँधने से इंकार करती हैं, वैसे ही हिंसा उन्हें दबोचने के लिए झपट पड़ती है। हिंदू अस्मिता हिंसा और उसके प्रभामंडल के प्रति आदरभाव से ग्रस्त है। वह हिंसा को मान्यता देते हुए अपने निर्माण के लिए उसकी ऐतिहासिक आवश्यकता पर जोर देती है। उसकी राजनीति रक्तपात की स्मृतियों पर आधारित है, चाहे यह रक्तपात उसके साथ किया गया हो या उस दुश्मन के साथ जिससे उसे नफरत है। हिंदू अस्मिता की राजनीति रक्त की तत्त्वमीमांसा पर जीवित रहती है।

दक्षिण एशिया के हिंदू और मुसलमान, दोनों भूमंडलीकरण को अपने-अपने पारंपरिक धर्मों की स्मृतियों के उन्मूलन के रूप में देखते हैं। हालाँकि हिंदू धार्मिक प्रतीकवाद और उसका जटिल अर्थग्रहण भूमंडलीय सांस्कृतिक दायरे में भी व्यक्त होता है पर उसका रूप बेहद पश्चिमीकृत होने के कारण धार्मिक पवित्रता का पहलू पूरी तरह विलुप्त हो जाता है। उन रूपों की स्थानीयता इतनी बदल जाती है कि पहचानने में नहीं आती। संगीत की दुनिया में भी धार्मिकता का पहलू परंपरा की दुनिया से खींच कर उपभोग की वस्तु में परिवर्तित कर दिया जाता है। पाकिस्तानी गायक नुसरत फतह अली खान के सूफी संगीत का विश्लेषण करते हुए जियाउद्दीन सरदार ने निष्कर्ष निकाला है कि भूमंडलीकृत सांस्कृतिक दुनिया उस संगीत के सिर्फ आनंदवर्धक हिस्से को ही उभारती है। दुनिया-भर में आनंद के उपभोक्ताओं का दायरा बहुत बड़ा है जिसकी जरूरतों को पूरा करने के लिए सूफी संगीत के उन अन्य सभी अभिव्यक्त-सेतुओं को मिटा दिया जाता है जो मिल कर संपूर्ण ध्यानावस्था की रचना करते रहे हैं। यही दुर्घटना हिंदू दायरे में भी होती है। भूमंडलीकृत बाजार के वर्तमान द्वारा हिंदू सांस्कृतिक रूपों के आत्मसातीकरण के विरोध में धार्मिक अस्मिताएँ अपने प्रतीकों और धार्मिकता की एक ऐसी दुनिया बनाती हैं जो अतीत की सीमाओं में कैद रखती है। सांस्कृतिक राजनीति के कुछ वाहकों द्वारा की जाने वाली यह कार्रवाई कुछ अन्य स्मृतियों के साथ हिंसा भी करती है। इस तरह अस्मिता कुछ वास्तविक और कुछ काल्पनिक स्मृतियों का खेल बन जाती है।

हिंदू अस्मिता की स्थापना और उसके प्रसार के लिए आवश्यक ऊर्जा ऐतिहासिक स्मृति के जरिये प्राप्त की जाती है। हिंसा की भूमिका को सकारात्मक मानने वाले लोगों की राजनीति गाँधी से अलग होनी ही है। गाँधी ने भारत की अस्मिता को इतिहास की मदद से गढ़ने से हमेशा इंकार किया। हिंसा केंद्रित हिंदू अस्मिता अपने आध्यात्मिक प्रतीकों को भी ऐतिहासिक

कार्रवाई में लगा देती है। देवी-देवता भी युद्धप्रिय हिंदू अस्मिता गढ़ने की परियोजना में सक्रिय दिखायी देते हैं।

कामना आधारित अस्मिता और हिंसा के साथ उसके आदिम रिश्ते की रूपरेखा का पता करने के लिए मैं कामना, चिंता और हिंसा के बीच एकता की जैन चिंतकों द्वारा की गयी आलोचना का सहारा लूँगा। आज की हिंदू अस्मिता इन तीनों स्थितियों के बीच एक से उछल कर दूसरे में जाती हुई अंततः रक्तपात में अपनी वैधता तलाशती है। अपनी राजनीतिक-सांस्कृतिक अभिव्यक्ति में कामना चिंता के समक्ष अपनी इयत्ता के उन्मूलन से कुछ कम, लेकिन पूर्ण समर्पण के खतरे का सामना करती है। उसकी चिंता के केंद्र में उसका विलोम, जो उससे ताकतवर भी है, हमेशा मौजूद रहता है।

भूखे किसान को भी हिंसा के आकर्षण से टकराना पड़ता है। वह भूमंडलीकृत उत्पादक को एक ऐसे हिंसक लुटेरे के रूप में परिभाषित करता है जो अप्रत्यक्ष और अदृश्य भी है। इसलिए किसान को अपना ठोस और वैचारिक जवाब तैयार करते समय हिंसा के पहलू का भी ध्यान रखना ही पड़ सकता है। त्याग और बलिदानों का कोई सिलसिला होता तो उसकी भी कहानी बन सकती थी। उसके लिए उसे अपनी सांस्कृतिक स्मृति की सीमाओं को लाँघना पड़ता। लेकिन, भूखा किसान खुद को किसी सामूहिक अस्मिता में नहीं ढाल पाता। अगर वह ऐसा कर पाता तो भूमंडलीकरण उसे मान्यता दे देता, क्योंकि वह स्मृति आधारित सामूहिकताओं के रूप में असहमति को मान्यता देने के लिए मजबूर है। यह अलग बात है कि किसान धार्मिक और सांस्कृतिक स्मृतियों के नमक में बलिदान के हिंसक प्रतीकों को सुरक्षित रखने में नाकाम रहता है। उसे इस मुहिम का चरित्र इतना ज्यादा राजनीतिक और सेकुलर लगता है कि बलिदान के रहस्यमय और धार्मिक रूपों का आवेगमय आह्वान करने के लिए वांछित ऊर्जा नहीं सँजो पाता।

अस्मिता के दूसरे आख्यान अपने लक्ष्यों की पूर्ति के लिए आसानी के साथ त्रासदी भोगने वाले नायक का आह्वान कर सकते हैं। सौंदर्यशास्त्रीय दृष्टि से दुख भोगने वाले और अपनी अस्मिता के बड़े लक्ष्य के लिए दूसरों को भी तकलीफें झेलने के लिए निमंत्रित करने वाले नायक में ग्रीक ट्रेजेडी के केंद्रीय पात्र जैसे गुण होते हैं। कामना आधारित और अर्थ आधारित आख्यान ऐसे नायक की देवता के रूप में प्राण-प्रतिष्ठा करके हिंसा को तर्कसंगत ठहरा सकते हैं। अगर हिंसा के आस-पास आध्यात्म की आभा हो तो उसे न्यायसंगत दिखाया जा सकता है। चूँकि क्षुधा आधारित अस्मिता की रचना दैनंदिन जीवन की वस्तुओं और रोजी-रोटी से जुड़े प्रश्नों के साथ हुई हिंसा पर आधारित

होती है, इसलिए उसका आध्यात्मिक प्रभामंडल नहीं बन पाता। यही कारण था कि कर्नाटक का किसान आंदोलन देशी चिकन की नस्ल के विलुप्त होने के खतरे को आध्यात्मिक रूप देने में नाकाम रहा।

क्षुधा आधारित अस्मिता की हताशा उसकी प्रकट असहायता और सांस्कृतिक अकेलेपन में निहित है। इस अस्मिता के पास भूमंडलीकृत समाचार माध्यमों द्वारा प्रदत्त प्रतीकों का सहारा भी नहीं है। उसके दैनंदिन इस्तेमाल में आने वाली चीजें ग्लैमरविहीन और सपाट किस्म की हैं। उनका विज्ञापनों की दुनिया में कोई रूपांतरण या पुनर्जन्म नहीं हो सकता। वे मृत्यु और नाश के लिए अभिशप्त हैं। लेकिन, आंदोलन की इसी हताशा में आशा के आयाम भी हैं। एक लघु आख्यान के रूप में ही सही, क्षुधा आधारित अस्मिता को एक तरह आकर्षण मिल गया है। वह भूमंडलीकरण का यह सांस्कृतिक तर्क स्वीकार करने से इंकार करती है कि सारी दुनिया एक विशाल बाजार है। यह सही है कि स्थानीय स्तर पर उत्पादन में लगे हाथ अपेक्षाकृत असंगठित शैली से निर्माण-कार्य में लगे हैं, लेकिन उन्हें भूमंडलीकरण के साथ-साथ स्थानीयता से उसके तालमेल की संरचनाओं के ढहने का इंतजार है।

संदर्भ और टिप्पणियाँ

१. *पास्टिश* पर सैद्धांतिक चर्चा के लिए देखें : मार्गरेट रोज, *पैरोडी / मेटाफिकेशन,* लंदन : क्रूम हेल्म, १९७९

२. राजनीतिक प्रक्रियाओं को समझने के लिए साहित्यिक श्रेणियों का इस्तेमाल करने के बारे में मैं अपने मित्र डॉ. रुस्तम सिंह की अप्रकाशित रचना 'फीलिंग पॉलिटिक्स' से काफी लाभान्वित हुआ।

३. संघ-स्वदेशी आंदोलन की सांस्कृतिक और विचारधारात्मक जड़ों के बारे में एक वक्तव्य के लिए देखें : *स्वदेशी जागरण* (कन्नड़), बंगलूर, क्रिया, १९९५

४. 'राइता होराता' (कन्नड़), बंगलूर, १९९६, पृष्ठ ३८

५. आधुनिकतावाद के आलोचक और इस्लामिक चिंतक जियाउद्दीन सरदार ने अपनी कई रचनाओं में मुसलमान अस्मिता का संधान किया है : देखें उनकी रचना *इस्लामिक फ्यूचर्स,* लंदन, मेनसेल पब्लिशिंग लिमिटेड, १९८५

६. महात्मा गाँधी, *हिंद स्वराज* (कन्नड़ अनुवाद), बंगलूर, गाँधी विचार माले, १९५० (गाँधी ने इसे मूलत: गुजराती में लिखा था)।

७. इस विचार पर एक आलोचनात्मक चर्चा के लिए देखें : आशीष नंदी, *आशीष नंदी विचार,* हेग्गुडु, अक्षर चिंतन, १९९५, पृष्ठ १४२

८. हिंदू दक्षिणपंथियों की सबसे ताकतवर प्रतिनिधि भारतीय जनता पार्टी की राजनीतिक विरासत पर चर्चा के लिए देखें : योगेंद्र के. मलिक और वी.बी. सिंह, *हिंदू*

नेशनलिज्म इन इंडिया, बाउल्डर, वेस्टव्यू प्रेस, १९९४, पृष्ठ २९-५५; कुछ अन्य रचनाएँ भी उपयोगी हो सकती हैं : के. वाल्टर एंडरसन और श्रीधर डी. दामले, *दि ब्रदरहुड इन सेफ्रोन : दि राष्ट्रीय स्वयंसेवक संघ एंड हिंदू रिवाइवलिज्म,* बाउल्डर, वेस्टव्यू प्रेस, १९८७; सुमंत बनर्जी, 'आइडियोलजी एंड सोशल साइकोलॉजी', *इकनॉमिक एंड पॉलिटिकल वीकली,* १९ जनवरी, पृष्ठ ९७-१०१

हिंदू दक्षिणपंथियों की पहली राजनीतिक पार्टी जनसंघ के अध्ययन के लिए देखें : ग्रेग बेक्सटर, *दि जनसंघ : ए बॉयोग्राफी ऑव एन इंडियन पॉलिटिकल पार्टी,* फिलाडेल्फिया : यूनिवर्सिटी ऑव पेंसिलवानिया, १९८९; सांप्रदायिक अस्मिता की राजनीति की समझ हासिल करने के लिए देखें : रजनी कोठारी, 'कल्चरल कंटेक्स्ट ऑव कम्युनलिज्म इन इंडिया', *इकनॉमिक एंड पॉलिटिकल वीकली,* १४ जनवरी, पृष्ठ ८१-८५; हिंदू दक्षिणपंथ की राजनीति में धार्मिक प्रतीकों की उपस्थिति के अध्ययन के लिए देखें : ब्रूस लारेंस, *डिफेंडर्स ऑव गॉड : दि फंडामेंटलिस्ट रिवोल्ट अगेंस्ट दि माडर्न एज,* सैन फ्रांसिस्को, हार्पर रॉ, १९८५; हिंदू दक्षिणपंथियों के शब्दों में खुद उनके ही वर्णन के लिए देखें : विश्व हिंदू परिषद, *हिंदू परिषद के उद्देश्य, कार्य तथा उपलब्धियाँ,* नयी दिल्ली, (हिंदी); अटल ब्रिहारी वाजपेयी, *इंडिया एट क्रास रोड्स,* दिल्ली, भारतीय जनता पार्टी पब्लिकेशंस, १९८०; 'आरएसएस : स्पियरहेडिंग नेशनल रेनासाँ, सिक्सटीथ एनीवर्सरी इयर', बंगलूर, आरएसएस : एच.वी. शेषाद्रि, १९८४; *वाई हिंदू राष्ट्र?* बंगलूर, जागरण प्रकाशन, १९९०; हिंदू दक्षिणपंथियों ने उपभोक्ता सामान की एक वैकल्पिक सूची भी प्रकाशित की है, देखें : *देशी पदयथगालु* (कन्नड़), बंगलूर, १९९५

९. स्क्लेयर ने उपभोक्तावाद की सांस्कृतिक विचारधारा की व्याख्या की है। संघ-स्वदेशी इसी की एक किस्म को सामने रखते हुए उपभोक्तावादी विचारधारा को संस्कृति के विशिष्ट दायरे में सूत्रबद्ध करता है : एल. स्क्लेयर, *सोशियोलॉजी ऑव ग्लोबल सिस्टम,* लंदन, हारवेस्टर, १९९१

१०. फेदरस्टोन के अनुसार उपभोक्ता संस्कृति एक सुसंगत, अपरिवर्तनीय और केंद्रीभूत न हो कर बिखरी हुई विचारधारा है। इस विषय में फेदरस्टोन के स्पष्ट विचारों के लिए उनकी रचना *कंज्यूमर कल्चर एंड पोस्टमॉडर्निज्म,* लंदन, सेज, १९९१ देखें।

११. भूमंडलीकरण के भीतर चल रही प्रत्यक्ष और अप्रत्यक्ष होड़ के लिए देखें : अर्जुन अप्पादुरै, 'डिस्जंक्शन एंड डिफरेंस इन ग्लोबल कल्चरल इकनॉमिक्स', *थियरी, कल्चर एंड सोसाइटी,* ७, १९९०, पृष्ठ २९५-३१०

१२. यहाँ मैंने 'ग्लोकलाइजेशन' के बारे में रोलाँ रोबर्टसन की राय पर मेलिसा बुचर की अप्रकाशित थीसिस 'सेटेलाइट ब्राडकास्टिंग एंड दि क्रियेशन ऑव मॉडर्न इंडिया' का इस्तेमाल किया है। मेलिसा की मान्यता है कि स्थानीय आयाम को दिया जाने वाला अधिकतर प्रोत्साहन असल में शीर्ष से किये जाने वाले प्रयासों का नतीजा होता है।

१३. *आर्गनाइजर* के ९ अप्रैल, १९९५ के अंक में यशवंत पाठक लिखते हैं : "पचास के दशक की शुरुआत और साठ के दशक में दुनिया में ज्यादातर जगहों पर आबादी के ऊँची आय वाले तबके के लिए महँगी उपभोक्ता वस्तुएँ उपलब्ध कराने की मुहिम

चल रही थी। उस समय जापानियों को ऐसे उत्पादों की जरूरत महसूस हुई जो मध्य आय वर्ग की खरीद शक्ति के दायरे में आते हों। अमीर ग्राहकों ने जापानी वस्तुओं को निम्न स्तर का करार दे कर ठुकरा दिया। लेकिन, जापानी इस परिदृश्य को बदलने में कामयाब रहे। आज जापानी व्यापार की समृद्धि आधिक्य की समस्या का सामना कर रही है।''

१४. अपने एक दिलचस्प पर्चे में आशीष नंदी ने कहा है कि राजनीतिक हिंदुत्व भूमंडलीकृत राष्ट-राज्य प्रणाली के तहत काम करता हुआ हिंदूवाद को एक राष्ट्रवादी विचारधारा से लैस करने में लगा हुआ है। वह हिंदुओं को बाकायदा एक राष्ट्रीयता बनाना चाहता है। देखें : आशीष नंदी, 'दि ट्वाइलाइट ऑव सर्टीट्यूट : सेकुलरिज्म, हिंदू नेशनलिज्म एंड अदर मास्क्स ऑव डिकल्चरेशन (मैक्सिको सिटी में ५-१२ अगस्त, १९९६ को हुई सत्रहवीं इंटरनेशनल कांग्रेस ऑव हिस्ट्री ऑव रिलीजंस में दिया गया बीज वक्तव्य)।

१५. डी.आर. नागराज, 'इथिक्स एंड एस्थेटिक्स ऑव रिप्रजेंटेशंस ऑव वॉयलेंस', (दिल्ली में फरबरी, १९९६ में 'सेंस ऑव बिलोंगिंग' पर हुए इंडो-फ्रेंच वार्ता आयोजन में पढ़ा गया आलेख)।

१६. इस घटना के बृहत्तर / रूपकीय अर्थग्रहण पर चर्चा के लिए देखें मेरा आलेख : 'पॉलिटिक्स एज़ विचक्राफ्ट', *सेमिनार*, ४४०, मार्च, १९९६, पृष्ठ २०-२३

१७. राम मनोहर लोहिया, *लोहिया विचार* (कन्नड़), बंगलूर, १९७८, पृष्ठ ११०

१८. लातीनी अमेरिकी देशों में भी नवउदारतावाद का प्रभाव लगातार बढ़ता जा रहा है। देखें : केनेथ एम. राबर्ट्स, 'नियोलिबरलिज्म एंड दि ट्रांसफार्मेशन ऑव पॉपुलिज्म इन लेटिन अमेरिका', *वर्ल्ड पॉलिटिक्स*, ४८-१, अक्टूबर, १९९५, पृष्ठ ८२-११६

१९. दुर्भाग्य से भारतीय राजनीति में पूँजीपतियों के धन की भूमिका के बारे में गंभीर अध्ययन नहीं हुए हैं। केवल अखबारी रपटों से ही इस बारे में कुछ जानकारी मिलती है। पश्चिमी देशों के बारे में ऐसे कई दिलचस्प अध्ययन उपलब्ध हैं। देखें : नील जे. मिशेल और जॉन बी. ब्रेटिंग, 'बिजनेस एंड पॉलिटिकल फाइनेंस इन यूनाइटेड किंगडम', *कम्परेटिव पॉलिटिकल स्टडीज*, २६-२, जुलाई, १९९३, पृष्ठ १२२९-२४५; मिशेल यूरीन, *दि इनर सर्किल : लार्ज कार्पोरेशंस एंड दि राइज ऑव बिजनेस पॉसिटिकल एक्टिविटीज इन दि यूएस एंज यूके*, न्यूयार्क, ऑक्सफोर्ड यूनिवर्सिटी प्रेस, १९८४

२०. सामाजिक रूप से अलग-थलग पड़ जाने के बारे में चर्चा के लिए देखें : मार्शल वोल्फ, 'ग्लोबलाइज़ेशन एंड सोशल एक्सक्ल्यूजन : सम पैराडॉक्सिज', संकलित : गार्वी रोजर्स वगैर-ह (संपादित), *सोशल एक्सक्ल्यूजन : रेटरिक रियलिटी, रियलिटी रेस्पांसिज*, जिनेवा, आईएलओ पब्लिकेशंस, १९९५, पृष्ठ ९४-९५; अनंत कुमार गिरि, 'दि डायलक्टिक बिटवीन दि ग्लोबलाइज़ेशन एंड लोकलाइजेशन : इकनॉमिक रिस्ट्रक्चरिंग, वोमेन एंड स्ट्रेटजीज ऑव कल्चरल प्रोडक्शन', *डायलेक्टीकल एंथ्रोपोलोजी*, खंड २०, अंक २, पृष्ठ १९३-२४६

अगर पूँजी दुनिया के पैमाने पर अपने प्रसार और गतिशीलता से फायदा उठा सकती है तो मजदूर वर्ग यह माँग क्यों नहीं कर सकता? अगर पूँजी का चरित्र और सक्रियता का दायरा भूमंडलीय है तो मेहनतकश जनसाधारण को इसी दायरे में अपने प्रतिरोध को गोलबंद क्यों नहीं करना चाहिए? आखिर वे राष्ट्र-राज्य की सरहदी कैद में क्यों फँसे रहें? आख़िर क्यों वे अस्मिताओं की राजनीति के आधार पर होने वाली हिंसा और उसकी प्रतिक्रिया में होने वाले राज्य के दमन के बीच इधर से उधर झूलते रहें? क्या अस्मिताओं की राजनीति और उससे पहले चली राष्ट्रीय मुक्ति की मुहिमों ने पूँजी के लिए मानवीय श्रम के दोहन को और सुविधाजनक ही नहीं बनाया है? क्या मार्क्स और एंगेल्स ने उन्नीसवीं सदी के ठोस यथार्थ से जो नतीजे निकाले थे और पूँजी के वर्चस्व का मुकाबला करने के लिए जो सिफारिशें की थीं, वे इक्कीसवीं सदी के यथार्थ पर लागू नहीं की जा सकतीं?

चाहिए प्रतिरोध का भूमंडलीकरण

शुद्धव्रत सेनगुप्ता

किस्मत का फेर किसी को नहीं बख्शता, न इंसान को और न ही उसकी सबसे प्रतापी रचनाओं को। वह साम्राज्यों और शहरों को एक ही कब्र में दफ़्न कर देता है ...

—एडवर्ड गिब्बन

द डिक्लाइन एंड फाल ऑव द रोमन इम्पायर

दफ्तर जाने के लिए दिल्ली की सड़कों से गुजरते हुए मेरी आँखों के सामने अक्सर एक नजारा तैरता रहता है। यह है ११ सितंबर को हुए वर्ल्ड ट्रेड टॉवर्स के विध्वंस के बाद का नजारा, जिसमें मैं देखता हूँ कि राख में लिथड़ा हुआ एक अकेला आदमी एक पार्क की बेंच पर बैठा हुआ है। लगता है कि एक दुःस्वप्न की न्यौछावर सी उसके आस-पास मलबे की तरह बिखरी पड़ी है। वह अपने खुले हुए लैपटॉप कंप्यूटर में कुछ तलाश रहा है कि कहीं शायद उस भयानक दुर्घटना के बाद भी उस मशीन की याद्दाश्त में कुछ सामग्री बच गयी

हो। पूँजीवाद की निराकार फैक्ट्रियों में दास की तरह श्रम करने वाले विध्वंस के अवशेष उस शख्स और उसके लैपटॉप की वह विवर्ण छवि मेरे लिए एक आईने की तरह है जिसके जरिये मैं अपनी फौरी सच्चाइयों के रोज होते खात्मे की तस्वीर देखता हूँ। उस इंसान के चारों तरफ उसकी बरबादियाँ बिखरी हुई हैं, लेकिन वह देखने में लगा है कि उसका कंप्यूटर पहले की तरह स्टार्ट होता है या नहीं।

अगर मैं उसकी जगह होता और मेरे चारों तरफ किसी युद्ध की गोलाबारी के धमाके हो रहे होते तो शायद मैं भी यही करता। हमारे हुक्मरान भी कम नहीं हैं। वे कभी भी इस तरह की विरासत हमारे मत्थे मढ़ सकते हैं। दरअसल, वह इंसान और उसकी मशीन दोनों एक ऐसे तंत्र से जुड़े हुए हैं जो सत्ता और उत्पादन के फौरी समीकरण को बनाये रखता है। वह तंत्र ऐसा है कि उसमें दाँता खुद नजर रखता है कि पहिया घूम रहा है या नहीं, भले ही मीनारों जैसी इमारतें ढहती रहें या आसमान से खाद्य सामग्री की तरह बमों की बारिश होती रहे। ११ सितंबर के एक हफ्ते के बाद तक टेलिविजन पर एक व्यापार संबंधी कार्यक्रम में देखा जा सकता था कि हमारी लड़खड़ाती डॉट कॉम कंपनियों का एक महारथी क्या कह रहा है। वह इस बात से खुश था कि अब कंप्यूटरों में खोयी हुई सामग्री को फिर से हासिल करने (डेटा रिकवरी) के धंधे के दिन फिरने वाले हैं, क्योंकि घबराये हुए बहुराष्ट्रीय निगम अपने ऐसे ही कई छोटे-मोटे काम हमारे महानगरों में मिठाई की दूकानों की तरह खुल गयी इलेक्ट्रानिक दूकानों को सौंपने वाले हैं। यानी हादसे हों या युद्ध हो, पूँजीवाद और उसका धंधा यहाँ-वहाँ चलता ही रहता है।

क्या ऐसा नहीं लगता कि उस लैपटॉप में झाँकते हुए इंसान जैसी अनगिनत कार्रवाइयाँ मिल कर पूँजीवाद के साम्राज्य को एक क्षण के लिए किस्मत के फेर से परे ले जाती हैं। आखिर साम्राज्य की यह मशीन इंसान की ताकत यानी जैव-ऊर्जा की बैटरी पर चलती है। इस भूमंडल की फैक्ट्री के कार्यदिवस की यही जीवनी-शक्ति है। इस फैक्ट्री का साइरन हमारे दिमागों में बजता है, इसकी पंचकार्ड मशीन और इसका आईडी कार्ड हमारे अवचेतन पर अंकित है। इस फैक्ट्री के मजदूर यानी हम सब अपने-अपने समय और दायरों में पूँजी की खिदमत में लगे हुए हैं।

यह सतत संकट का समय है, जिसमें हमें अपना वक्त गुजारना पड़ रहा है। इसकी कीमत बहुत ज्यादा चुकानी पड़ रही है, राज्यों के मिटने-बनने के सिलसिले और हमारे कानों में गूँजते हुए युद्ध के उद्घोषों से भी ज्यादा। प्रत्येक दिन हमारी प्रतिरोधक क्षमता बूँद-बूँद खत्म होती जाती है और पूँजी के आतंक

को स्थायी मान लेने का एहसास हम पर हावी होता चला जाता है। रोजमर्रा की जिंदगी का मंच युद्ध के थियेटर में पहुँच जाता है, लेकिन फिर.भी हमें युद्ध के खिलाफ कोई अपील नहीं सुनायी देती। क्या साम्राज्य इस कदर सर्वव्यापी है, क्या वह इस कदर जीत चुका है?

हमें नहीं भूलना चाहिए कि रोमन साम्राज्य के आखिरी दिनों में भी ऐसा ही लगता था कि वह सत्ता के लिए सत्ता में इसी तरह बना रहेगा। इस साम्राज्य के पतन के सदियों बाद एडवर्ड गिब्बन ने हमें बताया कि परम शक्तिशाली लगने वाले साम्राज्य भी संचित जन-असंतोष और अपने ही भीतरी अंतर्विरोधों के बोझ को नहीं उठा पाते। यह नतीजा निकालने में गिब्बन को इसलिए आसानी हुई होगी कि घटा हुआ इतिहास उनके सामने था और वे उसकी कथा ऐसे वक्त में लिख रहे थे जब एक बार फिर सत्ता का आधार दरक रहा था। हमारा समय कुछ भिन्न तरह का है। इसमें अगर कुछ निश्चित है तो यह कि सरकारी आतंक और गैर-सरकारी आवारागर्द आतंकवाद एक दूसरे को बल प्रदान कर रहे हैं, उत्पीड़न लगातार चालू है और युद्ध की भूमंडलीय अर्थव्यवस्था लगातार हमसे त्याग और किफायत का आग्रह कर रही है। ऐसे विकट समय में जब तक किसी के पास मसीहाई कल्पनाशक्ति और सत्ता के विराट दानव की शवपरीक्षा करने की प्रबल इच्छा-शक्ति का संयोग न हो तब तक वह हमारे आज पर हावी साम्राज्य के खिलाफ जनविद्रोह का संशयग्रस्त पर स्वप्नदर्शी आह्वान नहीं कर पायेगा।

मिशेल हार्ड्ट और एंटोनियो नेगरी ने 'एंपायर'[१] शीर्षक से ऐसी ही किताब लिखी है, जिसमें एंपायर यानी नवपूँजीवाद का विश्वव्यापी साम्राज्य किसी यथार्थ अथवा रूपक की तरह सामने न आ कर यथार्थ के वर्णन और रूपक के अंकन की तरह उभरता है। इस किताब से ही वह आह्वान निकलता है जिसे सुनना उन लोगों के लिए जरूरी है जो बगावत की हर बात पर नाक-भौं सिकोड़ते हैं और ऐसे लोग दुनिया में हर कहीं हैं। इस किताब के साथ हम जैसे ही संवाद स्थापित करते हैं, जैसे-जैसे हम उसके तथ्यों और दलीलों के आपसी सूत्रों से गुजरते हैं और उसकी सामग्री में निहित प्रतिरोध के ठोस रूपों और विचारोत्तेजना से दो-चार होते हैं, वैसे-वैसे हमारी चेतना से साम्राज्य की ताबेदारी के संचित रूपों का प्रक्षालन होता चला जाता है। यह किताब ताबेदारी के इन्हीं रूपों के खिलाफ काम करती है जिनके कारण हमें लगता है कि यह साम्राज्य कभी खत्म नहीं होगा, इसका बुरा वक्त कभी नहीं आयेगा। मेरा खयाल है कि सारी दुनिया में बार-बार पढ़ी जा कर यह किताब साम्राज्य के लिए परेशानियों और बदकिस्मती का सबब बन जायेगी।

आइए देखें कि इस किताब के लेखक-द्वय जब 'साम्राज्य' शब्द का इस्तेमाल करते हैं तो उनका क्या मतलब होता है। उनका मतलब 'साम्राज्यवाद' नामक उस शालग्रामी अभिव्यक्ति से नहीं होता जो न जाने कब से तीसरी दुनिया के हर वामपंथी के वक्तव्यों का फैशनेबिल अंग बनी हुई है। साम्राज्यवाद इन लोगों से इस तरह जुड़ा हुआ है कि लगता है कि अगर वह नहीं होगा तो उत्पीड़ित जनता के वे मुक्तिदाता और किस्म-किस्म के राष्ट्रवादों के वे पैरोकार क्या करेंगे, कहाँ जाएँगे? भूमंडलीय पूँजी के एजेंट स्थानीय अभिजनों से इसी तरह बातचीत चलाते हैं और इसीलिए दुनिया के मंच पर एक राष्ट्रीय अस्मिता कहानी को दूसरी अस्मिता के बरक्स रखने का खेल किया जाता है। अगर ऐसा नहीं किया जायेगा तो तरह-तरह के ब्रांड, बाजार और तरह-तरह के कराधान कैसे गतिशील रहेंगे? मजदूर को मजदूर के खिलाफ लड़ाये बिना चलायमान पूँजी कैसे मुनाफा कमायेगी? जब तक मेहनतकश जनता पासपोर्ट, फौजों, सीमा चौकियों और आव्रजन कानूनों द्वारा अंकित सरहदों में नहीं बँटी रहेगी तब तक पूँजी अपनी हुकूमत की गारंटी कैसे करेगी? अपने शासितों को विभाजित किये बिना, सरहदों को राष्ट्रीय झंडों से सजाये बिना, उन पर अस्मिताओं के तमगे लगाये बिना पूँजी अपने लगातार मुनाफे के लिए सौदे पर सौदे कैसे करेगी, भले ही वे अस्मिताएँ कभी साम्राज्यवाद विरोध के नाम पर हों, कभी तीसरी दुनिया के नाम पर और कभी राष्ट्रीयताओं के नाम पर।

पूँजी खुद तो उत्पादन और सट्टेबाजी में भूमंडलीय और सर्वत्र व्याप्त चरित्र रखती है,, लेकिन श्रम की गतिशीलता राष्ट्र-राज्य की सीमाओं की वजह से बँधी हुई है। दूसरी तरफ बुनियादपरस्ती की उठती हुई लहरें और अस्मिताओं से संबंधित अतिवादी आंदोलनों के विभिन्न रूप या तो राष्ट्र-राज्य की दमनकारी मशीनरी को ही मजबूत करते हैं या फिर नवस्वतंत्र राज्यों के नाम पर नये दमनकारी तंत्र रचे जाते हैं। नेगरी और हार्ड्ट को यह कहने में कोई संकोच नहीं है कि "राज्य राष्ट्रीय मुक्ति की प्रक्रिया का ही एक जहरीला तोहफा है।" यही राज्य इस भूमंडल के प्रत्येक हिस्से में स्थानीय हुकूमतों को 'राष्ट्रीय हित' की आड़ में मजदूरों को नियंत्रित और अनुशासित करने की क्षमता प्रदान कर देता है। पूँजी के भूमंडलीय हितों की राज्य से ज्यादा बेहतर खिदमत कोई कर ही नहीं सकता। वह अपनी सीमाओं के भीतर श्रमिकों से उनकी आजादी के नाम पर कामयाबी के साथ कुर्बानी की माँग करता है। राष्ट्र निर्माण के नाम पर काम में जुते हुए मजदूरों का नजारा देखा जा सकता है। हर बार जब राष्ट्रगान गाया जाता है तो उसकी धुन में श्रमिक की मृत्यु का शोकगीत सुना जा सकता है।

नेगरी और हाइर्ट के लिए साम्राज्य मानवीय श्रम के दोहन यानी जैव-ऊर्जा के भूमंडलीय शासन का नाम है। यह साम्राज्य राष्ट्र और राज्य की सीमाओं को नहीं मानता, लेकिन साथ में उन्हीं राष्ट्रीय या पूर्व-राष्ट्रीय अस्मिताओं के माध्यम से श्रम को अनुशासित करवाता है, जिन्हें उसने भूमंडलीय अर्थतंत्र के संदर्भ में निष्प्रभावी कर दिया है। वह असंख्य लोगों के जीवन का रस और उनके निराकार श्रम को चूस कर शक्तिशाली होता चला जाता है। इसके लिए वह सूचना और संचार माध्यमों के विशाल नेटवर्कों का इस्तेमाल करता है जिनसे पूँजीवादी संचय के फुरतीले और प्रचंड इंजन को गति मिलती रहती है, ताकि वह न केवल दुनिया की अपने हिसाब से पुनर्रचना कर सके, बल्कि उसके भीतर के हर संबंध को अपनी ही छवि में ढाल सके। आज दुनिया को पूँजीवाद का यही प्रेत सता रहा है। मरे हुए श्रम की प्रेतात्मा जीवित श्रम के सिर पर चढ़ी हुई है।

इस खौफनाक हालत के बाद भी नेगरी और हाड्र्ट की मान्यता है कि भूमंडलीय पूँजी द्वारा राष्ट्रीय अस्मिताओं को गैर-जरूरी बना देने में ही साम्राज्य के खिलाफ प्रतिरोध के बीज छिपे हुए हैं। यानी जो भी प्रतिरोध होगा वह साम्राज्य के भीतर से ही निकलेगा न कि 'बाहर से'। हमें भूमंडलीय दायरों में ही साम्राज्य के खिलाफ बगावत के स्रोत तलाशने होंगे, क्योंकि यही उसकी सक्रियता का क्षेत्र है। यह सिलसिला हमें असंख्य जनता और उन श्रमिकों की प्रभावी बहुराष्ट्रीय एकता उपलब्ध करा सकता है जो साम्राज्य के एकमात्र उत्पादक आधार हैं। आज के हालात में नयी विश्व-अर्थव्यवस्था की प्रगति निराकार श्रम पर निर्भर है जिससे पूँजीवाद की भूमंडलीय मशीन चलाने के लिए जरूरी बुनियादी सूचनात्मक ढाँचा, संचार क्षमता और उन्हें जोड़ने वाले तत्त्व पैदा होते हैं। इससे बनने वाले नेटवर्क में सेवा क्षेत्र, सूचना प्रौद्योगिकी, मीडिया और मनोरंजन उद्योग शामिल हैं। उत्पादन के विशाल तंत्र में इन्हीं क्षेत्रों का बोलबाला है और ये क्षेत्र ही सुनिश्चित करते हैं कि यह नेटवर्क दिन-प्रतिदिन पुनरुत्पादित होता रहे। इसमें जुती हुई श्रम शक्ति भूमंडलीय है, पर बिखरी हुई और डिजिटल एसेंबली लाइन की तरह है और उसे अंतर्राष्ट्रीय नेटवर्क के जरिये जोड़ दिया गया है। अगर यह श्रम शक्ति अपने प्रतिरोध की धारा उसी अंतर्राष्ट्रीय दायरे में गोलबंद और प्रवाहित कर सके, जिसमें उसे उत्पादन करने के लिए बाध्य किया गया है तो वह साम्राज्य के मर्मस्थल पर प्रहार कर सकती है। यही कारण है कि अब शुद्ध रूप से स्थानीय संघर्ष जैसी कोई चीज कारगर नहीं होने वाली। पूँजी ने मजदूरों से जो कुछ छीना है उसे वापस पाने की कोई भी माँग तब तक बेअसर ही रहेगी जब तक उसे

भूमंडलीय पैमाने पर न उठाया जाय।

लेकिन जैसे ही मजदूर वर्ग ऐसा करेगा वैसे ही उसे और भी जोरदार दमन और हमले का सामना करना पड़ेगा। शुद्ध अस्मिता पर आधारित 'सभ्यतामूलक टकरावों' को और ज्यादा भड़काया जायेगा ताकि जनता की एकता तोड़ी जा सके। आज दुनिया में अस्मिता के न जाने कितने रूप प्रचलित हैं। तरह-तरह की धार्मिक बुनियादपरस्ती और किस्म-किस्म के आतंकवाद प्रचलित हैं। यह तक कहा जा सकता है कि अगर अस्मिता पर आधारित मुद्दों के कारण दुनिया में हिंसा और उसकी प्रतिक्रिया में दमन न हो रहा होता तो राजसत्ता की क्षयग्रस्त वैधता को टिकाये रखने के लिए उन्हें खासतौर से गढ़ लिया गया होता। क्या ११ सितंबर का हादसा एक सुविधाजनक समय पर नहीं घटा है, ठीक उस समय जब भूमंडलीय पूँजीवाद का भूमंडलीय प्रतिरोध आत्मचेतना से लैस हो रहा था? क्या विश्व व्यापार संगठन के खिलाफ सड़कों पर भूमंडलीय चरित्र वाले प्रदर्शन नहीं शुरू हो गये थे, उसी विश्व व्यापार संगठन के खिलाफ जो अन्य अंतर्राष्ट्रीय संस्थाओं के साथ राज्य और गैर-सरकारी संस्थाओं (कारपोरेशन और एनजीओ) को मिला कर भूमंडलीकरण के शीर्ष और गढ़ का निर्माण करता है? ये विरोध प्रदर्शन आपस में उसी तरह अंतर्राष्ट्रीय तौर पर जुड़े हुए थे, जिस तरह साम्राज्य का नेटवर्क जुड़ा रहता है।

चारों तरफ बिखरी हुई जनता की यह एकता कतई नये किस्म की है। इसका न कोई प्रतिनिधि है, न कोई नेता है जो उसके नाम पर नेतृत्व करने का दावा कर रहा हो, न कोई राष्ट्र है जो इस जनता को सामूहिक रूप से अपना बता रहा हो, उसकी हिफाजत करने के लिए न कोई पुलिस है और न कोई फौज, न कोई पार्टी है जो उन्हें गोलबंद कर रही हो, न ही कोई संस्कृति है जिसके तारों पर जनता की आध्यात्मिक चेतना का पानी चढ़ा हो और न ही इस जनता का कोई पुजारी वर्ग है जो उसके और ईश्वर के बीच बिचौलिये की भूमिका अदा करने का दावा कर रहा हो। इस प्रतिरोधी एकता ने तो खुद को यायावरी और जातीय-संकरण की प्रक्रिया के जरिये हासिल किया है। हम जानते हैं कि ये दोनों तत्त्व अस्मिता के सांस्कृतिक और सभ्यतामूलक ब्रांडों के खिलाफ जाते हैं। इस प्रतिरोध में जनसाधारण प्रतिनिधित्व के आधार पर गठित जनता के मुकाबले खड़ा हुआ दिखता है। वह प्रतिनिधित्व के मुकाबले सत्ता के नये रूपों को उत्पादित और संघटित करके पेश करता है। हालाँकि इस नयी परिघटना को देर में मान्यता दी गयी है पर इससे **'बहुसंस्कृतिवाद'** का जश्न मनाने वालों को कुछ हार्दिक कष्ट जरूर हो सकता है। वे मान कर चलते हैं कि उत्तर-आधुनिक प्रतिरोध तब तक संभव ही नहीं है जब तक बहुसंस्कृतिवाद

की शर्तें पूरी नहीं हो जातीं। यह अलग बात है कि बहुसंस्कृतिवाद प्रतिनिधित्व के अलग तरह के प्रबंधन का तरीका ही है, एक ऐसा तरीका जिसके जरिये पूँजी के मोहजाल में फँसे हुए दैनंदिन जीवन को बनाये रखना ज्यादा आसान हो जाता है। जो भी हो, बहुसंस्कृतिवादियों की इस चिंता से उस मजदूर को परेशान होने की कोई जरूरत नहीं जो अपने वजूद की अर्थहीनता से परिचित हो चुका है।

नेगरी और हार्ड्ट उन नेटवर्कों की शिनाख्त करते हैं जो मेहनतकशों पर मृत श्रम की प्रेतबाधा के जरिये सक्रिय रहते हैं और फिर वे दो सिफारिशें लेकर सामने आते हैं जो जितनी सहज लगती हैं उतनी ही रेडिकल भी हैं। वे कहते हैं कि अगर दुनिया के पैमाने पर अपने प्रसार से पूँजी को लाभ पहुँच रहा है तो श्रमिकों को भी हक है कि वे भी दुनिया के पैमाने पर गतिशीलता का दावा करें। वे माँग करें कि उनके वेतन भूमंडलीय आधारों पर निर्धारित किये जाएँ, ताकि जनसाधारण की हर इकाई अपनी जैव-ऊर्जा का उपयोग के लिए नवीकरण करती रह सके। इन साहसिक माँगों को यूटोपियन कह कर असंभव के खाते में नहीं डाल देना चाहिए, बल्कि दुनिया के मेहनतकशों की मौजूदा और अस्तित्वमूलक सच्चाइयों का संतुलित जायजा समझ कर ग्रहण करना चाहिए। इन्हें भूमंडलीकरण के प्रति प्रतिक्रियावादी रवैया मानने की गलती भी नहीं करनी चाहिए। वैसे भूमंडलीकरण के खिलाफ वामपंथियों की सारी भाषणबाजी इसी रवैये की शिकार रही है और राष्ट्रीय मुक्ति की त्रासदी में उनकी अनर्थकारी भूमिका की आहटें देखी जा सकती हैं। ये माँगें इस आग्रह की वाहक हैं कि भूमंडलीकरण कारपोरेशनों और फौजी-औद्योगिक गठजोड़ों के कहने पर नहीं, बल्कि मेहनतश अवाम द्वारा निर्धारित की गयी कसौटियों पर होना चाहिए।

नेगरी और हार्ड्ट पहले भूमंडलीय अवस्था के यथार्थ की तात्कालिकता प्रमाणित करते हैं और फिर इक्कीसवीं सदी के भौतिक यथार्थ पर मार्क्स और एंगेल्स की वही सिफारिशें लागू करते हैं जो उन्होंने उन्नीसवीं सदी के संदर्भ में की थीं। नेगरी और हार्ड्ट के ऐसा करने में साम्राज्य के तंत्र के विखंडन के बीज छिपे हुए हैं। ऐसा करते हुए ही नेगरी और हार्ड्ट को वह अनुभूति होती है जिसे उन्होंने अपने 'कम्युनिस्ट होने की स्फूर्ति और आल्हाद' की संज्ञा दी है।

आज अपने जीवन के फौरी यथार्थों के विध्वंस से बचा हुआ हमारा विवर्ण वजूद इसी तरह की स्फूर्ति और आल्हाद की आवश्यकता महसूस कर रहा है। केवल तभी हम उस दाँते के अलावा कुछ हो पायेंगे जो खुद देखता रहता है कि पहिया घूम रहा है या नहीं। केवल तभी किस्मत का फेर हम पर

मुस्करा सकता है और हमें साम्राज्य की कब्र पर मिट्टी डालने का मौका मिल सकता है।

वैसे भी, हमारे पास खोने के लिए सिर्फ अपनी गुलामी के अलावा बचा ही क्या है? और जीतने के लिए तो सारी दुनिया ही पड़ी है।

संदर्भ

१. एंटोनियो नेगरी और मिशेल हाइर्ट, *एंपायर*, हार्वर्ड यूनिवर्सिटी प्रेस, २००१, केम्ब्रिज, मेसाचुसेट्स और लंदन, इंग्लेंड।

भूमंडलीकरण बनाम लोकतंत्र

एक तरफ शोषण और विषमता पर आधारित विश्व-व्यवस्था है और दूसरी तरफ सारी दुनिया में लोकतंत्र की उभरती हुई आकांक्षा है। यह आकांक्षा लोकतंत्र के पाँच रूपों में सूत्रबद्ध हो कर शैतानी भूमंडलीकरण के खिलाफ वसुधैव कुटुंबकम का संदेश दे सकती है। लोकतंत्र के ये पाँच रूप हैं: दरिद्रनारायण का सशक्तीकरण, प्राकृतिक संसाधनों पर समाज का स्वामित्व, मानवीय गरिमा की गारंटी, बहुलतावादी सहअस्तित्व और राजनीतिक लोकतंत्र।

वैकल्पिक भूमंडलीकरण की ओर

विजय प्रताप

मेरा राजनीतिक प्रशिक्षण भारतीय समाजवादी आंदोलन में हुआ है। इसे हमने क्रांतिकारी समाजवादी आंदोलन का नाम दिया हुआ था। लोकतांत्रिक समाजवादी कहने की जगह हम खुद को सिर्फ समाजवादी कहा करते थे। इसके पीछे मान्यता यह थी कि लोकतंत्र के बिना समाजवाद हो ही नहीं सकता। इसलिए हम जो कुछ करते-सोचते रहे हैं, लोकतंत्र उसका एक केंद्रीय तत्त्व रहा है। वैसे लोकतंत्र शासन की एक पद्धति का नाम है, जिसमें सत्ता न्यायपालिका, कार्यपालिका और विधायिका के बीच बँटी होती है। पद्धति को चुनाव और राजनीतिक दलों के जरिये वैधता मिलती है। पर नये सामाजिक आंदोलनों ने लोकतंत्र को ज्यादा गहरा और व्यापक अर्थ प्रदान कर दिया है। इस गहन समझ के अनुसार लोकतंत्र प्रत्येक व्यक्ति को अंतर्भूत रूप से महत्त्वपूर्ण मानता है। उसके लिए लोकतंत्र एक खूबसूरत सपने का नाम है।

हम एक अपूर्व क्रांति के युग में जी रहे हैं। पिछली सदी ने मानव-जीवन के विभिन्न पहलुओं को पुनर्परिभाषित करने के लिए अपार मानवीय ऊर्जा का विस्फोट किया था, इसलिए आज दुनिया बदलावों की एक पूरी नयी शृंखला शुरू करने के मुहाने पर है। मनुष्य जाति के इतिहास में आज से ज्यादा लोगों ने स्वराज्य अर्थात स्वशासन के लिए कभी काम नहीं किया था।[1] इन लोगों के

लिए स्वराज्य का विचार सिर्फ राजनीतिक संदर्भों अर्थात शासन-भर के लिए न होकर जीवन से जुड़े व्यापक और समग्र मामलों के संदर्भ में है। आज यह 'समग्र' लोकतांत्रिक आंदोलन अपना रूप ग्रहण कर रहा है। लोग अपने सभी बुनियादी संबंधों, जैसे प्रकृति और मनुष्य का संबंध, मनुष्य का और समुदाय का अंत:संबंध, 'स्व' और 'पर' के बीच का अंत:संबंध, व्यक्ति और शासन के ढाँचे के विभिन्न समूहों या स्तरों के बीच का संबंध और व्यक्ति तथा समुदाय के बाजार के साथ संबंधों को फिर से परिभाषित करने का प्रयास कर रहे हैं। ये सभी मानव-जीवन के अलग-अलग क्षेत्रों से संबंध रखते हैं और इनके बीच लोकतांत्रिक संबंध बनाना या उसे व्यावहारिक रूप देने को हम पारिस्थितिकीय लोकतंत्र, सामाजिक लोकतंत्र, सांस्कृतिक लोकतंत्र, राजनीतिक लोकतंत्र और आर्थिक लोकतंत्र कह सकते हैं। लोकतंत्र के इन पाँचों अंगों या पहुलओं को किसी एक विचारधारा या क्षेत्र में नहीं समेटा जा सकता। प्रकृति और मनुष्य के संबंधों पर आधारित स्वराज्य या स्वशासन से जुड़े मुद्दों ने दुनिया-भर में 'ग्रीन' पार्टियों, समूहों, आंदोलनों और बौद्धिकों को पैदा किया है। पर्यावरण के मुद्दों को प्रमुखता देने वाले आंदोलन, दुनिया के समृद्ध देशों में भी उभरे और मजबूत हुए हैं। भौतिक सुख-साधनों से समृद्ध समाजों में भी 'हरित चेतना' जगाने और पर्यावरण के विनाश की चुनौती का सामने करने का मसला बड़े जोर-शोर से उभरा है। अधिकांश देशों में आंदोलन करने वाले समूह पर्यावरण और सांस्कृतिक चेतना जगाने के साथ ही प्रकृति से जुड़ी जीवन-पद्धति को बचाने के आंदोलन में लगे हैं। चूँकि इन आंदोलनों की ऊर्जा प्रकृति और मनुष्य के अंत:संबंधों के बारे में फैसला करते समय स्थानीय समुदायों की अधिक व्यापक भागीदारी का आग्रह करती है, इसलिए हम आज के युग को पारिस्थितिकीय लोकतंत्र के लिए प्रयासरत युग के रूप में चिह्नित कर सकते हैं।

इसी प्रकार व्यक्तिऔर समुदाय के अंत:संबंधों को पुनर्परिभाषित करने में भी आज बहुत बड़ी मानवीय ऊर्जा लगी हुई है। अनेक मानवाधिकार समर्थक, लैंगिक-विषमता विरोधी, जाति विरोधी, रंगभेद विरोधी समूहों की कार्यसूची में मनुष्य के सम्मान का प्रश्न केंद्रीय बना हुआ है। सामाजिक संबंधों को पुनर्परिभाषित करने की हलचल दुनिया-भर में है और इसे सामाजिक लोकतंत्र का नाम दिया जा सकता है। मैं जिस क्रांतिकारी ऊर्जा के विस्फोट की बात कर रहा हूँ उसका एक संकेत डरबन में हुए रंगभेद विरोधी सम्मेलन के प्रति सैकड़ों समूहों की उत्सुकता से मिला था। आज महिला आंदोलन सभी मुद्दों पर 'लैंगिक परिप्रेक्ष्य' के साथ मुखर है। वह केवल महिलाओं के हक का

आंदोलन नहीं रह गया है। इस हिसाब से देखें तो यह सामाजिक लोकतंत्र की तरफ बढ़ते संघर्षों का युग है।

अगर हम 'स्व' और 'पर' अर्थात 'अपने' और 'पराये' के बीच अंत:संबंधों से जुड़ी चर्चा को संस्कृति की बृहत्तर परिभाषा के दायरे में देखेंगे तो इस मामले में अपूर्व कोलाहल, नये विचार और सिद्धांत, हिंसक और अहिंसक टकराव दिखायी देगा। 'आधुनिकता' और औद्योगिक रूप से विकसित समाजों की आलोचना, ज्ञान की स्थानीय परंपराओं को पुनर्जीवित करने की मुहिम और कठमुल्लावाद की जकड़न तोड़ने की कोशिशें इसी दिशा में होने वाले प्रयासों का हिस्सा हैं। औपनिवेशिक शासन से मुक्त हुए अधिकांश देशों ने जब अपनी आर्थिक बागडोर खुद सँभाली तो भले ही उनमें से कुछ देशों में बहुत तेज गति से विकास नहीं हुआ, पर लगभग सभी देशों में जीवन-स्तर सुधरने लगा। देशज लोगों का प्राकृतिक संसाधनों पर आधारित आर्थिक जीवन हो या अधिकांश समाजों के छोटे-मँझोले किसान हों, सभी अपनी आर्थिक जरूरतों के लिए सम्मानजनक कमाई का तरीका ढूँढ़ने लगे। इसमें एक तरीका तो समृद्ध और अमीर उत्तरी देशों की अंधी नकल करना है। लेकिन, किसानों, चिकित्सा, भोजन, जल-प्रबंधन वगैरह की देशज या स्थानीय ज्ञान-पद्धतियों की तरफ वापस मोड़ने का प्रयास करने वाले भी कम नहीं हैं। ये दोनों ही प्रवृत्तियाँ आर्थिक जीवन में लोकतांत्रिक व्यवस्था लाने की व्यापक चाहत को ही व्यक्त करती हैं।

अधिकतर राष्ट्रों में उपनिवेशवाद विरोधी संघर्षों ने नयी राजनीतिक पहचानों को जन्म दिया है। स्वशासन या स्वराज की मूल इच्छा के साथ ही लोग औपनिवेशक शासन के उपकरणों पर भी गंभीर सवाल उठा रहे हैं। कई बार इन देशों के शासक समूह विभिन्न तानाशाहियों के माध्यम से लोगों की इस इच्छा का दमन भी करते हैं।

सौभाग्य से राजनीतिक व्यवस्था में ज्यादा से ज्यादा लोगों की भागीदारी आज काफी वैधता हासिल कर चुकी है। यही कारण है कि अनेक तानाशाहों को अपने शासन के लिए किसी न किसी तरह से अपने यहाँ के लोगों से वैधता पाने की, आधी-अधूरी ही सही, कोशिश करनी पड़ती है। लोकतांत्रिक क्रांति का क्रिया भाव हमारे लिए यह जरूरत पैदा करता है कि हम इस समस्त लोकतांत्रिक ऊर्जा को पहचानें। खुद को इसके सकारात्मक पहलुओं से जोड़ते हुए इसे स्पष्ट वैश्विक नजरिये से एकजुट करें और एक स्पष्ट विश्व-दर्शन और भविष्य का सपना गढ़ने में सहायक बनें। सर्वहितवादी मानवतावादी भूमंडलीकरण का हमारा यही नजरिया है।

उलटा भूमंडलीकरण

लेकिन आज हमें जो भूमंडलीकरण दिखायी दे रहा है, वह ठीक उल्टी चीजों के एकजुट होने का नतीजा है। यह एक प्रभुत्वकारी भूमंडलीकरण है जिसे सिर्फ शैतानी शक्ति के रूप में ही पहचाना जा सकता है।[२]

दक्षिण एशिया के लिए भूमंडलीकरण और इससे जुड़ी नवउदारतावादी नीतियों की सामाजिक लागत काफी अधिक है। आगे हालत और भी खराब होगी। आजादी से लेकर नब्बे के दशक की शुरुआत तक भारत में शिशु मृत्यु-दर में धीमी पर निरंतर गिरावट आ रही थी। आजादी के पहले पचास वर्षों में शिशु मृत्यु दर में आधे से ज्यादा की कमी आ गयी थी और औसत आयु में भी काफी सुधार हुआ था। नब्बे के दशक के पहले हिस्से में शिशु मृत्यु-दर की गिरावट कम हुई और फिर रुक गयी। नवीनतम सरकारी सर्वेक्षणों के अनुसार १९९६-९८ में शिशु मृत्यु दर में वृद्धि होने लगी है। प्रोफेसर इमराना कादिर ने कहा है कि यह कोई तात्कालिक बदलाव न होकर आने वाले दौर के खतरों का सूचक है। मौजूदा नीतियों की दिशा न बदली गयी तो यह खतरा मुँह बाए खड़ा है। स्वास्थ्य प्रणाली में गिरावट और ग्रामीण स्वास्थ्य व्यवस्था के चौपट होने से आम लोगों के स्वास्थ्य में गिरावट आयी है। लेकिन, यह मुख्य वजह नहीं है। पूरे नब्बे के दशक में दनादन भारत पहुँचने वाली विदेशी कंपनियों, आधुनिक तकनीकों और नवउदारतावादी नीतियों ने बड़े पैमाने पर घरेलू और लघु उद्योगों का नाश किया है। इसमें ग्रामीण आबादी का काफी बड़ा हिस्सा बेरोजगार हो गया है और रोजगार के अन्य अवसर उपलब्ध न होने के चलते ये सारे लोग भी खेतिहर मजदूर के रूप में काम करने को विवश हुए हैं। चूँकि इस क्षेत्र में पहले से ही ज्यादा लोग काम कर रहे थे, इसलिए वहाँ की कमाई और अवसर कम हो गये हैं। इसका सबसे बुरा असर दलितों पर पड़ने वाला है। भूमिहीन मजदूरों में उनका हिस्सा काफी बढ़ा है। पहले आरक्षण के चलते उनके बीच से कुछ लोग ऊपरी नौकरियों में पहुँच जाते थे। बदलाव की रफ्तार ज्यादा न होते हुए भी बदलाव आ रहा था। अब निजीकरण के परिणामस्वरूप सरकारी नौकरियों की संख्या नगण्य रह गयी है। निजी क्षेत्र की सामाजिक न्याय के प्रति कोई वचनबद्धता न होने से दलितों की गतिशीलता कम होती जायेगी। समाज कल्याण के कार्यों से सरकार के हाथ खींचने का भी दलितों के ऊपर ही सबसे ज्यादा असर पड़ेगा।

भूमंडलीकरण की मार भूमिहीन या लगभग नगण्य भूमि वाले मजदूरों पर काफी बुरी पड़ी है। ठीक-ठाक जमीन रखने वाले किसान भी इससे अछूते नहीं रहे हैं। आज भारतीय किसान किसी भी दौर की तुलना में ज्यादा कर्जे के बोझ

के नीचे दबा हुआ है। भूमि की खरीद-फरोख्त का प्रस्तावित कानून, जो मौजूदा भूमि सुधार कानून को समाप्त करने के साथ ही एक व्यक्ति द्वारा अधिकतम जमीन रखने की हदबंदी को भी बेमानी बना देगा, किसानों की स्थिति को बदतर बनायेगा। अगर विश्व व्यापार संगठन के नये दौर की बातचीत खेती से जुड़ी चीजों के व्यापार को और उदार करने की तरफ गयी तो स्थिति और भी ज्यादा बिगड़ेगी। उत्तर के देशों में किसान कुल आबादी का मात्र दो फीसदी हिस्सा है, जबकि दुनिया-भर में उनका हिस्सा लगभग ५० फीसदी है। फिर भी सारे कृषि संबंधी नियम दुनिया के इस भाग की ०.५ फीसदी आबादी का नेतृत्व ही तय कर रहा है। आयात पर मात्रात्मक पाबंदियों और आयात शुल्क के बिना भारतीय किसान भारी सबसिडी पर फलने-फूलने वाले अमेरिकी किसानों से स्पर्धा नहीं कर सकते। किसानों की ऋणग्रस्तता ने भारत के कई प्रदेशों में किसानों द्वारा आत्महत्या करने का दौर शुरू कराया है जो उनकी परेशानियों की पराकाष्ठा बताता है। अगर भारत में यूरोपीय संघ, आस्ट्रेलिया, न्यूजीलैंड और अमेरिका से आये सस्ते दूध के उत्पादों और सस्ते अनाज के आयात की बाढ़ जारी रही तो अनेक ग्रामीण इलाकों में स्थिति और विस्फोटक हो जायेगी।

इसके साथ ही उन कानूनों को भी बदला जा रहा है जो अभी तक देश के आठ करोड़ आदिवासियों के अधिकारों और आजीविका की रखवाली करते थे। व्यवहार में भले ही ये शत-प्रतिशत प्रभावी न हों पर आदिवासियों की स्वीकृति के बिना वन्य पदार्थों का व्यापार और खनन करने वाली कंपनियाँ इन क्षेत्रों में प्रवेश नहीं कर सकतीं। वन कानून आदिवासियों को अनेक ऐसे लघु वनोपयोगों का हक प्रदान करते हैं जिनका उनके जीवन में बहुत महत्त्व है। अब इन कानूनों की जगह भी अधिक बाजारोन्मुख कानून लाये जा रहे हैं। नेपाल में जिन वैधानिक उपायों ने सफल सामुदायिक वन कार्यक्रम की जमीन तैयार की, उन्हें अब विश्व बैंक के दबाव में उल्टा जा रहा है।

इस भूमंडलीकरण का 'पहली दुनिया' के लिए क्या मतलब है, यह बात सोसाइटी फार इंटरनेशनल डिवेलपमेंट, रोम के लिए तैयार की गयी रिपोर्ट में फ्रैंक एमालरिक ने विस्तार से बतायी है। रिपोर्ट में एक जगह वे लिखते हैं : ''एक प्रक्रिया अत्यधिक उत्पादन क्षमता ने ही पैदा की है जिसके चलते निजी क्षेत्र के कर्ताधर्ता अपने आर्थिक हितों को बढ़ाने के लिए राजनीतिक समाधान ढूँढ़ने निकले हैं। दूसरी चीज है राजसत्ता का प्रयोग करके आंतरिक समस्या को बाहरी बनाना और बाहरी देशों पर लादना, क्योंकि विश्व व्यवस्था का लोकतांत्रिक विमर्श ज्यादा मजबूत नहीं है।''

भूमंडलीकरण के मौजूदा स्वरूप में फरेबों और ढोंगों की भरमार है। भूमंडलीकरण के पीछे काम करने वाली तिकड़ी, विश्व बैंक-अंतर्राष्ट्रीय मुद्रा कोष-विश्व व्यापार संगठन, वस्तुओं और सेवाओं के 'उपभोक्ताओं' के लिए सारे सरकारी नियंत्रणों और अनुदानों को हटा कर बाजार की शक्तियों को खुल कर खेलने देने की वकालत करती है। साथ ही यह तिकड़ी चाहती है कि सरकारें, बाजार के लाभ की व्यवस्था को अपने खर्च से चलाएँ। इस मामले में भारत में आये एनरॉन (दाभोल पावर कारपोरेशन) का उदाहरण देखा जा सकता है। एनरॉन का दावा था कि 'भ्रष्ट और अक्षम' राज्य बिजली बोर्डों की तुलना में वह ज्यादा सक्षमता से बिजली तैयार कर सकता है। लेकिन, असलियत यह थी कि उसका बिजली उत्पादन लागत प्रति यूनिट बहुत ऊँची थी। उसे अपना उत्पाद बेच पाने और यहाँ निवेशित रकम पर वांछित कमाई करने के लिए राज्य-केंद्र सरकारों से काउंटर गारंटी की शर्तों के आधार पर मोटी रकम भी हासिल करनी थी। सरकारें यह रकम गरीब करदाताओं से ही जुटा सकती थीं। क्या विश्व बैंक-अंतर्राष्ट्रीय मुद्रा कोष-विश्व व्यापार संगठन की तिकड़ी को मुक्त बाजार का पाठ एनरॉन को भी नहीं पढ़ाना चाहिए था? मुक्त बाज़ार की शर्तों के अनुरूप काम न कर पाने की एनरॉन की 'अक्षमता' का बोझ सरकारों को क्यों उठाना चाहिए था? यह तिकड़ी आर्थिक मामलों में सरकार की भूमिका कम करने की वकालत भी करती रही है। जब हमारी राज्य सरकार एनरॉन के भारी खर्चों को चलाने में अपना धन देने में झिझकी, तो भारत में अमेरिकी सरकार के प्रतिनिधि ने धमकी दी कि अगर हमने एनरॉन के भारी खर्च में अपना अनुदान देना बंद कर दिया तो भारत में विदेशी निवेश नहीं आयेगा। दुनिया-भर में एनरॉन जैसी कंपनियाँ अपने कुलीन राजनीतिक सहयोगियों के साथ सरकारी काम-काज में पारदर्शिता और जवाबदेही के साथ-साथ आर्थिक लेन-देन में किसी किस्म का भ्रष्टाचार न होने का भाषण देती फिरती हैं। लेकिन, यही एनरॉन 'जनशिक्षा' के नाम पर 'वैध' ढंग से हजारों डालर की रकम दाभोल परियोजना हासिल करने के सिलसिले में बाँटती है। इससे ज्यादा बड़ा छल और क्या होगा? 'जनशिक्षा' की यह फीस देने के बाद भी एनरॉन का करार किसी नियमित सरकार के साथ नहीं हुआ। यह करार १३ दिन की उस सरकार ने किया जो संसद में स्पष्ट बहुमत न होने के चलते अपनी विदाई के दिन गिन रही थी।

आर्थिक भूमंडलीकरण ने दुनिया-भर में लोकतांत्रिक निर्णय प्रक्रिया के लिए नयी और गंभीर चुनौतियाँ खड़ी की हैं। बड़े मुद्दों पर फैसला लेने का अधिकार विश्व बैंक, अंतर्राष्ट्रीय मुद्रा कोष और विश्व व्यापार संगठन जैसी

बहुराष्ट्रीय संस्थाओं अर्थात राष्ट्रातीत संस्थाओं के हाथों में चले जाने से राष्ट्रीय सरकारों की संप्रभुता बुरी तरह घटी है। इसका सबसे खतरनाक परिणाम यह हुआ है कि किसी भी राजनीतिक प्रणाली में सरकार की अपने नागरिकों के प्रति जवाबदेही का अब कोई खास मतलब नहीं रह गया है। फ्रैंक एमालरिक के अध्ययन में बताया गया है : "राष्ट्रीय संस्थाओं और नीतियों को प्रभावित करना इन विकास संबंधी नयी नीतियों का खुला उद्देश्य हो गया है। राष्ट्रीय स्तर पर विश्व बैंक और अंतर्राष्ट्रीय मुद्रा कोष 'मजबूत व्यापक आर्थिक नीतियों' और 'अच्छे शासन' के नाम पर, जो इन संगठनों की तकनीकी प्रकृति के हिसाब से बढ़िया तकनीकी मार्का बन गये हैं, इन सरकारों के कामकाज में दखल देते हैं और द्विपक्षीय ऋणदाता 'लोकतंत्र' और 'सहभागिता' के नाम पर हस्तक्षेप करते हैं। यह प्रवृत्ति यूरोपीय संघ की नीतियों के मामले में ज्यादा स्पष्ट दिखती है। यूरोप-भूमध्यसागरीय सहयोग, जो भूमध्यसागर के पास बसे देशों के साथ हुआ समझौता है, इसकी अच्छी मिसाल है। एक ओर ... देशों के साथ हुआ समझौता और दूसरी ओर यूरोपीय संघ में शामिल होने के लिए पूर्वी यूरोपीय देशों के लिए रखी गयी शर्तें भी इसी का उदाहरण है।"

मौजूदा स्थिति में अब इस बात का कोई खास मतलब नहीं रह गया है कि सरकार किस पार्टी या किस गठबंधन की है। अलग-अलग दलों के गठबंधनों की सरकारों को भी दबाव के चलते निजीकरण, व्यापार और निवेश नीतियों में उदारता और सबसिडी घटाने समेत लगभग एक जैसी नवउदारतावादी नीतियों पर ही चलना पड़ता है। भारत में कांग्रेस पार्टी ने १९९१ में सत्ता में रहते हुए 'ढाँचागत समायोजन' की नीतियों के साथ इस नवउदारतावाद की शुरुआत की, लेकिन विपक्ष में आते ही अब वही निजीकरण और उदारीकरण के खिलाफ बोलने लगी है। इसी प्रकार भारतीय जनता पार्टी जब कांग्रेस सरकार और उसके बाद कांग्रेसी समर्थन से बनी मोर्चा सरकार का विरोध कर रही थी, तब वह भूमंडलीकरण के खिलाफ बहुत तेज जुबान में बोलती थी, स्वदेशी की वकालत करती थी और विदेशी बहुराष्ट्रीय कंपनियों के बहिष्कार का नारा लगाती थी। आज गठबंधन सरकार के सबसे बड़े घटक के रूप में भाजपा कांग्रेस से भी ज्यादा नवउदारतावादी और भूमंडलीकरण की पक्षधर बन गयी है। उसके इस तरह पलट जाने से मुख्य धारा की राजनीतिक पार्टियों की विश्वसनीयता का बड़ा भारी संकट खड़ा हो गया है।

इसी कारण से लोकतांत्रिक निर्णय लेने की प्रक्रिया में संकट पैदा हो गया है, क्योंकि नवउदारतावादी नीतियाँ, मतदाताओं के बहुमत की इच्छा के खिलाफ लादी गयी हैं। दूसरे, लोकतंत्र का संकट भ्रष्टाचार की समस्या से भी

काफी बढ़ गया है। विश्व बैंक के एक प्रमुख अधिकारी के अनुसार बीते दशक में भ्रष्टाचार साल-दर-साल दो गुना होते जाने की रफ्तार में बढ़ा है और नब्बे के दशक में इसमें कम से कम दस गुना इजाफा हुआ है। सार्वजनिक क्षेत्र की कंपनियों और सार्वजनिक सेवाओं के निजीकरण ने और राष्ट्रीय बाजारों में बहुराष्ट्रीय निगमों के आगमन ने सरकारी मदों के दुरुपयोग और भ्रष्टाचार की बहुत ज्यादा गुंजाइश बना दी है। अगर उत्तर के देशों वाले अपने यहाँ से संचालित होने वाले भ्रष्टाचार (जिसका एक उदाहरण एनरॉन के संदर्भ में पहले दिया जा चुका है) से हमें मुक्त कर दें तो हम दक्षिण के लोग अपने यहाँ के भ्रष्टाचार और सांप्रदायिकता से स्थानीय स्तर पर बहुत अच्छी तरह से लड़ लेंगे। भूमंडलीकरण का मौजूदा दौर शुरू होने के पहले से ही दक्षिण एशिया के लिए भ्रष्टाचार एक बड़ी समस्या थी, लेकिन राजनीतिक और पेशेवर जीवन में नैतिकता और लाज-लिहाज खत्म होने से इसमें भयावह तेजी आ गयी है। इन सारी समस्याओं का निदान कैसे होगा? आज दुनिया-भर में जो सकारात्मक ऊर्जा दिखायी दे रही है, उसे समेट कर ऐसा मानवतावादी-सर्वहितवादी भूमंडलीकरण कैसे गढ़ा जाय जिससे सभी स्तरों पर मानव समाज प्रभावी ढंग से लोकतांत्रिक बने?

लोकतांत्रिक सपने के लिए : बसुधैव कुटुबंकम की पहल

आज के युग में उभरे 'सर्वहितवाद' और 'लोकतंत्र' के विभिन्न रूप दक्षिण एशिया के लोगों के लिए लंबे समय से बुनियादी मूल्य रहे हैं। औपनिवेशिक शासन से पहले भी हमारी सांस्कृतिक-राजनीतिक व्यवस्था में नीचे से लेकर ऊपर तक भागीदारी वाली शासन प्रणाली थी। सभी स्तरों पर राजनीतिक सत्ता का बँटवारा था और हमारी संस्कृति तो बहुलतावादी थी ही। छुआछूत जैसी बुराई या जाति व्यवस्था के सामुदायिक पक्ष का केवल ऊँच-नीच तक पतित हो जाने-जैसी नकारात्मक चीजें भी हमारे यहाँ रही हैं। लेकिन, इन गलतियों और विफलताओं के साथ ही अनंत काल से 'वसुधैव कुटुबंकम' की भावना भी हमारी सांस्कृतिक मूल्य व्यवस्था का अभिन्न हिस्सा रही है। इसी के चलते हमारी सामाजिक-सांस्कृतिक विविधता शक्ति का स्रोत होने के साथ 'अनेकता में एकता' वाली पहचान परिभाषित करने का स्रोत भी रही है। निस्संदेह बीच-बीच में वैचारिक या पहचान में एकरूपता लाने की कोशिश वाले दौर भी चले हैं, लेकिन जल्दी ही बहुलतावादी दृष्टिकोण वापस प्रभावी हो गया। इस विश्व-दृष्टि का बुनियादी सिद्धांत है कि कोई भी संप्रदाय, धर्म, वैचारिक समूह वर्ग, सामाजिक-राजनीतिक ढाँचा, शासन या 'चर्च' सत्य के ऊपर एकाधिकार का

दावा नहीं कर सकता। मनुष्य का हर 'सत्य' अधूरा-एकांगी है।

इतिहास जब भी करवट लेता है तो वह नये युग की शुरुआत कर सकता है या अंधकार युग में भी धकेल सकता है।[३] आज अंधकार की ओर ले जाने वाली ताकतें कौन हैं? इलेक्ट्रॉनिक मीडिया और निहित स्वार्थों के धन पर आधारित इंटरनेट के जरिये 'उपभोक्ता के स्वर्ग' को धरती पर उतारने का वादा किया जा रहा है। इसमें आर्थिक समानता, पारिस्थितिकीय संवेदनशीलता, सांस्कृतिक बहुलवाद या दबे-कुचले लोगों के स्वाभिमान की बातें एकदम ही भुला दी गयी हैं। पूरी दुनिया में इस भूमंडलीकरण के प्रति एक अजीब किस्म की पागल दौड़ दिखायी देती है। व्यक्ति स्वातंत्र्य की बातें करते हुए मितव्ययता के महत्त्व, समाज में सबके भले की बातें, प्राकृतिक और अन्य संसाधनों पर आने वाली पीढ़ियों के हक तथा दबे-कुचले समुदायों के हितों का ध्यान रखने की बातें, आज बाबा आदम के जमाने की चीजें मानी जाती हैं। इससे मानव समाज में बिखराव और एक अलग तरह का ध्रुवीकरण हो रहा है। पर इस प्रतिक्रिया और सांस्कृतिक पहचान की स्वायत्तता, जातीय पहचान या सामाजिक स्वाभिमान के प्रामाणिक आग्रहों के बीच फर्क करना जरूरी है।

ऐसी सामाजिक-राजनीतिक शक्तियाँ जिनकी विश्व-दृष्टि इतिहास की एक विकृत समझ (जैसे 'सभ्यताओं के संघर्ष' की सैमुअल हंटिग्टन की थीसिस) पर आधारित है, आज मौजूदा 'पागल दौड़ रोग' का शिकार हो रही है। इन शक्तियों का सामाजिक आधार मानता है कि वे लोग जीवन-मरण के संघर्ष में लगे हुए हैं। मौजूदा संकट के बारे में भी इन ताकतों की एक दृष्टि है। इसमें सामान्य आदर्श सिद्धांतों को एक बाधा ही माना जाता है। अनुदारतावाद और परंपरावाद के बीच का भेद मिटा दिया जाता है और मध्यमार्ग को लोकतांत्रिक आचरण के रूप में नहीं देखा जाता। इन 'सतायी गयी शक्तियों' और संगठनों के चुनावी नेतृत्व का आखिर में अलोकतांत्रिक और अनैतिक बलों में रूपांतरण हो जाता है। उनके इस आचरण से खुश उनका ही समाज बँटता और भारी नुकसान सहता है। अपने समाज के, या अन्य समाजों के, बुरे अनुभवों से सीखने की क्षमता इस नेतृत्व में एकदम समाप्त होती जा रही है। वैश्विक रूप में हमारे दौर की सबसे महत्त्वपूर्ण चुनौती तरह-तरह के कठमुल्लावाद की तरफ से उठ रहे खतरे से लड़ने की है। जैसा कि पहले कहा जा चुका है, लोकतंत्र का समग्र विस्तार और विकास ही हर तरह के कठमुल्लावाद से लड़ने की असली दवा है। लोकतंत्र ही मनुष्य जाति की प्रवृत्तियों और जरूरतों के बीच तालमेल बैठाने वाली सबसे सशक्त विचार एवं व्यवस्था है। अभी तक समाज के वैश्विक मानवीय मूल्यों को जोड़ने का सबसे

महत्त्वपूर्ण राजनीतिक ढाँचा राजनीतिक लोकतंत्र ही है।[४]

विभिन्न राष्ट्रीय और अंतर्राष्ट्रीय मंचों पर अभी तक चले विचार-विमर्श के आधार पर लोगों ने सामान्य मूल्यों और लक्ष्यों वाले लोगों और समूहों का वैश्विक नेटवर्क विकसित करने पर विचार करना शुरू कर दिया है। ऐसी पहल को अंतर्राष्ट्रीय नागरिक समाज द्वारा अनेक मुद्दों पर वैश्विक या क्षेत्रीय संवाद की प्रक्रिया शुरू करने के प्रयास के रूप में भी देखा जा सकता है। ऊपर मानवीय जीवन के जिन पाँच बुनियादी पहलुओं की चर्चा की गयी है, वे लोकतंत्र के सवाल पर एक अंतर्राष्ट्रीय नेटवर्क खड़ा करने का सैद्धांतिक आधार बन सकते हैं। स्पष्ट कहें तो लोकतंत्र को, जो मानवजाति के अपने भले के लिए रचनात्मक ढंग से जुड़ने की प्रक्रिया है और जिसे टुकड़ों में विभाजित नहीं किया जा सकता, ऐसे खेमों और श्रेणियों में बाँटकर देखना या चर्चा करना कोई बहुत सुखद अनुभव नहीं है। लेकिन, लोकतंत्र नामक विचार से जुड़ी जटिलताओं को इन पाँच पूर्वोक्त पहलुओं से समझने की कोशिश हमें समस्याओं और संभावनाओं के अनंत द्वार दिखा सकती है :

१. दरिद्रनारायण का सशक्तीकरण (आर्थिक लोकतंत्र) : दरिद्रनारायण की चिंता कोई नयी बात नहीं है। माल और सेवाओं के आदान-प्रदान में, वस्तुओं के उत्पादन और उत्पादन संबंधों में, प्रौद्योगिकी के चुनाव जैसे सभी कामों में मानव-जाति इस पहलू का ध्यान रखती आयी है। आगे भी ऐसा ही किया जाना चाहिए। इन सारे मुद्दों को लोकतंत्र का आर्थिक पहलू अर्थात आर्थिक लोकतंत्र कहा जा सकता है।

२. प्राकृतिक संसाधनों पर समाज का स्वामित्व और पारिस्थितिकीय पुनरुद्धार (पारिस्थितिकीय लोकतंत्र) : पर्यावरण का नाश या गिरावट आज के दौर की एक सबसे गंभीर समस्या है। हवा, पानी और मिट्टी का बढ़ता प्रदूषण, अनेक जैव प्रजातियों का नाश, जैव विविधता में कमी, ओजोन परत की क्षति, मौसम का मिजाज बदलना, पृथ्वी से पेड़-पौधों का कम होना अर्थात हरियाली की चादर का सिमटना, भू-क्षरण और रेगिस्तान का बढ़ना जैसे सारे मसले इसमें आते हैं। किसी भी आंदोलन के लिए यह प्राथमिकता वाला मुद्दा होना चाहिए। लेकिन, इस संदर्भ में पश्चिम और दक्षिण देशों में काम कर रहे पश्चिमपरस्त समूहों में जो सोच-विचार चल रहा है, काम करने की जो दिशा है, वह स्थानीय (ग्रामीण) लोगों से एकदम नहीं जुड़ती। अगर हम बिना सोचे-समझे उसी दिशा में काम करने जायेंगे तो संभव है कि स्थानीय तौर पर लोग न तो उन्हें समझेंगे, न उनसे जुड़ेंगे। और फिर दीर्घकाल में ऐसे कार्यक्रमों का ठीक उल्टा असर भी हो सकता है। इसलिए बेहतर नजरिया यही है कि

प्राकृतिक संसाधनों पर स्थानीय लोगों का ही नियंत्रण रहे और फिर उन लोगों को पर्यावरण के नाश के खतरों और संरक्षण के लाभ जैसे मुद्दों पर सचेत करते हुए ऐसे सारे मसलों को आपस में जोड़ा जाय। प्रकृति के साथ मनुष्य का रिश्ता ग्राहक-विक्रेता का हो, या उसके नियंत्रण का हो, उसके संरक्षण का हो या नाशक का, ये सारे सवाल पारिस्थितिकीय लोकतंत्र के तहत ही आते हैं।

३. मानवीय गरिमा की गारंटी (सामाजिक लोकतंत्र) : इस बात में संदेह नहीं कि 'नवअनुदारों' द्वारा शुरू की गयी नवउदारतावादी आर्थिक नीतियों और अन्य कार्यक्रमों से इतने बड़े पैमाने पर दरिद्रता आयेगी जितनी मानव इतिहास में कभी नहीं आयी। अधिकांश मामलों में बेरोजगारी या क्षमता और जरूरत से कम काम करने की स्थिति, अस्थायी रोजगार, मजदूरों के अधिकार, काम के अवसर और प्रकृति का सवाल, वैश्विक स्तर पर मानवीय आत्मसम्मान से जुड़े मामले हैं। नवउदारतावादियों की मेज पर गिरी जूठन भले ही लोगों की बुनियादी जरूरतों के हिसाब से काफी हो, लेकिन इस क्रम में मनुष्य होने के सम्मान भाव की बलि चढ़ जाती है। प्रभुत्वकारी नवउदारतावादी नीतियाँ लोभ पर टिकी हैं, वे उपभोक्तावाद और भौतिकवाद को बढ़ाकर अपना उल्लू सीधा करती हैं और लोगों को अपने आत्मसम्मान के अनुसार नैतिक फैसले लेने का विकल्प नहीं देतीं। वे मुनाफे के लिए मानवजाति के सम्मान को बलि का बकरा बनाती हैं। दलितों को, उनके नजरिये और अनुभव सहित शैतानी भूमंडलीकरण के खिलाफ लड़ी जाने वाली लड़ाई के लिए आत्मसम्मान और सामाजिक समानता के संघर्ष को मुख्य मुद्दा बनाना होगा। दलितों की वस्तुगत स्थितियों ने ही बाबा साहेब आंबेडकर समेत अनेत दलित नेताओं-विचारकों को भारत में जाति-नाश आंदोलन चलाने की ओर प्रेरित किया (दक्षिण एशिया के शेष हिस्सों में विशिष्ट स्थानीय स्थितियों के चलते अभी यह एहसास भी नहीं जगा है कि यह सामाजिक असमानता का एक महत्त्वपूर्ण स्रोत है)। पिछले दो दशकों में अछूत जातियों के सशक्तीकरण को बड़ी जातियों द्वारा कबूल कर लिए जाने की स्थिति में बदलाव आया है। दलित चेतना के प्रसार के साथ ही बड़ी जातियों का रुख भी कठोर हुआ है। यही हाल महिलाओं में बढ़ती चेतना से भी पैदा हुआ। उनके खिलाफ हिंसा और दमन बढ़ा है। गर्भस्थ कन्या भ्रूणों तक की हत्या का बहुत साफ प्रमाण छः वर्ष तक की लड़कियों के अनुपात में आयी गिरावट है। इन मुद्दों को सामाजिक लोकतंत्र के बृहत्तर दायरे में उनकी पूरी जटिलताओं के साथ देखना चाहिए।

४. बहुलतावादी सहअस्तित्व संवर्द्धन (सांस्कृतिक लोकतंत्र) : इस महाशताब्दी की शुरुआत में बहुलतावादी सहअस्तित्व के समर्थन और

सांप्रदायिक (या जातीय) हिंसा पर रोक का महत्त्व दुनिया के हर हिस्से के लोगों के लिए बहुत बढ़ा है। जब दुनिया में आर्थिक और सांस्कृतिक संकट गहराता है तब सांप्रदायिक हिंसा का अंदेशा भी बढ़ जाता है। जिन इलाकों में पर्यावरण का नाश बहुत ज्यादा हो चुका होता है वहाँ प्राकृतिक संसाधनों के आधार की उपेक्षा करना समस्या को ज्यादा गंभीर बना सकता है। दक्षिण एशिया में विभिन्न धर्मों, उनके अनेक संप्रदायों और जातीय समूहों के शांतिपूर्ण सहअस्तित्व की एक समृद्ध और जीवंत परंपरा अभी तक रही है। आज इस परंपरा पर संकट के बादल दिख रहे हैं, इसलिए इसमें नयी जान फूँकने की जरूरत है। जनवरी २००१ में बांग्लादेश में अदालती फैसले द्वारा फतवे पर रोक लगाना सांस्कृतिक लोकतंत्र का बहुत पुख्ता प्रमाण है। हिंदुओं में उन जनजातीय रस्म-रिवाजों को, जो ब्राह्मणवादी पोथियों में नहीं हैं, पर्याप्त सम्मान देना-दिलाना एक प्राथमिकता वाला काम होना चाहिए।

फिर सांस्कृतिक लोकतंत्र के तहत ही यूरोप और अमेरिका समेत दुनिया-भर में इतिहास लेखन में की जाने वाली अनर्गल छेड़छाड़ के खिलाफ भी अभियान चलाया जाना चाहिए। यूरोप में आज मुसलमानों को दकियानूसी कौम या बहुलता विरोधी समूह के रूप में चित्रित करने का जोर है। इस्लामी देशों और पश्चिम (यूरोपीय संघ और अमेरिका) का ध्रुवीकरण १९९० के खाड़ी युद्ध जैसे प्रकरणों से ज्यादा तेज हुआ है और ये घटनाएँ इस्लामी जगत में पश्चिम विरोधी भावनाओं को तेज कर रही हैं। यूरोपीय संघ का गठन, जो पुराने औपनिवेशिक शासक देशों का जमावड़ा है, स्थिति को बिगाड़ रहा है, क्योंकि इसे इस्लामी देशों के संभावित और मजबूत दुश्मन के रूप में देखा जा रहा है। जब यूरोपीय संघ सचमुच एक संघीय देश का रूप ले लेगा, एक प्रतिरक्षा नीति और एक संयुक्त फौज से काम लेने लगेगा, तब यह धारणा और पुष्ट होगी, क्योंकि तब तक नार्डिक देशों के आ जाने से इस संघ का आकार-प्रकार तो विशाल हो ही जायेगा, इसके पास परमाणु हथियारों का भी बहुत बड़ा जखीरा हो जायेगा और यह एक सामरिक अतिमहाशक्ति के रूप में उभरेगा।

५. लोकतंत्र का संरक्षण और संवर्द्धन (राजनीति लोकतंत्र) : अगर राजनीतिक लोकतंत्र की निरंतर हिफाजत और रखवाली न की जाय तो इसका खुद-ब-खुद अवमूल्यन होता जाता है। अगर लोग लोकतांत्रिक ढाँचे और परंपराओं की हिफाजत के प्रति मुस्तैद नहीं होंगे, तो सामाजिक प्रणाली की बुराइयों के दबाव से बचाने वाली सारी व्यवस्थाएँ बेमानी हो जायेंगी। सबकी भागीदारी, प्रतिनिधित्व, कानून का शासन, सांस्कृतिक, भाषाई, धार्मिक और

राजनीतिक अल्पसंख्यकों के संरक्षण तथा राजनीतिक निर्णयों की पारदर्शिता जैसी चीजों से परिभाषित होने वाले लोकतंत्र को सँभालना-सँवारना पड़ता है। लेकिन, आज विभिन्न संस्कृतियों, परंपराओं और व्यवस्थाओं में रहने वाली पूरी दुनिया में लोकतंत्र सिर्फ एक ही मॉडल का है—पश्चिमी उदारतावादी या बाजारी लोकतंत्र, और यह दुनिया के एक बहुत छोटे हिस्से की सांस्कृतिक-ऐतिहासिक घटनाक्रम की पैदाइश है। इसलिए इसे स्थानीय रूप देने की, पश्चिमी मान्यताओं के खिलाफ खड़े होने वाली जो लहर दिखायी दे रही है, उसे हल्के तौर पर खारिज नहीं किया जा सकता। यह लहर इस्लामी उभार, हिन्दुत्ववादी आंदोलन के विकास और चीन के आर्थिक-सांस्कृतिक उत्थान के रूप में दिखायी देती है। अगर दक्षिण के समाजों की शासक जमातें या दमनकारी समूह, लोकतंत्र, मानवाधिकार या महिला अधिकारों को 'पश्चिमी मूल्य' बताकर बदनाम कर रहे हैं तो यह खतरा एकदम वास्तविक लगता है कि नयी सहस्राब्दी की पहली सदी में इन मूल्यों पर गंभीर चोट होगी, इनका महत्त्व घटेगा।

लोकतंत्र में कोई भी चीज ऊपर से तय नहीं होती। यहाँ संस्थान, विचार और विचारधारा, सबका निर्धारण लोगों द्वारा ही होता है। २४ मई १९९९ को, राइट लाइवलीहुड अवार्ड विजेताओं की एक बैठक सेल्ज़बुर्ग में हुई। वहाँ विश्व व्यापार संगठन जैसी कोई चीज बनाने की जगह थोड़ा रुक कर गंभीर आत्मपरीक्षण करने की जरूरत बतायी गयी। यह सुझाव दिया गया कि विश्व व्यापार संगठन के काम-काज को पाँच वर्षों के लिए रोक दिया जाय और इसने मानवजाति के लिए क्या-क्या नुकसान किये हैं, इसकी जाँच के लिए 'नागरिक आयोग' (सिटीजंस कमीशन) बनाया जाय और दुनिया-भर में, खासकर इस व्यवस्था से नुकसान उठाने वाले समाजों में, आपसी संवाद शुरू किया जाय।

उत्तर-दक्षिण नागरिक समाज संवाद चेतावनी

अनेक ऐतिहासिक और राजनीतिक कारणों से हमारे समाज में अंतर्राष्ट्रीय अनुदान और चंदों पर चलने वाली स्वयंसेवी संस्थाओं की वैधता बाहरी चंदे के बिना काम करने वाली आंदोलन में लगी जमातों से कम है। लेकिन, दलितों में काम करने बाले नागरिक समाज समूहों को कई तरह के कामों-दबावों में (जैसे स्थानीय दमन से लड़ना, विभिन्न घोषित नीतियों और कानूनों को लागू करवाना, भूमि सुधार, खेतिहर मजदूरों से जुड़े मसले, दलितों का दमन वगैर-ह) लगना होता है कि वे जीवन-संचालन, उसकी पहचान और आत्मसम्मान के मुद्दों को भूमंडलीकरण जैसे बड़े मसलों के साथ जोड़ कर नहीं देख पाते।

एक दूसरी जटिलता यह है कि भूमंडलीकरण के खिलाफ चलने वाले संघर्षों की भाषा, उनके मुहावरे और संकेत ऐसे हैं जो दलितों के मन को छुए बगैर-ऊपर-ऊपर ही निकल जाते हैं। जब तक हम हर संभव बौद्धिक, वित्तीय, मनुष्य-बल, नैतिक, आध्यात्मिक और भावनात्मक संसाधनों को इस संघर्ष के लिए नहीं सँजोएँगें, ऐसी लड़ाइयाँ लड़ पाना संभव ही नहीं होगा। यह दुखद सच्चाई है कि भूमंडलीकरण की सबसे बुरी मार झेलने वाले लोग इसे अपनी पहली लड़ाई बना पाने की स्थिति में भी नहीं हैं। स्थानीय स्तर पर तो बहुत साफ श्रेणियाँ बनाकर उन्हें सबसे नीचे रखा गया है और ये स्थितियाँ ऐसे संघर्ष की संभावना भी समाप्त कर देती हैं।

अभी तक प्राकृतिक संसाधनों पर अपना जीवन बसर करने वाले आदिवासी लोग भी इस मार से सबसे ज्यादा प्रभावित होने वालों में हैं। मैंने इसी आलेख में उनकी स्थिति का जिक्र कहीं और किया है। फिर भी उनके बीच से निकली राजनीतिक पार्टियाँ भी वैश्विक सरकार के शैतानी तर्क की गुलाम हैं। इस तर्क के अनुसार अधिकांश राष्ट्र-राज्यों के शासकों को अपने लोगों के हितों को भूलकर, अपनी नीतियों को ऐसा बनाना चाहिए जिससे उन्हें ज्यादा से ज्यादा अंतर्राष्ट्रीय विकास-अनुदान और प्रत्यक्ष विदेशी निवेश मिल सके।

आदिवासियों के बीच काम करने वाले नागरिक समाज समूह भी प्रायः स्वयंसेवी संगठनों की तरह ही काम करते हैं। चूँकि एकदम नग्न सच्चाइयों से जूझना पड़ता है, इसलिए मौजूदा वैकासिक मॉडल और भूमंडलीकरण के दुष्प्रभावों की उनकी समझदारी बहुत अच्छी और स्पष्ट है। इन समूहों के अपने नेटवर्क भी हैं। भूमंडलीकरण विरोधी संघर्ष में इन समूहों को विभिन्न स्तरों पर जोड़ना न सिर्फ आसान होगा, बल्कि जरूरी और स्वाभाविक भी होगा। लेकिन, ये सभी स्वयंसेवी संस्थाएँ अंतर्राष्ट्रीय स्तर पर चलने वाले सत्ता के खेल को ठीक से नहीं समझतीं। मसलन इन आदिवासी समूहों में विज्ञान और तकनीक की कई देसी और उच्चस्तरीय परंपराएँ आज तक चली आ रही हैं, जिनकी बहुराष्ट्रीय कंपनियाँ या उनकी तरफ से काम करने वाले स्वयंसेवी संगठन गोपनीय ढंग से चोरी कर रहे हैं। मुश्किल यह है कि विज्ञान और तकनीक पर हावी पश्चिमी नजरिया, देसी वैज्ञानिकों और शोध संस्थानों पर भी इतना हावी हो चुका है कि वे भी अपने पारंपरिक ज्ञान और विज्ञान की उपेक्षा करते हैं और अनुसंधान तथा विकास के अपने कार्यक्रम में उन्हें नहीं समेटते। विज्ञान के समाजशास्त्र के अध्येता शिव विश्वनाथन ने एक अंतर्राष्ट्रीय आयोजन में यह सुझाव दिया था कि दक्षिण अफ्रीका के 'ट्रुथ एंड रिकंसिलेशन आयोग' की

तरह आधुनिक विज्ञान और तकनीक द्वारा किये गये नुकसानों के अध्ययन के लिए भी एक आयोग का गठन किया जाना चाहिए। आधुनिक तकनीक के असर की संपूर्ण सच्चाई जानने के लिए उत्तर और दक्षिण के नागरिक समाजों क ो मिलजुल कर प्रयास करना चाहिए।

इस मामले का एक और उल्लेखनीय पहलू यह है कि भारत में देसी तकनीकों से जुड़े समुदाय प्रायः धार्मिक अल्पसंख्यक समुदाय ही हैं और इन्हें भारत समेत सारे विश्व में कठमुल्लावाद और अनुदार विचारों के उभार के चलते अपनी पहचान बचाने और सुरक्षा के सवाल से भी जूझना पड़ रहा है। भारतीय नागरिक समाज की ऐसी विविधता की चर्चा स्पष्ट कर देती है कि राष्ट्रीय स्तर से लेकर एकदम निचले स्तर तक विभिन्न सामाजिक समूहों को जोड़ कर एक संपूर्ण लोकतांत्रिक संघर्ष खड़ा करके ही हम भूमंडलीकरण विरोधी दृष्टिकोण और आंदोलन विकसित कर सकते हैं। उत्तरी देशों के नागरिक समाजों को इस क्रम में हमारे समाज के उन हिस्सों से अपना जुड़ाव बनाने वाली संस्थागत व्यवस्था दुरुस्त करनी होगी जहाँ अभी भूमंडलीकरण का असर बहुत ज्यादा नहीं पड़ा है। अस्सी के दशक के शुरू में किसान आंदोलन के सिद्धांतकार सुनील सहस्त्रबुद्धे जैसे लोग 'इंडिया' और 'भारत' के बीच अंतर किया करते थे। 'भारत' से उनका अभिप्राय समाज के उस हिस्से से था जिस पर औपनिवेशिक प्रभाव कम हैं या जहाँ भूमंडलीय आधुनिक ज्ञान प्रणालियों और नेटवर्कों की पहुँच नहीं हो सकी है। इस बात पर पर्याप्त साहित्य उपलब्ध है कि ये 'भारत' वाले लोग आज भी अपनी जड़ों से पूरी तरह नहीं कटे हैं और हमारे जैसे शहराती और आधुनिकता की पागल दौड़ में शामिल लोगों के मुकाबले अधिक संपूर्णता में जीवन व्यतीत करते हैं।

अभी तक उत्तरी नागरिक समाजों की तरफ से संवाद और मेलजोल की अधिकांश कोशिशें दक्षिण के देशों की उन 'बी' टीमों तक ही आकर रुक जाती हैं जो अपने यहाँ भी अमेरिकी उपभोक्ता स्वर्ग लाने के सपने में ही खोयी हुई हैं। उत्तर के लोकतंत्रवादियों को, खासकर वहाँ के नागरिक समाज के लोगों को 'इंडिया' और 'भारत' में फर्क समझना चाहिए, परंतु साथ ही उन्हें दक्षिण की बहुसंख्या को माई-बाप शैली में कृपा का पात्र मान कर देखने का नजरिया छोड़ना चाहिए। उन्हें अपने मन से यह विचार भी निकालना होगा कि वे 'इंडिया' और 'भारत' वाले विभाजन में इंडिया की तरफ से 'गड़बड़ करने वालों' 'शोषकों' और 'भ्रष्टजनों' पर नजर रख सकते हैं और भारत के पक्ष में नीतियाँ मनवा सकते हैं। जब तक असमान राष्ट्र-राज्यों वाली राजनीति चल रही है तब तक दक्षिण के देशों की राजनीतिक प्रक्रिया की संप्रभुत्ता को

नजरंदाज करना वांछित नहीं होगा। राजनीतिक प्रक्रिया में गैर-दलीय और गैर-चुनावी काम भी शामिल होते हैं। उत्तर के हमारे साथियों को यह बात स्पष्ट रूप से जान लेनी चाहिए कि उनके संपर्क से हम बिना कोई जोखिम लिये ही नागरिक समाज के अधिक वास्तविक प्रतिनिधियों को दरकिनार कर बहुत ज्यादा ताकतवर हो सकते हैं। ऐसे अनेक स्वयंसेवी संगठनों का उदाहरण है जिन्होंने भूमंडलीकरण पर लोकतांत्रिक नजरिये से काम शुरू किया और बाद में पाला बदल कर विश्व बैंक की 'शासन व नागरिक समाज समिति' (गवर्नेंस एंड सिविल सोसाइटी वाली कमेटी) के सदस्य बन गये। यह दोष हम सिर्फ उत्तर के समूहों में ही नहीं देखते। बेहतर भावनात्मक आध्यात्मिक स्थितियों में भी कार्यकर्ताओं के समूह का एक हिस्सा थक जाता है।

हम दो मुद्दों को सामने लाना चाहते हैं। पहला, लोकतंत्र को नीचे से देखने-समझने के लिए जरूरी है कि हम प्रत्येक स्तर की विशिष्टता मानें। दूसरा, हमें प्रत्येक तत्त्व के अस्तित्व को न तो छोटा मानना चाहिए, न ही विभिन्न स्तरों के बीच घालमेल करना चाहिए। लेकिन, भूमंडलीकरण के युग में, जहाँ भूमंडलीकरण के शैतानी पहलुओं से लड़ने के लिए एकजुट होने की जरूरत है, हमें एक दूसरे को ज्यादा अच्छी तरह, सहानुभूति से जान लेना होगा। अपने-आपको जानना भी कोई बहुत आसान काम नहीं है, लेकिन दूसरे को जानना तो सचमुच बहुत मुश्किल काम है। लेकिन, वैश्विक एकता के विचार को ऐसा रूप देने के लिए हमें अपनी स्वायतता का अपमान न करते हुए भी एक दूसरे को समझने में आपसी मदद करनी चाहिए। युद्ध, प्राकृतिक हादसों या निर्दय तानाशाही जैसी विशिष्ट स्थितियों में हमारा नजरिया एक रह सकता है, लेकिन इसका व्यवहारिक स्वरूप अलग-अलग हो सकता है। यहाँ हमें गाँधीजी की वह सलाह भी याद कर लेनी चाहिए जो उन्होंने १९३६ में अमेरिका से आये ईसाई कार्यकर्ताओं के एक समूह को दी थी। यह सलाह बताती है कि गाँधीजी आधुनिक विज्ञान और तकनीक के अंध विरोधी नहीं थे, जैसा कि अनेक जमातों के लोग ऐसा बताने की कोशिश करते हैं। गाँधीजी का कहना है :

> जब अमेरिकी लोग मेरे पास आकर मुझसे पूछते हैं कि क्या वे सेवा कर सकते हैं तो मैं उनसे कहता हूँ कि अगर आप हमारे आगे अपना लाखों-करोड़ों ही दिखाते रहेंगे तो आप हमें भिखमंगा बना देंगे, और हमारा आत्मसम्मान समाप्त कर देंगे। लेकिन, एक मामले में मैं भिखारी बनने का भी बुरा नहीं मानूँगा। आप अपने इंजीनियरों और कृषि विशेषज्ञों को हमारे हवाले कर दें और उनसे हमारे कहे पर काम करने को कहें। वे हमारे पास स्वयंसेवक की तरह आयें, मालिक और साहब की तरह नहीं।

इन बुनियादी प्रस्तावों, उनसे निकले विश्लेषण में उभरी चुनौतियों और संभावित खतरों के प्रति सावधान रहने की आवश्यकता पर आधारित ठोस कार्रवाई के लिए ये कुछ सुझाव दिये जा रहे हैं :

१. 'लोकतंत्र और भूमंडलीकरण पर संवाद' का लंबा सिलसिला चलाने के लिए काफी हद तक टिकाऊ ढाँचों-नेटवर्कों को खड़ा करना उत्तर-दक्षिण संवाद को लोकतांत्रिक बनाने का काफी महत्त्वपूर्ण उपकरण हो सकता है। जैसा कि पहले कहा जा चुका है, सर्वहितवादी-मानवतावादी लोकतांत्रिक मोर्चा बनाने के इच्छुक और प्रयासरत लोगों और समूहों के लिए नेटवर्क खड़ा करने की तत्काल जरूरत है। लोकतंत्र को व्यापक और गहरा बनाने के लिए जरूरी हस्तक्षेप का तरीका विकसित करने के लिए हमें विभिन्न समूहों, जत्थों, संस्थाओं, नेटवर्कों, आंदोलन वाले समूहों और राजनीतिक दलों के बीच संवाद चलाते रहना होगा।

२. हमें तत्काल कुछ रक्षात्मक कदम भी उठाने होंगे। अभी तक दुनिया को अपने चंगुल में लेने का प्रसास करने वाली शक्तियों की मार से अछूती चीजों को बचाने के लिए 'फ्रेंड्स ऑव द अर्थ,' 'सर्ववाइवल इंटरनेशनल', 'इंटरनेशनल रिवर्स नेटवर्क', 'ग्रीनपीस' और ग्रीन पार्टियों जैसे संगठनों को इस पृथ्वी पर मौजूद सारी लोकतांत्रिक शक्तियों तक अपनी बात पहुँचानी चाहिए। ग्लोबल ग्रीन के हाल के सम्मेलन में मैंने ग्लोबल ग्रीन पार्टी में सुधार के रूप में एक प्रस्ताव पेश किया था। इस प्रस्ताव के पक्ष में ६४ वोट पड़े और विपक्ष में ४५। मेरी समझ में नहीं आया कि इस प्रस्ताव के पक्ष में दो तिहाई से थोड़े कम वोट क्यों आये जिसके चलते यह पास नहीं हो पाया। यह प्रस्ताव इस प्रकार था :

> दक्षिण देशों की सभ्यताएँ हजारों वर्ष से ऐसी जीवन शैली चला रही हैं जिन्हें अब हम 'ग्रीन सिद्धांत' कहते हैं। और उस पर बारीकी से गौर करने पर पता चलेगा कि ऐसा वे तकनीकी पिछड़ेपन के चलते नहीं करती थीं। इस जीवन शैली में प्रकृति के संरक्षण और उसका चक्र निरंतर चलने देने की सोची-समझी नीति काम करती थी। लेकिन, भूमंडलीकरण का मौजूदा स्वरूप इन समुदायों और उनकी जीवन शैली को बड़ी तेजी से रौंदता जा रहा है। ऐसे में जरूरी है कि 'ग्लोबल डेमोक्रेटिक फ्रंट' दक्षिण की 'ग्रीन कम्युनिटीज' को बचाने के लिए 'डिफेंस कमेटी' का गठन करें। अन्यथा कई हजारों वर्षों में जो चीजें विकसित हुई थीं, और जो परंपराएँ चल रही थीं, वे सभी अगले कुछ दशकों में ही पूरी तरह बर्बाद हो जायेंगी।

३. पूरी पृथ्वी नामक परिवार में जितने भी लोकतांत्रिक कार्य-व्यवहार चल रहे हैं, आंदोलन हो रहे हैं, सपने देखे जा रहे हैं, उन सबकी पहचान

करने, उनकी सूचनाओं का प्रसार करने के लिए अनुसंधान और मीडिया का स्वतंत्र नेटवर्क भी हमें खड़ा करना होगा। हमें सूचनाओं को जमा करके, विश्लेषित करने और फिर उन्हें वितरित करने का काम भी करना होगा—खासतौर से उन सभी लोगों के बीच जो अमेरिकी उपभोक्तावादी स्वर्ग की चकाचौंध के आगे कुछ नहीं देख पाते। हमें संकल्प करना चाहिए कि हम पूरी दुनिया में ऐसे मीडिया सेंटर बनाएँगे और अंग्रेजी के अलावा जहाँ तक संभव होगा, स्थानीय भाषाओं में इन सूचनाओं को वितरित करेंगे।

४. इन सारे संवादों, संस्थाओं और नेटवर्कों के निमार्ण से लोकतंत्र के विस्तार, गहराई और रक्षा के लिए एक विश्वव्यापी मोर्चा बनाना चाहिए। यह मोर्चा बौद्धिक सक्रियता और संगठन निमार्ण के आधार पर खड़ा हो सकता है। संगठन बनाने का काम सिर्फ बौद्धिक सक्रियता से नहीं हो सकता। गाँधीजी के सिविल नाफरमानी के हथियार का प्रयोग करके ही हम वैचारिक ढाँचा और नेटवर्क खड़ा कर सकते हैं।

टिप्पणियाँ

१. स्वराज की अवधारणा और शब्द का इसी अर्थ में भारत में चलने वाले गाँधी प्रेरित आंदोलनों द्वारा प्रयोग होता है।

२. इस भूमंडलीकरण का शैतानी चरित्र इसके इस केंद्रीय तत्त्व में परिलक्षित है। इसने मनुष्यजाति के लिए ऐसी स्थितियाँ बना दी हैं, जिसमें वह रोटी-कपड़ा जैसे व्यावहारिक मुद्दों व अपने आदर्शों और सपनों की बात को गंभीरता से उठा ही नहीं पाती। इतनी राजनीतिक आजादी और हर तरह के राजनीतिक दर्शनों के होते हुए भी भारतीय राजनीतिक दलों ने विश्व व्यापार संगठन से जुड़े मुद्दों पर ढंग से विचार ही नहीं किया (हिंदू, संपादकीय, ३० मई २००१)। यह मान लिया गया कि भूमंडलीकरण का कोई विकल्प नहीं है। गाँधीजी ने जिसे 'आधुनिक उद्योगीकरण का शैतानी पहलू' करार दिया था, उसे अब भूमंडलीकरण के लिए सर्वानुमति के रूप में पेश किया जा रहा है। 'अमेरिकी उपभोक्ता के स्वर्ग' के रूप में यह शैतान काफी सारे लोगों और नेताओं का आदर्श बना हुआ है। यूरोप में अनुदारों से लेकर ग्रीन्स तक सभी भूमंडलीकरण के पीछे इस तरह पड़े हैं मानो 'अमेरिकी उपभोक्ता के स्वर्ग' द्वारा परमानन्द व स्वछंदता का सपना कोई हासिल हो सकने वाला लक्ष्य हो, दुनिया के बहुसंख्यकों के लिए कोई मृगमरीचिका नहीं।

३ भूमंडलीकरण के नाम पर दुनिया को एकध्रुवीय बनाने की इच्छा भी काम कर रही है। १९ नवंबर १९९९ को 'इवेलुएशन एंड इंटरेक्शन ऑव टेक्नॉलाजी, इकॉनॉमी, पॉलिटी ऐंड सोसाइटी' विषय पर हुए अंतर्राष्ट्रीय सम्मेलन को संबोधित करते हुए भारत के राष्ट्रपति ने इस प्रवृत्ति के खिलाफ सही चेतावनी दी थी : ''भूमंडलीकरण

की वर्तमान प्रवृत्ति बुनियादी पहचानों और समूहों की पहचान के खिलाफ है और अब तो राष्ट्रों को भी भूमंडलीकृत विश्व के लिए पुराने जमाने की चीज और इससे मेल न खाने वाली व्यवस्था बताया जा रहा है। मुझे नहीं लगता कि यह सही दिशा में की जा रही प्रगति है। मानव सभ्यता काफी कुछ राष्ट्र के रूप में हुए सामूहिक अनुभवों से जुड़ी है। ऐसे में अगर भूमंडलीकरण राष्ट्रवाद को पीछे धकेलने वाली चीज बन जाता है तो मनुष्य जाति द्वारा किया गया अधिकांश मूल्यवान अनुभव इस भूमंडलीकरण द्वारा यूँ ही पीछे छोड़ दिया जायेगा। इसलिए जरूरी है कि जब पूरी दुनिया एक विश्व की तरफ बढ़ रही है और हम निश्चित रूप से वैश्विक होते जा रहे हैं तब विभिन्न समुदायों, राष्ट्रों और समूहों द्वारा किये गये अनुभवों को सँभाल कर रखा जाय और भूमंडलीकरण के नाम पर नष्ट न किया जाय।'' (राष्ट्रपति के.आर. नारायणन, २००२)।

४. भारत में 'वसुधैव कुटुंबकम' जमात के प्रमुख प्रोफेसर धीरूभाई शेठ का मानना है कि मनुष्यजाति को उसकी भौतिक जरूरतों के हिसाब से ही परिभाषित करना उसका बहुत बड़ा अपमान है। उनके अंदर नैतिक, आध्यात्मिक और सांस्कृतिक रुझान भी मौजूद रहते हैं। 'वसुधैव कुटुबंकम' के शुरुआती प्रस्ताव पर टिप्पणी करते हुए प्रमुख भारतीय मानवशास्त्री प्रो. बी.के. रायबर्मन ने कहा है कि ''मानवशास्त्र की मेरी समझ मुझे यह मानने को मजबूर करती है कि मानवीय प्रकृति बुनियादी रूप से सामाजिक है। और मैं ... चोम्स्की से सहमति रखता हूँ कि इसी प्रवृत्ति के चलते मनुष्य नैतिक संबंध बढ़ाता है, संवाद करता है, सांकेतिक संचार से अपनी बात बढ़ाता है ... इस आनुषंगिक जीवन मूल्य आधारित व्यवस्था का ही दूसरा नाम लोकतंत्र है—यह अनवरत चलने वाले दुतरफा रिश्ते की प्रक्रिया है। जिम्मेदारी वाले लोकतंत्र के प्रति निष्ठा का मतलब किसी बनी-बनायी व्यवस्था को कबूल करना न होकर निरंतर चलने वाली सामाजिक प्रक्रिया के प्रति निष्ठा है।''

भूमंडलीकरण बनाम यूटोपिया

पुराना यूटोपिया मर चुका है और अब हमें एक नया यूटोपिया चाहिए, एक नया सामाजिक खयाल जो पूँजी की कैद से मुक्त दुनिया की आवाज बन सके। लेकिन, पुराने यूटोपिया की मौत का जिम्मेदार कौन है? यूरोपीय ज्ञानोदय ने खुदमुख्तार इंसान का जो खयाल हमें थमाया था, वह बेअसर कैसे हो गया? पुराना वामपंथ क्यों नाकाम हुआ? क्या भूमंडलीकरण के खिलाफ चल रहे संघर्षों में से नया इंसान, नया राजनीतिक कार्यकर्ता निकल सकता है? क्या वित्तीय पूँजी के साम्राज्य के खिलाफ हो रही 'हुजूमों की बगावत' में ही हमें एक नयी दुनिया की तलाश नहीं करनी होगी?

खोये हुए खयाल की खोज

आदित्य निगम

सन २००२ की शुरुआत में ब्राजील के पोर्टो एलेग्रे शहर में वर्ल्ड सोशल फोरम के जमावड़े से सारी दुनिया में एक ही आवाज गूँजी : *'एक जहाँ और भी मुमकिन है'*। यह नारा एक नये सामाजिक तसव्वुर की तलाश की मंशा को दर्शाता है। यह मंशा दुनिया-भर में तेजी से उभर कर सामने आयी है। यह तलाश 'सितारों से आगे' एक ऐसे जहाँ की तलाश है जो सरमाये के चंगुल और सरहदों की कैद से आजाद होगा। चारों तरफ मनाये जा रहे पूँजीवाद की अजेयता के जश्न से पिछले कई सालों में उसके बोझ तले कराह रहे लोगों पर मायूसी छायी रही है। साथ ही समाज परिवर्तन की मुख्तलिफ कोशिशों को भी जबरदस्त धक्का लगा है। पोर्टो एलेग्रे की आवाज इन हालात के खिलाफ एक जोरदार आवाज थी।

गौरतलब है कि समाजवाद के पतन से पैदा मायूसी की गिरफ्त में सिर्फ पुराना और बूढ़ा वामपंथ ही नहीं आया था, बल्कि सरमायेदारी के खिलाफ खड़ी हर किस्म की रेडिकल ताकत को इससे एक गहरा धक्का लगा था। वर्ल्ड सोशल फोरम और उसमें शरीक तमाम धाराओं की यह कोशिश रही है कि उस

खोये हुए तसव्वुर की जगह एक नया सपना गढ़ा जाय। इस काम के लिए ब्राजील के पोर्टो एलेग्रे से बेहतर भला कौन-सी जगह हो सकती थी? आखिरकार इसी शहर में तो अवामी जम्हूरियत का एक ऐसा नायाब प्रयोग वहाँ की वर्कर्स पार्टी (जो पीटी या पार्टिडो डास ट्रावाल्हाडोर्स नाम से जानी जाती है), की रहनुमाई में हो रहा है। लिहाजा जब पीटी के अंतर्राष्ट्रीय सचिव मार्को आरेलिओ ने यह एलान किया कि "बर्लिन की दीवार हम पर नहीं गिरी थी", तब वे एक ऐसे ही नये तसव्वुर का रास्ता खोल रहे थे जो "गुजरी पुश्तों की उन परंपराओं से आजाद हों जो प्रेत बन कर जिंदा लोगों के दिलो-दिमाग पर छायी रहती हैं"।[१] पोर्टो एलेग्रे का पड़ाव आंदोलनों के लंबे सिलसिले की एक कड़ी था जो पिछले सालों में समूची पश्चिमी दुनिया में आये पूँजीवाद विरोधी और कारपोरेट विरोधी ज्वार की शक्ल में हमें देखने को मिलता है। इस पहल के बारे में मार्क्स की पेरिस कम्यून संबंधी टिप्पणी की तर्ज पर कहा जा सकता है कि "इसके पास कोई साँचा नहीं है, जिसमें इसे दुनिया को फिट करना है : न ऐसे आदर्श हैं जिसके अनुकूल दुनिया को ढलना चाहिए।" यह तो बस वह 'जिंदा आंदोलन' है जो समाज के गर्भ में पल रही उन ताकतों को आजाद करेगा जो उसे बदलने पर अमादा हैं। यही जिंदा आंदोलन ग्लोबल सरमाये के किलों पर पिछले चंद सालों से चोट कर रहा है और अब अपनी आवाज को और मुखर करके दुनिया के सामने पेश कर रहा है।

एक अर्थ में ये तमाम आंदोलन जो पिछले समय में उभर कर सामने आये हैं, एक बदलते दौर की आहट कहे जा सकते हैं। इस दौर में जहाँ एक तरफ 'प्रति-विश्वायन' के ये आंदोलन जोर पकड़ रहे हैं, वहीं बौद्धिक जगत में भी एक नया सामाजिक तसव्वुर गढ़ने की कवायदें हो रही हैं। हाल के दिनों में कम से कम दो ऐसी किताबें शाया हुई हैं जिन्होंने थोड़े ही समय में एक 'कल्ट' जैसा दर्जा हासिल कर लिया है। इसमें से एक मिशेल हार्ड्ट और एंटोनिओ नेगरी की **एम्पायर** नामक किताब है। दूसरी कनाडा की पत्रकार नाओमी क्लाइन की **नो लोगो** नामक पुस्तक है।[२] दोनों किताबें अपने अंदाज और रवैये में अलग होते हुए भी 'हमारे जमाने' में ग्लोबल पूँजी की कारिस्तानियों के खिलाफ उठ रहे इस नये उफान से मुखातिब होती हैं। **एम्पायर** का अंदाज और मिजाज कुछ पैगम्बरी और दुस्साहसिक है जो एकबारगी वामपंथियों के सोचने के परंपरागत तौर तरीकों से एक बुनियादी विच्छेद की शुरुआत दिखाता है। आज के दौर को वह एक नये दौर के रूप में देखता है जहाँ पुरानी कई मान्यताएँ नाकाफी साबित हो रही हैं। कौमी-राज्यों के दौर के साम्राज्यवाद के बरअक्स वह इसे एक नये ग्लोबल दौर के रूप में

देखता है, जहाँ एक नये किस्म का 'साम्राज्य' वजूद में आया है और जिसके खिलाफ आंदोलनों को भी एक नया व्याकरण गढ़ना पड़ेगा और पड़ रहा है। दूसरी तरफ नाओमी क्लाइन की किताब उस उमड़ते सैलाब का एक जीता जागता, आँखों देखा हाल पेश करती है जो इस बीच अंदर ही अंदर जोर पकड़ रहा था मगर खुल कर सामने नहीं आया था। यह सही है कि उनकी किताब लिखे जाने के अंतिम दौर में जून १८ को लंदन का वह सनसनीखेज पूँजीवाद-विरोधी जश्न यकायक आने वाले वक्त की एक बानगी दिखा चुका था। मगर यह भी सही है कि तब भी ज्यादातर लोगों ने इसे महज एक अलग-थलग-सी घटना के रूप में ही देखा था। वे नहीं समझ पाये थे कि यह एक लंबे सिलसिले की एक कड़ी-भर है। इस सैलाब को बहुत जल्द राजनीतिक रंगमंच पर उफन कर सामने आना था।

नाओमी क्लाइन अपनी किताब में नब्बे के दशक में पक रहे इन आंदोलनों पर रोशनी डालती हैं। इसी दौर में कारपोरेट जगत की रणनीतियों में आ रही बुनियादी तब्दीलियों का एक अनोखा विश्लेषण पेश करते हुए वे दिखाती हैं कि किस तरह इस दौरान 'ब्रांडों' का एक ऐसा नया खेल वजूद में आता है जो आखिरकार अपने खिलाफ एक नयी लामबंदी को जन्म देता है। इस किताब की एक खास बात और है : पिछले दशकों में उभरी 'पहचान की सियासत' की तीखी आलोचना के साथ-साथ क्लाइन एक बार फिर रेडिकल सियासत के एजेंडे के केंद्र में वर्गीय और आर्थिक सवालों को लाना चाहती हैं। एक मायने में दोनों ही पुस्तकें मौजूदा दौर की, 'यूटोपिया की मौत' के दौर की, इस खासियत से मुखातिब हैं। दोनों ही एक बार फिर यूटोपियायी तसव्वुर को ढूँढ निकालना चाहती हैं। मगर यह सवाल भी पूछा जा सकता है कि आखिरकार, 'हमें' यूटोपियाओं की जरूरत क्या है? क्या हुआ पुराने यूटोपिया को? उसकी मौत का जिम्मेदार कौन है? क्या उसकी मौत औसत जिंदगी के 'रोजानापन' के हाथों हुई या उसने अपनी जान खुद ले ली, समाज को अपने अक्स में गढ़ने के दुराग्रहों के चलते? क्या हम एक ऐसे दौर के मुहाने पर आ गये हैं जहाँ पुराने किस्म के उन मसीहाई तसव्वुरों का अंत हो चुका है जो हमेशा अपने गोडो के इंतजार में ही रह गये (चाहे वे मसीहा कोई महापुरुष रहे हों या 'सर्वहारा' जैसा कोई वर्ग-विशेष)? क्या फिर एक बार उन यूटोपियाओं को नये सिरे से गढ़ना मुमकिन है?

'ग्लोबल' और 'मुकामी' के बीच रिश्तों का सवाल हमारे जमाने के कुछ बड़े राजनीतिक सवालों में से एक है। अक्सर इसे 'सार्वभौम' (यूनिवर्सल) और 'पारिवेशिक' (पर्टीकुलर) के बीच रिश्तों के एक अन्य दार्शनिक सवाल

के तहत समेट लिया जाता है, गोया ग्लोबल फकत इस सार्वभौम का ही दूसरा नाम हो। अक्सर बड़ी आसानी से यह भी मान लिया जाता है कि ग्लोबल की बात करने का अर्थ पूँजीवाद की और परिवर्तन की बात करना है और स्थानीय या मुकामी की बात करना हमेशा सत्ता के जाल में फँसे रहने का पर्याय है, जहाँ हम हद से हद कुछ निरर्थक किस्म के प्रतिरोध-भर कर सकते हैं। जाहिर है, ऐसे प्रतिरोध, खासतौर पर संस्कृति और पहचान से ताल्लुक रखने वाले प्रतिरोध ही हो सकते हैं। पिछले सालों में लिंग, नस्ल, मजहब, जाति आदि के हवाले से उठे तमाम आंदोलन इसी श्रेणी में आते हैं। इनके बारे में अक्सर यह मान लिया जाता है कि इन मुकामी[३]—और इसलिए गौण—सवालों पर ध्यान केंद्रित करने का असर यह होता है कि हम किसी न किसी रूप में सरमायेदारी के शोषण के 'बुनियादी' सवालों को नजरअंदाज कर जाते हैं। गाली के तौर पर इन्हें 'पहचान-परस्त सियासत' या 'आइडेंटिटी पालिटिक्स' का नाम दे दिया जाता है। अस्सी और नब्बे के दशकों में वामपंथी कलाम खासतौर पर इस सवाल को लेकर चिंतित रहा है। उसकी चिंताओं के केंद्र में यह ख्वाहिश काम करती रही है कि किसी तरह वह उस ग्लोबल सार्वभौम जमीन को बचा ले जाय जो उनकी समझ से ज्याँ फांसोआ ल्योतार्द सरीखे सिद्धांतकारों द्वारा 'मृत' घोषित कर दिये गये हैं। ल्योतार्द के 'महाख्यानों की अविश्वसनीयता' के बारे में मंतव्य को इस कलाम में अक्सर 'महाख्यानों की मौत' की भविष्यवाणी के रूप में पेश किया जाता है। ऐसा लगता है जैसे ल्योतार्द या दरीदा की बौद्धिक हरकतों ने दुनिया को अब पहचान-परस्त सियासतों के एक ऐसे गर्त में धकेल दिया है जहाँ वह बेशुमार ऐसे मुकामी संघर्षों के दलदल में फँसे रहने के लिए अभिशप्त है, जो वर्गीय शोषण के उनके 'असली' आर्थिक मसलों पर परदा डालने का ही काम करते रहेंगे।

इस बूढ़े परंपरागत वामपंथ की दिक्कतों का यह तो महज एक पहलू है। उनकी सबसे बड़ी परेशानी तो यह है कि इसी दौर में कई तरह के ऐसे सामाजिक आंदोलन उभरे जो बड़े 'समग्र' परिवर्तन के एजंडों की जगह किसी एक खास मसले पर केंद्रित थे : कहीं पर्यावरण का सवाल था तो कहीं लिंग या नस्लवाद का। और फिर इसी बीच समाजवाद का पतन भी हो गया और उसके साथ तेजी से दुनिया के पैमाने पर पूँजीवादी अर्थव्यवस्था का ग्लोबल संघटन नयी ऊँचाइयाँ तय करने लगा। एक के बाद एक कई मुल्कों की सरकारों ने 'वाशिंगटन सहमति' के पीछे कतारबंद होना शुरू कर दिया। ग्लोबल सरमायेदारी का जादू सर चढ़ कर बोलने लगा। ऐसा लगने लगा जैसे यही इस नये जमाने का यूटोपिया है: भोगवाद का नया जहाँ, 'उपभोक्ताओं की संप्रभुता'

जिसका नया मंत्र है। यही जमाना था जब वामपंथियों की तमाम अगली कतारों में अफसोस और सियापे का स्वर ज्यादा सुनायी देने लगा। और इस अफसोस के साथ अपनी आस्थाओं को दोहराते हुए अनगिनत थके हुए दावे किये जाने लगे कि एक दिन जरूर 'अवाम' असलियत पहचानेगा और सरमायेदारी को उखाड़ फेंकेगा, और तब 'हमारा जमाना आयेगा'।

इस बूढ़े वामपंथ की एक मिसाल दो साल पहले **सोशलिस्ट रजिस्टर** (२०००) के यूटोपियाओं पर छपे विशेषांक में टेरी ईगलटन के लेख में देखने को मिल सकती है। ईगलटन का मानना है कि मार्क्सवाद परंपरागत रूप से यूटोपियाई खयालों से किनारा करता आया है, इसलिए नहीं कि वह बुनियादी सामाजिक तब्दीलियों के खिलाफ हैं, बल्कि इसलिए कि वह इस बात से इंकार करता है कि नया समाज किसी बाहरी दुनिया से उड़ा कर यहाँ इस लोक में लाया जा सकता है। यहाँ तक ईगलटन के साथ सहमत हुए बिना नहीं रहा जा सकता है। मगर फिर इसके फौरन बाद वे फरमाते हैं कि "एक बार अगर हम जेंडर, एथनिसिटी, राष्ट्रीय पहचान जैसे अंततः बेतुके इंसानी फर्कों से उबर जाएँ, जिन्हें हमारे शासकों ने मैदाने-जंग बना रखा है, तो शायद हम चीजों को थोड़ा साफ ढंग से देख पायेंगे..।"[४] ईगलटन इन 'भ्रांत खयालों' के लिए और आज के मायूसी के आलम के लिए उत्तर-आधुनिकता नाम की चिड़िया को जिम्मेदार ठहराते हैं। उनकी मान्यता है कि हालाँकि उत्तर-आधुनिकता भी यूटोपियाई खयालों के प्रति संशय का भाव रखती है मगर उसका यह रुझान मार्क्सवादी नजरिये से बिल्कुल अलग है, क्योंकि वह सामाजिक परिवर्तन में यकीन नहीं करती। बकौल उनके, उत्तर-आधुनिकतावादी पूँजीवादी यथार्थ को अब ग्लोबल तौर पर अपरिवर्तनीय मानते हैं, लिहाजा अब हद से हद हम अपने डूबते जहाज का साजो-सामान इधर से उधर करने-भर जैसे निरर्थक काम ही कर सकते हैं। या फिर इस चट्टाननुमा हकीकत में सिर्फ छोटे-मोटे छेद कर सकते हैं ताकि कहीं कोई छोटी-सी रोशनी की किरण अंदर आ सके। यहाँ ईगलटन के उत्तर-आधुनिकता संबंधी उद्‌गारों की तफसील में जाना तो संभव नहीं है, मगर यह जरूर देखने लायक है कि उसकी इस हताशा के बरअक्स ईगलटन ने खुद आशा की लौ कैसे जला रखी है। उनका तरीका दावे करने तक महदूद है। वे एक के बाद एक सिर्फ दावे करते हैं। मिसाल के तौर पर : "यह खयाल कि विश्व पूँजीवादी व्यवस्था कोई पत्थर से लिखी इबारत है, कतई हास्यास्पद है।"[५] वे यह बताने की जहमत नहीं उठाते कि वे यह दावा किस आधार पर कर रहे हैं। खासतौर पर इस जमाने में जब चारों तरफ पूँजीबाद का जयनाद सुनाई दे रहा है और खुद कई मार्क्सबादी ईगलटन वाली

बात बेहिचक कहने से गुरेज करते हैं। मगर ईगलटन बहादुरी के साथ इस दावे के समर्थन में एक और दावा पेश करके तसल्ली कर लेते हैं। वे कहते हैं : ''इस सब में अगर एक नैतिक सत्य निहित है, तो यह कि जब भी ऐसा करना तर्कपूर्ण होगा तब जनता जरूर इस व्यवस्था के खिलाफ उठ खड़ी होगी।' क्या ईगलटन नहीं देख पाते कि सरमायेदारी के समूचे इतिहास में वह तर्कपूर्ण घड़ी आज तक नहीं आयी है। कहीं उन्हें ऐसा तो नहीं लगता कि इस सच को कबूल करने का अर्थ हताशा के आगे घुटने टेकने जैसा होगा? अगर उनके इस दावे को आंशिक रूप से भी सच साबित करना है तो वह उसी सूरत में मुमकिन है जब दुनिया-भर के तमाम उपनिवेशवाद-विरोधी और सामंतवादी शोषण विरोधी संघर्षों को पूँजीवाद विरोधी समाजवादी संघर्षों की एक ग्लोबल दास्तान में समेट कर रख दिया जाय, जैसा कि मार्क्सवादी सिद्धांतसाजी में अकसर होता आया है। मगर ईगलटन जानते हैं कि उनके इस दावे के खिलाफ कोई भी ऐसा सवाल खड़ा कर सकता है। लिहाजा वे एक और दावा करते हुए कहते हैं कि ''दरअसल ऐसे मौके कम ही आते हैं'', क्योंकि किसी भी व्यवस्था के खिलाफ बगावत करना तब तक तर्कपूर्ण नहीं होता जब तक उसमें आप को कुछ न कुछ मुहैया करने की क्षमता रहती है। जिस दिन उसकी यह क्षमता खत्म हो जायेगी उस दिन तमाम लोग सड़कों पर उतर आयेंगे—यह बात उतनी ही सच है जितना यह कि हर दिन के बाद रात होती है (यह आखिरी फिकरा उन्हीं का है)। यानी उनकी इस बात को अगर दूसरे शब्दों में कहा जाय तो बिल्कुल उलटे नतीजे निकलते हैं : बेशक पूँजीवाद नैतिक तौर पर कितना भी घिनौना क्यों न हो (और इसके बेशुमार सबूत मौजूद हैं), लोग इसके खिलाफ बगावत पर तब तक नहीं उतरेंगे जब तक उन्हें उससे कुछ भी, थोड़ा-बहुत ही सही, मिलता रहेगा। यही है ईगलटन का नैतिक सत्य।

सोशलिस्ट रजिस्टर के इसी अंक में लिओ पैनिच व सैम गिडिंग इसी अंदाज में इस बात पर अफसोस जाहिर करते हैं कि पिछले सालों में बहुतेरे वामपंथियों की 'अक्ल ठिकाने आ गयी है' और समाजवाद से अपने मोहभंग के चलते उन्होंने नये समाज का सपना ही त्याग दिया है। बकौल उनके, ऐसे लोग या तो 'उत्तर-आधुनिक हताशा' के शिकार हो गये हैं या फिर 'सोशल डेमौक्रेसी के 'तीसरे रास्ते' को अपना चुके हैं। उनकी आलोचना का लब्बोलुआब यह है कि अगर ये भूतपूर्व वामपंथी अपनी राह से भटक गये हैं तो खोट उन्हीं में कहीं होगा।[६] अफसोस और मातम—इन मार्क्सवादी आलोचनाओं में यह दो अंदाज ही देखने को मिलते हैं। भूतपूर्व वामपंथियों की आलोचनाएँ जरूर की जानी चाहिए मगर आलोचना करने वालों को कम से

कम यह तो दिखाना ही पड़ेगा कि उनका खुद का विश्वास कोरी आस्था पर नहीं, बल्कि किसी ठोस धरातल पर टिका है। समाजवाद के तजुर्बे की पूरी विरासत की बेरहम छानबीन करने की जहमत उठाये बिना सिर्फ दावों से तो काम नहीं चल सकता। साथ ही उन्हें यह भी दिखाना होगा कि आज भी सीना ठोक कर मार्क्सवादी होने का दावा करने वाले व्यवहार में इन भटके वामपंथियों से किन मायनों में अलग हैं। इन दोनों लेखों से तो ऐसा लगता है जैसे फर्क सिर्फ यह है कि दूसरों की बनिस्बत ये 'खाँटी मार्क्सवादी' अपनी आस्थाओं का बड़े जोरशोर से एलान कर रहे हैं। व्यावहारिक स्तर पर वे भी कोई ऐसा इन्कलाबी काम नहीं कर रहे हैं जिससे उनमें और औरों में कोई खास फर्क दिखायी देता हो। इस तरह सूरत यह बनती है कि आप या तो भटके हुए वामपंथियों की तरह छोटे-छोटे कदम उठा कर उतना हासिल करने की कोशिश करें जितना संभव हो, अन्यथा ऐसी बड़ी योजनाएँ बनाएँ जिनमें कोरी ख्वाहिश-भर झलकती हो।

इस मुकाम पर यह पूछना जरूरी लगता है कि ईगलटन जनता की बगावत की जिस 'नैतिक अनिवार्यता' की बात करते हैं, दरअसल उसका आधार क्या है? बहुत ज्यादा मशक्कत किये बिना ही यह देखा जा सकता है कि उनका यह दावा अब भी किसी अमूर्त 'इंसानी फितरत' के हवाले से किया जा रहा है। अब भी कहीं उनकी यह मान्यता है कि इंसान 'स्वभावतः' उत्पीड़न के खिलाफ बगावत करता है। इसे अगर पैनिच व गिडिंग के इस दावे के साथ पढ़ा जाय कि समाजवाद का तसव्वुर एक 'मुकम्मल इंसान' बनने की हमारी कुव्वत पर टिका है तो शायद बात थोड़ा और साफ हो जाती है। एक अमूर्त 'इंसानी फितरत' का यह खयाल हमेशा अपने साथ कई जोखिम लिये चलता है, जिसमें से एक आत्म-प्रवंचना यह भी है कि 'एक न एक दिन' सब कुछ ठीक हो जायेगा। जिस रोज इंसान अपनी और इस समाज की असलियत जान लेगा, उस रोज वह अनिवार्यतः बगावत पर उतर आयेगा। कितना खुशफहम खयाल है। मार्क्स की खुद की बात को थोड़ा बदल कर कहा जाय तो यह 'क्रांतिकारियों की अफीम' है जो उन्हें एक ऐसे जहाँ में टहलाती रहती है जहाँ इस दुनिया की हकीकतों से उन्हें पनाह तो मिलती ही है, उनका ख्वाब भी किसी तरह एक धार्मिक विश्वास की तरह जिंदा बना रहता है। लेकिन, इस तरह के विश्वासों का ही नतीजा है कि ये क्रांतिकारी हर बार हैरत में पड़ जाते हैं जब वे देखते हैं कि जनता लाखों-करोड़ों की तादाद में फासिस्ट पार्टियों की तरफ चली जा रही है। तब फिर उनके पास इस तरह की परिघटनाओं की व्याख्या करने का एक ही रास्ता बचता है: 'छद्म चेतना' जैसी छद्म धारणाओं

के सहारे वे इसे समझने या समझाने की कोशिश करते हैं।

गौरतलब है कि 'इंसानी फितरत' का यह सवाल आज से ही नहीं, खुद मार्क्स के जमाने से एक समस्यापूर्ण सवाल की तरह चर्चित होता आया है। फायरबाख के भौतिकवाद पर अपना इजाहारे-खयाल करते हुए मार्क्स ने खुद यह मसला उठाया था। उन्होंने कहा था कि ''ह्यमन एसेंस नाम की कोई ऐसी चीज नहीं है जो हमें हर किसी में मौजूद मिलती हो, वह तो सामाजिक रिश्तों का जाल है जिसे हर व्यक्ति ढोता है।'' मार्क्स ने उन्नीसवीं सदी में तथाकथित 'इंसानी फितरत' का इस तरह ऐतिहासीकरण करते हुए रेखांकित किया था कि ऐसी कोई शाश्वत इंसानी फितरत नहीं हुआ करती जो हर ऐतिहासिक स्थिति में एक ही रहती हो और जो मौका पाते ही अपनी ऐतिहासिक स्थितियों के खिलाफ बगावत कर देती हो। मार्क्स ने इस बात पर जोर दिया था कि हर सामाजिक ढाँचे का 'इंसान' एक अलग इंसान होता है जो उस समाज में मौजूद सामाजिक रिश्तों की बुनियाद पर खड़ा होता है। इसके बाद हाइडेगर और फिर पिछले कई दशकों में उत्तर-संरचनावाद के दौर में हुई जबरदस्त बहसों में इस इंसानी फितरत के कई और समस्यापूर्ण पहलू सवालों के घेरे में आये हैं। यहाँ इस लंबी बहस के विस्तार में जाना मुमकिन नहीं है। फिर भी यह बात जोर देकर कहने की जरूरत है कि यूरोपीय ज्ञानोदय के दौर में उभरी इन धारणाओं की जड़ में इंसान का एक ऐसा खयाल था जो उसे एक खुदमुख्तार कर्त्ता के रूप में देखता था जो इस प्रक्रिया में उसे एक नये खुदा के तौर पर प्रतिष्ठित कर देता है। कुदरत और तमाम दुनिया उसकी तरक्की के लिए इस्तेमाल होने वाली शै बन कर रह जाते हैं। पिछले दशकों की इन आलोचनाओं ने यह दिखाया कि दरअसल जिस खुदमुख्तार कर्त्ता को ज्ञानोदय के दार्शनिकों ने अपने सिद्धांतों का आधार बनाया था, वह किस कदर अपनी ही बनायी भाषाओं, सामाजिक ढाँचों, मूल्यों और अवधारणाओं द्वारा निर्धारित होता है। इन आलोचनाओं ने इस कर्त्ता के सबसे अहम पहलू यानी ज्ञाता के रूप में उसकी भूमिका-पर ही सवालिया निशान लगा दिया। इन्होंने दिखाया कि दरअसल इंसान का अपने बाहरी जगत से जो रिश्ता होता है वह उसे ऐसा कोई मुकाम नहीं देता जहाँ से वह इस यथार्थ की कोई वस्तुपरक तस्वीर खींच सके। उसका सच हमेशा आंशिक और संदर्भपरक होता है। हम उत्तर-संरचनावाद की इन आलोचनाओं से सहमत हों या न हों, एक बात आज तय है कि इनके बाद समस्याहीन ढंग से ऐसे कर्त्ता की बात करना आज मुमकिन नहीं रह गया है। उस खुदमुख्तार कर्त्ता का आज लोप हो चुका है। साथ ही लोप हो गया है 'इंसानी फितरत' के उन तमाम खयालों का जो ज्ञानोदय की बदौलत हमें मिले थे। इसी को फलफसाई जबान

में अक्सर 'इंसान की मौत' या 'डेथ आफ मैन' भी कहा जाता है—क्योंकि यहाँ आशय इंसान के एक खास तसव्वुर की मौत से है जो हमारे दिलो-दिमाग पर हावी था। आज कोई भी नया तसव्वुर गढ़ने की कोशिश इन सवालों से किनारा कर के नहीं की जा सकती; क्योंकि आधुनिकता के आजादीपसंद कलामों से इन सवालों का सीधा रिश्ता है।

लिहाजा, हाईट और नेगरी के अंदाज में ही नये समाज के नये तसव्वुर का यह सवाल फिर से उठाया जा सकता है। आज इस सवाल को नये सिरे से उठाने के लिए हमें उन्हीं की तरह पूछना होगा कि 'इंसान की मौत' के बाद मानवतावाद कैसा होगा या कैसा हो सकता है? हाड्र्ट व नेगरी उत्तर-संरचनावाद की उपरोक्त आलोचनाओं को मानते हुए मानवतावाद को नये सिरे से परिभाषित करना चाहते हैं। एम्पायर या साम्राज्य के दौर में वे नये राजनीतिक किरदारों या कर्त्ताओं की तलाश करते हैं। उनकी इस तलाश का हासिल है वह ताकत जिसे वे 'हुजूम' (मल्टीट्यूड) कहते हैं। यह 'हुजूम' कई तत्त्वों से मिल कर बना है। इसमें कई किस्म के रिश्तों का समावेश है। यह हुजूम अभी खुद एक राजनीतिक किरदार नहीं बना है। अभी वह कई किरदारों का जमावड़ा है जो उस मुकाम पर पैदा होते हैं जहाँ सत्ता का हस्तक्षेप होता है। यह हुजूम उस 'जनता' से अलग है जिसका निर्माण राष्ट्रवादी कलामों के जरिये होता है और जिसके बारे में माना जाता है कि वह एक ही इरादे से बँधी होती है? उस जनता के बरअक्स हुजूम को अभी एक राजनीतिक किरदार के रूप में उभरना है। यही सियासत का और रेडिकल राजनीतिक थियरी का काम है।

हालाँकि इन सिद्धांतकारों द्वारा प्रतिपादित हुजूम का यह विचार समस्याओं से मुक्त नहीं है, फिर भी इसकी खास बात यह है कि यह राजनीतिक किरदारों को बिना किसी 'इंसानी फितरत' के हवाले से परिभाषित करने की कोशिश करता है-गोया 'साम्राज्य' (एम्पायर) के अनजान सागर में वह अपना रास्ता तलाश रहा है। उसके पास पूर्वनिर्धारित या स्वयंसिद्ध सत्यों का सुकून नहीं है। उसकी मंजिल भी उसे किसी मसीहा ने पहले से बता नहीं रखी है।

जाहिर है, सरमाये से परे किसी और जहाँ की तलाश एक ऐसी तलाश ही हो सकती है जहाँ हमें 'आज' और उसकी संभावनाओं से परे देखना होगा। यकीनन ऐसे खयाल आज शेखचिल्ली के सपनों जैसे ही लग सकते हैं। मगर इसके मायने यह नहीं हो सकते कि हम ख्वाब देखना छोड़ दें। अलबत्ता इसका अर्थ यह जरूर है कि हमें आज अपनी राह तलाशते वक्त पिछली नाकामियों को लगातार ध्यान में रख कर चलना होगा। जिन अनगिनत सवालों से ऐसे किसी भी प्रयास को जूझना होगा उनमें से एक है अपने 'हाल' या वर्तमान के

बारे में सोचने का सवाल–क्योंकि यह निहायत पेचीदा और परतदार 'वर्तमान' है। आज इस बात को कबूल करना ही होगा कि सारी दुनिया का एक ही वर्तमान नहीं है। मिसाल के तौर पर हमारा उत्तर–औपनिवेशिक वर्तमान पहली दुनिया के महानगरीय वर्तमान से बिलकुल जुदा है। और जिस तरह कोई एक ग्लोबल वर्तमान नहीं है, उसी तरह खुद 'हमारा' भी कोई एक वर्तमान नहीं है। 'साम्राज्य' या नयी ग्लोबल सरमायेदारी के संदर्भ में हम जिस 'हम' की बात करते हैं वह खुद कई छोटे 'हमों' को अपने भीतर समेटे रहता है। आमतौर पर इस संदर्भ में हम या तो किसी एक उत्तर–औपनिवेशिक 'इकाई' की बात कर रहे होते हैं या फिर एक राष्ट्रीय 'इकाई' की। मगर गौर से देखें तो यह पायेंगे कि खुद इन इकाइयों की कोई हमवार शक्ल नहीं है। ग्लोबल सरमायेदारी के संदर्भ में अगर आज हमारे वजूद के लिए नये खतरे दिखायी देते हैं और उसके खिलाफ हम एक राष्ट्रव्यापी लामबंदी की बात सोचते हैं तो वहीं इसकी भी मिसालें कम नहीं मिलतीं कि जहाँ लोग अपने अस्तित्व की रक्षा के लिए दूसरी ही लड़ाइयाँ लड़ रहे हैं। ये लोग अपने संघर्षों से प्राप्त दृष्टि की रोशनी में किसी भी राष्ट्रवादी लामबंदी को शक की निगाह से देखते हैं।

मसलन सन् २००२ के बाद हिंदुस्तान के अल्पसंख्यकों के लिए बुनियादी लड़ाई उस खतरे से निबटने की है जो संघ परिवार की रहनुमाई में हो रहे एक नये फासिस्ट उभार में देखने को मिलती है। इस लड़ाई का विश्वायन के खिलाफ लड़ाई से कोई सीधा रिश्ता नहीं है, बल्कि एक कदम और आगे बढ़ कर कहा जा सकता है कि अक्सर ग्लोबल ताकतों का दबाव शायद कई मायनों में इस खूनी मुहिम पर काबू पाने में ज्यादा मददगार साबित हो सकता है। कम से कम यह तो कहा ही जा सकता है कि हिंदुस्तान के अंदर इस फ़ासीवादी हमले के खिलाफ ऐसी भी कई ताकतें खड़ी दिखायी देती हैं जो विश्वायन की कायल भी हैं। इसी तरह दलित आंदोलन के कई हलकों से भी इस नये ग्लोबल निजाम के बारे में एक सकारात्मक रुख देखने को मिलता है। ऐसी कई और मिसालें भी गिनवाई जा सकती हैं जहाँ इस तरह के विपरीत राजनीतिक तर्क आपस में टकराते हुए मिलते हैं। अगर हर रेडिकल सियासत का मकसद अपने वर्तमान पर काम कर के उसको बदलना है तो फिर हमें यह गुंजाइश भी खुली रखनी होगी कि इन मुख्तलिफ वर्तमानों पर काम करने वाले अलग-अलग अमल इसके दायरे में आ सकते हैं । उसे ग्लोबल और मुकामी, और इसके दरम्यान पड़ने वाले सभी स्तरों की पेचीदगियों से जूझते रहना होगा। हमें यह पहचानना होगा कि लिंग, जातीयता, नस्ल, जाति और धर्म आदि के इर्दगिर्द चल रहे तमाम संघर्ष, जो ईगलटन जैसे गोरे यूरोपीय मर्द को नितांत गैर-जरूरी

लगते हैं, उनसे कम हैसियत रखने वाले लोगों के लिए उतने ही बुनियादी हैं जितना सरमायेदारी के खिलाफ संघर्ष। यही वह जगह है जहाँ ग्लोबल और 'सार्वभौम' का घालमेल सबसे ज्यादा समस्यापूर्ण दिखायी देगा। सार्वभौम हमेशा एक खास नैतिक-राजनीतिक अंतर्वस्तु के साथ हाजिर होता है। शायद इसीलिए ईगलटन का एक सार्वभौम, जहाँ लिंग; जाति, नस्ल आदि मसले गैर-जरूरी दिखते हैं, सबको कबूल न हो सके। दरअसल 'ग्लोबल' ताकतों के इस 'विन्यास', जो पूँजी द्वारा दुनिया के औपनिवेशीकरण के जरिये ऐतिहासिक तौर पर वजूद में आता है, की हकीकत से हर सामाजिक आंदोलन को किसी न किसी रूप में जूझते रहना पड़ता है। उसकी कोई सार्वभौमिक नैतिक-राजनीतिक अंतर्वस्तु नहीं है। हो भी नहीं सकती, क्योंकि वह बुनियादी तौर पर सत्ता का ऐसा विन्यास है जो तमाम तरह की जोर-आजमाइशों का नतीजा है, बल्कि कुछ और आगे जाकर यह कहा जा सकता है कि पूँजी के साम्राज्य-विस्तार के एक अहम लम्हे की पैदाइश होने के नाते यह ग्लोबल हालत उत्तर-औपनिवेशिक राजनीतिक किरदारों (सब्जेक्टिविटीज) के निर्माण में भी एक महत्त्वपूर्ण भूमिका अदा करती है। नस्ल और जातीयता के सवाल इन किरदारों के निर्माण के अच्छे उदाहरण हैं, जो उपनिवेशवाद के इतिहास से अकाट्य रूप से जुड़े हैं।

सोशलिस्ट रजिस्टर के इसी अंक के एक अन्य लेख में फ्रिग्गा हॉग जब यह कहती हैं कि "नारीवाद मेरे लिए पहले से ही एक राजनीतिक यूटोपिया है"[७] तो इस संबंध में वे एक बेहद अहम सवाल उठाती हैं। उनकी दलील है कि "जैसे ही हम मानवता जैसी एक अमूर्त श्रेणी छोड़ कर दो लिंगों के खास धरातल पर कदम रखते हैं, वैसे ही यूटोपियाई विचारों की जरूरत से संबंधित इस अति-सहज कहानी में कई ज्वलंत सवाल उठ खड़े होते हैं।"[८] उनके मुताबिक, नारीवाद एक खास नजरिया होते हुए भी एक सार्वभौम इंसानी परिप्रेक्ष्य रखता है। इसी तर्ज पर हम एक दलित यूटोपिया या एक पर्यावरणीय यूटोपिया की बात भी कर सकते हैं जो एक साथ ही सार्वभौम और पारिवेशिक के पेचीदा खेल को दर्शाता है। यह सवाल बेहद अहम सवाल है। इस तरह के तमाम यूटोपियाई तसव्वुरों को हम हल्के ढंग से सिर्फ 'पहचान की राजनीति' का नाम देकर खारिज नहीं कर सकते। आजकल वामपंथी हलकों में 'अस्मिता या पहचान की सियासत' कह कर जिसका मजाक उड़ाया जाता है, वह किसी उत्तर-आधुनिक फंतासी की पैदाइश नहीं है, बल्कि सत्ता के बहुत अहम सवालों से जुड़ा हैं। इन आंदोलनों का इस बीच उभर कर आना ग्लोबल पूँजीवाद के खिलाफ संघर्ष की जरूरत को नकारता नहीं है, बल्कि शायद इस

बात को रेखांकित करता है कि सत्ता के विन्यास के इन सवालों को अब और मुल्तवी नहीं किया जा सकता। जिस तरह नारीवादी आंदोलन का यह आग्रह कि पितृसत्ता के खिलाफ लड़ाई आज और इसी वक्त लड़ी जानी है, उसे पूँजीवाद के साथ समझौता करने पर विवश तो नहीं करता (उसकी ज्यादातर धाराएँ पूँजीवाद के खिलाफ आज भी एक समझौताहीन लड़ाई लड़ रही हैं), उसी तरह पहचान के ये नये दावे भी इस लड़ाई के खिलाफ नहीं हैं। कम से कम यह कहा जा सकता है कि उस लड़ाई से इनका कोई विरोध नहीं है। ज्यादातर आधुनिक आजादीपसंद कलामों की दिक्कत यह है कि वे सार्वभौम को एक खास अंर्तवस्तु से भर देती हैं, जिसमें यह मान लिया जाता है कि पहचान के तमाम निशान गायब हो चुके हैं, जबकि मातहत और बेहैसियत तबके इन पहचानों को अपनी बढ़ती बेअख्तियारी के मूल कारण के रूप में महसूस करते हैं। खुद सरमायेदारी के हाथों सब एक ढंग से या एक बराबर प्रभावित नहीं होते।

तो फिर इस सूरत में जो बुनियादी सैद्धांतिक सवाल खड़ा होता है उसे कुछ इस तरह पेश किया जा सकता है : क्या सार्वभौम की आलोचना (और उसके साथ आजादी के महावृत्तांतों की) हमें लाजमी तौर पर अनगिनत आपसी संवादहीनता 'परिवेशों' के अराजक जगत में लाकर छोड़ देती है? कम से कम पुराने वामपंथ का आरोप तो कुछ ऐसा ही लगता है। थोड़ी देर के लिए अगर यह मान भी लिया जाय कि इन सार्वभौमों के अभाव में हमारे पास फकत एक संवादहीन अराजकता ही बचती है तो भी क्या सार्वभौम के पक्ष में यह तर्क काफी है। हाल के सालों में बुनियादपरस्त (फाउंडेशनलिस्ट) फलसफों की आलोचनाएँ सामने आयी हैं। ये दावा करती हैं कि 'सच' हमेशा सापेक्ष होता है। इन आलोचनाओं के इर्द-गिर्द उठे सवालों को इस संदर्भ में देखने की जरूरत है। इन नये फलसफों का मानना है कि संस्कृतियों और भाषाओं का अपना एक अर्थ-जगत होता है और इसमें आपसी संवाद हमेशा एक बहुत पेचीदा मसला होता है। ऐसा नहीं कि संस्कृतियों या भाषाओं के बीच संवाद नामुमकिन होता है, मगर यह संवाद कभी भी सीधा और आसान नहीं होता। इनमें कई तरह के पेच होते हैं, संदर्भों के फर्क होते हैं और उनके बीच अर्थों के लगातार तरजुमे चलते रहते हैं। इस प्रक्रिया में उनमें कुछ छूटता रहता है या कुछ जुड़ता जाता है। सार्वभौम के पक्ष में इसके खिलाफ सबसे चालू तर्क यह दिया जाता है कि "आखिरकार कुछ ऐसे मूल्य भी होते हैं जिन्हें हम सार्वभौम इंसानी मूल्य कह सकते हैं और बराबरी और हक जैसे कुछ ऐसे निहित आदर्श होते हैं, जिन्हें सभी मानते हैं।" एक हद तक यह बात सही हो सकती है। मगर

जरा और आगे बढ़ कर पूछें कि ये आदर्श किन अर्थों में सार्वभौम होते हैं? क्या ये एक ही ढंग से हर संदर्भ में समझे जाते हैं? क्या ये हर संदर्भ में एक ही ढंग से स्वीकार्य होते हैं? उदाहरण के लिए पैन-इसलामिज्म को लें, जो पिछले काफी समय से यूरोपीय प्रबोधन-जनित आधुनिक-सेकुलर सार्वभौम को लगातार चुनौती दे रहा है। ऐसा नहीं है कि यह इसलामी सार्वभौम, यहाँ तक कि बिन लादेन किस्म का सार्वभौम, बराबरी और हक के सार्वभौम विचारों से बेखबर है। मगर ये खयाल यहाँ बिल्कुल दूसरे ही कालम में नुमाया होते हैं, जहाँ उनके असर और अर्थ बिल्कुल बदल जाते हैं। बराबरी और हक के खयाल यहाँ तहजीबाती शिकस्त के एक ऐसे कलाम का हिस्सा बन कर सामने आते हैं जहाँ ग्लोबल स्तर पर सत्ता की गैर-बराबरी और नाइंसाफी का संदर्भ हावी रहता है। जाती या व्यक्तिगत बराबरी और खुदमुख्तारी के संदर्भ के अपने जन्म के हालात से आजाद होकर अब वे समुदाय के संदर्भ में सामने आते हैं जो लाजमी तौर पर व्यक्तिगत खुदमुख्तारी के नकार पर आधारित होता है। पैन-इसलामिज्म, जो एक पारिवेशिक हकीकत है, अब एक सार्वभौम का रूप अख्तियार करने की कोशिश करने की कोशिश करता है। या यूँ कहें कि सार्वभौम को नये अर्थों से भर देना चाहता है।

यहाँ यह याद रखना चाहिए कि न आधुनिक सेकुलर सार्वभौम के पास और न इसलामी सार्वभौम के पास ऐसे स्वयंसिद्ध सच हैं, जो सबको फौरन दिखायी दे जाएँ या आसानी से समझ में आ जाएँ। लिहाजा दोनों ही एक ऐसी कवायद पर निर्भर हैं जिसके जरिये पहले लोगों का या तो धर्मांतरण किया जाय (जैसा इस्लाम में होता है) या फिर ज्ञानोदय के शैक्षिक अभियान के जरिये 'जाहिल' और 'पिछड़ी सोच' वाले लोगों को आधुनिक समाज के तौर-तरीकों लायक बनाया जाय। पहले समूचे इंसानी समाज को अपने अक्स में ढाल लेने की सूरत में ही दोनों की सार्वभौमिकता सार्थक हो सकती है। तभी जाकर उनका 'विश्व-ऐतिहासिक' मकसद पूरा हो सकता है। दूसरे शब्दों में कहा जाय तो दोनों उस 'जगह' के दावेदार हैं जिसे हम 'यूनिवर्सल' या सार्वभौम कह सकते हैं। इस लिहाज से, अर्नेस्टो लक्लाउ की भाषा में कहा जा सकता है कि यह सार्वभौम एक 'खाली जगह' है जिसका कोई स्वयंसिद्ध अर्थ नहीं है। उसे अगर अर्थ मिलता है तो उस राजनीतिक अमल से जो अपने वर्तमान पर काम करते हुए भविष्य का तसव्वुर गढ़ता है। यानी यह सार्वभौम ही हमारा यूटोपिया है।

नाओमी क्लाइन और हार्ड्ट-नेगरी की किताबें इसी परिप्रेक्ष्य में पढ़ी जानी चाहिए क्योंकि दोनों ही आज के इस अहम सवाल से मुखातिब होती हैं

जो हर तरह के चालू जवाबों से गुरेज करता है। १८ जून, १९९९ का लंदन से शुरू होने वाला वह पूँजीवादी विश्वायन विरोधी जश्न सिएटल, मेलबर्न, प्राग और जेनोआ जैसे शहरों से गुजरता हुआ एक अनोखी दास्तान कहता है। इसे नये दौर के ऐसे पूँजीवाद विरोधी आंदोलनों का हरकारा कहा जा सकता है। पुराने वामपंथ के पूँजीवाद विरोध में और इसमें एक बहुत बड़ा फर्क है : हाड्र्ट और नेगरी की जुबान में कहा जाय तो इन आंदोलनों का कोई मरकज या केंद्र नहीं है और न ही ये किसी खास जगह से बँधे हैं। वे लपक कर सीधे सरमाये पर ग्लोबल चोट करते हैं।

इन आंदोलनों के एक कार्यकर्ता के शब्दों में संघर्षों के ये नेटवर्क 'प्रतिरोध के साझा रंग हैं' (यह फिकरा दरअसल लिबास बनाने वाले मल्टीनेशनल *बेनेटान* के मशहूर इश्तहार *यूनाइटेड कलर्स ऑव बेनेटान* से खिलवाड़-सा करता है)। यहाँ कोई ऐसा केंद्र नहीं है जो इन्हें संचालित करता है, कोई नेतृत्वकारी 'अगुआ दस्ता' नहीं, कोई बँधी बँधाई जगह नहीं, और खुदा खैर करे, कोई महावृत्तांत भी नहीं है। बकौल नाओमी क्लाइन, इन्हें जो चीज प्रेरित करती है वह कारपोरेट दुनिया के चंगुल से सार्वजनिक जगहों को आजाद करने की तमन्ना है जो इस बीच तेजी से उभर कर सामने आयी है, क्योंकि पश्चिमी दुनिया का अब शायद ही कोई ऐसा सार्वजनिक मुकाम है जिस पर कंपनियों के ब्रांडों ने अपना साम्राज्य फैला न लिया हो। क्लाइन और हाड्र्ट-नेगरी की इन इबारतों में भूतपूर्व समाजवादियों की 'बेवफाई' का रोना नहीं रोया गया है। इनमें लगातार उस नये से जूझने की कोशिशें हैं जो तेजी से इस वजूद में आना शुरू हुआ है।

नाओमी क्लाइन दिखाती हैं कि किस तरह १९९० की दहाई में विश्व-सरमायेदारी का ऐसा नया रूप सामने आता है, जिसमें उत्पादन के पचड़े से आजाद कारपोरेशन अपनी छवि और ब्रांड बेचने के काम में लग जाते हैं। लंबे समय से चली आ रही औद्योगिक मंदी के दौर में वे उत्पादन का काम तीसरी दुनिया की 'स्वेट शापों' के सुपुर्द करके इस झंझट से मुक्त हो जाते हैं और अपनी छवि की तिजारत पर ध्यान देना शुरू करते हैं। इस नये खेल का नाम है 'ब्रांडिंग'। इस दौर में ये कारपोरेशन पूरी तरह समाज की एक-एक इंच जमीन पर काबिज होना शुरू करते हैं। मगर यहाँ भी एक फर्क यह है कि अब वे अपना माल बेचने की बजाय 'जीने के अंदाज' यानी सपने बेचना शुरू करते हैं। इस नये खेल की एक झलक *स्टारबक्स* नामक कॉफी बेचने वाली मशहूर शृंखला के उपाध्यक्ष के इस कथन से मिल सकती है, जिसमें वे फ़रमाते हैं कि "खरीदार सचमुच यह नहीं मानते कि एक कंपनी का उत्पाद किसी दूसरे की

बनिस्बत ज्यादा अच्छा होता है'', इसलिए *स्टारबक्स* को उनकी हिदायत है कि वे अपने खरीदारों से जज्बाती रिश्ता जोड़ें। लिहाजा उसी कंपनी के मुख्य अधिकारी हावर्ड शुल्ज यह दावा कर सकते हैं कि उनके खरीदार उनके पास काफी पीने नहीं, बल्कि ''क़ाफी के तजुरबे की रूमानियत, उसकी गर्माहट और समुदाय के अहसास का यहाँ मिलने वाला मजा लेने के लिए आते हैं।'' क्लाइन का मानना है कि यही सपनों की सौदागरी इन कंपनियों को अब भारी पड़ रही है। सवाल अगर जज्बात का है तो खरीदार की उम्मीदें भी बिल्कुल दूसरे स्तर की होंगी। उनका यह भी कहना है कि इस पूरे दौर में जब कंपनियाँ अपने खरीदारों से जज्बाती रिश्ता कायम कर रही थीं तब उन खरीदारों को उनके कारनामों का अहसास न था जो उनकी सरपरस्ती में तीसरी दुनिया के कई देशों में चल रही थीं, जहाँ मजदूरों से गुलामों की तरह काम लिया जा रहा था और जिस में उन्हें बुनियादी हक भी हासिल नहीं थे।

जाहिर है कि इस दास्तान का एक दूसरा छोर वह है जो इन बेगार-कारखानों को अमीर देशों के मजदूरों से जोड़ता है : आखिरकार इन कारखानों में अब वही सब पैदा हो रहा था जो एक जमाने में खुद इन देशों के मजदूर पैदा किया करते थे। उनकी बेरोजगारी का सबब भी यही बेगार-कारखाने थे। रफ्ता-रफ्ता यह सब मिल कर एक नये उफान की जमीन तैयार कर रहे थे।

बहरहाल, इन सभी विवरणों से जाहिर होता है कि इस नये दौर के इन आंदोलनों का कलेवर और इनके किरदार अब एक बिल्कुल अलग धरातल पर तैयार हो रहे हैं। यह धरातल मौजूदा पश्चिमी दुनिया के एक खास तजरुबे पर आधारित है जिसे ज्यों का त्यों किसी तीसरी दुनिया के समाज में दोहराया नहीं जा सकता है। यह उनके वर्तमान से निकलने वाला रेडिकलिज्म है। हमारे वर्तमान का रेडिकलिज्म कैसा होगा, यह तो अभी देखना बाकी है। फिलहाल इतना नोट करना जरूरी है कि खुद पश्चिम में यह वर्तमान सबका नहीं है। पिछले दिनों इस बात को लेकर कई बहसें इन आंदोलनों के कार्यकर्त्ताओं के बीच हुई हैं जो यह दिखाती हैं कि इनमें काले और अन्य एशियाई मूल के लोगों की शिरकत बहुत कम रही है। उनके मसले अलग हैं। उनका मौजूदा यथार्थ अलग है। उन्हें न सिर्फ पूँजी के शोषण से जूझना पड़ता है, बल्कि तमाम तरह के नस्ल-आधारित उत्पीड़नों और भेदभाव का भी शिकार होना पड़ता है।

संदर्भ और टिप्पणियाँ

१. जाहिर है कि यह आखिरी उद्धरण मार्क्स की मशहूर कृति *एट्टीन्थ ब्रूमेर आफ लुई बोनापार्ट* की अनगिनत बार दोहराई गयी शुरुआती पंक्तियाँ हैं। पीटी के प्रयोग पर

चर्चा के लिए देखें हिलरी वेनराईट (२००२), *नोट्स टुवाईस ए न्यू पालिटिक्स : न्यू स्ट्रैटेजीज़ फार पीपल्स पावर*, ट्रांसनेशनल इंस्टीट्यूट, टीएनआई ब्रीफिंग सीरीज। मिसाल के तौर पर पिछले चंद सालों में पोर्टो एलेग्रे के स्थानीय शासन पर काबिज होने के दौरान इस पार्टी के नेतृत्व में वहाँ जनता की व्यापक भागीदारी से शहर का बजट बनता है, जिसमें दसियों हजार लोग शिरकत करते हैं और जिसके फलस्वरूप शहरी विकास की सारी प्राथमिकताएँ ही बदल गयी हैं।

२. मिशेल हाइर्ट व एंटोनिओ नेगरी, *एम्पायर*, हार्वर्ड यूनिवर्सिटी प्रेस, केम्ब्रिज, मैसाचुसेट्स और लंदन, २००१ और नाओमी क्लाइन, *नो लोगो*, फ्लेमिंगो, लंदन, २००१

३. यहाँ 'मुकामी' का अर्थ 'जगह' नहीं है। इसे यहाँ सामाजिक मुकाम के अर्थ में समझना चाहिए। यह सामाजिक मुकाम सामाजिक ढाँचे के किसी भी खास पहलू से ताल्लुक जरूर रखता है, मगर समग्र पर उसका कोई सीधा असर नहीं पड़ता।

४. टेरी ईगलटन, 'यूटोपिया एंज इट्स अपोज़िट्स', *सोशलिस्ट रजिस्टर*, २०००, संपादक : लिओ पेनिच और कॉलिन लेज़,मर्लिन प्रेस, लंदन और के.पी. बागची एंड कंपनी, कोलकाता, पृष्ठ ३६

५. *वही*, पृष्ठ ३७

६. देखें *सोशलिस्ट रजिस्टर २०००* में 'ट्रांसेंडिंग पेसिमिज्म' शीर्षक से उनका लेख।

७. देखें *सोशलिस्ट रजिस्टर* के उपरोक्त अंक में फ्रिग्गा हॉग का लेख 'कंसीविंग दि यूटोपियन इन ए फेमिनिस्ट फैशन', पृष्ठ ५३

८. *वही*, पृष्ठ ५५

भूमंडलीकरण बनाम एशिया

जापान और दक्षिण-पूर्व एशिया के देश आर्थिक चमत्कारों के जरिये यूरोप और अमेरिका को उसी के खेल में मात देने की नाकाम कोशिश कर चुके हैं। लेकिन, इसका मतलब यह नहीं है कि एशिया की संभावनाएँ तिरोहित हो चुकी हैं। भूमंडलीकरण की यूरोकेंद्रित विश्व-दृष्टि का वैचारिक प्रतिकार विविधता, आध्यात्मिकता और सृजनशीलता की एशियायी परंपराओं के जरिये मुमकिन है। यूरोप की अपनी विविधता और प्राक्-आधुनिक विश्व-दृष्टि भी एशियायी चिंतन के साथ सहयोजित हो कर एक नये विचार की रचना कर सकती है। यूरोप को अगर अपना निकट अतीत याद आ जाय और एशिया अपने सभ्यतामूलक आत्मविश्वास को दोबारा हासिल कर ले तो एशिया वैकल्पिक राजनीतिक संस्कृति का केंद्र बन सकता है।

सभ्यताओं के बीच संवाद

आशीष नंदी से रामू मणिवनन और प्रचा हुतनुवत्र की बातचीत

I

नया भूमंडलीकरण और सृजनशीलता की समस्या

रामू मणिवनन : विश्व राजनीति में सत्ता के तीन केंद्र सक्रिय हैं : राज्य की संस्था, नागरिक समाज और बहुराष्ट्रीय निगम। ये तीनों एक दूसरे को कैसे प्रभावित कर रहे हैं? आपका आकलन क्या है?

आशीष नंदी : हम सब जानते हैं कि आज की दुनिया में राज्य की ताकत लगातार कम हो रही है। राज्य ने अपनी दमनकारी मशीनरी में बढ़ोतरी की है और उसके कारण उसकी ताकत बढ़ती हुई लग सकती है, लेकिन इससे राज्य की वैधता और उसके प्रभाव क्षेत्र के विस्तार की गारंटी नहीं हो सकती। जनमानस में राज्य के प्रभामंडल का क्षय होना शुरू हो गया है। समाज परिवर्तन में राज्य की अगाऊ भूमिका या रेडिकल हस्तक्षेप के औजार के रूप में उसकी भूमिका की चर्चा करने वाले कार्यकर्ता अब बहुत कम दिखते हैं। मेरे खयाल से यह एक अच्छी बात है। कई पीढ़ियों से कार्यकर्तागण सामाजिक बदलाव के

लिए राज्य का इस्तेमाल करने की कोशिश करते रहे हैं। इसका नतीजा काफी विनाश, क्रूरता और रक्तपात में निकला है। ज्यादातर हुआ यह है कि राज्य को इस्तेमाल कर पाने के बजाय कार्यकर्ता राज्य द्वारा ही इस्तेमाल कर लिये गये हैं। ...

मैं कहना यह चाहता हूँ कि राष्ट्र-राज्य को सामाजिक-राजनीतिक बदलाव के प्रमुख माध्यम के रूप में देखने का रोमानी नजरिया अब असरदार नहीं रह गया है। लेकिन, भूमंडलीय पैमाने पर राज्य की हैसियत घटने को दो पहलू और हैं। पश्चिम में राज्य की हैसियत इसलिए घट रही है कि वहाँ के कई देश आर्थिक समृद्धि के लिए अपनी संप्रभुता को कुछ हद तक बेचने के लिए तैयार हो गये हैं। इसका एक बड़ा उदाहरण यूरोपीय संघ है जिसकी रचना में मतदाताओं का सक्रिय सहयोग रहा और जिसके कारण राज्य की सत्ता और प्रभाव क्षेत्र में काफी कमी आयी। सही हो या गलत, बहुत से यूरोपियनों को लगने लगा है कि अलग-अलग यूरोपीय राष्ट्रों के मुकाबले यूरोपीय संघ के तहत उन्हें बेहतर जिंदगी मिल सकती है। दूसरी तरफ जो देश भूमंडलीय राष्ट्र-राज्य प्रणाली के दायरे (**वाशिंगटन सहमति** को मानने वाले देश : सं.) से बाहर हैं, उनकी संप्रभुता को सीमित करने की कोशिशें की जा रही हैं। मसलन, उन देशों की लगाम कसी जा रही है जिनका मानवाधिकारों का रिकॉर्ड खराब है या जिन पर 'गुंडा राज्य' का बिल्ला चिपका दिया गया है। हम जानते हैं कि इस काम के लिए ऐसे संस्थानों की जरूरत है जो राज्य की संस्था पर भी चौधराहट जमा सकते हों। लेकिन, अपने राष्ट्रीय हितों की सेवा के लिए इस तरह की राष्ट्रातीत संस्थाओं का समर्थन करने पर होता यह है कि वे ताकतवर होती चली जाती हैं और एक दिन वे अपने समर्थक देशों को मानवाधिकारों की ऐसी कसौटी पर कसती हैं जिस पर वे खरे नहीं उतर सकते। उदाहरण चाहिए तो संयुक्त राज्य अमेरिका में मानवाधिकारों की हालत पर एमनेस्टी इंटरनेशनल की ताजा रपट पढ़ लीजिऐ। यूरोपीय संघ ने तो ऐसा मानवाधिकार आयोग बना दिया है जिसकी शक्तियाँ यूरोपीय राष्ट्रों की संप्रभुता को ही लाँघ जाती हैं। कई देशों को इससे काफी दिक्कत होती है। ... नये आर्थिक भूमंडलीकरण को इसी रोशनी में देखा जाना चाहिए।

आज की दुनिया में ज्यादातर देशों की हैसियत इतनी घट गयी है कि वे अपनी संप्रभुता और सत्ता का पूरा इस्तेमाल करने की कुव्वत खो चुके हैं। इन हालात में प्रमुख राष्ट्रातीत संस्थाओं के रूप में बहुराष्ट्रीय निगमों की सत्ता हावी होती चली जा रही है। मैं राज्य के क्षय पर खुश होता, पर यह भी एक सच्चाई है कि हम बहुराष्ट्रीय निगमों की गतिविधियों की ठीक से निगरानी करने वाला

कोई तंत्र नहीं बना पाये हैं। आज दुनिया का सबसे बड़ा बहुराष्ट्रीय निगम इतना विशाल है कि संयुक्त राष्ट्र के कई सदस्य देश मिल कर भी उसकी बराबरी नहीं कर सकते। साथ ही कुछ ऐसी बहुराष्ट्रीय संस्थाएँ भी हैं जो निगम तो नहीं मानी जातीं, लेकिन उनका आचरण वैसा ही है। वैकासिक सहायता देने वाला क्षेत्र कुल मिला कर इतना बड़ा है कि उसकी दुनिया के दस सबसे बड़े निगमों में गिनती की जा सकती है, भले ही वह अपने आप को ऐसा न माने। इसकी निगरानी कोई नहीं करता। भारत को ही देखिए, गरीबी कम करने के लिए निर्धारित रकम में से केवल बीस फीसदी ही असल में गरीबों तक पहुँचता है। बाकी सब गरीबी के विशेषज्ञों और उससे जुड़े अधिकारी-तंत्र के पेट में चला जाता है। ये आँकड़े मेरे नहीं हैं। कुछ साल पहले एक भारतीय प्रधानमंत्री ने इनका हवाला दिया था और आज तक किसी ने इस दावे का खंडन नहीं किया है। भूमंडलीय बाजार में हथियारों, नशे और काले धन की सप्लाई करने वाले बहुराष्ट्रीय निगम अलग से हैं। एक विस्तृत साझा समझदारी और परिपाटियाँ इन सभी बहुराष्ट्रीय संस्थाओं को आपस में जोड़ती हैं।

दरअसल, भूमंडलीकरण की मौजूदा शक्तियाँ इसके पहले वाली ताकतों से गुणात्मक रूप से भिन्न हैं। बहुराष्ट्रीय कंपनियाँ पहले भी थीं। ब्रिटिश और डच ईस्ट इंडिया कंपनियाँ तकनीकी रूप से बहुराष्ट्रीय ही कही जाएँगी। एशिया के कुछ देशों पर उनकी काफी अरसे तक हुकूमत रही है। इसलिए उनकी सत्ता भी कोई नयी बात नहीं है। हम पिछले दो सौ साल से देख रहे हैं कि ये कंपनियाँ कैसे काम करती हैं। शायद नयी बात यह है कि इस बार वे सीमाहीन उपभोग के जरिये नये किस्म के सांस्कृतिक विनिमय को प्रोत्साहित कर रही हैं। अभी तक होता यह रहा था कि सांस्कृतिक आदान-प्रदान के दौरान आयातित प्रवृत्तियाँ अथवा माल धीरे-धीरे सांस्कृतिक अनुकूलन की विस्तृत प्रक्रिया से गुजर कर विभिन्न समाजों से समरस हो जाता था। इसके नतीजे अक्सर सृजनात्मक निकलते थे। उदाहरण के लिए उपन्यास के साहित्यिक रूप को ही लें। उपन्यास दुनिया के इस हिस्से में औपनिवेशिक विस्तार और शिक्षा के अंग के रूप में आया। दक्षिण और दक्षिण-पूर्व एशिया के देशों और चीन ने उपन्यास का बेहतरीन सृजनात्मक इस्तेमाल करते हुए अपनी-अपनी स्थानीय संस्कृति में उसके लिए निश्चित जगह मुकर्रर की। दक्षिण और दक्षिण-पूर्व एशियायी देशों के पास अपने महाकाव्य थे, लेकिन उपन्यास ने कहीं न कहीं कोई शून्य जरूर भरा। कई लेखकों ने इसे आसानी से अपना लिया। यह जरूर है कि इस इलाके में आ कर उपन्यास यूरोपीय नहीं रह गया। उसकी शक्ल-सूरत और रूपरेखा बदल गयी। अफ्रीका और दक्षिण अमेरिका ने भी उपन्यास

के रूप का अनूठा रचनात्मक इस्तेमाल किया। इस सदी में एशिया ने इसी तर्ज पर सिनेमा को नया रूप दिया और अपनाया। जापानियों, चीनियों, भारतीयों और हाल ही में ईरानियों ने इस माध्यम का बेहतरीन इस्तेमाल किया है। इन देशों में सिनेमा की सांस्कृतिक गहनता बढ़ी है जिससे सांस्कृतिक सृजनशीलता के नये रूपों की गुंजाइशें खुली हैं। कुछ और भी आसान उदाहरण हैं। मध्ययुग तक भारत में केवल काली मिर्च हुआ करती थी, लाल मिर्च नहीं। आज लाल मिर्च का पूरी तरह भारतीयकरण हो चुका है। मुझे यकीन है कि थाईलैंड में मिर्च का इतिहास कुछ ऐसा ही होगा। थाई लोगों ने तो लाल मिर्च के इस्तेमाल में कमाल ही कर दिया है।

लेकिन नये भूमंडलीकरण के सांस्कृतिक व्यापार में प्राथमिकताएँ बदल गयी हैं। इसमें सांस्कृतिक सृजनशीलता की गुंजाइश काफी कम है। इसमें आयातित माल और प्रवृत्तियाँ सांस्कृतिक अनुकूलन के दौर से नहीं गुजरतीं। टोक्यो में खरीदिए, कैपटाउन में या मैक्सिको सिटी में, हेमबर्गर एक जैसा ही मिलेगा। बेंकाक में खरीदिए, बर्लिन में या ब्यूनो आयर में, ब्ल्यू जींस में कोई फर्क नहीं होगा। ये सांस्कृतिक रूप सांस्कृतिक सीमाएँ पार करते हुए भी पर्याप्त रूप से नहीं बदलते। अगर उन्हें ज्यादा बदला जायेगा तो उपभोक्ता उन्हें स्वीकार ही नहीं करेंगे। सांस्कृतिक संदेश भले ही कुछ बदलता हो पर दुनिया-भर में कोकाकोला स्वाद और कृति के रूप में एक जैसा ही होता है। यही कारण है कि नया भूमंडलीकरण व्यक्तिगत या सामूहिक सृजनशीलता के लिए काफी कम गुंजाइश छोड़ता है। पीते वक्त आप सिर्फ बोतल में भरा पेय नहीं पीते, आप एक ब्रांड भी आत्मसात कर लेते हैं। कैल्विन क्लीन की टी-शर्ट केवल एक वस्त्र ही नहीं होती।

प्रचा हुतनुवत्र: क्या कोई ऐसी अंतर्राष्ट्रीय संस्था बनायी जा सकती है जो बहुराष्ट्रीय कंपनियों की गतिविधियों पर निगाह रख सके?

आशीष नंदी : यह काम करने के लिए हमें क्षेत्रवार और मुद्दावार गौर करना होगा। इस मामले में बहुत विस्तृत अथवा सामान्य रवैया अपनाना ठीक नहीं होगा। अगर बहुराष्ट्रीय निगमों की निगरानी का काम राजनीतिक रूप से कारगर और कामकाज के लिहाज से सार्थक बनाना है तो उसे काफी ठोस और निश्चित दायरे में संगठित करना होगा।

प्रचा : क्या प्रत्यक्ष चुनावों पर आधारित भूमंडलीय शासन का कोई तंत्र खड़ा किया जा सकता है जिससे संयुक्त राष्ट्र की तर्ज पर विश्व सरकार की रचना हो सके?

आशीष नंदी : मुझे यह संभव नहीं लगता। पश्चिमी देशों की सरकारें

भूमंडलीय लोकतंत्र के विचार को इस सीमा तक ले जाना पसंद नहीं करेंगी, भले ही वे अपने देश में कितनी भी लोकतांत्रिक क्यों न हों। उनकी सत्ता उनके हाथ से निकल जायेगी। हो सकता है कि भूमंडलीय लोकतंत्र उनके लिए विनाशकारी साबित हो। ... भूमंडलीय सरकार भूमंडलीय तो होगी पर खतरा यह है कि शायद उसके पास स्थानीय जरूरतों और आकांक्षाओं को समझने की क्षमता ही न हो। इस सरकार की प्रकृति से ही इसके सांस्कृतिक परिणाम फूटेंगे। कहीं यह भी एक और बहुराष्ट्रीय निगम न साबित हो!

हमें भूमंडलीय सरकार की नहीं, भूमंडलीय संस्थाओं की जरूरत है। मैं निजी तौर पर विश्व सरकार के सभी प्रस्तावों के खिलाफ हूँ। एशिया में हम कभी-कभी विश्व सरकार का सपना देखने लगते हैं, क्योंकि हमें अपनी संस्कृतियों पर यकीन नहीं रह गया है। बात यह नहीं है कि हमें बहुराष्ट्रीय निगमों ने पूरी तरह हरा दिया है। असलियत यह है कि हम पश्चिम के साथ अपनी पुरानी मुठभेड़ों की वजह से खुद को पराजित महसूस करते हैं। मसलन, आँकड़ों के अनुसार मोटे तौर पर दो-तिहाई भारतीय पारंपरिक चिकित्सा प्रणालियों का सहारा लेते हैं। उनमें ज्यादातर आधुनिक डॉक्टरों के पास भी जाते हैं। दरअसल, वे दोनों ही चिकित्सा प्रणालियों को अपनाते हैं। मुझे नहीं लगता कि चीन और थाइलैंड की तस्वीर कुछ और निकलेगी। १९९८ में अमेरिकी नागरिक भी गैर-आधुनिक दवाओं पर कहीं ज्यादा खर्च कर रहे थे। समस्या यह है कि लोगों को अपनी स्वाभाविक प्राथमिकताओं पर यकीन नहीं है। वे चुनाव तो सही करते हैं पर उन्हें उस पर शक भी बना रहता है।

अमेरिकी मेडिकल एसोशियेशन ने हाल ही में एक्यूपंक्चर पर एक श्वेतपत्र जैसा दस्तावेज प्रकाशित किया है। उसमें कुछ स्थितियों और कुछ बीमारियों में एक्यूपंक्चर के फायदों को गिनाया गया है। जाहिर है कि चिकित्सा प्रणालियों के बारे में लोगों का चिंतन बदला है पर मैं ऐसे कई चीनी डॉक्टरों से मिला हूँ जो एक्यूपंक्चर को बेकार का, अतीत के अंधविश्वासों का अवशेष और चीन के माथे का कलंक मानते हैं। मैं ऐसे बहुत-से भारतीय डॉक्टरों से भी मिला हूँ जो इसी लहजे में सोचते हैं। वे गैर-आधुनिक औषधियों को सकारात्मक नजर से देखने वाले डॉक्टरों को कड़ी सजा देने के हक में हैं। भारतीय फिल्मों और मंच के एक मशहूर अधेड़ उम्र के अभिनेता शुरू में पेशे से डॉक्टर थे। दो साल पहले उन्होंने टीवी पर एक आयुर्वेदिक टॉनिक का विज्ञापन किया तो इंडियन मेडिकल एसोसियेशन ने उनकी सदस्यता तुरंत खारिज कर दी। हम लोग पारंपरिक चिकित्सा प्रणालियों से जितना डरते हैं, उतना बड़ी बहुराष्ट्रीय औषधि निर्माण कंपनियाँ नहीं डरतीं। तकरीबन सभी

कंपनियों ने पारंपरिक चिकित्सा प्रणालियों में इस्तेमाल की जाने वाली जड़ी-बूटियों की शिनाख्त करने और उनके अंतर्निहित ज्ञान को प्राप्त करने के लिए शोध संस्थानों की स्थापना की है।

हम न तो अपनी परंपरा के प्रति आश्वस्त हैं न ही आधुनिकता के प्रति। हमें लगता है कि हम आधुनिकों से भी ज्यादा आधुनिक हैं। आम लोगों में ज्यादा आत्मविश्वास लगता है। समस्या यह है कि हमारे विशेषज्ञों, बुद्धिजीवियों, नौकरशाहों और हमारे शासकों में यकीन की खासी कमी है।

II

नया भूमंडलीकरण और यूरोकेंद्रित विश्व-दृष्टि

मणिवनन : एशिया में यूरोकेंद्रित विश्व-दृष्टि का हमारे जीवन के लिए क्या महत्त्व है? इस लिहाज से पिछली कुछ सदियों में दुनिया पर इसका क्या असर पड़ा है?

आशीष नंदी : आपका सवाल इतना व्यापक है कि मुझे इस पर बोलते चले जाने का लोभ संवरण करना मुश्किल होगा। ... अगर एशियायी मूल्य एशियायी समाजों के लिए प्रासंगिक हैं तो हमें मानना होगा कि यूरोपीय मूल्य यूरोपीय समाजों के लिए प्रासंगिक होंगे। लेकिन, विश्व-दृष्टियों के मामले में दुनिया के पैमाने पर यह सिलसिला टूटता हुआ लगता है। यूरोकेंद्रित विश्व-दृष्टि का आमतौर पर मतलब होता है आधुनिक यूरोप की विश्व-दृष्टि।

यह विश्व-दृष्टि सोलहवीं और सत्रहवीं सदी में बननी शुरू हुई थी (हालाँकि इवान इलिच जैसे लोग इसका इतिहास और पुराना मानते हैं)। उन्नीसवीं सदी में यह पूरी तरह विकसित हो कर उभरी। एशिया इसी यूरोप को जानता है, क्योंकि इसी यूरोप ने हम पर हुकूमत की थी और आज भी कम से कम सांस्कृतिक रूप से हावी है ही। संयुक्त राज्य अमेरिका इसी यूरोप की पैदाइश है। लेकिन, हमें यह नहीं भूलना चाहिए कि सत्रहवीं सदी से पहले भी एक यूरोप था जो आधुनिक यूरोप के दो सौ साल लंबे दबदबे के बाद भी कहीं न कहीं बचा रह गया है। एशिया के कई हिस्से इस पुराने यूरोप को याद करते हैं और जानते हैं। यह है औपनिवेशिक दिनों के पहले का यूरोप, खेतिहर जीवन-शैलियों पर आधारित समाजों वाला यूरोप, ईसाइयत के प्रारंभिक दिनों वाला यूरोप और गूढ़ज्ञानवादी पंथों का यूरोप। बाद में यूरोप गोयथे, जान रस्किन, लियो टॉल्स्टाय, विलियम मॉरिस, विलियम ब्लेक और विलियम वर्ड्सवर्थ जैसी हस्तियों द्वारा उठाये गये असहमतियों के स्वरों के रूप में हमारे सामने आया। यह कोई अनायास ही नहीं है कि एशियन मूल्यों के सबसे महान

पैरोकारों में से एक गाँधी ने अपने जिन तीन आध्यात्मिक गुरुओं का जिक्र किया है, उनमें दो यूरोपियन और एक अमेरिकी था। ये तीन लोग थे टॉल्सटाय, रस्किन और थोरो। गाँधी ने कहा था कि उन्होंने अहिंसा का सिद्धांत गीता से नहीं, बल्कि ओल्ड टेस्टामेंट में दर्ज हजरत मूसा को मिले ईश्वरोपदेश से सीखा है। तकनीकी रूप से यह भी कहा जा सकता है कि यह एक एशियायी पैगंबर को हुआ इलहाम था, लेकिन गाँधी ने इसे यूरोपीय ईसाइयत के जरिये प्राप्त किया था।

लेकिन समकालीन यूरोप के भीतर यह यूरोप आज हाशिये पर जा चुका है। हालत यह है कि दुनिया के कुछ अन्य भागों में यह पराजित यूरोप ज्यादा गरिमा के साथ जीवित है। हमें इस यूरोप को सुरक्षित रखना है, ठीक उसी तरह जैसे बैंक दिवंगतों की संपत्ति को लापता वारिसों के लिए सुरक्षित रखते हैं। इस यूरोप के कई आयामों को भविष्य के यूरोप के लिए बचा कर रखना होगा। मुझे यकीन है कि एक दिन इस यूरोप के सच्चे वारिस आयेंगे और अपनी पैतृक संपत्ति हमसे ले जाएँगे। दूसरे हमारी संस्कृति के कुछ अंशों को सुरक्षित रख सकते हैं। प्लेटो और अरस्तू जैसे यूनानी दार्शनिक एक बार ऐसा कर चुके हैं। मध्ययुगीन यूरोप में हेलेनिक ज्ञान प्रणालियाँ मृतप्राय हो चुकी थीं। अरबों ने उन्हें सहेजा और अरब सभ्यता ने यूनानी सभ्यता और संस्कृति को संरक्षित किया। यूनानी दार्शनिकों का अध्ययन करने की इच्छा रखने वाले यूरोपियायी कई सदियों तक अरब विश्वविद्यालयों में पढ़ने जाते रहे। आज यूनान के मुकाबले दक्षिण एशिया में हेलेनिक चिकित्सा प्रणाली यूनानी इलाज के रूप में अधिक जीवंत है। ऐसा ही प्राक्-आधुनिक यूरोप के मामले में घटित हो सकता है।

इस अर्ध-विस्मृत यूरोप के हिसाब से तो यूरोपीय और एशियायी मूल्य इतने अलग-अलग नहीं लगते। कितने अफसोस की बात है कि आज 'एशियायी मूल्य' जैसा पद ही अपने-आप में विवादास्पद और निंदात्मक हो गया है। कई मानवाधिकार कार्यकर्ता और स्वयंसेवी संगठनों के दिग्गज भी इसे गाली की तरह इस्तेमाल करते हैं, क्योंकि यह अभिव्यक्ति उन लोगों से जुड़ गयी है जो लोकतंत्र और मानवाधिकारों से प्रतिबद्ध नहीं माने जाते। सिंगापुर के ली कुआन यू, मलेशिया के महातिर मुहम्मद और चीन की मौजूदा कम्युनिस्ट सरकार की मिसाल दी जा सकती है। गलती से ही सही, लेकिन हमने इन लोगों को एशियायी मूल्यों की ठेकेदारी दे दी है। दलाई लामा और आंग सान सू ची भी तो एशियायी मूल्यों की नुमाइंदगी करते हैं। गाँधी भी एशियायी मूल्यों के ही पैरोकार थे। एशियायी मूल्यों के बारे में ऊँचे स्वर में बात करने वालों से कहीं ज्यादा आधिकारिक और सृजनशील ये लोग हैं। हिमलर जैसे लोग

लगातार यूरोपियायी मूल्यों को बचाने का राग अलापते रहे। इसके बावजूद नाजी उनकी संभावनाओं को खत्म नहीं कर पाये। मुझे नहीं लगता कि सभ्यतामूलक मूल्यों के स्वघोषित रक्षक एशिया या यूरोप या किसी के भी प्रतिनिधि माने जा सकते हैं।

मणिवनन : आपने पश्चिमी और एशियायी विश्व-दृष्टियों के सकारात्मक पहलुओं का जिक्र किया। जहाँ तक हमारी जिंदगियों का सवाल है, पिछले दो-तीन सौ साल में यूरोकेंद्रित विश्व-दृष्टि में क्या गड़बड़ी हुई है? यह सवाल इस असलियत को समझ कर पूछा जा रहा है कि चाहे हम खुद चुनें या वक्त की मजबूरी हो, हमें पश्चिम के साथ रहना ही है। हालाँकि मैं इसे अपना प्रारब्ध नहीं मानता।

प्रचा : मैं भी पश्चिमी विश्व-दृष्टि के बारे में एक संतुलित समझ बनाना चाहूँगा। मेरा खयाल है कि इस विश्व-दृष्टि में सकारात्मक और नकारात्मक दोनों पहलू हैं।

आशीष नंदी : मैंने इस बारे में यहाँ तो विस्तार से चर्चा नहीं की है, पर दूसरे मौकों पर मैं इस पर बोलता रहा हूँ। कारण साफ है : यूरोप की वंश-बेलि एक नहीं है। यह महाद्वीप सांस्कृतिक रूप से काफी विविध है। आज के एक प्रमुख दार्शनिक हैंस-जॉर्ज गैडामेर तो मानते हैं कि यह बहुसांस्कृतिकता तो यूरोप की सबसे बड़ी सांस्कृतिक धरोहर है।

प्रचा : देखिए, मैं चाहता हूँ कि हम बात को केवल आधुनिक पश्चिम और उसके हमारी जिंदगियों पर पड़ने वाले असर तक ही सीमित रखें। सत्रहवीं सदी से जिस आधुनिक पश्चिम की शुरुआत हुई और जो उन्नीसवीं सदी तक पूरी तरह विकसित हो चुका था, उसने दूसरे समाजों और सभ्यताओं को सांस्कृतिक रूप से बेइंतिहा प्रभावित किया है।

आशीष नंदी : कुछ क्षेत्रों में आधुनिक मूल्यों का भी सृजनात्मक इस्तेमाल किया जा सकता है। ऐसे मूल्य हमारे सामने चुनौती फेंकते रहे हैं। मुझे नहीं लगता कि कोई महान सभ्यता तीस नये टेलीविजन चैनलों या बाजार पर छा जाने वाले हेमबर्गरों और कोकाकोला के दबाव में ध्वस्त हो सकती है। अगर कोई सभ्यता इतनी ही कमजोर है और ऐसे मामूली प्रभाव को नहीं झेल सकती तो उसके बने रहने की भी कोई तुक नहीं होनी चाहिए।

हमारी सभ्यता भी इस तरह के खोखले खतरों से नष्ट होने वाली नहीं है। इससे भी ज्यादा महत्त्वपूर्ण बात यह है कि समकालीन यूरोप ने हमारे सामने ऐसी कई चुनौतियाँ पेश कीं हैं जिनसे निपट पाने में हम अभी पूरी तरह से कामयाब नहीं हुए हैं। हमारा जवाब कुछ मामलों में तो ठीक रहा है पर कुछ में

नहीं। दूसरी तरफ जापान की मिसाल है। उसने पश्चिमी चुनौती का मुकाबला करने में जबरदस्त ऊर्जा, कठोर परिश्रम और नये-नये रास्ते खोजने की प्रवृत्ति का परिचय दिया है। इसके बावजूद मुझे अंदेशा है कि आर्थिक और प्रौद्योगिकीय सफलता हासिल करने के चक्कर में जापान ने कई पश्चिमी मूल्यों को आत्मसात कर लिया है। उसकी कोशिश यह थी कि पश्चिम को उसी के खेल में मात दी जाय। एक सीमा तक तो यह ठीक था। लेकिन, संस्कृति का क्षेत्र कुछ अलग किस्म का होता है। यह खेल आपने जिससे सीखा हो उसी को हराने के आधार पर इस खेल में आप सफलता का दावा नहीं कर सकते। यह तो वही बात हुई कि मजबूत आस्ट्रेलियायी टीम कमजोर इंगलिश टीम को क्रिकेट में हरा कर रोमांच का अनुभव करे, क्योंकि आखिरकार क्रिकेट अंग्रेजी खेल है। इस रवैये की कुछ खास सीमाएँ हैं जिसके कुछ खास नतीजे होते हैं। भारी कामयाबी हासिल करने के बाद अब जापान को इन नतीजों का सामना करना पड़ रहा है। जापान की अस्मिता या कहिए तो उसकी आत्म-परिभाषा साँसत में पड़ गयी है। उसने नारा दिया था 'पश्चिमी प्रौद्योगिकी और जापानी जीवट', लेकिन आज यह नारा चल नहीं पा रहा है। वजह यह है कि कई दशकों से जापानी जीवट में कमी आती जा रही है और कई साल से पश्चिमी प्रौद्योगिकीय संस्कृति का जापान में प्रसार होता जा रहा है। हमारे जैसे देशों को यह सबक सीखना चाहिए। जापान जो सबक अर्थतंत्र के क्षेत्र में सीख सकता है वह दूसरे देश प्रतिरक्षा और सैन्य प्रौद्योगिकी के क्षेत्र में सीख सकते हैं। एटमी प्रौद्योगिकी में पश्चिम की नकल करने के मामले में भारत को भी यही सबक मिलेगा। इस प्रौद्योगिकी से न तो हमें कोई कामयाबी मिलेगी न ही हमारी शान में इजाफा होगा। केवल पराजय नसीब होगी।

मलेशिया, थाईलैंड, दक्षिण कोरिया और ताइवान को भी यही सबक तरह-तरह से सीखना होगा। उनकी तमाम सफलताओं के बाद भी कुछ सवाल ऐसे हैं जिनका जवाब अभी नहीं मिला है। मसलन, क्या सिर्फ आर्थिक समृद्धि हासिल करने के लिए हम दीर्घकालिक रूप से पश्चिम जैसे होने के लिए तैयार हैं? क्या समृद्धि का यह विचार अपनाने काबिल है? क्या यही हमारे समाजों का अंतिम लक्ष्य होना चाहिए? क्या बात ऐसी नहीं है कि हम अपने मूल्यों और विश्व-दृष्टियों में यकीन खो चुके थे, इसलिए हमने और कई विकल्पों पर गौर ही नहीं किया? हमने सोचा कि पहले हम उन अर्थों में कामयाब हो जाएँ जिन्हें पश्चिम कामयाबी का दर्जा देता है, उसके बाद हम अपनी संस्कृति को बचाने की कोशिश करते रहेंगे। यह सवाल इतना सिद्धांतपरक नहीं है जितना लगता है। आधुनिकीकरण और विकास के रास्ते पर चलने की हम पहले ही

काफी कीमत अदा कर चुके हैं। हमारे समाज उत्तरी अमेरिका की तरह नहीं हैं, जहाँ विशाल निर्जन इलाकों में छोटे-छोटे समुदाय रहते थे। हम दूर-दूर तक फैली हुई जमीनों और संसाधनों को कुछ-कुछ 'सकारात्मक' किस्म के नरसंहार के जरिये बेरोक-टोक नहीं हड़प सकते। यहाँ तो लोग शहरों, कस्बों, गाँवों और बीहड़ इलाकों में शताब्दियों से बसे हुए हैं। हमारे समाज सघन आबादी वाले समाज हैं। उनमें प्रकृति और लोगों की रोजी के बीच बड़ा नाजुक संतुलनकारी रिश्ता है।

हम विकास का ऐसा मॉडल लागू करने की कोशिश कर रहे हैं जो लोगों के एक बड़े हिस्से की रोजी-रोटी के सवाल को महत्त्वहीन मानता है। हमने अचानक खामोशी से ऐलान कर दिया है कि हमारी आबादी का एक बड़ा हिस्सा बेकार और फेंकने काबिल हो चुका है। जैसे कि हमारे आस-पास रहने वाले बहुत-से लोगों ने जिंदा रहने का हक खो दिया हो। हमारा सोच यह बन रहा है कि ज्यादा आबादी की समस्या से छुटकारा पाने का केवल यही तरीका बचा है—अगर किसी की उत्पादक क्षमताएँ और आर्थिक उपयोगिता हमारी कसौटियों पर खरी नहीं उतरती तो उनसे हाथ धो लेना चाहिए। ऐसे लोगों की श्रेणी में लाखों-लाख कारीगर और हजारों खेतिहर समुदाय आते हैं जो अंतर्राष्ट्रीय बाजार में बिक सकने और मुनाफा कमा सकने वाली चीजें नहीं बना सकते। ऐसे लोग़ों में कलाकारों और संगीतकारों के समुदाय आते हैं जो सदियों पुरानी परंपराओं के आधार पर कला की आराधना में लगे हुए हैं, पर आज की दुनिया में उनका कोई स्थान नहीं है। हमने अपने जैसे ही मनुष्यों के एक हिस्से को समाज के ऊपर बोझ करार दे दिया है। हम जानबूझ कर उन्हें गुजरे जमाने की चीज बताते हैं और कुछ इस तरह पेश आते हैं जैसे कि वे खुद-ब-खुद विलुप्त हो जाने वाले ऐतिहासिक वजूद हों। उनके वजूद को स्वीकार करते ही या उनके बारे में सोचते ही सरकारी मीडिया और बुद्धिजीवी हम पर रोमानी होने का ठप्पा लगा देते हैं। यह हमारे वक्त की बहुत बड़ी त्रासदी है।

मणिवनन : मैं आपका ध्यान एशिया, अफ्रीका और लातीनी अमेरिका में चल रही एक खास बहस की ओर खींचना चाहता हूँ। कुछ विद्वान, चिंतक और कार्यकर्ता पश्चिम से मुआवजा माँग रहे हैं। उनका कहना है कि पश्चिम द्वारा किये गये संसाधनों और मानव संसाधनों के दोहन से हमारे समाजों और जनता को बेहद नुकसान हुआ है। विश्व-दृष्टियों और सभ्यताओं की चर्चा करते समय आप मुआवजे के इस तरह के दावों पर क्या कहेंगे?

आशीष नंदी : उसूलन मैं इसके समर्थन में हूँ। लेकिन, यह मुआवजा

वास्तव में हमें नहीं मिलने वाला है। पश्चिम को भी यह पता है। कौन नहीं जानता कि दुनिया के दक्षिणी हिस्से पर बरपायी गयी तकलीफों का अगर आर्थिक तखमीना लगा कर वसूला जाय तो पश्चिम की अमीरी बहुत घट जायेगी। मुआवजा बहुत बड़ा होगा। यहूदियों के नरसंहार के लिए और द्वितीय विश्वयुद्ध के दौरान लिये गये दास-श्रम का जो मुआवजा जर्मनों ने दिया, वह हमें पता है। अगर इसी पैमाने का इस्तेमाल करते हुए अटलांटिक के आर-पार की गयी गुलामों की तिजारत का अफ्रीका को या एशिया को उसके उपनिवेशीकरण का मुआवजा दिया जाय तो वह इतनी बड़ी रकम होगी कि उस अनाचार का जिम्मेदार कोई भी देश इसका एक अंश भी देने के लिए तैयार नहीं होगा।

लेकिन अगर हम दुनिया को एक संपूर्ण दृष्टि से देखें, एक ऐसी नजर से जिसके अनुसार मानवता के सभी सदस्य एक जीवंत अवयवी की तरह परस्पर सूत्र में जुड़े हुए हैं तो हम देखेंगे कि पश्चिम अपने कर्मों की एक दूसरी तरह की कीमत अदा करना शुरू कर ही चुका है। नयी दुनिया ने ज्यादातर अफ्रीकी गुलामों से चीनी और तंबाकू की पैदावार ही तो करायी थी। पिछली दो सदियों में चीनी और तंबाकू ने मिल कर पश्चिम की आबादी को बेहद नुकसान पहुँचाया है। आँकड़े बताते हैं कि पश्चिमी यूरोप और उत्तरी अमेरिका में कितने लोग चीनी और तंबाकू से जुड़ी बीमारियों के शिकार हैं। चीनी और तंबाकू से गयी जानों की संख्या अफ्रीकी गुलामों की तिजारत में गयी जानों के बराबर ही बैठेगी। कुदरती इंसाफ का चक्र चलता रहता है। आप चाहें तो इसे नैतिक आग्रहों से संचालित दूसरी दुनिया की संज्ञा दे लें, पर मानना पड़ेगा कि इस जगत का भी अपना एक तर्क है। कभी-कभी मुझे लगता है कि काश, इजराइल को वह रकम वापस करने की समझ आ पाती जो उसे यूरोप में और इजराइल के भीतर नस्लवाद विरोधी मुहिम के लिए मिली थी। संभवतः साइमन वील ही नहीं, मार्टिन बुबेर भी रकम वापसी का पक्ष लेते।

मणिवनन : वास्तव में यह बहुत बड़ी विडंबना है। वैदिक दर्शन में कार्य-कारण प्रभाव को दिखाने के लिए एक बड़े सुंदर रूपक का इस्तेमाल किया गया है कि आज हम जिसका उपभोग करते हैं, वह कल हमारा उपभोग कर लेता है। हम जंतुओं का मांस और पेड़-पौधों के फल और सब्जियाँ खाते हैं। हमारी मृत्यु के बाद हमारे शरीर क्षयग्रस्त हो कर पेड़-पौधों और जानवरों के लिए ऊर्जा देते हैं। जब अमेरिका कोलंबस के आगमन के पाँच सौ साल पूरे होने की खुशी मना रहा था तो *रिसर्जेंस* पत्रिका में छपे एक लेख में आपने लिखा था कि किस तरह एक नये, समृद्ध और न्यायपूर्ण लोकतंत्र की रचना के

लिए गुलाम अफ्रीका से आलुओं के बोरों की तरह लाये जा रहे थे। उनमें से करीब एक तिहाई गुलाम तो रास्ते में ही मर गये। मुझे खुशी है कि हमने अपनी बातचीत के दौरान इस ऐतिहासिक त्रासदी की चर्चा की।

क्या अब हम अपने वक्त के प्रमुख सरोकारों पर यह चर्चा केंद्रित करें? आधुनिकीकरण और विकास की अवधारणाएँ पश्चिमी विश्व-दृष्टि की अभिन्न अंग हैं। मैं यह जानना चाहता हूँ कि प्रगति, आर्थिक विकास, निजी संपत्ति, सामूहिक स्वामित्व, समता, बंधन-मुक्ति, आजादी, लोकतंत्र, व्यक्तिवाद और मानवाधिकार जैसी अवधारणाएँ हमारे लिए कितनी प्रासंगिक हैं?

आशीष नंदी : आपकी सूची कुछ ज्यादा ही लंबी है और इन अवधारणाओं में काफी विविधता भी है। लेकिन, इनमें सबसे ज्यादा महत्त्वपूर्ण है प्रगति का विचार। आपने जिन अवधारणाओं का जिक्र किया है उन सभी से तो नहीं, पर कई से प्रगति का विचार संबंधित है। जो चीज 'प्रगतिवाद' और प्रगति के सिद्धांत के नाम से लोकप्रिय है, वह कुल मिला कर हमारे लिए विनाशकारी साबित हुई है। इसके कारण इधर-उधर कुछ अच्छे काम हुए हैं और हो सकता है कि इसके कारण कुछ समाज सुधारों को गति मिली हो, पर आमतौर पर हुआ यह है कि प्रगति का विचार परिवर्तन के लिए परिवर्तन के आग्रह को बल प्रदान करता है। यह समाज परिवर्तन के नाम पर साधारण लोगों पर हिंसा थोपने का समर्थन करता है। हालत यह है कि आज की दुनिया के हाथ से धीरे-धीरे मनुष्य का मर्म छूटता जा रहा है। साधारण जनता और उसके दैनंदिन जीवन का सम्मान करने की क्षमता हम खोते जा रहे हैं। हमारी जिद यह होती है कि हम उन्हें सुधार कर मानेंगे। ऐसा ही रवैया हम चीजों के साथ अपनाते हैं। हम हमेशा उन्हें और बड़ी और बेहतर बनाने पर तुले रहते हैं। तर्क यह दिया जाता है कि मनुष्य आमतौर पर यह तो चाहता है। हमारे पास अपनी जिंदगी और अपनी सफलताओं की खुशी मनाने या उनका आनंद लेने तक का वक्त नहीं है। हम लगातार कुछ न कुछ पाने या कुछ होने के लिए अपने अगले कदम की योजना बनाने में व्यस्त रहते हैं।

पाने या होने के इस विचार को उन्नीसवीं सदी ने सबसे ज्यादा भौंडे रूप में पेश किया। सांस्कृतिक विभेदों को उनकी मूलभूत वैधता से काट कर सामाजिक विकासवाद के मॉडल में फिट किया गया। एशिया या यूरोप की अलग-अलग सांस्कृतिक पहचान प्रासंगिक नहीं रह गयी। दरअसल, जब हर एक को लगातार इतिहास की सीढ़ी चढ़ते हुए ही देखा जाना है तो फिर अस्मिताओं के विचार का कोई मतलब ही नहीं रह जाता। मनुष्य लगातार चढ़ते चले जाने की अंतहीन प्रक्रिया में इतना व्यस्त हो जाता है कि उसे अपने आस-

पास देखने का समय ही नहीं मिलता।

यहीं पर मुझे बचपन में पढ़ी हुई एक कहानी याद आती है। इसे बांग्ला के मशहूर बाल-लेखक शिवराम चक्रवर्ती ने लिखा था। इसमें एक आदमी की कलकत्ता में जेब कट जाती है। वह जेबकतरे को देख लेता है और उसके पीछे भागता है। लेकिन, तेज भागता हुआ जेबकतरा उसकी पकड़ में नहीं आता और महानगर की गलियों में कहीं खो जाता है। अपमानित महसूस करके वह व्यक्ति तय करता है कि वह ऐसा दोबारा नहीं होने देगा और तेज दौड़ने के अभ्यास में लग जाता है। कुछ साल बाद उसकी एक बार फिर जेब कटती है। इस बार वह बड़े यकीन के साथ पीछा करके जेबकतरे के पास पहुँच जाता है। पर वह उसे पकड़ नहीं पाता, क्योंकि वह दौड़ने का कुछ ज्यादा ही अभ्यास कर चुका था। जेबकतरे के पास पहुँचने के बाद भी वह दौड़ता चला जाता है। जब वह वापस नहीं आता तो उसके घरवाले पुलिस को इत्तला देते हैं और पुलिस उसे गायब घोषित कर देती है। कहानी के आखिर में पुलिस को सूचना मिलती है कि वह व्यक्ति भारत की सीमा पार करके बर्मा में देखा गया है और लगातार दौड़ता चला जा रहा है।

दरअसल, यही है हमारी कहानी। पश्चिम ने हमें अपमानित किया, इसलिए हमने तय किया कि हम उसे उसी के खेल में मात देंगे। लेकिन, अब हम रुक नहीं पा रहे हैं। हालत यह है कि जापान जैसे बेहद कामयाब और समृद्ध समाज भी रुकने में नाकाम हैं। वे लगातार दौड़ रहे हैं और उन्हें यही नहीं पता है कि उन्हें कहाँ पहुँचना है।

प्रचा : प्रगति के मिथक का आधार क्या है? यह कहाँ से निकला? अभी आपने सोशल डार्विनिज़्म की चर्चा की। क्या प्रगति के विचार का डार्विनिज़्म से कोई रिश्ता है?

आशीष नंदी : एक हद तक है। हर्बर्ट स्पेंसर जैसे लोगों ने डार्विन के विकासवाद को सीधे-सीधे सामाजिक विकासवाद के रूप में पेश किया। उन्नीसवीं सदी के महान यूरोपीय सामाजिक आलोचकों ने भी इस मिथक को रचने में योगदान किया। इनमें उपयोगितावादी, आमतौर पर समाजवादी और खासतौर पर हेगेलवादी शामिल थे। उद्योगवाद और आधुनिक विज्ञान ने भी अंतहीन प्रगति की संभावनाओं का एहसास पैदा करके इसे मजबूती प्रदान की। सौ साल के अंदर-अंदर यह विकासवाद ज्ञान के लगभग हर क्षेत्र में आजमाया जाने लगा। यहाँ तक कि बाल-विकास के क्षेत्र में इसी से काम लिया गया। यही कारण है कि आधुनिक दुनिया बच्चे को बच्चे की तरह न देख कर बचपन को वयस्क होने की प्रक्रिया के एक चरण के रूप में देखती है। एशिया के कई

समाजों में, खासकर भारत में लोग बालक कृष्ण की भगवान के रूप में पूजा करते हैं। बच्चे की मासूमियत और सृजनशीलता आध्यात्मिकता और देवत्व का प्रतीक बन जाती है। ईसाइयत में भी ऐसा ही होता है। यूरोप की ये परंपराएँ कहीं खो गयी हैं। धर्म में बच्चे जैसा होने का एक खास अर्थ है। उन्नीसवीं सदी तक यूरोप इन परंपराओं से वंचित हो चुका था। सामाजिक विकासवाद के कारण हर संस्कृति, हर समाज और हर चीज कुछ और बनने की तैयारी के एक चरण के रूप में देखी जाने लगी। जब विकासवाद को नस्ल के दायरे में इस्तेमाल किया गया तो और भी दुखद परिणाम निकले। बीसवीं सदी के लगभग सभी प्रमुख नरसंहार और रक्तपात सामाजिक विकासवाद के नाम पर किये गये हैं। हमें इन दावों को नहीं मानना चाहिए कि नाजीवाद बुद्धिवाद-विरोध और अतीतोन्मुखता का परिणाम था। नाजियों ने अतीत के नस्लवाद का इस्तेमाल जरूर किया था, लेकिन उन्होंने हमेशा जैव-विकासवाद और यूजेनवाद के सिद्धांत के आधार पर उसे सही ठहराया। वे राजनीति को स्वास्थ्य के साथ जोड़ते थे और अस्वस्थ, बीमार और आनुवंशिक रूप से अक्षम को निर्ममता से साफ कर देने में यकीन रखते थे। केवल जर्मनी में ही नहीं, और भी बुहत से लोगों को नाजियों का यह विचार ठीक लगा था।

इसी तर्ज पर अमेरिका में अश्वेतों के साथ भेदभाव को उचित ठहराया गया। खेती के सामूहिकीकरण के सोवियत अभियान के दौरान रूसी किसानों पर बरपाया गया आतंक भी इतिहास की विज्ञानसम्मत समझ द्वारा निर्देशित प्रगति के नाम पर आयोजित किया गया था। वह प्रगति रक्तरंजित बलिदान चाहती थी। ऐतिहासिक प्रगति की मिथकीय सीढ़ियाँ चढ़ने के नाम पर अन्य मनुष्यों का बड़ी सफाई से, आधुनिक और तर्कसंगत ढंग से उन्मूलन किया जाता है और प्रगति का सिद्धांत इसके लिए बेहतरीन तर्क प्रदान करता है। कंबोडियायी कम्युनिस्टों ने आबादी के एक-तिहाई हिस्से को मार डाला। मुझे तो यकीन है कि वे ५०.१ फीसदी लोगों के हित के लिए ४९.९ फीसदी लोगों का उन्मूलन कर डालते। आजकल लागत का तखमीना लगाने के लिए इसी तरह के तरीके अपनाये जाते हैं। उन्नीसवीं सदी का सामाजिक विकासवाद आज भी हमारे चिंतन पर छाया हुआ है।

प्रचा : मैं चाहता हूँ कि आप प्रगति के विचार को एशियायी परिस्थिति से जोड़ कर बतायें। क्या एशियायी प्रगति के विचार को किसी खास तरीके से देखते हैं?

आशीष नंदी : एशिया एक विशाल और विविधतामूलक महाद्वीप है। मुझे एशिया के बहुत-से समाजों की जानकारी नहीं है। मैं तो केवल उन थोड़े-

से एशियायी समाजों और संस्कृतियों की चर्चा कर सकता हूँ जिनके बारे में थोड़ा बहुत जानता हूँ। प्रगति के विचार का मतलब हमेशा चरणबद्ध विकास से होता है। यह एकमुश्त कार्यक्रम के रूप में थमाया जाता है और इसका ताल्लुक केवल आर्थिक स्थिति की बेहतरी से ही नहीं होता। दूसरी तरफ सुधार का विचार अपने आप में एक खुला विचार तो है पर इसें प्रगति के विचार की तरह सीमाहीन भी नहीं समझना चाहिए। सुधार के विचार में किसी संपूर्णतावादी नजरिये की गुंजाइश नहीं है, यानी वह सीमाहीनता के चक्कर में नहीं फँसता। यह तो कुछ-कुछ नागार्जुन द्वारा प्रतिपादित यथार्थ के उद्घाटन की तरह होता है, जिसमें प्याज के छिलके उतरते चले जाते हैं और यथार्थ की एक परत हटने पर दूसरी परत सामने आ जाती है। इस तरह यथार्थ की विभिन्न परतें उद्घाटित होती रहती हैं।

इस कहानी का एक और आयाम है। यूरोपीय ज्ञानोदय द्वारा हमें थमायी गयी विज्ञान की धारणा (जिसके आधार पर आधुनिक विज्ञान और समाजविज्ञानों का मॉडल तैयार हुआ है) के अनुसार आप जैसे ही प्रकट यथार्थ को बेध कर उसके नीचे दबे यथार्थ तक पहुँचते हैं, वैसे ही मान लिया जाता है कि आप यथार्थ तक पहुँच गये। यह दबा हुआ यथार्थ विभिन्न अनुशासनों के हिसाब से अलग-अलग हो सकता है। मसलन, आधुनिक औषधविज्ञान में रोग निदान की प्रक्रिया के दौरान जैसे ही आप शरीर की भाषा से परिचित होते हैं वैसे ही माना जाता है कि आपको ठोस यथार्थ मिल गया। अब आप यथार्थ की और परतें नहीं खोल सकते। इसी तरह मार्क्सवाद में जैसे ही भौतिक आधार और वर्ग-संबंधों की संरचना का पता लगा वैसे ही आप सत्य के करीब पहुँच गये मान लिये जाते हैं। मनोविश्लेषण के क्षेत्र में मनो-यौनिकता की परत को छूने का मतलब होता है यथार्थ को स्पर्श करना। यानी मन के रहस्य के अन्य पहलुओं का और उद्घाटन नहीं हो सकता।

दसअसल, यह रवैया बहसतलब है। रहस्योद्घाटन का यह मॉडल विशेषज्ञ, हरावल या चिकित्सक की ढाल बन जाता है। इसकी आड़ में वह अपने सिद्धांतों की रेडिकल आलोचना और आत्मालोचना से बचता रहता है। अगर आप मार्क्सवादी श्रेणियों का ही इस्तेमाल करके यह बताने की कोशिश करेंगे कि वर्गहीन समाज के लिए संघर्ष करने वाले ही अपने हित-साधन के लिए एक वर्ग की शक्ल ले चुके हैं और ये क्रांतिकारी नायक देश-काल की सीमाओं से परे नहीं हैं तो आपका यह काम काफी दुश्मनीपूर्ण माना जायेगा। मार्क्सवाद में मार्क्सवाद जैसा और मनोविश्लेषण में मनोविश्लेषण जैसा कुछ नहीं है। इसीलिए इवान इलिच की पुस्तक 'मेडिकल नेमेसिस' को औषध

विरोधी करार दिया गया, हालाँकि ऐसी किताब किसी न किसी डॉक्टर ने ही कभी लिखने के बारे में सोचा होगा। समस्या यह है कि एक बार शरीर की भाषा बोलना आते ही, वह एक प्रतिरक्षात्मक नकाब की तरह भी काम आने लगती है। आपको लगता है कि आप तो तर्क की दृष्टि से पूरी तरह सुसंगत हैं, आप ज्ञान-प्रणाली से पूरा लाभ उठा चुके हैं और अब किसी ऐरे-गैरे की आलोचना पर आपको ध्यान नहीं देना चाहिए। मेरे खयाल से प्रगति के इस सिद्धांत, बंद ज्ञान-प्रणालियों और रहस्योद्घाटन की इकतरफा विधियों की आलोचना नागार्जुन के बिंब विधान के जरिये की जानी चाहिए।

प्रचा : जरा नागार्जुन के दर्शन पर थोड़ा और प्रकाश डालिए.

आशीष नंदी : मैंने तो केवल उनके बिंबों का इस्तेमाल करने की बात कही है। मैं तो उनके इस यकीन की तरफ इशारा कर रहा था कि कोई भी व्याख्या अपने आप में संपूर्ण नहीं होती और न ही उसके जरिये आपको अंतिम सत्य की प्राप्ति हो सकती है। सत्य तो निरंतर प्रश्न उठाने और लगातार खोज करने से मिलता है। उसकी कोई अंतिम मंजिल नहीं है जिस पर पहुँच कर कोई यह सोच कर थम जाय कि अब यहाँ आ गये और अब तो केवल अपना वर्चस्व कायम करना ही बाकी रह गया है।

मणिवनन : पश्चिम में उद्योगीकरण के युग ने प्रगति के सिद्धांत और विकास के मुख्य सिद्धांत को खड़ा करने में क्या भूमिका अदा की है?

आशीष नंदी : उद्योगीकरण ने निश्चित रूप से प्रगति के सिद्धांत और विकास के मौजूदा मॉडल के सुदृढ़ीकरण में मदद की है। सवाल यह है कि किस सीमा तक उद्योगीकरण अनिवार्य है? आधुनिकता के दूसरे तमाम तत्त्वों की ही तरह उद्योग अपने आप में कोई बुराई नहीं हैं। वे ग्रामीण जीवन के कई तरह के अतिरेकों और स्थापित ढर्रे के खिलाफ आवश्यक संतुलनकारी भूमिका भी निभा सकते हैं। लेकिन, समस्या यह है कि समाज में संतुलनकारी भूमिका के लिए शुरू की गयी कई चीजें आगे चल कर खुद भी संतुलन की माँग करने लगती हैं। असहमति की धाराएँ या हाशिये पर पड़ी धाराएँ हावी हो जाती हैं। आज उद्योगवाद कैंसर बन चुका है और कैंसर के ये कारक अपने आप रक्त में शामिल नहीं हो जाते, बल्कि उनकी बेरोकटोक वृद्धि तकलीफों को बुलावा देती है। इस रवैये की मिसाल हम व्यक्तिवाद के रूप में देख सकते हैं कि प्राक्-आधुनिक जमाने में भी एक सीमा तक व्यक्तिवाद तो था ही और वह उस युग पर हावी सामूहिकतावादी मूल्यों को संतुलित करता था। आधुनिक व्यक्तिवाद भले ही न हो पर वह व्यक्तिवाद तो जरूर था। संसार को त्यागने वाला व्यक्ति काफी व्यक्तिवादी करार दिया जा सकता था। प्राक्-आधुनिक युग

में भी कलाकार, लेखक और संगीतकार अवगुण की सीमा तक व्यक्तिवादी रहते थे। यह व्यक्तिवाद स्वीकारोग्य था, लेकिन सिर्फ एक निश्चित सीमा के भीतर। आधुनिक युग के अनियंत्रित और किसी की सत्ता न मानने वाले व्यक्तिवाद ने मनुष्य को अलगाव में डाल दिया है।

मणिवनन : आप उद्योगीकरण और व्यक्तिवाद की चर्चा कर रहे हैं। मैं यांत्रिक उद्योगीकरण, उसके पश्चिम और हमारे समाज पर पड़े असर को लेकर चिंतित हूँ। केवल इसी संदर्भ में हम व्यक्तिवाद के नकारात्मक आयामों की बात कर सकते हैं। यह तो ठीक ही है कि व्यक्तिवाद के कुछ सकारात्मक पहलू भी होते हैं।

आशीष नंदी : आपकी यह बात विचारणीय है। जब तक व्यक्तिवाद के अन्य रूपों की मौजूदगी स्वीकार न की जाय, आप व्यक्तिवाद के वैचारिक आकर्षण को नहीं समझ सकते। मैं इस बात से सहमत हूँ कि आज जैसा उद्योगीकरण हो रहा है और उसमें जैसी उत्पादन प्रक्रिया निहित है, वह तो यांत्रिक व्यक्तिवाद की माँग करता ही है। चार्ली चैप्लिन की फिल्मों में आप यह माँग और उससे पैदा हुई व्याधि को देख सकते हैं, खासकर 'मॉडर्न टाइम्स' में। वहाँ व्यक्ति पहिये का एक दाँता मात्र बन कर रह जाता है। एक अर्थ में इस तरह के व्यक्तिवाद में एक अंतर्निहित विरोधाभास भी है। यह व्यक्ति की सामूहिकता के दबाव से रक्षा करता है, लेकिन साथ ही उसे समाज में दूसरों से काट कर विमुख भी कर देता है। इसी अकेलेपन की हताश प्रतिक्रिया में अक्सर उपभोक्तावाद पैदा होता है।

मणिवनन : ... सामूहिकता का विचार व्यक्ति के लालच को मंद कर देता है या यह कहें कि वह प्रगति के यांत्रिक विचार की तरफ बढ़ते हुए कदमों को संयमित कर देता है?

आशीष नंदी : लालच मानवीय प्रकृति के महान अनसुलझे रहस्यों में से एक है। मेरे खयाल से सभी मनुष्यों में लोभ की प्रवृत्ति होती ही है। कई समाजों में सामूहिकतावाद के जरिये अक्सर जबरन लालच को नियंत्रित करने की कोशिश की गयी है जिसके नतीजे कोई खास खुशनुमा नहीं निकले हैं। होता यह है कि वे लालच के बजाय आजादी को ही ज्यादा कामयाबी से नियंत्रित करने लगते हैं। कुछ समाज यह मानने के लिए तैयार नहीं होते कि वे लालच को नियंत्रित करने में विफल हो चुके हैं। हार के एहसास से त्रस्त ये समाज आज भी लालच की समस्या का समाधान खोज रहे हैं।

दूसरी तरफ पूँजीवाद है जो लालच की सेवा करने के लिए ही डिजाइन किया गया है। पूँजीवाद की संस्कृति मान कर चलती है कि लालच मनुष्य का

ऐसा गुण या मनोवैज्ञानिक प्रवृत्ति है जिसे खत्म नहीं किया जा सकता। वह तो इसका फायदा उठा कर उसके आधार पर खुद को खड़ा करने की कोशिश करती है। असल में पूँजीवादी संस्कृति कहती है कि हर एक के लालच को खुल कर खेलने दो और उसी दौरान हम कुछ ऐसा बना लेंगे जो लालच पर काबू पाने का काम करेगा। निजी तौर पर मुझे नहीं लगता कि इस तरीके से लालच कम हो सकता है। वह तो रक्तबीज की तरह बढ़ता चला जाता है।

मणिवनन : क्या आपको लगता है कि मौजूदा हालात में हमारे समाज न्यूनतम समता उपलब्ध कर सकते हैं?

आशीष नंदी : राजनीतिक रूप से भले ही यह विवादग्रस्त लगे पर मैं कहना चाहूँगा कि मैं समता का कोई बहुत बड़ा समर्थक नहीं हूँ। समता को एक मूल्य और आदर्श तो मैं मान सकता हूँ पर न्याय को समता से ज्यादा महत्त्वपूर्ण समझता हूँ। मेरी निगाह में एक सापेक्षिक समता की जरूरत है, लेकिन मेरे खयाल से समता को किन्हीं संपूर्ण अर्थों में नहीं लिया जा सकता। हमारी आमदनियों और जरूरतों का आकलन किसी समरूप पैमाने पर करना बहुत मुश्किल है। समता की किसी भी चर्चा को न्याय के सरोकार के साथ जोड़ने का एक कारण और भी है। संपूर्ण समता केवल पुलिस-राज्य में ही मुमकिन है। पर मुझे शक है कि पुलिस-राज्य की स्थापना के बाद भी हम केवल समता का दिखावा ही कर पायेंगे। हर कोई जानता है कि ऐसे राज्य में समान लोगों पर किसकी चौधराहट चलती है। सोवियत चौधराहट और चीन की मिसाल बताती है कि आर्थिक समता की बड़ी-बड़ी बातों की आड़ में कितनी बड़ी सामाजिक और राजनीतिक विषमताएँ छिपायी जाती हैं। ... यह स्वीकार करना जरूरी है कि सभी मनुष्य एक-से नहीं होते। उनके रुझानों, कौशल, संतोष और जीवन के प्रति रवैये में अंतर होता है। सभी चीजों को शुद्ध भौतिक अर्थों में नहीं नापा जा सकता। खुशी और इत्मीनान की मिसाल ही ले लीजिए, उन्हें किसी एक समरूप मानक से नहीं माना जा सकता। हो सकता है कि मैं कला की आराधना के लिए गरीबी में रहना पसंद करूँ ताकि मुझे अपने काम के लिए और अवकाश मिल सके। लेकिन, यह भी हो सकता है कि इसके बाद भी मैं तीसरे दर्जे का कलाकार निकलूँ। सवाल यह है कि क्या मुझे यह चुनने का अधिकार है। क्या मैं अपने पड़ोसियों के समान न होने के लिए स्वतंत्र हो सकता हूँ—अमीरी के जरिये नहीं, बल्कि स्वैच्छिक गरीबी अपना कर।

आदर्श तो यह है कि हम ऐसे व्यक्तिवाद को अपनायें, जिसमें भौतिक समता की कोशिश न करने का व्यक्ति का अधिकार सुरक्षित रहे। लगता है कि

कुछ लोगों को तो पता ही नहीं होता कि उन्हें प्रगति की दौड़ में कहाँ रुकना है। उनके पास रुक कर सोचने का समय ही नहीं होता। वे अपने होने को कुछ बनने पर लगातार कुर्बान करते रहते हैं। ... कहीं न कहीं तो हमें सीमा रखनी ही पड़ेगी। उद्योगीकरण बिना किसी आत्मनियंत्रण और सीमा के चलाया जा रहा है। यही हाल शहरीकरण का है। कुछ दशक पहले ब्राजील ८० फीसदी ग्रामीण और २० फीसदी शहरी था। आज वह ८० फीसदी शहरी और २० फीसदी ग्रामीण है। मैक्सिको की करीब आधी आबादी मैक्सिको सिटी में रहती है। ब्यूनो आयर के हालात भी कुछ ऐसे ही हैं। बैंकाक भी इसी डगर पर चल रहा है। थाइलैंड की आबादी का करीब छटा हिस्सा, यानी एक करोड़ लोग शहर में रहते हैं। सीमाओं का सिद्धांत बौद्ध दर्शन के केंद्र में है और लगता है हम उसे भूल ही गये हैं। मनोवैज्ञानिक स्वास्थ्य और सांस्कृतिक नैरंतर्य बनाये रखने के लिए परिवर्तन की भी कोई सीमा होनी चाहिए। हर परंपरा की अपनी अलग विशेषता होती है। इस्लाम में न्याय की अवधारणा काफी विकसित है। बौद्ध दर्शन के लिए सीमाओं की अवधारणा महत्त्वपूर्ण है। समकालीन दुनिया तो राष्ट्र-राज्यों की दौड़ में फँसी हुई है, जिसमें हार का डर लोगों के दिमाग पर छाया हुआ है। वे अपनी सीमाओं को निर्धारित करने से डरते हैं। उन्हें लगता है कि ज्यादा और ज्यादा समृद्धि की दौड़ में वे कहीं दूसरे देशों से पीछे न रह जाएँ।

मणिवनन : क्या आजादी, मुक्ति और मानवाधिकार-जैसी अवधारणाओं की पश्चिम से बाहर कोई प्रासंगिकता है?

आशीष नंदी : केवल पश्चिम के लिए ही नहीं, ये अवधारणाएँ विभिन्न संस्कृतियों के लिए आंतरिक रूप से प्रासंगिक हैं। जहाँ तक मुक्ति के विचार और मूल्य का सवाल है, वह कई गैर-पश्चिमी परंपराओं में मिलता है। बौद्ध, जैन, हिंदू और ईसाई परंपराओं में मोक्ष की अवधारणा है। लेकिन, राजनीतिक नारे में बदल जाने के कारण मानवाधिकारों का सवाल कुछ जटिल हो गया है। ... इस ब्रह्मांड के जीवित और गैर-जीवित ऑर्गनिज़्मों के अधिकारों का सम्मान भी तो करना पड़ेगा। ब्ल्यू सीलों और बाघों के अधिकारों का क्या होगा? हमारे अधिकारों की भी एक सीमा बनानी पड़ेगी ताकि दूसरे ऑर्गनिज़्म को विलुप्त होने से बचाया जा सके। अधिकार अपनी सीमाओं के साथ ही सार्थक हो सकते हैं। हमारे जैसे देशों के लिए मानवाधिकारों के सवाल पर सार्वभौम किस्म की नारेबाजी करना नुकसानदेह हो सकता है। अपने छोटे बच्चों को पारंपरिक कलाएँ सिखाने वाले कारीगर और कलाकार पिता इसके चक्कर में फँस सकते हैं। अमजद अली खाँ जैसे शास्त्रीय सरोदवादक की मिसाल ले

लीजिए। उनके पिता ने उन्हें पाँच साल की उम्र में सिखाना शुरू कर दिया था और किशोर वय पार करने से पहले ही वे संगीत सभाओं में बजा कर पैसे कमाने लगे थे। क्या तब ऐसे पिताओं को बच्चों के मानवाधिकारों का हनन करने के दायरे में नहीं माना जायेगा?

मणिवनन : क्या एशियायी संस्कृतियाँ और परंपराएँ पश्चिमी विश्व-दृष्टि की विकल्प हो सकती हैं? आपका क्या आकलन क्या है?

आशीष नंदी : ... सवाल यह है कि एशियायी सांस्कृतिक परंपराओं को पश्चिमी विश्व-दृष्टि के विकल्प के रूप में क्यों देखा जाना चाहिए? एशियायी संस्कृतियाँ यूरोपियन संस्कृतियों और मूल्यों का स्थान लेने के लिए नहीं हैं। वहाँ के लोग भी इन संस्कृतियों के साथ सदियों से रह रहे हैं। यूरोप के भी अपने सांस्कृतिक अधिकार हैं।

समस्या यह है कि हम कहीं न कहीं अपने होने को भूल गये हैं। यह तो वही बात हुई कि हमें यह बताना पड़े कि शिशु के लिए माँ का दूध डिब्बे के दूध या गाय के दूध से ज्यादा बेहतर होता है। अपनी भाषा और अपनी संस्कृति के इस्तेमाल का औचित्य ठहराने की जरूरत ही क्यों पड़ती है? ... एक मोड़ पर हममें से कुछ ने यह सोचना शुरू किया था कि एशियायी सांस्कृतिक मूल्य और परंपराएँ ठीक नहीं हैं, क्योंकि वे पश्चिमी आधुनिक मूल्यों और परंपराओं से अलग हैं या उनके खिलाफ खड़ी हैं। अब हममें से कुछ सोच रहे हैं कि एशियायी सांस्कृतिक मूल्य इसलिए अच्छे हैं कि उनके जरिये आधुनिक पश्चिमी मूल्यों को सुधारा जा सकता है। दरअसल, ये दोनों ही खरतनाक रवैये हैं। जाहिर है कि एशियावासियों के साथ काम करने के लिए, उनका आह्वान करने के लिए और उनके दिलों तक पहुँचने के लिए एशियायी मूल्यों की जरूरत होगी। आमतौर पर व्यक्ति अपनी सांस्कृतिक परंपराओं के साथ सहज महसूस करता है। पश्चिमीकृत एशियायी संस्कृतियों और परंपराओं का हम एक लापरवाह मूल्यांकन करते रहते हैं, लेकिन हर गंभीर राजनीतिक और सामाजिक कार्यकर्ता को लोगों के सांस्कृतिक मुहावरे का इस्तेमाल करना ही पड़ता है।

मणिवनन : ... दुनिया का गैर-पश्चिमी हिस्सा पश्चिमी विश्व-दृष्टि के जबरदस्त हमले से आक्रांत है। पश्चिम का सांस्कृतिक प्रभाव हमारे सोचने, खाने और पहनने के तौर-तरीकों को बदले दे रहा है। इसी सांस्कृतिक हमले के कारण हम लगातार सोचते रहते हैं कि पश्चिम की बराबरी कैसे की जाय। पश्चिमी श्रेणियाँ हमारे जीवन के ऊपर हावी होती चली जा रही हैं। हमारी सरकारें पश्चिमी मानकों के मुताबिक अपनी राजनीतिक और आर्थिक प्रणालियों को ढालने की कोशिश कर रही हैं। हमारे लोग पश्चिमी जीवन-

शैलियाँ अपना रहे हैं और बाजार और उपभोक्तावाद की प्रवृत्तियाँ उन पर छाती जा रही हैं। हम पश्चिम को चुनौती नहीं दे पाये हैं। एशियायी विकल्पों की चर्चा करते समय हमारा इरादा पश्चिम को बदलने का नहीं होता, क्योंकि वे अपनी संस्कृतियों और परंपराओं के साथ रहने के लिए स्वतंत्र हैं। हमारी चिंता तो पश्चिम के वर्चस्व से अपनी हिफाजत करने की है। वैसे, क्या सिर्फ अपनी संस्कृति और परंपरा को बचाने की कोशिश करना और पश्चिम को रूपांतरित करके उसे उसके सच्चे पूर्वजों से जोड़ने में मदद करने से कतराना कुछ ज्यादा ही बचाव की मुद्रा अपनाना नहीं हो जायेगा?

आशीष नंदी : ... इस जगह हमें थोड़ा सावधान होने की जरूरत है। उम्मीद करनी चाहिए कि संस्कृति का प्रश्न बहुत दूर तक नहीं जायेगा। आखिरकार, संस्कृति पर बहुत ज्यादा भरोसा नहीं किया जा सकता। संस्कृति अपने-आप में प्रतिरोध का एक रूप है। उसके जरिये आपको उत्पीड़न, विषमता और अन्याय के खास रूपों की मुखालफत करने की गुंजाइश मिलती है। संस्कृति का यह पहलू महत्त्वपूर्ण है पर हमें नहीं भूलना चाहिए कि अपनी संस्कृति में रहना साँस लेने के समान होता है। जैसे ही हम सचेत हो कर साँस लेते हैं, वैसे ही साँस की लय गड़बड़ा जाती है। सहज रूप से साँस लेना सप्रयास नहीं हो सकता। इस तरह तो प्राणायाम ही किया जा सकता है, पर सहज श्वसन नहीं। समाज विज्ञानियों के विचार के विपरीत मैं समझता हूँ कि संस्कृति स्वाभाविक रूप से हमारा अंग होना चाहिए। दूसरे शब्दों में, महान सृजनशील लोग आमतौर पर सृजन के स्रोतों और विधियों के बारे में ज्यादा दिमाग नहीं खपाते। सृजन क्या है और क्या होना चाहिए या कौन-सी बातें सृजन में मदद करती हैं और कौन-सी उसे रोकती हैं, इस पर उनका ज्यादा जोर नहीं होता। आत्म-चेतना की यह अनुपस्थिति अच्छे बौद्धिक स्वास्थ्य की निशानी है। अपनी संस्कृति के बारे में हम जितनी जल्दी ऐसी स्थिति हासिल कर लेंगे, उतना ही अच्छा होगा।

संस्कृति एक हद तक विवेक और सहजानुभूति से ही तो ताल्लुक रखती है। हमारी इयत्ता के सहज अंग के रूप में यह हमारी अस्मिता की निरंतरता कायम रखती है, अभिव्यक्ति के लिए हमें भाषा देती है और दुनिया को समझने के लिए एक बुनियादी आधार प्रदान करती है। संस्कृति के जरिये हमें किसी समुदाय के होने और अपनी जड़ों से जुड़े होने का एहसास मिलता है। किसी संस्कृति का आकलन करके उसमें से बाहरी आधार पर कुछ खास तत्त्व चुनना मेरी निगाह में बेहूदा कोशिश है। यह तो ऐसा ही हुआ कि किसी भाषा का आकलन करके उसके बोलने वालों से कहा जाय कि वे उसके कुछ तत्त्वों का

सिर्फ इसलिए इस्तेमाल न करें कि कुछ व्याकरणाचार्यों की निगाह में वे असुविधाजनक हैं या अन्य भाषाओं में उनसे बेहतर प्रयोग मौजूद हैं।

प्रचा : ... पश्चिम के साथ एकतरफा अन्योन्यक्रिया के कारण हमारा समाज सांस्कृतिक रूप से आक्रांत महसूस करता है। इससे हमारे नेताओं और लोगों में एक हीनता का बोध व्याप्त हो गया है। इससे पार पाने का क्या तरीका हो सकता है?

आशीष नंदी : इस समस्या का कोई एक जवाब या कोई एक हल नहीं है। इससे कई स्तरों पर निबटने की कोशिश की जा सकती है। हर एशियावासी की मनोचिकित्सा या मनोविश्लेषण तो किया नहीं जा सकता। इसे सिर्फ राजनीति के जरिये हल किया जा सकता है। एक आंशिक हल तो जनता के सबलीकरण में निहित है। अधिकतर एशियायियों में बड़ा आत्मविश्वास होता है। हाँ, एशियायी अभिजनों और छोटे-से मध्यवर्ग में सांस्कृतिक विश्वास की कमी जरूर हो गयी है। हमें चाहिए कि हम लोकतांत्रिक प्रक्रिया को अपना चक्र पूरा करने दें। इससे होगा यह कि अभिजन और मध्यवर्ग ही एशिया की प्रमुख आवाज नहीं रह जाएँगे। इतने विशाल महाद्वीप में इन लोगों का दायरा बहुत छोटा है। साधारण लोग पश्चिम के सांस्कृतिक आक्रमण को बहुत बड़ी समस्या के रूप में नहीं देखते। वे यूँ ही कोकाकोला पीने या हॉलीवुड की फिल्म देखने का मजा लेते हैं। पश्चिम में उनकी दिलचस्पी यहीं खत्म हो जाती है। ज्यादातर तो इसे एक नयी सनक मानते हैं जो कुछ दिनों की ही महमान है। आम लोगों को अपनी संस्कृति पर भरोसा है और जैसे ही उनकी आवाजें बुलंद होंगी, हीनता का यह जो एहसास हम चारों तरफ देख रहे हैं, सिमटता चला जायेगा। ... हमारे बुद्धिजीवी ज्यादातर मध्यवर्ग से आये हैं। उन्हें लगता है कि वे पश्चिम की टक्कर के नहीं हैं और उससे पिछड़ने से भयभीत रहते हैं। लेकिन, पूरा समाज तो मध्यवर्ग नहीं है। इस जाने-माने दायरे से बाहर भी तो बुद्धिजीवी हैं। इसलिए मुझे नहीं लगता कि बौद्धिक पराजय का एहसास हमारे सांस्कृतिक जीवन का स्थायी भाव रहेगा। दुनिया का यह हिस्सा कई तरह के परिवर्तनों के दौर से गुजर रहा है। अपने खो चुके सांस्कृतिक मुकाम को दोबारा पाने की कोशिशें हो रही हैं। हमारी संस्कृति और परंपरा कृत्रिम रूप से पीछे धकेल दी गयी थी। हमने उसे पूरी तरह खोया नहीं है। आज भी समाज का बहुलांश उसे अपना मानता है।

प्रचा : मैं कोई कड़ी बात नहीं कहना चाहता, लेकिन क्या पश्चिम के मुकाबले हीनता के बोध की जड़ पूर्वी एशिया में प्रगति की कामना और आर्थिक विकास की मुहिम में नहीं है?

आशीष नंदी : संभवतः यह सही बात है। साफ बात यह है कि मैं एक सीमा तक आर्थिक विकास को स्वीकार करने के लिए तैयार हूँ। मेरी चिंता तो यह है कि विकास करने का तंत्र ही विकास में बाधक है। विकास संबंधी विशेषज्ञता हो, आर्थिक नीति-निर्माण हो और गरीबी-उन्मूलन हो, ये सभी एक बड़े बहुराष्ट्रीय उद्यम के अंग हैं। दूसरी तरफ गरीबों और वंचितों के लिए अर्थव्यवस्था में कुछ खास तरह के गुणात्मक और परिणामात्मक परिवर्तन करने की जरूरत है। मानव जीवन की क्वालिटी को बेहतर बनाना ही चाहिए और इसके लिए हालात बदलना जरूरी है।

प्रचा : हमने यूरोप के एक दूसरे पहलू के बारे में चर्चा की। मुझे भी लगा कि वहाँ एक सांस्कृतिक परिवर्तन हो रहा है। ग्रीन पार्टी का उभार और पश्चिम के सांस्कृतिक जीवन में विलियम मौरिस जैसे लोगों की वापसी इसकी तरफ इशारा करती है।

आशीष नंदी : अफसोस की बात है कि दुनिया के इस हिस्से में इस बदलाव की ओर बहुत कम ध्यान गया है। हमारी सूचना, ज्ञान और शिक्षा की प्रणालियाँ पश्चिम की मुख्यधार को ही प्रतिबिम्बित करती हैं, इसलिए पश्चिमी यूरोप और उत्तरी अमेरिका में हो रहा संक्रमण हमें दिखायी नहीं देता। विलियम मौरिस और विलियम ब्लैक के बारे में यूरोप के बाहर बहुत कम जाना जाता है, क्योंकि ये प्रणालियाँ पश्चिम से जुड़े परंपरागत चिंतकों और लेखकों के बारे में ही जानकारियाँ देती हैं, जबकि वहाँ हो रहा परिवर्तन कोई मामूली नहीं रह गया है। वहाँ नयी उल्लेखनीय आवाजें भी सुनी जा रही हैं। पश्चिम के सामाजिक और सांस्कृतिक बदलाव में ऐसे लेखकों, चिंतकों और अनजान कार्यकर्ताओं के योगदान को स्वीकार करना होगा। इस नये विकास-क्रम के पीछे एक खास तरह का सामाजिक विचार है। हमें इससे परिचित होना होगा और इसी में हमारा फायदा है।

प्रचा : खासतौर से तब जब पश्चिम के इस सांस्कृतिक बदलाव पर पूर्व का भी काफी असर है।

आशीष : जी हाँ, वहाँ खामोशी से—बिना किसी करतल ध्वनि के एक अलग तरह का सांस्कृतिक संवाद चल रहा है।

III

आध्यात्मिकता, धर्म और राजनीति

मणिवनन : ... आज की दुनिया एक आध्यात्मिक संकट से गुजर रही है। हम अपनी सामाजिक, राजनीतिक, सांस्कृतिक और पारिस्थितिकीय समस्याओं से इस आध्यात्मिक संकट को हल किये बिना नहीं निबट सकते।

इसका दूसरा पहलू यह है कि पूरे समाज से कट कर कुछ लोगों का आध्यात्मिक उत्थान नहीं हो सकता। कई लोगों का मानना है कि बर्मा के बौद्ध भिक्षुओं को लोकतंत्र का मुद्दा ज्यादा बेहतर ढंग से उठाना चाहिए था। अगर वे ऐसा करते तो फौजी शासन द्वारा चुप करा दिया गया पूरा बर्मी समाज उनके पीछे चलता। खास बात यह है कि ये बौद्ध भिक्षु एक ऐसी महान आध्यात्मिक परंपरा से आये हैं जिसे समाज की बहबूदी में काफी दिलचस्पी रही है। आप बतायेंगे कि क्या आध्यात्मिकता की भी अपनी राजनीतिक अभिव्यक्तियाँ होती हैं?

आशीष नंदी : पहले हम यह साफ कर लें कि हम आध्यात्मिकता के बारे में बात कर रहे हैं, धर्म के बारे में नहीं। आध्यात्मिकता सभी मतभेदों और अवरोधों से परे जाती है। मैं आस्तिक नहीं हूँ पर मैं यह जरूर मानता हूँ कि मानव जीवन का अनुभवातीत पहलू उसके लिए महत्त्वपूर्ण होता है। साम्यवाद के तहत उत्तम जीवन के आद्र्श के बारे में लिखते समय कार्ल मार्क्स जीवन के आध्यात्मिक आयामों के बारे में ही सोच रहे थे। जब हम विलायत खाँ के सितार से निकला हुआ उदात्त संगीत सुनते हैं या हमारे कानों में किशोरी अमोनकर का गायन या जोहान बाख़ की रचना पड़ती है, तो हमें यही लोकोत्तर आनंद मिलता है। यह पहलू हमारे सहज जीवन का है। राजनीतिक जीवन में यह लोकोत्तर अनुभूति दूसरे रूपों में सामने आती है। ... हमारे युग की कई बड़ी हस्तियों ने सार्वजनिक जीवन को आध्यात्मिक आयामों का स्पर्श देने की कोशिश की है। गाँधी उनमें से एक थे। मार्टिन लूथर किंग से लेकर डेसमंड टुटु तक बहुत-सी हस्तियाँ इस रास्ते पर चली हैं। उन्होंने प्रगति के बने-बनाये सिद्धांतों द्वारा थमाये गये स्वादहीन और फीके सेकुलरवाद को ग्रहण करने से इंकार कर दिया। दक्षिण अफ्रीका के ट्रुथ एंड रिकंसिलेशन कमीशन की कार्यवाही इसका सबूत है। सेंडिनिस्टा सरकार के मंत्रिमंडल में करीब आधा दर्जन पादरी थे। पिछले कुछ दशकों में पर्यावरण के आंदोलनों ने दुनिया को इस दृष्टि से देखने में बड़ा योगदान किया है। ई.एफ. शूमाकर ने सार्वजनिक जीवन को आध्यात्मिक आयाम देने का प्रयास किया है। उनकी पर्यावरण संबंधी अवधारणा आध्यात्मिक है और वे सार्वजनिक जीवन में पर्यावरणवाद का जिस तरह प्रतिपादन करते हैं, उसमें आध्यात्मिक घटक शामिल है। यह कोई अनायास ही नहीं है कि दुनिया के दो सबसे बड़े जीवित गाँधीवादी न तो हिंदू हैं और न ही भारतीय हैं। नेल्सन मंडेला और आंग सान सू ची ने सार्वजनिक जीवन को आध्यात्मिकता और लोकोत्तर अनुभूतियों का स्पर्श दिया है। मुझे जानकारी मिली है कि लोगों द्वारा उन्हें गाँधीवादी कहना शुरू करने के काफी बाद में दोनों

नेताओं ने गाँधी की रचनाएँ पढ़ीं।

... इसी तरह इस्लाम भी कोरा रूढ़िवाद नहीं है। वह पुरातनपंथ के अतिरेकों के खिलाफ आध्यात्मिक उभार की तरफ बढ़ रहा है। ईरान में ही अली शरियती से लेकर अब्दुल करीम सोरूश तक कई चिंतक-कार्यकर्ता कट्टरपंथ को धता बता कर संस्कृति और असहमति के पुराने रिश्तों को नया अर्थ दे रहे हैं। इसे रोमानी खयालगोई कह कर दरकिनार नहीं किया जा सकता। मुझे तो यकीन है कि ये खास तरह की सामाजिक ताकतें समय के साथ और ताकतवर होंगी, क्योंकि ये वांछनीय समाज की दृष्टि को सार्वजनिक हस्तक्षेप के साथ जोड़ती हैं। न जाने कबसे हम पश्चिम द्वारा थमाये गये वांछनीय समाज के विचार को बिना सोचे- समझे बड़े प्यार से हजम करते रहे हैं। राजनीति में आध्यात्मिकता और वांछनीय समाज की बहुलवादी दृष्टि पर एशिया में दिये जाने वाले जोर का संबंध यूरोप में मुख्यधार का प्रतिरोध करने वाली उन वैकल्पिक दृष्टियों से है जो संस्कृति-आधारित वांछनीय समाज बनाना चाहती हैं।

... आधुनिक समाज मूल रूप से सेकुलर होते हैं। उन्हें होना ही पड़ता है। दरअसल, इसी की वजह से कोई समाज धार्मिक उग्रवाद और रूढ़िवाद के चक्कर में फँसता है। अपनी धार्मिक और आध्यात्मिक परंपराओं से उखड़े हुए लोग आसान रास्ता खोजते हैं। वे सामाजिक-सांस्कृतिक अस्मिताओं के पुनरुत्थान के जरिये समुदाय और पारस्परिकता की खोज करते हैं। यानी वे पुनरुत्थानवाद या रूढ़िवाद का सहारा लेते हैं। पुनरुत्थानवाद सामाजिक-धार्मिक और सांस्कृतिक अस्मिता का एकमुश्त आधुनिक रूप है। यह हमारे वक्त की पैदाइश है, परंपरा और धर्म की नहीं। पुनरुत्थानवाद आश्वासन देता है कि आप उसके जरिये एक साथ धार्मिक अस्मिता और आधुनिकता दोनों को हासिल कर सकते हैं। उत्तरोत्तर सेकुलर होती हुई दुनिया में पहचान के संकट से ग्रस्त या भग्न इयत्ता के शिकार लोगों को यह आश्वासन बहुत आकर्षक लगता है। यही कारण है कि अनिवासी कहीं ज्यादा मुखर और आक्रामक रूप से उग्रराष्ट्रवादी होते हैं। शायद यह कहा जा सकता है कि समाज के सेकुलरीकरण ने रूढ़िवाद के उभार में काफी योगदान दिया है।

मणिवनन : ... क्या आप आज के जमाने में, खासकर एशिया में सांस्कृतिक उग्रवाद और धार्मिक रूढ़िवाद के उभार के कारणों पर खास तौर से प्रकाश डालेंगे?

आशीष नंदी : हर समाज में इसके कारण अलग-अलग हैं। लेकिन, उनके कुछ रुझान एक-से होते हैं। इनमें पहली है रूढ़िवाद की दोहरी गुत्थी।

देखने में यह आधुनिकता के खिलाफ और उसे ठुकराने की कोशिश लगती है। लेकिन साथ ही यह आधुनिकता को श्रद्धांजलि भी है, क्योंकि रूढ़िवाद इस तथ्य से इंकार नहीं कर सकता कि उसकी पैदाइश आधुनिकता के गर्भ से हुई है। अपने इसी स्रोत के कारण रूढ़िवाद आंतरिक अंतर्विरोधों का शिकार हो जाता है। मसलन, रूढ़िवादियों को कभी राष्ट्र-राज्य प्रणाली या सैन्य प्रौद्योगिकी को अस्वीकार करते हुए नहीं देखा जा सकता। यह बात दुनिया-भर के रूढ़िवादियों और पुनरुत्थानवादियों में एक जैसी मिल सकती है। उन्होंने न तो आधुनिक राष्ट्र-राज्य के विकल्प की कभी पेशकश की और न ही उसे तलाश करने का कोई प्रयास किया। वे तो हमेशा राष्ट्र-राज्य पर कब्जा करके उसे अपने मकसद के लिए इस्तेमाल करना चाहते हैं। असलियत तो यह है कि वे भी राज्य का उसी तरह संचालन करते हैं जैसे उनके शत्रु करते रहे हैं। उन्हें हर स्वदेशी चीज से प्रेम है, लेकिन स्वदेशी सैन्य प्रौद्योगिकी से नहीं। हर रूढ़िवादी को अपने विरोधियों से लड़ने के लिए सबसे आधुनिक और परिष्कृत फौजी प्रौद्योगिकी चाहिए। अपने कब्जे में आते ही वे आधुनिकतावादियों की भाँति राज्य की ताकत को बढ़ाने में लग जाते हैं।

दूसरे, पुनरुत्थानवादी अपनी विश्व-दृष्टि को लेकर हमेशा असुरक्षित और सशंक रहते हैं। वे अपने दायरे में किसी भी जगह न कोई वैकल्पिक दृष्टि बर्दाश्त कर सकते हैं न कोई विविधता। इससे भी ज्यादा चिंता का विषय यह है कि वे जिस धर्म के लिए लड़ रहे होते हैं उसकी कोई भिन्न व्याख्या भी बर्दाश्त नहीं करते। वे धर्म संबंधी असहमति के किसी भी स्वर को दबा देना चाहते हैं। वे लोकोत्तर अनुभूति तक किसी निजी पहुँच को रोक देना चाहते हैं। रूढ़िवादियों को हमेशा आधुनिकतावाद का मोहक आकर्षण डराता रहता है। उन्हें लगता है कि यह आकर्षण उनके भीतर ही है। रूढ़िवाद की क्रूरता और निर्ममता उनकी इसी प्रवृत्ति से उपजती है।

अभी हमने विचारधारा की भूमिका जैसे महत्त्वपूर्ण मुद्दे पर गौर नहीं किया है। यह भी आधुनिक दिमाग की एक खास बात है। मैं यहाँ मेनहीमियन या मार्क्सवादी अर्थों में विचारधारा की बात नहीं कर रहा हूँ। मेरा मतलब तो उससे है जहाँ विचारधारा एक मानक सामाजिक-मनोवैज्ञानिक श्रेणी बन जाती है और उसकी रचना विश्वासों, मूल्यों और विचारों के खास तरह के मिश्रण से होती है। विचारधारा के जरिये न केवल यह पता लगना चाहिए कि आप कौन हैं, बल्कि यह भी पता लगना चाहिए कि आपकी राजनीति और सामाजिक रुचियों के सदर्भ में आपकी विश्व-दृष्टि क्या है। पारंपरिक रूप से लोग ज्यादातर आस्थासंपन्न होते हैं। धर्म आमतौर पर विचारधारा का नहीं, बल्कि

आस्था का मामला होता है। लेकिन आधुनिकता के युग में दुनिया के सेकुलरीकरण और उसके रहस्यों की परतें खुलते चले जाने के कारण आस्था के रूप में धर्म का महत्त्व कम हो गया है। नतीजे के तौर पर बहुत-से लोगों के लिए धर्म ही विचारधारा में बदल गया है। वे धर्म को उसी तरह लेते हैं जैसे दूसरे लोग समाजवाद या उदारातावाद को लेते हैं। उन्हें धर्म वही मनोवैज्ञानिक संरचनाएँ उपलब्ध कराता है, जो सामाजिक और राजनीतिक विचारधाराओं से मिलती हैं।

इसके नतीजे कुछ खास तरह के निकलते हैं। सिद्धांतकारों में हमेशा उन लोगों के लिए एक अरुचि छिपी रहती है जिनका हित साधने वाली विचारधारा के वे पैरोकार होते हैं। सिद्धांतकारों को हमेशा लगता है कि जिन लोगों के लिए उन्होंने काम किया उन्हीं के कारण उन्हें नीचा देखना पड़ा। भारत में हिंदू राष्ट्रवाद के साहित्य को देखने पर सबसे आश्चर्यजनक बात यह सामने आती है कि मुसलमानों और ईसाइयों के खिलाफ काफी जहर उगलने के बावजूद उनकी घृणा के असली निशाने हिंदू ही हैं। वे हिंदुओं को अंधविश्वासी, आदिम, स्त्रैण, टुकड़ों में बँटे हुए और असंगठित मानते हैं। हिंदुओं के खिलाफ उनकी शिकायतों की सूची लंबी है। उनके पास उनकी सोशल इंजीनियरिंग करने का लंबा कार्यक्रम है जिसके जरिये वे हिंदुओं को संगठित, अनुशासित, आक्रामक और मर्दाना बनाना चाहते हैं। इस्लामी रूढ़िवादी भी साधारण मुसलमानों से काफी फिरंट रहते हैं, खासतौर से अगर वे उन्नीसवीं सदी के यूरोपीय मुसलमान की धारणा के मानकों पर सांस्कृतिक रूप से खरे नहीं उतरते। मसलन, सभी इस्लामी रूढ़िवादी मानते हैं कि सारे इंडोनेशियायी मुसलमान अच्छे मुसलमान नहीं हैं, क्योंकि उनकी आस्थाएँ और आचरण बौद्ध और हिंदू प्रभाव के कारण प्रदूषित हो गये हैं। इसी तरह उन्हें भारतीय, पाकिस्तानी, मलेशियायी और बांग्लादेशी मुसलमान भी गड़बड़ लगते हैं। तालिबान और अयातुल्ला खुमैनी के मानस पुत्रों की मौजूदगी के बाद भी ईरानी और अफगानी मुसलमानों की उनकी निगाह में अच्छी हैसियत नहीं है। अफगानिस्तान पर कब्जा करने के बाद तालिबान ने पहला काम यह किया था कि इस्लामिक कानून और रिवाजों के नाम पर कई कठोर राजाज्ञाएँ जारी कीं। तालिबान का खयाल था कि अफगानों की जिंदगी इतनी नापाक हो गयी है कि उनके शुद्धिकरण के लिए ये कठोर कदम जरूरी हैं, तभी उन्हें बेहतर मुसलमान बनाया जा सकता है। कितनी विचित्र बात है कि आप दुनिया के अस्सी फीसदी मुसलमानों को ठोकपीट कर अच्छा मुसलमान बनाना चाहते हैं और फिर आपके पास केवल मुट्ठी-भर मुसलमान रह जाते हैं जिन्हें किसी सांस्कृतिक

इंजीनियरिंग की जरूरत नहीं है। आप इस्लाम से प्यार करते हैं पर साधारण मुसलमान आपकी नफरत के शिकार हैं। यही है रूढ़िवाद की खास विशेषता।

अमेरिका के ईसाई रूढ़िवाद और श्रीलंका के बौद्ध जातीय-सांस्कृतिक उग्रवाद की मिसालें भी इसी किस्म की हैं। इस मामले में वे सब एक-से हैं। कारण यह है कि रूढ़िवादियों ने धर्म को आस्था के बजाय विचारधारा की चीज बना दिया है। नारीवाद और मार्क्सवाद भी अपने लाभार्थी तबकों के खिलाफ इसी तरह की शत्रुता रखता है कि आखिर वे लोग ठीक से संगठित और अनुशासित हो कर भगिनियों या सर्वहाराओं की दुनिया क्यों नहीं रचते! बहुत-से गाँधीवादियों पर भी यह बात लागू होती है।

असली चुनौती यही है कि लोगों तक इस तरीके से पहुँचा जाय कि वे अपनी आस्थाओं पर भरोसा बढ़ाएँ, न कि उनकी जगह रूढ़िवाद को अपना लें। धर्म और आध्यात्मिकता के प्रति एक अलग नजरिये की जरूरत है। धर्म और आध्यात्मिकता से लोग स्वाभाविक रूप से जुड़ जाते हैं। धर्म को अछूत बना कर हमने लोगों से अपने सूत्र भंग कर लिये हैं। गाँव का घर हमने वीरान छोड़ दिया और शहर के आरामदेह एपार्टमेंट में रहने लगे। अब उस खाली घर में बेघर और आवारा लोग घुस ही आयेंगे। फिर चिल्लाने से क्या फायदा होगा कि घर का गलत लोग बेजा इस्तेमाल कर रहे हैं। ... बात यह है कि हमने धर्म और आध्यात्मिकता को पुराना और अप्रासंगिक करार दे कर त्याग दिया। आज हर तरह का रूढ़िवादी उस गुंजाइश का अतिक्रमण कर रहा है, हालाँकि यह उसका स्वाभाविक इलाका नहीं है। एशिया, अफ्रीका और लातीनी अमेरिका के कई समाज इस समस्या का सामना कर रहे हैं जो आध्यात्मिक और धार्मिक परंपराओं से नाता टूट जाने का परिणाम है। ... हिंदू रूढ़िवाद का सबसे अच्छा इलाज हिंदू धर्म ही है। यही बात बुद्ध धर्म, ईसाइयत और इस्लाम के लिए भी सच है। लोग राजकाज, विकास और भूमंडलीय नागरिक समाज की भाषा नहीं समझते। वे तो सिर्फ आस्था और आत्मा की भाषा समझते हैं।

यही मेरा प्रस्ताव है कि इसी भाषा को पुनर्स्थापित किया जाय। धर्म की भाषा में लोगों से जुड़ा जाय। हमारे मनों में लोगों के प्रति जो डर बैठा हुआ है, उस पर पार पाने का यही तरीका है।

प्रचा : मैं चाहूँगा कि हमारी दृष्टि के आध्यात्मिक आधार को सुदृढ़ करने का यह सरोकार हमारे समाजों में वैकल्पिक राजनीतिक संस्कृति और नेतृत्व के विकास के साथ जुड़े।

आशीष नंदी : अपनी इस चर्चा के दौरान हम राजनीति की वैकल्पिक दृष्टि के कुछ संभव पहलुओं पर सीधे या घुमा-फिरा कर गौर कर चुके हैं। मैं

विकेंद्रीकृत राज्य-तंत्र और दोनों तरफ से खुली संस्कृतियों और समाजों की जरूरत का उल्लेख कर चुका हूँ। मैं चाहूँगा कि अगर ग्रामों में नहीं तो कम से कम छोटे समुदायों में गणतंत्रवादी प्रवृत्तियाँ परवान चढ़ें। केवल एशिया की ही नहीं, बल्कि अफ्रीका और अमेरिका के कई देशज समुदाय इस प्रक्रिया के काफी नजदीक आ चुके थे। आधुनिक दुनिया की परिधि पर यह एक बेहतरीन प्रयोग हो सकता था. पर आधुनिक राज्य ने इसमें पलीता लगा दिया। अब समस्या यह है कि आधुनिक राज्य की तंदरुस्ती भी ठीक नहीं चल रही है। अपने राज्य-तंत्रों को चलाने के लिए हम कहीं और देखने के लिए मजबूर हैं। शासन की हमारी पद्धति समाज से बहुत दूर और निर्वैयक्तिक हो गयी है। इस पर विशेषज्ञ हावी हो गये हैं।

भारत की मिसाल ही लें। एक अरब की आबादी, ६५ करोड़ मतदाताओं और लोगों की नुमाइंदगी के जरिये उन्हें सीधे सरकार से जोड़ने वाले पाँच सौ से ज्यादा सांसदों का देश है यह। ये सांसद लोगों का प्रतिनिधित्व तो करते हैं पर उनका उनसे कोई सीधा संपर्क नहीं है, क्योंकि चुनाव-क्षेत्र कुछ ज्यादा ही बड़े हैं। इन नेताओं को अपने निर्वाचन के लिए आमतौर पर मीडियानुकूल मुद्दों, छवि-निर्माण के हथकंडों और नारेबाजी पर निर्भर होना पड़ता है। इसीलिए नेताओं से उम्मीद की जाती है कि उनके पास फिल्मी सितारों और खेलकूद के सितारों जैसा करिश्मा होगा यानी ऐसी क्षमताएँ होंगी जो सामाजिक तबकों और हितों की सीमाओं से परे जाती हों। चाहे स्थानीय स्तर हो या राष्ट्रीय हो, ठोस काम करने पर जोर कम है। जब जन-प्रतिनिधि काम करते हुए भी दिखते हैं तो वह बहुत ही ज्यादा स्थानीय होता है और ज्यादा से ज्यादा वे अपने समर्थकों की रोज़मर्रा की समस्याएँ हल करते हुए लगते हैं। प्रतिनिधित्व की प्रक्रिया की ये खामियाँ सार्वजनिक जीवन में भ्रष्टाचार और भाई-भतीजावाद की समस्या को बढ़ाती हैं, इसलिए एक हद तक विकेंद्रीकरण तो चाहिए ही। निर्वाचकों और निर्वाचितों के बीच अंतराल किसी न किसी प्रकार कम किया ही जाना चाहिए। मुझे नहीं पता कि इसका राजनीतिक स्वरूप क्या होगा। हो सकता है कि भूमंडलीकरण के कारण पैदा हुई तरलता और अराजकता से हमें ऐसा अवसर मिल जाय।

तीसरे, मैं पहले ही कह चुका हूँ कि राजनीति उत्तरोत्तर विशेषज्ञोन्मुख होती जा रही है। ये विशेषज्ञ जनता की भागीदारी के रास्ते में नयी बाधाओं की तरह होते जा रहे हैं और जनता की ताकत के प्रति हमारा डर पहले से कहीं ज्यादा होता जा रहा है। लगता नहीं कि संसद में महत्त्वपूर्ण मुद्दों को हल करने की क्षमता बाकी बची है। विकास की समस्या का ठेका विकास-विशेषज्ञों पर

डाल दिया गया है। राजनय हो, नियोजन हो, खासतौर से एटमी नीति हो या आमतौर से प्रतिरक्षा नीति हो, ऊर्जा हो या पर्यावरण हो, हर जगह यही स्थिति है। सार्वजनिक जीवन के विशाल दायरे को छोटे-छोटे टुकड़ों में काट कर विशेषज्ञों के गुटों के हवाले कर दिया गया है। नतीजे के तौर पर सार्वजनिक जीवन के बड़े हिस्से पर विशेषज्ञ काबिज हो गये हैं। भारत की एटमी नीति संबंधी निर्णय लेने का काम जिन वैज्ञानिकों और नौकरशाहों के हाथ में है, उनकी संख्या पंद्रह से ज्यादा नहीं होगी। हो सकता है कि वे निर्णय लेने में राजनेताओं और फौज को शामिल भी न करते हों। असल में नेताओं के पास इन कामों का नियंत्रण न के बराबर है और ये निर्णय करने वाली संस्थाएँ या कमेटियाँ जनता के प्रति सीधे जवाबदेह भी नहीं हैं। केवल इस बात से तो हमें सांत्वना नहीं मिल सकती कि ऐसा ही दुनिया के दूसरे देशों में हो रहा है।

इन सिलसिलों को हमें रोकना होगा। जनता की संप्रभुता की पुनर्स्थापना की जरूरत है। असहमति की आवाज बुलंद करने का ठेका भी कुछ पेशेवर लोगों का हो जाने का मतलब होगा जनता का अराजनीतिकरण। राजनीति को जनता के हवाले किया ही जाना चाहिए।

जहाँ तक राजनीतिक की वैकल्पिक संस्कृति का सवाल है, मुझे नहीं पता कि हम लोग सचेत रूप से ऐसी किसी संस्कृति की रचना कर सकते हैं। इसे तो जनता के साथ अपने संवादों और अन्योन्यक्रियाओं के जरिये उभरना होगा। राजनीतिक संस्कृति हर जगह बदल रही है। विचारों के प्रति लोगों का रवैया ज्यादा खुला है और वे अपनी राजनीतिक पसंद-नापसंद जाहिर करने के मामले में अब उतने नहीं डरते। यह लोकतंत्रीकरण का नतीजा है। बजाय इसके कि मैं अपने मन की वैकल्पिक संस्कृति के बारे में बताऊँ, मैं उस राजनीति के बारे में चर्चा करना ज्यादा पसंद करूँगा जो हमें वैकल्पिक राजनीतिक संस्कृति की तरफ ले जा सकती है। एक वैकल्पिक राजनीतिक संस्कृति की अवधारणा की वकालत करने लगना मेरे लोकतांत्रिक उसूलों के खिलाफ है। वह वैकल्पिक संस्कृति कितनी भी खूबसूरती से न बनायी गयी हो, शासन की मौजूदा प्रणालियों जितनी ही निरंकुश साबित हो सकती है। इसलिए बेहतर होगा कि हजारों विकल्प रहें। अगर लोकतांत्रिक प्रक्रिया चलती रही तो जनता इनमें से सही विकल्पों का चुनाव करके बाकी को खारिज करने के लिए सक्षम रहेगी। करिश्माई नेताओं के उदय से पहले भी जनता में यह क्षमता थी।

अपने मन की वैकल्पिक संस्कृति की परिभाषा पेश न करने की मेरी अनिच्छा का एक कारण और है। मुझे लगता है कि मनुष्य जो नहीं चाहता है उस पर मतैक्य हासिल करने में ज्यादा सक्षम होता है, बनस्बति उसके जिसे

वह करना चाहता है। मसलन, अगर आप कहें कि हम वैसी फासीवादी राज्य-प्रणाली नहीं चाहते जैसी इटली में फासिस्टों ने खड़ी की थी, तो हर कोई इस पर सहमत हो जायेगा। लेकिन जैसे ही आप यह कहेंगे कि आप क्यूबा में फिडेल कास्ट्रो द्वारा रचे गये राज्य जैसी प्रणाली चाहते हैं, वैसे ही सहमत होने के बजाय विरोध करने वाले ज्यादा निकल आयेंगे। अपने आदर्श समाज की परिकल्पना के सवाल पर हममें हमेशा ज्यादा मतभेद रहे हैं और इस बात पर ज्यादा सहमति रही है कि हम किस-किस तरह का समाज नहीं बनाना चाहते। यह कोई अनायास ही नहीं है और मैं इसे स्वस्थ राजनीति का लक्षण मानता हूँ। वे उपन्यास भी ज्यादा दिनों तक पसंद किये जाते हैं जिनमें किसी एक यूटोपिया की चर्चा नहीं होती, बजाय उनके जिनमें यूटोपिया की बातें की जाती हैं। ऑल्डस हक्सले का डिस्टोपिया पर जोर देने वाला उपन्यास *ब्रेव न्यू वर्ल्ड* उन्हीं की यूटोपिया की वकालत करने वाली रचना *आइलैंड* के मुकाबले ज्यादा टिक पाया। यह आदमी का दिमाग कुछ अजीब ही है। उसकी छठी इंद्रिय भाँप लेती है कि वह समाज के हित और खुशहाली को सकारात्मक के बजाय नकारात्मक रूप से परिभाषित करते समय ज्यादा विश्वस्त महसूस करेगा। मनुष्य का दिमाग इसी तरह अपने अनुभवों को दूसरों तक पहुँचाता और उनकी साझेदारी करता है। हम आदर्श समाज के बारे में अपनी प्राथमिकताओं के बारे में बात तो करते हैं पर अप्रत्यक्ष रूप से। हम आदर्श समाज में क्या-क्या होगा, यह तो बताते हैं पर क्या नहीं होना चाहिए के बारे में बता कर। इससे आने वाली पीढ़ियों के लिए लोकतांत्रिक विकल्प खुले रहते हैं।

प्रचा : आपने ईरान का जिक्र किया है। इस दावे के बारे में आप क्या कहेंगे कि ईरान की इस्लामिक क्रांति अपने-आप में वैकल्पिक राजनीतिक संस्कृति का ही एक रूप है?

आशीष नंदी : एक नजर से यह विकल्प हो सकती है पर वह मेरे मन की आदर्श वैकल्पिक राजनीति नहीं है। मुझे इतना यकीन तो है कि इस्लामिक क्रांति ने ईरान को कुछ न कुछ जरूर दिया है। कम से कम उसने एक दमनकारी शासन का अंत तो किया ही। शाह की हुकूमत तो कई तरह से बेहद अनर्थकारी थी। साथ ही मैं यह भी महसूस करता हूँ कि इस्लामिक क्रांति भी कई पहलुओं से अनर्थकारी निकली है। शाह का तख्ता पलटे जाने से अब तक वह एक ढर्रे के तौर पर शाह की हुकूमत की प्रतिक्रिया में फँस कर रह गयी है। शाह हमारे लिए मर चुका है पर उनके लिए जिंदा है। शाह की स्मृति उनके लिए दुश्मन का निर्माण करती है और उस दुश्मन से निबटने के लिए वे जिस राज्य और पुलिस का इस्तेमाल करते हैं, वह साफतौर से शाह और उसकी

खुफिया संस्था सावाक जैसी ही है। कम से कम मनोवैज्ञानिक रूप से तो ऐसा ही है। यानी अगर शाह न होता तो ईरानी क्रांति हो ही नहीं पाती। इसका एक मतलब यह भी निकलता है कि वे एक मरे हुए दुश्मन से लड़ रहे हैं, एक ऐसे दुश्मन से जिसका एक अंश उनके भीतर रहता है।

पर इसके साथ मैं यह भी कहना चाहूँगा कि ईरानी क्रांति में कुछ रचनात्मक संभावनाएँ भी थीं जिन्हें आगे विकसित करने की कोशिश नहीं की गयी। क्रांतिकारी लोग क्षुद्र क़िस्म के बदले चुकाने में लग गये। फिर उन्होंने करुणा का दामन कतई छोड़ ही दिया। एक तरह से उन्होंने खुद को पराजित कर लिया। क्रांति के कारण परिवर्तन का जो जोरदार मौका मिला था, उसे उन्होंने गँवा दिया।

मुझे पक्का यकीन है कि ऐसी कोई क्रांति कामयाब नहीं हो सकती, जिसमें करुणा, आत्माभिव्यक्ति का अधिकार और अहिंसा का सिद्धांत एक अनिवार्य अंग के रूप में मौजूद न हो। हालाँकि यह मुश्किल है, क्योंकि ज्यादातर क्रांतियाँ हिंसा के सिद्धांत पर आधारित होती हैं और इसी के कारण उनमें आत्मविनाश की प्रवृत्ति आ जाती है।

प्रचा : आपने नारीवाद का एक विचारधारा के तौर पर जिक्र किया है। वैकल्पिक राजनीतिक संस्कृति की हमारी खोज के लिए नारीवाद का महत्त्व क्या है? अगर हम पितृसत्ता को दी जाने वाली नारीवादी चुनौती को सामाजिक ऊँच-नीच और राजसत्ता को चुनौती के रूप में देखें तो क्या नारीवाद परिवर्तन की सार्वभौम कोशिश का अंग नहीं है?

आशीष नंदी : लैंगिक प्रश्न हमारे युग का निर्णायक रूपक बन गया है। मेरा खयाल है कि उत्पीड़न की सभी प्रमुख प्रणालियाँ बेहद मर्दवादी ही हैं। उन सभी में मर्दानगी की भाषा महत्त्वपूर्ण आयाम की तरह मौजूद है। इसलिए मैं स्त्री-तत्त्व की दावेदारी को बहुत केंद्रीय मानता हूँ। राजनीति और सार्वजनिक जीवन में मानवता का समावेश करने के लिए ही नहीं, बल्कि ज्यादातर दुनिया में हमारी मानवीय इयत्ता को पुनर्परिभाषित करने के लिए भी यह केंद्रीय जरूरत है। लेकिन मैं यह भी कहना चाहूँगा कि गैर-पश्चिमी दुनिया के लिए लैंगिक प्रश्न अलग तरह की प्रतिध्वनियाँ ले कर आता है। मुझे नहीं लगता कि पश्चिमी नारीवादी जिस तरह की पितृसत्ता की चर्चा करते हैं, वैसी गैर-पश्चिमी दुनिया में जमीनी स्तर पर मौजूद है। यहाँ की अभिजन संस्कृति और अपेक्षाकृत निचले स्तर की संस्कृतियों के दायरों में कई गुंजाइशें हैं। यह दावा करना सही नहीं होगा कि अफ्रीका और एशिया भी अमेरिकी और यूरोपियन समाजों की तरह पितृसत्ता के चंगुल में फँसा हुआ है। मैं एशिया और अफ्रीका के ऐसे कई देशज

समुदायों को जानता हूँ जिनमें औरत और सत्ता के बारे में भिन्न अवधारणाएँ हैं। मैं भारत के कुछ समुदायों को जानता हूँ जिनमें संपत्ति और तलाक के मामलों को लेकर औरतों के पास मर्दों के मुकाबले बेहतर अधिकार हैं।

यह कोई अनायास ही नहीं है कि दुनिया की पहली प्रधानमंत्री दुनिया के इसी हिस्से से आयी। पश्चिमी देशों से बहुत पहले दक्षिण एशिया के सभी प्रमुख देशों में ताकतवर और कामयाब महिला नेताओं को देखा जा सकता है। इसके अलावा आधुनिक क्षेत्र का सिरदर्द समझी जाने वाली नौकरी की मर्दवादी परिभाषा हो या औरतों के लिए मताधिकार का सवाल हो, दुनिया के इस हिस्से के लिए कभी गंभीर समस्या नहीं रही। समान वेतन न देने और औरतों के खिलाफ सीधी हिंसा की समस्या जरूर है। पश्चिम के मुकाबले यहाँ औरतें आयुर्विज्ञान और इंजीनियरिंग के क्षेत्र में ज्यादा हैं। हमारे पश्चिमीकृत नारीवादी भले ही इसे अनायास कहें पर ऐसा है नहीं। कारण यह है कि पितृसत्ता तो है पर मानवीय संबंधों को विनियमित करने के लिए दूसरे उसूल भी हैं। दक्षिण और दक्षिण-पूर्व एशिया के आम लोगों और जमीनी स्तर पर औरतों के आंदोलनों से जुड़े लोगों को मेरे कथनों पर कतई ताज्जुब नहीं होगा। यूरोप अर्धनारीश्वर किस्म के ईसा की अवधारणा भले ही भूल गया हो, पर अर्धनारीश्वर कृष्ण या बुद्ध या लैंगिक सीमाओं के परे जाने वाले सूफियाना उसूल आज भी यहाँ के लिए स्वाभाविक हैं। इस क्षेत्र में नारी-तत्त्व और मर्दानगी का द्वंद्वात्मक रिश्ता कुछ अलग ही है। महिलाओं के सशक्तीकरण की शुरुआत करने के लिए वैकल्पिक आधार भी मौजूद हैं। इन आधारों और परंपराओं का इस्तेमाल करने वाले लोग उनके मुकाबले सामाजिक और राजनीतिक रूप से ज्यादा सृजनशील माने जाएँगे, जो प्रतिष्ठित पश्चिमी विश्वविद्यालयों से मान्यताप्राप्त विचार उधार ले कर अपना काम चलाते रहते हैं।

लेखक, अनुवादक और संपादक परिचय

रजनी कोठारी: भारतीय राजनीति के अन्यतम व्याख्याकार और सिद्धांतवेत्ता। विकासशील समाज अध्ययन पीठ के संस्थापक। कांग्रेस के दीर्घकालीन शासन और फिर उसके क्रमिक पराभव का राजनीतिक-सामाजिक तर्क खोजनेवाली तीन रचनाओं द *काँग्रेस 'सिस्टम' इन इंडिया* और द *काँग्रेस सिस्टम ऑन ट्रायल* एवं *काँग्रेस सिस्टम रिविजिटेड : ए डिसेनियल रिव्यू* के प्रकाशन के बाद राजनीति के विकास-क्रम के लगभग हर मोड़ पर मौलिक विमर्श के लिए अंतर्राष्ट्रीय ख्याति-प्राप्त। राजनीति में जातिवाद की प्रचलित धारणा को जातियों के राजनीतिकरण के रूप में व्याख्यायित करने के साथ-साथ भारतीय लोकतंत्र के बहुलवादी चरित्र को केंद्र में रखते हुए राज्य, राष्ट्र-निर्माण, समाज परिवर्तन, वैकल्पिक विश्व की परिकल्पना, सांप्रदायिकता, चुनाव संबंधी अध्ययन, सेकुलरवाद, गैर-सरकारी राजनीतिक प्रक्रिया और दलित-बहुजनों के उभार के विषय में मूल्यवान अंतर्दृष्टि से संपन्न राजनीतिशास्त्र के विशाल वांङ्मय की रचना।

दिल्ली विश्वविद्यालय में राजनीतिशास्त्र के प्रोफेसर रह चुके रजनी कोठारी भारतीय समाजविज्ञान अनुसंधान परिषद के अध्यक्ष, लोक अधिकार संघ के राष्ट्रीय अध्यक्ष और योजना आयोग के सदस्य भी रह चुके हैं। उनकी अनगिनत कृतियों में कुछ अत्यंत विख्यात रचनाएँ हैं : *पॉलिटिक्स इन इंडिया* (हिंदी और गुजराती में भी अनुवाद); *कास्ट इन इंडियन पॉलिटिक्स*

(संपादित); *इंडियन वोटिंग बिहेवियर* (मायनर वीनर के साथ संपादित); *फुट स्टेप्स इन्टू द फ्यूचर : डायग्नॉसिस ऑव द प्रेजेंट वर्ल्ड एंड ए डिजायन फॉर ऐन ऑल्टर्नेटिव; स्टेट एंड नेशन बिल्डिंग : ए थर्ड वर्ल्ड पर्स्पेक्टिव* (संपादित); *डेमोक्रैटिक पॉलिटी एंड सोशल चेंज इन इंडिया : क्राइसिस एंड ओपोर्च्युनिटी; टुवर्ड्स एं जस्ट वर्ल्ड; सर्वायवल इन ऐन एज ऑव ट्रांसफॉर्मेशन; डिसआर्मामेंट, डिवेलपमेंट एंड वर्ल्ड ऑर्डर* (गिरि देशिंग्कर के साथ संपादित); *स्टेट अगेंस्ट डेमोक्रेसी : इन सर्च ऑव द ह्यूमेन गवर्नेन्स; ट्रांसफॉर्मेशन एंड सर्वायवल : इन सर्च ऑव ह्यूमेन वर्ल्ड ऑर्डर; रिथिंकिंग डिवेलपमेंट : इन सर्च ऑव ह्यूमेन आल्टरनेटिव्ज; पॉलिटिक्स एंड पीपुल : इन सर्च ऑव ह्यूमन इंडिया; ग्रोइंग एम्नेजिया : ऐन एसे ऑन पावर्टी एंड द ह्यूमन कांशसनेस* और *कम्युनिज्म इन इंडियन पॉलिटिक्स* (हिंदी में भी अनूदित)। इस संकलन में शामिल उनका लेख **जनता से डरते अभिजन और कमजोर होता राष्ट्र-राज्य** सबसे पहले *इकॉनॉमिक एंड पॉलिटिकल वीकली* में प्रकाशित **नेशन-स्टेट एंड ग्लोबलाइज़ेशन** के रूप में प्रकाशित हुआ था। इस लेख का हिंदी अनुवाद अभय कुमार दुबे ने किया है।

धीरूभाई शेठ : विख्यात राजनीतिक-समाजशास्त्री और अंतर्राष्ट्रीय पत्रिका **आल्टरनेटिव्ज़** के सह-संपादक। दिल्ली लोक अधिकार संघ के अध्यक्ष रह चुके प्रोफेसर शेठ **लोकायन** (सहभागी लोकतंत्र के लिए परियोजना) के संस्थापकों में से एक हैं। ग्रासरूट थियरी, राजनीतिक प्रणालियाँ, प्रतिनिधित्व की समस्या, भूमंडलीकरण, आरक्षण, भाषा समस्या, दलीय-प्रणाली, राष्ट्र-राज़्य, सेकुलरीकरण और आधुनिकीकरण के भारतीय समाज और राजनीति से संबंधों के विषय में कई मौलिक योगदानों का श्रेय। धीरूभाई की महत्त्वपूर्ण कृतियों में *वेल्यूज एंड एक्टिव कम्युनिटी; सिटीजंस एंड पार्टीज : आस्पेक्ट्स ऑव कम्पटीटिव पॉलिटिक्स इन इंडिया* (संपादित); *द मल्टीवर्स ऑव डेमोक्रेसी* (आशीष नंदी के साथ संपादित) और *माइनारिटी आइडेंटिटी एंड द नेशन स्टेट* (गुरप्रीत महाजन के साथ संपादित) शामिल हैं। पिछड़ा वर्ग आयोग के सदस्य और **विकासशील समाज अध्ययन पीठ** में निदेशक और सीनियर फैलो रह चुके धीरूभाई राष्ट्रीय-अंतर्राष्ट्रीय अकादमीय पत्रिकाओं में योगदान के साथ-साथ लोकप्रिय पत्र-पत्रिकाओं (हिंदी समेत) में भी नियमित लेखन करते हैं।

इस संकलन में शामिल उनका लेख **बाज़ारोन्मुख या सहभागी लोकतंत्र** *दि एनल्स* नामक पत्रिका में प्रकाशित **डेमोक्रेसी एंड ग्लोबलाइज़ेशन इन**

इंडिया : पोस्ट कोल्ड वार डिस्कोर्स का अभय कुमार दुबे द्वारा संवर्धित रूप है।।

रवि सुंदरम : युवा समाजवैज्ञानिक और नव मीडिया चिंतक। शुरू में सोवियत शासन व्यवस्था के ध्वंस पर *इकॉनॉमिक एंड पॉलिटिकल वीकली में* महत्त्वपूर्ण लेखन के लिए जाने गये। फिर समाजविज्ञान की ख्यातिप्राप्त अंतर्राष्ट्रीय पत्रिका *आल्टर्नेटिव्ज़* के संपादन से संबंधित रहे। **विकासशील समाज अध्ययन पीठ** में फैलो। शहरी सभ्यता के विकास पर केंद्रित अध्ययन पीठ के अनूठे कार्यक्रम **सराय** के संस्थापकों में से एक। आजकल रवि वासुदेवन के साथ **सराय** के सहनिदेशक। भारत में नये मीडिया और आधुनिकता पर अनेक लेख। समकालीन भारत के शहरी दायरों में इलेक्ट्रॉनिक संस्कृति के गैरकानूनी और 'पाइरेटिड' रूपों के अध्ययन में व्यस्त। इस संकलन में शामिल अभय कुमार दुबे द्वारा अनूदित उनका लेख **राष्ट्रवाद का कारागार और साइबर स्पेस की बगावत** सबसे पहले **बियांड दि नेशनलिस्ट पनोप्टीकॉन : दि एक्सपीरिएंस ऑव साइबर पब्लिक्स इन इंडिया** शीर्षक से १९९६ में साइबर स्पेस पर मैड्रिड में हुए सम्मेलन *टेलिफोनिका* में पढ़ा गया था।

शिव विश्वनाथन : लोकतंत्र, विज्ञान और समाज के अंतर्संबंधों पर अपने रूढ़िमुक्त चिंतन के लिए विख्यात समाजशास्त्री। उच्च शिक्षा पर भी उल्लेखनीय काम। **विकासशील समाज अध्ययन पीठ** में सीनियर फैलो और फोर्ड फाउंडेशन द्वारा समर्थित **लोकतंत्र, जातीयता और ज्ञान प्रणालियों के अध्ययन की परियोजना** के निदेशक। विश्वनाथन की प्रमुख रचनाओं में *आर्गनाइजिंग फॉर साइंस; ए कार्निवाल फॉर साइंस* (कन्नड़ में भी संक्षिप्त अनुवाद प्रकाशित); *फाउल प्ले : क्रानिकल्स ऑव करप्शन, १९४७-१९९७* (हर्ष सेठी के साथ संपादन); *डेमोक्रेसी, डायवर्सिटी एंड दि यूनिवर्सिटी* (एम. गोपीनाथ और पी. जयल के साथ फोर्ड फाउंडेशन के लिए तैयार की गयी रपट) और *डेमोक्रेसी, वल्नरेबिलिटी एंड रिस्क* (चंद्रिका परमार के साथ ओडीशा के चक्रवात पर तैयार की गयी रपट) शामिल हैं। इनके अलावा उन्होंने *सेमिनार* का भूमंडलीकरण पर विशेषांक भी संपादित किया है। सेमिनार के अतिरिक्त *इकॉनॉमिक एंड पॉलिटिकल वीकली, फ्रंटलाइन, आल्टरनेटिव्ज, आउटलुक, हिमाल, लोकायन बुलेटिन, दि हिंदू* और कई दैनिक पत्रों में नियमित लेखन। इस संकलन में शामिल अभय कुमार दुबे द्वारा अनूदित उनका लेख **नेटवर्क सोसाइटी में ज्ञान के बिना सूचना** सबसे पहले *सेमिनार* के

भूमंडलीकरण विशेषांक में **नॉलेज एंड इंफर्मेशन इन नेटवर्क सोसाइटी** शीर्षक से प्रकाशित हुआ था।

रविकांत : इतिहासकार, लेखक, संपादक और अनुवादक। *ट्रांसलेटिंग पार्टीशन* के सह-संपादक। *दीवान-ए-सराय ०१: मीडिया विमर्श :// हिंदी जनपद* का संजय कुमार के साथ संपादन। शहरी सभ्यता के विकास पर केंद्रित **विकासशील समाज अध्ययन पीठ** के अनूठे कार्यक्रम **सराय** में भारतीय भाषाओं का कंप्यूटर के साथ तारतम्य स्थापित करने के महती•कार्य में संलग्न। इस संकलन में शामिल उनका लेख **भविष्य का इतिहास** *दीवन-ए-सराय ०१* में **हिंदी वेब जगत : भविष्य का इतिहास** शीर्षक से प्रकाशित।

आदित्य निगम : युवा राजनीतिशास्त्री। अंग्रेजी, हिंदी और बांग्ला के लेखक। वामपंथी और जनवादी आंदोलनों में काफी समय तक सक्रिय रहे। करीब दस साल तक मार्क्सवादी कम्युनिस्ट पार्टी के पूर्णकालिक कार्यकर्ता के रूप में काम करने का अनुभव। चार साल तक कई गैर-सरकारी संगठनों के साथ काम और स्वतंत्र पत्रकारिता। मार्क्सवाद और कम्युनिस्ट आंदोलनों से जुड़े सवालों पर लेखन। १९९४-९७ के दौरान *दि पायनियर* में 'लेबर नोट्स' शीर्षक से नियमित स्तंभ-लेखन। कई वृत्तचित्रों का पटकथा लेखन। हाल ही में *सेकुलरवाद और भारतीय 'राष्ट्र'* विषय पर अनुसंधान पूरा किया। १९९६ के बाद से **विकासशील समाज अध्ययन पीठ** के साथ अलग-अलग हैसियतों में जुड़े रहे। पीठ के कार्यक्रम **सराय** और **लोकनीति** में काम करने के बाद अब पीठ में फैलो के रूप में कार्यरत।

मजदूरों और मजदूर संघों पर *सेमिनार* के विशेषांक का संपादन, चुनावों पर *सेमिनार* के एक और अंक का रुस्तम सिंह के साथ संपादन, *फ्रंटलाइन* में रुस्तम सिंह के साथ १९९६ के चुनावों पर कई राज्यों के बारे में लेखों की शृंखला और *लोकनीति* के लिए राज्यों की राजनीति पर कई प्रबंधों का संपादन। आदित्य निगम के उल्लेखनीय प्रबंधों में *मार्क्सिज्म एंड पॉवर, कम्युनिस्ट पॉलिटिक्स हेजेमोनाइज्ड, राइट टु वर्क : रीडिंग राइट्स थ्रू दि डिस्कोर्स ऑन वर्क, मार्क्सिज्म एंड दि पोस्टकालोनियल वर्ल्ड : फुटनोट्स टु ए लांग मार्च, मार्क्सवाद एक विकासमान नजरिया* और *उत्तर-आधुनिकता के बहाने समकालीन मार्क्सवाद* पर एक नजर शामिल हैं। इस संकलन में शामिल उनका एक लेख **रेडिकल सियासत का संकट** पहले विचारप्रधान मासिक *संधान* में **विश्वायन के दौर में रेडिकल सियासत** के रूप में प्रकाशित हो चुका है।

उनका दूसरा लेख **खोये हुए खयाल की खोज** विशेषतौर से इसी संकलन के लिए तैयार किया गया है।

अभय कुमार दुबे : लेखक, संपादक, अनुवादक और अनुसंधानकर्ता। नक्सलवादी आंदोलन से लंबा जुड़ाव। करीब आठ साल तक भाकपा (माले) (लिबरेशन) के कार्यकर्ता। लंबे अरसे तक एक्सप्रेस समूह के **दैनिक जनसत्ता** में काम करने के बाद **विकासशील समाज अध्ययन पीठ** में भारतीय भाषा कार्यक्रम के संपादक। नक्सलवादी आंदोलन, दलित आंदोलन, सांप्रदायिकता, नारी मुक्ति आंदोलन और संस्कृति संबंधी विषयों पर अध्ययन। सिनेमा और खेल पर भी लेखन।

प्रमुख कृतियाँ : *क्रांति का आत्म संघर्ष : नक्सलवादी आंदोलन के बदलते चेहरे का अध्ययन; सांप्रदायिकता के स्रोत* (संपादित); *आज के नेता : राजनीति के नये उद्यमी* (बाल ठाकरे, कांशी राम, मुलायम सिंह यादव, लालू प्रसाद यादव, ज्योति बसु, कल्याण सिंह और मेधा पाटकर के राजनीतिक जीवन के आलोचनात्मक अध्ययन पर आधारित पुस्तक माला का संपादन और अरुण त्रिपाठी, अरुण पांडेय और अंबरीश कुमार के साथ लेखन); घोटाले में घोटाला (शेयर घोटाले पर एक प्रचार पुस्तिका); 'हंस' के महिला विशेषांक **स्त्री-भूमंडलीकरण : पितृसत्ता के नये रूप** के अतिथि संपादक; *भारत के मध्यवर्ग की अजीब दास्तान* (पवन वर्मा की कृति **द ग्रेट इंडियन मिडिल क्लास** का अनुवाद); *भारतनामा* (सुनील खिलनानी की कृति **द आइडिया ऑव इंडिया** का अनुवाद) और *पूँजी के भूमंडलीकरण से कैसे लड़ें?* (कंवलजीत सिंह की कृति **ग्लोबलाइज़ेशन ऑव फाइनेंस** का अनुवाद) के अलावा आठ किशोरोपयोगी पुस्तकों की रचना और दो का अनुवाद। १९९५-९६ में सामाजिक चिंतन और विमर्श की मासिक पत्रिका **समय चेतना** के चौदह अंकों का संपादन। घनश्याम शाह द्वारा संपादित पुस्तक *दलित आइडेंटिटी एंड पॉलिटिक्स* में कांशी राम के राजनीतिक जीवन पर लिखा गया लेख *एनॉटॉमी ऑव ए दलित पॉवर प्लेयर : ए स्टडी ऑव कांशी राम* संकलित। इस संकलन में शामिल उनका लेख **पितृसत्ता के नये रूप** सबसे पहले **हंस** के उक्त महिला विशेषांक की आवरण कथा के रूप में प्रकाशित हुआ था।

गोपाल गुरु : राजनीतिशास्त्रियों की नयी पीढ़ी में अपने दार्शनिक रुझानों के लिए विशेष रूप से प्रतिष्ठाप्राप्त विद्वान। दलित-विषयक चिंतन में सर्वथा नयी अंतर्दृष्टियों का योगदान। आरक्षण के प्रावधान का समाज-परिवर्तन और

दलितों के ब्राह्मणीकरण के संदर्भ में उल्लेखनीय अध्ययन। अंग्रेजी के साथ-साथ मराठी में भी लेखन। विकासशील समाज अध्ययन पीठ में पारिख फैलोशिप के तहत 'अवमानना का राजनीति सिद्धांत' विषय पर अनुसंधान और दिल्ली विश्वविद्यालय में प्रोफेसर। इससे पहले पुणे विश्वविद्यालय के राजनीति और लोकप्रशासन विभाग में महात्मा गाँधी पीठ के प्रोफेसर। प्रकाशित कृतियाँ : *दलित कल्चर एंड दि डाइलेक्टिक आॅव दलित पॉलिटिक्स इन महाराष्ट्र, थियराइजिंग दलित मूवमेंट इन इंडिया, दलित लेंड स्ट्रगल इन महाराष्ट्र, डॉ. आंबेडकर्स कंसेप्ट ऑव पॉलिटिकल पॉवर एंड दि क्वेश्चन ऑव दलित इमेंसिपेशन, कांशीराम एंड हिज बहुजनवाद* और *इंटरफेस बिटवीन आंबेडकर एंड दि दलित कल्चर मूवमेंट इन महाराष्ट्र*। इसके अलावा *रिवर्स ऑरियेंटलिज्म, अंडरस्टेंडिंग ह्यमिलेशन* और *रीडर इन दलित पॉलिटिक्स* सद्यः प्रकाशित। *इकॉनॉमिक एंड पॉलिटिकल वीकली, मेनस्ट्रीम* और *फ्रंटियर* जैसी पत्रिकाओं में नियमित लेखन। उनका लेख **सार्वभौम की तरफ छलाँग** विशेष रूप से इसी संकलन के लिए तैयार किया गया है।

शैल मायाराम : राजनीतिकविज्ञान के अध्ययन के बावजूद इतिहास, मानवशास्त्र और साहित्यालोचना के माध्यम से अपनी शोध-सामग्री एकत्रित करने का अनुशासन विकसित करने वाली विद्वान। राज्य-रचना, इतिहास-दर्शन, बहुसंस्कृतिवाद, धर्मों के तुलनात्मक अध्ययन, धर्मांतरण, प्रेतबाधा और शामनों की परिघटना, वाचिक परंपरा के महाकाव्यों, लैंगिक परिप्रेक्ष्य और शासनकला के अध्ययन में रुचि। निकोलस डिर्क द्वारा संपादित इतिहास और मानवशास्त्र संबंधी विशेष ग्रंथमाला में *अगेंस्ट हिस्ट्री, अगेंस्ट स्टेट : काउंटरपर्सपेक्टिव्ज फ्राम दि मार्जिंस* नामक पुस्तक का योगदान। इसके अलावा एक और पुस्तक *रसिस्टिंग रिजीम्स : मिथ्स, मेमोरी एंड शेपिंग ऑव मुस्लिम आइडेंटिटी* प्रकाशित। आशीष नंदी और अच्युत याग्निक के साथ *क्रियेटिंग ए नेशनलिटी : दि रामजन्म भूमि मूवमेंट एंड दि फियर ऑव सेल्फ* का सहलेखन। सबाल्टर्न स्टडीज़ संपादक मंडल की सदस्य और *सबाल्टर्न स्टडीज़* के बारहवें खंड के सह-संपादन में व्यस्त। आजकल टकराव, धर्मांतरण और सहअस्तित्व संबंधी विमर्श के संदर्भ में समुदायों की अन्योन्नक्रिया के साथ-साथ एशियायी शहरों पर संस्कृतियों के परस्पर व्यापी परिप्रेक्ष्य पर अध्ययन-मनन। **विकासशील समाज अध्ययन पीठ** में विजिटिंग सीनियर फैलो। इस संकलन में शामिल उनका लेख **तबलीगी जमात और विश्व हिंदू परिषद** विशेष रूप से इसी के लिए तैयार किया गया।

मधु किश्वर : लोकतांत्रिक अधिकारों, आर्थिक आजादी, लैंगिक समता और अल्पसंख्यकों के हकों के लिए संघर्ष करने वाली संस्था **मानुषी** की संस्थापक। **मानुषी** को श्रेय जाता है कि उसने मधु किश्वर के संपादन में एक पत्रिका के रूप में महिला अधिकारों के मुद्दे को देश भर में सबसे पहले और प्रभावी ढंग से उठाया। केवल पाठकीय सहयोग के आधार पर १९७८ से लगातार प्रकाशित होने वाली यह पत्रिका अपने आप में जनोन्मुख और आत्मनिर्भर पत्रकारिता का दुर्लभ नमूना है। आजकल आर्थिक सुधारों की प्राथमिकताएँ बदलने की मुहिम में नेतृत्वकारी भूमिका निभाते हुए रेढ़ी-ठेले वालों और रिक्शा चालकों जैसे शहरी गरीब समूहों के अधिकारों के लिए संघर्षरत। दिल्ली विश्वविद्यालय में कई वर्ष तक अंग्रेजी साहित्य पढ़ाने के बाद आजकल **विकासशील समाज अध्ययन पीठ** में सीनियर फैलो।

सामाजिक-आर्थिक विषयों पर अंग्रेजी और हिंदी में निरंतर विचारोत्तेजक लेखन करने वाली मधु किश्वर ने कई चर्चित पुस्तकों की रचना भी की है जिनमें प्रमुख हैं : *ऑफ दि बीटन ट्रैक : एसेज़ ऑन जेंडर ईशूज़, रिलीजन इन दि सर्विस ऑव नेशनलिज्म : एसेज़ ऑन कॉज़िज़ एंड क्योर्स ऑव एथ्निक कांफ्लिक्ट इन इंडिया, वूमेन भक्त पोइट्स : लाइव्ज़ एंड पोइट्री ऑव वोमेंस मिस्टिक्स फ्राम सिक्स्थ टु सेविंटीथ सेंचुरी एडी* और *गाँधी एंड वूमेन*। उनकी दो पुस्तकें *ज़ीलस रिफार्मर्स, डेडली लॉज़* और *क्राइसिस ऑव गवर्नेंस एंड चैलेंजिज़ ऑव ग्लोबलाइज़ेशन* जल्दी ही प्रकाशित होने वाली हैं। इस संकलन में शामिल उनका लेख **आर्थिक आजादी का सवाल** विशेष रूप से इसी के लिए तैयार किया गया।

राजेंद्र रवि : लोकतंत्र को जनोन्मुख बनाने के संघर्ष से जुड़े कार्यकर्ता, संगठक और अनुसंधानकर्ता। सत्तर के दशक की शुरुआत में कम्युनिस्ट पार्टी (भाकपा) की युवा शाखा से जुड़ कर राजनीतिक जीवन का प्रारंभ, फिर जयप्रकाश नारायण के बिहार जनांदोलन में पूर्णकालिक भागीदारी, करीब चार साल तक छात्र युवा संघर्ष वाहिनी की तरफ से बोधगया के भूमि मुक्ति आंदोलन में मजदूरों और किसानों का संगठन, १९८५ से संपूर्ण क्रांति मंच की तरफ से गाँधीवादी / समाजवादी समूहों की गोलबंदी, १९८८ से प्रवासी जन मंच के संयोजक, १९९७ से रिक्शा चलाने वालों, साइकिल चलाने वालों और पैदल चलने वालों के संगठन जन परिवहन पंचायत के संयोजक और १९९८ से हॉकर-वेंडर पंचायत के संयोजक। १९९४ से १९९८ तक लोकायन के सह-संयोजक रहने के बाद १९९८ के बाद से संयोजक। पर्यावरण, पारिस्थितकी,

चुनाव-अध्ययन और शहरी गरीबों की समस्याओं के अध्ययन में रुचि। राष्ट्रीय राजधानी क्षेत्र, दिल्ली के रिक्शा और रिक्शा चालकों के अध्ययन की परियोजना के निदेशक। इस संकलन में शामिल लेख **हाशिये से बेदखली** विशेष रूप से इसी के लिए लिखा गया।

संजय कुमार : युवा राजनीतिशास्त्री। **विकासशील समाज अध्ययन पीठ** में फैलो और **लोकनीति** में योगेंद्र यादव के साथ चुनाव अध्ययन में व्यस्त। इस संकलन में शामिल उनका लेख **चुनावी मुद्दा नहीं है अर्थनीति** हैदराबाद में हुए एक सेमिनार में **इकॉनॉमिक रिफार्म्स : इट्स इम्पैक्ट ऑन इंडियन इलेक्टोरेट्स** शीर्षक से पढ़ा गया था।

डोड्डाबेल्लापुरा रामैया नागराज : कन्नड़ के अत्यंत प्रतिष्ठित और मौलिक साहित्य चिंतक। साहित्यिक सिद्धांत और सांस्कृतिक राजनीति की अन्यतम व्याख्या करने वाली विख्यात पुस्तक *साहित्य कथन* के लिए विख्यात। बौद्ध दार्शनिक नागार्जुन के संस्कृत ग्रंथ *विग्रह व्यवर्थिनी* के अनुवाद सहित उनके चिंतन की आलोचनात्मक व्याख्या करनेवाली पुस्तक *नागार्जुन*, आधुनिक कन्नड़ कविता का अध्ययन करनेवाली पुस्तक *शक्ति शारदेय मेला* और आधुनिक कन्नड़ साहित्य पर आलोचनात्मक निबंधों के संकलन *अमृत मत्थु गरुड़ा* के लिए भी बहुप्रशंसित। *अमृत मत्थु गरुड़ा* के लिए उन्हें १९८८ में वर्धमान साहित्य पुरस्कार से सम्मानित किया गया। १९९५ में नागराज को कन्नड़ में साहित्यालोचन के लिए आजीवन योगदान के लिए शिवराम कारंत पुरस्कार दिया गया।

१९९३ से १९९५ के बीच औपनिवेशिक प्रभाव के कारण दृष्टि से ओझल हो गये भारतीय बौद्धिकता के विविध रूपों का अनुसंधान करनेवाली अक्षर चिंतन शृंखला के तहत १४ पुस्तकों का संपादन। भर्तृहरि, नागार्जुन, दाराशिकोह, आनंद कुमारस्वामी, आशीष नंदी, प्राचीन जैन गल्प, विद्यापति और इतिहास की वैदिक दृष्टि से संबंधित रचनाओं का अनुवाद। गैर-कन्नड़ क्षेत्रों में नागराज को दलित आंदोलन की व्याख्या करनेवाली पुस्तक *दि फ्लेमिंग फीट* के लिए जाना जाता है। इस संकलन में शामिल उनका लेख **कट्टर हिंदू और हताश किसान** अंग्रेजी में सबसे पहले *एंग्शस हिंदू एंड एंग्री फारमर : नोट्स ऑन दि कल्चर एंड पॉलिटिक्स आफ टू रिस्पांसेज़ टु ग्लोबलाइज़ेशन इन इंडिया के रूप में* प्रकाशित हुआ था। इसका अनुवाद अभय कुमार दुबे ने किया है। नागराज ने कुछ दिनों तक विकासशील समाज विद्यापीठ में भी विजिटिंग

फैलो के रूप में काम किया। अगस्त, १९९७ में असमय मृत्यु।

शुद्धव्रत सेनगुप्ता : मीडिया की दुनिया में सक्रिय, फिल्मकार, लेखक, *रक़्स मीडिया कलेक्टिव* के सदस्य और शहरी सभ्यता के विकास पर केंद्रित **विकासशील समाज अध्ययन पीठ** के अनूठे कार्यक्रम **सराय** के संस्थापकों में से एक। सौंदर्यशास्त्र, निगरानी के जरिये नियंत्रण और साइबर संस्कृति के पाठीय अनुसंधान में गहरी दिलचस्पी। सराय मीडिया लैब में नये मीडिया और डिजिटल संस्कृति से जुड़े कई कार्यक्रमों में व्यस्त। इस संकलन में शामिल उनका लेख **चाहिए प्रतिरोध का भूमंडलीकरण** सबसे पहले *बिब्लियो* में **ऑनली ए वर्ल्ड टु विन** शीर्षक से प्रकाशित हुआ था।

विजय प्रताप : समाजवादी आंदोलन से निकले विख्यात कार्यकर्ता-बुद्धिजीवी। संपूर्ण क्रांति आंदोलन में भागीदारी, आपातकाल में लंबी जेलयात्रा, जनता पार्टी के शासन काल में युवा जनता की दिल्ली इकाई के अध्यक्ष। **लोकायन** के संस्थापक सदस्य के रूप में लंबे अरसे तक सभापति, संयोजक और लोकायन बुलेटिन के संपादक-मंडल के सदस्य की भूमिका निभाने के बाद आजकल **वसुधैव कुटुंबकम** (ग्लोबल फोरम फॉर कंप्रहेंसिव डेमोक्रेसी) के संगठक। १९८९ के बाद से फिनलैंड के नेटवर्क 'थर्ड वर्ल्ड कनेक्शन' से घनिष्ठ संपर्क। 'दक्षिण एशिया में लोकतंत्र संवर्धन के लिए संवाद' के संयोजक। 'लोकायन संवाद एवं समीक्षा' पत्रिका के प्रारंभ से अंत (१९८२-८९) तक संपादक। समता पार्टी के राष्ट्रीय सचिव, लेकिन उसके भारतीय जनता पार्टी के साथ जुड़ने के बाद त्यागपत्र। विश्व व्यापार संगठन और भूमंडलीकरण के खिलाफ आंदोलन में अगुआ भूमिका। पत्रिकाओं और अखबारों में दलित अस्मिता, लोकतांत्रिक आंदोलनों और लोकतंत्र संवर्धन जैसे विषयों पर हिंदी और अंग्रेजी में लेखन। इस संकलन में शामिल उनका लेख **वैकल्पिक भूमंडलीकरण की ओर** नेटवर्क इंस्टीट्यूट फार ग्लोबल डेमौक्रेटाइजेशन के प्रकाशन *भूमंडलीकरण के लोकतंत्रीकरण के लिए राजनीतिक पहल* में संकलित लेख **वसुधैव कुटुंबकम : भूमंडलीकरण के दौर में एक नयी एकजुटता** का संक्षिप्त संस्करण है।

आशीष नंदी : अंतर्राष्ट्रीय ख्याति के समाज-मनोविद। **विकासशील समाज अध्ययन पीठ** में सीनियर फैलो के रूप में लंबे अरसे से कार्यरत प्रोफेसर नंदी की रचनाओं की लोकप्रियता का अंदाजा केवल इस तथ्य से

लगाया जा सकता है कि उनकी मशहूर कृति *द इंटीमेट इनेमी : लास एंड रिकवरी ऑव सेल्फ अंडर कॉलोनियलिज्म* के पंद्रह पुनर्मुद्रण हो चुके हैं। समाज-मनोविज्ञान के दायरे में प्रोफेसर नंदी ने राजनीति, कला, साहित्य, संस्कृति, सिनेमा और खेल पर विशद वांङमय की रचना की है। वे अपनी द्रुत रचनाशीलता और आधुनिकतावादी विचार-सरणियों की प्रखर आलोचना के लिए भी जाने जाते हैं। **कमेटी फॉर द कल्चरल च्वाइसेस** के अध्यक्ष आशीष नंदी की प्रमुख कृतियों में 'द इंटीमेट इनेमी' के अलावा *द न्यू वैश्यास* (रेमंड एल. आवेंस के साथ); *आल्टरनेटिव साइंसेज : क्रियेटिविटी एंड अथांटिसिटी इन टू इंडियन साइंटिस्ट्स; एट द एज ऑव साइकोलॉजी : एसेज ऑन पॉलिटिक्स एंड कल्चर; ट्रेडीशंस, टायरनी एंड यूटोपियाज : एसेज इन द पॉलिटिक्स ऑव अवेयरनेस; साइंस, हेजेमनी एंड वायलेंस : ए रेक्विम फॉर माडर्निटी; द ताओ ऑव क्रिकेट : ऑन गेम्स ऑव डेस्टिनी एंड डेस्टिनी ऑव गेम्स; द ब्लाइंडिड आई : ५०० इयर्स ऑव क्रिस्टोफर कोलंबस* (जियाउद्दीन सरदार, क्लॉड अलवारिस और मेरिल विन डेवीस के साथ); *इल्लेजिटिमेसी ऑव नेशनलिज्म : रवींद्रनाथ टैगोर एंड इंडियन पॉलिटिक्स ऑव सेल्फ; प्रतिशब्द* (गुजराती में); *द सेवेज फ्रायड एंड अदर एसेज इन पासिबिल एंड रिट्रीवेबिल सेल्व्ज़; आशीष नंदी : ए रीडर* (संपादक : डी.आर. नागराज); *क्रियेटिंग ए नेशनलिटी : द राम जन्म-भूमि मूवमेंट एंड फियर ऑव सेल्फ* (शिखा त्रिवेदी, अच्युत याग्निक और शैल मायाराम के साथ); *मल्टीवर्स ऑव डेमोक्रेसी* (धीरूभाई शेठ के साथ); *द न्यूक्लियर डिबेट : आयरनीज एंड इम्मोरलिटीज* (जिया मियाँ के साथ); *कंटेम्परेरी इंडिया* (वी.ए. पाईपनांडी कर के साथ संपादित), *द सीक्रेट पॉलिटिक्स ऑव अवर डिज़ायर्स : इन्नोसेंस, कल्पेबिलिटी एंड पॉपुलर सिनेमा* (संपादित), *टाइम वार्प्स* और *दि रोमांस ऑव दि स्टेट एंड दि फेट ऑव दि डिसेंट इन दि ट्रॉपिक्स* भी शामिल हैं। इस संकलन में शामिल उनका साक्षात्कार **सभ्यताओं के बीच संवाद** रामू मणिवनन और प्राचा हुतनुवत्र द्वारा सन् २००१ में बैंकाक में उनके साथ की गयी लंबी बातचीत का अंश है।

विजयबहादुर सिंह : वरिष्ठ राजनीतिशास्त्री, भारतीय निर्वाचन प्रक्रिया के अध्ययन में विशेष योगदान, समाज-विज्ञान में अनुसंधान पद्धतियों के व्याख्याता और लोकचिंतन ग्रंथमाला के दो शृंखला संपादकों में से एक। आजकल **विकासशील समाज अध्ययन पीठ** के निदेशक। उनकी प्रमुख कृतियों में *प्रोफाइल्स ऑव पॉलिटिकल इलीट्स इन इंडिया; पॉलिटिकल*

फ्रेंगमेंटेशन एंड इलेक्टोरल प्रोसेस : १९९१ इलेक्शंस इन यू.पी.; इलेक्शंस इन इंडिया : डेटा हेंडबुक ऑन लोकसभा इलेक्शंस : १९८६-१९९१ (दो खंड); १९५२-८० के बीच हुए लोकसभा चुनावों और १९८२-८५ के बीच हुए विधानसभा चुनावों की *डेटा हेंडबुक्स* की शंकरबोस के साथ रचना; उत्तर (दो खंड), दक्षिण, पूर्व और उत्तर-पूर्व के विधानसभा चुनावों की चार डेटा हैंड बुक्स की शंकर बोस के साथ रचना; *बिटवीन टू वर्ल्ड : ए स्टडी ऑव हरिजन इलीट्स* (रामश्रय राय के साथ); *हिंदू नेशनलिज्म इन इंडिया : द राइज ऑव बीजेपी* (योगेंद्र के. मलिक के साथ), *सोशल एंड पॉलिटिकल साइंस रिसर्च मैथड्स* (एम.एल. गोयल के साथ) ; *डेमोक्रेसी एंड सोशल चेंज इन इंडिया : ए. क्रॉस-सेक्शनल एनालेसिस ऑव द नेशनल इलेक्टोरेट* (सुब्रत के मित्र के साथ); *प्राबल्म्स ऑव रूरल डिवेलपमेंट* (रामाश्रय रॉय और टी.एम. विनोदकुमार के साथ) और *स्टेट पॉलिटिक्स इन इंडिया : एक्सप्लोरेशंस इन कंपरेटिव पॉलिटिक्स एंड सोशल चेंज* (दो खंड) का आदित्य निगम के साथ संपादन) शामिल है।

योगेंद्र यादव : युवा राजनीतिशास्त्री। दूरदर्शन व अन्य समाचार चैनलों पर जाने-माने चुनाव-विश्लेषक और लोकचिंतन ग्रंथमाला के दो शृंखला संपादकों में से एक। समाजवाद के विभिन्न रूपों के विश्लेषण से अपनी अकादमीय यात्रा शुरू करनेवाले योगेंद्र यादव लोकतंत्र के तुलनात्मक अध्ययन की परियोजना चलानेवाले अध्ययन पीठ के कार्यक्रम **लोकनीति** के निदेशक हैं। योगेंद्र के प्रमुख शोध-प्रबंधों में *कोलेटीज क्रिटीक ऑव मारक्यूज; पॉलिटिकल साइंस : पाजिटिविस्ट मेथड एंड फिलोसोफिकल क्रिटीक्स; मार्क्सिस्ट-सोशलिज्म टु डेमौक्रैटिक सोशलिज्म : आइडियॉलाजी ऑव द काँग्रेस सोशलिस्ट पार्टी : १९३४-४७; जेपीज़ चेंजिंग आइडियाज ऑन सोशल चेंज; सोवियत कलेप्स : इज इट मेक एनी डिफरेंस टु द इंडियन लैफ्ट?; फ्यू क्वेश्चंस फॉर गांधियंस; टुवड्र्स एंड इंडियन एजंडा फॉर द इंडियन लैफ्ट; रिकनफिगरेशन इन इंडियन पॉलिटिक्स : स्टेट एसेंबली इलेक्शंस : १९९३-९५; कम्पटीटिव इलेक्टोरल सिस्टम इन साउथ एशिया* में *इंडिया* नामक प्रबंध के लेखक; १९८९-९९ के बीच हुई चुनावी राजनीति पर *इकॉनॉमिक एंड पॉलिटिकल वीकली* के विशेषांक का आदित्य निगम के साथ संपादन; *इलेक्टोरल पॉलिटिक्स इन द टाइम ऑव चेंज : इंडियाज थर्ड इलेक्टोरल सिस्टम : १९८४-९९* और *अंडरस्टेंडिंग द सेकंड डेमौक्रैटिक अपसर्ज : ट्रेंड्स ऑव बहुजन पार्टिसिपेशन इन इलेक्टोरल पॉलिटिक्स इन १९९०ज़* शामिल है।

हिंदी और अंग्रेजी लेखन पर समान अधिकार रखनेवाले योगेंद्र **विकासशील समाज अध्ययन पीठ** में फैलो के रूप में कार्यरत हैं और कई अखबारों और पत्रिकाओं में नियमित लेखन करते हैं। **सामयिक वार्ता** पत्रिका के संपादन में भी उनकी प्रमुख भूमिका है।

प्रदीप साहा : डिजाइनर, फिल्मकार और फोटोग्राफर। दिल्ली के सेंटर फॉर साइंस एंड एनवायरनमेंट के सृजनात्मक सलाहकार। पुस्तकों, छापेखाने की डिजाइनों, पर्यावरणीय संचार और प्रदर्शनी संबंधी डिजाइनों पर विशेष काम। जल, औद्योगिक कचरे और शहरी पारिस्थितिकी में विशेष रुचि। **भारत का भूमंडलीकरण** के आवरण सज्जाकार।

शब्द, तात्पर्य और धारणाएँ

भूमंडलीकरण / विश्वायन / जगतीकरण / वैश्वीकरण (ग्लोबलाइज़ेशन) : आधुनिक भूमंडलीकरण का **पहला और प्रधान अर्थ** है एक विश्व-अर्थतंत्र और विश्व-बाजार का निर्माण जिससे प्रत्येक राष्ट्र की अर्थव्यवस्था को अनिवार्य तौर से जुड़ना होगा। पहले गैट (जनरल एग्रीमेंट ऑन टैरिफ एंड ट्रेड्स) के जरिये यह प्रक्रिया चलायी जा रही थी। अब इसकी जगह विश्व व्यापार संगठन (डब्ल्यू.टी.ओ.) ने ले ली है।

इसका **दूसरा** मतलब है दुनिया की राजनीति को इसी अर्थतंत्र और बाजार की जरूरतों के हिसाब से संचालित करने की परियोजना। इस संचालन में बाधा बन सकने वाली राष्ट्रों की स्वायत्तता और संप्रभुता से निबटने के लिए अमेरिका के नेतृत्व में यूरोपीय संघ और जापान का शक्तिशाली गठजोड़ कार्यरत है। चीन इस गठजोड़ का चौथा सदस्य बनने की तरफ बढ़ रहा है। यह गठजोड़ कई राष्ट्रातीत सांगठनिक संरचनाओं के माध्यम से काम करता है। इस गठजोड़ में सदैव एकता ही नहीं रहती, मतभेद भी होते हैं, जिनकी अभिव्यक्ति आर्थिक-राजनीतिक-सांस्कृतिक रूपों में अक्सर होती रहती है। यूरोपीय संघ, नाफ्टा और एसियान व्यापार-क्षेत्रों का ताकतवर होना भी भूमंडलीकरण की प्रक्रिया के लिए एक चुनौती के रूप में देखा जाता है। यूरो डॉलर और अमेरिकी डॉलर द्वारा वर्चस्व के लिए आपसी संघर्ष एक अन्य उदाहरण है। इराक युद्ध को भी मतभेदों के एक उल्लेखनीय उदाहरण के रूप में देखा जा सकता है। लेकिन अमेरिका की प्रबल भू-राजनीतिक केंद्रीयता और एंग्लो-अमेरिकी कारपोरेट मॉडल का वर्चस्व इन मतभेदों के ऊपर हावी हो जाता है।

इसका **तीसरा** मतलब है कंप्यूटर, इंटरनेट और संचार के अन्य आधुनिकतम साधनों के जरिये दुनिया में राष्ट्रों, समुदायों, संस्कृतियों और व्यक्तियों के बीच फासलों का

कम से कमतर होते चले जाना।

इसका **चौथा** मतलब है उपग्रहीय टेलिविजन की मदद से एक भूमंडलीय संस्कृति की रचना करना। राष्ट्रीय संस्कृतियों के केंद्र में नागरिक रहता था पर इस संस्कृति के केंद्र में भूमंडलीय उपभोक्ता रहता है। इस भूमंडलीय संस्कृति के ऊपर अमेरिकी सांस्कृतिक मुहावरा बुरी तरह हावी है। इसीलिए हेनरी किसिंजर ने बेखटके भूमंडलीकरण को अमेरिकीकरण की संज्ञा भी दी है।

यह भी कहा जाता है कि भूमंडलीकरण के रूप में आधुनिकीकरण की प्रक्रिया अपने चरम पर पहुँच गयी है और अब सारा जगत एक ही साँचे में ढाल दिया जायेगा। जो इस साँचे में ढलने के लिए तैयार नहीं होंगे, उन्हें छँटनी के सिद्धांत के तहत हाशिये पर नष्ट होने के लिए फेंक दिया जायेगा। भूमंडलीकरण के मौजूदा दौर से पहले राष्ट्रों की सीमाबद्ध उपस्थिति के आईने में ही दुनिया को देखा जाता था। उस समय अंतर्राष्ट्रवाद एक उदात्त और रेडिकल विचार था जिसमें एक समता और विविधतामूलक वसुधैव कुटुंबकम सरीखी दुनिया बनाने की उम्मीदें निहित थीं। इसके उलट भूमंडलीकरण के विचार को संदेह की दृष्टि से देखा जाता है। समझा जाता है कि इसके तहत दुनिया पर एक नयी सत्ता-व्यवस्था थोपी जा रही है।

अंतर्राष्ट्रीय वित्तीय पूँजी (इंटरनेशनल फाइनेंस केपीटल) : ब्याज कमाने वाली अर्थात पूँजी पैदा करने वाली पूँजी वित्तीय पूँजी कहलाती है।

लेकिन, इसके अंतर्राष्ट्रीय चरित्र को समझने के लिए जरूरी है कि उसके राज्य के साथ रिश्ते को समझा जाये। राज्य की संस्था अपने आर्थिक संचालन के हित में इस पूँजी के प्रसार और प्रभाव को नियंत्रित करने की मुख्य ताकत है, लेकिन अपने परिचालन की प्रक्रिया में यह पूँजी मुक्त हो जाती है और बजाय इसके कि राज्य इसे नियंत्रित करे, यह राज्य को नियंत्रित करने लगती है। अर्थात राज्य इसे नियंत्रित भी करता है और इससे नियंत्रित भी करता है। भूमंडलीकरण के तहत बनने वाली राष्ट्रातीत संरचनाओं में इस पूँजी का नियंत्रणकारी पहलू उत्तरोत्तर शक्तिशाली होता चला जा रहा है। इसमें निहित उत्पादक पूँजी के पहलू की भूमिका घटती जा रही है। यह राष्ट्रीय अर्थतंत्रों और राष्ट्रीय राजनीति की जरूरतों के हिसाब से चलने के बजाय माँग और आपूर्ति के नियमों से संचालित हो रही है।

ब्रेटन वुड्स एग्रीमेंट : जुलाई १९४४ में अंतर्राष्ट्रीय वित्त व्यवस्था के संचालन के लिए अमेरिका के न्यू हैमशायर की ब्रेटन वुड्स नामक पहाड़ी सैरगाह में एक सम्मेलन हुआ जिसमें ब्रिटेन और अमेरिका ने एक नयी अंतर्राष्ट्रीय अर्थव्यवस्था का तानाबाना तैयार किया। इस नयी व्यवस्था को मुक्त बाजार प्रणाली की जगह काम करना था। इसके अनुसार राष्ट्रीय मुद्राओं को अमेरिकी डालर से निर्धारित विनिमय दर के आधार पर जोड़ दिया गया और जरूरत पड़ने पर डालरों को सोने में भुनाने का अधिकार दिया गया। **अंतर्राष्ट्रीय मुद्रा कोष** (आई.एम.एफ.) और **विश्व बैंक** (इंटरनेशनल बैंक ऑव रिकंस्ट्रक्शन एंड डिवेलपमेंट) की स्थापना की गयी। अब पूँजीवादी भूमंडलीकरण के केंद्र में औपचारिक रूप से ब्रिटेन की जगह अमेरिका आ चुका था और पाउंड की जगह डालर ने ले ली थी। ब्रेटन वुड्स में ही एक तीसरा प्रस्ताव दुनिया के व्यापार को नियंत्रित

करने वाला एक संगठन बनाने का रखा गया था। इसी मकसद से १९४७ में **गैट** (जनरल एग्रीमेंट ऑन ट्रेड एंड टैरिफ्स) की स्थापना हुई। जनवरी १९९५ में इसकी जगह **विश्व व्यापार संगठन** (डब्ल्यू.टी.ओ.) ने ले ली।

साठ के दशक में यूरोकरेंसी बाजार के कारण ब्रेटन वुड्स बंदोबस्त दरकना शुरू हो गया और १९७१ में अमेरिका ने डॉलर को बचाने के लिए इसे एकतरफा भग्न कर दिया। इसी समझौते की देन के रूप में मुद्रा कोष, विश्व बैंक और विश्व व्यापार संगठन आज विश्व के आर्थिक भूमंडलीकरण का नेतृत्व कर रहे हैं।

उल्लेखनीय है कि ये तीनों संगठन जिस जमाने में प्रस्तावित किये गये थे, वह कींस की आर्थिक सिफारिशों के बोलबाले का था। यानी वह युग राज्य की संस्था के आर्थिक बंदोबस्त में हस्तक्षेप को मान्यता देने का समय था जिसे हम लोकोपकारी राज्य की अवधारणा के नाम से भी जानते हैं। तीनों संगठनों के विचार के पीछे इसी अवधारणा को अमल में लाने की भूमिका थी। मुद्रा कोष तो स्पष्ट रूप से यह मान कर ही गठित किया गया था कि बाजार द्वारा की जाने वाली गड़बड़ी का परिष्कार करने के लिए कोई संगठन बनाया जाना चाहिए। लेकिन ब्रेटन वुड्स खत्म हो जाने के बाद विडंबना यह है कि ये तीनों संस्थान कट्टर बाजारवादी रवैया अख्तियार कर चुके हैं।

ढाँचागत समायोजन कार्यक्रम (स्ट्रक्चरल एडजस्टमेंट प्रोग्राम) और आर्थिक सुधार (इकनॉमिक रिफार्म्स) : अस्सी के दशक में भारत समेत तीसरी दुनिया और पूर्वी यूरोप के करीब ७० देशों की अर्थव्यवस्थाओं में अंतर्राष्ट्रीय मुद्रा कोष और विश्व बैंक के कहने पर ढाँचागत समायोजन कार्यक्रम चलाया गया। इस दशक की शुरुआत में मुद्रा कोष की राय के मुताबिक इन देशों ने घाटे से उबरने के लिए अपनी कुछ नीतियों में अल्पकालीन तब्दीलियाँ की थीं। इनकी नाकामी के कारण ये देश कर्जे में दबते चले गये। तब अमेरिका के अर्थ मंत्री जेम्स बेकर ने १९८५ में एक योजना पेश की जिसके तहत इन देशों पर विश्व बैंक को कुछ शर्तें लगानी थीं। यही शर्तें ढाँचागत समायोजन कहलायीं। इस कार्यक्रम के मुताबिक हर देश को अपनी मुद्रा का अवमूल्यन करना पड़ा, बजट घाटा कम करने के लिए सरकारी खर्चा घटाना पड़ा, सबसिडी और मूल्य नियंत्रण खत्म करके बाजार खोलना पड़ा और वेतन के सूचकांक बदल कर श्रम बाजार में कर्मचारियों की वास्तविक आमदनी घटानी पड़ी। इसी समायोजन के साथ तालमेल बैठाने वाली नीतियों के परिणामस्वरूप अर्थव्यवस्था में राज्य का हस्तक्षेप लगातार कमजोर से कमजोर होता चला गया। बाजार की ताकतें लगातार हावी होती चली गयीं।

भारत में यह प्रक्रिया शुरू होने पर निजी पूँजी के समर्थकों ने दावा किया कि इसे आर्थिक आजादी का प्रतीक समझा जाना चाहिए। लेकिन यह आर्थिक आजादी केवल परमिट-कोटा राज खत्म करके एक ऐसा निजाम बनाने की कोशिश नहीं थी, जिसमें राष्ट्र और उसके नागरिकों के लाभ का आग्रह सर्वोपरि होता। इस आर्थिक आजादी का मतलब यह था कि न केवल भारतीय अर्थव्यवस्था को विश्व बाजार के साथ जुड़ते चले जाना है वरन् भारतीय वित्तमंत्री को अंतर्राष्ट्रीय मुद्रा कोष और विश्व व्यापार संगठन के दफ्तर में जा कर अपने कामों का हिसाब भी देना है। उसे अंतर्राष्ट्रीय रेटिंग एजेंसियों द्वारा दी गयी सनद का मोहताज रहना है। इसका मतलब यह भी था कि भारतीय अर्थव्यवस्था को

धीरे-धीरे अंतर्राष्ट्रीय वित्तीय पूँजी के रहमो-करम पर निर्भर होते जाना है। इसका मतलब यह भी था कि भारतीय विदेशमंत्री को अमेरिकी विदेश मंत्रालय और यूरोपीय संघ के कारकुनों से अच्छे चालचलन का प्रमाणपत्र हासिल करते रहना है।

वाशिंगटन सहमति (वाशिंगटन कांसेंसस) : अस्सी के दशक में मुक्त बाजार की श्रेष्ठता के कट्टरपंथी मंत्र को लागू करने वाली नीतियों को वाशिंगटन सहमति के नाम से पुकारा जाता है। विकासशील देशों के लिए मुद्रा कोष, विश्व बैंक और अमेरिकी वित्त मंत्रालय की आपसी सहमति से इसका जन्म हुआ था। मूलत: ये नीतियाँ लातीनी अमेरिकी देशों की अर्थव्यवस्था में मचे उत्पात से निबटने के लिए बनायी गयी थीं, लेकिन वाशिंगटन सहमति के तहत इन्हें सारी दुनिया पर थोपने की मुहिम चलायी गयी।

संरक्षणवाद (प्रोटेक्शनिज़्म) और वाणिज्य उदारीकरण (ट्रेड लिबरलइज़ेशन) : अपने उद्योगों को उस वक्त तक विदेशी माल की होड़ से बचा कर रखना जब तक वे प्रतियोगिता करने लायक मजबूत न हो जायें। अमेरिका और जापान ने अपने उद्योगों का निर्माण इसी तरीके से किया है। लेकिन, विकासशील दशों के लिए भूमंडलीकरण की ताकतें वाणिज्य उदारीकरण की सिफारिश करती हैं। वे दबाव डालती हैं कि वे अपने बाजार विकसित देशों के माल के लिए खोल दें।

तकनीकशाही (टेक्नोक्रेटिक) और प्रबंधकीय (मैनेजेरियल) : सामाजिक-राजनीतिक-आर्थिक समस्याओं को हल करने की प्रवृत्तियाँ जो मानती हैं कि समाज और आम जनता द्वारा डाले गये लोकतांत्रिक दबावों से समग्र प्रणाली को अलग करके ही राष्ट्र-निर्माण का काम ठीक से हो सकता है। जाहिरा तौर पर यह एक अराजनीतिक रुझान है जो कुछ विशेषज्ञों के सहारे शासन चलाने में भरोसा करता है। माना जाता है कि राजीव गाँधी के जमाने में भारतीय लोकतंत्र की समस्याओं को तकनीकशाही और प्रबंधकीय शैली में हल करने की शुरुआत हुई।

रेगनोमिक्स और थैचराइजेशन : अमेरिका के राष्ट्रपति रोनाल्ड रेगन और ब्रिटेन की प्रधानमंत्री मार्गरेट थैचर द्वारा अपनायी गयी बाजारवादी नीतियों के लोकप्रिय नाम। इन नीतियों में आक्रामक निजीकरण का बोलबाला था और अर्थव्यवस्था में राज्य के हस्तक्षेप को कम से कम करने की प्रवृत्तियाँ थीं। इनके पीछे लोकहितकारी राज्य के सिद्धांत को छोड़ने का आग्रह और नियोक्लासिकल पूँजीवाद (बाजारवाद का आक्रामक रूप) की प्रेरणा थी।

यूरोपीय संघ (यूरोपियन यूनियन) : आस्ट्रिया, बेल्जियम, डेनमार्क, फिनलैंड, फ्रांस, जर्मनी, यूनान, आयरलैंड, इटली, लक्ज़ेमबर्ग, नीदरलैंड्स, पुर्तगाल, स्पेन, स्वीडन, यूनाइटेड किंगडम और रूस ने मिल कर यूरोपीय संघ के रूप में दुनिया का सबसे बड़ा और समृद्ध व्यापार-क्षेत्र बनाया है जिसे यूरोपीय संघ के नाम से जाना जाता है। इसकी नींव १ जनवरी १९९५ को पड़ी थी। संघ में शामिल होने के मामले में यूरोपीय देशों में कुछ दुविधा और ऊहापोह भी रहा, क्योंकि इसके लिए उन्हें अपनी पारंपरिक राष्ट्रीय अस्मिताओं की संप्रभुता से एक सीमा तक समझौता करना पड़ता। संघ ने अपनी मुद्रा यूरो डॉलर भी जारी की है, जो इस समय अमेरिकी डॉलर के साथ आर्थिक वर्चस्व की होड़ कर रही है।

नाफ्टा (नार्थ अमेरिकन फ्री ट्रेड एग्रीमेंट) : उत्तरी अमेरिका के देशों का व्यापार-क्षेत्र गठित करने वाला समझौता। इसके तहत नब्बे के दशक में इन देशों ने भूमंडलीकरण की प्रक्रिया के भीतर अपनी दावेदारी पेश की।

एसियान (एसोसियेशन ऑव साउथ ईस्ट एशियन नेशंस) : इंडोनेशिया, मलेशिया, फिलीपींस, सिंगापुर और थाइलैंड ने ८ अगस्त १९६७ को बैंकाक घोषणा के माध्यम से एक ऐसे व्यापार-क्षेत्र का गठन किया जो इस समय दुनिया के सबसे ताकतवर व्यापार-क्षेत्रों में से एक है। इसका मकसद दक्षिण-पूर्व एशिया में आर्थिक स्थायित्व बनाये रखना था। ब्रुनेई, कंबोडिया, लाओस, वियतनाम और मयनमार भी इसके सदस्य बन चुके हैं। हाल ही में चीन के साथ एसियान के जुड़ाव ने विश्व अर्थतंत्र में इसकी भूमिका को और महत्त्वपूर्ण बना दिया है।

इंटरनेट : आधुनिक संचार प्रणाली का सर्वाधिक प्रचलित और सभी के लिए सुलभ रूप जिसके जरिये एक लिहाज से दुनिया वास्तव में मुट्ठी में लगने लगी है। यह एक ऐसा कंप्यूटर नेटवर्क है जो दुनिया-भर के नेटवर्कों से मिल कर बना है। इसमें सभी वाणिज्यिक, गैर-वाणिज्यिक और अकादमीय नेटवर्क शामिल हैं। इंटरनेट के जरिये तथ्यों और सूचनाओं के आदान-प्रदान और संचार की रफ्तार बेहद तेज हो गयी है। इंटरनेट का इस्तेमाल कम खर्चीला और सहज है। अनगिनत विषयों, व्यक्तियों और घटनाओं के बारे में इंटरनेट की सर्फिंग करके बहुत कम समय में जानकारी प्राप्त की जा सकती है। इंटनेट ने ई-मेल की सुविधा प्रदान करके परस्पर संचार की शैली को तकरीबन बदल दिया है।

बताया जाता है कि १९६९ में अमेरिकी रक्षा अनुसंधान विभाग ने कंप्यूटरों के सर्वाधिक किफायती इस्तेमाल के लिए इंटरनेट का आविष्कार किया था। लेकिन, इंटरनेट का संक्षिप्त इतिहास लिखने वाले ब्रूस स्टर्लिंग का दावा है कि शीत युद्ध के दौरान आणुविक हमले में सभी तरह की संचार प्रणालियाँ नष्ट हो जाने के अंदेशे के कारण अमेरिकी युद्ध मंत्रालय द्वारा रक्षा-संचार को बनाये रखने के लिए एक अनियमित किस्म की संचार प्रणाली ईजाद करने के मकसद से पहली बार इंटरनेट का आविष्कार हुआ था। कम से कम एक बात तो तय है कि इस संचार प्रणाली को सरकारी पूँजी से विकसित किया गया था। इसे निजी पूँजी के हाथ में दिया जाना इस बात का सबसे ताजा उदाहारण है कि बाजार की ताकतें कैसे राज्य का अपने हित में इस्तेमाल करती हैं। पहले इंटरनेट का इस्तेमाल विश्वविद्यालयों और संस्थानों में ही होता था। नब्बे के दशक की शुरुआत में वर्ल्ड वाइड वेब यानी डब्ल्यूडब्ल्यूडब्ल्यू का विकास हुआ जब पाँच क्षेत्रीय सुपरकंप्यूटिंग सेंटरों को मिला कर बनाया गया एनएसएफनेट निजी संचार कंपनियों को बेच दिया गया (इससे पहले अरपानेट इंटरनेट का आधार था जिसमें निजी कंपनियों के लिए तकनीकी गुंजाइश नहीं थी। इसी गुंजाइश को बनाने के लिए अमेरिका के नेशनल साइंस फाउंडेशन ने एनएसएफ नेट का निर्माण किया था)।

१९९४ तक वर्ल्ड वाइड वेब आम जनमानस में अपनी उपस्थिति और उपयोगिता दर्ज कर चुका था। इसके मल्टीमीडिया और हाइपरटेक्स्ट्स से संबंधित पहलू यूरोपीय संचार बहुराष्ट्रीय कंपनियों द्वारा विकसित ओएसआई प्रोटोकोल स्टैक से बेहतर साबित हुए और जल्दी ही यह तय हो गया कि इंटरनेट अगली शताब्दी में भूमंडलीय एकीकरण

की सबसे प्रभावी प्रौद्योगिकी साबित होगी। अब जितने भी नये नेटवर्क दुनिया में बनाये जाते हैं, सभी इंटरनेट में शामिल हो जाते हैं और इसका दायरा उत्तरोत्तर व्यापक होता चला जाता है। और इस तरह एक नेटवर्क सोसाइटी जन्म लेती है।

सूचना समाज / नेटवर्क सोसाइटी : कंप्यूटरों के परस्पर संपर्क से बना ज्ञाल नेटवर्क कहलाता है। नेटवर्कों के बीच विचरण करने वाले इंटरनेट के प्रयोक्ता नेटिजंस कहलाते हैं और नेटिजंस का समाज नेटवर्क सोसाइटी या सूचना समाज के नाम से जाना जाता है।

सिटीजंस का समाज एक-दूसरे से शरीरी तौर मिल कर समाज की रचना करता है पर नेटिजंस एक-दूसरे से आमने-सामने मिलें यह जरूरी नहीं है। वे नेट पर मिलते हैं, बातें करते हैं, सूचनाओं का आदान-प्रदान करते हैं। विकसित प्रौद्योगिकी की मदद से अब वे एक-दूसरे को नेट पर देख भी सकते हैं। मित्रता कर सकते हैं, प्रेम कर सकते हैं और यहाँ तक कि एक खास तरह का अशरीरी यौन आनंद भी ले सकते हैं। सिटीजंस का पता धरती के किसी देश, किसी राष्ट्र, किसी संस्कृति, किसी मुहल्ले और किसी बस्ती की तरफ इशासा करता है यानी धरती पर उसकी रिहाइश एक खास सीमाबद्धता की द्योतक होती है पर नेटिजंस का इंटरनेट पर एड्रेस इन सीमाओं से आजाद होता है। उस एड्रेस पर बिना देर किया पलक झपकते पहुँचा जा सकता है। इस तरह नेटिजंस ठोस यथार्थ से **वर्चुअल यथार्थ** या **वर्चुअल स्पेस** में चले जाते हैं। एक ऐसे **निराकार दायरे** में जो कंप्यूटर द्वारा बनाया गया त्रिआयामी दायरा होता है। ई-मेल, वेब सर्फिंग और फिर बुलेटिन बोर्डों ने मिल कर यह निराकार दायरा बनाया है। साइबर स्पेस में टँके छोटे-छोटे बुलेटिन बोर्डों पर नेटिजंस अपनी चिंताएँ, सरोकार और विचार चस्पाँ कर सकते हैं। इन बोर्डों पर ही उन्हें अपनी बातों का जवाब भी मिलता है और इस तरह बहस का एक निराकार दायरा बनता चला जाता है।

नेटवर्क भी एक नये किस्म के सामूहिक वजूद की तरह सामने आया है जो एक साथ तरल भी है और अमीबा की तरह स्वत: अपना खाना बटोरते हुए विकसित होता चला जाता है। नेटवर्क बीसवीं सदी की उन निर्मितियों जैसा नहीं है जिन्हें हम पार्टी, राष्ट्र-राज्य या सर्वहारा के रूप में जानते रहे हैं। नेटवर्क खुद की पुनर्रचना करता चलता है। लगता है कि वह बिना किसी डिंबाणु के ही पैदा हो गया है, लेकिन साथ में वह स्वयं का भक्षण भी कर सकता है। यानी वह स्वयं पैदा हो सकता है और स्वयं ही खत्म हो सकता है।

विमर्श / आख्यान / कलाम (डिस्कोर्स) : इसका निपट अर्थ है दो वक्ताओं के बीच संवाद या बहस या सार्वजनिक चर्चा। लेकिन, उत्तर-आधुनिक पदावली के प्रचलन के कारण समाज-विज्ञान में इस शब्द का बदले हुए अर्थ में प्रयोग किया जाता है। यहाँ विमर्श का अर्थ होता है अभिव्यक्ति के उन तत्त्वों और पहलुओं की संरचना जो अपने कुल जोड़ से भी परे जाकर कोई खास अर्थ देने की क्षमता रखते हों। इसे यूँ भी कह सकते हैं कि एक निश्चित सामाजिक संदर्भ में भाषा के जरिये किसी एक विषय के इर्द-गिर्द होती हुई बहस द्वारा व्याख्याओं, तात्पर्य और मान्यताओं के निर्माण की प्रक्रिया को विमर्श या आख्यान या कलाम का नाम दिया जा सकता है।

राज्य / आधुनिक राज्य (स्टेट / मॉडर्न स्टेट) : हिंदी में राज्य शब्द का अक्सर प्रांतों के अर्थ में इस्तेमाल किया जाता है। लेकिन, ग्रंथमाला के संदर्भ में राज्य का अर्थ राजनीति की उस सर्वाधिक केंद्रीय अवधारणा से है जो राजनीतिक संस्थाओं की एक विशिष्ट संरचना के जरिये एक निश्चित भू-सीमा में अपना संप्रभुता, वर्चस्व और वैधता स्थापित करती है। राज्य की यह अवधारणा हमें पश्चिमी चिंतन से प्राप्त हुई है।

संभवत: सोलहवीं शताब्दी में सबसे पहले राज्य शब्द का एक अवधारणा के रूप में इस्तेमाल मेकियावेली ने अपनी विख्यात रचना 'प्रिंस' में किया था। बाद में सर वाल्टर रैले, हॉब्स और लॉक ने राज्य की संप्रभुता के विचार को और विकसित किया। आधुनिक राज्य की मैक्स वेबर की दी हुई परिभाषा सबसे प्रचलित और संपूर्ण मानी जाती है। उनके अनुसार इसके तीन मुख्य पहलू हैं : भू-क्षेत्रीय सीमाएँ, हिंसा पर एकाधिकार और वैधता। लोग राज्य का आदेश क्यों मानते हैं, इस सवाल का जवाब वेबर ने वैधता की धारणा का प्रतिपादन करके दिया। उन्होंने कहा कि राज्य अपने वर्चस्व को बनाये रखने के लिए अपनी वैधता की विभिन्न संरचनाएँ खड़ी करता है। कभी परंपरा के नाम पर, कभी करिश्मे के नाम पर और कभी वैधानिकता के नाम पर राज्य लोगों को आज्ञापालन की तरफ ले जाता है। दुर्खायम और फूको जैसे चिंतकों ने वैधता की बारीकियों में जाते हुए दिखाया कि राज्य के प्राधिकार की वैधता को हम कैसे आत्मसात कर लेते हैं और कैसे उसके प्रति संस्थागत सहमति कायम की जाती है। फूको के अनुसार राज्य केवल दंड विधान, कारागार और फौज-पुलिस के जरिये ही नहीं, बल्कि अपनी ताकत के सांस्कृतिक रूपों की रचना से भी जनमानस में स्वयं को स्थापित करता है।

मोटे तौर पर राज्य की अवधारणा के तीन रूप माने गये हैं : उदारतावादी-लोकतांत्रिक राज्य, यानी एक ऐसा राज्य जो विभिन्न हित समूहों की आपसी होड़ के जरिये अपनी गतिविधियाँ निर्धारित करता है और ये गतिविधियाँ बहुलता का सम्मान करते हुए सार्विक मताधिकार पर आधारित निर्वाचन के माध्यम से चलायी जाती हैं; मार्क्सवादी राज्य या समाजवादी राज्य, यानी जो मानता है कि अगर राज्य है तो उसका मतलब एक वर्ग की दूसरे वर्ग पर तानाशाही ही होगा, इसलिए लोकतंत्र का बेहतर रूप बहुसंख्यक सर्वहारा का अधिनायकत्व ही हो सकता है; और, राज्य के तीसरे सिद्धांत की आधारभूमि उदारतावादी और समाजवादी अवधारणाओं से अलग हट कर सूत्रबद्ध होती है। इसके अनुसार राज्य कुछ विशिष्ट किस्म की संरचनाओं का नाम है जिनका अपना एक इतिहास होता है। ये संरचनाएँ अपनी-अपनी स्वायत्तताओं के दायरों में काम करती हैं। राज्य नागरिक समाज के दबावों से जितना मुक्त होगा उतनी ही उसकी ताकत में वृद्धि होती चली जायेगी। अर्थात राज्य में नागरिक समाज के हस्तक्षेप की सीमा ही तय करेगी कि आधुनिक राज्य 'कठोर' होगा या 'नरम', वह निरंकुशता की तरफ जायेगा या उदारता की तरफ, वह लोगों के व्यक्तिगत जीवन में ज्यादा दखल देगा या कम से कम दखल देते हुए उसके विकास के लिए सुविधाएँ प्रदान करेगा। बीसवीं सदी के मध्य के बाद उभरे भारत सरीखे राज्यों के लिए उत्तर-औपनिवेशिक राज्य की अभिव्यक्ति भी इस्तेमाल की जाती है जिसका सीधा मतलब होता है विकासवादी या वैकासिक राज्य। राज्य की एक चौथी परिभाषा भी उभरी है जिसका श्रेय नारीवादी विश्लेषकों को जाता है। उनका तर्क है

कि राज्य एक ऐसी संस्था है जिसने पितृसत्तात्मक और नस्लवादी संरचनाओं को संस्थागत रूप से मजबूत किया है।

पारंपरिक भारतीय राज्य : पश्चिम से प्राप्त राज्य की अवधारणा के अनुसार राज्य की संस्था समाज और अर्थतंत्र पर हावी रहती है पर पारंपरिक भारतीय राज्य की अवधारणा में समाज सर्वोपरि रहता है और राज्य उसकी सत्ता का उल्लंघन नहीं कर सकता।

आजादी के आंदोलन के दौरान गाँधी के नेतृत्व में पारंपरिक भारतीय राज्य की इस अवधारणा को नयी जरूरतों के हिसाब से सूत्रबद्ध करने की कोशिश की गयी थी। बीस के दशक में भाषायी आधार पर देश के पुनर्गठन और भारतीय समाज की प्रवृत्तियों के अनुरूप विकेंद्रीकृत राज्य की स्थापना के कांग्रेसी संकल्प में इसकी झलक देखी जा सकती है। गाँधी द्वारा प्रस्तुत रामराज्य की प्रतीक-योजना को भी इसी संदर्भ में देखा जाना चाहिए। गाँधी स्वहित या हित-समूहों की होड़ वाले लोकतंत्र की धारणा के बजाय समाज के हित की धारणा के पक्षधर थे। वे हितों को आवश्यकताओं का पर्याय मानने से इंकार करते थे और जनता की बुनियादी आवश्यकताओं को प्राथमिकता देते थे। आजादी के बाद जिस राज्य की नींव रखी गयी, उसमें राज्य संबंधी गाँधी-विचार के पहलू कम-से-कम थे। वह न तो भाषायी आधार पर राज्यों के पुनर्गठन के सिद्धांत को मान्यता देता था, न विकेंद्रीकरण और संघवाद को एक उसूल की तरह प्राथमिकता देता था। इन पहलूओं को आधुनिक भारतीय राज्य ने बाद में आधी-अधूरी शैली में ही स्वीकार किया जिससे इनकी अंतर्निहित सकारात्मकता राज्य की संस्था को समाज के अनुरूप बनाने की तरफ नहीं ले जा सकी।

राष्ट्र या राष्ट्र-राज्य (नेशन स्टेट) : एक संप्रभु राज्य की भौगोलिक सीमाओं के भीतर समान संस्कृति, समान भाषा, समान जातीयता और समान ऐतिहासिक निरंतरता वाली जनता मिल कर एक सामूहिक सामुदायिक अस्मिता की रचना करती है, तभी संपूर्ण अर्थों में राष्ट्र बनता है।

राष्ट्र-राज्य उन्नीसवीं सदी और उसके बाद से आज के जमाने की सबसे ताकतवर राजनीतिक शक्ति है और उसी के संदर्भ में अंतर्राष्ट्रीय संबंधों का अध्ययन होता है। राज्य के साथ जब राष्ट्र जुड़ जाता है तो राष्ट्र-राज्य को संचालित करने वाले अभिजन और उसकी वैधता का बड़ा प्रभावशाली मिश्रण तैयार होता है। राष्ट्र की अवधारणा के साथ समस्या यह है कि संपूर्ण अर्थों में राष्ट्र कभी नहीं बनता। राष्ट्र समरूपता स्थापित करने की कोशिश करता है और इसके विपरीत विविधताओं की ओर से राष्ट्र और उसे संचालित करने वाले अभिजनों को हमेशा किसी न किसी किस्म की चुनौती मिलती रहती है भले ही उनका दावा हो कि वे प्राचीन काल और स्वाभाविक रूप से राष्ट्र थे और हैं। इस तरह राष्ट्र यथार्थ में होते हुए भी अपनी अपूर्णता के कारण एक बौद्धिक और मिथकीय कारसाजी बना रहता है।

प्राय: राज्य की भीतरी विविधताओं को एक कठोर सूत्र में जोड़ने के लिए किसी बाहरी या भीतरी दुश्मन की संरचना की जाती है और टकराव की नकारात्मक मानसिकता के आधार पर राष्ट्र का वजूद टिकाने का प्रयास किया जाता है। बीसवीं सदी के आखिरी

वर्षों में यूरोपीय संघ और ऐसे ही अन्य क्षेत्रीय ढाँचों के उभरने से राष्ट्र-राज्य के वर्चस्व को उल्लेखनीय ठेस लगी है। भूमंडलीकरण की प्रक्रिया के तहत अंतर्राष्ट्रीय वित्तीय पूँजी द्वारा सीमाओं के आर-पार अपने बेरोकटोक आवागमन का आग्रह करने से राष्ट्र-राज्य की अवधारणा पर परिवर्तनकारी दबाव पड़ रहे हैं। संचार क्रांति ने राष्ट्रीय संप्रभुता की धारणा को अनुल्लंघनीय नहीं रहने दिया है। इंटरनेट के जरिये एक सामान्य व्यक्ति भी एक सीमा तक राष्ट्र की सीमाओं और नियम-कानूनों से परे जा सकता है। **उत्तर राष्ट्रवाद**

वैधता (लेजिटिमेसी) और वैधानिकता (लिगैलिटी) : वैधता और वैधानिकता दो अलग-अलग धारणाएँ हैं। वैधता समाज की जमीन से लोकतांत्रिक प्रथाओं, लोकतांत्रिक प्राधिकार और संस्थाओं के बारे में उठनेवाली भावनाओं से निकलती है, जबकि वैधानिक निर्देश ऊपर से दिये जाते हैं। सक्षम अधिकारियों द्वारा दिये गये वैधानिक निर्देश ऊपर से नीचे की तरफ यात्रा करते हैं। जनता की मान्यता हो या न हो, उनका पालन करना ही पड़ता है। अर्थात वैधानिकता में बाध्यता का भाव रहता है और वैधता में वांछनीय के प्रति स्वाभाविक समर्थन का। मसलन, छुआछूत और दहेज को वैधानिक मान्यता नहीं है। इन प्रथाओं पर पाबंदी है, लेकिन फिर भी तमाम वर्गों और समुदायों में इनका प्रचलन है। इन वैधानिक निर्देशों को वैधता तब मिलेगी जब समाज इन्हें वांछनीय और नैतिक बाध्यता के रूप में लेगा और खुद-ब-खुद इनका पालन करने लगेगा। हर समाज में वैधानिकता और वैधता के बीच संबंध-भंग की गुंजाइश रहती है, लेकिन जहाँ लोगों के नजरिये और मूल्यों में परिवर्तन की कोशिश की जाती है, वहाँ पर यह संबंध-भंग ज्यादा मुखर होता है। हमारा समाज भी इसी दौर से गुजर रहा है।

प्राधिकार (ऑथॉरिटी) और सत्ता (पॉवर) : सत्ता के वैधतायुक्त प्रयोग से प्राधिकार बनता है। प्राधिकार का अनुपालन कराने के लिए ताकत के प्रयोग की जरूरत नहीं पड़नी चाहिए। प्राधिकार कानून पर आधारित हो सकता है जैसे कि नौकरशाही का प्राधिकार। परंपरा के आधार पर भी प्राधिकार बनता है, लेकिन वह आधुनिक लोकतांत्रिक प्रक्रियाओं के जरिये बने प्राधिकार जैसा नहीं होता। करिश्माई प्राधिकार नियम-कानूनों पर नहीं, बल्कि शख्सियत पर निर्भर रहता है। प्राधिकार विचारधारात्मक भी होता है।

सत्ता या राजसत्ता में थोपने वाला भाव निहित है। इसकी व्याख्याओं का पूरा शास्त्र विकसित हो चुका है पर मोटे तौर पर कभी बलप्रयोग और कभी राज्य के अन्य साधनों के चालाकीपूर्ण प्रयोग के जरिये आज्ञापालन सुनिश्चित करने को सत्ता की स्थापना कहते हैं।

कुछ विशेष परिस्थितियों में प्राधिकार और सत्ता के बीच का अंतर मिट जाता है। कुछ विद्वानों की मान्यता है कि प्राधिकार हो या सत्ता, दोनों को शासक वर्ग या अभिजन आम लोगों के ऊपर थोपते हैं।

अभिजन (इलीट) : सामाजिक जीवन के किसी एक क्षेत्र को या पूरे समाज को नेतृत्व देने वाले छोटे-से समूह को अभिजन कहते हैं। जैसे, संस्कृति के दायरे के अभिजन को सांस्कृतिक अभिजन कहेंगे। इसी तरह अंग्रेजीदाँ अभिजन के मुकाबले देशी भाषाओं के अभिजन के फर्क को भी देखा जा सकता है।

अभिजन की अवधारणा को मोटेतौर पर शासक वर्ग के अर्थ में समझना ठीक नहीं होगा, क्योंकि शासक वर्ग तो अभिजन का एक छोटा-सा हिस्सा हो सकता है और अभिजनों का एक हिस्सा शासक बन गये अभिजनों की जगह लेने के लिए संघर्षरत हो सकता है। लेकिन, विभिन्न वर्गों, जातियों और समुदायों से आने के बावजूद किसी अभिजन का उद्देश्य केवल अपने वर्ग, जाति या समुदाय के हितों की देखभाल ही न रह कर पूरे राष्ट्र या समाज का किसी साझा समझदारी के आधार पर नियंत्रण करना हो जाता है। मसलन, जब यह कहा जाता है कि आज़ादी के बाद खास किस्म के अभिजनों ने राष्ट्र का नेतृत्व सँभाला तो उसका मतलब यह होता है कि वह अभिजन-समूह कम से कम राज्य के हस्तक्षेप के जरिये वैकासिक आधुनिकीकरण और समाज-परिवर्तन के उसूल में विश्वास करता था। यह अभिजन कई मसलों पर आपसी मतभेद भी रखता था और उनमें आपसी होड़ भी थी। इसके बाद भी भविष्य के राष्ट्र का सपना देखने के मामले में वह एक था।

लोकतंत्र में वही शासक वर्ग या अभिजन समाज की बेहतर नुमाइंदगी करता है जिसका आकार और सदस्यता व्यापक होती है। उदाहरण के लिए कहा जा सकता है कि पिछले दिनों भारतीय अभिजन-समूह के आकार में खासी बढ़ोतरी हुई है। उसमें बड़ी प्रशासनिक नौकरियों और विधायिकाओं की सदस्यता के जरिये निचली जातियों के सदस्य भी उल्लेखनीय संख्या में शामिल हुए हैं। जब कोई अभिजन-समूह उदीयमान तबकों और समुदायों के प्रतिनिधियों को अपने भीतर जगह देने से इंकार करता है तो राजनीतिक उथल-पुथल मच जाती है। तब बड़े पैमाने पर उभरे जन-असंतोष का नेतृत्व करके या तो कोई नया अभिजन उभरता है या फिर पुराने अभिजन का ही एक हिस्सा उसकी अगुआई करके अभिजनों की संरचना को बदलता है।

नागरिक समाज (सिविल सोसाइटी) : समाज का वह रूप जो राज्य की संस्था के साथ परिवार की संस्था से भी अलग माना जाता है। नागरिक समाज राज्य के मुकाबले नागरिकों के अधिकारों और उनकी सत्ता को व्यक्त करने वाली प्रक्रियाओं और संगठनों से मिल कर बनता है। इसका मकसद होता है राज्य को संयमित करना और उसे नागरिक-नियंत्रण में लाना।

नागरिक समाज की अवधारणा को प्रचलित करने में समकालीन अमेरिकी समाज-विज्ञान का खासा योगदान है। वैसे समाज-विज्ञान में अठारहवीं सदी से ही इस अभिव्यक्ति का प्रयोग हो रहा है। भारत में इसे हेगेल और ग्राम्शी द्वारा प्रयुक्त अलग-अलग अर्थों में समझा जाता है। जर्मन दार्शनिक हेगेल ने इसे बुर्जुआ समाज यानी पूँजीवादी समाज माना है जहाँ व्यक्ति अपने निजी स्वार्थ का खुला खेल खेलता है और तर्कबुद्धि पर आधारित राज्य उसे संयमित करने की भूमिका निभाता है। मार्क्सवाद और उसके अनुयायियों ने राज्य को हिंसा और उत्पीड़न का औजार मानते हुए भी नागरिक समाज के इसी मतलब को मान्यता दी और नागरिक समाज की रचना को श्रेयस्कर नहीं माना। खासकर शीतयुद्ध के जमाने में नागरिक समाज की अवधारणा सत्ता और प्राधिकार की ऐसी संरचनाओं की पर्याय बन गयी जो राज्य के प्रभाव-क्षेत्र के बाहर मानी जा सकती थीं। इस वैचारिक आग्रह के कई तरह के असर हुए। सोवियत संघ के नेतृत्व में

कम्युनिस्ट खेमे ने इसे सर्वहारा के राज्य के खिलाफ पूँजीवादी साजिश के रूप में देखा। सोवियत राज्य के खिलाफ चल रहे अंदरूनी भूमिगत आंदोलनों ने कम्युनिस्ट पार्टी की हुकूमत के खिलाफ खुद को नागरिक समाज का पैरोकार करार दिया। उधर अंतर्राष्ट्रीय वित्तीय पूँजी के प्रमुख प्रतिष्ठानों, विश्व बैंक और अंतर्राष्ट्रीय मुद्रा कोष, ने इस धारणा को अर्थव्यवस्था में राज्य के हस्तक्षेप या विकास में राज्य की भूमिका को दरकिनार करने के रूप में इस्तेमाल करना शुरू किया। इन संस्थाओं के प्रोत्साहन से गैर-सरकारी संस्थाओं की परिघटना प्रकाश में आयी। आज गैर-सरकारी राजनीतिक प्रक्रिया, मानवाधिकार संगठन और अन्य स्वयंसेवी संगठन नागरिक समाज के प्रभावी दायरे का निर्माण करते हैं। परंपरानिष्ठ मार्क्सवादियों की आपत्ति के बाद भी अंतोनियो ग्राम्शी जैसे मार्क्सवादी विचारकों की रचनाओं ने इस विचार को लोकप्रिय करने में हाथ बँटाया। उन्होंने नागरिक समाज के दायरे को उत्पीड़नकारी राज्य पर काबू पाने के माध्यम की तरह देखा।

सार्वजनिक जीवन (पब्लिक लाइफ) : इस अभिव्यक्ति का प्रयोग आमतौर पर लोकतांत्रिक राजनीति और उसे करने वालों की सक्रियता के दायरे को बताने के लिए किया जाता है। सार्वजनिक जीवन एक नेता का तो हो सकता है पर किसी अफसर या न्यायाधीश का नहीं हो सकता। यह पद आधुनिक संसदीय राजनीति की देन है। मसलन, जब कांग्रेस अंग्रेज प्रभुओं को सिर्फ प्रतिवेदन देने की राजनीति करती थी तो भारतीय सार्वजनिक जीवन का दायरा बहुत संकुचित था। आजादी के आंदोलन में तिलक, गोखले और सबसे ज्यादा गाँधी के हस्तक्षेप ने कांग्रेस को जनांदोलन का रूप दिया जिससे सार्वजनिक जीवन का दायरा बढ़ा। लोकतांत्रिक प्रक्रिया में आम जनता की भागीदारी जैसे-जैसे बढ़ती है, सार्वजनिक जीवन का उतना ही विस्तार होता चला जाता है।

सार्वजनिक दायरा (पब्लिक स्फियर) : समाजशास्त्र में नागरिक समाज के एक ऐसे दायरे की चर्चा भी है, जिसमें संस्कृति और समुदाय की विभिन्न अभिव्यक्तियाँ अन्योन्यक्रिया करती हैं। साथ ही सार्वजनिक दायरे की गतिविधियाँ किसी मुद्दे पर आम राय बनाने और उसके जरिये राज्य-तंत्र को प्रभावित करने की भूमिका निभाती हैं। सार्वजनिक दायरा सबके लिए खुला रहता है, जिसमें अपने विमर्श के जरिये कोई भी हस्तक्षेप कर सकता है। फ्रेंकफर्ट स्कूल के विख्यात विचारक युरगन हैबरमास ने इस धारणा का प्रतिपादन किया था।

सेकुलर (धर्मनिरपेक्ष / जाति-धर्मनिरपेक्ष / जातिनिरपेक्ष / पंथनिरपेक्ष) : सेकुलर के समानार्थक समझे जाने वाले हिंदी शब्द दरअसल उसके सही अर्थ का निर्वाह नहीं कर पाते। इसलिए यहाँ सेकुलर, सेकुलरवाद, सेकुलरीकरण आदि का इस्तेमाल किया जा रहा है। इस अत्यंत विवादास्पद पद का सीधा मतलब होता है धर्म, पंथ या उसकी संस्थाओं से राज्य या सरकार का अलगाव। पश्चिमी देशों के लिए यह सिद्धांत चर्च और राज्य की पृथकता की तरफ ले जाता है और भारत जैसे बहुधार्मिक देश में यह राज्य की सभी धर्मों से बराबर की दूरी यानी सर्वधर्मसमभाव के रूप में सामने आता है।

धर्मतंत्र की संस्थाएँ भले ही खुद को राज्य-तंत्र से जोड़ने की कोशिश करती रहें, लेकिन सेकुलर राज्य हमेशा खुद को धर्मतंत्र से अलिप्त रखेगा। सेकुलर सरकार को धार्मिक आधार पर कोई निर्णय या किसी का पक्ष नहीं लेना चाहिए और हर धर्म को

अपने दायरे में सेकुलर कानून के दायरे में रहते हुए अपना प्रचार-प्रसार करना चाहिए। सेकुलर राज्य और धर्मप्राण जनता के बीच कोई विरोध नहीं होता। सेकुलरवाद का मतलब नास्तिकता कतई नहीं है। स्वयं राज्य के संचालक भी अपने निजी जीवन में किसी धर्म के अनुयायी हो सकते हैं। लेकिन, जैसे ही हम सेकुलरीकरण की प्रक्रिया की चर्चा करते हैं वैसे ही इस पद का मतलब व्यापक हो जाता है। यह प्रक्रिया समाज, समुदाय और संस्कृति के स्तर पर चलती है। जैसे-जैसे समाज और समुदाय धार्मिक या सांप्रदायिक के बजाय लौकिक आधार पर अपनी पुनर्रचना करते जाते हैं सेकुलरीकरण आगे बढ़ता चला जाता है। सेकुलरवाद का सिद्धांत दुतरफा आक्रमण का शिकार है। राजनीति और सार्वजनिक जीवन में हाशिये पर चले गये धर्माचार्य और उनके बौद्धिक प्रवक्ता इस शब्द को समाजशास्त्रीय शब्दकोश से निकाल फेंकने के पक्षधर हैं। दूसरी तरफ आस्था और विचार से धर्मनिष्ठ न होते हुए भी आधुनिकतावाद के आलोचकों का मत है कि इस प्रक्रिया ने परंपरा और संस्कृति-प्रदत्त सहिष्णुता के विभिन्न रूपों का क्षय कर दिया है और उनकी भरपायी करने के बजाय नये किस्म की कट्टरताओं को बढ़ावा दिया है। आधुनिकतावाद के आलोचकों में वामपंथी और मार्क्सवादी शामिल नहीं हैं। उन्होंने अभी तक सेकुलरवाद को आलोचनात्मक नजर से देखना शुरू नहीं किया है।

जाति (कास्ट) और जातीयता (एथ्नीसिटी) : जाति और जातीयता के बीच अंतर समझना बहुत जरूरी है। जातियाँ सनातन धर्म के तहत प्रचलित वर्ण विभाजन की देन हैं : ब्राह्मण, क्षत्रिय, वैश्य और शूद्र। अंत्यज या अछूत पाँचवाँ जाति समूह है जो वर्ण व्यवस्था के बाहर यानी अवर्ण माना जाता है। आमतौर पर सवर्ण होने के दायरे में पहले तीन वर्ण मान लिए जाते हैं, जबकि कायदे से शूद्र भी एक वर्ण है, इसलिए उसे भी सवर्ण समझा जाना चाहिए। हाँ, उसे उपनयन का अधिकार नहीं है, इसलिए वह पहली तीन **'द्विज'** जातियों के दायरे में नहीं आता। इस तरह सही विभाजन द्विज और अद्विज जातियों का हुआ। अद्विजों में भी शूद्र और अंत्यज अलग-अलग हुए। जातीयता तब बनती है जब जाति के साथ व्यापक राजनीतिक-सांस्कृतिक श्रेणियाँ जुड़ जाती हैं। इस तरह जातीयता सांस्कृतिक-राजनीतिक श्रेणी है। उसका आधार भाषा, क्षेत्रीयता, रंग-रूप, खान-पान और पहनावा, आदि होता है। जातीयता अपने आप में राष्ट्रीयता का आधार बन सकती है। एक जातीयता में सभी जातियाँ हो सकती हैं और एक से अधिक धर्म भी हो सकते हैं। तमिल बोलने वाले मुसलमान, हिंदू और ईसाई अपनी-अपनी पूजा-पद्धतियाँ अपनाते हुए भी तमिल जातीयता के दायरे में परिभाषित किये जाएँगे।

बहुलता / बहुलतावाद (प्लूरलिज़्म) : भारत ने लोकतंत्र का जो मॉडल ग्रहण किया है उसे विभिन्न हित-समूहों की आपसी होड़ पर आधारित उदारतावादी लोकतंत्र कहा जाता है। इस होड़ के जरिये व्यक्ति अपनी आजादी और विकास को सुनिश्चित करता है। कायदे से ये हित-समूह स्वायत्त और स्वयंसेवी भाव से सक्रिय व्यक्तियों की एसोसियेशनों (सभाओं) के रूप में लोकतांत्रिक दायरों में सक्रिय रहने चाहिए। लेकिन, भारतीय संदर्भ में हित-समूहों का चरित्र, संरचना और परिभाषा बदल जाती है। व्यावहारिक रूप से व्यक्ति के ऊपर सामुदायिक हित हावी हो जाते हैं। यही कारण है कि भारतीय संदर्भ में बहुलतावाद का अर्थ है अनगिनत जातियों, कई जातीयताओं, कई धर्मों,

कई भाषा-समूहों और कई क्षेत्रीयताओं की आपसी होड़। ऐसे बहुलतावादी लोकतंत्र में कोई एक समूह दूसरे पर संख्याबल के आधार पर हावी नहीं हो सकता। इस किस्म का बहुलतावाद आधुनिक राष्ट्र-राज्य की रचना के लिए जरूरी सामाजिक-सांस्कृतिक समरूपता हासिल नहीं करने देता। इस जद्दोजहद में दो स्थितियाँ बनती हैं : या तो एक विशिष्ट किस्म के भारतीय राष्ट्र-राज्य की रचना की जाय जो समरूपता की अनिवार्यता को ठुकराते हुए भी दुनिया के पैमाने पर राष्ट्र-राज्य के रूप में अपनी शिनाख्त करा सके या फिर किसी एक शक्तिशाली अस्मिता के वर्चस्व में बाकी सभी अस्मिताएँ खुद को समर्पित कर दें और यूरोपीय किस्म का राष्ट्र-राज्य उभरे। भारतीय संदर्भ में संवैधानिक और राजनीतिक रूप से यह तय हो चुका है कि हमारे राष्ट्र में विविधताओं का पूरा ख्याल किया जायेगा और उन पर जबरन समरूपता नहीं थोपी जायेगी पर कुछ राजनीतिक शक्तियाँ इस प्रश्न को दोबारा तय करने के लिए दबाव डाल रही हैं जिनमें राष्ट्रीय स्वयंसेवक संघ और उससे जुड़े संगठन प्रमुख हैं।

बहुसंस्कृतिवाद (मल्टीकल्चरिज़्म) : यूरोकेंद्रित और श्वेत-संस्कृति के आधार पर किये गये समरूपीकरण (मोनोकल्चरिज़्म) के खिलाफ विकसित हुआ सांस्कृतिक विविधता पर बल देने वाला वैचारिक-राजनीतिक-सांस्कृतिक आंदोलन जिसे समाज-विज्ञान में पिछले तीन दशकों में सूत्रबद्ध किया गया है।

बहुसंस्कृतिवाद मूलत: अमेरिकी परिस्थिति की उपज है। इसका जन्म श्वेत-अमेरिकी पहचान के आस-पास रचित अमेरिकीपन की शर्तों को बदलने के लिए चले प्रति-सांस्कृतिक और मानवाधिकार आंदोलनों के दौरान हुआ। अमेरिकी समाज को 'मेल्टिंग पॉट' कहा जाता है यानी विविध जातीय संस्कृतियों का एक अमेरिकी धारा में विसर्जन। 'मेल्टिंग पॉट' की धारणा के मुकाबले 'सलाद के प्याले' की धारणा रखी जाती है, जिसमें एक राष्ट्र की सीमाओं में रहते हुए भी संस्कृतियाँ अपनी अलग-अलग पहचान नहीं खोतीं। अमेरिकी संदर्भ की सीमाओं से निकालने पर बहुसंस्कृतिवाद की अवधारणा राष्ट्रवाद द्वारा आरोपित किये जो वाले समरूपीकरण के दबाव के खिलाफ काम करती नजर आती है। जाहिर है कि बहुलतावाद के बिना बहुसांस्कृतिकता की कल्पना भी नहीं की जा सकती।

यूटोपिया : यूनानी भाषा के यू और टोपोस से मिल कर बने इस शब्द का अर्थ हुआ 'कहीं नहीं'। लेकिन, यूटोपिया का इस्तेमाल ऐसे कल्पित राज्य या व्यवस्था के लिए किया जाता है जो हर तरह से आदर्श और सर्वश्रेष्ठ होगा। मार्क्सवादियों के लिए साम्यवाद (सबको उनकी आवश्यकता के अनुसार और सबसे उनकी क्षमता के अनुसार) यूटोपिया है और गाँधीवादियों के लिए रामराज्य एक यूटोपिया है। राजनीति में यूटोपियाई आदर्श के बिना सारी गतिविधियाँ फूहड़ परिणामवाद में पतित हो जाती हैं।

प्रत्यक्ष लोकतंत्र (डायरेक्ट डेमोक्रेसी) : संस्थागत और प्रतिनिधिमूलक लोकतंत्र से अलग लोकतंत्र का मॉडल जो कुछ लोगों को वास्तव में 'जनता का, जनता द्वारा और जनता के लिए' प्रतीत होता है। जाहिर है कि प्रत्यक्ष लोकतंत्र की अवधारणा में जनता की सीधी और ज्यादा से ज्यादा भागीदारी का पहलू प्रधान है। इसकी प्रेरणा एथेंस और यूनान की प्राचीन राज्य-प्रणालियों से ली जाती है। अल्पजीवी पेरिस कम्यून भी एक

ऐसा ही उदाहरण था। भारतीय संदर्भ में पंचायत आधारित ग्राम स्वराज के प्राचीन रूपों को भी प्रत्यक्ष लोकतंत्र के उदाहरण के रूप में पेश किया जाता है।

आधुनिकता और आधुनिकतावाद (मॉडर्निटी और मॉडर्निज़्म) : अठारहवीं सदी के दौरान यूरोप (मुख्यत: फ्रांस) में चले वैचारिक आंदोलन को ज्ञानोदय के नाम से जाना जाता है। इस आंदोलन ने जिन प्रवृत्तियों को जन्म दिया उन्हें हम आधुनिकता या आधुनिकतावाद के नाम से जानते हैं। समता और न्याय की धारणाओं के प्रचलन का श्रेय भी इसी आंदोलन को दिया जाता है। मोटे तौर पर इसे अंधविश्वास पर विज्ञान की और आस्था पर विवेक की विजय के नाम से जाना जाता है। ज्ञानोदय के विचारक मानते थे कि तर्कबुद्धि के जरिये सामाजिक, बौद्धिक और वैज्ञानिक समस्याओं का हल किया जा सकता है। वे परंपरा और संस्थागत धर्म के 'प्रतिगामी' प्रभाव की कठोर आलोचना करते थे। उन्हें मानवतावाद और प्रगति के आदर्श में भारी आस्था थी। लेकिन, इसका मतलब यह नहीं था कि उन्होंने धर्म के वजूद को पूरी तरह ठुकरा दिया था। इमानुएल कांट के अनुसार ज्ञानोदय एक ऐसे आजाद और खुदमुख्तार मनुष्य को जन्म देता है जो अपने बारे में निर्णय लेने के लिए किसी के ऊपर निर्भर नहीं है। न धर्म के ऊपर, न समुदाय के ऊपर। उन्नीसवीं सदी के राजनीतिक-सामाजिक प्रयोगों ने ज्ञानोदय के वैचारिक वर्चस्व को मजबूत किया और धीरे-धीरे ज्ञान का एक नया सिद्धांत प्रकाश में आया। इतिहास का महत्त्व, प्रगति और विकास की अपरिहार्यता, सेकुलरवाद और राष्ट्रवाद का विचार भी इसी ज्ञानमीमांसा की देन है। आधुनिक राजनीति की समस्त वैचारिक और व्यावहारिक गोलबंदी इन्हीं धारणाओं के आस-पास हुई है। विचार के क्षेत्र में फ्रेंकफर्ट स्कूल के चिंतकों ने ज्ञानोदय के अंतर्निहित द्वंद्व को सामने ला कर आधुनिकता की आलोचना के द्वार खोले। भारत में इससे पहले ही गाँधी ने **हिंद स्वराज** लिख कर एशिया की तरफ से आधुनिकता की आलोचना की शुरुआत कर दी थी। पिछले तीन दशकों से 'छोटी पहचानों की बगावत', 'समुदाय की वापसी' और 'बहुसंस्कृतिवाद' की परिघटनाओं ने ज्ञानोदय के वर्चस्व को कड़ी चुनौती दी है। खास बात यह है कि यह चुनौती आधुनिकतावाद की आलोचना को आधुनिकता के व्यापक दायरे में ही संपन्न करती है। नारीवादी, अश्वेत, दलित, पर्यावरणवादी और अन्य विद्रोही विमर्शों में इस शक्तिशाली रुझान की मिसालें मिल सकती हैं।

ज्ञानमीमांसा (एपिस्टेमॉलजी) : ज्ञान का सिद्धांत जिसके तहत ज्ञान के तात्पर्य और उसे हासिल करने की विधि का विश्लेषण किया जाता है। इसे ज्ञान रचना का सैद्धांतिक विमर्श भी कह सकते हैं।

पिरामिडीय / लंबवत / ऊपर से नीचे / स्तंभीय (वर्टिकल) : जो संरचनाएँ वर्टीकल होंगी उनमें स्वाभाविक रूप से ऊँच-नीच का भाव होगा, एक के ऊपर एक परतें या श्रेणियाँ होंगी और वे समतामूलक नहीं होंगी। जैसे, भारतीय समाज में वर्ण-जाति की संरचना पिरामिडीय है, इसलिए उसे श्रेणीगत या स्तंभीय श्रेणीबद्धता भी कहा जाता है। जरूरी नहीं कि पिरामिडीय संरचनाएँ जाति की भाँति परंपरा-प्रदत्त ही हों। आधुनिक संरचनाएँ भी पिरामिडीय होती हैं जिनके सबसे बड़े उदाहरण के रूप में आधुनिक राज्य के प्रशासनिक ढाँचे को देखा जा सकता है। प्रबल प्रगतिकांक्षा भी ऊपर

की तरफ गति को जन्म देती है और स्तंभीय संरचना बनती चली जाती है।

क्षैतिज / दायें से बायें (हॉरीज़ोंटल) : ऐसी संरचना या संगठन की प्रकृति प्रसारात्मक होती है। समरूपरता की प्रवृत्ति वाली यह संरचना समता की तरफ ले जाने वाली भी साबित हो सकती है। जातियों का अंदरूनी और उनका आपसी क्षैतिज संघटन उनके श्रेणीगत रूप को तोड़ता है। अर्थव्यवस्था के दायरे में समान स्तर के उत्पादन में लगी इकाइयों में क्षैतिज संघटन के उदाहरण आसानी से देखे जा सकते हैं।

अनुभवसिद्ध / तथ्यात्मक (एम्पिरीकल) : समाज-विज्ञान में सर्वेक्षणों और फील्डवर्क के जरिये तथ्य हासिल करने को एम्पिरीकरल वर्क कहा जाता है। समाज-विज्ञान की दूसरी शैली नार्मेटिव यानी सिद्धांतपरक या मानकीय मानी जाती है। इन दोनों शैलियों को आमतौर पर दो श्रेणियों के रूप में देखा जाता है। विकासशील समाज अध्ययन पीठ ने शुरू से ही भारतीय समाज और राजनीति के अध्ययन के सिलसिले में अनुभवसिद्ध अध्ययन पर बल दिया और पता लगाया कि जमीनी स्तर पर क्या हो रहा है। लेकिन, एम्पिरीकरल श्रेणी में बँधने के बजाय विद्यापीट ने अपने बौद्धिक प्रयासों को उन्हीं तथ्यों की बुनियाद पर सैद्धांतिक और मानकीय प्रयासों को भी जारी रखा।

राज्य-तंत्र (पॉलिटी) : राज्य, दलीय प्रणाली और अन्य सभी संबंधित संस्थाओं समेत राजनीतिक व्यवस्था का समस्त कारोबार।

श्रेणीगत (हायरार्कीकल) और स्तरीकरण (स्ट्रैटीफिकेशन) : जाति की श्रेणीगत संरचना में ऊँच-नीच और मातहती के संबंध अंतर्निहित होते हैं। स्तरीकरण विभिन्न स्तरों को बताता है, जिसमें ऊँच-नीच के संबंध पारस्परिक होते हैं, न कि आंतरिक। आधुनिक धरातल पर श्रेणीकरण का उदाहरण मजदूर और पूँजीपति वर्ग के बीच आंतरिक मातहती के संबंध में देखा जा सकता है, लेकिन मजदूर वर्ग और मध्यवर्ग के बीच का संबंध गैर-बराबरी का होते हुए भी अंदरूनी न हो कर बाहरी है।

अवकरणवादी (रिडक्शनिस्ट) : यह एक ऐसा रुझान है जिसके तहत किसी परिघटना को समझने के लिए किसी एक पहलू को बुनियादी महत्त्व दे कर बाकी कारकों की भूमिका को उसी में विसर्जित कर दिया जाता है। यानी एक चाबी को ही सभी ताले खोलने के लिए इस्तेमाल करने का आग्रह रहता है। इसका एक उदाहरण वर्ग-अवकरणवाद के रूप में देखा जा सकता है जिसके तहत वर्गीय उत्पीड़न और वर्ग-संघर्ष के विचार में सभी संघर्षों और प्रश्नों को समाहित मान लिया जाता है, चाहे वे जातिगत संघर्ष हों या लैंगिक प्रश्न।

सत्तामीमांसा (ऑन्टॉलजी) : यह शब्द भ्रम पैदा कर सकता है कि कहीं इसका संबंध सत्ता या राजसत्ता से तो नहीं है। सत्तामीमांसा असल में तत्त्वमीमांसा (मेटाफिजिक्स) की एक शाखा है जो अस्तित्व की प्रकृति का विश्लेषण किन्हीं खास संदर्भों में न करके उसकी संपूर्ण सत्ता के संदर्भ में करती है। किसी एक सिद्धांत के दायरे में किसी अस्तित्व की सत्तामीमांसा से उसकी संरचना में निहित घटकों का पता लगाया जा सकता है।

तत्त्वमीमांसा (मेटाफिजिक्स) : यथार्थ के अध्ययन की वह पद्धति जिसमें उसे उसके दृश्य रूपों से परे जा कर समझने की कोशिश होती है।

तत्त्वमीमांसा की पद्धति के सबसे मशहूर प्रयोक्ता हेगेल और उसके सबसे मशहूर आलोचक कांट माने जाते हैं।

व्याख्यात्मक / भाष्य (हरमेन्युटिक्स) : किसी एक पाठ या वैचारिक संरचना के अर्थों का विवादात्मक विवेचन। हरमेन्युटिक्स सामान्य वाद-विवाद से अलग इसलिए भी है, क्योंकि यह बौद्धिक व्यायाम कोई एक व्याख्याकार भी अपने आप में करता रह सकता है।

प्रत्यक्षवादी (पॉजिटिविस्ट) : समाज-विज्ञान को प्राकृतिकविज्ञानों की तर्ज पर ढालने की मंशा रखने वाली एक दार्शनिक प्रवृत्ति। यह मानती है कि प्रत्यक्ष ज्ञान ही ज्ञान है और समाज परिवर्तन के भी वैसे ही अमोघ नियम होते हैं, जैसे प्राकृतिक जगत के विकास के।

विरोधाभास (पैराडॉक्स) और अंतर्विरोध (काँट्राडिक्शन) : विरोधाभास दो परिस्थितियों या परिघटनाओं के बीच पाया जा सकता है, जबकि अंतर्विरोध किसी एक परिघटना की अंदरूनी संरचना से ताल्लुक रखता है।

संस्कृतीकरण (संस्कृताइजेशन) : नीची जाति या समुदाय द्वारा द्विज समुदाय को मॉडल मान कर उसी के आचार-व्यवहार, खान-पान और पहनावे का अनुकरण करते हुए सामाजिक प्रगति का प्रयास। अगर कोई गैर-द्विज जाति खास तौर से ब्राह्मणों को मॉडल बनाती है तो इसे ब्राह्मणीकरण भी कह सकते हैं, लेकिन संस्कृतीकरण में नीची जातियों ने अक्सर क्षत्रियों को मॉडल माना है। वैसे कुछ जगहों पर संस्कृतीकरण को ब्राह्मणीकरण लिख कर भी काम चलाया गया है। इस सिद्धांत का प्रतिपादन एम.एन. श्रीनिवास ने किया था।

सार्वभौम (यूनीवर्सल) और पारिवेशिक / स्थानीय / विशिष्ट (पर्टीकुलर) : जो हर जगह और हर समय प्रासंगिक है, देश-काल से परे जाते हुए सार्थक है सार्वभौम की श्रेणी में आता है। मसलन, नागरिकता एक सार्वभौम धारणा है और जातिगत पहचान एक पारिवेशिक धारणा है।

लोकलुभावनवाद / लोकरंजनवाद (पॉपुलिज़्म): हिंदी में इसे लोकप्रियता या लोकप्रियतावाद (पॉपुलरिज़्म) से जोड़ कर देखने की गलत प्रवृत्ति का भी चलन है। लोकप्रियता एक सकारात्मक भाव है, जबकि लोकलुभावनवाद का अर्थ है संस्थागत प्रक्रिया की अवहेलना करके आम लोगों को लुभाने वाली राजनीति करना।

इस तरीके से नेता सीधे-सीधे जनता को संबोधित करने लगता है और आरोप लगाता है कि संस्थागत लोकतंत्र जनता की सेवा करने में बाधक बना हुआ है, इसलिए कुछ क्षेत्रों में इसे अस्थायी तौर पर दरकिनार किया जा सकता है। इस रुझान में करिश्माई नेतृत्व और उसके परिणामस्वरूप निरंकुश सत्ता के अंदेशे निहित हैं। दूसरी तरफ एक खास समय में लोकलुभावनवादी राजनीति उन तबकों को भी राजनीति के दायरे में लाने की वाहक हो सकती है जो सामान्य संस्थागत माध्यमों की सीमाओं के कारण लोकतंत्र में भागीदारी से वंचित बने रहते हैं। सत्तर के दशक की शुरुआत में इंदिरा गाँधी द्वारा 'गरीबी हटाओ' नारे के आसपास की गयी राजनीति इस प्रवृत्ति का सबसे प्रचलित भारतीय उदाहरण है।

अस्मिता / पहचान (आइडेंटिटी) : यह एक ऐसा दायरा है जिसके तहत व्यक्ति और समुदाय यह बताते हैं कि वे खुद को क्या समझते हैं। अस्मिता का यह दायरा अपने-आप में एक बौद्धिक, ऐतिहासिक और मनोवैज्ञानिक संरचना का रूप ले लेता है जिसकी रक्षा करने के लिए व्यक्ति और समुदाय किसी भी सीमा तक जा सकते हैं। वे खुद की और दूसरे भी उनकी अस्मिता के उसी दायरे के मुताबिक शिनाख्त करते हैं।

शुरुआत में चिंतकों का ख्याल था कि व्यक्ति का स्वायत्त वजूद अपने आप में एक असंदिग्ध तथ्य है और उसी से उसकी अस्मिता या पहचान प्रवाहित होती है। इसी विचार ने आगे जा कर उदारतावाद के केंद्र में व्यक्ति की इयत्ता को ला बैठाया। मार्क्सवाद अस्मिता की स्वायत्तता को स्वीकार न करके सामाजिक प्रक्रिया के अधीन देखता है। लेकिन, वह वर्गीय संरचनाओं को छोड़ कर बाकी सभी अस्मिताओं को भ्रांत चेतना मानता है। भारतीय संदर्भ में इसकी मिसालें पिछले सौ साल में बिखरी पड़ी हैं। दलित अस्मिता एक महत्त्वपूर्ण उदाहरण है। कभी तो दलित समुदाय खुद को आदि-द्रविड़ के रूप में, कभी पतित हो चुके क्षत्रियों के रूप में और कभी नागरिक समाज के दलित सदस्य के रूप में दखते हैं। इससे स्पष्ट है कि अन्य अस्मिताओं की तरह उनकी आधुनिक अस्मिता का कोई स्वायत्त, नैसर्गिक और स्थायी रूप नहीं है। इसी तरह राष्ट्रवादी अस्मिता भी किस्म-किस्म की होती है। बीसवीं सदी ने अस्मिता के इस विचार पर कई गंभीर प्रश्नचिह्न लगाये। चिंतकों ने पाया कि अस्मिताएँ सामाजिक-राजनीतिक-सांस्कृतिक परिवर्तनों के मुताबिक बनती-बिगड़ती रहती हैं। उन्होंने देखा कि एक समय में अस्मिता का कोई एक पहलू अधिक प्रमुखता प्राप्त करके उसकी राजनीतिक अभिव्यक्ति बन जाता है।

सामीकरण (सेमिटाइजेशन) : सामी धर्मों (मोटे तौर पर एक पवित्र किताब पर आस्था रखने वाले एकेश्वरवादी धर्म, जैसे, इस्लाम, यहूदी और ईसाई धर्म) की प्रवृत्तियों के मुताबिक किसी समुदाय या समाज का पुनर्संगठन करने की कोशिश। भारतीय संदर्भ में सामीकरण की कोशिशों को केंद्रीकरण और फौजीकरण के जरिये बहुदेववादी हिंदू समाज को एक राजनीतिक समुदाय में बदलने की मुहिम के रूप में देखा जा सकता है।

इयत्ता / खुदी / आत्म (सेल्फ) : जब कोई व्यक्ति अपने आप को 'मैं' कह कर पुकारता है तो वह अपनी इयत्ता या खुदी का हवाला दे रहा होता है। इयत्ता का मतलब होता है शरीर और मस्तिष्क से मिल कर बनने वाला वजूद जो चेतना के स्तर पर सक्रिय रहता है। इस पद का इस्तेमाल मनोविज्ञान, ज्ञानमीमांसा, व्यक्तिवाद और उदारतावाद के क्षेत्र में काफी होता है। सेल्फ एक ऐसा अस्तित्व है जो किन्हीं खास परिस्थितियों में अपनी लौकिक शख्सियत के खिलाफ खड़ा हो सकता है, अंतर्द्वंद्व का कारण बनता है और ऊहापोह को जन्म देता है। अपने प्रयासों द्वारा इयत्ता का स्तर ऊँचा करके व्यक्ति सामान्य पैमानों से परे भी जा सकता है। इयत्ता काफी लचीली संरचना है और अस्मिता के सवाल से जुड़ी होने के कारण संदर्भ के मुताबिक बदलती रहती है। एक व्यक्ति की कई इयत्ताएँ भी हो सकती हैं। समाज-विज्ञान में सामूहिक इयत्ता की अवधारणा भी प्रचलित है। सामूहिक इयत्ता व्यक्ति की निजी सत्ता को महत्त्व नहीं देती और उसे अपने आधीन करना चाहती है।

□□□